Encyclopedia of International Development

国際開発学
事典

国際開発学会 ［編］

丸善出版

刊行にあたって

　グローバル化のもと，国境を越えた人々の接触と交流が増え，国際的な理念の共有の努力が進む一方，異文化間の軋轢や対立も深まり，一国家の単位では対処しきれない数々の困難な問題が顕在化しつつある．そのような状況の中で不可欠なことのひとつは，開発途上国をはじめとする異なる社会の開発状況の知的理解を広げ，深めることであろう．

　国際開発の理念と実践は，近代西欧の思想家たちが発展ないし開発の概念を形成してから今日まで，多くの有為転変を遂げてきた．とりわけ第2次世界大戦後の開発途上国の政治的独立と主権国家体制の世界への広がりを受け，いわゆる南北問題が顕在化すると，「南」の開発途上国における社会変動や開発に向けた営為とともに「北」から「南」への政府開発援助が，国際開発の主軸のひとつとなっていった．

　今日ではグローバル化が進む中，国際開発に関わる領域は，広く経済・産業から，社会関係，あるいは人々の健康・知識や，日々の生活実践，文化にまで多岐にわたっている．そして，国際開発支援に関わる主体も，先進国の政府関係機関ばかりでなく，営利企業はもちろん，自治体，教育研究機関，NGO・民間財団，草の根組織，インフォーマルな事業体など多様になっている．

　また，かつて先進国から開発途上国へと一方的に供与されるだけだった開発援助ないし開発協力も，近年では開発途上国の中から立ち現れた新興国によって供与されるようになった．さらには，経済停滞，少子高齢化，国内格差の拡大などの問題の深刻化によって，先進国社会も再び自らの開発課題に真剣に向き合わなければならなくなっている．国際開発はさらに多元化の様相を呈しているのである．

　将来世代を含めた個々の人々を開発の中心に据えるべく理念構築の営みも積み重ねられてきた．2015年には，人間貧困の削減を掲げる「ミレニアム開発目標（MDGs）」を受け継ぎ，包括的な「持続可能な開発目標（SDGs）」が各国首脳によって合意された．そこでは，持続可能性に加え，包摂性，強靭性を根本的な理念とする開発のあり方が，先進国・途上国の別なく世界のすべての人々が享受すべきものとして共有されることになった．批判は多くあるものの，SDGs は多面化してきた国際開発をめぐる議論と実践のひとつの集大成といってよいだろう．

　国際開発研究は，今日まで，こうした国際開発と開発途上国，さらには先進国・

新興国の絶えざる変動に向き合い，従来の日本の学界にない新しい研究の地平を切り開いてきた．そして，国際開発研究が対象とするテーマや知的領域も大きく広がり，自然科学から人文科学，社会科学に至る極めて多くの専門分野によって扱われるものとなっている．

　本事典は，この複雑化・多様化した国際開発研究の成果を日本の社会内外に広く届け，国際開発研究という大海原に初学者が漕ぎ出すための海図の役割を果たすことを目指している．また専門を異にする研究者や実務家が互いを理解し合い，国際開発研究にふさわしい学際的な交流を進め，新しい発想を生み出すための，よすがになることも企図している．そのために19の章を設け，多くの事項をカバーしつつも，関心の高い重要なテーマ一つひとつについて丁寧な説明を行うべく1項目2ページ読切りの中項目主義事典のスタイルとした．

　この事典の各項目の執筆にあたっては，国際開発学会内外の専門家の熱心な参加を得た．数多い各項目の執筆者が，皆さん快諾下さり，さらに喜ばしいことに非常に短期間に全ての原稿が集まった．各章の編集委員，各執筆者の意欲と努力の賜物であり，この場を借りて心より御礼を申し上げる．

　また，丸善出版の小林秀一郎，松平彩子，南葉真里の皆さんには，言葉で言い表せないほど，数々のお世話になった．御三人をはじめ丸善出版の皆さんの膨大で煩雑な編集作業の支えがなければ，この事典は決して日の目を見ることはなかったであろう．

　国際開発学会は，2020年に創立30周年を迎える．創立から今日までの間に，本学会では多くの議論や活動が重ねられてきた．それは，開発と途上国，そして世界をめぐる様々な変動に即応し，あるいは対峙しつつ，自ら研究の新しい地平を切り開いてきた歴史であったといってよいだろう．その記念事業として学会の総力を結集し，この事典を刊行できたことを喜ばしく思うとともに，本事典が国際開発についての読者の確かな理解につながり，「大海の海図」の役割を担うことを心から願っている．

2018年9月

『国際開発学事典』編集委員長
第9期国際開発学会会長
高　橋　基　樹

■編集委員一覧

編集委員長

高 橋 基 樹　京都大学大学院アジアアフリカ地域研究研究科教授

編集顧問

廣 野 良 吉　成蹊大学名誉教授

山 下 彰 一　広島大学名誉教授

絵 所 秀 紀　法政大学名誉教授

豊 田 利 久　神戸大学名誉教授

西 川　潤　早稲田大学名誉教授

佐 藤　寛　日本貿易振興機構アジア経済研究所上席主任調査研究員

編集幹事（五十音順）

小 國 和 子　日本福祉大学国際福祉開発学部教授

尾 和 潤 美　中京大学国際英語学部講師

勝 間　靖　早稲田大学大学院アジア太平洋研究科教授

澤 村 信 英　大阪大学大学院人間科学研究科教授

鍋 島 孝 子　北海道大学大学院メディア・コミュニケーション研究院准教授

浜 本 篤 史　東洋大学社会学部教授

山 形 辰 史　立命館アジア太平洋大学アジア太平洋学部教授

編集委員（五十音順）

池 田 龍 彦　放送大学副学長

伊 東 早 苗　名古屋大学大学院国際開発研究科教授

大 野　泉　政策研究大学院大学政策研究科教授

長 田　博　帝京大学経済学部教授

片 柳 真 理　広島大学大学院国際協力研究科教授

金 子 慎 治　広島大学大学院国際協力研究科教授

小 泉 幸 弘　国際協力機構資金協力業務部次長

佐 藤　仁　東京大学東洋文化研究所教授

下 村 恭 民　法政大学名誉教授

鈴 木　紀　国立民族学博物館人類文明誌研究部准教授

中 村 安 秀　甲南女子大学看護リハビリテーション学部教授

藤 倉　良　法政大学人間環境学部教授

穂 坂 光 彦　日本福祉大学アジア福祉社会開発研究センター研究フェロー

水 野 正 己　日本大学生物資源科学部教授

吉 田 和 浩　広島大学教育開発国際協力研究センター教授

■執筆者一覧 (五十音順)

青山 温子　名古屋大学大学院医学系研究科

赤嶺 淳　一橋大学大学院社会学研究科

東江 日出郎　中部大学 非常勤講師

秋月 弘子　亜細亜大学国際関係学部

浅野 宜之　関西大学政策創造学部

荒木 美奈子　お茶の水女子大学基幹研究院人間科学系

新田目 夏実　拓殖大学国際学部

飯島 聰　埼玉大学国際本部

池上 甲一　近畿大学名誉教授

池上 寛　日本貿易振興機構アジア経済研究所

池田 龍彦　放送大学

石井 洋子　聖心女子大学文学部

石戸 光　千葉大学法政経学部

石原 伸一　岡山大学大学院教育学研究科

石渡 幹夫　国際協力機構

磯田 厚子　女子栄養大学栄養学部

板垣 啓四郎　東京農業大学国際食料情報学部

市原 麻衣子　一橋大学大学院法学研究科

伊東 早苗　名古屋大学大学院国際開発研究科

稲田 十一　専修大学経済学部

上田 隆文　国際協力機構

上田 博之　国際協力機構

上野 修作　株式会社NJS

宇田川 拓雄　流通科学大学人間社会学部

生方 史数　岡山大学大学院環境生命科学研究科

江﨑 光男　名古屋大学名誉教授

絵所 秀紀　法政大学名誉教授

遠藤 貢　東京大学大学院総合文化研究科

大泉 啓一郎　株式会社日本総合研究所

太田 美帆　玉川大学文学部

大谷 順子　大阪大学大学院人間科学研究科

大塚 健司　日本貿易振興機構アジア経済研究所

大坪 滋　名古屋大学大学院国際開発研究科

大野 敦　立命館大学経済学部

大野 泉　政策研究大学院大学政策研究科

大場 麻代　帝京大学外国語学部

大橋 正明　聖心女子大学文学部

岡島 克樹　大阪大谷大学人間社会学部

岡田 亜弥　名古屋大学大学院国際開発研究科

岡田 千あき　大阪大学大学院人間科学研究科

岡本 眞理子　日本福祉大学国際福祉開発学部

小川 裕子　東海大学政治経済学部

奥田 英信　一橋大学大学院経済学研究科

小國 和子　日本福祉大学国際福祉開発学部

長田 博　帝京大学経済学部

忍足 謙朗　国連世界食糧計画WFP協会

小俣 直彦　オックスフォード大学国際開発学部

小山田 英治　同志社大学大学院グローバル・スタディーズ研究科

尾和 潤美　中京大学国際英語学部

甲斐田 万智子　文京学院大学外国語学部

片柳 真理　広島大学大学院国際協力研究科

勝間 靖　早稲田大学大学院アジア太平洋研究科

加藤 宏　国際協力機構

加藤 太　日本大学生物資源科学部

金子 慎治　広島大学大学院国際協力研究科

金子 由芳　神戸大学大学院国際協力研究科

亀井 伸孝　愛知県立大学外国語学部

川口　　純	筑波大学教育研究科	
川西　正人	国際協力機構	
川畑　康治	神戸大学大学院国際協力研究科	
川原　俊太郎	国際協力機構	
喜多　悦子	笹川記念保健協力財団	
北川　勝彦	関西大学名誉教授	
北野　　収	獨協大学外国語学部	
北村　友人	東京大学大学院教育学研究科	
城所　哲夫	東京大学大学院工学系研究科	
木全　洋一郎	国際協力機構	
木村　和子	金沢大学大学院医薬保健学総合研究科	
木村　宏恒	名古屋大学名誉教授	
木村　　亮	京都大学大学院工学研究科	
久木田　純	関西学院大学国際機関人事センター	
日下　　渉	名古屋大学大学院国際開発研究科	
日下部　達哉	広島大学教育開発国際協力研究センター	
朽木　昭文	日本大学生物資源科学部	
國井　　修	グローバルファンド	
国宗　浩三	関西学院大学国際学部	
久保　研介	慶應義塾大学商学部	
栗田　匡相	関西学院大学経済学部	
黒岩　郁雄	日本貿易振興機構アジア経済研究所	
黒崎　　卓	一橋大学経済研究所	
黒田　一雄	早稲田大学大学院アジア太平洋研究科	
黒田　かをり	CSOネットワーク	
桑島　京子	青山学院大学地球社会共生学部	
桑森　　啓	日本貿易振興機構アジア経済研究所	
小泉　康一	大東文化大学国際関係学部	
小泉　幸弘	国際協力機構	
高野　久紀	京都大学大学院経済学研究科	

小島　道一	東アジア・アセアン経済研究センター	
樹神　昌弘	神戸大学大学院国際協力研究科	
後藤　健太	関西大学経済学部	
小林　誉明	横浜国立大学国際社会科学研究院	
小松　　悟	長崎大学多文化社会学部	
小松　太郎	上智大学総合人間科学部	
小向　絵理	国際協力機構	
近藤　久洋	埼玉大学大学院人文社会科学研究科	
近藤　　史	弘前大学人文社会科学部	
雑賀　葉子	桜美林大学リベラルアーツ学群非常勤講師	
斎藤　文彦	龍谷大学国際学部	
齋藤　百合子	明治学院大学国際学部客員教授	
坂田　正三	日本貿易振興機構アジア経済研究所	
笹岡　雄一	明治大学公共政策大学院ガバナンス研究科	
佐藤　　仁	東京大学東洋文化研究所	
佐藤　　寛	日本貿易振興機構アジア経済研究所	
佐藤　　峰	横浜国立大学都市イノベーション研究院	
佐藤　安信	東京大学大学院総合文化研究科	
佐藤　　裕	都留文科大学文学部	
佐野　麻由子	福岡県立大学人間社会学部	
澤村　信英	大阪大学大学院人間科学研究科	
志賀　裕朗	国際協力機構	
柴田　　勉	株式会社日本経済研究所	
柴山　知也	早稲田大学理工学術院	
島田　　剛	明治大学情報コミュニケーション学部	
島田　　弦	名古屋大学大学院国際開発研究科	
下村　恭民	法政大学名誉教授	
全　　泓奎	大阪市立大学都市研究プラザ	
新ヶ江　章友	大阪市立大学大学院都市経営研究科	

執筆者一覧

新熊 隆嘉	関西大学経済学部	
杉浦 功一	和洋女子大学人文学部	
杉田 映理	大阪大学大学院人間科学研究科	
椙本 歩美	国際教養大学国際教養学部	
鈴木 規之	琉球大学人文社会学部	
鈴木 紀	国立民族学博物館	
関根 久雄	筑波大学人文社会系	
鷹木 恵子	桜美林大学人文学系	
高田 潤一	東京工業大学環境・社会理工学院	
高橋 謙造	帝京大学大学院公衆衛生学研究科	
高橋 進	共栄大学教育学部	
高橋 基樹	京都大学大学院アジアアフリカ地域研究研究科	
高柳 彰夫	フェリス女学院大学国際交流学部	
滝村 卓司	NPO法人ミディエイド	
武内 進一	東京外国語大学現代アフリカ地域研究センター	
武貞 稔彦	法政大学人間環境学部	
田中 敏裕	早稲田大学アジア太平洋研究科	
田中 雅子	上智大学総合グローバル学部	
玉懸 光枝	国際開発センター経済社会開発部	
畝 伊智朗	吉備国際大学外国語学部	
千葉 典	神戸市外国語大学外国語学部	
辻 輝之	北海道大学高等教育推進機構新渡戸スクール 特任准教授	
辻 昌美	明治大学公共政策大学院ガバナンス研究科	
鶴見 哲也	南山大学総合政策学部	
故 手島 茂樹	二松學舍大学国際政治経済学部	
故 時田 邦浩	日本大学生物資源科学部	
戸田 隆夫	国際協力機構	
友次 晋介	広島大学平和センター	
仲佐 保	国立国際医療研究センター	
長坂 寿久	国際貿易投資研究所	
中村 信太郎	国際協力機構	

中村 尚司	龍谷大学人間・科学・宗教総合研究センター	
中村 安秀	甲南女子大学看護リハビリテーション学部	
鍋嶋 郁	早稲田大学大学院アジア太平洋研究科	
鍋島 孝子	北海道大学大学院メディア・コミュニケーション研究院	
西川 潤	早稲田大学名誉教授	
西川 芳昭	龍谷大学経済学部	
西村 幹子	国際基督教大学教養学部	
西村 美彦	名古屋大学名誉教授	
ニルマラ・ラナシンハ	奈良県立大学地域創造学部	
野田 直人	有限会社人の森	
野田 真里	茨城大学人文社会科学部	
橋本 強司	株式会社 レックス・インターナショナル	
華井 和代	東京大学政策ビジョン研究センター	
馬場 卓也	広島大学大学院国際協力研究科	
浜本 篤史	東洋大学社会学部	
林 宏之	国際協力機構	
林 玲子	国立社会保障・人口問題研究所	
半澤 和夫	日本大学生物資源科学部	
平野 克己	日本貿易振興機構アジア経済研究所	
廣里 恭史	上智大学総合グローバル学部	
福武 慎太郎	上智大学総合グローバル学部	
藤掛 洋子	横浜国立大学大学院都市イノベーション研究院	
藤倉 良	法政大学人間環境学部	
船津 鶴代	日本貿易振興機構アジア経済研究所	
古市 正彦	国際協力機構	
古川 光明	国際協力機構	
古澤 嘉朗	広島市立大学国際学部	
穂坂 光彦	日本福祉大学アジア福祉社会開発研究センター	

執筆者一覧

堀金　由美	明治大学政治経済学部
前田　利蔵	地球環境戦略研究機関
牧野　冬生	駒沢女子大学日本文化研究所
真崎　克彦	甲南大学マネジメント創造学部
町北　朋洋	日本貿易振興機構アジア経済研究所
松尾　弘	慶應義塾大学大学院法務研究科
松岡　俊二	早稲田大学アジア太平洋研究科
松本　悟	法政大学国際文化学部
松山　章子	津田塾大学学芸学部
丸山　英樹	上智大学グローバル教育センター
三重野　文晴	京都大学東南アジア地域研究所
水野　正己	日本大学生物資源科学部
湊　一樹	日本貿易振興機構アジア経済研究所
峯　陽一	同志社大学大学院グローバル・スタディーズ研究科
箕曲　在弘	東洋大学社会学部
三輪　千明	広島大学大学院国際協力研究科
向井　加奈子	旅とアロマ
村田　俊一	関西学院大学総合政策学部

室岡　直道	国際協力機構
室谷　龍太郎	国際協力機構
毛利　聡子	明星大学人文学部
森　晶寿	京都大学大学院地球環境学堂
森　純一	英国カーディフ大学社会科学部
森　壮也	日本貿易振興機構アジア経済研究所
森下　稔	東京海洋大学学術研究院
森嶋　彰	日本マレーシア協会
柳原　透	拓殖大学名誉教授
山形　辰史	立命館アジア太平洋大学アジア太平洋学部
山口　しのぶ	東京工業大学学術国際情報センター
山田　順一	国際協力機構
山田　肖子	名古屋大学共創教育研究機構
横山　久	津田塾大学名誉教授
吉田　和浩	広島大学教育開発国際協力研究センター
吉田　秀美	法政大学人間環境学部非常勤講師
米澤　彰純	東北大学国際戦略室
和田　義郎	国際協力機構

目　次

序章　歴史と理念　　　　　［編集担当：高橋基樹］

開発理念の変遷……………………… 2
植民地化と西洋化…………………… 4
国際開発概念の誕生と展開………… 6
民族主義の勃興と南北問題………… 8
戦後世界経済の展開と国際開発…… 10
オルタナティブ開発論……………… 12

新自由主義と国際開発……………… 14
人間開発と人間の安全保障………… 16
国際秩序の変動と地球規模の問題… 18
「持続可能な開発」論の歴史的系譜
　……………………………………… 20

1.　文　　　化　　　　　［編集担当：鈴木　紀］

文　化………………………………… 24
文化相対主義………………………… 26
宗教と開発…………………………… 28
感情と開発…………………………… 30
文化特異性障害……………………… 32
言説としての開発…………………… 34
身体性と開発………………………… 36

ナショナリズムと芸術……………… 38
マイノリティとサブカルチャー…… 40
多様性と創造性……………………… 42
開発のプロセス―プロセス・ドキュ
　メンテーション…………………… 44
開発と人類学………………………… 46

2.　社　会　変　動　　　　　［編集担当：浜本篤史］

開発と社会変動……………………… 50
介入行為としての近代化…………… 52
人口転換と人口増加………………… 54
少子高齢化と人口ボーナス・オーナ

ス……………………………………… 56
人の移動と難民……………………… 58
社会発展と観光……………………… 60
社会階層と開発主義………………… 62

家族関係の変容……………………64
グローバル化と都市化……………66
国家のリスケーリング論…………68
生活と居住…………………………70
飽食化する食生活…………………72

情報通信技術とデジタル革命………74
コンビニエンスストアの普及・現地
　化……………………………………76
ジャパナイゼーション………………78
社会規範の変化………………………80

3.　コ ミ ュ ニ ティ　　[編集担当：伊東早苗]

コミュニティと開発………………84
文化的慣習とコミュニティ開発……86
宗教，コミュニティと開発…………88
相互扶助ネットワークとその創造…90
社会関係資本………………………92
モラル・エコノミー………………94
社会的な排除とマイノリティ………96

参加型開発とエンパワーメント……98
マイクロファイナンスと地域コミュ
　ニティ………………………………100
NGO とコミュニティ ………………102
地方分権化と地域コミュニティ……104
開発と移民・ディアスポラ………106

4.　農業・農民・農村　　[編集担当：水野正己・小國和子]

農業・農村・農民…………………110
農村における生業の変容…………112
農業を担う主体の多様性…………114
農業と自然…………………………116
農民と土地…………………………118
農村の生活…………………………120
農民の生存戦略と農村……………122

生態的農業と市場……………………124
農民と食料……………………………126
灌漑農業の歴史と発展………………128
農業と技術革新………………………130
種子から考える農業の持続性………132
食と農の距離…………………………134

5.　保 健 医 療　　[編集担当：中村安秀]

保健医療……………………………138
プライマリ・ヘルス・ケアとユニ

バーサル・ヘルス・カバレッジ
　………………………………………140

保健医療情報システム……………… 142

グローバル・ヘルス・ガバナンス
…………………… 144

リプロダクティブ・ヘルス・ライツ
…………………… 146

母子保健……………………… 148

予防接種……………………… 150

感染症対策…………………… 152

エイズ・マラリア・結核……… 154

非感染性疾患………………… 156

栄　養………………………… 158

必須医薬品…………………… 160

自然災害……………………… 162

6. 教　　育　　　　　　［編集担当：澤村信英］

開発と教育…………………… 166

学校と社会・コミュニティ……… 168

教育・人材開発と経済発展……… 170

教育における人権アプローチ…… 172

教育の質……………………… 174

教育格差と公正……………… 176

インクルーシブ教育………… 178

教育と国民・市民の形成……… 180

紛争・災害と教育…………… 182

宗教と教育…………………… 184

教育開発と情報通信技術……… 186

低学費私立学校……………… 188

開発とスポーツ……………… 190

教員養成・教員訓練………… 192

数学教育・科学教育………… 194

技術教育・職業訓練………… 196

乳幼児のケアと教育………… 198

高等教育……………………… 200

ノンフォーマル教育………… 202

教育開発と国際協力………… 204

教育開発の国際新枠組み……… 206

7. 国　家・法　　　　　　［編集担当：鍋島孝子］

国家体制と法制度…………… 210

開発途上国における国家体制…… 212

汚職と腐敗…………………… 214

開発国家と開発独裁………… 216

国際秩序と開発途上国……… 218

開発途上国の国家と社会の関係… 220

開発途上国の民主化………… 222

グッド・ガバナンスと国際協力… 224

持続可能な開発に向けての国家の課
題…………………………… 226

国家法と非公式法…………… 228

法と開発……………………… 230

開発途上国の公法…………… 232

開発途上国の私法…………… 234

移行諸国への法の移植……… 236

破綻国家の出現……………… 238

8. 平 和 ［編集担当：片柳真理］

現代における紛争と平和構築……242
国際社会による平和の取組み……244
平和構築と法の支配……………246
戦闘員の武装解除・動員解除・社会
　　復帰…………………………248
難民と国内避難民………………250
紛争と人間の安全保障…………252
土地・天然資源と平和構築………254

紛争とジェンダー…………………256
移行期正義と和解…………………258
国際武器取引と核不拡散…………260
テロリズム…………………………262
開発援助機関による平和構築の取組
　　み……………………………264
ビジネスを通じての平和構築……266

9. 貧困と不平等 ［編集担当：穂坂光彦・山形辰史］

貧困と不平等……………………270
貧しい人々の自立………………272
グローバル化と格差・貧困………274
貧困の指標と測定………………276
所得の不平等　…………………278
相対的剥奪………………………280
貧困者による貧困調査…………282

食の貧困……………………………284
居住の貧困…………………………286
貧困削減と再配分政策……………288
貧困削減政策の評価………………290
サハラ以南アフリカの貧困………292
南アジアの貧困……………………294
日本の貧困地域……………………296

10. 包 摂 性 ［編集担当：勝間 靖］

包摂的な開発……………………300
人権と開発………………………302
人道と開発………………………304
ジェンダー………………………306
民　族……………………………308
少数者……………………………310
子ども……………………………312

若　者………………………………314
障害をもつ人たち…………………316
労　働………………………………318
住民移転……………………………320
女性に対する暴力…………………322
人身取引……………………………324
保護する責任………………………326

11. 貿易と資本・労働移動 ［編集担当：長田 博・山形辰史］

グローバル経済下の貿易と生産要素
　　移動‥‥‥‥‥‥‥‥‥‥‥‥‥ 330
データでみる世界の貿易と直接投資
　　‥‥‥‥‥‥‥‥‥‥‥‥‥‥‥ 332
国際分業理論と開発‥‥‥‥‥‥‥ 334
開発のための貿易政策‥‥‥‥‥‥ 336
直接投資の役割‥‥‥‥‥‥‥‥‥ 338
技術移転と知的財産権‥‥‥‥‥‥ 340

グローバル・サプライ・チェーンと
　　国際分業‥‥‥‥‥‥‥‥‥‥‥ 342
世界規模の貿易自由化と途上国‥‥ 344
地域自由貿易圏の形成‥‥‥‥‥‥ 346
フェアトレード‥‥‥‥‥‥‥‥‥ 348
国際労働移動‥‥‥‥‥‥‥‥‥‥ 350
一次産品‥‥‥‥‥‥‥‥‥‥‥‥ 352

12. 成長・マクロ経済 ［編集担当：山形辰史］

経済発展とマクロ経済‥‥‥‥‥‥ 356
経済成長論‥‥‥‥‥‥‥‥‥‥‥ 358
経済成長と技術進歩‥‥‥‥‥‥‥ 360
産業構造変化‥‥‥‥‥‥‥‥‥‥ 362
産業連関‥‥‥‥‥‥‥‥‥‥‥‥ 364
経済危機‥‥‥‥‥‥‥‥‥‥‥‥ 366
開発と財政‥‥‥‥‥‥‥‥‥‥‥ 368

開発金融政策‥‥‥‥‥‥‥‥‥‥ 370
産業政策‥‥‥‥‥‥‥‥‥‥‥‥ 372
インフラストラクチャー建設‥‥‥ 374
持続可能な成長‥‥‥‥‥‥‥‥‥ 376
貧困削減を伴う経済成長‥‥‥‥‥ 378
債務削減‥‥‥‥‥‥‥‥‥‥‥‥ 380
金融発展‥‥‥‥‥‥‥‥‥‥‥‥ 382

13. 産業・金融・ビジネス ［編集担当：大野 泉］

産業・金融・ビジネス‥‥‥‥‥‥ 386
キャッチアップ型工業化‥‥‥‥‥ 388
技術の変遷と産業の発展‥‥‥‥‥ 390
産業集積と地域経済振興‥‥‥‥‥ 392
開発途上国における中小企業振興
　　‥‥‥‥‥‥‥‥‥‥‥‥‥‥‥ 394
産業発展のための人材育成‥‥‥‥ 396

企業発展と金融‥‥‥‥‥‥‥‥‥ 398
産業発展のための金融と開発銀行
　　‥‥‥‥‥‥‥‥‥‥‥‥‥‥‥ 400
貧困層と金融‥‥‥‥‥‥‥‥‥‥ 402
貧困層とビジネス‥‥‥‥‥‥‥‥ 404
コミュニティ・ビジネス‥‥‥‥‥ 406
一村一品運動‥‥‥‥‥‥‥‥‥‥ 408

14. インフラ・技術・強靱性 ［編集担当：池田龍彦・小泉幸弘］

インフラ整備と経済成長…………412	情報通信事業……………………426
インフラ整備とマネジメント……414	上下水道事業……………………428
道路整備事業……………………416	河川事業…………………………430
港湾整備事業……………………418	インフラ整備と環境配慮…………432
鉄道整備事業……………………420	住民参加による道路整備…………434
空港整備事業……………………422	自然災害と防災…………………436
電力・エネルギー事業……………424	緊急支援・復興支援………………438

15. 環境・資源・エネルギー ［編集担当：藤倉 良・佐藤 仁・金子慎治］

資源と環境………………………442	紛争資源…………………………458
開発援助のセーフガード・ポリシー…444	廃棄物管理………………………460
環境 ODA………………………446	電 力……………………………462
エコロジー的近代化………………448	生物多様性と遺伝資源……………464
大気汚染…………………………450	環境正義…………………………466
都市のスラムと汚染………………452	グローバルな水問題………………468
日本の公害経験の普遍性…………454	貿易と環境………………………470
資源の呪い………………………456	気候変動…………………………472

16. 国際開発協力の理念とアプローチ ［編集担当：下村恭民］

「開発協力」とは何か……………476	持続可能な開発と環境援助………490
援助理念…………………………478	民主化支援………………………492
国際開発規範……………………480	参加型開発協力…………………494
開発協力潮流の変化………………482	貧困削減戦略……………………496
ビッグ・プッシュ・アプローチ…484	援助協調…………………………498
南南協力…………………………486	インクルーシブな開発協力………500
構造調整アプローチ………………488	自助努力支援……………………502

17. 国際開発協力のアクター ［編集担当：吉田和浩］

国際開発協力のアクター……………506
先進国援助コミュニティの形成とそ
　　の多様性…………………………508
日本の政府開発援助の担い手………510
日本の援助の変遷……………………512
日本の援助の特徴……………………514
NGO・CSO と国際開発協力………516

民間企業と国際開発協力……………518
開発コンサルタント…………………520
新興国による援助……………………522
受入れ主体の役割……………………524
国際連合の開発協力…………………526
国際開発金融機関……………………528

18. 2030年以降の国際開発 ［編集担当：高橋基樹・勝間 靖・山形辰史］

国際開発の未来—人間の顔をしたグ
　　ローバル化のために……………532
ポスト SDGs …………………………534
援助国と被援助国・国際援助システ
　　ムの変容…………………………536
国連の役割……………………………538
企業は政府にとって代わるか………540
NGO は政府にとって代わるか……542
平和・安全保障と開発………………544
開発概念の豊穣………………………546
貧困計測の展開………………………548
保健開発の未来………………………550
教育開発の未来………………………552

資源・環境の未来……………………554
エネルギーの未来……………………556
グローバルな格差の行方……………558
人口問題の未来………………………560
グローバル時代の人の移動と開発
　　………………………………………562
都市化の未来…………………………564
民主主義は生き残れるか……………566
技術と開発の未来……………………568
社会関係の未来………………………570
オルタ・グローバル化は新自由主義
　　グローバル化の代案となるか
　　………………………………………572

見出し語五十音順索引　xvii

引用文献　575

事項索引　583

人名索引　610

用語の表記について

1. カタカナで表記すべき外国人名については，原則として姓をすべて示すとともに，ファースト・ネームのみイニシャルのアルファベットを示すものとした．しかし，当該人物についてファースト・ネーム以外の名（例えばミドル・ネーム）が用いられるのが通例である場合は，ファースト・ネームとその名の両方のイニシャルを示すこととした．例えば，カール・グンナー・ミュルダール（Karl Gunnar Myrdar）の場合，グンナー・ミュルダールと称されることが多いので，K. G. ミュルダールと表記した．
2. 複数の単語からなる外国語の術語をカタカナで表記する場合には，原則として単語と単語の間に「・」を入れ，初学者を含む読者に理解しやすくした．
3. いわゆる途上国を表す言葉に「開発途上国」と「発展途上国」の2つの表現があり，本事典の執筆者によっても，どちらを用いるべきかについて考え方の違いがある．しかしながら，編集幹事会としては，こうした違いがあることを踏まえつつ，両者とも同じ国々の集合を表していると考えられるので，読者の混乱を避けるために「開発途上国」に統一した．
4. 「障害（disability）」「障害者（disabled person）」については，「害」という字が与える負のイメージ，あるいは障害者自身が社会の機能や再生産を阻害しているという誤った解釈や印象を避けるため，「障がい」「障がい者」，あるいは「障碍」「障碍者」という表記がなされることがある．しかし，編集幹事会は，当該問題の当事者・専門家の意見や「障害と開発」研究に関わる書籍・論文での語用を検討した結果，「障害者」とは彼ら・彼女らの参加や活動に対して，社会の側がつくり上げ，あるいは放置している「障害」に直面している人々を意味するととらえる立場をとることとした．この立場に立って，複数の表記の混在による読者の混乱を避けるためにも，「障害」「障害者」という表記を用いることとした．
5. 「インフラストラクチャー」については，「インフラ」という略語を用いることが日本語の表記上定着しているので，原則として「インフラ」と表記することとした．

見出し語五十音順索引

NGO・CSOと国際開発協力　516
NGOとコミュニティ　102
NGOは政府にとって代わるか　542

●あ行

移行期正義と和解　258
移行諸国への法の移植　236
一次産品　352
一村一品運動　408
インクルーシブ教育　178
インクルーシブな開発協力　500
インフラストラクチャー建設　374
インフラ整備と環境配慮　432
インフラ整備と経済成長　412
インフラ整備とマネジメント　414

受入れ主体の役割　524

エイズ・マラリア・結核　154
栄養　158
エコロジー的近代化　448
エネルギーの未来　556
援助協調　498
援助国と被援助国・国際援助システムの変容　536
援助理念　478

汚職と腐敗　214
オルタ・グローバル化は新自由主義グローバル化の代案となるか　572
オルタナティブ開発論　12

●か行

介入行為としての近代化　52
開発援助機関による平和構築の取組み　264
開発援助のセーフガード・ポリシー　444
開発概念の豊穣　546
開発協力潮流の変化　482
「開発協力」とは何か　476
開発金融政策　370

開発国家と開発独裁　216
開発コンサルタント　520
開発と移民・ディアスポラ　106
開発と教育　166
開発と財政　368
開発と社会変動　50
開発途上国における国家体制　212
開発途上国における中小企業振興　394
開発途上国の公法　232
開発途上国の国家と社会の関係　220
開発途上国の私法　234
開発途上国の民主化　222
開発と人類学　46
開発とスポーツ　190
開発のための貿易政策　336
開発のプロセス―プロセス・ドキュメンテーション　44
開発理念の変遷　2
河川事業　430
家族関係の変容　64
学校と社会・コミュニティ　168
灌漑農業の歴史と発展　128
環境ODA　446
環境正義　466
感情と開発　30
感染症対策　152

企業は政府にとって代わるか　540
企業発展と金融　398
気候変動　472
技術移転と知的財産権　340
技術教育・職業訓練　196
技術と開発の未来　568
技術の変遷と産業の発展　390
キャッチアップ型工業化　388
教育開発と国際協力　204
教育開発と情報通信技術　186
教育開発の国際新枠組み　206
教育開発の未来　552

教育格差と公正　176
教育・人材開発と経済発展　170
教育と国民・市民の形成　180
教育における人権アプローチ　172
教育の質　174
教員養成・教員訓練　192
居住の貧困　286
緊急支援・復興支援　438
金融発展　382

空港整備事業　422
グッド・ガバナンスと国際協力　224
グローバル化と都市化　66
グローバル化と格差・貧困　274
グローバル経済下の貿易と生産要素移動　330
グローバル・サプライ・チェーンと国際分業　342
グローバル時代の人の移動と開発　562
グローバルな格差の行方　558
グローバルな水問題　468
グローバル・ヘルス・ガバナンス　144

経済危機　366
経済成長と技術進歩　360
経済成長論　358
経済発展とマクロ経済　356
言説としての開発　34
現代における紛争と平和構築　242

構造調整アプローチ　488
高等教育　200
港湾整備事業　418
国際開発概念の誕生と展開　6
国際開発規範　480
国際開発協力のアクター　506
国際開発金融機関　528
国際開発の未来—人間の顔をしたグローバル化の
　　ために　532
国際社会による平和の取組み　244
国際秩序と開発途上国　218
国際秩序の変動と地球規模の問題　18
国際武器取引と核不拡散　260
国際分業理論と開発　334
国際連合の開発協力　526
国際労働移動　350
国連の役割　538

国家体制と法制度　210
国家のリスケーリング論　68
国家法と非公式法　228
子ども　312
コミュニティと開発　84
コミュニティ・ビジネス　406
コンビニエンスストアの普及・現地化　76

●さ行

債務削減　380
サハラ以南アフリカの貧困　292
参加型開発協力　494
参加型開発とエンパワーメント　98
産業・金融・ビジネス　386
産業構造変化　362
産業集積と地域経済振興　392
産業政策　372
産業発展のための金融と開発銀行　400
産業発展のための人材育成　396
産業連関　364

ジェンダー　306
資源・環境の未来　554
資源と環境　442
資源の呪い　456
自助努力支援　502
自然災害　162
自然災害と防災　436
持続可能な開発と環境援助　490
持続可能な開発に向けての国家の課題　226
「持続可能な開発」論の歴史的系譜　20
持続可能な成長　376
社会階層と開発主義　62
社会関係資本　92
社会関係の未来　570
社会規範の変化　80
社会的な排除とマイノリティ　96
社会発展と観光　60
ジャパナイゼーション　78
宗教，コミュニティと開発　88
宗教と開発　28
宗教と教育　184
住民移転　320
住民参加による道路整備　434
種子から考える農業の持続性　132

障害をもつ人たち　316
上下水道事業　428
少子高齢化と人口ボーナス・オーナス　56
少数者　310
情報通信技術とデジタル革命　74
情報通信事業　426
食と農の距離　134
食の貧困　284
植民地化と西洋化　4
女性に対する暴力　322
所得の不平等　278
人権と開発　302
新興国による援助　522
人口転換と人口増加　54
人口問題の未来　560
新自由主義と国際開発　14
人身取引　324
身体性と開発　36
人道と開発　304

数学教育・科学教育　194

生活と居住　70
生態的農業と市場　124
生物多様性と遺伝資源　464
世界規模の貿易自由化と途上国　344
戦後世界経済の展開と国際開発　10
先進国援助コミュニティの形成とその多様性
　508
戦闘員の武装解除・動員解除・社会復帰　248

相互扶助ネットワークとその創造　90
相対的剥奪　280

●た行

大気汚染　450
多様性と創造性　42

地域自由貿易圏の形成　346
地方分権化と地域コミュニティ　104
直接投資の役割　338

低学費私立学校　188
データでみる世界の貿易と直接投資　332
鉄道整備事業　420

テロリズム　262
電力　462
電力・エネルギー事業　424

道路整備事業　416
都市化の未来　564
都市のスラムと汚染　452
土地・天然資源と平和構築　254

●な行

ナショナリズムと芸術　38
南南協力　486
難民と国内避難民　250

日本の援助の特徴　514
日本の援助の変遷　512
日本の公害経験の普遍性　454
日本の政府開発援助の担い手　510
日本の貧困地域　296
乳幼児のケアと教育　198
人間開発と人間の安全保障　16

農業と技術革新　130
農業と自然　116
農業・農村・農民　110
農業を担う主体の多様性　114
農村における生業の変容　112
農民と食料　126
農民と土地　118
農民の生活　120
農民の生存戦略と農村　122
ノンフォーマル教育　202

●は行

廃棄物管理　460
破綻国家の出現　238

非感染性疾患　156
ビジネスを通じての平和構築　266
ビッグ・プッシュ・アプローチ　484
必須医薬品　160
人の移動と難民　58
貧困計測の展開　548
貧困削減政策の評価　290
貧困削減戦略　496

貧困削減と再配分政策　288
貧困削減を伴う経済成長　378
貧困者による貧困調査　282
貧困層と金融　402
貧困層とビジネス　404
貧困と不平等　270
貧困の指標と測定　276

フェアトレード　348
プライマリ・ヘルス・ケアとユニバーサル・ヘル
　　ス・カバレジ　140
文化　24
文化相対主義　26
文化的慣習とコミュニティ開発　86
文化特異性障害　32
紛争・災害と教育　182
紛争資源　458
紛争とジェンダー　256
紛争と人間の安全保障　252

平和・安全保障と開発　544
平和構築と法の支配　246

貿易と環境　470
飽食化する食生活　72
包摂的な開発　300
法と開発　230
保健医療　138
保健医療情報システム　142

保健開発の未来　550
保護する責任　326
母子保健　148
ポスト SDGs　534

●ま行

マイクロファイナンスと地域コミュニティ　100
マイノリティとサブカルチャー　40
貧しい人々の自立　272

南アジアの貧困　294
民間企業と国際開発協力　518
民主化支援　492
民主主義は生き残れるか　566
民族　308
民族主義の勃興と南北問題　8

モラル・エコノミー　94

●や行

予防接種　150

●ら行

リプロダクティブ・ヘルス・ライツ　146

労働　318

●わ

若者　314

序章

歴史と理念

開発理念の変遷

history of development ideas

　人類は発祥以来,多くの発明・発見を重ね,技術を変化させてきたし,社会の仕組みを改編してきた.現代人の多くは,そうした変化の歴史を進歩の軌跡としてとらえているだろう.ただ,人々が明確に技術や社会の進歩を意識し,過去よりも現在,現在よりも未来に向けてよりよい社会や個々人の暮らしを実現することを目指すようになった――すなわち,「開発」が可能であるし,またそれを実現するべきものだと考えるようになったのは,長い歴史の中でごく最近のことである.

●**開発概念の形成と近代西欧**　そうした開発ないし発展の概念が明確な輪郭をもつようになったのは,18 世紀から 19 世紀にかけての西欧でのことである.J. ベンサムは,自由な個々人の幸福の総和の最大化のために社会の改良を唱え,功利主義の祖となった.功利主義の理念は後の経済学主流派を支え,経済開発論にも大きな影響を与えた.また G. ヘーゲルは近代西欧が実現した個々人の自由に基づく市民社会の発展こそ,神の意思の発現であるとした.ヘーゲルのこの考えは,社会は発展を歴史のうえで運命づけられているし,また発展を推し進めること―すなわち開発―は高い意義をもち,人々の使命であるとの考えを生んだ.そして,19 世紀にさかんとなる近代化論や,さらに K. マルクスに代表される社会主義思想や発展段階説の淵源ともなった(☞「民族主義の勃興と南北問題」).

　同時にヘーゲルら初期の発展論者は,発展の程度に応じて異なる社会の間に優劣をつける傾向をもった.ヘーゲル自身,近代西欧はアジアよりも優れているとし,さらにアフリカを発展の可能性の見出せない歴史の外の地であるとした.発展・開発の観念は,西欧の社会を至高とし,他者を下におく差別意識,あるいは文化絶対主義と表裏をなして誕生したのである.開発への使命感と他地域への差別意識は遅れた地域を文明化するという理念を生み出し,19 世紀後半から世界全域に広がる植民地支配を正当化する考えにもつながった(☞「植民地化と西洋化」).他方で,西欧至上主義と差別意識は人種主義思想を生み出し,20 世紀にはナチズムやアパルトヘイトなど大きな傷跡を残すことになった.

●**西欧至上主義への批判と南北問題**　20 世紀になると,西欧中心の近代化論は内と外から批判を受けることになった.内からの批判の代表的なものは,人類学者 F. ボアズらによって主張された,異なる社会・文化に優劣の差をつけない文化相対主義であり,欧米社会の文化絶対主義・近代化論に反省を迫った.外からは植民地における民族主義が台頭した.民族主義には西欧からの影響や人種主義を超克して,主導権を西欧から自民族に奪い返し,開発を自らのものとしていくという考え方が含まれている.そうした民族主義は,政治的な次元で,第 2 次世界大

戦後から 1960 年代にかけての植民地の独立として実現していくことになる.

　植民地の独立は世界全体に国民国家体制が拡大することを意味し，独立した国々はほぼ例外なく，開発を国家目標として掲げた．そして，開発を目標として富裕な国から貧困な国（その多くは旧植民地）への援助が恒常的に行われるようになった．開発は単なる理念にとどまらず，国家間の援助という実体的基礎を備えるようになったのである（☞「国際開発概念の誕生と展開」）．他方で，旧宗主国を含む先進国（北）と旧植民地を中心とする途上国（南）との間には不平等（☞「戦後世界経済の展開と国際開発」）と依存関係が続いており，そうした南北問題は開発と援助に強く影響した．この段階でも，西欧を模範とするべきという近代化論は影響力を失っておらず，開発の主体は途上国（特にその政府）とされたものの，目指すべきは何よりも成長を通じて先進国並みの国家の経済力と生活水準を達成することとされた．援助の容も供与側の先進国の意向に強く左右された.

●**開発理念と国際秩序の転換**　1960〜70 年代にかけては，独立した途上国が相互に連帯して先進国主導の国際秩序を改革しようとする動きも強まった（☞「民族主義の勃興と南北問題」）．また，経済成長至上主義などそれまでの開発・援助への批判が表面化し，国家全体よりも人々の福祉を直接実現しようとする理念的転換をはかる動きも生じた（☞「オルタナティブ開発論」）.

　1980 年代になると東アジア諸国などで高度成長を遂げる国が現れたが，その他の多くの途上国は累積債務にあえぐようになり，南からの国際秩序改革の動きは弱まった．アフリカやラテンアメリカの国々の多くは，功利主義以来の自由主義の理念に基づき市場原理の尊重を柱とする，構造調整政策を受け入れ，それまでの政府主導の開発のあり方は修正を余儀なくされた．他方で，構造調整は開発の人間的側面を無視しているとの批判を受けた（☞「新自由主義と国際開発」）.

　1990 年には，欧米先進国の後押しを受けた民主化が途上国に広がった．並行して開発の主体・受益者を政府ではなく，個々の人々と位置付ける参加型開発，そして人間開発・貧困削減の理念が影響力を強めていった（☞「人間開発と人間の安全保障」）．さらに 2010 年代には，環境や資源の面での持続可能性を尊重し，社会制度や公平性などをも考慮した持続可能な開発の考え方が国際援助の関係者の間では主流の理念となった（☞「「持続可能な開発」論の歴史的系譜」）.

　21 世紀初頭以降の中国など新興国の経済の拡大は，南北間で両極化した国際秩序を変容させつつある．特に新興国援助の拡大は，欧米主導の開発を理念のうえでも大きくゆるがしている（☞「国際秩序の変動と地球規模の問題」）．　［高橋基樹］

📖 参考文献
[1] ヘーゲル, G. W. F.『歴史哲学講義』(上下) 長谷川 宏訳, 岩波文庫, 1994
[2] トダロ, M. P.・スミス, S. C.『トダロとスミスの開発経済学』OCDI 開発経済研究会訳, 国際協力出版会, 2004

植民地化と西洋化

colonization and Westernization

　西洋の近代化は，産業化の過程で19世紀に成立した資本主義経済と，16〜17世紀の財政軍事国家間の抗争過程で現れた国際秩序としてのウェストファリア体制と国民国家の成立に象徴される．大航海時代以降，西洋諸国は，スペイン・ポルトガル間のトルデシリャス条約（1494年）に基づく「世界の東西分割」をはじめ，フランスとイギリスによる北アメリカ大陸東部とカリブ海諸島への植民活動にいたるまで重商主義帝国を建設したが，この時代は，18世紀末のアメリカの独立とともに終焉を迎えた．

●**植民地化**　西洋列強は，19世紀にはアジアとアフリカの植民地化に進んだ．英国はインドとマレー半島，フランスはインドシナ半島，オランダはインドネシア諸島に植民地を建設した．1884〜85年にはベルリン西アフリカ会議でアフリカの分割と植民地化のルールが策定され，20世紀初頭にはエチオピアとリベリアを除くアフリカ全土が西洋列強によって植民地化された．

　西洋列強が新たな領土や天然資源を獲得するために，軍事力を背景に他の地域を侵略する帝国主義と，国家主権の国境外の領域や人々への拡大を正当化する植民地主義が生まれた．植民地化を正当化する「帝国意識」は，生物界の適者生存を人間社会に拡大した社会ダーウイン主義や科学的人種主義などに裏付けられ，この思想は「闇と光」，「野蛮と文明」という二分法の下で，西洋列強こそが野蛮の闇に文明の光をもたらすとする啓蒙主義や地球上の諸文明のひとつにすぎない欧州文明を最上位とみなすヨーロッパ中心主義に連なるものであった．

　列強支配下の各植民地においては，既存の制度や有力者を通じて支配を行うイギリスの間接統治やフランスの同化政策などが行われた．植民地統治をスムーズに進めるために，ミッション教育などを通じて育成されたエリートは，現地の下級官吏に登用されたり，植民地統治の緩衝要因として利用された．入植者と「原住民」は異なった文化をもつ集団として接触した結果，文化変容が生じたが，入植者が「原住民」の文化を受け入れることは「文明の堕落」として考えられた．他方で，西洋との接触による文化変容は，程度の差はあっても，植民地社会に後々まで影響を残した．

●**アジア・アフリカの反応**　植民地化を通じて生じた「西洋の衝撃」に対するアジア・アフリカ社会の反応は多様であった．アジアでは，「西洋の衝撃」は社会内部に達せず，港湾都市などの西洋人の活動拠点を除いて「相対的な自立」が確保された．アフリカでは，入植者による土地の収奪に対してアフリカ人の叛乱ないし蜂起が初期には伝統社会の指導者によって，後には民族主義運動のもとで展開

された. キリスト教に改宗したアフリカ人の「独立教会」は，抵抗の場となった. 西アフリカでは西洋化された都市のアフリカ人エリートは，民族主義思想の流れをつくり出すと同時にパンアフリカニズムの国際的な運動ともつながっていった.

第2次世界大戦は，アフリカ人兵士の間で植民地支配の経験を共有する機会となった. 日本軍のアジアへの進撃は白人の人種的優越性と植民地支配の堅牢性の神話を粉砕し，被征服民の主権回復を戦争目的とした高貴な思想がなぜナチスドイツと日本帝国の支配したヨーロッパとアジアのかつての独立国だけに適用されるのかアフリカ人は疑問をもった. 戦後，アフリカ人の民族主義者は，アジアの民族主義者の独立運動の成功にも刺激された.

●**支配から開発へ**　両世界大戦間期には植民地支配の正当化論は大きく変化した. 旧ドイツ領植民地の再分割に反対したアメリカと植民地支配の拡大を目論んだイギリス・フランスの対立の中で，国際連盟規約に妥協案として取り入れられたのが「委任統治条項」であった. すなわち，近代的世界の中で自立できない人々が住む地域の福祉と開発は『文明の神聖なる信託』に委ねられ，この地域の人々の保護と指導は進んだ国々に委託されるという考え方である. これは，以後の西洋諸国による植民地開発政策の理念の中に取り入れられた.

イギリスでは，帝国を維持するため社会サービスを植民地の人々に提供するべきだとの考え方が現れ，政府介入の最小化，植民地の財政的自立，間接統治の原則が見直された. 世界恐慌期の1929年に制定された植民地開発法は，インフラ建設と自国品輸出の奨励を目的としていたが，1940年の植民地開発福祉法は社会の福祉にも目をむけ，「文明の神聖なる信託」に応えようとした. 労働党内閣のもとで制定された1945年の植民地開発福祉法は，1948年の植民地開発公社（CDC）の設立につながった. 植民地開発福祉法の贈与を主とする福祉支出とCDCの開発投資を通じてイギリスの資金が植民地に流れていった. フランスでも1946年に社会経済開発投資基金（FIDES）が海外領土のインフラ建設への融資のため創設された. 同基金は，植民地における資金面の自立原則を破り，本国が植民地に公共部門の資金を投ずることを認めたのである. そのためFIDESは植民地開発の「ニューディール」にとり重要な金融機関となった.　　　　　　　[北川勝彦]

📖 参考文献

[1] Callahan, M. D., *A Sacred Trust : The League of Nation and Africa, 1929-1946*, Sussex Academic Press, 2004

[2] Rist, G., *The History of Development from Western Origins to Global Faith*, 3rd ed. translated by Patrick Camiller, Zed Book, 2008

国際開発概念の誕生と展開

birth and evolution of the concept of international development

　第 2 次世界大戦後，先進国は開発途上国の開発に貢献することができるという信念が生まれた．「国際開発」とは，この信念のもとで形成された一連の制度と政策を指す．特に貿易・投資と比較して援助（あるいは国家間の資金移転）については，いち早くこの信念が形成された．

　第 2 次世界大戦終了後の戦後復興のためには，国家間の資金移転が必要であるという認識が生み出され，この考えを推進する具体的な国際機関として，1944 年 7 月のブレトンウッズ会議で国際通貨基金と並んで世界銀行の設立が決定された．世界銀行の正式名称は国際復興開発銀行（IBRD）であり，それはヨーロッパの戦後復興と開発途上国の開発を目的としていた．一方，ブレトンウッズ会議の翌年（1945 年）に国際連合が形成された．その後，世界銀行と国連諸機関は国際開発を促進する 2 つの主要な主体となった．国際開発という概念形成にあたってのもうひとつの柱は，マーシャル・プランであった．アメリカのマーシャル国務長官の名前を冠したヨーロッパ復興のための支援計画で，1947 年 6 月 5 日に発表された．援助総額は 102 億 6000 万ドルにのぼり，当時のアメリカの GNP の 2% を超えた．マーシャル・プランはめざましい成果をあげたために，その後の開発途上国向け援助に関しても，大規模な資金注入が開発の鍵となるという考えが定着した．

●開発途上国と国際開発の展開　1964 年になると，開発途上国の経済開発問題を討議する国連の専門機関として，国連貿易開発会議（UNCTAD）が設立され，その第 1 回会議がスイスのジュネーブで開催された．この会議の事務局長を務めた R. プレビッシュが『開発のための新しい貿易政策を求めて』を発表し，その中で開発途上国の成長を押しとどめ，南北間の経済格差をもたらしている主要因は一次産品交易条件の長期的・構造的な悪化傾向であると論じた．そして「援助よりも貿易（制度改革）を」がスローガンとして打ち出された．

　1970 年代になると，国際開発をめぐってさまざまな議論が錯綜した．3 つの主要な考えが提案された．1 つは，1973 年 10 月に発生した第 1 次石油危機を契機に生み出された新国際経済秩序（NIEO）を求める運動である．第 4 次中東戦争を契機に，イスラエルを支持する先進諸国を標的に，石油輸出国機構（OPEC）加盟国のうちペルシャ湾岸 6 か国が原油価格を 4 倍に引き上げた．OPEC 諸国は，加盟国内の油田，石油パイプライン，製油設備の国有化を進め，国際石油資本の影響力を排除した．資源ナショナリズムの高まりを受けて，1974 年になると国連資源特別総会「新国際経済秩序樹立に関する宣言」が出された．NIEO を支えた

基本的なアイデアは，既存の世界経済秩序の下では南北間の経済格差の是正は不可能であり，国際経済秩序の根本的な改革が必要であるというものだった．

　２つめの考えは，成長信仰に対する批判と地球環境問題への着目である．国際労働機関（ILO）はベーシック・ヒューマン・ニーズ充足援助論を提唱した．この考えの底流には，トリックル・ダウン説に対する疑問，すなわち成長の成果はやがて人々の間に「したたり落ちる（トリックル・ダウン）」のであるから，全体のパイを大きくする政策（マクロ成長政策）に専念すれば十分であり，特に貧困層に的をしぼった政策は必要ではないとする考え方に対する批判があった．こうした動きを反映して，R.マクナマラ総裁時代の世界銀行は絶対的貧困の撲滅や公正な所得分配に焦点を当てた．一方，1972年にローマクラブのレポート『成長の限界』が発表され，地球規模での「資源の枯渇と環境の悪化」に警鐘が鳴らされた．

　1970年代の，もう１つ着目すべき事態はアジア新興工業経済（NIEs）の台頭である．世界銀行のエコノミストたちを中心として，こうした諸国の高度成長を可能にしたのは輸出志向工業化戦略であると論じられ，開発における市場の役割を重視する考えが強調されるようになった．

●**構造調整から貧困削減へ**　1980年代は構造調整援助の時代と特徴付けることができる．世界銀行は，途上国の累積債務問題に対する処方箋として構造調整借款（SAL）を創設し，経済危機を克服し累積債務問題を解決するためには政府の介入・規制をできる限り取り除き，市場メカニズムを導入して民間部門が自由に活動できる余地を拡大することが不可欠であると提唱した．

　1990年代になると，構造調整という短中期的なアプローチから長期的な開発アプローチへの再転換が生じた．これに伴って，地球的規模のテーマが再び注目を浴びた．国際開発の課題として特に重視されたのは，貧困問題である．1990年から国連開発計画は『人間開発報告書』を毎年刊行するようになり，人間開発指標を提唱した．この考えを支えたのは，A.センの貧困の経済学である．センは，貧困を単に所得が低いということだけでなく，「ケイパビリティ（潜在能力）の剥奪」としてとらえた．広義での貧困問題が国際開発の最重要課題として認識されるようになったのである．一方，世界銀行も1988年にウォルフェンソン総裁下で「包括的開発枠組み」を提唱した．とりわけ低所得国での貧困削減に焦点があてられ，そのための援助を効果的に高めることが意図された．やがてこの流れは，2000年の国連ミレニアム・サミットとミレニアム開発目標の採択へと高まっていった．

[絵所秀紀]

📖 **参考文献**

[1] 絵所秀紀『開発の政治経済学』日本評論社，1997

[2] 西垣昭他『開発援助の経済学―「共生の世界」と日本のODA』第４版，有斐閣，2009

民族主義の勃興と南北問題

the rise of nationalism in the Non-Western world and the North-South Issues

　西欧諸国の繁栄は，19世紀以降の帝国主義時代に確立した国際分業体制に基づいて形成された．すなわち，西欧諸国は植民地・従属国の生産構造を資源や一次産品の単一輸出品依存へと固定化し，これを本国に運び，工業化の原料として，工業化，経済成長と「離陸」を成し遂げた．しかし，2度の世界大戦を経て，南の諸国でも，民族独立の気運が高まり，第2次世界大戦前後，アジア，アフリカなどで民族主義運動（その多くは先進国に留学した知識人たちに先導された）が生まれ，大戦後の独立をもたらす．本項では，南北格差の原因，この格差の是正を試みる近代化論，中心–周辺説や従属論，その開発へのインパクト，国際開発と南北格差，新興国出現の意味，世界システムへの影響，などをみることにしたい．

●**南北格差と経済理論**　南の植民地・従属国が独立するにつれて，北の先進国との間の大きな経済格差が人々の意識にのぼってきた．1960年代末，イギリスBBC放送で使われた「南北問題」という用語が広がる．中南米の多くの国は19世紀にスペイン統治から独立していたが，1930年代の大恐慌で自らの経済が旧宗主国の景気に振りまわされる現実に直面した．アルゼンチンのR.プレビッシュは，これを中心–周辺論として示した．彼は，中心国は所得弾力性が高い工業製品を生産するのに対し，周辺国は一次産品を生産，輸出するために，大戦後の技術革新に乗り遅れ，一次産品の対工業製品交易条件が悪化し，貿易赤字，債務累増など，不利な立場に立つと論じた．中心–周辺論は経済的な説明だが，やがて，これに飽き足らず，周辺国の一次産品輸出依存は，先進国，多国籍企業の経済支配により，周辺国が先進国に従属化しているからで，周辺国は経済発展のためには，経済自立の道を歩まなければならない，とする従属論の論者たちが現れた．これらの理論は，1964年に国連貿易開発会議（UNCTAD）の創設を導き，それ以来，UNCTADは，一次産品の価格安定化，途上国工業化を助ける一般特恵制度，南北格差を縮めるための対先進国GNP1%援助などを政策目標として活動することになった．これらの目標は，ある程度実現したものもあれば，効果の出なかったものもあり，成果はさまざまだが，南北協力が国際開発の重要なテーマであることを，国連の場で常識化したことは大きな意義をもっただろう．だが，UNCTAD創設から10年を経て，1970年代には2度の石油危機が起こり，南の国は，自国資源を自国で利用する方向に踏み切った．これが新国際経済秩序（NIEO）とよばれる動きで，従属論の流れに立つ政治的動きである．UNCTADの場では南の諸国が77国グループを形成し，今日まで南北問題の動因となっている．

●**国際開発と南北格差**　先進国の側では，1960年代から近代化論という枠組みの

もとに，国際開発により南の市場開放を先導する試みが行われた．つまり，ヘーゲル，マルクス以来の西欧型進歩思考に立つ発展段階説を採用し，途上国は，開発の遅れた国であるので，先進国の指導下に，西側資本を受け入れて経済成長を目指すべきだとする．近代化論は，アメリカおよび世界銀行グループの開発思想を形つくったが，ベトナム戦争と石油危機で痛撃を受けた．それ以降，西側諸国も，南の諸国の自治権，発展権など独自の言い分を無視できなくなった．南の国の資源主権，工業化を軸としたキャッチアップ時代が始まり，21世紀初頭前後にBRICS（ブラジル，ロシア，インド，中国，南アフリカ）など新興国が台頭してきた．ロシアは独自の移行経済体制をもつが，資源輸出国として，南と利害関係をともにする局面もある．これらの国の多くは中所得国となり，先進国クラブ経済協力開発機構（OECD）入りの階段を駆け上っているようにみえる．一見南北格差は縮まったかのようだが，実際は南1対北10という平均所得格差はこの半世紀，変わっていない．南内部でも繁栄の中心地が生じ，都市・農村間の格差が拡大した．また，「第四世界」といわれるように底辺部，国内植民地の状態に沈んだ地域や社会層が存在する．グローバル化の中で，資源地域を中心に大国が介入し，紛争，戦争が絶えず，多数の難民が流出する厳しい状況もある．

　だが，新興国は新しい世界経済ガバナンスの立役者となり，G7の先進国支配から，G20の集団合議制への変化が促進された．新興国の経済成長は，一方では近代化論が前提とした先進国の資本，技術を利用し，先進国市場への輸出を重視したこと，他方では，南の諸国同士の交流や共同市場化をも含め，低賃金労働力や資源を利用した工業化を進めたことによる．1960～70年代に主張された南の世界からの発展論が，半世紀後のグローバル化時代に，南の諸国の経済成長，近代化ブームに役立ったことは確かである．

●世界システムへの影響　G20など南の大国の発言権は，確実に高まった．他方で，従来の中心-周辺説は，南内部での格差増大により妥当性を失った面もある．だが，グローバリゼーションの流れの中で，南の伝統的な文化，思考様式が見直され，経済一辺倒ではなく，文化と開発，内発的発展を重視する流れが強まったことにも注意しておきたい．それは，先進世界が主導してきた資本蓄積，GDP成長を主たる発展/開発の尺度とする物質論的思考を見直し，豊かさを人間関係，文化，自然との関係を加えて考える新しい時代の思考を生み出した．だが，新興国で中国，インドなど南南援助を始めた国々をみると，自国の国益追求，資源確保や戦略援助など，あまりに北の世界の後追いをしている感はいなめない．南の世界もまた，従来の民族主義を見直し，人権と人間の尊厳に基づく新しいグローバル化時代に臨む時期といえよう．　　　　　　　　　　　　　　　〔西川　潤〕

📖 **参考文献**
[1] 西川　潤『新・世界経済入門』岩波新書，2014

戦後世界経済の展開と国際開発

evolution of post-war world economy and international development

　この項では，国際開発を視点に，東西冷戦とともに始まった戦後世界経済の展開を 1970 年代まで概観する．以下，国際開発とは「国家開発のための国際協力」の略称である（SID 1959, p.3）との文脈で，概観を試みる．

　戦後世界経済における国際協力の最も基本的な枠組みはブレトンウッズ体制である．国際通貨基金（IMF）と国際復興開発銀行（IBRD；1960 年より世界銀行とも呼称）を 2 本の柱にして，1946 年に発足した（ソ連・東欧諸国は不参加）．IMF は，為替レート・国際収支の安定を目的に短期資金を供給し，IBRD は，経済再建と新規投資促進のための資金貸付機関として機能してきた．また，戦後西欧諸国の復興・開発を担ったマーシャル・プランを継承して，1961 年，西側先進国を加盟国とする経済協力開発機構（OECD）が設立された（日本は 1964 年に加盟）．

●**平均所得の水準：世界格差**　南北間の国際開発が顕在化した 1960 年前後において，世界の経済格差はどの程度であり，その後，格差はどう推移したのか．図 1 は，購買力平価（物価水準）で国際比較した 1 人あたり実質 GDP を，世界の 15 か国について，40 年間の時系列で表示している．言うまでもなく，世界の各地域・国々は多様である．特にサブサハラ・アフリカにおいては，1960 年および 1961 年以降に独立した国がほとんどであり，飢饉・内戦に苦しんだ国も少なくない．

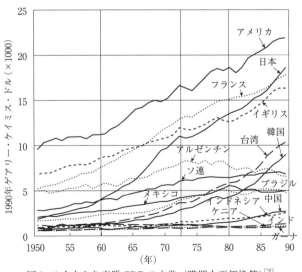

図1　1人あたり実質 GDP の水準（購買力平価換算）[2]

　図 1 によれば，1960～80 年の 20 年間で，所得格差（アメリカ＝1）の変化と平均成長率（アメリカ 2.5%）は，ケニア（1/16 → 1/18, 1.8%），ガーナ（1/9 → 1/13, −0.1%），インド（1/16 → 1/20, 1.2%），中国（1/13 → 1/13, 2.6%），インドネシア（1/10 → 1/10, 2.5%），ブラジル（1/5 → 1/3.5, 4.1%），メキシコ（1/4 → 1/3.5, 3.2%）などで

ある．一般に，多くの低所得国で成長率は低く，先進国との格差は拡大するか，縮小してもその度合いは小さい（人口増も大きな要因）．他方，韓国，台湾，ブラジル，メキシコなどはその逆でありOECDにより「新興工業国（NICs）」とよばれた．

●**経済成長の要因と国内格差**　戦後復興期に続く1950〜70年代初頭の世界経済は，資本主義国にとっても社会主義国にとっても「黄金時代」とよび得る高成長の持続した時期であった．この黄金時代は，1973年と1979年の「石油危機」（原油価格の2度にわたる暴騰）により終焉する．ちなみに，1950〜73年のGDP成長率は，OECD加盟国平均で5.4％，ソ連5.1％，アジアNICs 7〜9％，中南米NICs 6％強，中国5.8％，インド3.7％，ケニア5.0％などであった[1]．

　GDP成長率は，要素（労働・資本）投入の成長率と全要素生産性（TFP）の成長率の和に分解される．労働投入は人口に関連し，資本投入は国内貯蓄と援助・資本流入に依存する．TFPは要素投入の生産性を高める諸々の要因からなり，産業構造・規模の経済，教育・研究開発投資，民営化・規制緩和，市場経済化（市場価格に基づく資源配分）などが基本的にプラスに作用する．さらに，GDP成長に対し，低所得国では投入の貢献が大，中・高所得国ではTFPの貢献がより大きく，決定的になる．

　社会主義計画経済のソ連は，黄金時代の高成長下でTFP貢献度は著しく低く（経済成長率5.1％に対して0.5％，OECD平均は同5.4％に対して3.4％）であり，1991年の計画経済崩壊，冷戦終結はすでに内包されていた．同じ中国もTFP貢献度（5.8％に対し0.5％）が低く，投入主導型であったが，1978年に改革開放政策を決定，市場経済への漸進的移行を開始した．インドは計画的要素の高い経済運営の下，TFP成長はマイナスであった．

　開発戦略的にいえば，1960〜70年代の開発途上国は，内向きの輸入代替工業化（例えばインド）あるいは外向きの輸出志向工業化（例えばアジアNICs）を採用し，GDP成長（総所得の増大）を目標としていた．国内的には，増大した所得はやがては貧困層へしたたり落ちる（トリックル・ダウン）と想定されていた．しかし，世界銀行は，1978年，過去25年間の開発経験に基づき，今後の開発努力は経済成長の推進と絶対的貧困の軽減の2目標とし（『世界開発報告』創刊号），「BHNの充足」を開発戦略と援助政策の主要課題に設定した．

　この後1979年の第2次石油危機を経て，世銀そしてIMFは構造調整融資の，世界経済は新自由主義の1980年代へと展開する．　　　　　　　　　　［江﨑光男］

📖 **参考文献**

[1] マディソン，A.『20世紀の世界経済』金森久雄監訳，東洋経済新報社，1990（原著：1989）

[2] マディソン，A.『世界経済の成長史 1820〜1992年—199ヵ国を対象とする分析と推計』政治経済研究所訳，東洋経済新報社，2000（原著：1995）

オルタナティブ開発論

alternative development

オルタナティブ開発論では，主流派の近代的開発観と一線を画した開発のあり方が提唱される．主流派の近代的開発観とは，①経済成長は人々を幸せにするので，②国家が成長戦略を策定し，国民もその推進に協力することが大事であり，③科学技術の振興に力を入れて，そこで得られる知識を経済成長に役立てる必要がある，とみなす考え方を指す．

こうした近代的「パラダイム」のもとでは，個体間（個人や経営体や国家同士）の経済権益をめぐる競争が助長されて，自然環境の破壊や経済格差の拡大が進みやすく，そのために人間の生命・生活基盤がおびやかされかねない．こうした認識は特に 1970 年代以降，世界的に広まった．例えば，スウェーデンのダグ・ハマーショルド財団は 1975 年に『もう一つの発展』を世に問い，財界人からなるローマクラブは 1972 年に『成長の限界』を発表して話題になる．その結果，地球社会の持続可能性に対する懸念がかつてなく高まった．

オルタナティブ開発論はこうした中，国際開発の実務家や研究者の間で注目されるようになってきた．同論では，国家主導の経済成長路線に代わって，健康・教育などベーシック・ヒューマン・ニーズの充足，地域に根差した生活の振興，人間の生命・生活基盤の保全に資する科学技術の利用が重んじられる．

●**オルタナティブ開発論の代表例**　その代表的論者，鶴見和子は「内発的発展」論を提唱した．先進国がたどってきた経済成長路線や近代的開発の推進を後進国が後追いするならば，人間の生命・生活基盤に対する危機がさらに広まりかねない．そうした外発的路線に代わって，地元の自然や歴史や風土に即した独自の内発的社会変化の追求を重んじる考え方である．

「内発的発展」論は，玉野井芳郎の「地域主義」に相通ずる．近代的開発観のもとでは外部の経済主体による産業振興が優先されて，地域社会の経済的自立性が損なわれやすく，自然環境の保全や共同体維持もままならなくなった．こうした事態を抑止すべく，地域住民が主体となった生活振興が唱えられる．

「地域主義」と切り離せないのが，E. シューマッハーの「中間技術」論である．原子力発電や遺伝子組換え作物にみられるように，近代科学技術の粋を集めて生活の利便性を求めるあまり，人間の生命・生活基盤がおびやかされては本末転倒となる．より簡素かつ小規模で，生態系に適合した技術（再生可能エネルギー，低農薬農法など）の振興がかかせない．

V. シヴァの「アース・デモクラシー」論も同様に，近代科学技術で自然界を制御できるとみなす人間の思い上がりが，貧困や差別や暴力や環境破壊を生んでき

たと指摘する．それら諸問題から解放された，平和で公正で持続可能な社会，そして，自然界を慈しむフェミニズム思想に即して，地球上の全生物を「大地の家族」として大事にする暮らしが説かれる．

こうした金字塔的な論考の成果もあって，今日ではオルタナティブ開発をめぐる議論や実践が活発化している．日本では近年，経済成長路線が行き詰まりを見せる中，広井良典の「定常型社会」論や「ポスト資本主義」論，セルジュ・ラトゥーシュの「脱成長」論が話題となった．また，国内各地では地域循環型の村落振興に注目が集まっている．自然から生活手段を得て加工し消費する暮らしを，営農者や協同組合などが行政や企業と連携しながら振興する活動である．

同様の動きは世界各地でも顕在化しており，オルタナティブ開発論は国際社会全体に影響を及ぼすようになっている．国家単位でも，ブータンの「国民総幸福」やエクアドルの「ブエン・ビビール」（自然や他者との共存共栄）など，オルタナティブ開発論に親和的な国是がかかげられる時勢である．

●**近代的「パラダイム」の超克？**　こうした流れの中，近代的「パラダイム」の超克を目指そうと呼びかける論者がいる．ただし，次の点に注意しなくてはならない．第1に，近代的「パラダイム」は否定的側面とともに，長所も併せもつ点である．経済成長や国家体制や近代科学には，人々が地域在来の生活様式や自然環境に縛られることなく，自らが望む生き方を追求しやすい条件を整えるという長所がある．地域では手に負えない諸課題（雇用創出，社会保障，防災など）に，経済成長や国家体制や近代科学で応じることはかかせない．

第2に，近代的「パラダイム」はそもそも，一枚岩として存在するわけではない．例えば，開発援助では概ね近代的「パラダイム」が軸をなす一方，オルタナティブ開発論の影響のもと，生活の質向上を重んじる「人間開発」，地域主導の「参加型開発」，住民が建設や維持管理を担う「適正技術」も重視されてきた．実際の開発現場では，そうしたさまざまな考え方がせめぎ合う．

もちろん，経済成長や国家体制や近代科学は人間の生命・生存基盤を危うくしかねない．そうした実勢をみないのが近代的開発観だとすれば，ひるがえって「パラダイム」転換を唱える中，経済成長や国家体制や近代科学の長所をめぐる実勢をみないと，同根の過ちをおかすことになる．

そうした裏腹の関係におちいらないよう，オルタナティブ開発論か近代的開発観のどちらかに偏らず，社会の実勢を批判的に検証しながら，人間の生存と生活振興に資する開発のあり方を考えていく必要がある．　　　　　　［真崎克彦］

📖 **参考文献**

［1］ラトゥーシュ，S.『経済成長なき社会発展は可能か？―＜脱成長（デクロワサンス）＞と＜ポスト開発＞の経済学』中野佳裕訳，作品社，2010

［2］広井良典『ポスト資本主義―科学・人間・社会の未来』岩波新書，2015

新自由主義と国際開発

neo-liberalism and international development

いささかの言葉の詮索から始めよう．一般に，「○○主義」とは，「○○を主に義（よし）とする」考えのことである．したがって，「自由主義」とは，「自由を主に義とする」考えである．ところで，「自由」という言葉に対応する英単語としては，freedom（する自由）と liberty（されない自由）の2つがある．ここでの「自由主義」の原語は liberalism であり，ここでの「自由」は liberty の方である．それでは，「誰が誰により何をされない自由」が語られているのであろうか．換言すれば，「誰が何（X）をする自由を誰が尊重する」のであろうか．

本項での論題に即していえば，「自由主義」とは，「『資産所有者が国家により規制ないし干渉されない自由』を主に義とする」考え，である．これは，「『資産所有者が資産の収益を得るために活動をする自由を国家が尊重する』ことを主に義とする」考えと言い換えることもできる．また，「市場（原理）主義」，すなわち「『（経済活動の調整において）市場の働きを原則とする』ことを主に義とする」考え，とも実際上同義である．上記の定義にある「資産」は，実物資産（有形資産のみならず知的財産権などの無形資産も含む）と金融資産に大別しうる．上の定義を実物資産に当てはめるとき，企業間取引を含む企業活動全般にわたる自由が問題とされる．同定義を金融資産に当てはめると，金融機関の活動の自由および金融商品取引についての自由が問題とされる．

●**自由主義の歴史**　歴史上で，自由主義が力を得たのはどの時期にどのような経緯と理由によってであろうか．「旧」自由主義は，イギリスおよび近隣国での産業革命の進展の中で，穀物法の廃止（1846年）と航海法の廃止（1849年）を重要な契機として，19世紀半ばから第1次世界大戦にいたる世界貿易の拡大期にイギリス主導の経済グローバル化のイデオロギーとしてとして世界に広まった．それは，後進地域では一次産品開発・輸出を通じて大地主や大商人といった現地資産家に大きな収益機会を与え，経済・政治・社会の全面にわたる支配を確立させることとなり，今日にいたる「近代化」の歴史過程の初期条件を画することとなった．

第1次世界大戦から戦間期大不況期そして第2次世界大戦という混乱期を経て，第2次世界大戦後にはケインズ主義と福祉国家を基調とする国家の役割を重視する経済思想が主流となった．国際開発分野においても，市場の働きの不全を前提とする構造主義の見解や計画/介入志向が，途上国政府のみならず世界銀行など国際開発機関を含め広範にいだかれていた．

●**新自由主義と構造調整**　「新」自由主義は，1980年代からの世界規模での金融取引の拡大期にアメリカ主導の経済グローバル化のイデオロギーとして世界に広

まった. 1970年代後半のスタグフレーション（不況とインフレーションの複合）への反応として，1980年前後には政府の失敗を強調し市場の復権を唱える保守勢力が台頭し政権の座についた. これらの政権は，市場志向であるのと裏腹に反「社会」であり，規制撤廃と減税を通じて，そして労働組合と社会運動に敵対することで，資産所有者の自由と利益を最大限に実現することをはかった.

このような変化は，世界銀行の基本姿勢に反映され，民間部門・市場メカニズム重視の政策方針が打ち出された. その方針を反映して，経済全般にわたる政策・制度改革をはかるために構造調整貸付が開始され，コンディショナリティ（政策条件）を通して借入国政府に改革の実行が義務付けられた. このような推移は，途上国の多くが直面した債務危機からの脱却をはかる過程と同時期に起こった. 危機の原因として，保護と補助のもとでの輸入代替工業化などそれまでの国家主導の開発政策が非効率を制度化させていることに焦点があてられ，民間主導・市場重視・対外開放を志向する政策・制度への転換が構造調整の主眼とされた.

●構造調整の影響と批判　当初は，構造調整は長期の発展の基盤を再建するための中期の改革と位置付けられていたが，実際には多くの国で1980～90年代を通じて継続され，「失われた20年」とよばれる停滞期を生み出すこととなった. 1990年代には，旧ソ連・東欧での体制転換にも同様の改革の論理が適用され，構造調整貸付のコンディショナリティとされた. そこでもまた，「ショック療法」は急激な経済の悪化と長期にわたる停滞を生じさせ，「療法なきショック」とよばれることとなった. このような事態の進展の中で，構造調整とその背景にある「新」自由主義への批判がさまざまに提起されるようになった. 1987年にはUNICEFが報告書『人間の顔をした調整』で構造調整のもとでの社会支出の削減と生活状況の悪化を批判し，また1988年の西ベルリンでのIMF・世銀年次総会には大規模な抗議デモが組織された. このような外部からの批判もあり，構造調整貸付にあたっては同時に「社会保護」への支援もまた提供されるようになった.

途上国の多くが発展の停滞をみる中で，東アジア諸国の多くは着実な発展を続けた. 1970年代のNIESの台頭に続き，1980年代以降にはASEAN諸国と中国での経済発展が加速し，さらに1990年代以降にはインドシナ諸国やインドも高成長軌道にのるようになった. 1990年代末の東アジア経済危機を経て，2000年代以降には，先発グループでは成長の減速がみられるが，後発グループでは高成長が維持されている. 東アジアでの良好な発展実績は，新自由主義の影響を大きく受けず，国家の積極関与の下で産業資本主義の育成がはかられてきたことを反映している. 国家主導の経済開発が失敗し得ることは明らかである. しかし，他方で，新自由主義のもとで国家の関与が減少しまた金融資産の短期の運用益が追求されると，長期にわたる（有形・無形の）実物資産の蓄積が進まず，持続する開発が阻害されかねないのである.

[柳原　透]

人間開発と人間の安全保障

human development and human security

2003 年の「政府開発援助大綱」において，人間の安全保障は日本の援助理念の柱の1つに位置付けられた．人間開発と人間の安全保障は双子の概念である．これらの2つの国際規範を一体のものとして理解するには，インドの経済学者 A. センの思想にさかのぼって，両者の関係を理解する必要がある．

●人間開発の誕生　いわゆる「ワシントン・コンセンサス」に基づく 1980 年代の構造調整によって，開発途上国では社会サービスの劣化や失業の深刻化が問題になり，国連児童基金（UNICEF）などが「人間の顔をした」開発を求めるようになった．その流れで国連開発計画（UNDP）は，センの盟友の開発経済学者 M. ハクを編集者として，1990 年に『人間開発報告書』を刊行し，人間開発の概念を提唱した．人間開発は，センのケイパビリティ理論に基づいて，「人々の選択肢を拡大することで，皆が価値ある人生を送れるようになるプロセス」とされた．基礎的な選択肢には，学校に通えること，病院に行けることなどが含まれる．所得の増加は大切ではあるけれども，目的ではなく，人々の自由を拡大する手段にすぎない．このような考え方に基づいて，平均余命，教育，所得における達成を計測する人間開発指数が作成された．ただし，これらの3つの変数だけで人間開発を測ることについては，「荒っぽい」としてセンは批判的だった．人間の生活の質を計測する変数はほかにもたくさんある．人間開発指数は，それらの豊かな情報を探索していくための「導入」にすぎないのである．

●人間の安全保障の誕生　再びハクによる準備作業を経て，UNDP は『人間開発報告書』の 1994 年版において，人間の安全保障の概念を提唱した．人間の安全保障は，国家の安全ではなく，一人ひとりの人間の安全を実現することを目指すものであった．その提唱は，開発と平和のアジェンダを統合する概念を 21 世紀の国連改革にもち込む野心的な一歩だった．人間開発が人間の自由の拡大であるとすれば，人間の安全保障は，自由の拡大を阻むもの，すなわち「不自由の根源」に対処するアジェンダである．この概念が提唱された背景には，グローバル化によって世界システムが相互依存的になると同時に，著しく不安定化しているという認識があった．報告書をまとめあげた後，ハクは 1998 年に死去した．

●緒方・セン委員会報告書　UNDP の動きを継承する形で，2001 年，UNHCR（国連難民高等弁務官）の緒方貞子とセンが共同議長を務める人間の安全保障委員会が発足し，2003 年に最終報告書が刊行された．ここにおいてセンは，人間の安全保障の議論に，もともと金融論で使われるダウンサイド・リスクという用語を導入した．人間開発の営みを一瞬で破壊しかねないダウンサイド・リスクに

は，環境破壊，自然災害，感染症，経済危機，暴力的紛争などが含まれる．人間の安全保障は，これらの災厄の予防，緊急対応，そして息の長い回復にかかわる学び合いの回路を，課題横断的に設定する（図1）．それはまた，システミックな恐慌論を内在させていたマルクス主義の理論が後退し，均衡に向かう自動調整を重視する新古典派経済学が影響力を強める状況のもとで，

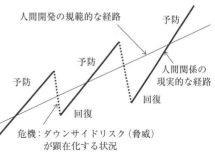

図1　人間開発と人間の安全保障

カタストロフィーの可能性に正面から向き合う視座を提供しようとするものである．人々がさまざまな災厄から逃れられないという認識は，仏教的な無常観ともつながる．

●**保護する責任（R to P, R 2 P）との違い**　これらの動きと並行して，主としてカナダ政府が中心となり，人道介入に力点を置く人間の安全保障の別バージョンが議論されてきた．これはR 2 P（responsibility to protect）とよばれ，ジェノサイドなどの危機に際して国連が介入する際の条件について合意をみようとするものだった．2012年，国連総会はR 2 Pと人間の安全保障を明確に区別する決議を採択し，その後，両者は独立した概念として議論されるようになった．R 2 Pが上からの保護と介入，平和の実現に力点を置くのに対し，人間の安全保障は下からのエンパワーメントと予防，そして平和と開発の相互関係を重視する．また，R 2 Pが紛争に焦点をあてるのに対し，人間の安全保障は災害を含む多様なリスクを対象とする．人間の安全保障とR 2 Pには，東洋医学と西洋医学のような対照性と相互補完性がある．

●**尊厳の中心性**　人間の安全保障は，ダウンサイド・リスクに抗し，保護とエンパワーメントを組み合わせて，一人ひとりの人間の自由を守り抜こうとするアジェンダである．人間の安全保障をめぐる議論（日本においてはとりわけ東日本大震災の後の議論）では，「恐怖と欠乏からの自由」に加えて，「尊厳をもって生きる自由」の大切さが再確認されている．かけがえのない人間一人ひとりの存在それ自体に敬意を示す「尊厳」の概念は，開発学と倫理学，人類学，宗教学などの多彩な分野の協働をうながすものであり，自由権，社会権に加えて第三世代の人権を希求する議論とも響き合う．さらに，日本の開発援助の柱のひとつである「オーナーシップ」の原則の根底にある価値を示すものだともいえよう．　　　　［峯　陽一］

📖 **参考文献**
[1] 国連開発計画（UNDP）編『人間開発報告書』国際協力出版会，1994
[2] 人間の安全保障委員会『安全保障の今日的課題―人間の安全保障委員会報告』朝日新聞社，2003

国際秩序の変動と地球規模の問題

changes of the international order and global issues

　開発と援助に関する政策や制度が誕生したのは第2次世界大戦後のことであるが，それらは時代とともに変遷してきた.

　戦後最初の大変動は1960年にイギリスがH. マクミラン首相の「変革の風」演説で，そしてフランスが憲法改正によって植民地の独立を容認したことである．その結果国家の数がいっきに増加し，国際社会の多数派として開発途上国群が登場した．南北問題が国際社会の中に陣営を組んで具体的に登場した訳で，1964年には南北交渉のために国連貿易開発会議（UNCTAD）が創設された．この変化に対応して国連開発計画（UNDP）など開発専門機関がつくられ，アメリカでは1961年に国際開発庁（USAID）が設立された．日本においても1962年に，国際協力機構（JICA）の前身である海外技術協力事業団ができている.

　石油危機に翻弄された1970年代は世界経済にとって一大画期となったが，産油国による石油価格の国際管理をめざした石油輸出国機構（OPEC）の石油戦略が結局挫折し，石油価格の市場化をもたらすことになった．その中で，一次産品価格の国際管理を掲げていた南北問題の主張は影響力を喪失した.

●**援助協調体制**　1980年代になると資源価格は長期低迷の時代に入り，東アジアを除く途上国は経済停滞にみまわれてラテンアメリカ諸国やアフリカ諸国は債務危機に陥った．途上国債務の救済措置が広くとられると同時に，開発と援助に関する議論は世界銀行はじめ国際金融機関を中心に展開されるようになり，各国個別に構造調整計画が組まれる体制に変化した．輸出志向工業化で急成長を呈する東アジア諸国がほぼ唯一の開発モデルとされ，地域的にもアジアの経済力が伸長して，それは中国経済の台頭へと続いていった.

　1989年のベルリンの壁崩壊，1991年のソ連崩壊によって冷戦が終結し，東西開発競争の時代が去ったことで，市場経済化を唯一の指針とするグローバル開発の時代がやってきた．2001年には中国が世界貿易機関（WTO）に加盟，翌年には野心的なドーハ・ラウンドが始まった．しかしながらドーハ・ラウンドは思うような進展を得られず，世界貿易の推進役はやがて，個別交渉や地域別交渉によるFTAやEPAが担うようになっていった．その中で貿易促進と貧困削減の共進をはかる政策がめざされるようになった.

　また1992年から気候変動枠組条約締結国会議（UNFCCC-COP）が始まり，1997年京都会議で京都議定書が締結されると，対途上国開発援助の中に気候変動対策が組み込まれることになった.

　南北問題論の退潮により途上国間の団結が失われ，構造調整の中で援助協調が

謳われた 1980 年代以降は，経済協力開発機構開発援助委員会（OECD-DAC）の存在感が最も高まった時期である．1996 年には日本政府主導で DAC 新開発戦略が採択されたが，この文書には経済福祉，教育，保健医療，環境の 4 分野にわたる 7 つの開発目標が掲げられた．2000 年に採択されたミレニアム開発目標（MDGs）ではこれに女性の地位向上や感染症防止，開発パートナーシップの推進が加えられて 8 目標が立てられ，21 の達成指標が設定された．2002 年には国連開発資金国際会議（モンテレー会議）が開催され，MDGs 実現を支えるため ODA 倍増が提唱された．MDGs 終了年の 2015 年には持続可能な開発目標（SDGs）が立てられ，17 目標 169 達成指標にまで拡張された．

●**テロの時代，開発競合の時代**　2001 年にアメリカで同時多発テロが勃発すると国際社会は再び激変する．テロ対策が最大課題として浮上，アフガニスタンやパキスタンなど国際テロ前線国に対して大量援助が投入され，英米を中心に ODA が大幅に増額された．さらにイラク戦争を契機に資源全面高が現出，折から中国の資源需要が急増していく中で以後 10 年に及ぶ資源価格高騰が始まった．

　資源全面高は資源収入の拡大をもたらし，開発途上国の経済成長率を全般的に引き上げることとなった．特に産油国や大型資源賦存国の成長率は大きく向上し，新興国ブームが招来した．途上国地域に対する投資が加速され，20 世紀末著しい経済低迷に苦しんでいたサハラ以南アフリカ地域においてさえ，資金流入の主体が援助から民間投資へと移行した．

　くわえて中国の台頭は途上国に対する貿易，投資，援助にまで及び，とりわけアフリカにおいて中国のプレゼンスが急速に拡大した．中国の援助政策は DAC のそれとはまったく異なるものであり，先進援助国との軋轢を生む一方，中国との連携をはかろうとする試みもみられるようになった．中国は新たにアジア・インフラ投資銀行（AIIB）や新開発銀行（通称 BRICS 銀行）といったマルチ開発金融機関を設立したが，これらに対する対応は国により異なった．結果として，開発援助調整機関としての DAC の存在意義が希薄化した．アメリカに次ぐ経済規模をもつにいたった中国を，国際秩序の中にどうやって安定的に組み込むか．そのグローバル課題のひとつとして開発と援助の問題が組み込まれたのである．

　DAC の影響力が衰え，中国との途上国ビジネス競争が激化すると，開発における国際協調路線が後退し，先進国においても援助政策における国益意識が強調されるようになった．また資源高好景気の中で世界的に，特に途上国内においても所得格差が一段と拡大し，テロの頻発や拡散との関係においても深刻な問題として認識されるようになった．資源ブームが終焉すると途上国の経済成長率は再び鈍化し，所得格差拡大とともに貧困問題の深刻化が懸念されている．　［平野克己］

📖 **参考文献**
[1] 平野克己『アフリカ問題—開発と援助の世界史』日本評論社，2009

「持続可能な開発」論の歴史的系譜

"Sustainable Development": a history of an idea

世界各地で開発の持続性が本格的に論じられ始めたのは1960年代からであった．この時期，建築・思想家 R. B. フラーや経済学者の K. E. ボールディングは「宇宙船地球号」のアナロジーを用いて人間と自然の関係を「地球」の単位で考える必要性を訴え，アポロ8号から初めて撮影された地球の外観は，この思想の流布に大きく貢献した．ローマクラブが最新のシステムダイナミクスの手法に基づいて人口と資源供給の関係を予測した『成長の限界』(1972年)は世界的なベストセラーになり，1972年の国連人間環境会議（ストックホルム会議）の開催は一連の動きを象徴する金字塔的な国際会議となった．経済開発に物質的限界があるのではないかと多くの人が考えるようになった時代であった．

図1 1968年12月24日にアポロ8号から撮影された初めての地球のカラー写真：「一つの地球」のイメージを世界に流布し，その後の環境運動のアイコンとなった（撮影：NASA）

●**資源枯渇の恐怖** ところで天然資源の枯渇可能性は1960年代になって初めて認識されたわけではない．18世紀後半に産業革命を迎えたイギリスでは，産業の基盤となる製鉄の燃料として大量の森林が伐採され，石炭燃料への移行の圧力になった．蒸気機関の発明によって，石炭の産業利用の有効性が明確になったことは森林の保全に役立ったが，今度は石炭の枯渇が脅威になった．技術進歩で資源利用の効率が上がると，かえって資源の消費量が増えるという「ジェヴォンズの逆説」は19世紀中ごろに提起された．

森林や石炭を「資源」として総合的に保全する必要性を論じる端緒となったのは，19世紀後半の米国における保全（コンサベーション）運動であった．そこでは資源の枯渇がそのまま人類の消滅につながるという懸念と，人間と自然環境が表裏一体であるという意識が強まった．その背景には，西部開拓によるフロンティアの消滅というアメリカならではの実体験があった．

日本にも自然保護に関する系譜は存在したものの，森林や河川といった便益の流れを生み出す天然資源を個別に扱うものが大部分で，それらを「資源」として統合的に保全するという発想が明確になるのは戦後のことであった．1950年代以降の高度成長は各地で公害や汚染を深刻化させ，多くの人が環境の重要性を身近に感じるようになった．資源は輸入の対象になり，日本の国土における持続性の課題はもっぱら公害との関係で論じられるようになった．

序章. 歴史と理念

●開発途上国の声 グローバル化が進む以前の世界では，資源の生産地と消費地が地理的に近接していた．しかし，グローバルな分業化が浸透している現在，ある場所での資源制約の問題は，より圧力の緩い場所に原料供給拠点を移動することによって先延ばしできてしまう．

植民地時代には原料供給地として，独立後には公害の輸出先として先進諸国の持続を支えてきた途上国は「開発/発展」のしわ寄せが顕在化しやすい場所である．こうした中で「開発とは何か」という切実な問いがラテン・アメリカなどの途上国から沸き起こったのは当然の流れであった．開発を問い直す一連の動きは，政策だけでなく，その根本にある精神や技術の構造をも問い直すことになる．

例えば E. シューマッハーの「適正技術論」は，自然を資本とはみなさない人間の視野狭窄を問題視し，技術のあり方をより現場に根差したものに直していく必要性を唱えた．各地で内発的発展や土着の文化の重要性が強調されるようになったのも，開発の矛盾が露呈しはじめた 1970 年代から 1980 年代に集中する．

近年，貧しい国々が率先して持続可能性や気候変動を論じ，それを司る政府機関を設置している点は注目しなくてはならない．途上国にとっての持続可能性問題は，新たな財政支援スキームへの参加など，自らの声を国際社会に届ける重要な回路になった．1992 年にブラジルで開催された国連環境開発会議（リオ・サミット）は，ストックホルム会議をさらに拡張した形で，途上国の影響力の大きさを世界に知らせる機会となった．先進諸国による歴史的な資源搾取を問題視し，新たな援助を引き出す手段として環境や持続性を利用するというパターンが途上国の戦略として定着するようになったのも，この頃からである．

●宇宙船地球号は幻想か このように歴史を振り返ると，持続をめぐる論争の焦点は大きく変化してきたが，資源の大量消費によって文明を成り立たせるという経済の基本構造は変わっていない．かつての途上国が新興国となって資源消費の拡大をさらに加速させている今日，持続性の問題は深刻さを増している．

豊かな国々の生活水準が頭打ちになった現在，開発＝進歩の図式はもはや成り立たなくなった．2020 年代を目前にして先進国の一部でみられる保守化の傾向と「国益」の重視は，宇宙船地球号という発想を幻に終わらせるのかもしれない．そうならないように，個々人の物的欲求の満足ではなく，人間同士の関係を豊かにするような「開発」を求めなくてはならない．そのためには人々がどのような形で互いに依存しあい，助けあう社会をつくっていくのかを問うことが先決だ．それは「持続性」以前に，「開発」の質そのものを問う作業になる．　　　　[佐藤 仁]

📖 参考文献

[1] 佐藤 仁『「持たざる国」の資源論―持続可能な国土をめぐるもう一つの知』東京大学出版会，2011

[2] シューマッハー, E. F.『スモール・イズ・ビューティフル』講談社，1986

1

文　化

文　化

culture

　国際開発学において文化の問題はきわめて重要な位置を占める．開発とは人間の社会行動の変化にほかならず，すべての人間が文化をもっている以上，その行動変化の要因として文化的次元を考慮せずに開発研究は完結しないからだ．

●**文化へのアプローチ**　ここでは文化を認識の構造ととらえ，それが人間の行為と相互規定的な関係をもつという考え方を紹介する．人間が生きていくためには，正しい生き方をしなければならない．そのため私たちの脳には，世界の成り立ちを説明し，そこで日々生じる出来事の意味を理解するための構造（規則の束）が存在する．そしてその構造を参照しながら，その場その場にふさわしい行為が導かれる．他方で，奇妙な行為や新たな行為が頻繁に行われるようになると，その行為を取り込んだ新たな認識の構造が出来上がることもある．例えば食文化について考えてみよう．人間は，自然界の多様な動植物の中から特定の物を食材として認識し，それに基づいて食事という行為を行う．ところが新しい調理法が工夫されたり，外来の料理が伝わったりすることで，食材の認識が改まることもある．人類がさまざまな食文化をもつのは，食をめぐる構造と行為の関係が世界の各地で多様な展開をしているためである．このような構造と行為の間の動的な関係を想定しておくと，開発にかかわる文化的問題を理解しやすくなる．

　本章ではまず，文化研究の基本的な視点である文化相対主義をとりあげる（☞「文化相対主義」）．これは，すべての文化は独自の価値をもち，優劣をつけられないという思想である．またその判断に基づいて，文化の研究は，絶対的な基準を用いて行うのではなく，相互の比較を通じて相対的に行うという方法論が導かれる．国際開発においては，先進国や開発を行う側の文化が優位とみなされ，開発途上国や開発を受ける側の文化が劣位とされる傾向があるが，文化相対主義はこうした傾向に警鐘を鳴らす．

●**開発を認識する文化**　文化を認識の構造としてとらえ，そこから一定の行為が導かれる点に着目してみよう．このアプローチでは，文化は，開発の意味を判断する基盤として作用する．本章では，その事例として宗教（☞「宗教と開発」），感情（☞「感情と開発」），障害（☞「文化特異性障害」）を取り上げる．宗教は，世界の成り立ちを説明し，善悪の基準を与えるなど，人々の世界観や価値観に大きな影響を与える．したがって宗教が異なれば，同じ開発政策であってもその受け止め方は異なり，賛同する者もあれば反発する者も出てくる．人間の感情も，人間に普遍的な生理的，心理的反応に基づきながらも，同時に，各文化に固有の感情規則に影響を受けていると考えられる．例えば，公平の感覚や競争心の表し

方などは文化によって異なり，開発の資源や機会の分配をめぐって怒りや妬みなどの感情をあらわにする人々も存在する．障害の認識も文化によって異なる．障害者という概念は決して普遍的なものではなく，障害者に接する方法も一様ではない．さまざまな文化にみられる障害の認識を学ぶことにより，障害者の包摂のための有益なヒントを得ることができるだろう．

　認識の構造としての文化というアプローチを用いて，開発を行う側の文化を分析することもできる．言説とは，特定の権力関係のもとで一定の考えを強調し，他の考えを排除するような言葉の使い方を意味する概念だが，これを用いて，開発援助を行う機関や専門家の開発認識や開発政策の「偏り」を考察することが可能になる（☞「言説としての開発」）．同様に身体性という概念を用いて，国際開発理論の「偏り」を考えることもできる（☞「身体性と開発」）．脳に依存しすぎた理論を是正するためには，脳以外の身体感覚の活用が鍵になる．

●**開発が形成する文化**　次に，文化が行為を通じて形成される側面に着目してみよう．このアプローチでは文化は基本的に動的，可変的な性質を帯びる．国家の開発を進めるにあたって，文化のあり方を定める文化政策を無視することはできない．なかでも国民に精神的な一体感をもたらすナショナリズムは重要な問題であり，それを高揚させるために美術や音楽，演劇などが活用されることがある．国家の起源や歴史が芸術によって描かれ，それを鑑賞する国民は共通のアイデンティティを強めると期待されるからである（☞「ナショナリズムと芸術」）．しかし多民族国家の場合は，支配的な民族の形成するナショナリズムがマイノリティ民族のサブカルチャーを抑圧したり，搾取したりする可能性がある（（☞「マイノリティとサブカルチャー」）．このような問題を防止するため，UNESCO が提案するのは，文化の多様性を開発の目標とする考え方である（☞「多様性と創造性」）．多様な文化の並存が国民の統一を乱すと消極的に考えるのではなく，国民の創造性を増すと積極的にとらえるのである．

　農村開発や集落開発もまた，当該社会に新しい文化を築くプロセスといえる．そのため開発の評価においては，その過程を丁寧に記録するプロセス・ドキュメンテーションという手法が重要である（☞「開発のプロセス」）．通常，開発政策の評価は事前，中間，事後など，異なる時点における数値を比較して行うが，プロセス・ドキュメンテーションは日々の出来事を記録し，開発の展開を質的に理解しようとする手法である．

●**人類学による開発研究**　人類学（文化人類学）は，文化の研究に特化した社会科学である．しかし人類学は，過去において開発に背を向け，開発や近代化の及ばない人々の研究に従事した歴史がある．本章の最後では，このような人類学の変遷と，それにつれて浮上した人類学的な開発研究の課題を考察する（☞「開発と人類学」）．

[鈴木　紀]

文化相対主義

cultural relativism

　1980年代，ケニア中央高地の農村に住まうギクユ人社会では，政府主導の「家族計画プログラム」の受容をめぐって抵抗があり，1人の女性が一生の間に産む子どもの数は6〜8人と多産志向が続いていた．
●**開発と文化のせめぎ合い**　政府は，受胎調節をすることで生活にゆとりができ，女性の健康も維持できると説明する一方，ギクユ人社会には社会文化的な葛藤があり，村内でも言い争いや衝突が頻発していた．多産が望まれる理由は，例えば，労働力を得ること，子孫を多く残せば男女ともに社会的名声が高まること，バリとよばれる男系リネージ（家系）を確実に継続させること，土地を息子に継承させて生活の糧を生涯とおして得ること，夫婦それぞれの両親の名前を子どもに名付けるために最低でも男女2人ずつの子どもを望むこと，などである．

　ところが，ギクユ人はその直後，家族計画を主体的に受け入れていくようになった．多産が土地不足や経済的困窮をもたらすという現実的問題に直面する中，子どもは4人程度で満足し，男女2人揃わずに両親の名前を継承できなくても仕方なく，むしろ少ない子どもに十分な教育を与えることが重要だと考えるようになった．農村では現地語のできる家族計画普及員（図1）が雇用され，末子が父親に食事を運べる3〜4歳になるまで次の子どもはもたない方がよい，という「先人の語り」が復活して語られ，避妊具や避妊薬が無料で提供されていた．

図1　地元主婦を中心とした家族計画普及員が，避妊の重要性を説明するカセットテーププレーヤーの使い方を学んでいる．年上の男性に性に関する話をすることはタブーであるため，このような機械を用いていた．手動で再生できる（1996年撮影）

　この展開から学べるのは，普遍的な「家族計画」の思想と現地文化の衝突はあったものの，欧米生まれの受胎調節の考え方の方が自然で正しいという自文化中心主義・自民族中心主義（エスノセントリズム）に陥ることなく，現地文化の出生観や諸事情を内側から理解し尊重することで，内発的な発展を導くことができたという点である．ここに文化相対主義の重要性が現れている．
●**文化相対主義の展開**　文化相対主義とは，それぞれの社会は異なった歴史的背景をもち，個性をもって形成されてきた文化を有するので，絶対的な価値基準を

もって優劣をはかれないという考え方であり，20世紀前半以降にドイツ系アメリカ人の文化人類学者，F.ボアズによって唱えられた．それは，当時のアメリカに広まっていた進化主義的な思想への批判，つまり，あらゆる社会は近代文明を頂点とする文明進化の途上にあるという単線的な進化図式の中で，人種差別や西洋中心主義的な思想が横行していたことを徹底的に否定したものである．それに代えて，文化相対主義は，異なる文化を比較して優劣を判断できないという主張であり，その後ひろく，異文化を学ぶ者がもつべきモラルとして認識されるようになった．

　一方で，文化相対主義を貫こうとした場合，果たして文化を異にする人間同士は相互に理解しあえるのかという疑問が浮上してきた．人類に普遍的な価値基準というものがなければ，異民族同士が共感できるような公分母的な基盤も存在しない．例えば現在，北東アフリカにおいて行われる女性性器を改変する女性割礼や，インドの一部でまれに行われる寡婦に後追い自殺を強要する寡婦殉死など，明らかに心身に大きな影響を及ぼすとされる慣行についても，当該社会の文化だからという理由で正当化できるのか，という疑問である．異文化との出会いは，「あなたと私の文化は違うから仕方がない」と，その差異を乗り越える努力を断念するのではなく，さりとて「あなたの文化は間違っている」と一方的に批判するのでもなく，双方の文化の特徴を確認しながら，粘り強く対話していく態度が必要となる．

●**複眼的な異文化理解**　国際開発研究・実践の現場において，どのように相手社会と向き合い，とらえどころのない文化を理解していけばよいのだろうか．文化相対主義の方法論は，文化に対して可能な限り客観的で，自文化中心主義的な先入観をもたずに相手を理解していくということである．その際，把握しにくい文化の見方として，内側からの視点と外側からの視点を合わせもつことは重要である．文化人類学では，そうした内なる視点，すなわち文化の構成員が共有する概念や世界観を内面から理解する見方を「エミック」，反対に客観的な通文化的な尺度を用いて文化を外側から観察し分析する見方を「エティック」とよぶが，この2つの視点は相互補完的で有用である．自分の価値観を押しつけることなく，相手を尊重する文化相対主義的な姿勢を保ちつつ，個別文化への深い洞察と，比較を可能にする広い視点をもち，複眼的に異文化理解を進めていくことが大切な作業となる．

［石井洋子］

📖 **参考文献**

[1] 内堀基光「文化的他者とは誰か」内堀基光・奥野克巳編『文化人類学』（放送大学教材）改訂新版，放送大学教育振興会，2014

[2] 杉田映理「エミックな視点から見るトイレの問題—現地社会の内側からの理解とは」佐藤寛・藤掛洋子編著『開発援助と人類学—冷戦・蜜月・パートナーシップ』明石書店，2011

宗教と開発

religion and development

　開発を経済のみならず，社会・人間的側面をも含む広義にとらえるならば，宗教は特に人間開発・社会開発の面では古くから重要な役割を果たしてきた．宗教者が信仰実践の一環として地域共同体の開発に熱心であった例は少なくない．M. ウェーバーの『プロテスタンティズムの倫理と資本主義の精神』も，宗教的倫理と近代資本主義の発展との関連を論じた古典である．しかし宗教が開発推進役となる場合がある一方で，反開発的影響力をもち，国際開発の現場で障害や対立・衝突の要因となることもあり，宗教と開発の関係は複雑な様相を呈している．

●**戦後の国際開発の分野における宗教と開発**　第 2 次世界大戦後の国際開発研究では 1960 年代までは経済成長優先の近代化論が中心で，宗教は近代化過程で衰退するもの，またはその障害ともみなされてきた．1970 年代には社会公正や基本的ニーズ・アプローチが取り入れられたが，国際開発における宗教や宗教団体への関心はようやく 1980 年代後半～1990 年代になって重視され始めた．この時期，多くの途上国で採用された構造調整政策が新自由主義経済のグローバル化を一層促進し，経済格差の拡大や貧困層の窮乏化を招くなか，特に途上国では社会腐敗や不公正に対抗する宗教勢力が台頭するようになったからである．

　1990 年代には宗教を含む文化資本への注目が唱導されるなか，世銀総裁 J. ウォルフェンソンは 1998 年，カンタベリー大主教と諸宗教の指導者らとともに開発戦略の決定に宗教関連団体を取り込む方針を打ち出し，それは WFDD（World Faiths Development Dialogue）の組織設立へとつながった．また 2001 年のアメリカ 9.11 事件は，冷戦終結後のアメリカ単独主義へのイスラーム原理主義過激派側からの反撃を象徴する事件ともみなされ，国際開発分野でも開発実践をいかに諸宗教の論理や倫理観との調和や対話のうえで推進していくかが重要課題となっている．こうして近年，持続可能な開発目標（SDGs）とのかかわりも含め，宗教と開発をテーマとする研究プロジェクトや研究機関が増加している．

●**近現代における諸宗教の内発的な開発思想と運動**　以上のような国際開発分野での動向の一方，特に 20 世紀以降，多くの宗教において近代化や開発に向けた独自の思想改革や新思想運動がみられた．中国では近代西欧の挑戦や近代化の影響を受けるなか，伝統的儒教文化を再評価しつつ欧米近代化モデルとの融合をはかる新儒教主義の動きがみられた．この動向は，第 2 次世界大戦前は中国大陸で，戦後は香港・台湾で広がり，中国本土でも 1980 年代の改革開放以降は，新儒家たちの開発思想研究が盛んになっている．

　仏教においても，スリランカで 1958 年に A. アリヤラトネが唱導し始めた仏法

と開発と革新を一つの運動に融合させるサルボダヤ運動は，その後ベトナムやタイなどで社会行動仏教（エンゲイジド・ブディズム）と総称されるようになる仏教的開発思想の先駆けとなった.

キリスト教世界でも，1960年代にはラテンアメリカ諸国でキリスト教的価値観に基づく貧者優先の社会経済開発を推進する「解放の神学」の思想が広がりをみせた．また1974年の福音派キリスト教徒の世界伝道会議では，社会政治的参与をキリスト者の責務とするローザンヌ誓約が発表された．聖年2000年にはまた，キリスト教の超教派団体がイスラームなど諸宗教の代表者の支持も得て，旧約聖書レビ記の記述にならい，最貧国の対外累積債務をその年末までに帳消しにする聖年記念運動ジュビリー2000を世界的に展開したことはよく知られる.

イスラーム圏においても，1978年の国際イスラーム救援機構（IIRO）の創設のほか，パキスタンのイスマイール派のアガ・ハーン財団の開発事業や開発支援活動，インドネシア最大NGOのドンペットドゥアファのイスラームの理念に基づく，一般人の喜捨を元手とした市場開発や教育事業また国内外での救援活動など，信仰に基づく開発活動がみられる．また金融のグローバル化の中で，イスラーム世界ではイスラーム法の利子禁止教義に対し，その背景にある不労所得や他人の労働搾取の禁止の思想に適合するように再解釈を施し,利子(リバー：ribā)の語を使用せず，資金運用も損益分担方式で事業運営するという，イスラーム銀行やイスラーム金融制度も生み出されてきている．しかし，イスラーム原理主義勢力などは西欧的近代化や開発に反対することが多く，同一宗教の中でも開発に対する考え方が極端に異なることも少なくない.

●**宗教と開発の両義性**　国際開発の実践現場では，宗教も含め住民のニーズ把握が肝要であり，住民からの信頼のあつい宗教指導者は開発面でも鍵となる人材である．インドネシアでの地震災害後，水道電気のインフラ再建かモスク再建かの議論の中で，住民の要望どおりモスク再建を優先したところ，その場が礼拝のみならず，住民の集会所となり，復興事業が円滑に進んだ例も知られている．ただし国際開発と宗教の関係は実際には複雑で，宗教の固定的教義的理解だけでは不十分で，多くの現象はその時々の政治社会経済的状況と緊密に関係している．同一宗教の信徒同士でも相互の利害関係から対立することは少なからずあり，すべてを宗教的要因から説明・理解することはできない．このように宗教が住民を結束させ，開発面でも推進的機能を果たす一方，反開発へと作用することもあり，国際開発の現場ではそうした宗教と開発がもち得る両義的動態への十分な認識と対応が必要不可欠であろう.

[鷹木恵子]

📖 **参考文献**

[1] ハインズ,J.『宗教と開発―対立か協力か？』阿曽村邦昭・阿曽村智子訳，麗澤大学出版会，2010

感情と開発

emotion and development

あなたは常に理性的な判断に基づいて行動していると，自信もっていえるだろうか．例えば，「理屈ではわかっているがどうしても許せない」という怒りの感情に見舞われたことはないだろうか．人間は感情に動かされやすい．その現実を率直に認め，現実に即して具体的な開発の事象に注目することでより深く開発の場がもつ意味を理解し，実践に反映させることも可能になるのではないだろうか．以下では，人間の感情を文化的合理性の観点からとらえ返す「開発の感情アプローチ」について述べる．

●**感情のとらえ方**　開発プロジェクトなどの実践活動のプロセスをみていると，それが単に表面的な動向を追求するだけでは把握しきれない，関係する人々の感情に大きく左右されることがわかる．人々は常に合理的，理性的に判断しているわけではない．場合によっては自らの利害や信念に反して行為選択を行うこともあり得る．

　R. デカルトは，ある事柄に対して個人の内面にわき起こる非理性的な「驚き」の感情があらゆる感情の原点にあると述べる．社会学における感情理解は，その「驚き」に相当する生理的・一次的な感情を，他者との関係において社会的に生み出される二次的な感情として言葉や態度，行為としておもてに表す際に，状況に適合するように感情を調整する装置としての社会的文化的規範（感情規則）への照らし合わせを行っているという，感情の重層性を想定している．人が何かを感じても，何らかの言語的あるいは身体的方法でその思いを他者の前に表出しない限り社会的には存在していないのと同じである．その感情をどのように表明するか，つまりどのように社会の中に示すかはその社会にある一定の感情規則という価値判断の枠組みの内側で行おうとするものである[1]．

　さらに，感情を社会的なものとする理解から一歩進み，その社会，組織，事象を構成する諸個人と，開発プロジェクトなどに関与する外部からの支援者双方のレベルでとらえようとするアプローチの仕方がある．現地の人々の「驚き」だけでなくそれと連動する外部者自身の「驚き」さえも感受しようとする構えである．

●**「怒り」を管理する**　南太平洋の島国ソロモン諸島では，「開発（development）」という言葉に対して，日用品購入や教育費など日常生活上の必要を充たすための現金収入を得ることや地域社会活動の改善など，生活の快適さの追求を指して使うことがよくある．開発の恩恵を受けられない人々は，恩恵を受ける人々に対して，自分も同様にそれを入手したいと望む妬みや，自分も得られるべき同様の恩恵の機会がかなわないと感じる嫉妬からくる強い怒りの感情を抱きが

ちである．ソロモンの人々は，単純に量的に同じであるという平等性や，持てる者が持たざる者に贈与し，いずれそれに対する返礼的な財やサービスの提供を期待するような互酬性を基調とする平等性の原理と，危機感を伴う集団間，個人間の対抗性という矛盾し合うようにもみえる2つの原理のもとにあり，それらが伝統的社会規範として存在する．同時にそれらは，彼らの感情規則の一部を構成している．妬みや嫉妬は「平等」と「対抗」の原理からの逸脱にかかわり，他者が自己よりも著しく抜き出ることを抑え込み，平等性を維持し続けようとする文化的反応である．

1989年にソロモン諸島西部のウェスタン州にある小島で，サゴヤシの葉を主材料とする伝統様式の建物を宿泊施設（ロッジ）として利用したビジネスが，その島の使用権をもつある拡大家族によって始められた．当時地元住民が観光関連のビジネスを村落で行うことは，きわめてまれであった．ロッジ経営を始めた頃，経営者家族と同じ親族集団に属する人々の中に，その経営者を中傷する人々がいた．彼らは直接的にも間接的にもロッジ経営にかかわらない人々で，「あの家族だけで金儲けしている，あいつらだけいい思いをしている」という妬みの感情を抱いていた．それに対して経営者家族は，平等性の原理に則り，ロッジからの恩恵を直接受けていない人々にさまざまな貢献（＝贈与）を行った．例えば，村の教会の補修費用や教育費の一部を肩代わりしたり，ロッジ経営を通じて手に入れたエンジン付きカヌーで急病人を他島にある診療所まで搬送したりもした．さらに，宿泊客に出す農産物や魚介類などの食材も，同じ親族集団の人々から買い上げるようにした．これらは人々の妬みに基づく怒りの感情が妨害や中傷などの行為に発展することを防いだり，すでに生じているそれらの感情を中和したりする行為であり，いわば他者の怒りの感情を「管理する」姿であるともいえる．ロッジ経営というそれまで誰もやらなかった収入源を見つけ出したことに対する「驚き」を，他の人々が平等性と対抗性の原理などの感情規則に参照した結果が，妬みという反応であった．ロッジの経営者家族は，妬みの感情を財やサービスなどの贈与で解消したり回避したりするという伝統的・文化的操作で他者の怒りを「管理」しながら開発にかかわる事柄と向き合い，ロッジ経営を存続させている．

社会科学においては，長年感情は非合理的な対象とみられ，合理的選択を攪乱する要素としてとらえられがちであった．しかし，開発が行われる社会の感情規則を明らかにし，それへの参照を通じて，怒りの「管理」のような人々による感情の行為化過程を解釈することによって，合理的選択への道を開くことが可能となるのである[2]．

[関根久雄]

📖 参考文献

[1] 北澤 毅『文化としての涙—感情経験の社会学的探求』勁草書房，2012
[2] 関根久雄『実践と感情—開発人類学の新展開』春風社，2015

文化特異性障害

culture-specific disorder

　開発の分野において障害のテーマを扱う際に，文化の多様性の側面を抜きに論じることはできない．本項では，まず障害と文化のかかわりについて理論的に整理する．そのうえで，ある民族誌の事例を参照し，開発が障害の課題を扱うにあたって，文化といかに向き合っていく必要があるかについての方向性を示す．

●**障害と文化をめぐる2つの視点**　20世紀初頭から，世界の特定の地域や民族，集団と結びついた精神障害などの存在が指摘されてきた[1]．例えば，北極圏のイヌイットにおいてみられるヒステリー「ピブロクト」，マレーシアなどに特有の興奮状態などをさす「アモック」，日本の恥の文化との関係が指摘される「対人恐怖症」などがその典型であるとされる．これらを総称して，文化特異性障害とよぶ（文化依存症候群，文化結合症候群とよばれたこともある）．これらの中には原因が解明されていないものもあるが，遺伝によるのでなければ，特有の文化・環境の下で生じた障害であるとみなすことができる．

　注意しておきたいのは，これらの現象を「障害」として命名，分類しているのは西洋の精神医学のまなざしであることである．現地の文化的文脈において同じように分類されているとは限らず，同じ現象が個人の個性や気質という程度に受け止められていることもある．

　これは，文化をめぐる2つの視点とも重なり合う．文化の観察を行う際に，外部者の視点（エティックな視点）と，当該文化を営む内部者の視点（エミックな視点）がある．ある集団特有の障害を，他集団と比較しつつ調査し，原因を解明するというエティックな研究と並行して，当該集団でどのような規範に照らして何を障害と認識しているかというエミックな「障害観」の研究も欠かせない．

　文化特異性障害については，しばしば人種的偏見が含まれるなか，西洋が異文化に特有の「障害」を見出してきたというバイアスが批判的に指摘されることもある．西洋医学による自然科学的な原因の解明は，これらの現象に対する一定の理解をもたらし得るが，現地の文化的文脈に即していかなる「障害」視がなされているかを併せて知ることが，当該の現象をよりよく理解することにつながる．

●**みんなが手話で話した島**　同様のことは，身体障害をめぐる認識においても成り立つ．アメリカ東海岸のマーサズ・ヴィンヤード島では，かつて遺伝性の聴覚障害をもつ人たちが集住しており，島民たちはみな，耳が聞こえる／聞こえないにかかわらず，日常的に手話を話して生活していたとされる[2]．高齢者に当時の状況を語ってもらうと，身近なろう者たちが耳が聞こえない人であったかどうかを失念してしまうほど，対等で特別視することのない隣人関係ができていたとい

う．手話が日常の言語として共有されていれば，会話や人間関係に支障は生じず，「障害」と特別視することのない認識が生まれるという事例である．

このように，ある集団が特定の個人に「障害」を見出すということは，何らかの社会生活上の支障の存在と結びついていることが多い．逆に，社会生活上の支障がなくなれば，個人に「障害」を見出すという認識は薄れていくであろう．

●**障害をめぐる2つのモデル**　開発は障害にいかに向き合っていくべきか．ここでは，開発の目的を「個々人が自由を増すこと」とする人間開発の理念に沿って，文化の重要性を念頭におきながら検討する．ある個人が特定の障害をもち，また社会においてそのようにまなざされ，自由が制約されている状態があるとするならば，開発の主務とは，自由を制約する要因を軽減することである．そのアプローチは2通りある．身体に内在するとみなされる障害とその要因を除去する方向性と，社会における「障害」視の背景をなす支障を除去する方向性である．

前者は「障害の医療モデル」とよばれる．治療やリハビリテーション，集団の遺伝的改良を目指す優生政策も含め，身体に内在するとみなされる障害とその要因を減らす試みが行われてきた．しかし，個人の尊厳の否定，当事者の過大な苦痛と負荷などが問題視されてきた．本人が治療などを望むのでない限り，当事者の意思を無視してこれらを遂行することは，今日の人権尊重の潮流にそぐわない．

後者は「障害の社会モデル」とよばれる．前述の島の事例のように，当該の人々が社会に包摂され，社会生活上の支障がほぼない状態であれば，聞こえないことに伴う自由の制約は軽減され，「障害」視も限りなく薄れていく．障害とその要因を身体から除去することよりも，社会生活上の支障の除去を通じた自由の拡大へ．近年の「障害と開発」の研究・実践は，社会モデルに軸足をおいている．

●**マイノリティ文化の包摂へ**　包摂の技法を育むにあたり，どのような方法が有効であろうか．ここでも，文化の存在が重要な鍵となる．先の例でいえば，マイノリティが生み出した文化（ここでは手話という言語）をマジョリティが受け入れることで，包摂が可能となった．マジョリティが上意下達で理想的な包摂的社会の設計を進めるのではなく，すでにマイノリティがもちあわせ，営んでいる生活文化を承認し，多文化の共存という形で受容するという発想は重要である．

マイノリティは，誰もが身体特性になじむ生活慣習をつくって暮らしている．それを学ぶ姿勢なくして，包摂的な社会を構想することは難しい．開発を企図するにあたって，まずはマイノリティ当事者の生活実践から学ぶことが重要であり，その中で文化人類学的な参与観察の手法も有効に活かせるであろう．

[亀井伸孝]

📖 **参考文献**

[1] 国立民族学博物館編『世界民族百科事典』丸善出版，2014
[2] グロース，N. E.『みんなが手話で話した島』佐野正信訳，築地書館，1991

言説としての開発

development as discourse

　開発言説批判は開発という行為を西洋中心主義的な思想体系に根ざすものとしてとらえ，それが援助者による被援助者への支配を正当化してきた過程を分析してきた．言説とは単なる言語表現ではなく，社会の諸制度や規範を規定する権力と不可分の関係にある．国際開発の領域では，援助政策とその思想的支柱となる学問＝知の生産の果たす役割が大きい．開発言説は，非西洋文化を「他者」とひとくくりにすることで非西洋社会の多様性を無視し，植民地時代と同じように西洋中心的な視点で途上国像を構築していった．

●**オリエンタリズムと開発**　開発言説の批判は，パレスチナ系アメリカ人のE.サイードによる名著である『オリエンタリズム』の影響を強く受けている．オリエンタリズムとは 東洋 を支配し再構成し威圧するための 西 洋 の様式を指すが[1]，「劣位」にある東洋のイメージはさまざまなテキストを通して再生産されてきた．つまり，言説であるオリエンタリズムは，国際関係において多種多様な権力との不均等な交換過程の中で生産される文化的支配の様式である．西洋中心主義的な異文化理解の地政学においても，「他者」を支配し操縦し統合しようという意志と行為が働くが[1]，こうした権力を支えるのは植民地制度といった政治的権力，政策科学のような知的権力，テキストや価値についての正当性に関する文化的権力である．

　開発の歴史をたどれば，植民地時代に西欧列強が東洋を文明化させるという大義名分のもと，「他者」としての被支配者を序列関係の底辺に位置付けた．こうした言説を通した他者性の構築は，植民地支配の反省がありながらも第2次世界大戦後の国際開発に残存した．開発人類学者のA.エスコバールは，今日のオリエンタリズムに基づく開発言説を，「第三世界の生成と管理の機制であり，第三世界に関する真実の生産を組織する」ものとして定義する[2]．こうした言説は，学問やメディアを通して途上国に関する知を形づくり，あらゆる形の政策介入と権力の配置につなげる道具として開発援助を位置づけ，戦後の国際秩序を体系づけた．

●**開発実践における異文化接触と同化主義**　途上国開発の準拠枠は，少なくとも戦後から1960年代にかけては欧米社会の近代化にあった．その後，参加型開発に体現されるように，1980〜90年代には援助される側の行為主体を重視するようになった．その背景には過去の開発計画の「失敗」，つまり考案・策定・実施にかかわる全過程から地域住民が排除されてきたことがある．参加型開発においては「上位下達的な」戦略よりも，参加に向けた「共同作業」方式の導入が提唱された．

とはいえ，社会技術としての参加型開発もオリエンタリズムと同様，他者化と
それを支える言説から自由ではない．参加型開発の目的が担い手を「病める者」
とみなし，自らの手によって看護させることであったとする批判もある（ラーネ
マ 1996）．つまり，参加型開発の計画に地域住民を組み込む発想が「介入」なの
であり，その策定には文化的中枢たる欧米で学んだ開発専門家の他者理解が優先
され，民衆が生活改善や社会改良のあるべき姿をどのように認識しているのかは
想定されない．被援助者を西洋的な知の体系に基づく計画に参加させ，近代に同
化させることは，当事者たちにとっては「動員」にもつながる問題をはらんでい
るといえる．

●**ポスト開発論と社会運動**　しかし，他方では現地の民衆による知の体系に基づ
いた草の根の社会運動が途上国のいたる所で形成されてきた．こうした集合行為
は，ポスト開発論という形で開発に対するオルタナティブな言説の構築に寄与し
た．ポスト開発論は国家が既存の社会秩序の枠組みで民衆を垂直的に統合してき
た点を批判した．そして，民衆の日常実践とニーズに根ざした水平的な連帯とア
イデンティティ形成が草の根の社会運動で実践されていることに着目した．これ
は，「授ける側」と「受ける側」の序列関係を克服する試みである．

　しかしながら，ポスト開発論のオルタナティブな社会構想に問題がないわけで
はない．その間隙の１つは真正な伝統や共同体を美化する傾向である．例えば，
生計手段を奪いかねない開発計画に抗う先住民たちを自然環境との調和に生きる
「理想の人々」として象徴化したり，伝統が純粋な姿で保持される集団を善とした
りする見方である．このような視座は，研究者が自らの価値観の枠内で対象者を
表象するという意味で，ポスト開発論が批判するオリエンタリズムの認識体系と
変わらない．もう１つの間隙は，現地住民が開発・発展，近代化を望んでいる経
験的事実である（小田 1997: 71）．それは生存にかかわる基本的ニーズの充足の
みならず，都市のエリート層が享受する近代的な生活様式への憧憬を含む．

　「悪い開発」に対する現地住民の抵抗の多くが，人権や個人的自由といった近代
的理念に基づいた不満である以上，西洋近代の価値観から構成される開発を一蹴
することは不可能である．こうした意味でも，開発言説の複層性と近代への同化
に対する抵抗ないしは選択を反省的にとらえること（Pieterse 2010）が必要であ
る．

[佐藤　裕]

📖 **参考文献**

[1] サイード，E. W.『オリエンタリズム』今沢紀子訳，平凡社，pp.21-22, 1993
[2] Escobar, A., *Encountering Development: the Making and Unmaking of the Third World*,
　　Princeton University Press, p.8, 1995

身体性と開発

embodiment and physicality in development

　開発援助は「貧困層のウェル・ビーイング（心身ともに良好な状態）の実現」，いわば「一人ひとりが生き生きとした日々を送れること」を目標に掲げる．開発学の貢献は，人々の暮らしを極力ありのままに理解し提言することにある．その際，「近代科学の知（普遍性，論理性，客観性）」だけでは物事が正確に把握されず，適切な提言もできないことが認識されている．よって，「臨床の知（固有性・多義性・行為性を中心にした知）」を通じた，人々のリアリティ（五感で感じ取る主観的な事実）」の理解の重要性が，特に人類学の領域から主張されてきた．

●２種類の脳化　　しかし，「脳化（人や社会が脳の副産物になる意識優先のあり方）」により，ありのままの理解は難しくなりつつある[1]．養老孟司は「人類史は「自然（身体）の世界」に対する「脳（意識）の世界」の侵食の歴史」とし，「近代科学の知」の行き過ぎに警鐘を鳴らすが，開発学にも２種類の脳化がみられる．１つめが「他者表象を通じた脳化」である．人類学を中心とする定性研究では，聞き取り調査が行われる．しかし現実は複雑で，用意した質問は調査者の「思い込み」と気づかされることも多い．だが，調査結果が政策文書になる過程で，援助する側の論理やイメージによる，「リアリティの編集」が起きてしまう．２つめの脳化は「脳化した人や社会のあり方の基準値化」である．これは，支援する／される側を超えて，脳化した人や社会のあり方が前提になることをさす．開発学・援助を担う者の多くは都市に暮らす．IT 技術の普及により，仮想現実と意識が同期するような，身体感覚の薄い日常生活も普通になりつつある．その上定量研究が主流となり，リアリティの数値化も急速に進む．それらの結果，開発援助が計画・実施される過程で，観念や数値中心の思考・行動・方法が，開発援助にかかわる政策や事業を通じて浸透し，援助の受け手に対して刷り込まれ，意識優先の人や社会のあり方が増幅する危険性も増す．

●事例にみる脳化　　具体的事例として，『世界開発報告』の 2000/2001 年版と2015 年版を紹介したい．まず，『Attacking Poverty (2000/2001 年版)』には，「他者表象を通じた脳化」が顕著に現れる．白書は，「開発途上国の貧困状況を多面的に調査分析し貧困削減への提言をする」とし，学際的な執筆チームが組まれ，大規模な調査プロジェクトが実施された．数千の途上国の貧困層が実際にインタビューを受け，結果は調査報告書となった．しかし白書にまとめられる段階で，他者である人々のリアリティは「機会の拡充」「エンパワメント」「社会保障」などの既存の枠に振り分けられ，問題を抱える存在として描かれ，政策提言の対象とされた．支援する側の脳内でイメージされた二項対立的な他者像やあらかじめ

設定された政策的方向性に，現場で得たリアリティが編集されたのだ．これに対して，2015年版『Mind, Society and Behavior』は「脳化した人や社会のあり方の基準値化」の顕著な事例だ．白書は「人の思考の3つの癖の科学的な理解が，適切な貧困削減政策策定につながる」と主張する．著者も引用論文も定量研究に大きく偏る．こうした方法では再現性が低く，数値化もできない，ような人々のリアリティは捨象されてしまうだろう．「途上国・先進国」の二項対立はない代わりに，科学的で「脳化されたあり方」を，人類のシナリオとする．まさに，脳の世界による侵食といえまいか．

図1　脳化社会を象徴する『世界開発白書2015』の表紙（© The World Bank http://live.worldbank.org/wdr-2015-mind-society-behavior）

●**身体性の回復**　2種類の脳化を緩和する方法のひとつに，身体性，つまりは「ありのままに生きていること」への立ち還りがあるだろう．動的平衡や自己創出などと難解に定義されるが，生きているとは，「循環（流れ）と均衡（バランス）が維持されていること」といえる[2]．これらのキーワードから眺めると，物の見え方も随分と変わってくる．例えば，流れをつくるのに必要な「出す（put out）」ことに着目してみよう．すると，「個人・組織・社会のパフォーマンスを妨げている要素や行為を出す（辞める・取り除く）ことで流れがつくり出され，本来のありのままの状態に戻すにはどうするか」と問いを変えられる．個人レベルでは「心配事が減り，呼吸が深くなり，心身の痛みや疲れが緩和され，生き生きと過ごせるようになったか」が，より重要な課題となってくる．社会レベルでは，地域づくり政策の策定過程に適切な循環があるか（対話，当事者の意見の反映，フィードバック）などに着目できる．「バランス」という観点からは，個人の暮らし・家族との関係性・地域社会への貢献に注目できよう．「維持」という観点では，物質的に常に成長するという前提に基づかない，開発学・援助の模索も可能になろう．そのためには，まず我々が，五感で感じ取る「文化」の世界に身を置き，生きていることを実感することが，「ありのままの理解」のために，我々のウェル・ビーイング実現のためにも，重要なのである．

[佐藤　峰]

参考文献
[1] 養老孟司『「都市主義」の限界』中公叢書，2002
[2] 福岡伸一『生物と無生物のあいだ』講談社現代新書，2007

ナショナリズムと芸術

nationalism and art

　ナショナリズムと芸術は，親和性がきわめて高い．E. ゲルナーによると，ナショナリズムは「第一義的には，政治的な単位と民族的な単位とが一致しなければならない」とする．しかし，往々にしてこの2つの単位が一致することはない．B. アンダーソンは，この矛盾を「想像の共同体」という概念から説明しようとした．想像力は芸術鑑賞に不可欠な要素であり，ナショナリズムと芸術運動が結びつくひとつの要因となる．本来カテゴリーを異にする集団間で共有する「国家」という想像の産物内で芸術が戦略的に用いられるとき，芸術は多様な背景を抱える人々が共同で鑑賞・参加することが可能な特別なメディアとなる．

●**戦時のナショナリズムと芸術**　戦争・紛争下において，映像芸術（写真・広告・映画）は国民に向けたプロパガンダに利用されることがきわめて多い．例えば，第2次世界大戦時にアメリカ防総省の依頼で作成された『汝の敵日本を知れ（Know Your Enemy Japan）』という国策映画がある．アカデミー賞を3回受賞した映画監督 F. キャプラが製作し，当時敵国だった日本を敵対視することで国民の戦意を高揚させ，アメリカの戦争を正当化するために利用された．ナチス・ドイツは，芸術をナショナリズムの高揚に巧みに利用した．L. リーフェンシュタールの映画『意志の勝利』は，1934年9月にニュルンベルクで行われた国家社会主義ドイツ労働者党（ナチ党）の第6回全国党大会の模様を映した作品である．芸術作品としての評価も高く，完成後ドイツ各地で上映されて記録的な動員を達成した．ナチス・ドイツの威信をかけたさまざまな国家的建築を担当したのは，党主任建築家であった A. シュペーアである．ゲルマニア計画（1933年），パリ万博のドイツ館（1937年），新総統官邸（1939年）などを手掛けて，当時のナチス・ドイツ（ドイツ国）の権威を国内外に喧伝した．また，ニュルンベルクの党大会会場は代表作のひとつであり，会場を照らし出す夜間のサーチライトによる光の列柱は，「強いドイツの復興」を示すきわめて強いシンボルとなった．

図1　ニュルンベルクの党大会会場の光の列柱（1937）　（出典：Daidalos, Bertelsmann Fachzeitschriften GmbH, Gütersloh, 1985）

●**内政と外政の影響下におけるナショナリズム芸術**　メキシコでは，国内の既存政権を打倒した革命政権側の理念の表明に芸術が利用された．メキシコ革命は，

特権階級を優遇したP.ディアス政権の交代をめざして1910年に始まった，長期にわたる政治社会運動である．この間，1920年代初頭から革新側が選択したのがインディオ文化を取り込んだ新たな国家的な芸術政策としての，メキシコ壁画運動である．D.リベラ，J.オロスコ，D.シケイロスの3人は壁画運動の中心的人物である．少数の白人エリートに対して大きな不満を抱えていた大多数の農民たち（メスティーソとインディオ）が，いつでも自由に芸術作品を鑑賞できるように，壁画という

図2　リベラによる『メキシコの歴史』（1929-35）の一部分．先住民を襲うスペイン人の姿に，メキシコ国家の歴史的起源が描かれている（撮影：鈴木紀）

媒体が選択された．また，文字が読めない貧しい人々に対してもメキシコ革命の意義や成果を伝えるために，物語性をもった大叙事詩ともいえる濃密な壁画が多く作成され，民族性の高揚に大きく作用した．

　外政への対抗としては，交響詩『フィンランディア』を作曲したフィンランドの音楽家J.シベリウスの活動を指摘できる．作曲当時，フィンランドはロシア帝国の圧政下にあった．1899年にはニコライ2世がロシア化政策を推進しており，フィンランドの自治権は剥奪されて公用語はロシア語となっていた．こうした中で，フィンランドの民族意識は急速に高まっていた．同年に発表された『フィンランディア』は祖国への愛を表現した崇高な旋律と絶賛され，食糧難・インフレといった日常生活への不満とロシアへの対抗意識と相まって，フィンランドのナショナリズムを象徴する国民的音楽となった．

　ナショナリズムは，内政や外政に対するさまざまな問題から「国民」の枠組みを縮小，拡張，確認するときに勃興する．芸術は，この枠組みの再構築を保守と変革の両方から補助する役割を担ってきた．しかし，再構築の際に設定する「国民」の枠組みの広狭によって，本来多様な人を受け入れられる芸術の作用範囲が限定され矮小化してしまう点は，十分認識されていなければならない．

〔牧野冬生〕

参考文献
[1] 加藤薫『メキシコ壁画運動―リベラ，オロスコ，シケイロス』平凡社，1988

マイノリティとサブカルチャー

minority and subculture

　サブカルチャー（下位文化）には2つの意味がある．それは，ハイカルチャー（上位文化）に対するものとナショナルカルチャー（国民文化）に対するものである．前者は文学やクラシック音楽ではなく，マンガやロック音楽のような主に若者を魅了する文化を指し，後者は国家の中のマイノリティ集団や特定の地域の中で共有されている文化をさす．いずれにせよ主流かつ支配的な文化とは異なる文化の総称だといえる．国際開発の領域では民族集団としてのマイノリティの文化がとりわけ重要な意味をもつため，本項では後者の点に絞って解説したい．なおマイノリティは一般的に障害者やホームレス，移民・難民，先住民など当該社会の中での少数派をさすが，必ずしも数の上で少数でなくとも，主流派から差別を受けるなど立場の弱い人々をさすこともある．

●**国家建設におけるマイノリティの文化**　国民文化は国家建設の中で，その時の政府により構築される文化である．とりわけ多民族国家の場合，国民を統合するための価値を模索する必要があり，特定の集団の中で共有されていた文化が，文化政策の下で保護されたり，公教育を通して伝達されたりして国民文化となる．

　例えば，1000を超える民族が居住しているとされるインドネシアでは，オランダからの独立後，国民文化の創造による国家統合がきわめて喫緊の課題となった．オランダが支配していた領土をほぼそのまま継承したインドネシア政府は領土内に抱える多様な民族を「インドネシア人」としてまとめるため，言語の統一ばかりでなく，影絵芝居ワヤン・クリットや染織物バティックといったジャワの文化に政府のお墨付きを与えることにより「インドネシア文化」を生み出した．

　なかでもインドネシア語はもともとオランダ領東インド時代にマラッカ海峡の東西で交易のために使用されていたマレー語（ムラユ語）が，1920年代後半に独立運動が拡大していく過程で現在のインドネシア領土に広まっていった，いわばつくられた国語である．また，今日インドネシアの国民音楽とみなされているクロンチョンは，もともとバタヴィア（現ジャカルタ）のトゥグ地方に住むポルトガル系住民の音楽であったが，ラジオを通して広く普及し国民文化のひとつとなった．このように一集団の文化が国家建設の過程で国民文化となることがある．

　一方，開発途上国の政府は国家建設と経済成長を早急に追い求めるあまり，領土内に住むマイノリティ集団の文化への配慮を怠ることがある．たいていの国家には，言葉や生業，信仰など生活様式が為政者の集団とは異なるマイノリティ集団が存在している．例えば，インドネシアではこれらの集団は独自の文化を形成するアダット（慣習）を有している．1960年代後半以降のスハルト体制下におい

て国家主導の開発政策が進められた際，地域住民がアダットのもと独自に管理していた多くの森林が，1967年に制定された森林基本法において国有林となった。以後アブラヤシの大農園が建設されるなどにより，地域住民が次第にそこから排除されていった．結果，アダットの衰退が問題視されるようになった[1]．

　明文化されない土地をめぐるアダットは，限られた資源を共有するための独自のルールを含んでいる．これに抵触する開発はマイノリティ集団の生活基盤の変動や衰退に直結するため，抵抗運動が起きやすい．ただし，この抵抗運動を繰り広げる過程で，当事者のマイノリティ集団が自分たちの文化を見直し再解釈することで，新たな文化を構築していくこともある．

●**マイノリティの文化をめぐる動態**　マイノリティの文化は観光資源として活用しやすく，現金収入の増加を目的にマイノリティを対象とする国家による開発プロジェクトが行われることがある．だが，この国家による包摂がかえってマイノリティ集団に軋轢をもたらす場合がある．

　インドネシアのスラウェシ島に住むトラジャとよばれるマイノリティ集団の死者儀礼は大変盛大に行われることから観光客を魅了してきた．もとは1970年代にトラジャの起業家たちが，トラジャ文化を観光で売り出すための宣伝を始めたことにさかのぼる．以後，彫刻で飾られた棺，葬儀，美しい景観などが評判となり，国内外から数多くの観光客が訪れるようになった．これに応じて，免許のない地元のガイドが増加した．こうしたガイドは国家主導でつくり上げてきた「文化的多様性」に対する脅威とみなされたため，南スラウェシ州政府観光局は，トラジャのガイドを免許制にする条例を公布した．免許取得には資金と通学が必要なため，この免許を取得したのは都会に住むブギス人や中国人といったトラジャの慣習を知らない人々だった．これに対しトラジャの人々は，都会の住民がトラジャの産物を観光用に独占していると批判した[2]．

　ここには文化を語るのは誰か，そしてそれを商品化して利益を得るのは誰かという問題が表出している．マイノリティの権利をないがしろにする場合，国家による観光振興政策は，地域の民族間の対立を強めてしまう．マイノリティの文化は国民文化の影に隠れがちだが，開発援助においてマイノリティの文化への配慮は欠かせない．開発援助が環境配慮型になり環境アセスメント基準を遵守するようになったのと同様に，マイノリティの権利に配慮したアセスメント基準を設けるのが望ましい．　　　　　　　　　　　　　　　　　　　　　［箕曲在弘］

📖 **参考文献**

[1] 長津一史・加藤剛編『開発の社会史—東南アジアにみるジェンダー・マイノリティ・境域の動態』風響社，2010

[2] Adams, K. M. "Touting Touristic 'Primadonas'" Picard, M. and Wood, R. E. eds. *Tourism, Ethnicity, and the State in Asian and Pacific Societies*, University of Hawaii Press, pp. 155-180, 1997

多様性と創造性

diversity and creativity

2005年に採択された「文化的表現の多様性の保護及び促進に関する条約」によれば，文化的多様性とは「集団及び社会の文化が，表現を見出す多様な方法をいう」(UNESCO)[1]と定義されている．また，「文化多様性に関する世界宣言」においては，「交流，革新，創造の源として人類に必要なものである」と宣言され，人類共通の遺産であり，現在および将来世代のためにその重要性が認識され，主張されるべきとうたわれている．

そして文化的多様性の推進とは，各地域，社会固有の文化を尊重するだけでなく，グローバル化や同化主義から多文化主義を保護することもさす．多文化主義とは，社会の成り立ちや文化のあり方が多元的であるという認識に基づき，多元性に根差した多様性を望ましいものとみなす姿勢や実践を指す．

●**「開発」と文化の多様性と創造性** 開発と文化の関係性については，ユネスコを中心に議論が展開されてきた．特に1970年代以降は，開発途上国の開発政策において，欧米の開発モデルの直接的な導入に限界がみられ，内発的発展理論や開発の文化的側面が重視されるようになった．近代化理論に基づき，先進国の価値体系をそのまま途上国に持ち込むのではなく，現地社会の歴史的，社会的，文化的側面に適合させた開発戦略を見直すことが有効な開発政策だと認識されるようになった．1980年代には，欧米を中心とした都市政策に文化的要素を導入することに関心が高まり，音楽，映像，デザインなどの文化産業は「創造産業」ともよばれ，都市開発において大きな役割を果たした[2]．

その後，1995年には「文化と開発に関する世界委員会」が『我らの創造的な多様性 (Our Creative Diversity)』報告書を発表し，各国の開発方針に影響を与えた．同報告書では，それまでの開発や経済発展の手段としての文化という位置付けから転じて開発の目的としての文化という主張がなされた．つまり，開発のための触媒として文化を把捉するのではなく，文化多様性こそが社会基盤であるとの報告がなされた．

●**「持続可能な開発」と文化の多様性と創造性** 2002年の「持続可能な開発に関する世界サミット」において，文化は環境・経済・社会に並ぶ持続可能な開発の第4の柱であると位置付けられた．同サミットにおいて採択された「実施計画」においては，持続的な開発を達成するためには，「文化多様性」が必要不可欠な要素のひとつであるとうたわれた．服部によれば，文化が創造力を得るためには，異なる文化の存在が重要である（服部 2009）．各文化は，異文化と出会い，交流することにより，その創造性が高まると指摘している．自国の文化やある問題に

関する常識を絶対的なものとしてとらえるのではなく，異文化のものと対比させ，自身の発想や常識を客体化し，相対化させることによって新しい発想を得ようとする考えである．生物の生活様式が多様であることが環境変化に適応できる条件であるように，文化自体の多様性や文化間の差異を担保することにより，人類の文明の活力になるとされる[2]．

●**文化多様性を実現するための「文化的権利」**　世界人権宣言（第27条）ならびに「経済的，社会的及び文化的権利に関する規約」において，文化的権利は「完全実施」が必要とされている．すべての人が各自で選択する言語，特に母語によって自己を表現し，自己の文化を創造，普及させる権利を保障することが必要であり，文化的アイデンティティが十分に尊重された教育と訓練を受ける権利がある，とされている．また，社会生活においても，すべての人が各自で選択する文化的生活に参加し，各自の文化的慣習に従って行動するべきだとされている．しかし一方で，すべての文化が同等に扱われるのではなく，女性の人権侵害に該当する文化やカースト制度などは文化多様性のひとつとして尊重する必要はないとされている．文化多様性条約の第2条においても，表現の自由などの人権が保障される場合にのみ，文化多様性は保護の対象になると規定されている．

●**多様性，創造性を育む「教育」**　ユネスコの「文化多様性に関する世界宣言」では，創造性を育むためにも，母語での教育を推奨し，低学年から複数の言語習得を目指すことを奨励している．母語を教授言語とした教育により，教育内容の理解を効果的に促進するだけでなく，豊かな創造性や独創性を育むことができるとする考えが根底にある．

　母語を教授言語とした教育以外で，創造性を高める教育形態としては，多様な背景を有する子どもたちが一緒に学ぶということがあげられるだろう．例えば，子どもたちの問題解決能力や批判的思考力を養うには，「同一性」よりも，多様なバックグラウンドをもつ子どもたちが集い，多角的な議論，学習を重視した方が望ましい成果を生むとされる．反対に，既存の知識を暗記するだけならば，多様性は阻害要因になる可能性がある．予備校や進学校で習熟度別クラスに分けるのは，効率良く暗記学習をするための措置であり，その中では学習困難児や障害児は，学習を妨げる存在になり得るかもしれない．しかしながら，これからのグローバル社会において，豊かな人間形成を施し，多様性を包摂できる社会を形成するためには，多様な子どもたちを包摂し，協働作用の中での学習をすることが必要となるだろう．　　　　　　　　　　　　　　　　　　　　　　　　［川口　純］

📖 **参考文献**

[1] UNESCO, *Diversity of Cultural Expressions*, Paris, 2005
[2] 寺倉憲一「9 持続可能な社会を支える文化多様性」国立国会図書館調査及び立法考査局『持続可能な社会の構築―総合調査報告書』国立国会図書館，2010

開発のプロセス―プロセス・ドキュメンテーション

development as process: process documentation

1970年代後半以降，従来の経済開発やトップダウンの開発政策重視への反省から，社会開発や人間開発，ボトムアップで住民主体の参加型開発や内発的発展などが注目されるようになる．こうした変化に伴い，インプットに対してアウトプットが予測でき，既定の時間枠の中でプロジェクトが計画・実施・評価される従来のブループリント・アプローチとは対照的に，単純明快ではない複雑な開発のダイナミズムと密接に関連しているプロセス・アプローチが重視されるようになってきた．

●**定性的な側面やプロセスへの着目**　開発プロジェクトが変化していくプロセスをとらえるためには，定量的なデータに加えて，定性的な側面をみていくことが重要であると認識されるようになってきた．例えば，農民組織や女性グループの数や人数の推移といった定量的なデータに加え，組織が結成された背景や経緯，発展の方向性やダイナミズム，リーダーシップの発揮のされ方やメンバーの自信や達成感，その地域の権力関係への影響，女性がメンバーになることによって生じる世帯内でのジェンダー関係の変化といった，数値では表しにくい定性的な側面をとらえていくことが重要となるのである．

P. オークレイは，開発の現場と研究の場を往還しつつ，1970年代から1980年代にかけての数多くの住民参加の事例を分析することにより，参加のプロセスが展開するにつれて明らかになってくる方向性の変化，予期されない結果，差異に基づく影響などに着目し，参加はある一定の期間にわたって派生する現象であり，こうした動的で定性的なプロセスとしての参加は，継続的なモニタリングなくして把握不可能であると指摘している．そして，定量的な側面の把握と評価が「測定と判断」であるのに対して，定性的な側面については，「記述と解釈」，すなわち一定期間にわたるプロセスの特徴と性質を記述し，それらを解釈することであると述べている（Oakley et al. 1991）．異なる意図・価値観・解釈・利害などをもつ多様なアクター間の相互作用に焦点をあてた N. ロングの「行為者主体アプローチ」（Long, N. and Long, A. 1992）も，開発のプロセスを分析していく際に効果的な視点を提供している．

人類学者であり，開発援助・実践の場に当事者として関与した経験をもつ D. モスは，開発の現場に派生する複雑なプロセスを捉えていくために，「プロセス・ドキュメンテーション」，「プロセス・モニタリング」という方法を提唱し，開発をプロセスとしてとらえ，そこに派生する複雑さ（complexity）を記述していく方法の深化に大きく貢献した．モスは，プロセス・モニタリングとドキュメン

テーションを，PMD というような開発業界で頻出する略語で表記することによって中身を固定化してしまうことを避け，多様な関心や視点，組織のニーズや業務に合わせてその記述方法や形式を柔軟にかえ，時に他の方法と補完的に用いることが重要であると指摘している（Mosse et al. 1998).

●**プロセス・ドキュメンテーションの実例と可能性**　いくつかの実例を通して，プロセス・ドキュメンテーションの用途や可能性をみてみよう．佐藤寛（2011）は，当事者として関与した開発プロジェクトを人類学的な視点で再構築する研究を「プロジェクト・エスノグラフィ」とよんでいるが，モス（Mosse 2005）や小國和子（2003）の研究は，プロセス・ドキュメンテーションを用いてのプロジェクト・エスノグラフィの一例といえるだろう．一方，鷹木恵子（2016）は，開発研究の分野において採用されてきたプロセス・ドキュメンテーションが，チュニジア革命とその後の民主化過程という，政治・経済・宗教・文化など多様な側面とかかわる現象をとらえ，多くの利害関係者や勢力が複雑に絡み合い，さまざまな動きが展開していった様相とその過程を記述するうえで優れて有効なものであるとし，この手法を用いて民族誌を描いている．

　開発プロジェクトのモニタリング・評価やフィードバックをより意識したプロセス・ドキュメンテーションとしては，タンザニアの JICA ソコイネ農業大学地域開発センター・プロジェクト（1999〜2004 年）を例にあげたい．プロジェクト期間中およびその後に発現される内発性や組織の変化，地域社会への影響や内在化などは，目にみえる成果として単線的・短期的に現れる性質のものではなく，交渉・衝突・妥協・協働など紆余曲折を経て展開される長期的なプロセスの中で浮き彫りにされてくるものであり，プロセスの記述を継続していくことによりみていく必要がある（荒木 2011；2016，黒崎 2011 など）．また，七五三泰輔（2009）は，プロセス・ドキュメンテーションの手法を用い，バングラデシュの環境保全プロジェクトの一環として実施された参加型開発の実践における政治的側面を明らかにしたうえで，政策提言を行っている．JICA 研究所のプロジェクト・ヒストリー・シリーズは，2010 年以降 20 冊程刊行されているが，JICA の技術協力やボランティア派遣などの事業の軌跡や幅広い影響を記録したものであり，プロセス・ドキュメンテーションのひとつの形態ととらえることができよう．

　「プロセス・ドキュメンテーション」は開かれた方法として，モニタリングや評価の基礎資料となるばかりか，開発政策やプロジェクトへのヒントや提言を導きだしたり，開発研究や他分野への学術的な貢献にいたるまで幅広い可能性を秘めているといえよう．　　　　　　　　　　　　　　　　　　　　　　　　［荒木美奈子］

📖 **参考文献**
[1] 荒木美奈子「開発実践における「プロセスの記述」」佐藤 寛・藤掛洋子編著『開発援助と人類学―冷戦・蜜月・パートナーシップ』明石書店，pp.202-227, 2011

開発と人類学

development and anthropology

　人類学とは文化をもった生物としての人間に関する総合的な学問である．人間の生物としての特徴を研究する生物人類学と，人間の文化を研究する文化人類学に大別される．ここでは，国際開発学と関連の深い，文化人類学に焦点をあて，国際開発学に対する人類学の特徴的なアプローチを4点述べる．

●**「呪われた双子」の克服**　19世紀末から20世紀にかけて，西洋のアカデミズムの中で，近代化の過程やそこで生じる社会問題を研究する学問として社会科学が確立する中，人類学は非西洋の未開社会を研究対象とする学問として分化，成立した．その後，そうした社会にも植民地統治や近代化政策の形で開発が導入されるようになったが，人類学者は新しい変化よりも失われつつある文化の研究にいそしんだ．つまり開発と人類学は，同時に生まれ，互いに背を向けて成長してきたという意味で「呪われた双子」にたとえられることがある．

　しかし1970年代以降，世界システム論の影響下，人類学でも政治経済学的アプローチが注目されるようになり，その結果，未開概念の見直しが不可避となった．どんなに素朴で，古くみえる文化でも，少なくとも大航海時代以降の植民地主義の影響を無視することは難しいという認識が一般化し，政治経済的な変動と文化との密接な関係を解明するような研究が増加した．この流れの中から，伝統文化が開発に及ぼす影響や，逆に開発が文化に及ぼす影響を考察する「開発の人類学」という領域が誕生した．

●**「人間優先」の開発から「内側からの関与」へ**　人類学による開発研究が盛んになるにつれ，1970年代から開発援助の実践にかかわる人類学者が増加し，彼らの仕事は「開発人類学」とよばれるようになった．中でも中心的な役割を果たしたのは，M. M. チェルネアが提唱した「人間優先」という考え方である（チェルネア 1998）．これは，既存の開発が経済や技術を中心に構想されるのに対し，人間を開発の基本に据える視点を強調したものであり，人類学者の開発現場への参入をうながした．

　一方，こうした人類学者の開発への関与は，強い批判を巻き起こした．開発を言説として批判的に扱う研究（☞「言説としての開発」）によれば，開発人類学は，開発を取り巻く権力と知識の関係にナイーブで，結果的に途上国の貧困を緩和するどころか，貧困層に対する支配の強化に加担していることになる．また開発によって近代的，科学的な知識が普及する一方で地域固有の伝統的な知識が軽視されたり，無視されたりする傾向にも批判が集まった．これは確かに，人間文化の多元性を，他のどの学問よりも重視する人類学にとって憂慮すべき事態である．

こうした批判を受け止めつつ，なお人類学の開発への関与を肯定する考え方が「内側からの関与」である．K. ガードナーとD. ルイスは，危険なものとして開発を批判し，遠ざけてしまうのではなく，むしろ国際開発の制度の中に参加し，開発言説の生成過程に関与しながら，なお開発の問題点を是正していく態度が必要であると表明した[1]．

●「長くて汚い」調査の再評価　人類学者が国際開発の現場に参入しはじめた初期には，現地の社会，文化の専門家としての人類学者の役割は明確だった．しかし1980年代からR. チェンバースの提唱した参加型調査法が一般化し，多数の開発プロジェクトがRRA, PRAなどを用いて，現地住民の視点に配慮するようになると，あらためて問われるのは，人類学は何に貢献できるのかという問題である．

もともとチェンバースは，人類学者が行う長期滞在型のフィールドワークを，質の高い情報が得られる調査法として評価していたが，時間がかかりすぎることと，開発の実務に役立つ情報を簡潔に提供しない点を批判して，「長くて汚い」調査と名付けた．人類学が開発研究に貢献するひとつの方法は，この「長くて汚い」調査を逆手にとり，開発の過程や成果を時間をかけて徹底的に調べることであろう（☞「開発のプロセス」）．参加型調査法は，短期間にある程度の質の高いデータを得ようとする折衷的な調査法である．そのため外部の者が描いた住民参加というモデルを性急に押し付けてはいないか，さまざまな調査手法を駆使しても，最貧困層の思いは見逃されたままではないかといった疑問がつきない．こうした調査法を用いた参加型開発の陥穽をみつけるためには，それとは別の手法でその成果を吟味する必要がある．人類学的なフィールドワークは，その有力な手段にほかならない．

●開発の目的はなにか　これまでの人類学の開発研究は，人間や，地域の文化に焦点を当てながら既存の開発政策の問題点を指摘し，その改善を呼びかけることが中心だった．しかしJ. クラマーは，豊かになって何をしたいのかという，哲学的な問題に人類学が取り組んでこなかったと批判する[2]．この点で人類学が目指すべきなのは，物質的な豊かさと文化の多様性，創造性の関係を吟味することである．そのためには文化の多様性が人類に何をもたらしたかを，今一度，考え直す必要がある．その際，世界各地の共時的な文化の多様性だけでなく，人類がたどってきた通時的な文化の多様性をも視野に入れて考えたい．未開から文明へ，古代文明から現代文明へと展開する文明論の中に現在の国際開発を位置づけ，人類が目指すべき方向を考える必要があろう．　　　　　　　　　　［鈴木 紀］

📖 参考文献
[1] Gardner, K. & Lewis, D., *Anthropology and Development: Challenges for the Twenty-first Century*, Pluto Press, 2015
[2] Clammer, J., *Culture, Development and Social Theory: Towards an Integrated Social Development*, Zed Books, 2012

2

社会変動

開発と社会変動

development and social change

　「社会変動」とは，社会学において特別な意味をもつ概念である．そしてそれは，なぜ社会学が19世紀初頭の西欧社会において誕生したのか，という問いと深いかかわりをもつ．当時の西欧は産業革命および市民革命を経て，社会のありようが激変しており，知識人たちは自分たちが今生きている社会とそれ以前の社会との違いを説明する必要に差し迫られていた．こうして生まれた「時代診断の学」としての社会学は，社会の大きな変化，すなわち社会変動をとらえるべく理論構築をはかった．社会学の基盤をつくったÉ. デュルケム，M. ウェーバー，K. マルクスらの議論はいずれも社会発展や近代化の過程，資本主義の仕組みを説明しようとするものであり，それらは国際開発学として馴染みの深い近代化論，従属論，世界システム論，さらにはM. カステルやA. ギデンズにも連なっている．

　このように，社会変動という語は，単なる社会変化とは少々意味が異なる．通常では揺らぐことのない社会の骨組みや基盤のようなもの，すなわち「社会構造」が変化するからこそ，社会変動としてとらえるのである．そして社会変動は災害，技術革新といった外生的要因によってだけでなく，人々の意識変化といった内生的要因によってももたらされる．例えば身分制度や家族制度，雇用関係，コミュニケーション手段が大きく変われば，社会のさまざまな局面もまた変化する．とりわけ近代社会から現代社会への移行は，産業化，都市化，合理化という特徴によって説明される．何が社会変動をもたらすのか，そしてその結果いかなる影響が生じるのか．この点はまさに開発や近代化そのものと密接な関係をもつのである（☞「介入行為としての近代化」）．

●**人口変動および人の空間移動と社会移動**　デュルケムの社会分業論が人口量と密度を重要な要因として考えていたように，社会変動のひとつに人口変動がある．国際開発学としては，世界が全体として多産多死から多産少死の段階に入った1970年代に，世界人口の急増が環境容量を超えるのではないかと危惧された．現在も世界人口は増加し続けているが，今後は少産少子型へと移行する国も増え，少子化や高齢化に基づく人口構成の偏りにいかに対応していくのかが議論されている（☞「人口転換と人口増加」「少子高齢化と人口ボーナス・オーナス」）．

　また，人の移動は社会変動の帰結であると同時に，社会変動を促す一要因でもある．社会の発展と交通手段の発達に伴い，人の移動回数と移動距離が増えるのは，ある種の必然的な現象であるといえるが，国境によって線引きを行う国民国家体制においては，難民などの問題が生じている（☞「人の移動と難民」）．グローバル・ツーリズムの展開も移動現象のひとつであるが，経済格差や南北問題

2. 社 会 変 動　かいはつとしゃかいへんどう　51

などマクロな背景とともに，ホスト社会へのインパクトやホスト-ゲスト関係に基づくミクロな分析も重要である（☞「社会発展と観光」）.

　人の空間的移動のみならず，社会移動も社会変動を測る重要な一断面である. 途上国における新中間層台頭，社会階層の分化はまさにその核心的な動向であろう（☞「社会階層と開発主義」）. また家族は，社会を構成する最も基礎的な集団である. 近代化とともに拡大家族から核家族化へと移行するパターンが多くみられるが，経済発展がもたらす家族・親族関係への影響は，国・地域によっていかに異なるか，注意深くみるべきだろう（☞「家族関係の変容」）.

●**グローバル化と空間構成および生活様式の変化**　さて，近代社会における特徴のひとつとして都市化はきわめて重要である. しかし，どの国でも同じように都市化が進んでいくわけではない. また，急速な都市化により，居住環境や交通インフラの整備がしばしば追い付かず，スラム化する地域も少なくない. グローバル化の進展とともに都市は今後どこへ向かうのか（☞「グローバル化と都市化」）. こうした空間変容を国家，リージョナル，ローカルの観点から歴史俯瞰的にとらえる議論として，国家のリスケーリング論も参考になる（☞「国家のリスケーリング論」）.

　社会変動はまた，生活レベルでの変化を伴う. 生活の舞台である居住環境，さらに食生活も社会発展とともに大きく変容する過程は，目にみえて観察することができるが，意識や価値観にも目を向けたい（☞「生活と居住」「飽食化する食生活」）. 情報通信技術がもたらす影響は，しばしば先進社会以上に開発途上国社会において大きいだろう. 安全な飲料水や電力供給が十分行き届かない地域にスマートフォンの普及が進むことは珍しくないが，この普及によって脆弱な生活基盤を補完する機能をもつ可能性もある（☞「情報通信技術とデジタル革命」）.

　生活領域の変化をみわたす一例として，コンビニエンスストアを題材にとってみると興味深い. G. リッツアが「マクドナルド化する社会」で議論したように，コンビニエンスストアもまた，近代化の構成要素である合理化，産業化をまさに体現している（☞「コンビニエンスストアの普及・現地化」）. また，社会変動を考察する際には，目にみえない非物質的な変化（例えば価値観，意識）などをとらえることも必要である. グローバル化の進展とともに，日本の商品やサービスがアジアを中心に受容されているが，これらは単に消費されているだけなのか，それとも「日本的な」価値観や思考様式の普及・拡大という側面を伴うのか. 日本型コンビニのアジア展開とあわせて考えることができよう（☞「ジャパナイゼーション」）. 同様に，目にみえにくい一現象ではあるが，社会規範の変化もまた，社会発展を考察するひとつの手がかりとなるだろう（☞「社会規範の変化」）.　　　［浜本篤史］

📖 **参考文献**

[1] 富永健一『近代化の理論—近代化における西洋と東洋』講談社学術文庫，1996

介入行為としての近代化

modernization as an induced progress

　西欧諸国にとって近代化とは，イギリスで始まった産業革命を契機とする複合的な変化が近隣国に波及する自生的な発展過程であった．しかしながら，産業革命にいたる中世史（ルネサンス，宗教改革，啓蒙思想，市民革命）を共有しない西欧以外の国々にとっては，近代化は本質的に「外来」のものである．18世紀末になって，西欧キリスト教諸国以外の地域で初めて近代化に着手した日本では，夏目漱石が1911年の講演で「外発的」という言葉を用いている．

●**非西欧諸国として近代化した日本**　漱石が「外発的」と言ったのは，日本の近代化は内発的な変化の延長線上ではなく，列強先進国からの圧力に抗するためには「それ以外の選択肢がない」という理由で強いられた政策だったからである．日本は，産業革命にいたる社会の変化を西欧諸国とは共有していないのである．

　したがって日本をはじめとする非西欧諸国では，近代化の物理的側面（内燃機関を用いる機械，化学・物理などの科学知識を用いた産業，より高速・大量の人や物を運べる運搬手段，道路・港湾・空港などのインフラ），制度的側面（議会政治，民主的選挙，近代的教育，西洋医学など）を導入しようとすると，既存の社会との不連続が発生する．日本における近代化は，産業革命を受け入れる「産業化」（殖産興業）であると同時に，「国民国家化」（富国強兵）であり，「西洋化」（文明開化）を意味したのである．こうして日本は19世紀後半に非西欧・キリスト教社会の国として初めて近代化に一定の成功をおさめたが，その過程において既存社会がもつ技術・制度と新たに持ち込まれた技術・制度との調整に多くのエネルギーを費やした．もちろん，近代化過程を後から追いかける国は，すでに先行者が行った試行錯誤から学ぶ「後発的発展の利益」を得ることはできる．しかし，その利益は「外発的発展」の困難さによって相殺される．

●**外部介入としての開発援助の誕生**　それでも日本の場合はまだ，欧米諸国との技術的，資金的な差が数十年単位でキャッチアップ可能なレベルであったので，自らのイニシアチブと資金で近代化過程を圧縮的に行うことができた．しかし，第2次世界大戦まで欧米諸国の植民地として近代化過程を抑制されていた多くのアジア，アフリカ，ラテンアメリカ諸国は独立とともに「国民国家」「近代的産業」を急速に成立させるという課題を抱えながら，それを担うべき人材は育っていなかったし，技術力の差は圧倒的であり，資金力も（一部の産油国を除けば）絶対的に不足していた．そこで，西欧諸国はこれら「開発途上国」に対して近代化過程を促進するための「開発援助」を開始した．すなわち開発援助という行為は基本的に「近代化を外部から支援する」介入行為として誕生したのである．

2. 社 会 変 動

●外部介入の困難さ 近代化のための外部介入には固有の困難がいくつかある.
第1に「不連続性」である. 言語, 宗教のみならず援助受入れ国の政治・経済・
社会の状況は, 援助供与国の社会と大きく異なるため, 導入される技術・制度は
当該社会とは不連続なものになり, 既存の社会との調整コストが発生する. この
コストを介入側, 受容側のどちらか, あるいは双方が担わなければならない. 既
存の社会を破壊したうえで「近代」を移植するという植民地期の実験は, 宗主国
側の調整コストをゼロにする工夫であったが, この結果, 植民地化された社会が
被った破壊の後遺症は, 現在のアフリカ諸国にみるように今日にいたるまで続い
ている.

第2に「価値観」の問題がある. 援助は援助供与国の経験や理念を基礎として
提供される. このため見方によっては「押しつけ」「内政干渉」との批判を受けや
すく, 極端な場合には「新たな植民地主義」と批判されることもありうる. 21世
紀に入って過激化しているイスラーム原理主義的な破壊行為は, イスラーム世界
にキリスト教的思想が「近代」「発展」の名のもとに導入されてきたことへの鬱積
した不満の爆発とみることもできよう.

第3に「主体性」の問題がある. 明治維新の頃, 地球上には国連も二国間援助
機関も国際NGOも存在しなかった. このため日本の近代化過程は日本人が主体
にならざるを得なかった. 明治初期には多くの「お雇い外国人」の力を借りたが,
彼らの給料は当時の日本国政府が支出した. また, 近代化にかかる資金も税制改
革(年貢の金納制への移行), 海外での国債発行, そして日清・日露戦争による賠
償金獲得などによって自力調達した(こうした戦争の今日的評価は別問題である).

これに対して, 今日の途上国においては, 数多くの国連専門機関, 先進国の政
府援助機関, 欧米に本拠をもつ国際NGO, さらにはゲイツ財団などの巨額の資金
源が存在し, 国内に多くの問題を抱えていればいるほど, 政府が努力せずとも
(場合によっては, しないほど)開発介入の申し出が押し寄せる. しかも, これら
援助機関はそれぞれの戦略に基づいて個別に介入を申し入れるので, 受入れ側の
統合的な発展戦略との整合性をつけるのはほとんど不可能である. このような状
態で, 途上国政府に「主体性」を期待することはかなり困難である.

21世紀の今日, 外部からの意図的な介入がなくともグローバリゼーションの流
れに乗って近代化は進行していくであろう. では近代化への介入は不要なのか.
そうではない. 近代化に伴うさまざまな不都合な側面(資源・機会にアクセスの
ない人が圧倒的に貧窮化する, 環境が劣化する, 社会的紐帯が脆弱化するなど)
を, 未然に防ぎ, 負の影響を軽減するためには, 知識・技術・資金力をもつ外部
者による「より良い近代化」のための介入が必要であろう. [佐藤 寛]

📖 **参考文献**
[1] 夏目漱石「現代日本の開化」三好行雄編『漱石文明論集』岩波文庫, 1986

人口転換と人口増加

demographic transition and population growth

　国際連合による推計（UN 1999, 2015）では，1900 年に 16.5 億人であった世界人口は，115 年後の 2015 年に 73.5 億人となり 4.5 倍に増加した．世界人口の増加率は 1965～70 年の期間に 2％を超え，「人口爆発」と称された．この世界規模の人口増加は人口転換の過程で生じるとされ，いかに出生率を下げ人口転換を完了させるかが国際社会の共通課題となった．その後人口増加率は逓減し，量としての人口抑制ではなく，個人，特に女性の決定権が重視された．現在では人口構造の変化，特に人口ボーナスの活用と世界規模の人口高齢化が人口問題の焦点となっている．

●**人口論と人口政策の推移**　　人口増加が国の豊かさの象徴である，という伝統的な見方とは異なり，等比級数的に増加する人口は食料不足や資源不足により貧困をもたらし飢饉や戦争といった積極的な人口抑制が起こるため，非婚や避妊といった方法で人口を抑制するべきである，と説いたのは T. R. マルサス（Malthus 1798）であった．その後欧米諸国では，増え続ける人口とそれに伴った貧困に対して，貧困救済策や，新マルサス主義と称される，避妊・家族計画の普及が試みられた．一方で，19 世紀を通じて出生率が低下したフランスにおいては人口減少が普仏戦争敗北の原因とされ，人口増加政策がとられるようになり，また人口の量よりも質を重んじるべきとする立場から優生政策や社会政策が欧米で発達した．このように，人口の増減とそれに対する政策は複雑に交錯していた．

　世界人口の把握は国際連盟を中心として 1930 年代からとりまとめられたが，そのようなマクロな人口動向の把握が進む中で，世界各国の人口動向にはある一定の傾向があること，つまり高出生・高死亡の原始的な社会から，近代化の過程で低出生・低死亡の社会へと向かうのではないかと指摘され，人口転換と名付けられた．この人口転換論は，まずアメリカの人口学者が国により異なった出生率・死亡率の動向が認められることを指摘し（Thompson 1929），その後フランスで「人口革命」として展開され（Landry 1934），さらに第 2 次世界大戦後にアメリカの人口学者ら（Notestein 1945；Davis 1945）により「人口転換（demographic transition）」と命名され世界に発信された．第 2 次世界大戦後の爆発的な人口増加は，人口転換の過程で先に死亡率が下がり，次いで出生率が下がる，その差により人口増加率が上昇することによるとみなされ，人口転換をさらに進めること，つまり出生率を下げ人口増加を抑制することの重要性が認識された．

●**「人口爆発」から「リプロダクティブ・ヘルス/ライツ」へ**　　第 2 次世界大戦後，ベビーブームが欧米，日本に広がり，さらに 1960 年代に入ると旧宗主国から独立

した多くの国々で出生率が高まった．大飢饉を経験した 1960 年前後の中国を除いては，死亡率は順調に低下し，人口増加に拍車をかけた．1950〜55 年にすでに世界の年人口増加率は 1.77％であったが，その後 1965〜70 年には 2.06％まで上昇し，世界の人口爆発は地球の人口許容力を超え，環境が破壊され成長の限界が訪れる（Meadows 1972），という危機感が世界に広がった．そのような中，国連主催により，1974 年ブカレストにて世界人口会議が開催された．各国政府代表が決議を採択する形をとった初めての人口に関する世界会議であり，参加 137 か国の全会一致により世界人口行動計画（The World Population Plan of Action, UN 1974）が採択された．会議では人口増加，疾病と死亡，生殖と家族，女性の地位，人口分布と国内人口移動，国際人口移動，人口構造についての目標と政策が定められたが，特に人口増加に関して多くの議論が重ねられた．人口を左右する政策は，各国の主権により決められるべきだと慎重に言葉を選んで記されているが，1970 年に 2％であった人口増加率を 1985 年に 1.7％に低下させるという目標は結果的に実現した．

　その後，メキシコシティ世界人口会議が 1984 年に，さらに 1994 年にカイロで国際人口開発会議が開催された．人口問題に「開発」という用語が組み合わされるようになったのはこの頃である．世界的な人口爆発に対する危機感は弱まり，人口問題は，それまでの人を数としてみることから，個人一人ひとりとしてみることへ，つまり，マクロからミクロの視点へと変容した．その中で強調されたのは，女性の地位向上と，リプロダクティブ・ヘルス/ライツ（生殖に関する健康/権利）である．ブカレスト世界人口会議で人口増加抑制政策について大きな議論があったように，カイロ国際人口開発会議ではリプロダクティブ・ヘルス/ライツについて大きな議論があったが，最終的には参加国 180 か国の全会一致で国際人口開発行動計画（外務省 1996）が採択された．その後，中絶の可否や性教育，性の権利をめぐって議論が続き，国際社会におけるコンセンサスはいまだ形成されていない状態ではあるが，国際人口開発行動計画の採択 20 年後，2014 年にその評価が行われ，いまだ残された課題は大きいものの，特にラテンアメリカにおいては大きな進展があった．

　人口問題，人口開発にかかわる課題・目標は，2000 年に採択されたミレニアム開発目標（MDGs）および 2015 年に採択された持続可能な開発目標（SDGs）に統合される形をとったが，20 世紀の人口問題への国際的な対応は，MDGs，SDGsが国際社会の共通した目標となる流れをつくることに貢献したといえるだろう．

[林 玲子]

📖 参考文献

[1] 阿藤 誠・佐藤龍三郎編著『世界の人口開発問題』人口学ライブラリー 12，原書房，2012
[2] 林 玲子「世界の人口動向」国立社会保障・人口問題研究所編『日本の人口動向とこれからの社会—人口潮流が変える日本と世界』東京大学出版会，pp. 233-255，2017

少子高齢化と人口ボーナス・オーナス

demographic dividend and onus

　20世紀後半において世界の人口問題は，先進国では少子化・高齢化，開発途上国では人口急増と，2分して議論されてきた．しかし21世紀に入って，少子化・高齢化は途上国を含めて世界に共通する現象になりつつある．ただし，途上国の人口動態は，死亡率と出生率の急速な低下を特徴としており，その経済社会への影響は先進国のそれとは大きく異なる．

●**少子化と人口ボーナス**　戦後，途上国では，国際社会からの支援を通じた栄養状況の改善，医療サービスの普及などにより乳幼児死亡率が急速に低下した．これは先進国の経験を生かした「外生的」な措置によるものといえる．その結果，途上国では人口が急増した（人口爆発ともよばれた）．それに対処するために，家族計画の普及を含む「人為的な」人口抑制策を実施する途上国が出てきた．アジアでは中国の一人っ子政策が有名であるが，韓国やタイでも半ば強制的な人口抑制策が導入された．このように途上国では，「外生的」な死亡率の低下と「人為的」な出生率の低下の間に大きな人口塊（正確ではないが，ベビーブーム世代とよばれる）を形成することになった．

　家族計画以外にも，所得水準の向上，女性の社会参加率の上昇，子育てコストの上昇，結婚観の変化などによって途上国の出生率は低下し続けている．その結果，途上国の中にも合計特殊出生率（女性が生涯に出産する子どもの数に相当）が，人口置き換え水準である2.1を下まわる国が多く出現してきた（中国やタイは2015年に1.5付近である）．つまり世界レベルで「少子化」が進みつつある．

　ただし，少子化が即座に高齢化の原因になるわけではない．ベビーブーム世代が生産年齢人口（15〜64歳）に達すると経済社会は活気を帯び，経済成長を後押しする，いわゆる「人口ボーナス」という効果を享受することができる．実際に，アジアの国々はベビーブーム世代を労働集約的産業に取り込むこと

表1　出生率と高齢化のスピード

	合計特殊出生率		高齢化率		倍加年数
	1960-65年	2010-15年	7%を超える年a	14%を超える年b	b−a
フランス	2.8	2.0	1865	1979	114
スウェーデン	2.3	1.9	1890	1972	82
イギリス	2.8	1.9	1930	1976	46
ドイツ	2.5	1.4	1930	1972	42
日　本	2.0	1.4	1971	1995	24
韓　国	5.6	1.3	2000	2018	18
中　国	6.2	1.6	2001	2025	24
タ　イ	6.1	1.5	2002	2022	20

（出典：UN, World Population Prospects: the 2017 Revision より作成）

で高い経済成長を実現した．そして，その後の生産年齢人口比率の高まりに伴う国内貯蓄の増加は重工業などの産業高度化の資金源になった．1980～90年代のアジア経済における高成長の3分の1は人口動態で説明できるとした論文がある[2]．もちろん，人口ボーナスを効果的に享受するためには，それに見合った政府の施策，産業構造や労働・社会環境などが必要であり，生産年齢人口比率が上昇すれば，高い経済成長が必ずしも実現するわけではない．

●高齢化と人口オーナス　そして，ベビーブーム世代が加齢するにつれて人口ボーナスは剥落する．この効果は「人口オーナス」とよばれる．労働力投入量の減少，国内貯蓄率の低下など，人口ボーナスとは反対の効果があらわになる．加えて高齢社会を支える年金・医療負担などが大きくなる．

　21世紀に入って高齢化は「グローバルエイジング」として世界が取り組むべき課題と認識されるようになった．世界の高齢化率は2015年に8.3%とすでに高齢化社会にある．先進国では，出生率を引き上げるための少子化対策が実施されるようになって久しいが，アジアでも少子化対策に取り組む国が増えている．

　高齢化のスピードは高齢化率（65歳以上の人口比率）が7%を超える高齢化社会から14%を超える高齢社会に移行する年数（倍加年数）によって示されることが多い．例えば，フランスは114年，スウェーデンが82年，イギリスが46年，ドイツが42年であった．これに対し日本のそれは25年であったことから，日本は世界でも例外的な国とみなされていた．しかし，「外生的」に死亡率が低下し，「人為的」に出生率を抑制した途上国では，ベビーブーム世代が高齢に達する過程で高齢化のスピードが加速する．国連の人口推計によれば，中国は23年，韓国は18年，タイは20年と日本よりも速い．日本が急速な高齢化に対処できず，巨額の政府債務を高めてしまったことを考えると，急速に高齢化が進展するアジアなどの途上国にとって高齢社会対策はいち早く取り組むべき課題である．その際には，すでに高齢社会に移行した先進国の経験や知恵は重要であり，途上国を含めて世界での共有が望ましい．しかし，高所得国にいたる前に高齢化が進んでしまう途上国では財源や人材などが不十分であり，先進国の高齢社会対策の経験や制度をそのまま移転することはできない．中国では「未富先老」とよばれている．

　さらに注意したいのは，途上国では，若年人口の都市への移動が加速しているために，高齢化は所得水準の低い農村で加速する可能性が高いことである．このような状況を放置すると，高齢者の貧困問題が拡大するリスクがある．いまや高齢化問題は，国際社会が連携して取り組むべき課題となっている．　　［大泉啓一郎］

📖 **参考文献**
[1] 大泉啓一郎『老いてゆくアジア―繁栄の構図が変わるとき』中公新書，2007
[2] Bloom, D. E. and Williamson, J. G. "Demographic Transitions and Economic Miracles in Emerging Asia" *The World Bank Economic Review,* 12(3), pp.419-455, 1998

人の移動と難民

migration and refugees crossing border

2011年に始まった内戦を背景として，多くのシリア難民が欧州を目指した．これをきっかけとして，難民，移民をめぐる問題が改めて大きく関心を集めるようになった．国連難民高等弁務官事務所（UNHCR）によると，国外に避難したシリア難民は2015年には400万人に達した．2015年に欧州にやってきた難民は100万人を超え，そのおよそ半数の51％がシリア出身者であった．欧州諸国における右翼政党の台頭にも影響を与えた難民問題は，人文社会諸科学においても，人の移動について再考する契機となっている．

●人の移動に関する知の特色　人の移動は，社会学，地理学をはじめ，社会科学の多くの分野で研究対象となってきた．人の移動の研究対象は，自発的，非自発的を問わず，経済的な要因により国境を越える移民，戦争や迫害から逃れて移動する難民，自然災害などからの避難や，ダム開発や都市開発に伴う住民移転の問題など，多岐にわたる．ただし，こうした研究に共通するのは，そのほとんどが「定住」の視点からのアプローチであることだ．国際人口移動の古典的な理論であるプッシュ-プル理論も，I. ウォーラーステインの世界システム理論も，そのまなざしの主体は国家である．移動は，人が定住して暮らすという日常とは異なる非日常であり，国家の脅威として理解されてきた．そもそも，近代に誕生した社会科学そのものが，特定の場所に人が定住し暮らしていることを暗黙の前提とした学問であるといえるだろう．

●国際開発学における人の移動の研究　同様に，国際開発研究も，国家の視点から人の移動を「問題」として扱う．貧困や紛争などの問題を背景に，「南」の開発途上国から「北」の先進国へ人々が移民や難民として移動する．前提となっているのは，移民，難民問題は，送り出し側の問題，すなわち「南」の問題だということだ．国際開発学という分野において移民や難民を研究すること自体が，人の移動を，「途上国」の問題として理解することを前提としている．

その最たる例として国際開発研究における難民研究をみてみたい．現代的な意味での難民問題は，第2次世界大戦後のヨーロッパ，しかも難民の庇護という「受け入れ側」の問題として始まった．1948年に採択された「世界人権宣言」の14条1項において「すべての人は，迫害からの避難を他国に求め，かつ，これを他国で享有する権利を有する」とされている．この人権宣言の背景には，戦争中のナチスによるホロコーストの衝撃があった．このとき初めて，難民問題が人道的な問題であると認識され，庇護を求める権利と基本的人権を享受できる旨が理解され，国際的に対処する国際機関の設置と法整備が議論されることになった．

ただし，こうした人道的対応の背景には，上記の人権宣言だけでなく，東西冷戦という戦後ヨーロッパの政治状況があった．ヨーロッパでは当時3000万人もの人々が東側諸国から西側へと移動したといわれる．

その後難民問題は，ヨーロッパから，アフリカ，アジア，そして中南米といった第三世界に広がっていった．1960年代のアフリカ大陸の民族解放戦争，アジアや中米における東西冷戦下の代理戦争は，地球規模で戦争難民を生み出していた．この頃から次第に難民問題は，「南」の問題と理解されるようになってくる．貧困や紛争，権威主義体制にある開発途上国から周辺諸国や欧米諸国へと，ベトナムのボートピープルやミャンマー難民のように，多くの人々が難民として移動することになった．

冷戦が終わり，旧ユーゴスラビア，ルワンダ，アジア各地で民族，宗教紛争が顕在化する中で，難民問題を「南」の開発問題と関連づけて理解する傾向はさらに強まった．UNHCRはその活動の中心を，難民庇護から，アフリカ，中東などの紛争地での人道援助に移行させた．紛争当事国の周辺国で形成される難民キャンプの支援の中心は，難民の帰還促進事業となった．1960年代以降の難民問題を取り巻く変化で，重要なのは，大きく2つある．第1に，難民の主要な受入れ国と送り出し国が，ヨーロッパから第三世界へと移ったこと，第2に，難民支援のイメージが，難民を受け入れることから，難民を出身地へと送還することへの変化したことである．この変化により難民問題は，途上国の問題としてのイメージが強まり，政治問題ではなく，「開発」の問題として理解されるようになった．2011年の国連UNHCR協会によるキャンペーンで使用された「すべての難民がふるさとに帰るその日まで，私たちは活動を続けます」というスローガンは，まさに難民支援の理解の変化を象徴している．

●**人類史における人の移動と定住**　人類が定住しはじめたのは約1万年前，定住型農耕が始まり，それを中心とした国家が生まれてからだ．それでもなお，定住する国家の住民はマイノリティだった．移動する人々がマイノリティになるのは，国民国家による世界秩序が成立した19世紀後半であると考えてよい．移動が問題となったのは「国民」の誕生と表裏一体である．

人が移動するのは自然な欲求である．国際移住機関（IOM）によると，世界で約10億人，すなわち7人に1人が移民と推計されている．本来，私たちはさまざまな形で移動を繰り返す．転勤や，進学，住居を変えるなど，日常の中で私たちは日々移動を繰り返している．しかし私たちは定住するのが基本であり，最も望ましいことと考え，「移動」を問題と考えている．欧州の移民，難民問題を契機として，世界は移動する人々を受け入れるのか，拒絶するのかで揺れている．私たちは人の移動という問題を改めて考える岐路にあるといえるだろう．

[福武慎太郎]

社会発展と観光

social development and tourism

国連世界観光機関（UNWTO）によると，国境を越えて旅行をする年間国際観光客到着数は，2012 年に初めて 10 億人を突破した．その後 2017 年には約 13 億人へと増加し，観光は世界 GDP の約 10%，世界総輸出の約 7% を占めるなど，世界経済を牽引する一大産業となっている．特に開発途上国において観光は，外貨獲得のほか所得向上や雇用増加など，経済・社会開発のための効果的な手段とみなされている．2000 年ごろから，観光地の人気度は，従来の欧州と北米から，中国，タイ，マレーシア，ベトナム，ラオスといった途上国にシフトしており，国際観光客到着数では，2002 年からアジア太平洋地域は米州地域を上まわっている．

●観光の普及とその影響　現代的な意味での観光は，第 2 次世界大戦以降，大衆消費社会の消費行動，マス・ツーリズムとして先進国において普及していく．この時期の観光について社会学者 D. マキャーネルは，「北」の高度現代社会の旅行者が，近代化にさらされていない「南」の国を訪れる「儀式」や「巡礼」であるとする．一方，「南」の途上国は，この動向を国家開発の好機ととらえ，国際観光客の受け入れを進めた．1960 年代以降になると観光は，旅行者を送り出す先進国にとって流行のレジャー活動となり，旅行者を受け入れる途上国にとっては経済開発を手にするための「見えざる輸出」として注目されていく．

観光とは，運輸，宿泊，情報といったさまざまな産業やステークホルダーのかかわりで成り立つ産業である．そのため観光投資は，地域の交通網や上下水道などのインフラの発展につながり，地域住民のためになり得る．しかしながら，観光に伴う利益は，観光地および観光地住民の手元には入らず，観光開発を担う海外や地域外の資本家が吸い取ってしまう例も多い．そのため，受け入れる側にとって，観光が期待どおりに地域社会の発展につながっているかは問題である．

1960 年代後半以降，観光開発による諸問題が現れるようになる．その 1 つは「南北問題」，すなわち，「北」の豊かな国のゲストと「南」の貧しい国のホストの間の不均等な相互作用のために，ホスト社会へ及ぼす社会文化的な影響である．特に，ホストの観光地住民は，旅行者の服装から行動パターン，さらにはライフスタイルまで模倣するようになり，場合によっては犯罪・混雑・麻薬・売春などの社会問題や，文化変容などの問題がホスト社会で発生する．一方，観光がもたらしたもう 1 つの大きな負の効果は，自然破壊・汚染，ゴミ公害などの環境問題であり，これらの問題によって必ずしも楽観論ばかりで語られなくなるのである．

例えばタイでは，観光開発のマスタープランによって，1970 年代半ばから観光客が急増する一方で，ビーチリゾートやバンコクなどの大都市で環境破壊と売春

問題が発生し続けた．特に売春はベトナム戦争に従軍する米軍兵士にセックスサービスを提供することで，1960年代から展開したため，タイには欧米諸国や日本など先進国の男性旅行者がセックスを求めて訪れるようになり，アジア最大の「セックス・パラダイス」とよばれるほどの深刻な問題となった．

●**社会発展につながる観光**　1980年代になるとマス・ツーリズムによる諸問題を克服すべく現れたのが，エスニック・ツーリズムやエコ・ツーリズムなどの「新たな観光」の形態である．これは旅行者が，観光地社会に負の影響を与えないという行動理念に基づき，持続性のある観光開発を目標にしているが，そのためには旅行者側のみならず，観光地側の観光開発と旅行者に対する意識にも配慮する必要がある．観光の負の効果が正の効果を上まわると，ホスト－ゲスト関係が悪化し，ホスト社会が観光や旅行者に対して不満を抱くようになるからである．「新たな観光」では，大規模な観光施設より小規模で簡素な観光施設に注目しているが，かえって環境汚染などが発生する可能性もある．例えば，スリランカ南西部にある小規模ビーチリゾート地のヒッカドゥワでは，90％以上は地元住民による観光施設であり，観光と地域住民とのかかわりが強い．しかし，この地域は1980年代から，麻薬・売春や珊瑚礁汚染などの問題が現れた．

　タイでは，そのセックス・ツーリズムのイメージを改善しようと努力しているがセックス市場は縮小したわけではない．例えば，日本人男性旅行者によるセックス・ツアーは，1980年代以降に減少したようにみえるが，団体ツアーの形態が変わっただけで，個人的なセックス需要は依然として存在する．また，1990年代からフィリピンやタイの女性が「エンターテイナー」として来日し，性産業に従事するケースも少なくない．この傾向は欧米においても同様である．また，日本は2006年から「エンターテイナー」のビザ発給を制限したことから，特にフィリピン女性がブローカーを通して偽装結婚を行うケースが増え，女性が多様な問題に直面している．他方，20世紀ごろからセックス・ツーリズムに対置されるロマンス・ツーリズムという新たな形態も現れている．特に，そこで成立する国際結婚においては，人生でそれぞれの不満部分を互いに満たし，彼らをよりグローバルな文脈におくなど観光の影響は幅広くなっている．

　最後に2015年の国連によるSDGsの中でも，17目標のうち3つの目標に国際観光が含まれている（Goals 8, 12と14）．それは社会発展につながる持続性のある観光開発にするためには，旅行者側とホスト社会側などが，こうした多様な側面に配慮する必要があることを意味している．　　　　　　　［ニルマラ・ラナシンハ］

📖 **参考文献**
[1] マキャーネル, D.『ザ・ツーリスト —高度近代社会の構造分析』安村克己他訳, 学文社, 2012
　　（MacCannell, D. *The Tourist: A New Theory of the Leisure Class*, Schocken Books, 1976）
[2] 安村克己『社会学で読み解く観光—新時代をつくる社会現象』学文社, 2001

社会階層と開発主義

social stratification and developmentalism

　社会階層は国際開発学でみすごされてきたテーマの1つである．同分野は長らく不均等発展と開発途上国の貧困を扱ってきたが，これは政策科学として途上諸国で一定の層を占める貧困層の生活改善を一義的な課題とし，貧困層が社会成層の中で固定的な位置を占めることを前提としてきたからである．しかしグローバル資本主義の深化は，格差の拡大を内包しつつも，その結節点たる途上国都市の成長とともに新中間層の台頭をもたらした．階層の定義は学歴，職業，所得，財産を指標にしながらも国によって異なるが，新中間層ついては専門・経営・技術面の技能を有し，俸給をもらうホワイトカラーと定義される．同概念は社会階層の主要な分析課題として，アジア地域研究に従事する比較政治学者や比較社会学者らによって説明されてきた．

●社会階層と開発理論　他方，開発社会学は途上国の階級関係，つまり外国資本と庇護-随従関係にある国内エリート層による富の専有と大衆的貧困を支える社会構造を分析してきた．そこで論じられる「社会」は物質的関係から成り立っており，途上国では資本家による労働者階級や農民の搾取に基づく経済関係が社会の主な構成要素である．この経済関係をイデオロギー的に規定しているのが法的・政治的上部構造である．階級と社会意識の醸成は不可分の関係にあるため，労働者階級の窮乏化から階級闘争が展開する（駒井 1989）．このように，従属理論を中心とした途上国の古典的な貧困分析は，階級の分断という現実を土台にしてきた．

　その一方で，1980年代以降の東・東南アジア諸国での工業化や学歴社会の進展は階級分析の意義を薄めていった．それに代わり，学歴や職業などの指標を軸に生活機会や市場状況の序列化された配分構造に着目し，そこから生まれる集群としての階層をテーマにする研究が浮上した[1]．こうした研究は東・東南アジア社会での階層構造の変化を，経済成長における政府の役割と中産層による市民社会の形成に着目しながら説明してきた．その核となるのが開発主義の概念である．それは末廣によれば，工業化の推進を軸に，個人・家族や地域社会ではなく国家や民族などの利害を最優先させ，そのために物的人的資源の集中的動員と管理をはかろうとするイデオロギーである[2]．国家は権威主義体制のもと，限られた物的人的資源を集中的・効率的に動員・管理し，工業化の速度を高めるために外国資本の導入を推進する．その目的は国の経済力・競争力の拡大強化と威信の向上である．

　開発主義においては民族・階層間の所得分配が後まわしにされ，労働運動も抑

圧される傾向にある. 社会資本の整備が成長イデオロギーの国民的浸透を目的とした政策であったとはいえ, かつてアジア新興工業経済地域（NIES）とよばれた韓国, 台湾, 香港, シンガポールでは結果的に経済成長と富の再分配が進み, 中産層の台頭につながった.

●**新中間層, 新富裕層と市民社会**　東・東南アジア社会の階層構造を論じるうえでもう1つの重要な要素が民主化である. その背景の1つには, 1970～80年代の韓国や台湾で急速に進んだ農村・都市開発を通じた貧困削減や中産層の拡大と大衆消費社会化がある. この点は同じく開発主義をとりながらも, インフラ整備のペースを上まわる都市人口の増加とスラムの拡大がみられたタイやフィリピンなどの諸国では事情が異なる. 韓国や台湾では中産層が社会の近代化と政治的民主化の推進主体になり, タイやフィリピンでは層の薄い「新富裕層」が政治体制と階層秩序を擁護する主体となった. 今日, 新富裕層の政治的保守化は消費社会化が進む多くの途上国でみられる. その一例として中間層や富裕層に裨益し, その国や地域の威信をかけた都市再開発があげられる. 都市中間層や富裕層の政治化は, 民主主義体制の中でかつては農村開発を通じた貧困層の政治的動員が広範になされたインドにもみられる.

　韓国や台湾のように権威主義体制が中産層による民主化圧力によって歴史的使命を終え, 1980年代後半に自ら溶解していった過程は, 近代化理論の想定に合致する. しかしながら, 韓国や台湾の高い経済成長は, 中等教育の浸透や土地改革, 良い統治が弾力的に進められたことにも起因する. また, 冷戦構造下で資本主義陣営, 特にアメリカや日本から巨額の開発援助がなされたこととも無関係ではない. その点では, その地政学的位置から冷戦後にも開発独裁の正当性が韓国や台湾ほど批判されず, 一党支配のもとで再分配政策がなされてきたマレーシアやシンガポールは異なる.

　それに対して, エリート層による富の専有と政治的癒着による階層分化が顕著なフィリピンなどでは, 開発主義がみられたものの階層の流動化や堅牢な市民社会の伸長が緩慢である. また, ラテンアメリカ諸国では1990年代以降の民主化や2000年代の左派政権の樹立による再分配政策がみられたが, 政治・社会構造の変革や中産層形成は顕著ではなかった. それゆえに, ラテンアメリカ諸国の開発主義は, 東アジア型開発主義とフィリピンのそれとの中間といえる（岩崎1998）.

[佐藤　裕]

📖 **参考文献**

[1] 船津鶴代「階層・生活様式」北原淳他編『地域研究の課題と方法—アジア・アフリカ社会研究入門 実証編』文化書房博文社, 2006

[2] 末廣昭「開発主義とは何か」東京大学社会科学研究所編『開発主義』20世紀システム4, 東京大学出版会, 1998

家族関係の変容

change of the family relation

　家族は，生産人口の維持という社会全体にかかわる役割をもつだけでなく，個人が充実した人生を送るにあたっても重要な役割を果たしている．家族のあり方は，先進国だけでなく一部の開発途上国でも変化している．1994年に国際家族年を制定した国連家族プログラムは，少数世帯の増加，出生率の低下などをあげ，生殖的機能，経済的機能など，さまざまな役割をもつ社会の基本単位としての家族がこの60年間で大きく変化しているとする．このように変化する家族状況を踏まえ，国際協力・開発援助事業をどのように進めていけばよいのだろうか．

●**社会の基本的単位としての家族**「世帯」が，生計と住居をともにしている社会生活上の単位を指すのに対し，「家族」は，配偶関係や血縁関係，親密性によって結びつけられた集団を指す．家族研究の第一人者G.マードックは家族のもつ4つの役割として，性的関係を結ぶ相手や時期を規定し性の秩序を維持する役割（性的機能），成員間で生活に必要なモノやサービスを生産・供給する役割（経済的機能），新たな成員としての子どもを生み育てる役割（生殖的機能），子どもに知識や社会的規律を身につけさせる役割（教育的機能）をあげる．社会全体にとって重要な意味をもつのは，社会秩序にかかわる性的機能や社会（人口）の維持存続にかかわる生殖的機能であるが，個々人にとって重要な意味をもつのは経済的機能や教育的機能である．老後の社会保障やセーフティネットの充実が家族計画（人口抑制）には最適だというA.バナジーらの行動経済学の研究成果は，家族が生殖的機能だけでなく，個人に資源を提供する経済的機能を担っていることを示唆する．また，社会階層間の世代間継承には家庭生活の中で蓄積される文化的素養（文化資本）が影響をもつというP.ブルデューの社会学的研究は，家族が単なる教育的機能だけでなく，階層上昇に有利な文化的資源を提供することを指摘している．

●**マクロデータにみる配偶関係の変化**　世界のいずれの地域でも婚姻率が低下し，単独世帯が増えている．世界全体での出生率は1990〜95年の3人から2010〜15年の2.5人，途上国全体でも1990〜95年から0.7人減少し2010〜15年で2.7人である（国連『World Women 2015』）．途上国の中で高い出生率を保持しているのは，一夫多妻制が残るサハラ以南のアフリカで，2010〜15年の出生率は4.6人である．他方で，国連人口基金のレポートによれば，現在60歳以上の人々の3人に2人が途上国に暮らしており，2050年までに，その比率は約5人に4人になるとされる．両親と核家族外の親族を含む拡大家族は，アジア，中東，中南米とサハラ以南のアフリカでは依然としてよくみられるものの，途上国でも1

組の夫婦と子どもからなる核家族が増えつつある（Child Trends「World Family Map 2015」）．「経済発展の結果，子どもをもつことの効用（労働力，老後の保障としての効用）が減少する一方で子育ての費用が増すため少子化が進む」という H. ライベンスタインら経済学者に依拠すれば，経済が発展するにつれて途上国でも少子化が進むと予想できる．

●**家族関係の維持，家族の機能に影響を及ぼす要因**　家族関係の維持に影響を及ぼす要因として，貧困，紛争や感染症の蔓延を例示できる．例えば，貧困は家族関係の維持を不安定化させ，離婚率を高める要因となる．離婚リスクが低所得層に集中するというアメリカや日本での社会学的研究がそれを示唆する．また，HIV やエボラ出血熱の蔓延は，非自発的な家族関係の断絶を引き起こす．ギニアなどでは何千もの子どもたちがエボラ出血熱の流行により孤児になったといわれている．

　次に，家族のもつ機能に影響を及ぼす要因として，労働市場や財産所有のあり方といった社会的諸制度が例示できる．例えば，家族の経済的機能，教育的機能についていえば，先進国，途上国問わず，女性を世帯主とする家庭の子どもは，そうではない子どもに比べ低学歴で貧困に陥るリスクが高いこと，生涯にわたり健康で経済的に安定した生活を送りにくくなることが国連などの調査で指摘されている．それは，労働市場において女性の労働対価が低く見積もられていることや法律や慣習などにより女性の財産所有が制限されることと無関係ではない．当該社会のジェンダー規範が，家族がもつ経済的，教育的機能の発揮に影響を及ぼしているといえる．

●**国際協力における家族支援のあり方**　短期的には家族がもつ機能が十分に発揮できない際の役割の補完（実際的ニーズの充足），長期的には家族の機能不全をもたらす諸制度の改善を支援すること（戦略的ニーズの充足）に整理できる．

　前者の今日的取組みとして例示できるのが，「すべての人が，適切な健康増進，予防，治療，機能回復に関するサービスを，支払い可能な費用で受けられる」ユニバーサル・ヘルス・カバレッジ（Universal Health Coverage：UNC）の推進である．特に，家族の脆弱性が高まるといわれる子ども期，子育て期，高齢者期に疾病などによる家族の経済負担を軽減し，家族の経済的機能の発揮を助けることが期待できる．

　後者の今日的取組みとして例示できるのが，国連による「持続可能な開発目標（SDGs）」の 5 に掲げられているジェンダー平等の推進である．家族が機能を発揮することを妨げる当該社会のジェンダー秩序を変えることにより，個々人の生活充足度を高めることが期待できる．例えば，女性が男性と等しい就労機会や賃金を得ることができれば，女性の一人親世帯における子どもの低学歴化や貧困の発生率を下げ，貧困の世代間連鎖を減少させることが期待できる．　［佐野麻由子］

グローバル化と都市化

globalization and urbanization

現在，人類の半数以上が都市に居住しており，そのうち開発途上国の占める割合は約 7 割である（UN-Habitat 2012）.「都市の世紀」と称される今世紀に入り，途上国の巨大都市は膨張の一途をたどっている．そのなかで階級分化，貧困，雇用問題は先鋭化している．途上国の都市化を理解するには，都市のグローバル経済への接合のみならず，過剰都市化，インフォーマル部門や不法居住地区の形成をめぐる都市社会レベルでの不平等や政治に関する視点が欠かせない.

●**都市化に関する古典的理解**　国際開発学における都市研究は従属理論をてがかりに過剰都市化，スラムや不法居住地区，インフォーマル部門の形成の要因を国家間そして農村−都市間の不均等発展に求めてきた．その前提は，途上国が世界経済において周辺資本主義を構成することである．つまり，国内の「周辺」たる農村部が近代化の過程で原材料の供給基地として世界市場に接合され，プランテーションなどの商業的農業生産に農民が組み込まれる．その結果，（半）自給自足経済とそれを支える社会的紐帯が解体し，貧困層の離村と都市流入が加速する.

こうした背景から，フォーマル部門の雇用吸収能力と合法的な住宅供給が都市化のペースに追いつかない状態である過剰都市化が進む.「半失業」状態にある都市移住者は正規の雇用−被雇用関係になく，教育や資本を必要としない雑多な生業からなるインフォーマル部門に吸収される．そこでは「貧困の共有」，つまり家族・親族や同郷者との間で生計手段を分かち合い，余剰労働力を内部に抱え込む実践がみられる．また，非合法的に占有した土地での居住も広範にみられる.

このように，過剰都市化はインフォーマル部門とスラムの肥大化をもたらし，政治的・経済的不安定の温床として M. デイヴィスらによって論じられてきた[1]．この特質は途上国都市においていまだに顕著であるが，グローバル経済へのさらなる接合は都市内部の産業構造の再編，消費社会化と中産層の台頭，フォーマル部門内での格差，貧困層の社会的・地理的排除をもたらしている.

●**都市経済のグローバル化と新しい貧困**　途上国都市のグローバルな特質は，開発援助による介入と，外国資本の進出とそれを支える政府の政策的介入である．例えば，世界銀行は『世界開発報告 1994』において経済成長を牽引する都市の役割に着目し，社会資本の整備と官僚制の縮小，自由市場原理の導入を強調した（世界銀行 1994）．つまり，貧困対策における国家の役割を都市住民の基本的ニーズの確保にとどめ，民間セクターがサービス供給に積極的に関与することが期待されたのである.

世界銀行は同様に，途上国都市のスラムに賦存する膨大な人的資本と，その商

品化を進めるうえで有効な住民間の信頼や相互扶助にも着目してきた．開発援助を通して起業家の育成と都市貧困層の市場経済への統合をはかる主張である．しかしながら，インフォーマル部門は不安定就労や低収入に加え，仲介人や手配師による搾取や労働組合を通じた組織化の困難という構造的問題を抱えている．

今日の途上国都市では外国資本の製造業のみならず，消費・情報産業の進出が著しい．国際分業体制の結節点としての大都市の成長は，建設ブームのみならず消費社会化を促した．こうした流れは末端労働力の需要をも生みだし，フォーマル部門に分類される職種でも「インフォーマル部門待遇の」非正規雇用が跋扈している．こうして，青木秀男が指摘するように，過剰都市化の所産としてのインフォーマル部門と，フォーマル部門での新しい貧困が途上国都市の今日的特徴となっているのである[2]．

●中間層と都市空間をめぐる政治　途上国でも都市化がいち早く進んだラテンアメリカ諸国と，農村人口が多数を占める南アジア諸国とでは，階層分化と都市空間の利用をめぐる政治にはタイムラグがある．後者では，農業補助金や雇用創出を通した農村貧困層の政治的動員がいまだに顕著である．しかし，中間層の拡大は政治の都市化と中産階級化をもたらしている．例えば消費社会化は，「世界クラス」の外観をもつシンガポールに準拠した都市の「衛生化」に向けた富裕層や中間層による集合的要求にもつながった．公共空間の美観を「損ねる」貧困層に対する排他的な運動がその一例である．こうした声が商業施設や社会資本の整備と引き換えに「目障り」な「二等市民」たる露天商・行商人，スラム住民の立ち退きにつながっている．

図1　インド，グジャラート州アーメダバード市におけるスラム撤去の様子（撮影：Renu Desai, 2011年11月22日）

以上のように，途上国都市は古典的な開発問題を引きずりながらも，グローバル経済の結節点として国家の経済成長の原動力となっている．都市内部では階層構造が流動化し，台頭する中間層と膨大な貧困層との間の社会的矛盾が先鋭化している．植民地支配から独立後の従属的発展を経てグローバル化にいたるまでの都市社会の構造と変動は，国際開発学の分析課題として重要である．　　　[佐藤　裕]

📖 参考文献
[1] デイヴィス, M.『スラムの惑星―都市貧困のグローバル化』篠原雅武・丸山里美訳, 明石書店, 2010
[2] 青木秀男『マニラの都市貧困層―変容する労働と貧困』大学教育出版, 2013

国家のリスケーリング論

state rescaling

　日本の地方において，過疎地住民の足となってきた赤字鉄道路線が次々と廃止され，そのかたわら外国人観光客の集客が見込める路線に豪華寝台列車が走りだすといったニュースが相次いでいる．国家のリスケーリング論は，こうした一見すると特定地域の問題のようにみえる事象の背景に，実は成長の見込まれる地域間の連結を優先させるグローバルな開発手法の影響が及んでいる，という視点を導こうとする開発理論である．

●国家の空間統治に何が起きているのか　国家のリスケーリング論では，国民国家の集権的で均一な空間に埋め込まれてきた地域（ローカルな空間やリージョン）が，グローバル化した資本や投資計画によって異なるレベルで垂直的に再編される過程を理論的に照射する．リスケーリングとは，既存の地域が資本や新たな地域と連結されたり切り離されたりする過程を名付けたもので，ここでいうスケールは，グローバルな成長戦略のもと国家が効率的投資や成長を促す空間を配置し，地域間で再編を進める単位を意味する．例えば，経済特区の新設や鉄鋼・自動車産業などが衰退した後の地域再生問題などがリスケーリング論の課題として取り上げられる．この理論のもと主に都市開発・開発計画・地方分権・地域研究の分野で，アメリカや西ヨーロッパ諸国の 1970 年代以後の開発事例が分析され，2013 年 5 月に関連ジャーナル *Territory, Politics, Governance* 誌が欧米の社会学・地理学・政治学者によって創刊された．

●理論の背景　国家は，領域（テリトリー）形成にかかわる権力をもつ最大の主体として，1950 年代の近代化から現代にいたるまで，自国領域内のスケール再編に役割を果たしてきた．理論を精緻化した論者の一人，ハーバード大学の N. ブレナーは，1970 年代までの西ヨーロッパ諸国が，大量生産・大量消費により経済成長をはかる一律的な生産システム（フォーディズム）を資本主義制度の中心に据え，一国市場で広く均質にモノを売りさばける生活水準の達成や国民間の平等を目指していたと指摘する．こうしたケインズ主義的福祉国家を理想に掲げた国家は，ブレナーが「空間的ケインズ主義」とよぶ地域間の均衡政策をこの時期の空間統治の原則に据えていた．すなわち，中核的都市-地方間格差に対処する再分配政策のため，全土に集権的な開発計画を敷き，地方にいたる道路・鉄道網・産業基盤の整備開発を中央政府主導で進めたのである．

　ところが，1973 年の石油危機以後，西ヨーロッパ諸国における一国単位の生産システムやケインズ主義的福祉政策はほころびをみせ，代わって日本や新興工業経済地域（NIES）諸国の急速な経済成長を背景に，1980 年代以降の新成長戦略が

登場した．国家は，一国市場を超えたグローバル資本による生産競争や国際的マーケットの獲得を新たな経済体制の中核に位置づけ，空間統治を始めとする開発政策にもその影響が及んだ．その1つがヨーロッパ連合（EU）の創設であり，国境を越える投資や開発競争が地域間の連結関係を組み替えた．もう1つは，グローバル資本の成長を促す新自由主義的政策であり，「小さな政府」が成長の見込まれる地域や大都市に「効率的に投資する」方針を優先し，主要産業の他国移転などに伴ってスペースの再定義が促された．中央政府による集権的開発に代わって地方や民間への権限移譲が進み，平等で均質な中央-地方関係よりも，成長可能性に応じたスケールの選択と集中，経済特区の新設や民営化といった空間統治にかかわるガバナンス自体に変質が生じた．その結果，スケール再編によって取り残された地域や地域間格差の発生，ローカルなコミュニティやリージョンだけでは解決困難な問題（地域の産業空洞化や労働人口減少など）が生じ，ローカルな空間がグローバルな意思決定や政策に翻弄される新たな問題群が注目されるようになった．

●**東アジア諸国に及ぶ国家のリスケーリング**　他方，後発の東アジア諸国において，先進諸国のフォーディズムに代わる近代化の経済制度は，政府が主導して工業化を推進する「開発主義」を出発点とした．中央政府は，国際競争における生き残りをかけて戦略的産業や産業空間を創出し，官僚主導の経済目標の設定，計画化，公的所有など中央主導の開発政策を推進した．こうした初発の条件から，アジア通貨危機を発端とするグローバル化が東アジア諸国で深化すると，外見的には新自由主義的な統治にみえながら，既存の政府主導の体制と矛盾しないハイブリッド的な空間統治が展開された．すなわち，国家による集権的な空間把握の大枠を崩すことなく，グローバル資本を呼び込む断片的な「飛び地」（保護区や特別区）が設定され，経済成長の可能性に応じて「住民や地域を峻別化する」統治術が導入された．例えばタイでは，中央政府が産業育成のためのクラスター計画を全国の地方自治制度とは切り離して推進し，特定の適合的地域だけに国内法の体系とは異なる外資優先の投資奨励地域を設けている．このように，先進国・途上国を問わず進んでいる国家のリスケーリング現象は，近代国家の一律的空間を強調してきた A. ギデンズほかの「国民国家は権力の容器であり，その行政権限は領土的範囲と正確に一致する」という定義に再考を促し，グローバル化下の空間におけるローカルな意思決定や民主的決定の意味について再考を迫っている．

[船津鶴代]

📖 **参考文献**

[1] Brenner, N., *New State Spaces*, Oxford University Press, 2004
[2] 玉野和志・船津鶴代編『東アジアの社会変動と国家のリスケーリング』調査研究報告書，日本貿易振興機構アジア経済研究所，2014

生活と居住

life and housing

　開発途上国・新興国の都市では，管理的・専門的職業につき，大衆消費的生活スタイルをもつ中間層が拡大しているが，近年，都市化と中間層の急速な拡大を背景として，住宅価格の急騰が続いている．平均住宅価格/平均年収比は急速に拡大しており，バンコクで9倍，マニラ20倍，ジャカルタ23倍，上海31倍と，従来からのスラム問題に加えて中間層の住宅問題が大きな課題となっている[1]．住宅ストックからみると，低所得国（1人あたりGDP3000ドル以下）では，スラム住宅（26%）と戸建て住宅（40%）という二極分化が住宅ストックを特徴付けているのに対し，中所得国（1人あたり3000〜8000ドル）では，スラム住宅が16%に低下する一方，中間層向けの需要が大きい民間集合住宅41%が大きな割合を占めようになっている[1]．一方で郊外部では中間層・富裕層向け戸建て住宅を中心に大型ショッピングモールなどの消費の場も完備した，大規模ニュータウンが民間デベロッパーにより建設されている．このように，都市内での民間マンション居住や郊外ニュータウンの戸建て住宅居住が拡大する中間層のライフスタイルを特徴付けているといえる．都心からの距離圏をみると，典型的な中所得国大都市であるバンコクでは，マンション・戸建て住宅団地の立地は，富裕層向けではそれぞれ都心から5 km圏・20 km圏，中間層向けでは，それぞれ都心から10 km圏・30 km以遠圏と地価を反映して，中間層向けの住宅地は都心から離れたところに立地しており，典型的な自動車依存型ライフスタイルが展開されている．

●**スラム問題と居住政策**　スラム問題も依然として大きな課題である．都市人口に対するスラム人口比率は減少傾向にあるものの，絶対数でみるとむしろ増加傾向にある点に留意する必要がある．スラムは衛生面，社会面の問題に加えて，河川沿いや急斜面地などの脆弱な地域に立地する場合も多く，安全面でも大きな問題を抱えているが，一方で，低所得層にとって経済的に重要な居住の場を提供しているというポジティブな面も忘れてはならない．低所得層を対象とする居住政策は，1970年代後半に，政府主体のトップダウン政策からボトムアップ型の住民参加のもとでセルフ・ヘルプによる居住の確保へと転換したが，個別成功事例を越えてすべてのスラム地域改善は困難であった．そのため1990年代後半以降，居住政策の主眼は市場活力の活用策としてのエネブリング政策へと転換した．しかし，2016年の国連HABITAT III会議において，この政策は中高所得層の住宅取得には効果があったものの，低所得層には恩恵が及ばず，スラム居住人口はむしろ拡大してしまったとの反省から，ニュー・アーバン・アジェンダが採択された．同アジェンダでは，政府の公的介入の強化へと居住政策を大きく転換し，公

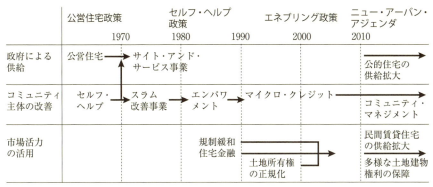

図1 居住政策の変遷

的住宅建設の促進，民間賃貸住宅供給促進，コミュニティ主体のまちづくり支援などを通じて，居住を都市政策の中心政策として位置付ける重要性が強調されており，各国における今後の展開が注目される．

●**生活様式の転換に伴う環境の悪化**　また，途上国・新興国では，急速な都市化，工業化，モータリゼーションの進展などの都市的生活様式への転換に伴い，人々の身近な暮らしにかかわる生活環境の悪化も大きな問題となっている．世界保健機関（WHO）と国連児童基金（UNICEF）によれば，都市部における各戸への水道普及率は，2012年時点で，カンボジア（67％），ベトナム（61％），フィリピン（61％），ラオス（60％），インド（51％）などの国では，過半数には達しているものの普及率がまだ十分とはいえない．特に，インドネシア，モンゴル，バングラデシュ，ミャンマーなどの国は，普及率が3分の1以下にとどまっており，依然として，安全な水へのアクセスという点で問題が大きい．水道に比べて整備費がかかる下水道については多くの国で普及は遅れており，家庭排水が都市内河川や運河などに未処理のまま流入し，水質汚染を引き起こしている．

　大気汚染も，近年，大きな問題となっており，特に，中国，インドなどの大都市では浮遊状粒子物質の問題が深刻である．アジア都市クリーン・エア・イニシアティブ・センターは，アジア各国の230都市の大気汚染のモニタリングを経年的に行っているが，その2010年度報告によれば，浮遊状粒子物質（PM10）の年平均濃度がWHO基準の $20\,\mu g/m^3$ 以下の都市はわずか2都市にすぎず，全体の約半数にあたる114都市では，最低レベルの暫定目標であるWHO暫定目標1ですら達成できてないのが現状である．　　　　　　　　　　　　　　　　　　［城所哲夫］

📖 **参考文献**
[1] UN-HABITAT, *Urbanization and Development: World Cities Report 2016*, 2016
[2] Cruz, P., *Housing Sales and Rental Market in Asia*, Global Property Guide, 2008

飽食化する食生活

foodways in an age of plenty

　経済成長とともに畜肉と乳製品の消費が拡大することが知られている．例えば国際食糧政策研究所（IFPRI）や国連食糧農業機関（FAO）などによると，1970 年代初頭から 1990 年代中葉にかけ，開発途上国の畜肉と乳製品の消費は，それぞれ 7000 万トンと 1 億 500 万トンも伸びたという．これは同時期の先進国における肉類・乳製品消費の伸びの 3 倍と 2 倍に相当する．こうした途上国における畜肉・乳製品市場は 1550 億ドル（1990 年換算）と見積もられ，「緑の革命」によって拡大した穀物市場の 2 倍以上の経済価値をもつ．

●**家畜革命**　この変化を食料経済学者の C. L. デルガドは「家畜革命」とよんだ．デルガドのいう家畜革命は，急激な都市化と所得向上が進む中国に代表される東アジアで顕著である．とはいえ，1 人あたりの畜肉と乳製品の消費量をアメリカなどと比較すると，依然として家畜革命の程度もしれている（表 1）．それでも世界人口の 5 分の 4 を途上国が占めている以上，家畜革命の爆発は今後のことだといえる．しかも『世界人口白書 2007』（国連人口基金）によれば，2008 年に世界人口の半数以上が都市に居住するようになったというから，都市における外食産業の活性化を受け，家畜革命は加速していくにちがいない．

表 1　年間の 1 人あたりの肉類と乳製品の消費量（kg）

国/地域	肉類		乳製品	
	1983	1997	1983	1997
中　国	16	43	3	8
インド	4	4	46	62
東南アジア	11	18	10	12
ラテンアメリカ	40	54	93	112
途上国	14	25	35	43
先進国	74	75	195	194
アメリカ	107	120	237	257
日　本	24	28	70	93

（出典：Delgado（2003）の一部に農林水産省「食料需給表」より日本の事例を追加）

●**日本における食生活変化の経験**　もっとも，家畜革命の実態は多様である．例えば，宗教的な理由から殺生を慎むインドでは，肉類消費が横ばいである一方，より多くの乳製品が消費されるようになった．また，中国と日本とを比較した場合，中国における肉消費がきわだってもいる．この差の一部は魚介類消費量の差に求められようが，食の変化をめぐっては食文化を含む食生活の構成要素に着目する必要がある．以下供給面から，日本の食生活の変遷をみてみよう（表 2）．

　米の消費は 1962 年の 118.3 kg をピークに減少をたどっている．小麦の消費増大がパンやラーメン，パスタなどに帰するとはいえ，その消費量も近年は横ばいが続いている．イモ類にいたっては，米同様に戦前の半分に激減している．反面，増大したのが肉類（牛肉・豚肉・鶏肉）で，戦前の 18 倍にもなった．なかでも同 17 倍，63 倍も増えた豚肉と鶏肉の伸張は特筆すべきである．乳製品も同 27

2. 社 会 変 動

表 2　年間の 1 人あたりの供給量（kg/y/capita）

	1934/38年(戦前)の平均	1955	1965	1975	1985	1995	2005	2015*	戦前と2015年との比較(%)	1955年と2015年との比較(%)
米	135.0	110.6	111.7	88.0	74.6	67.8	61.4	54.6	40	49
小　麦	8.6	25.1	29.0	31.5	31.7	32.8	31.7	33.0	384	131
イモ類	38.9	48.7	21.3	16.0	18.6	20.7	19.7	18.9	49	39
野菜類	70.0	67.9	108.1	110.7	110.8	106.2	96.3	90.8	130	134
果　実	15.3	14.6	28.5	42.5	38.2	42.2	43.1	35.5	232	243
牛　肉	0.8	1.1	1.5	2.5	3.9	7.5	5.6	5.8	725	527
豚　肉	0.7	0.8	3.0	7.3	9.3	10.3	12.1	12.2	1,743	1,525
鶏　肉	0.2	0.3	1.9	5.3	8.4	10.1	10.5	12.6	6,300	4,200
魚介類	9.6	24.1	28.1	34.9	35.3	39.3	34.6	25.8	269	107
鶏　卵	2.3	3.4	11.3	13.7	14.5	17.2	16.6	16.7	726	491
牛乳・乳製品	3.3	12.1	37.5	53.6	70.6	91.2	91.8	91.1	2,761	753
砂糖類	14.3	12.3	18.7	35.1	22.0	21.2	19.9	18.5	129	150
油脂類	0.9	2.7	6.3	10.9	14.0	14.6	14.6	14.2	1,580	530

＊　2016 年 8 月 2 日時点ので概算値.（出典：農林水産省『食料需給表』より作成）

倍，油脂も同 16 倍と大幅に伸びた．微増の魚介類は，近海で獲れる大衆魚から，マグロやエビ，サーモンなどの輸入品の比重が質量ともに増えた（1971 年に水産物の輸入額が輸出額を超えた）.

　逆にいえば，日本の伝統的食生活は，そこまで動物性タンパク質と油脂類の摂取が少なかったわけである．戦後，栄養改善運動によって肉類・乳製品，油脂の摂取が奨励され，ガスやシステムキッチンが普及したことで，家庭での調理方法が革新された．コールド・チェーンが整備され，1 年中，多様な食品を享受できるようにもなった．食の多様化は，バラエティに富むコンビニ弁当，デパ地下などでの惣菜売場の充実，インスタント食品の隆盛など，簡便化も包摂して進行中である.

　たしかに便利で美味な食生活を手頃に楽しむことができるようになった．しかし，その多くは，規格化された大量生産に負っている．それを象徴するかのように，食品偽装や異物混入などの食の安全をおびやかす事故も多発している．さらには，飽食と過剰摂取による肥満などの成人病が問題化したことで有機食品やフェアトレード食品への関心が高まるなど，健康と環境に配慮したライフスタイルの模索もはじまっている．以上のような変遷を経てきた日本であるが，ほかの途上国も同じような道筋をたどるのか，注視していきたい．　　　　［赤嶺　淳］

📖 参考文献

[1] Delgado, C. L. "Rising Consumption of Meat and Milk in Developing Countries Has Created a New Food Revolution" *The Journal of Nutrition*, 133(11), pp.3907S-3910S, 2003

情報通信技術とデジタル革命

information and communication technology and the digital revolution

情報通信技術（ICT）とは情報処理と情報通信の装置や機器，その技術の利用と応用，それらを使ったサービスの全体をさす用語であって，情報技術（IT）とほぼ同義である．ICTには電話，テレビ，コンピューター，通信ネットワークの機材とソフトウエア，衛星通信システムなどさまざまな要素が含まれている．ICTの発展は冷戦の終結をきっかけとした経済のグローバル化と，交通，通信，運輸の高度化による人とモノの移動の増大と連動してデジタル革命とよばれる世界規模の社会変動を引き起こしつつある．

●**インターネットと携帯電話**　インターネットは1990年代に企業間取引や仮想商店に使われはじめ，ニュースや情報の無料公開も進み，今や地球規模の情報圏や経済圏を構成する重要な社会基盤となっている．2000年頃からサービスが始まったコンピューターの機能を内蔵したデジタル方式の第三世代携帯電話（3G）が高速通信回線（ブロードバンド）に接続することにより，インターネットの利用が飛躍的に増大した．

デジタル携帯電話は世界中で教育，医療，農業，ビジネス，行政などの分野でさまざまな形で利用され社会に変革をもたらしつつある．携帯電話でブロードバンドに接続している世帯は先進国では90.3%だが，開発途上国では40.9%にすぎない．ヨーロッパでは76.6%，アフリカ29.3%と地域格差も大きい（2016年推定値 ITU World Telecommunication/ICT Indicators Database）．

ブロードバンド接続は経済発展，教育，公衆衛生，安全に不可欠な社会基盤となっている．開発途上国では電気や清潔な水へのアクセスより携帯電話の所有率の方が高い．しかしブロードバンドでインターネットに接続できなければデジタル革命の恩恵は間接的でささやかなものにとどまる．ブロードバンド環境の整備には多大の費用がかかる．先進国でも開発途上国でも人口がまばらな地域の住民や接続費用が高額な国や地域の住民は低速の回線しか利用できないかブロードバンド接続ができないでいる．3G回線が利用できる地域でも安価な第二世代携帯電話（2G）を使い続けている人は多い．

ルーマニア，フィンランド，スペイン，イギリス，スイスなど一部の先進国ではブロードバンド接続をユニバーサル・アクセスと位置付け国民に接続を保証するための整備を急いでいる．情報格差（デジタル・デバイド）は知識格差，機会格差，経済格差を生み出すから，手軽に安価でブロードバンドに接続できる環境を国民に提供することがすべての政府にとって緊急の課題である．

●**デジタル革命と社会変動**　デジタル革命の進展にはそれを補完する良質なビジ

ネス環境，競争と革新を促進させる規制，スキルをもった人的資本，責任ある統治が必要である．適切な補完がなければデジタル革命は権力者，既存勢力，富裕層，高学歴者，若者，男性，先進国や都市部に住む人により多くの利益を与え，一般国民，新興勢力，中低所得者層，低学歴者，高齢者，女性，開発途上国や地方の村落部に住む人との格差を広げる．

先進国ではICTの研究が進み人工知能（AI），アンドロイド，ドローン，自動車の自動運転，仮想現実（VR）などの新技術の実用化が現実味を帯び，豊かで便利な社会実現の夢がふくらんでいる．その一方でデジタル技術は一定の知識とスキルを必要とする定型労働に従事するミドルクラス層労働者の仕事を奪いつつある．労働力市場は次第に，高度なICTスキルをもったエリート層と，デジタル革命に乗り遅れた労働者層に二極化し，後者の待遇悪化と困窮化が進んでいる．政府は社会変化に取り残された人々を救済する政策の策定と実施を迫られている．

開発途上国ではICTの恩恵は社会の一部にしか及んでいないが，その効果は大きい．例えば，インドネシア政府は最貧層の人々の情報をデータベース化し，救貧米給付受給や学費補助や無料の健康保険の加入資格の認定に役立てている．インドのケララ州では携帯電話の導入によりイワシ市場の市況のモニタリングが可能になり，価格と入荷が安定し漁民と消費者の双方が恩恵を受けている．ケニアのMペサ（M-Pesa）という電子決済システム（モバイルマネー）は2G携帯電話でも使えるショートメッセージサービス（SMS）を利用して口座開設，デポジット，送金が安価でできる仕組みである．今まで銀行口座やクレジットカードが持てなかった人たちがこぞって利用し，同国の経済の活性化に貢献している．多くの開発途上国では地方在住の農民が携帯電話を安価な情報検索の手段として使い，農作物の市場価格を知ったり新しい技術を入手したりして効率的な生産に役立てて収入を増やしている．

インターネットは物理的には政府認可を受けた電話会社の通信ネットワーク上にあるが，アドレスとドメイン名を管理するなどの作業は，どの政府からも独立した民間団体（ICANN，IETF，W3C）が行っている．インターネットは完全にオープンな仕組みで，ネットを利用した支配，独占，不正確な情報発信，犯罪，情報の遮断や歪曲などを監視しインターネットを管理する責任主体は存在しない．デジタル革命を私たちに好ましいものにするには利用者自身が責任をもってインターネットを活用し，ICTを補完するルールや規制や制度を整備する必要がある．

［宇田川拓雄］

参考文献
[1] 世界銀行『世界開発報告 2016 デジタル化がもたらす恩恵』田村勝省訳, 2016
[2] 総務省『情報通信白書 平成 27 年版 ICT の過去・現在・未来』2015

コンビニエンスストアの普及・現地化

expansion of convenience stores/convenization

　1970年代にアメリカから日本に導入されたコンビニエンスストア（コンビニ）は，サービスレベルの向上，流通システムの効率化，取扱いサービスの拡大など，消費者ニーズに合わせる形で独自の進化（現地化）を遂げ，いまや「日本型コンビニ」とよびうるビジネスモデルとして確立している．こうした成果を背景とし，日系チェーンストア各社は東アジア（韓国，中国，台湾）を皮切りに東南アジアへも展開を加速化させている．しかし，ビジネス効率を重視する画一的なビジネスモデルと，それぞれの文化や食習慣を有する消費者との間の相互作用の結果として「現地化」過程は不可欠である．逆にいえば，日本型コンビニが進出した東南アジア各国でどのように異なる「現地化」の道筋をたどるのかをみることで，それぞれの社会の固有性を浮き彫りにすることもできるのである．

●**マクドナルド化とコンビニエンスストア**　ファストフードチェーンの普及を近代化プロセスの一環として整理したG.リッツァの「マクドナルド化」という概念は，ファストフードに限らず世界に画一的に広がる先進国企業の店舗展開とその社会的なインパクトを研究する際に有効な視角を与えてくれる．マクドナルド化の議論は主に消費者とチェーンストアとの相互作用に焦点が絞られているが，原材料調達・加工の面にまで視野を広げると，牛肉調達用の牧場のための森林伐採，肥育のための抗生物質の使用，ひき肉加工の過程における食品添加物などさまざまな問題に直面することになる．このような「バリューチェーン（サプライ・チェーン）分析」は今日の諸問題を浮き彫りにするためにも有効である．

　バリューチェーン問題はファストフードばかりではない．安価なファストファッションチェーンの展開は，開発途上国の縫製工場における搾取的な労働（スウェットショップ）問題に消費者の関心を誘導する入り口となるし，世界的なコーヒーチェーンやスーパーマーケットチェーンにおけるフェアトレードのコーヒーやバナナの扱いは，やはり途上国農民の生活環境（収入・労働環境を含めた）ディーセント・ワークの問題に消費者をいざなう．では，コンビニはそのバリューチェーンを通してどのような影響を途上国社会にもたらすのだろうか．

●**途上国社会への影響（ミクロレベル）**　コンビニが途上国社会にもたらす影響は主に4つの角度から分析できる．それは，①顧客サービスによる消費行動の変化，②伝統的なパパママストア（伝統的小売業）に対する打撃，③国内流通システムの効率化，これに加えて④公共サービスの補完機能である．

　第1の消費行動への影響は非常に目につきやすい．東南アジアではまだ日系コンビニは大都市を中心に展開しており，顧客対象もある程度の所得のあるミドルク

ラス以上が中心であるが，インドネシアなどでは地場のコンビニが地方都市にも展開し，学生など低所得層にも浸透しつつある．早朝・深夜に開店しているコンビニが，どのようにして地元の人々の消費行動の変化を誘発するのか，パパママストア，大規模なショッピングモールやスーパーマーケットとのすみ分けがどうなるのかは，それぞれの社会の状況を反映して多様な展開をみせることが予想される．

　第2のパパママストアへの影響もまた，貧困削減の視点から無視できない．タイ，インドネシア，マレーシアなどではパパママストア保護の観点から政府による外資参入規制が行われているが，資本力，有利な価格での商品調達力，店舗の快適さなどで圧倒的な不利にあるパパママストアがどのようにコンビニと共存できるのかは，伝統社会の近代化過程への適応プロセスとして興味深い．

●**途上国社会への影響（マクロレベル）**　第3の流通システムについては，よりマクロな視点からの分析が必要である．日本でもコンビニ各社は交通渋滞時の定時配送，トラック輸送による CO_2 削減，さらには売り上げの柱である弁当類の廃棄量の削減などの課題にさまざまなイノベーションをもって取り組んできた．こうしたノウハウを途上国に移転する場合，最大のネックは道路・鉄道インフラを含めて物流システムが日本に比べて未整備なことである．コンビニ各社が，自社流通網の近代化に投資することは，当該国の物流部門全体にも大きな変化をもたらし，他の業態（スーパーマーケット，ドラッグストア，宅配，さらには保健所への医薬品の供給などの公共サービス調達）にも大きな影響を与えるであろう．こうした事象の分析には BOP（Base of the Economic Pyramid）ビジネス（途上国の低所得者層の社会課題を解決しつつ利潤を確保するビジネスモデル）の視点が不可欠である．

　第4の公共サービスの補完機能は，日本でも過疎地のライフラインとして「見守りサービス」が行われたり，台湾では都市部の貧困児童の駆け込みステーション的な位置付けを与えられたりという試みがある．途上国の農村部では，公共サービスへのアクセスが悪いことが貧困状態の継続に寄与していることも少なくないので，コンビニが納税や給付金・情報の提供など行政窓口の機能を代行することができれば，貧困削減への寄与は少なくないと考えられる（この点でも BOP ビジネスの視点が重要である）．

●**日本の開発学の貢献可能性**　これまで，巨大チェーンストアは欧米起源のものが多かったが，21世紀になってアジア展開を本格化したコンビニは，きめ細かな対顧客サービス，極度に効率的なロジスティックスなど明らかに「日本起源」の要素を多くもっており，これは日本の開発学研究にとっても非常に魅力的なテーマを提供してくれるだろう．　　　　　　　　　　　　　　　　　　　　　［佐藤　寛］

📖 **参考文献**
[1]　リッツァ，G.『マクドナルド化する社会』正岡寛司監訳，早稲田大学出版部，1999

ジャパナイゼーション

Japanization

　第2次世界大戦後の日本人の生活様式やポップカルチャーを中心とした文化に大きな影響を与えたのはアメリカであった．パン食のような食文化，ジーンズのような服飾文化，「ポパイ」や「奥さまは魔女」のようなメディア文化とともに作品に描かれた生活文化などが流入しアメリカナイゼーションとよばれた．一方，グローバル化の中で日本の刺身や寿司のような食文化，「おしん」や「ドラえもん」，「ポケモン」や「ハローキティ」のようなポップカルチャーが世界，とりわけアジアに浸透し，ジャパナイゼーションとよばれるような現象が生じている．

●**世界システムと文化帝国主義**　アジア諸国，とりわけ台湾などの東アジアでポップカルチャーを中心にジャパナイゼーションが進行したことは岩渕功一らによって論じ始められた[1]．グローバル化に伴ってモノ，ヒト，カネ，情報が国境を越えて全世界に拡散するようになり，生活様式の総体であると考えられる文化そのものが変容してきた．I. ウォーラーステインの世界システム論を用いれば，中心は周辺に政治的・経済的なヘゲモニーをもち，文化もメディアや商品を通して中心から周辺に流入していく．第2次世界大戦後の世界を支配したコカ・コーラやマクドナルドなどのアメリカ文化は圧倒的な文化的ヘゲモニーをもっていたと考えられた．このヘゲモニーは「文化帝国主義」ととらえられ，アメリカ文化が浸透して世界を均質化させることへの批判的な言説として使われるが，J. トムリンソンが指摘するようにアメリカ文化が世界を席巻し非アメリカ的な文化がすべて破壊されていくとする説には疑問が呈されている．アメリカの文化的な影響力は依然として強いものの，アメリカ以外のアジア（日本，韓国など）も文化の発信元になり，受け入れた社会でハイブリッド化するなど様相は複雑化している．

●**ジャパナイゼーションとは**　20世紀末より欧米や東アジア，東南アジアなどで日本のポップカルチャーの人気が高まり，日本ブームという現象が生じたため，これは「ジャパナイゼーション」の動きが新たな形で始まっているのではないかと研究者たちの注目を集めた．ジャパナイゼーションとは3つの意味がある．1つは，第2次世界大戦以前の日本のアジア侵略の際に大東亜共栄圏形成のイデオロギーとして使用されたものである．もう1つは，日本的経営の海外移転の際に使用された．日本的経営の特徴は労使間の，メーカーとサプライヤーとの間の，その多くの構成員同士の依存関係の強さである．それは海外，特に東アジア，東南アジアで日本をモデルとして同じシステムを使用することであった．さらに本項で扱う，経済的な側面から始まって社会や文化の側面まで浸透しつつある日本の影響のことを指す概念として岩渕功一らによって使用されたものである[1]．

●タイにおけるジャパナイゼーション現象　ここでは，タイの社会学者 S. ワンゲーオが「東南アジアで最もジャパナイゼーションが進行している」と指摘するタイを事例にジャパナイゼーションの様相をみよう．日本とタイは世界システムの中心-周辺の関係にある．タイからみて日本は最大の貿易相手国であり，最も重要な投資国（40 年にわたって第 1 位の投資額であった）である．2016 年には 1707 社がバンコク日本人商工会議所の会員となっている．

　1960 年代以降，日本企業がタイに進出し，「トヨタ」「ソニー」「味の素」などのブランド名がタイ社会に浸透した．その後の輸入代替工業化政策で次第にタイでの現地生産に変わっていったが，1972 年には学生革命の流れの中で日本商品不買運動が起こり，日本製品ばかりに囲まれて暮らすタイ人の生活を皮肉った歌も流行した．ポップカルチャーはアメリカ（西洋）の影響下にあり，日本商品はこの時代は耐久消費財や日常消費財で，岩渕は「文化的無臭商品」であるがゆえに受け入れられたと論じている．1985 年のプラザ合意以降，日本を中心とした外国からの投資や製品の輸入が急増した．この時期には，マクドナルドや KFC などのアメリカ文化とともに「おしん」「ドラえもん」「昴-すばる-」などのドラマやアニメ，歌，さらに刺身や寿司などの日本文化商品もタイ人の心をとらえ，ポップカルチャーへの日本の影響力が強まり，日本語学習への関心も高まっていった．

　2003 年頃より「緑茶」が大きなブームとなり，タイ人の好みに合うような味のさまざまな製品が販売された．「緑茶」のブームはスナック菓子やシャンプー，果ては生理用品にまで及んでいる．パッケージには消費者には理解できない日本語が踊り，絵や表示などでも「日本」であることが強調されている．近年では「欧米」よりも「日本」のものがよいという認識がタイ社会全体に広まって日本ブームといってもよい状況にある．このような日本ブームによって日本文化商品の消費から日本イメージの消費へと変容しつつあり，「日本」豆乳や「東京」クレープなど日本人の視点からは奇異に映る商品や CM などが跋扈している．一方で，近年の韓国ブームによりドラマや歌などは韓国のプレゼンスが増してきている．そしてジャパナイゼーションはタイから国境を越えてラオスなど周辺国にまで及んでいるのである．　　　　　　　　　　［鈴木規之］

図 1　ジャパナイゼーションの象徴ともなった日本文化商品である緑茶（ほとんどが甘い）

📖 参考文献
[1] 岩渕功一『トランスナショナル・ジャパン―アジアをつなぐポピュラー文化』岩波書店, 2001
[2] 鈴木規之・稲村 務編著『越境するタイ・ラオス・カンボジア・琉球』彩流社, 2011

社会規範の変化

change of social norm

誰もが知っているように，社会にはルールがある．それは，明文化された法律はもとより，土地や森林，用水など共有財の管理，祖先崇拝や呪術などの伝統的儀礼，婚姻関係，衣食住や喫煙・飲酒といった文化習慣にいたるまで，さまざま含まれる．例えば村落社会には「この村のことを決めるのは代々，○○の家だ」，「水汲みは女性の仕事」などといった目にみえないルールや習慣あるいは掟のようなものが多くあり，これらを総称して社会規範とよぶ．

社会規範は，ある社会集団内において培われた「○○すべきだ／○○すべきでない」といった価値意識に基づいて形成される．それは集団の秩序維持のためであり，構成員は望ましいとされる態度や行動をとることが期待される．一般に社会規範は強固なものであるが，時代によっては変化する．フランスの社会学者 E. デュルケムは，産業化の進む近代社会においては伝統的規範が効力を失うと同時に，人々の欲求が過度に膨らみ，欲求不満や幻滅感が蔓延するとした．デュルケムは，このような社会秩序の混乱状況を「アノミー」とよび，自殺や犯罪が増加すると論じたが，ある国や地域の社会変動を考える際に，社会規範への注目は重要な手がかりになるだろう．

●**近代化および開発過程の変化**　近代化および開発過程においては，先進地域から新たな技術がもたらされる．しかし，社会生活に利便性や快適性をもたらす技術が，時に思いがけず地域における従来の規範と摩擦を生むことは少なくない．農業用水が整備されたことで既存の権力関係に混乱が生じるケース，エイズ予防の活動が当該社会の性規範に踏み込むケースなど，開発援助という営みではしばしばこうした事態が生じる．UNISEF は，アフリカにおける女性性器切除という社会慣習を変える必要があると訴えている．それが女性の心身にとって有害であり，人権侵害であるとの見方からだが，この働きかけが容易でないのは，まさに伝統的社会規範との文化衝突を引き起こすからである．他方，より積極的にこの社会規範に着目したアプローチもある．京都大学の研究活動をベースとした JICA によるバングラデシュ住民参加型農村開発事業（PRDP, 2001-10）は，行政組織からは等閑視されがちな伝統的な地域の世話人「マタボール」を活動の軸に据え，コミュニティの主体性を重視し，行政と住民をつなごうとする貧困削減プロジェクトであった．いずれにせよ，開発援助や支援事業は，しばしば，既存の社会規範へ介入する行為であることに留意する必要があるだろう．

●**公共空間におけるマナー**　もちろん社会規範は，村落社会にのみ存在するのではない．都市社会における公共空間のマナー問題も社会規範の観点からとらえる

ことができる.日本の鉄道空間では(とりわけ大都市圏において),標語やアナウンスなどによる秩序維持の工夫がなされているが,なかでも喫煙ルールは時間帯制限から場所限定へと大きく変化し,さらに現在はほぼ排除されつつある.また,技術革新によって,ウォークマンなど携帯型音楽再生機器や携帯電話が登場すると,そのたびに鉄道各社はルールづくりに試行錯誤してきた.

図1 北京で展開された「列に並ぶ」啓発運動(2008年8月)

日本の公共空間におけるマナーについて,とりわけ重要なのが,1964年の東京五輪開催である.当時の東京都および組織委員会が懸念していた課題の一つが,人々のマナー問題であった.それらは,競技観戦マナーのみならず,交通安全,駅や都市景観の美化,外国人客へのホスピタリティなどが含まれた.「首都美化デー」は200万人規模で展開され,これらの啓発活動は「新生活運動」へとも展開していった.この一連の経験は,現在の「公共空間のマナー」を基礎づけたという点だけでなく,「国際スタンダード」に近づくべく展開されたという点で西欧化,欧米化としての側面をもっていた.

こうした動きが,2008年の北京五輪や2010年の上海万博の際にも観察されたように,「公共空間のマナー」は,国際メガイベントを通じて経験的に蓄積されることもある.このようなマナー改善運動は,管子の「衣食足れば則ち栄辱を知る」がごとく,貧困状態を脱してはじめて道徳的なふるまいができる,と置き換えることができるだろうか.国際メガイベントの開催そのものが,しばしば経済発展と関係しているとみられるが,このように考えれば,公共空間のマナーという社会規範もまた,国際開発と深い関係にある.

このようなマナー問題は,人の移動のグローバル化により,さまざまなシーンで見受けられる.「爆買い」で知られる訪日中国人観光客をめぐるマナー問題も社会規範のずれが背景にある.社会規範は必ずしも固定的なものではなく,その変化は,社会の諸側面と関連しながら生じるだろう.こうした社会規範をめぐっては人類学および社会学の領域において数多くの研究があるが,目前の現象のみにとらわれない動態的な把握が求められる. [浜本篤史]

参考文献
[1] 海田能宏『バングラデシュ農村開発実践研究―新しい協力関係を求めて』コモンズ,2003
[2] 大倉幸宏『「衣食足りて礼節を知る」は誤りか―戦後のマナー・モラルから考える』新評論,2016

3

コミュニティ

コミュニティと開発

community and development

　「コミュニティ」という言葉はさまざまな集団を意味し，定義も多様である．多くの場合，特定のアイデンティティ，利害，価値観や役割意識を共有する集団のことをさし，その構成員の間には，社会的相互作用に基づく何らかの「絆」意識が存在する．19世紀に，ドイツの社会学者 F. テンニースは，自然発生的に形成され，伝統的な連帯意識で結びついた地域社会を「ゲマインシャフト」（共同体）とよび，近代国家のもとで利益や機能を追求するために都市を中心に形成される「ゲゼルシャフト」（利益社会）と区別した．ここでいう「ゲマインシャフト」の概念が「コミュニティ」の概念に近いとされる．この対比が物語るように，「コミュニティ」はしばしば道徳的規範や文化的な秩序と結びつけて語られるが，近年では，国家と民衆の間にあって市場経済化を手助けする政策実施主体とみなされたり，逆に，国家に代わる秩序の担い手とみなされるなど，政治的文脈で語られることも多い．また，「コミュニティ」が象徴的に生み出され，文化的親密性が強調されることにより，政治的なプロパガンダに利用されることもある．特定の集団によるこうしたコミュニティの形成は，その集団に属さないものの排除と表裏一体である．

●**開発途上国におけるコミュニティ開発**　第2次世界大戦以後，それまで植民地であったアジアやアフリカ諸国が独立を勝ちとると，独立後の「開発途上国」が抱える貧しい農村をどのように開発するかが，東西冷戦下の国際社会の重要な政策課題として浮上する．国際連合は1953年に，コミュニティ開発を「コミュニティの積極的な参加とイニシアティブのもとに，コミュニティ全体の生活状況を改善するための運動」と定義している．住民の参加とイニシアティブが強調されているが，コミュニティ開発はしばしば当該国政府や海外援助機関あるいは国内外の NGO など，コミュニティ外部の組織による支援で進められることが多い．これら外部組織の視点からみると，コミュニティ開発は草の根における貧困撲滅の有効な手段であるとともに，途上国の地方分権化や民主化プロセスを促進するための重要な布石でもある．彼らの活動は，コミュニティの住民自身が組織化する CBO（Community-Based Organization）と連携して進められることが多い．

　途上国におけるコミュニティ開発は，1970年代以降，ブラジルの教育学者 P. フレイレの思想による影響を強く受けている．フレイレは『被抑圧者の教育学』を著し，識字教育を通じた住民による抑圧的状況への意識化と，彼らのエンパワーメントをとなえた[1]．この思想を引き継ぎ，途上国農村の草の根レベルで参加型開発を担ったのは，多くの場合，当該国または先進国の NGO および CBO で

あり，1980〜90年代には先進国のドナーもこれを支援した．コミュニティ開発自体が直接の目的ではないものの，コミュニティ内の結束を前提としたさまざまな開発アプローチ（例えばマイクロファイナンス）もこの時期に活発化した．

　一方で，こうしたコミュニティ開発の展開に対する批判もある．フレイレの思想に触発されて活動した多くのNGOは，当該国政府や海外ドナーとの連携の過程で，抑圧者に抵抗するために必要なコミュニティの政治的エンパワーメントをないがしろにした，という批判がある．また，農村コミュニティが過度に理想化される傾向もしばしば批判を受けている．コミュニティ内の利害関係を織りなす権力構造から目を背けた開発のあり方に対し，疑問が投げかけられることもある．

●**コミュニティ研究と国際開発**　上述した1980〜90年代は，人類学者や社会学者が国際開発の理論と実践に大きな貢献を果たした時期と重なる．彼らは途上国農村の宗教や文化的慣習あるいは相互扶助的な社会関係に埋め込まれた経済活動のあり方（モラル・エコノミー）に対する議論を通じて，国際開発にかかわる人々のコミュニティに対する理解を深めた．先進国のコミュニティを対象とする研究としては，1990年代にアメリカの政治学者R.パットナムが，教会やスポーツクラブなどの地域に根差した自発的な協調行動への参加を通じ，人々は社会関係資本を醸成し，それがより民主的で効率的な社会の形成につながると議論した．社会関係資本の概念は，以後，途上国開発の文脈でも広く議論されることとなり，一時は，開発を実現するための不可欠の要素ともいわれた．同じ頃，ヨーロッパでは社会的弱者といわれる人々が社会から構造的に排除され，周縁に追いやられていく過程に注目した研究が進められた．先進国における社会的な排除の概念は，その後，途上国における貧困の概念化に影響を与えた．

●**コミュニティ開発の今後**　より近年では，グローバル化の進展による人の移動とコミュニケーション技術の発達により，先進国・途上国を問わず，新しい形のコミュニティが認識されるようになってきた．例えば，国境を越えた人の移動により，民族が由来する土地や国家から離れた別の場所で人々がつながり，新しい形のコミュニティ（ディアスポラ）を形成している．また，民族を越えて，共通の問題意識や価値観，経験，関心を共有する人々が，世界の各地でデジタル・コミュニティを形成し，インターネットを通じてネットワークを広げる時代になっている．これらの動きは「地域」の重要性が相対的に減少し，地域単位で提供される「公共」の場が縮小する可能性を示唆する．こうした変化が加速するであろう未来社会に向けて，民主的な対話と議論の新しい場を創造していくことが，今後のコミュニティ開発の課題である．　　　　　　　　　　　　　　　［伊東早苗］

📖 **参考文献**
[1] フレイレ，P.『被抑圧者の教育学』新訳，三砂ちづる訳，亜紀書房，2011

文化的慣習とコミュニティ開発

cultural customs and community development

　特定の地域社会・文化において人々が共有する慣習は，一方では開発実践の弊害とされ，他方では，持続可能性を担保する鍵と語られてきた．開発における地域固有性の配慮は，住民主体の開発を実現するうえで今や常識だが，集団独自の役割・行動規範は時に，人権や平等といった普遍的価値との矛盾を引き起こす．伝統的な共同体としての地域社会から，個人のネットワークまで，地域に根差しながらも時代とともに変遷を遂げ続けるコミュニティとその開発を考えるうえで，文化的な慣習がもたらしてきた秩序をどのようにとらえればよいのだろうか．

●**集団生活の規範をなす慣習的秩序**　長期にわたる反復的な経験を通じて常態化し，社会に定着した慣習的秩序は，住民がそれに従うことで，相互の関係性が安定し，社会の原則として機能する．地域コミュニティ開発が，人々の生活に基づく，中長期的な社会の安定と発展を目指すプロセスだとすれば，社会を成り立たせてきた文化的基盤としての慣習のあり様を理解する必要性は高い．

　多民族国家インドネシアでは，アダット（adat）とよばれる地域的・民族的な慣習が集団規範となってきた．家族・親族や冠婚葬祭，信仰に関する儀礼をはじめ，世代や性別に基づく社会的役割，生産活動での協働など，社会生活におけるローカルな常識の源であり，土地所有や自然資源活用など，生業に直結する独自の規則がある．それらは国家や行政制度の成立以前にさかのぼる自然村成立過程からの蓄積を有し，世代を越えて住民が依拠する価値基盤となってきた．

　同国スラウェシ島南部では，農地の賃借や耕作の権利に関する慣習的な仕組みがあり，耕作の実態が複雑に入り組んでいる．これを知らずに住民の生産規模や経済状況をはかろうとしても実態に近づきがたい．このような固有性をもつ地域社会にとって，外発的な開発実践は，労働と富の分配や自然との付き合い方に関する新たな価値をもち込む働きかけとなるため，住民が自らの経験的蓄積の延長線上に地域の未来を描くことが肝要である．

●**ローカルな合理性と普遍的価値の相克**　文化的慣習は，人々の間で共有されている限りにおいて固有の合理性をもって機能するが，近代的な市場価値と普遍的な人権概念に基づく開発実践を進めるうえでは，時に弊害となる．なかでも女性器切除（female genital mutilation：FGM）や生理小屋のような，女性性に対する慣習的な通過儀礼や「穢れ」概念と，それに基づく慣習的行為や規則によって，健康や命が危険にさらされている事実は，みすごせない課題のひとつだろう．

　また，年齢階梯制や長老制など慣習的な地域リーダーシップや富および労働配分の仕組みは，行政サービスが充実する以前の時代に，構成員を外敵から守り，

個人の生存や集落を維持するうえで役立ってきた．しかし近代化された現代の文脈でみれば，不平等な家族・親族・近隣関係や，地域の長に対する偏った利益配分など，社会的・経済的格差がコミュニティ安定の前提となる側面も有する．

スラウェシ島南部の農村地域では，灌漑農業の末端水路の日常的な清掃が，慣習的に地域首長によって，資本をもたず経済的に困窮する住民へ委ねられてきた．重労働で厳しい作業だが，当時は貧困者に対する経済的救済と社会的包摂の意味をもち，さらには地域貢献としての付加価値が，当事者の自尊心につながった．だが，行政サービスが機能し，農村で多様な生業選択が可能な現代では，経済的弱者という理由で肉体的な重労働を課す制度は，住民間に不公平感を生み，機能不全が生じて見直しが必要となる[1]．

図1 家系図を前に，国家成立以前から受け継がれてきた慣習的リーダーシップについて語る公務員OB（2014年撮影）

また，図1の男性は灌漑行政に携わってきたが，自らは領主家系の子孫ゆえに「民を守る存在」という意識を受け継いでいた．こういった，特定の歴史的文脈で成り立つリーダーシップや共有資源管理が，社会変化の結果として見直しが求められる事例は，開発が進む過程において，日本を含む諸地域で観察されてきた．

●**新たなローカリティ創出プロセスとしてのコミュニティ開発** ある秩序が人々の標準として意味をなさなくなり，それに背くのが常態となれば，秩序の効力は脆弱化する．特定の文脈で合理性をもち得た文化的慣習が，異なる時代では一部の人々を排斥する障壁となるならば，それは見直されるべき契機ともいえる．逆にいえば，今これからの日常を通じて特徴付けられていく集団関係は，将来，新たな規範となる可能性を有する．よって重要なことは，まず，地域の現状の背景には，社会を成り立たせてきた文化的慣習と変遷の歴史があると理解することだろう．そのうえで，「地域とは，定住者と漂泊者と一時漂泊者とが，相互作用することによって，新しい共通の紐帯をつくり出す可能性をもった場所である」[2]といわれるように，地域コミュニティにおける開発実践は，その契機が外発/内発のいずれであるかに限らず，将来的なローカリティ創出プロセスでもあると認識し，開発実践を地域住民が開発の主役となっていく糧とすることである． ［小國和子］

📖 参考文献
[1] 小國和子「共感と合理―南スラウェシ農村の灌漑管理における水番マンドロ・ジェネの事例より」関根久雄編『実践と感情―開発人類学の新展開』春風社，2015
[2] 鶴見和子・川田侃編『内発的発展論』東京大学出版会，1989

宗教，コミュニティと開発

religion, community and development

　国際開発において，宗教・文化やコミュニティの役割が，開発の持続性を高めるうえで，注目されてきている．持続可能な開発目標（SDGs）でも言及されているとおり，宗教・文化やコミュニティの果たす役割は重要である．

●**開発理論・政策における宗教とコミュニティ**　宗教組織は市民社会の重要な構成要素であり，歴史的にみても社会サービスの担い手やコミュニティの中心として機能してきた．国際開発，コミュニティ開発，人道支援などにおいても，宗教を基盤とした活動や国際協力が実践されてきている．

　さらに，開発における価値・倫理（values and ethics）と宗教，コミュニティの関係も重要である．世界銀行は「価値と倫理にかんする開発対話（DDVE）」を2009年にたちあげ，宗教指導者や信仰基盤組織（FBOs）とのパートナーシップを促進するとともに，DDVEプロジェクトを実施してきた．世界銀行の「世界信仰開発対話（WFDD）」では「多くの開発途上国においては，宗教指導者が貧困層に寄り添い，そして最も信頼される代弁者となっている．信仰コミュニティは保健サービス，教育，そして社会的弱者や障害者のための保護施設を提供している」と述べられている．また，鶴見和子は『内発的発展論』において，コミュニティの内発性の基層にあり，発展のあり方を方向づける社会的・文化的な基盤としての宗教・伝統文化の重要性を強調し，「伝統的なコスモロジー，宗教あるいは信仰の中に，現代の大問題を処理する知恵を発見する」と述べている．

●**キリスト教・イスラーム・仏教と持続可能な開発**　世界三大宗教についていえば，キリスト教が欧米における教育，医療，社会福祉などの社会サービスの起源であることは良く知られている．今日においてもキリスト教を起源とするNGOなどによる国際開発・協力が盛んに行われていることはよく知られているとおりであろう．特にラテンアメリカやフィリピンのカトリックにおいては，「解放の神学」による社会変革運動や，「キリスト教基礎共同体（BCC）」による地域開発運動が注目されている．

　次に，イスラームと開発については，ザカートやサダカによる社会貢献・社会開発活動が伝統的に行われている．ザカートは制度喜捨であり，貧者の救済を主眼におく財産税である．また，サダカは自由喜捨であり，ムスリム・コミュニティにおける相互扶助的な性格をもつ．自国以外のムスリム・コミュニティに対しても，例えばモスクを通じたイスラム教育機関，マドラサへの支援などが行われている．

　また，仏教と開発についてみてみよう．日本においては仏教が国家の社会福祉

政策の柱として取り入れられるとともに，コミュニティにおいても教育（寺子屋など）や医療保健（悲田院，施薬院など）などの社会サービス提供機関として機能するなど，仏教によるコミュニティ開発や社会福祉の長い伝統がある．P.F.ドラッカーによれば，「最古の非営利組織（NPO）は日本にある．日本の寺は自治的だった．もちろん非営利だった」．今日においても日本の国際開発協力やコミュニティ開発において，仏教を基盤とした活動や団体が多く存在する．また，アジアの仏教文化圏（カンボジア，タイ，ミャンマー，スリランカ，ブータンなど）においては仏教が宗教的コミュニティや信仰基盤組織として開発に重要な役割を果たしている．「社会行動仏教（Engaged Buddhism）」とよばれる仏教者や開発僧，NGO，寺院コミュニティによる開発，平和，人権，環境などの分野での社会活動がみられる．

●**宗教と社会関係資本**　最後に宗教を社会関係資本の観点から，仏教を事例に検討しよう．仏教はコミュニティにおける規範・価値観つまり「認知的社会関係資本」としての役割を果たしている．そもそも仏教には元来，開発（かいほつ，元来は仏教用語）とは仏性開発つまり，「生きとし生けるものすべてが仏となる潜在能力を開花する」，という「開発思想」が組み込まれていた．こうした仏教思想を国家の開発政策における支柱としているのが，タイの「足るを知る経済」や，ブータンの「国民総幸福（GNH）」である．また，仏教寺院はコミュニティの社会開発活動の中心であり，コミュニティの人々，資金，情報などのネットワーキングのハブになる，「構造的社会関係資本」として機能している．こうしたアジアの仏教圏おいては仏教寺院がコミュニティの中心となり，NGOと協力しながら，貧困削減，教育，医療保健，人権，環境保護，農業などの社会開発を幅広く実践しており，地域社会の持続可能な開発に大きな役割を果たしている．

図1　カンボジアの仏教系NGOによる仏教寺院コミュニティと協力した就学前教育事業

[野田真里]

📖 **参考文献**
[1] 野田真里「第7章 カンボジア地域社会の持続可能な発展と仏教寺院ネットワーク—基礎教育を中心に」厳 網林・田島英一編『アジアの持続可能な発展に向けて—環境・経済・社会の視点から』慶應義塾大学出版会，pp.237-257, 2013
[2] 野田真里「持続可能な開発・SDGsに向けた人間中心の開発とNGO/市民社会」『アジア太平洋討究』第28号，pp.197-210, 2017

相互扶助ネットワークとその創造

mutual support network

　国際開発の文脈において「相互扶助」は，資金や知識（教育へのアクセスを含む）などの資源に乏しい貧困層が生き延びるための戦略として重要である．

●**相互扶助の機能**　相互扶助の機能は生存状況のひっ迫度に応じて4段階に分けられる．1つは地域全体が外的なショックを受けたときに物理的に生き延びる可能性を高めるため，2つめは個人・世帯のレベルで脆弱な状態に陥った隣人を生き延びさせるため，3つめは日常的な困窮の中で互いの生活物資の不足を補う安全網のため，4つめはコミュニティの成員が生計を立てるため，である．これを開発途上国であった頃の日本の状況を参照しつつ考えてみよう．

　外的なショック（ハリケーン，洪水，地震，紛争）がコミュニティを襲った場合，限られた時間の中での生存可能性を高めるために「自助・共助・公助」のうちの共助すなわち相互扶助が不可欠である．地震で倒壊した家屋から生き埋めになった人を迅速に救出する，洪水で流されそうになっている人を助け出す，などのためには近隣の人々の協力以外に方法はない．しかしながら，こうした災害はコミュニティ全体をおおうため，そもそも相互扶助するための余力を残している人がほとんどいないので，長期化する場合は「公助」が必要となる．

　病気・死亡などで収入を得られない隣人に食料を分け与えることも相互扶助の一環（コミュニティ内の物乞いも，このカテゴリーに含まれるだろう）だが，相対でのやり取りであるうちはネットワークとはよべない．不慮の事態のための相互扶助ネットワークとして確立していた典型的なものは日本の「葬式組」である．近隣のコミュニティで死亡者が出た場合，その家の資金の有無にかかわりなく周囲（このメンバーはあらかじめ確定している）の世帯が食料などをもち寄り葬儀一切を取り仕切る．これは，突然の出費で世帯が破たんしないための安全網である．火事が発生した場合にもやはり周囲の人々は総出で鎮火にあたり，家屋消失などの場合には資材をもち寄って再建に協力する．仮にその家に対して制裁としての「村八分」が課されていたとしても，葬儀と火事の場合だけは通常どおりの相互扶助が期待できる（これが残りの「二分」なのである）．生活物資の欠乏を補い合うために，日本の長屋などではコメや味噌の貸し借りは日常的に行われていた．またかつて日本の漁村では大漁時に収穫物の一部を寡婦や孤児，老人に配分する仕組みがあった所も多く，これも相互扶助ネットワークとよび得るだろう．

　村人の生計維持，収入向上のための相互扶助ネットワークについてみてみよう．日本の稲作農村では「ゆい」が代表的である．機械化が進んでいない時代には，田植え・稲刈りなどの農繁期には人海戦術以外に収入を最大化する方法はな

かった．しかし，田植えの適期は限られているため，すべての田んぼで同時期に労働力が必要となる．そこでコミュニティの人々が各成員の田んぼを日替わりで集中的に手伝うことによって，効率的にかつ追加的な資金を必要とせずに皆が田植え・稲刈りを行えるようにしたのである．もちろん，こうした相互扶助が成立した背景には，中世に農村部に課された年貢の村請け制度と「五人組」という仕組みがあった．年貢は共同責任であったため，隣人の生産高が少ないと自分が困るので相互扶助が促進された側面は無視できない．この五人組的な仕組みと類似しているのがグラミン銀行のマイクロクレジットの仕組みである．

収入向上のための「住民組織」も相互扶助ネットワークとして機能することがある．1950〜70年代の日本の農村では「生活改善グループ」が有志によって組織され，衣食住すべてにわたる活動の中で食品加工（味噌づくり，余剰作物の加工，伝統食品の調理）活動は，主婦の趣味と実益を兼ねた活動として定着した事例も多い．そして現在日本各地の「道の駅」で販売されている特産品の中にはこうした「生活改善グループ」によって生産されている場合も多い．加えて，こうした活動を長期間（場合によっては50年以上にわたって）継続していく中で，地域のリーダーが育ち，今日の地域おこしの主導的な役割を果たしている場合もある．

●相互扶助ネットワークの創造と維持　このように，相互扶助ネットワークは貧しい人の生存戦略に不可欠な「社会関係資本」である．これを外部者がつくり出すことができるか，というのは援助プロジェクトにおける永遠の課題で，農村開発，スラム改善などでは，住民組織化と参加型開発の推奨がしばしば行われる．しかしながら，ドナー主導の参加であったり，インセンティブに惹かれての参加である場合は，プロジェクトの終了と同時にグループが消失し相互扶助ネットワークに育たない場合も少なくない．また，市場経済化の進展とともに相互扶助ネットワークの創造と維持は困難になりつつあるかもしれない．なぜならコミュニティの閉鎖性が崩れ，貧富の格差が拡大すると，コミュニティ外からサービスを買うことができる人にとっては，相互扶助は不要となる．相対的に豊かな人がネットワークから離脱すると相互扶助は機能不全に陥る．すなわち，市場によるサービス提供の選択肢が増えるほど相互扶助の有効性が減じ，裏腹に市場にアクセスできない人の生存可能性もまた狭まるのである．これは，社会開発の視点からは放置できない．衰退していく社会関係資本をどうやって再生，強化できるのか，どのようにこれをつくり出すことができるのかを究明することは，国際開発学の大きな課題のひとつである．また，マクロレベルでの「連帯経済」の議論とミクロレベルの「相互扶助」とのつながり，異同についても今後の研究の進化が望まれる分野である．　　　　　　　　　　　　　　　　　　　　　　[佐藤　寛]

📖 参考文献
[1] 佐藤 寛編『援助と社会関係資本』日本貿易振興会アジア経済研究所，2001

社会関係資本

social capital

　多くの開発途上国の，特に農村部の住民は一般的に，自らの生活を向上させるための資源や専門知識に乏しい．また，彼らが住む場所のインフラは脆弱で，法律や制度が整っていなかったり徹底されていなかったりする．そんな彼らにとって，他者との信頼関係や仲間意識は，生活のさまざまな場面で発生するリスクやコストを下げる貴重な財産である．そのような信頼関係や仲間意識，それを維持するための古くからの慣習や規範は，途上国社会に蓄積され経済・社会発展のために使われる「資本」のひとつととらえることができる．それが「社会関係資本」の基本的な考え方である．

● **社会関係資本概念の変遷**　　社会関係資本という言葉が社会科学の文献に頻繁に登場するようになるのは，1993 年の R. パットナムによる *Making Democracy Work* の刊行以来である[1]．パットナムは，イタリアにおける 1970 年から 20 年間の政治・経済発展の地域的な差異の要因を，社会関係資本の多寡に求めた．パットナムは，イタリア北部諸州が南部に比較して経済的にも豊かで市民社会も根付いているのは，「信頼」，「互恵の規範」，「社会ネットワーク」といった指標ではかられる社会関係資本が豊かだからであると分析した．

　そして 1996 年，世界銀行（世銀）がパットナムの社会関係資本概念を途上国の開発問題に援用し，この概念を開発事業のために実用化することを目的とし，「社会関係資本イニシアティブ」というワーキンググループを立ち上げた．世銀は独自に調査・研究活動を行うとともに，論文・資料を収集し，ウェブサイトで公開した．この世銀の活動をきっかけに，開発援助の現場や開発問題を扱う研究者の間で，開発における社会関係資本の役割が盛んに論じられるようになる．

　多くの研究成果が示すのは，社会関係資本が情報獲得のコストを下げて取引の不確実性を減らしたり，利他的な行動や他者との協調行動をうながしたり，行政の機能を補完したり，といった効果をもたらすことであった．さらに，個人間の取引や小規模なコミュニティの中だけでなく，より広範な地域や国家という範囲で，例えば汚職を減らし政府のガバナンスのレベルを上げることができるという研究結果も報告された．さらに調査・研究が進むと，途上国の開発にとって重要な社会関係資本にはさまざまな種類のものがあり，それらをいくつかのタイプに分類すべきであると考えられるようになる．まず，同じ属性（現在住んでいるコミュニティ，出身地，民族，出身校など）や共通の利害関係をもっている人々が協調行動をとることをうながす，「結束型社会関係資本」である．このタイプの社会関係資本は，比較的狭い地理的・社会的範囲で有効に機能する．

ただし，コミュニティや同じ属性のもの同士が形成するグループ内では，いくら結束が強くても，そこで動員できる資源や情報に限りがあり，その効果も限定的である．そのため，異なる属性や物理的・社会的に距離のある個人やコミュニティ同士がつながることも，経済・社会の発展にとって重要である．そのようなつながりを可能にするのが「橋渡し型社会関係資本」である．一般的に人を信頼するという規範や，幅広く共有された情報・知識が，異なるコミュニティや個人の間の協調行動を「橋渡し」する．

さらに，途上国が発展していくためには，個人やコミュニティ同士の「横」のつながりに加えて，彼らと例えば政府や開発援助組織のスタッフ，市民社会，政治家などとのつながりも重要である．このような「縦」のつながりを「リンク型社会関係資本」とよぶ．リンク型社会関係資本の形成は，特に貧困問題の解決と直結している．貧困層は一般的に，社会に排除された存在であったり，政治的権力へのアクセスが制限されたりしているからである[2]．

●**社会関係資本の多面性**　1990年代半ばに開発援助の世界で社会関係資本という言葉が注目されはじめて以来，その効果や形成要因をめぐって，互いに対立する議論も数多く登場してきた．例えばパットナムは社会関係資本の形成には数世紀にわたる地域住民の関与（engagement）の蓄積が必要であるとしている一方で，政府の開発への取組みと住民の関与の「シナジー効果」により短期間で形成できるという事例研究も数多くある．また，社会関係資本は途上国の開発にとってよいものばかりとはいえないという議論もある．例えば非常に強い「結束型」社会関係資本がギャングや非合法組織のメンバーの間でも蓄積されている．また，社会関係資本は，そこに含まれない者を排除する結果につながる場合もあり，幅広い社会の発展という観点からみれば，負の効果をもたらすかもしれない．

さまざまな議論が登場するのは，社会関係資本の定義の曖昧さがその一番の要因であろう．今日，社会関係資本という言葉は，その定義が曖昧なまま，幅広く一般的に普及してしまった．社会関係資本の効果の実証的な研究の多くは，その定義を限定的にして，幅広い経済・社会発展の中の限定的な成果との関係を検証するものである．そのような状況では，もはや社会関係資本という言葉に縛られる必要はないのかもしれない．途上国の開発において，金銭や物的な資本以外の社会的な要素，しかも貧しい農村にも存在し，蓄積できる要素の重要性に光をあてたことに，社会関係資本の議論の意義があると考えるべきであろう．　　　［坂田正三］

📖 **参考文献**

[1] Putnam R., *Making Democracy Work- Civic Traditions in Modern Italy*, Princeton University Press, 1993（河田潤一訳『哲学する民主主義―伝統と改革の市民的構造』NTT出版, 2001）
[2] World Bank, *World Development Report 2000/2001-Attacking Poverty*, Oxford University Press, 2001（世界銀行『世界開発報告2000/2001―貧困との闘い』シュプリンガー・フェアラーク東京, 2002）

モラル・エコノミー

moral economy

　今日，経済活動とは市場で利潤の最大化を目指すことだとされる．しかし近代以前には，コミュニティの互酬性を通じてその成員みなが生きていけるようにすることを目指す経済活動が世界各地で行われてきた．K.ポランニーが論じたように，経済活動は広範な社会関係の中に埋め込まれており，個人による自由な利潤の追求は規範的に許されなかった．コミュニティの成員の生を保障すること，それが経済活動の最大の目的であり，後にモラル・エコノミーといわれるようになった規範と実践である．しかし18世紀半ばになると，経済の概念からモラルが切り離され，新古典派経済理論やプロテスタンティズムの倫理が，ブルジョワ市民による自由な利潤の追求を正当化した．当時この流れに危機感を覚えた西洋の知識人が，モラル・エコノミーの概念を主張したのである．

●**資本主義の浸透に対する反発**　1970年代，E.トムソンが，モラル・エコノミーを学術用語にした．彼によれば，18世紀のイングランド民衆が頻繁に食糧一揆を繰り返したのは，単なる困窮や穀物価格の高騰のためではなく，資本主義の発展によって侵害されたコミュニティの伝統的な権利や慣習を擁護し，正義を回復するためだった．当時，製粉業者や仲介業者は，伝統的に地産地消であった食糧の商取引の規模と量を拡大させていた．これに対して民衆は，欠乏時に業者が食糧の販売価格を抑えるのは義務であり，ましてや必需品の食糧をコミュニティの外で売って金儲けの手段にするのは許されないという伝統的な道徳を反乱で訴えたのである．

　反乱の正統性を主張する際，民衆は君主が伝統的な家父長主義の義務を履行していないからだと訴えかけた．君主が食糧の投機的な取引に規制をかけて民衆を保護する法を執行しないので，それを民衆が自ら代行するというのである．食糧一揆は規律だっており，女性の参加も顕著だった．民衆は暴動をちらつかせて食糧の価格を下げさせたり，商人保有の食糧を強制的に差し押さえて低価格での販売を代行した．19世紀に入ると，こうした民衆のモラル・エコノミーは資本主義の浸透によって弱まっていくが，協同組合運動の源泉にもなった．

　非西洋では，民衆のモラル・エコノミーと資本主義の対立が，植民地国家の建設，自給自足農業の商業化，人口増加などの進んだ19世紀から20世紀にかけて先鋭化する．伝統的な王朝の多くは，希少な人口が他国に逃げぬよう庇護下におこうとした．地主も小作の生存を脅かさない程度の柔軟な小作料を課し，小作や土地なし農民が困窮した際には支援した．それゆえ，封建的なパトロン-クライアント関係は不平等だったが，小作や土地なし農民の生存維持を保障した．しか

し，こうした村落コミュニティの生存保障機能は次第に破壊されていく．

　J.スコットが東南アジアの事例から論じたように，人口の増加は小作の地主に対する交渉力を弱めた．植民地国家の後ろ盾を得た地主は，小作による正統性の認知を必要としなくなり，世界市場における商品作物の販売を優先するようになった．食糧作物から商品作物への転作は，農民の生活を市場価格の変動に依存させ，時に彼らの所得を増やすこともあったが，きわめて不安定化した．さらに，植民地国家と地主が導入した定額制の徴税や小作料は，豊作や好況時にはより多くの所得を農民に残したが，不作や恐慌の際には彼らを窮地に追いやった．とりわけ1930年代の大恐慌で困窮した農民は，生死をかけた反乱でもって，国家や地主は農民の生存維持を保証すべきだという伝統的権利を主張した．

●現代における生の保障　人間の生を相互扶助で支え合うモラル・エコノミーの理念と実践は，伝統的な非市場社会だけでなく，資本主義と国民国家が深く浸透した現代でも重要な役割を果たしている．すべての人間が過酷な市場競争の中で常に勝者であり続けることはできないし，国家が常に国民全員の生存を保障するわけでもない．市場で周縁化され国家の保護を期待できない者ほど，モラル・エコノミーを必要とする．とりわけ国家の福祉が十分に機能していない途上国では，家族・親族やコミュニティの濃密な相互扶助が人々の生を支えている．開発支援の文脈でも，利潤を最大化するシステムを外部からもち込むことで人々の生を不安定化してしまう矛盾が指摘されると同時に，コミュニティの相互扶助慣行を活用した支援プログラムが提唱されたりしている．先進国でも，福祉国家に対する人々の支持や，非政府組織（NGO）による非営利の人道的活動などに，モラル・エコノミーの理念や実践を見出せよう．

　しかしその一方で，今日，資本主義による生の基盤の商品化は，食糧や農業だけでなく，教育，医療，保険，水など，より広範な資源へと拡大されてきた．市場原理による経済発展の名のもと，福祉国家も解体されつつある．雇用の柔軟化と非正規雇用の拡大は，「プレカリアート」ともよばれる，きわめて不安定な生活を強いられた人々を増大させてきた．彼らの困窮は，かつてのイングランド民衆や東南アジア農民の経験ともつながっている．しかし，かつては資本主義の浸透に対抗する民衆の連帯と盛んなモラル・エコノミーの実践があったが，今日では市場での脱落者を「自己責任」で切り捨てる風潮が強まるなど，社会の分断と断片化が進んでいる．断片化された社会の中で，いかに互いの生を支え合う新たなコミュニティを創出できるのか．この課題を検討するうえで，世界各地におけるモラル・エコノミーの理念と実践から学ぶことの意義は大きい．　　　　［日下　渉］

📖 参考文献
[1] スコット，J.C.『モーラル・エコノミー──東南アジアの農民叛乱と生存維持』高橋 彰訳，勁草書房，1999

社会的な排除とマイノリティ

social exclusion and minorities

　社会的排除とは，ある個人や集団が，特定の人々のつながりの中から除外されていくプロセスとその結果を指す．具体的には，難民，移民，障害者，高齢者，先住民，エスニック・マイノリティ，セクシュアル・マイノリティなどが，社会的弱者として社会から周縁化され，排除される危機にさらされやすい．これらの人々は，人間として本来享受すべき基本的人権を社会から奪われている場合が多いため，住居，教育，健康において問題を抱え，低所得や失業にも陥りやすくなる．そもそもこの社会的排除という概念自体は，1980年代後半のフランスにおいて，貧困の原因を分析する際に用いられ始めた．個人や集団が貧困に陥る背景には社会からの排除があり，政治・経済・社会・文化などの多元的要因との関係から貧困を分析しようとして社会的排除という概念が用いられるようになった．

●**社会的排除とセクシュアル・マイノリティ**　ここでは，社会的排除のプロセスと結果が具体的にどのようなものかを考えるために，セクシュアル・マイノリティの事例を取り上げたい．セクシュアル・マイノリティは，社会的排除にさらされやすいマイノリティ集団のひとつである．異性愛規範が強い社会においては，とりわけ差別や偏見の対象となりやすい．特に，キリスト教やイスラームなどの宗教的価値観が，セクシュアル・マイノリティの社会的排除に強く作用する場合もある．国や地域によっては同性愛が犯罪となるため，セクシュアル・マイノリティが当該社会で生きのびるには，自らのセクシュアリティをまわりに隠さなければいけなくなる．このような社会においては，学校教育の現場でセクシュアル・マイノリティについての正しい知識や情報がほとんど提供されないため，教育する側もされる側も，セクシュアル・マイノリティに対する強い差別意識や偏見をもつことになる．ある児童生徒がセクシュアル・マイノリティだとわかると，本来，子どもを守るべき親，教師，警察官などがその子どもに暴力を振るい，暴力を受けた子どもはストレスや抑鬱状態になり，引きこもり，家出，自殺，非行・犯罪などを行うような状況におかれることにもなりかねない．セクシュアル・マイノリティは，家族に自分のセクシュアリティをカミングアウトすることが困難なことが多いため，家族の中で孤立することもあり，家出をするとまわりに誰も頼るものがいなくなり，結果的に貧困に陥る場合もある．このように，ある個人や集団がセクシュアル・マイノリティだというだけで，さまざまな形態によって社会から排除されていく．

●**セクシュアル・マイノリティとエイズ**　1981年にアメリカで最初のエイズ患者が発見されて以降，世界中のセクシュアル・マイノリティの間でエイズが流行し

た．このことは，社会的排除と密接に関連している．セクシュアル・マイノリティが社会で隠蔽されている社会では，彼ら/彼女らがエイズ予防に関する知識やコンドームなどの資源へアクセスすることが極端に制限される．エイズの流行は，HIV 感染リスクにさらされているセクシュアル・マイノリティ個人の意識の問題のみならず，構造的暴力の問題でもある[1]．

例えば，ニューヨークのスラム街に住むアフリカ系アメリカ人ゲイ男性の HIV 感染リスクについてみてみよう．彼らは，社会の中ですでに人種差別にさらされている．人種差別は，貧困，非雇用，栄養失調，ドラッグ使用，家庭崩壊などのさまざまなネガティブな要因を引き起こし，さらにセクシュアル・マイノリティの場合には，何重にも社会から排除されることになる．貧困による栄養失調が彼らの免疫力を低下させ，生活苦から逃れるための違法なドラッグ使用が促進され，男性客からコンドームを使用しない売春を強要され，HIV 感染の脆弱性を高める．社会的排除は，このような人間の苦痛を多元的・複合的に増幅させ，負の連鎖から逃れることを難しくしていく．

図 1　国内初の日本人女性のエイズ患者が神戸で見つかったことを報道する新聞（出典：朝日新聞 1987.01.18 一線超えた"特殊な病気"）

●コミュニティ・エンパワーメントと社会的包摂　セクシュアル・マイノリティのように，社会的に排除された個人や集団を社会に包摂するためには，彼ら/彼女らの存在を国や地域社会が承認し，社会参加をうながす必要がある．したがって 1990 年代から 2000 年代にかけてのエイズ予防プログラムでまず着目されたのが，社会的に排除された個人や集団のエンパワーメントと人権擁護であった．つまり，社会の中で不可視化されたセクシュアル・マイノリティの存在を可視化させ，国際社会，国家，地域が連携しながらエイズ予防対策を進めていくことが重要だと認識されたのである．このアプローチは確かに一定の効果をあげた．しかし，同性愛が犯罪化されていたり，宗教的なタブーが強かったりする国や地域では，エンパワーメントのアプローチがなかなか浸透しなかった．またセクシュアル・マイノリティ当事者の中にも，同性愛者というアイデンティティに固定化されることを拒否する人々もおり，すべてのセクシュアル・マイノリティを社会的に包摂できるような普遍的アプローチをみつけることは難しい課題だといえる．　　　　　　　　［新ヶ江章友］

📖 参考文献
[1] ファーマー，P.『権力の病理―誰が行使し誰が苦しむのか』豊田英子訳，みすず書房，2012

参加型開発とエンパワーメント

participatory development and empowerment

　参加型開発という言葉は，日本の開発援助においては1990年代頃から注目を集めた．その後「参加型」を冠したいわゆる「参加型プロジェクト」も数多く現れ，参加型開発に関する書籍も数多く出版された．しかし2010年を過ぎる頃には，コミュニティ開発における参加が半ば常識となったためか，コンセプトとしても目新しさを失ったためか，言葉としてもあまり耳にすることがなくなってきた．

　参加型開発そのものは，援助の有無にかかわらず成り立つものであるが，以下は開発援助のコンテクストの中での参加型開発を考える．

●**参加型開発とは何か**　参加型開発とは「コミュニティ内の開発の当事者が主体性を発揮して開発行為を継続すること」と定義できる．援助者がワークショップを開催したり，共同作業を勧めたりすることを参加型と称する事例が多いが，それだけでは単に「出席」，場合によっては「動員」しているだけで，主体性の発露の証拠とはなっていない．形だけの，あるいは言葉だけの参加型に留まっている事例が圧倒的に多い．逆にいえば，ワークショップや共同作業がなくても，参加型は成立し得る．

●**参加型開発の難しさ**　参加型という言葉が一般化した現在であっても，参加型開発が定着したとは言いがたい．「参加型問題分析をした」「参加型評価をした」ことなどで参加型を行っているという誤解が蔓延し，本来の参加型開発である開発の当事者による主体性の発露が不十分なままで放置されているのが実態であろう．これは参加型開発を学んだだけでは乗り越えられない難しさが，R. チェンバースが指摘したように，援助者の側に存在するためと考えられる．1つは援助の仕組みの問題，もう1つは援助者の意識の問題である[1]．

　援助の仕組みは，援助機関やドナーの都合でつくられている．事前の詳細な計画に基づく作業管理と予算執行．固定された期間や人員配置．これらは通常援助者の都合のみで決められている．参加型と銘打ち，被援助者にオーナーシップがあるとするプロジェクトですら，被援助者の意志で変更することはできない．つまり，被援助者が主体性を発揮できる範囲は，おのずと限られている．

　援助者の意識の問題はさらに2つある．1つには援助・被援助という力関係の無自覚である．この点はエンパワーメントに関連して後述する．もう1つは援助の仕組みと関連するが，援助担当者が枠組みを打ち破って被援助者が主体性を発揮できる部分を拡大するよりも，ドナーの指示に従って枠内の仕事をすることを良しとするところが大きい．国際協力の現場にいれば，援助者側の都合が，被援助者に対して制約を課していることに気が付くことは多い．にもかかわらず，援

助側の意識や仕組みの改革を促し，それを実施に移す例は限られている．

●**参加型開発における外部者の役割の明確化**　参加型と銘打つ援助が機能しないケースをみると，援助者と被援助者の役割や責任範囲が曖昧なことが多い．参加型プロジェクトは両者がともに計画づくりから参画しなければならない，というのは誤解である．本来，被援助者の開発行為は援助終了後も継続すべきことであり，主体性の発揮もその部分でなされる．一方援助者の役割は一時的なものに限られ，被援助者が主体性を発揮する機会をつくる，あるいは主体性を発揮できる範囲を広くすることである．両者の責任範囲は明確に区別されるべきである．

　主体性を発揮できる機会には，話し合いの場の設定，マーケットの開設，技術の移転，マイクロファイナンスの提供など，あらゆる形態が考えられる．ただし，開発途上国の多くのコミュニティにおいては社会の中に分断があり，援助を受けたとしても社会的弱者には主体性を発揮できる機会が著しく限られている．つまり社会的弱者のエンパワーメントをはからない限りは，機会均等が実現できない．

●**エンパワーメント**　エンパワーメントはキャパシティ・ビルディングと関連が深く，混同されることが多い．例えば非識字者が学習し，識字者になるのはキャパシティ・ビルディングである．つまり同一の個人や集団の能力の向上である．非識字者が読み書きを覚え，結果として対外的な交渉能力を高めることは，エンパワーメントである．このようにエンパワーメントは関係者間の力関係の相対的な変化を表しており，一方のエンパワーメントは他方のディスエンパワーメントと対になっている．開発協力のコンテクストでは2つの力関係が重要である．

　1つはコミュニティの中で社会的弱者を取り巻く力関係である．男性優位社会おける女性のエンパワーメントなどがこれにあたり，コミュニティ内の社会的弱者が主体性を発揮する前提条件となる．ただし援助者が社会の中の力関係の急激な変化を援助の前提とすると，大きな軋轢を生みかねない．現場レベルにおいては，エンパワーメントは目的ではなく手段と割り切り，権力を有する側にディスエンパワーメントを意識させない形で弱者に機会の提供をはかるなど，社会内の軋轢回避の工夫も必要である[2]．

　もう1つは，援助者に対する被援助者のエンパワーメントである．被援助者にとって援助者は与える者であり，被援助者の意識の中に援助を介した上下関係が発生している．こうした上下関係は，被援助者が自分の意思に反しても援助者の意見を受け入れることにつながる．まずは援助者が自らをディスエンパワーメントして，被援助者の力を相対的に高くする必要がある．　　　　　　　[野田直人]

📖 **参考文献**
[1] チェンバース，R.『参加型開発と国際協力―変わるのはわたしたち』明石書店，2000
[2] 野田直人「パワーの奪い合いを超えよう」『アジ研ワールド・トレンド』No. 120，特集：エンパワーメント再考，アジア経済研究所広報部，2005

マイクロファイナンスと地域コミュニティ

microfinance and local communities

　マイクロファイナンスは，農村やスラムで，既存の銀行やフォーマルな金融から排除された人々にきわめて少額を貸付けるマイクロクレジットから始まった．その後，貧困層であっても安心して預けられる預金制度をはじめとした多様なニーズに対応するようになった．また，庶民向け金融機関が未発達であった地域では，対象を問わず小規模金融を提供する営利機関が急増し，そのサービスを「マイクロファイナンス」と称していることから，今では「マイクロファイナンスは貧困層もアクセス可能なきわめて少額を扱う金融」として通用している．特定のプロジェクトや一時的救済のための融資とは異なり，住民や事業者が必要なときに必要な金融サービスを得られる金融インフラとしてマイクロファイナンス機関や制度が確立されてきた．マイクロファイナンス機関の国際的情報集約組織である Mixmarket には約 1400 のフォーマルな機関が登録されている（2017 年）．

●グラミン銀行　このようなマイクロファイナンス機関の普及に最も貢献したのがグラミン銀行の方法である．1970 年代半ばには，女性自営業者組合 SEWA や農村開発 NGO もすでにそれぞれの方法でマイクロファイナンスに取り組み始めていたが，バングラデシュのグラミン銀行は，組織的量産が可能なビジネスモデルを確立した．それは，当時大学教授であった M. ユヌスが農村の女性グループに約 27 ドルを無担保で貸し付けたのが始まりである．識字率も低く資産をもたない人々に融資するために採用したのが次のような方法である．①農村内の近隣女性が自己組織化した 5 人組のメンバーに対して，物理的担保の代わりにメンバーの信頼関係に基づき融資した．②移動手段をもたず家から離れにくい女性達の居住地域に赴き，複数のグループを所定の場所に一堂に集めて業務を行った．③ 1 年の融資期間に対して，毎週定期的に少額を回収した．これらの方法は，金融取引に不可避な貸手と借手の情報の非対称性と取引費用を軽減する意味があった．また，利子率は地域の既存の高利貸しよりは相当低いが，運営費用をまかなえる高さに設定した．その結果，グラミン銀行は 95％を超える高い返済率を実現しつつ，瞬く間に支店数を増やした．多くの後続機関はグラミン方式の核心部分を住民の実態に合わせながら取り入れることで，効率的に住民に浸透していった．なお，グループを形成しての貸付＝「連帯保証制」と誤解されがちであるが，グラミン銀行ではあくまでもグループ内の個人への貸付である．また，メンバー全員に一斉に貸し付けるのではなく，最初の先行借入者が返済実績をみせてから次のメンバーに融資されたので，これが実質的な連帯責任制の意味をもったといえる．しかし 1 人のメンバーの不良債権を他のメンバーが全額負うというもので

はなかった．2000年以後は，5人組は維持するものの，順位制や全員一律の融資ではなくメンバーのニーズに柔軟に対応している．

●**自己資金に基づく金融機関**　地理的事情や社会的分断などで金融機関が入りにくかった地域では，外部の金融機関がサービスを提供するのではなく，20人前後で組織する自助グループや，貯蓄・貸付組合のように，メンバー内部の出資金や貯蓄を原資として資金を融通する制度もマイクロファイナンスの担い手である．全員が毎月同じ金額を拠出し，その全額を順次1人が受け取る回転金融講もある．これらの組織は，近隣住民やバザール商人など何らかのコミュニティとその信頼関係を基礎に構築されており，規模が小さい段階では，背景となるコミュニティの紐帯や構成員の経済状況，そしてリーダーシップ次第で持続性をもつ．インドの女性自助グループは，グループの預金をもとに国営銀行からの融資も受けられるので資金規模の拡大が可能で，広く普及している．また，ネパールの小農協同組合は，当局から銀行業務ライセンスを得て組合員外からも預金受入れを可能にし，主要銀行との提携を通じて遠隔取引の決済や海外からの送金受入れ機関ともなっている．こうしたコミュニティに基礎をおく機関は，組合員情報の把握や地元人材の採用，預金・出資金を融資原資とすることで，コストを抑えている．

図1　マイクロファイナンス・グループの集金作業の様子（撮影：斎藤千宏）

●**マイクロファイナンスのニーズと役割**　主にみられるのは，次の3つである．①消費平準化資金：社会保障制度が不十分な中で，病気や災害による所得の急激な落ち込みや大きな出費に対して，消費の著しい切り詰めや生産手段の売却で貧困に転落してしまうことを防ぐ．②事業資金：既存の零細農家が，灌漑井戸などの生産的手段に投じて生産高を高める．零細商人が仕入れを拡大する．養鶏などで事業の多様化や副業として新たな所得源を生み，リスクを分散して所得の不安定を軽減する．③高利子借金の清算：預金制度の不備のために，緊急時には近隣の高利貸しから借りていた世帯が，低利のフォーマルな金融機関からの借入れで清算する．こうしたニーズに融資や預金，保険などで対応できるよう，今後もITを活用しての工夫と改革がマイクロファイナンスに求められている．　　［岡本眞理子］

📖 参考文献
[1] 岡本眞理子他編著『マイクロファイナンス読本—途上国の貧困緩和と小規模金融』明石書店，1999
[2] CGAP Microfinance Gateway　(https://www.microfinancegateway.org/)

NGO とコミュニティ

NGO and community

　国際開発において NGO とは，多くの場合，都市に所在し，富裕階層出身の大学卒の人たちが中心となって，開発途上国あるいは自国の貧困問題，紛争や災害，土地や森林や水などの自然資源に対する権利，保健医療や教育，人権や環境などの課題に取り組む，より弱い立場にあるコミュニティの人たちのため，あるいは公益のために活動する自主的な市民による非政府・非営利の団体を指す．

● **NGO・NPO とは何か**　「非営利」とは，組織や活動のために出資する人に事業で生じた剰余金を返さず，その組織や活動のために再投資することをさす．それゆえ，NGO や NPO が提供するモノやサービスが無償とは限らないし，スタッフも無給とは限らない．

　日本では，開発や災害，環境，平和や軍縮，ジェンダーや人権などの国際的課題に携わるものを NGO（Non-Government Organization：非政府組織），国内あるいは地元の諸課題に携わるものを NPO（Nonprofit Organization/Not-for-Profit Organization：非営利組織）とよぶことが多いが，両者の境界は不明確である．多くの国では区別せず NGO とよんでいるが，インドではノンという否定形を嫌ってボランティア団体，イギリスでは関係法規からチャリティ団体とよんでいる．

　NGO も NPO も定義を明確化することが困難であり，日本では登録義務もないので正確な団体数は不明である．NGO 最大ネットワークである国際協力 NGO センター（JANIC）は，日本にある NGO を 500 団体程度と推定している．NGO と NPO に関係する法人格でみた場合，後述する NPO 法人が 2018 年 4 月末で 5 万 1809 団体，一般社団・一般財団と公益社団・公益財団の合計が 7 万団体程度だが，これらのすべてが NPO と自覚しているわけではない．また社会福祉法人や学校法人などほかの法人格をもつものもあるし，法人格のない任意団体も少なくない．

　NGO も NPO も，その多くが NPO 法人（特定非営利活動法人）である．1998年にできた日本の NPO 法（特定非営利活動促進法）は，簡便に法人格を取得できる法人制度の新設を，1990 年代初頭から NGO/NPO 関係者が求めてきた活動の結晶である．この法律の審議段階の名称は，自由闊達な市民社会の活動が社会を豊かにするという願いを込めて「市民活動促進法」であったが，「市民」という言葉を嫌った保守政党との妥協で今の名称に代わり，20 種類の特定活動が掲げられている．

　NGO はほぼすべての国に存在しているが，権威主義的な国では，政府が NGO を監視下においているか，支配政党傘下の大衆組織が NGO と称する場合がある．1970〜80 年代にかけて，国連や世界銀行が NGO を開発のパートナーとして認

め，多くの政府がそれを追認してきたこともその発展の背景にある．2015 年に採択された SDGs（持続可能な開発目標）でも，その目標 17 のターゲット 17 が市民社会とのパートナーシップに言及している．日本でも国際協力 NGO に対する政府資金が，1990 年前後から本格的に提供され始めた．しかし市民意識が薄く，寄付文化も不十分な日本の NGO の発展は，多くの他の援助諸国に比べて遅れているし，提供される政府資金の額や質にも改善の余地が残っている．

　多くの国際協力 NGO の考え方は，当初は「恵まれない子（人）に愛の手を」といった慈善的な動機に基づいていたが，1970 年代後半から人々の参加と組織化を通じた意識向上とエンパワーメントによるより公正な分配に移り，最近では RBA（Right-Based Approach：人権基盤型アプローチ）に変わってきた．RBA では，例えば未就学の子どもは同情の対象ではなく，教育の権利という人権が侵害された状態にあるととらえ，その子（rights holder）に安易に教育サービスを提供するのでなく，その権利を実現する義務を負ったもの（duty bearer），つまり行政や教師，地域コミュニティや親がそれを実現する環境の整備を重要視する．

　NGO の数や活動が一定程度多い国には，日本の JANIC，アメリカの InterAction，韓国の KCOC（Korea NGO Council for Overseas Development Cooperation）など，NGO のネットワーク団体が存在しており，G 7 や G 20 などの際には連絡を取り合って協力体制を築いている．

　また，国際社会においては世界の市民活動と市民社会を強化するために，175 か国の NGO・NPO や諸個人，国際 NGO など 3690 をメンバーとする広範な連合体 CIVICUS が存在している．

●**コミュニティと NGO の関係**　国際開発の文脈でしばしば NGO と並んでよく言及されるのが CBO（Community Based Organization）である．多くの場合このコミュニティは，スラムの住民や農村の村人，大型開発プロジェクトによって立退きを強いられる住民など，地縁関係の当事者団体を指す場合が多いが，カースト集団や職能集団のように，血縁や職業をベースとしたものも含まれる．

　外国かその国の首都などからやって来る NGO は，ある地域で活動を進めようとする際に，その地域の既存 CBO をパートナーとしたり，その住民を新たに組織化して活動への参加を誘い，その目的の実現をはかることが多い．しかし NGO に属する都市のエリートたちに，こうした人々へのさげすみの感情や指導意識があると，形のうえはどうであれ，現場の現実を理解しないままのトップダウン的な活動になってしまうことには十分な注意が必要である．　　　　［大橋正明］

📖 **参考文献**
[1] 美根慶樹編著『グローバル化・変革主体・NGO―世界における NGO の行動と理論』新評論，2011
[2] 重田康博『激動するグローバル市民社会―「慈善」から「公正」への発展と展開』明石書店，2017

地方分権化と地域コミュニティ

decentralization and local community

　世界的潮流の地方分権化は，開発途上国でもみられる．背景には，新自由主義の世界的普及とさまざまな分権化論があった．

●**新自由主義と地方分権化論**　新自由主義は，公共サービスの提供において，中央政府は市場より非効率的と考え，規制緩和や民営化を提唱し，それが無理な分野では，中央政府より地方政府が効率的と考えて分権化を提唱する．また，先進国での分権化論は，地方政府への権限移譲により，政府の効率性と説明責任能力が増し，サービスの提供と管理が容易になり，地域での住民自治が進むと考える．それらによって民主主義と開発の双方を促進できるというのである．この考え方は途上国支援を行う国際機関に採用され，途上国にも適用された．1990年代には開発協力の実務家も地方分権化を奨励するようになった．開発協力に際して，地域コミュニティのニーズ把握なしに外部支援者が出来合いの開発案件をもち込むと現地住民に迷惑をかけかねないし，国や地域の総合開発計画では全住民に恩恵が行きわたりにくいため，地域コミュニティ主体の開発活動を計画，実施する「地域の参加」が必要と考えたのである．そして，この参加には3つの意義があるという．第1は，住民のニーズに応じた政府予算の有効活用が可能になり，住民の自発的資金拠出や労務提供で事業費抑制ができ，余剰予算を別の生計向上活動にまわせることである．第2は，人々の間に開発事業に主体的に取り組む意識（オーナーシップ）が高まって，人々の事業実施やその後のフォローアップへの積極的参加が期待でき，援助依存症を回避できることである．また，その過程で人々は活動継続に必要な知識や技術も身につけるため，援助成果の永続性が期待できるという．最後は，貧困はお金や食料などの「生活必需品の欠乏」だけでなく，「非常時のまわりからの支援の欠如」からも生じるため，地域コミュニティの結束は人々の生存に助けとなるが，地域コミュニティへの参加促進はその維持，発展につながることである．この認識は国際開発協力の実務家の間に，途上国政府が地域コミュニティの参加を全国で恒常的に実施すれば，国全体で人々の生活底上げが進むとの認識を生んだ．それが国際機関やドナー政府から途上国政府への分権化圧力となり，途上国政府も，それを進めざるを得なかった．

●**開発途上国での地方分権化の現実**　途上国での地方分権化の形態を権限移譲の仕方で分けると，①中央省庁の地方支局への権限移譲（deconcentration）と，②地方政府への権限移譲（decentralization/devolution）となる．前者は1960～80年代までの途上国の権威主義体制期の分権化と同じで，事実上地方自治はなく，地方行政があるのみである．後者は，前者よりは進んだ分権化だが，地方政府に

配分される予算で考えると，1割自治や3割自治など，中央集権を維持しながら，若干の権限と財源を地方政府に移管するに留まる「中央集権下の地方分権」が実態である．また，実際に行われた分権化には，成功事例もあるが，失敗事例も多い．

●開発途上国での地方分権化の地域社会的文脈　この状況の背景には，途上国の地方の現実がある．途上国の地方では，政治家や官僚は，より伝統的・権威主義的で，非政府組織（NGO）は少なく，メディアは自由ではなく，政治家，企業家，官僚，地域住民を含めて，あまりにも多くの人々がパトロン-クライアント関係の連鎖の下で有力者への「コネ」をつくることで「生き残り」をはかっている．特に貧困層は，権力と金，その他の諸資源を独占する有力者に従順である．また，地方政府，特に首長などの有力者とNGOの相互不信は根強く，双方の話し合いも国際機関から指示されて「形だけ」行われることが多い．さらに，途上国の国政レベルの政治家にとって重要なことは，支持基盤となる地方有力者との関係で，一般の国民による参加型民主主義ではない．そのため，地方分権化で予算や権限が地方に移譲されると，地方レベルでも力をもつ国政レベルの政治家や地方政治家がその権力にまかせて「地方の王国」をつくってしまう．

●ドナー政府，援助にかかわる国際機関，国際NGOなどの対応　この状況を国際機関やドナー政府，NGOも理解しており，地方政府職員の能力構築や汚職撲滅，住民の識字能力獲得などを支援している．また，参加型農村調査法（PRA）や参加型学習・行動（PLA）を応用して，住民が地域の現状を分析し，それを踏まえて具体的事業計画をつくる能力の獲得を支援して，地域開発への参画能力も培っている．さらに，シティズンシップ・アプローチでは，個別の事業では解決できない諸課題に取り組む意欲を人々が育むよううながし，「有力者」と同等に討議し，不当なことには抗議も行える能力を人々が獲得できるよう支援している．

●変化の兆し　途上国での地方分権化には厳しい現実があるが，変化もある．地域住民の主体的参加による卓越した開発の事例は，多くの途上国のいたる所でみられるし，分権化による地方政府の開発過程への参画の機会を利用して，自分たちの利益を地方政府の開発事業に認めさせる事例もある．また，地域の有力者から地方の政治権力を中間層以下の人々が奪う事例もでてきた．これらは，地域コミュニティのエンパワーメントが徐々に進んでいる結果といえよう．

［東江日出郎］

📖 **参考文献**

[1] 木村宏恒「第9章 ローカル・ガバナンスの理想と現実」木村宏恒他編『開発政治学入門―途上国開発戦略におけるガバナンス』勁草書房，2011

[2] 真崎克彦「第3章 コミュニティの参加」勝間 靖編著『テキスト 国際開発論―貧困をなくすミレニアム開発目標へのアプローチ』ミネルヴァ書房，2012

開発と移民・ディアスポラ

development, migrants, and diaspora

「移民と開発」という問題意識は新しいものではない．1960 年代末，アメリカや欧州での移民政策転換をきっかけとして，開発途上国から先進国への労働力移動が加速し，それをひとつのきっかけとして「移民と開発」をテーマとする調査・研究が活発に行われるようになった．しかし，「労働力搾取」や「頭脳流出」などのキーワードが示すように，主に移民と開発の負の相関に関心が向けられた．また，考察の軸足は常にマクロな構造的要因におかれ，移民はあくまでも開発のプロセスや結果に対して受動的な存在として論及された．

●移民からディアスポラへ　1980 年代に入って，「帰還移民」などさまざまな形態の移民現象が顕在化し，その重要性が指摘されると，移民という概念が再検討されはじめた．まず，移民はマクロな社会構造の変化に「流される」存在ではなく，選択肢の中から合理的に意思と行動を決定する能動的，主体的存在である．また，彼らの移動は一過性の現象ではなく継続するプロセスであり，関与する複数の場所は，出身国／受入国というように対極的，時系列にはとらえられず，それらすべてが網状に結合して移民の意識や行動に影響を及ぼし続ける．一方，移動の経験が継続したプロセスだからといって，移民にとって "Home" が意味を失い，他の場所と同等に並置される存在になるわけではなく，むしろ「越境」「脱領域化」すればするほど，「帰属する場所」として Home は特別な場所であり続ける．

移民のより主観的，流動的な理解は，移民と開発に対するアプローチに劇的な変化をもたらした．地理的な移動は依然として重要であるが，移民の Home への愛着や貢献の絶対条件ではない．結果として，移民が Home の発展に寄与する方法には，「送金」や再定住を通した労働力や技術の「逆流」などを越えて多くの可能性がある．そして，実際の出身地でなくとも，その Home と歴史的・文化的・感傷的つながりをもつ者による貢献があり得る．1990 年代後半以降，ディアスポラという言葉が開発政策の現場で頻繁に使われるようになった背景には，移民と Home との関係を広義に解釈することによって，開発の新たな可能性を模索したいという政治的意図が働いている．

この文脈の中で，2013 年，国際移住機関（IOM）主催により，初めてこの言葉を冠した国際開発会議「ディアスポラ関連閣僚会議」が開催された．この会議の報告書『ディアスポラと開発：社会や国家を架橋する（*Diaspora and Development: Bridging Between Societies and States*）』は，ディアスポラを「移民とその子孫，その中でも，一時的あるいは恒久的に異なる場所に住みながら，祖地や故郷と情緒的，物理的つながりを維持している者」と定義し，複数の国・地域・社会

を含んだネットワークを通じて活発なモノ，投資，技術の流れを創出するディアスポラは，途上国全体の成長と開発促進に多大な貢献をすると断言している．

●さまよう「ディアスポラ」　ディアスポラは，もともと「離散する」を意味するギリシャ語 *diaspeirein* の派生語であり，最初に旧約聖書がこの語を用いて，虜囚となりエルサレムからバビロニアへの移住を強制されたユダヤ人の苦難について後世に伝えて以来，今日まで離散の経験と記憶を共有し，ユダヤ教の戒律に従いながら，世界中で生きている宗教的エスニック集団「ユダヤ人」を指して用いられてきた（英語表記で大文字・単数形の Diaspora）．

　他方，1960 年代以降，研究者やマスメディアなどが世界の文化的・政治的状況を読み解くキーワードとしても援用してきた結果，広義に解釈可能な複数の意味をもつようになった（英語表記で小文字・単複両形可能な diaspora/s）．まず，「社会形態」としてとらえる意味と用法であり，①「起源」に関する共通の認識に根差したアイデンティティ，②「祖地」など Home との明示的，暗示的な関係の維持，③国境や特定の領土を越えた共同体を創造，維持するネットワーク，④現在地で経験する差別，排除あるいは不平等な包摂から生じる強い疎外感，⑤これらの結果として自らの文化的特性を「生得的なもの」とする考え，などを特徴とする人々をさす．またユダヤ人のように意思に反して，「安住の地」を追われ，移動先で差別にさらされる難民や先住民などを広くディアスポラ的とする．

　加えて，ディアスポラを社会形態としてではなく，意識（consciousness）として理解しようとするアプローチである．ディアスポラを他の人々から区別するものは，現在地と異なる場所に自らの起源や運命があるという自らの意識であり，他者による分類の結果ではない．この意識を生み出すのは，過去の移動の経験とは限らない．移民だけでなく，国民国家や社会の覇権的同化がもたらす抑圧や排除に抗して生きる人々は，異なる場所に同時に帰属する意識（multilocality）を抱く．これは人種やエスニシティに限らず，ジェンダーやセクシュアリティなど広くアイデンティティの問題であり，アイデンティティの異種混交性，曖昧さを抱えて生きる者が自らをディアスポラと定義する場合が増えている．

　ディアスポラという言葉が開発政策の策定，実践に与える影響と効果は曖昧である．ユダヤ的出自から解放され，広く「定位置」をもたない人々や，流動性や遍在性に特徴付けられるアイデンティティや意識など文脈によってさまざまに理解される概念となったディアスポラは，国際社会が目指す持続可能な開発と包括的な成長への新たなアプローチを可能にする一方，政策の対象を常に変化させ，その結果に対する評価を曖昧にする危険もはらむ．　　　　　　　　　［辻　輝之］

📖 **参考文献**

[1] Kenny, K. *Diaspora: A Very Short Introduction,* Oxford University Press, 2013
[2] Skeldon, R. *Migration and Development: A Global Perspective,* Routledge, 2014

4

農業・農民・農村

農業・農村・農民

agriculture, rural villages and farmers

　第2次世界大戦後の農業開発は，都市との経済格差が広がる農村部における農業生産強化に始まり，緑の革命に代表される技術革新や，灌漑開発を含む農業基盤整備を中心に展開した．他方で，農業開発の「現場」となった農村生活の質の確保と向上が，貧困削減の重要課題となり，複合的な農村開発アプローチが，方法論上の議論を深化させながら試みられてきている．

●**技術革新から住民参加型開発まで**　農業・農村開発は多面的で多次元な課題であり，農民から農家世帯，農村，地域，国家，世界のフードシステムまで，主体が何かによって課題も解決策も変わる．一方ではミクロな農村を対象に，農業技術普及や，農地や農道，種苗・育苗，灌漑やポストハーベストなどの基盤整備が行われ，市場競争力をもつ生産の実現と安定が目的とされた．他方，同じミクロな観点から，農業を生業の一部に位置付けて住民の生計向上や生活安定をはかるために，より包括的なアプローチが模索されてきた．戦後日本の農村生活改善や，1990年代に出された持続可能な生計アプローチがその例である．衛生・健康や教育，文化など非農業部門も含む総合的なアプローチは，多様化する農村の生業や生活様式に資するには地域的特徴と住民の経験知に依拠することが重要であることを明らかにしてきた．農村開発では，参加型農村調査のように，住民の意思決定を汲み取る方法論が導入され，農業開発では篤農家育成を通じて普及を促す farmer to farmer や，農民自身の圃場実践を重視する farmer field school など，農民の日常に密着したアプローチが採用されてきた．

　他方でマクロな観点では，地球規模の環境と生産活動との共生が模索され，世界規模での食糧安全保障の実現が希求されてきた．これらは相互作用的な関係にあり，辺境の農村に暮らす農民世帯の生産のあり様は，その土地の自然環境や経済社会文化条件のみならず，国家政策や世界市場にも規定されてきた．

●**農民を中心に，多次元の農業-農村開発の全体像をつなぐ**　本章では，図1に示すように，食を支える農業と，その場となる農村を，主体としての農民を中心に一体的に直視することが人間開発論的に重要だという考えに基づき，これら3つのキーワードを切り離さずに描くことを試みたい．このため，各項目の執筆者が扱う実態は一様でなく，アジアの稲作地帯からアフリカ農耕民社会までを含む．よって各項目では，小農，農耕民などのキーワードについて，個別の文脈に応じた説明を付している．重要なのは，これら多次元で多様な農的実践が，相互作用的で，一方だけの進歩をとらえるアプローチは，必然的に他方へ負荷をかける関係にあると認識することである．

4. 農業・農民・農村　のうぎょう・のうそん・のうみん

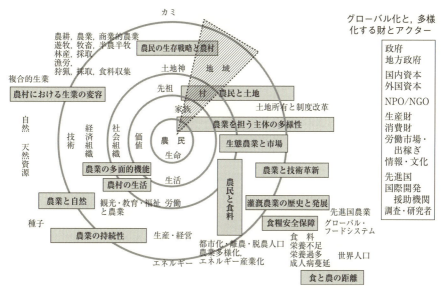

図1　主体としての農民と，農業・農村を取り巻く諸課題

● 21世紀の「農民」像とは―これからの農村・農業開発に向けて　適正な技術や労働集約のあり方，市場の特性や規模は，歴史的な経緯の中で変遷を遂げてきた．生産と販売をつなぐICT技術の発展も目覚ましく，今後これまで以上の速度で，農村住民を取り巻く社会経済的な変化が生じていくだろう．換言すれば，農業，農村が近代化を遂げる中で，主体である「農民」も，他産業に内包され，そもそも「農民」を中心におく農村開発の有効・妥当性，問われざるを得ない現状ともいえる．

　なかでも産業としての農業発展を進めてきた日本の農村では，高齢化・過疎化で主体不在の危機に直面している．フードチェーンが伸び，生産物輸出入の世界秩序も揺らぐ中，農民中心の包括的な農村開発を再考するために，農業の生産と消費におけるローカルな価値をどう実践に反映するのかが国内外で問われている．国際的な農業・農村開発と日本国内の農業振興・集落再生とを，虫瞰的・鳥瞰的に結び合わせて考えることが肝要である．農村と農業の維持に活路を見出すためにも，開発主体となる「農民」像の再定義を模索したい．生活基盤安定を目指して，ビジネスセンスや市場での交渉力をもちつつも，農村の維持や発展につながる生産と労働を生み出す21世紀の農民像は，先進国−途上国の関係性を乗り越えた先にこそみえてくるのではないだろうか．　　　　[小國和子・水野正己]

参考文献
[1] 水野正己・佐藤寛編『開発と農村―農村開発論再考』アジア経済研究所，2008

農村における生業の変容

diversity and flexibility transformation of rural subsistence

　大学でアフリカの農業や農村について教えていると，学生が驚く点が2つある．1つは，農民が農業以外にも多様な生業に従事していること，もう1つは，一見すると伝統的な農業を営むようにみえる彼らの生活様式や農業生産様式が，通時的にみるとさまざまな変容を経験していることだ．

●**生業の多様化**　農業だけに依存せず，柔軟に生業を展開していく農民の姿は，開発途上国の農村に広く共通している．農業を主軸に，自然資源の利用や家畜飼養，小規模なものづくり，小商い，都市やプランテーションへの出稼ぎにも従事する．活動の組合せ方は地域や時代に応じて変化するものの，「生業の多様化」は，彼らの生計戦略の基本的な特徴である．

　複合的な生業への志向性が育まれた背景には，熱帯地域・亜熱帯地域における降雨の不確実性があるだろう．乾季・雨季の季節変化や多雨年・少雨年の年々変動に伴う降水量の変動が大きく，農作物はしばしば洪水や干ばつの被害を受ける．アジアではそのリスクを回避するために在地の灌漑技術や制度を発達させてきた地域も多い．一方でアフリカ諸国を中心に，天水に依存した農業を営む地域では，不作の年には食料の購入費用をまかなうために出稼ぎに従事したり，換金性の高い自然資源や家畜を販売したりする農民が増える．また，さまざまな食用植物や食用昆虫，野生動物の利用が，単に栄養不足を補うだけでなく，ふだんから嗜好品やレクリエーションとして楽しまれている．農民は，予測不能な自然的リスクに備え，多様な選択肢を用意してきたのである．

●**政治経済変動と農業の近代化**　開発途上国の農村は，かつて植民地支配という強い政治経済的圧力を加えられた．独立以降も，国家の介入が大きい保護主義的な経済から，債務危機に陥り国際通貨基金（IMF）・世界銀行の「構造調整」を導入して経済自由化へ，さらに経済のグローバル化といった政治経済の変動に直面してきた．このような歴史の中で，外国人入植者によるプランテーション経営，あるいは農村開発政策や援助プログラム，アグリビジネスなどを通じて，半ば強制的に，農村へ新しい作物と農業技術が持ち込まれた．

　その1つが，コーヒーなどの換金作物の導入である．これに伴い，多くの地域で自給作物栽培と換金作物栽培がそれぞれ独立した生産様式として併存するようになった．一方で，その2つが融合されて独自の生産様式へと展開した地域もある．例えばタンザニア南部ンジョンベ州の農民は，植民地期に工業原料や建材として持ち込まれた外来樹を広く植え，その人工林で焼畑と林業を複合的に営むようになった．これによって，自給食料を安定生産するだけでなく，林業収入を得

て生活ニーズを満たしている（図1）．

もう1つは「緑の革命」，すなわち高収量の改良品種を中心とした近代的な穀物生産技術体系の導入である．アジアでは灌漑整備が進むとともに普及してコメの生産性を飛躍的に向上させ，成功を収めたといわれる．一方で，アフリカのトウモロコシ生産については厳しい状況にある．独立後，1980年代までは農業投入財への補助金や融資，生産者価格の補償といった政策的支

図1 好景気をもたらす林業．苗木の移植にも熱が入る

援により一時的に緑の革命が成功したようにみえたが，その後は支援の打ち切りと度重なる干ばつによってトウモロコシ生産は停滞している．一般に改良品種は，在来品種と比べて水不足や養分不足に対して脆弱で，収量を極端に落とす．化学肥料を十分に購入できない零細農民にとって，近代農業は生計を不安定にさせたり，階層分化をすすめたりする危険性もはらむ諸刃の剣であった．

●**生活の向上とレジリエンス**　急速にすすむ生活様式の近代化や人口増加も，農村の生業変容と深くかかわっている．近年は地方の農村までさまざまな商品やサービスが流入し，生活を支える現金収入の必要性が高まっている．開発援助による学校や診療所の開設も，教育や医療を受ける機会を増やす反面，その費用が家計に重くのしかかる．農村人口の増加は，相続に伴う農地の細分化を招いている．稼がなければならないというプレッシャーから，過耕作による農地や森林の劣化と，非農業部門への依存が進み，ひどい場合には負債を抱えて土地を売却し，離農・脱農にいたることもある．こうした農村の現状に，教育を受けた若者はよりよい職を求めて都市へと流出していく．

農村の生業は固定的なものではなく，さまざまな要因によって変化し続けている．前述したタンザニア南部の事例では，鉱物資源景気と地方分権化によって建設ラッシュが続く都市部の建材需要に応じる形で，農民が新たな農法を創出した．彼らは林業景気に沸きつつも，あえて焼畑を継続することで自給食料生産の安定を堅持している．これはリスクに対処する手段や能力を強化することで，「レジリエンス」を高めていった好例としてもとらえられる．農村開発には，危機に対処し生活を向上するだけでなく，将来起こり得る変化を受け止められるように，農村社会や農民のレジリエンスを高めるという視点が必要だろう．　[近藤　史]

📖 参考文献
[1] 重田眞義・伊谷樹一編著『争わないための生業実践─生態資源と人びとの関わり』アフリカ潜在力 4，京都大学学術出版会，2016
[2] 石川博樹他編著『食と農のアフリカ史─現代の基層に迫る』昭和堂，2016

農業を担う主体の多様性

diverse types of farmer in agriculture

　国連食糧農業機関（FAO）の『世界の食料不安の現状 2015 年報告』によれば，2014〜16 年で，アフリカやアジアの地域を中心に世界中でおよそ 7 億 9500 万の人々が飢えに苦しんでいると報告されている．食料不安に苦しむ人口の 70% 以上が開発途上国の農村部に住んでおり，そうした人々の多くが小規模の家族農業（以下，小農という）の中で暮らしているとされている．小農は世界において食料生産の主要な担い手であり，その発展こそが世界の食料安全保障の確保と農村の貧困撲滅に大きな役割を果たすといってよい．

●**農業を担う主体の多様性**　小農が食料生産の大きな部分を担うとしても，そこには自然・資源条件や社会条件に規定された農業の形態と経済発展段階の差を背景として多様な農業主体が存在する．例えば，焼畑農民，牧畜民あるいは遊牧民などは人口が少なく土地が豊富な地域で卓越し，逆に人口が多く土地が狭小であっても水資源が豊富な地域では，水田による稲作農民が卓越する．また，乾燥地・半乾燥地であって灌漑用水が利用可能な地域では，畑作を主とする農民が支配する．一定の農地を保有し，用水を確保できれば，稲作と畑作を組み合わせた農民（耕作民）や耕種と畜産を組み合わせた有畜複合農民が出現する．これは農業の形態により農業の担い手を区分したものであるが，ほかにも土地の所有形態別（自作農，半自作農，小作農，土地なし），土地の規模別（零細農，小規模農，中規模農，大規模農），労働や資本の集約度別（労働集約的，資本集約的），経営形態別（家族経営，共同体経営，企業経営）などさまざまな基準で区分することができる．なお，ここでいう農業の担い手は，暗黙のうちに小農をベースにして食料を生産する農家を想定している．外国資本によるエステート農業やプランテーション農業のように主として工業原材料となる商品作物（オイルパーム，綿花など）を生産し輸出する企業経営体を含めれば，農業主体の多様性はさらに広がる．企業経営体の組織内では，出資者，経営者，技術者，労働者などが，役割の違いがありつつもそれぞれが農業を動かす主体となる．また，旧ソビエト連邦や中国のように，土地が国家および集団の支配下にあり，そのもとで集団的農業（かつてのコルフォーズやソフォーズ，人民公社など）を行う組織体も農業を担う主体に含まれよう．

　ここでは家族を養いつつ農業を発展させていこうとする小農に焦点を絞って進めていくことにする．図1は，筆者が貧しい小農の経営発展に寄与すべく，JICA草の根技術協力事業の農業専門家として5年間カンボジアの農村でかかわってきたある小農の姿を示している．この農民は畑地を集約的に利用して，さまざまな野菜を栽培していた．収穫する野菜のほとんどは市場向けであり，コンポストの土

壌還元による肥料の低投入と生物起源の農薬を使用して，コストの節減をはかりながら，環境と体にやさしく，消費者に喜ばれる野菜の生産拡大をめざしている．

●**経済発展に伴う小農の変容**　発展段階別にみれば，経済が発展していくにつれて，小農の経営の目的やあり方は大きく変容する．生計維持を目的にした零細規模の家族労作経営の段階から，生計向上を目的にした半自給・半商業的な経営の

図1　カンボジア農村の小農

段階へ，そして利益の増大を目的にした商業的ないしは企業的経営の段階へと進展していく．この変化の推移を全体としてみれば，食料は増産しながら作目が多様化し，農村貧困が削減されていく一方で，変化に乗りきれない小農が多数存在して，小農間で経済格差が拡大していく．また一定の土地に人口増加の圧力が加わっていくことで，農業のあり方が土地集約的・労働集約的に変化して，技術の導入や資本の増投を伴いながら単位面積あたり生産量（収量）が増加していくというプロセスがみられる．これはかつて E. ボズラップが『農業成長の諸条件─人口圧力のもとでの農業変化』（ボズラップ 1991）で記した学説であり，農業発展の段階論を示すものとして長年注目されてきたが，グローバル化，情報化が進んだ現在では，人口圧力の要因だけで農業変化の過程を説明するのはむずかしい．ともかくも，経済が発展し市場が成長していけば，小農間に資源量や資金，技術へのアクセスに違いがあるにせよ，小農が近代化の方向へ進むのは当然の成り行きといえよう．

●**小農はどのように進んでいくか**　世界には農業を担う多様な主体が存在するが，農業の形態や経営の段階に違いがあるとしても，小農がこれからも農業主体の主流となり続けていくであろう．小農は，今後，農業をビジネスとして継続発展させていくグループ，農業を継続させつつも非農業部門に力を注いでいくグループ，そして依然として生計維持的な農業の段階に留まらざるをえないグループに類型化されながら進んでいくものと考えられる．それぞれのグループの性質に応じて，その発展を促すためにいかなる開発方策と国際協力のアプローチを準備していくべきか，そのあり様が小農の将来帰趨を大きく左右するのである．

［板垣啓四郎］

📖 **参考文献**
[1] FAO 編『2015 年の国際的な飢餓削減ターゲットの達成─不均一な進捗状況を検証する』国際農林業協働協会訳，2016
[2] ノートン, G. 他『農業開発の経済学─世界のフードシステムと資源利用』板垣啓四郎訳，青山社，2012

農業と自然

agriculture and nature

　フィリピンのルソン島北部コルディリェーラの棚田は，天国への階段とも称される幻想的な景観で，国連教育科学文化機関（UNESCO）の世界遺産に登録されている．観光客の目を奪う棚田は，農民にとって稲作だけでなく魚や貝を取る場所でもある．その水を供給する周囲の森林には多様な植物が生育し，農民は薪炭や食料に利用しつつ，水源を守るための暗黙のルールによって過剰な資源利用を防いでいる．棚田の景観は，農業と自然を一体的に管理利用してきた結果であり，それを維持するための社会制度が農村に形成されてきたことを示唆する．ここでは，農業と自然のつながりを理解し，それを分断させるような近年の社会変化について考えたい．

●農業と自然のつながり　自然というと人の手の入っていない原生自然をイメージしがちだが，地球上の森林の多くは伐採後に自然に再生した二次林である．人の手によって管理された自然を二次的自然といい，本来の自然環境に加えて，人の営みにより生物多様性がいっそう増すこともある．適度な伐採で林内に入る光が増えると低木や草も育つことができ，植物だけでなく昆虫や動物など種の多様性が高まるのである．森林で焼畑農業を行い主食の陸稲や根菜類を得る人々もいる．熱帯の焼畑では，雨季になる前に伐採と火入れを行う．火を使って虫や菌を防除し，灰が中和剤や肥料となって土壌が改良される．焼畑は環境破壊につながるという懸念もあるが，伝統的な焼畑農業は1回収穫した後，焼畑跡地の植生が回復して再利用できるまで十数年の休閑期間を設ける．一定のバイオマスを確保してから再度利用するため，持続的な農業といえる．人口増加などにより十分な休閑をとれないと，土壌の劣化や流出が起きる．

　また伝統的な農業として，1つの土地で数種から数十種類を育てる多品種栽培がある．単一栽培では病気で全滅することがあり得るのに比べ，多品種栽培はリスク回避につながり，生物多様性も増すと再評価されつつある．近年，樹木の間で農作物の栽培や家畜の飼育を行うアグロフォレストリーはその一形態である．

図1　焼畑後の多品種栽培（フィリピン，2009年撮影）

農業には自然を適切に扱う経験知が必要である．水や森林や草地などは，地域住民が一定のルールに沿って共同で管理利用してきた慣習が各地でみられる．持続的に共同管理される自然資源やその仕組みをコモンズとよぶ．農業用水に使う小規模貯水池や水路の清掃，放水の調整を農民が共同で行ったり，水源林を守るために伐採できる樹種，大きさや本数について取り決めたりするケースはその一例だ．共有林がしばしば国有林内にみられるように，土地の所有者は国や個人の場合もある．コモンズは資源利用に関する地域のルールであり，資源分配をめぐる利害調整の仕組みである．共同管理を通して自然資源利用に関する経験知が個人間で共有・継承され，公平性など農村全体の社会規範が醸成されていく．それが結果的に持続的な資源管理や農業のあり方につながっていくのである．

●つながりを断つ社会要因　農業は特定の植物を栽培する行為であるため，自然の脅威にもなり得る．大規模かつ機械化された単一作物栽培は，森林を切り拓くことから始まる．近年マレーシアやインドネシアの熱帯雨林は，次々とアブラヤシ農園（プランテーション）に姿を変えている．アブラヤシからとれるパーム油は植物油脂として世界中で食品や日用品に使われ，日本は大きな輸入国である．アブラヤシ産業は外貨獲得や雇用拡大など経済成長に寄与する一方で，生態系を破壊し，生物多様性の減少や温室効果ガスの放出，農薬や搾油工場の廃水による汚染などの環境問題も生み出している．地域住民が共同管理してきた森林が農園開発の対象となったことに抗議した住民が，企業や警察や軍に抑圧され死傷者が出るケースも生じており，問題は政治化している．地域住民のニーズをくみ取った内発的な農園開発のあり方が求められる．

また「自然を守る」ための政策が，地域住民との摩擦を生むこともある．生態系を守るため，国有林を保護区や国立公園に指定することが，地域住民の森林利用や農業を排除することにつながる事例も各地でみられる．自然保護の取り組みは，国家だけでなく国際的な非政府組織（NGO）も主体となって推進されてきた．多様なアクターがかかわる中での利害調整は複雑化するが，保護か利用かという対立ではなく，自然と共存する農業のあり方を改めて議論する必要がある．

最後に今後の農業や自然を取り巻く状況は，都市と農村の関係を抜きに考えられない．冒頭のコルディリェーラの棚田は，かつて危機遺産に登録された．若者を中心に都市へ人口が流出し，景観維持が困難になったことがひとつの要因とされる．これは日本にもあてはまる現象だ．農村で進む過疎化や高齢化は，農業の担い手だけでなく二次的自然をどう維持していくかという問題もはらんでいる．

［根本歩美］

📖 参考文献
[1] 井上 真・宮内泰介編『コモンズの社会学—森・川・海の資源共同管理を考える』新曜社，2001
[2] 井上 真編著『環境』東南アジア地域研究入門 1，慶應義塾大学出版会，2017

農民と土地

farmers and farmland

　農民と土地の関係については，自然条件，歴史，市場経済の発達，社会や政治の制度，技術など，総合的理解が重要である．特に開発途上国の人々は農業のほかに，採集や狩猟などの生業にも従事している．土地は祖先崇拝や信仰，アイデンティティーなどの宗教や文化にも深くかかわっている．

●**日本の地租改正**　明治政府は1873年以降地租改正を実施して土地の私的所有制と租税改革を進めたが，このとき，イギリスが植民地インドで18世紀末以降導入した「ライーヤトワーリー制度（Raiyatwari Settlement）」の知識を得ていたといわれる．当時後進国であった日本はこの地租改正により，江戸時代の「村請」制度を解体し，近代的・私的土地所有制を押し進めた．地租は地価の3%で金納とし，近代化のために財政基盤を固めたが，しかし農民に重税を課した結果，各地で一揆が起こった．その後資本主義が発達するが，第2次世界大戦後の農地改革前には地主が全耕地の半分近くを占めた．

●**世界の土地制度**　世界をみると，土地制度は共有制，国有制，私有制など，国や社会によって大きく異なる．土地は農業で重要な生産要素であるが，かなり不平等に分配されている．すべての土地で所有権が確定されていない国もある．ラテンアメリカの平均農地面積はアジアやアフリカと比べてかなり大きく，ジニ係数でみた不平等度は高い．東南アジアや南アジアでは地主制度が発達し，土地なし農民や小農は地主から土地を借りて耕作する．その対価として地主に小作料を支払うが，定額（定率）と分益の2つに大別できる．多くの国で土地改革が実施されてきたが，その1つはプランテーションなどの大規模農場を解体し，農民に再分配するもので，旧ソ連や東欧諸国のケースも含まれる．もう1つは利用権を確定し，耕作者の長期的な権利を強化するものである．

　人口増加や食料価格の高騰を背景に内外の大企業の大規模な土地の占有により，人々の権利が侵害される「ランドグラビング（Land Grabbing）」「ランドラッシュ（Land Rush）」などの問題が生じている．その例として，広義の土地共有制であったアフリカの諸社会が，西欧諸国の植民地支配，そして独立を経て，近代化の道を歩んでいる様子を具体的にみていく．アフリカには農地として利用可能な土地が多くあり，「資本主義最後のフロンティア」などと注目されているからである．

●**ケニアの土地制度**　イギリスは1895年，現在のケニアを「東アフリカ保護領」とし，冷涼な高地で入植計画を進めた．1920〜30年代，農場数換算で2000余りの白人が入植し，利用可能な土地の約2割を占有した．アフリカ人は狭い「原住民指定地」内に強制的に居住させられ，白人農場などで働くようになる．ある地

域では「土地なし層」が出現した．当時，移動耕作が主で，休閑期間の短縮は地力低下や土壌浸食を招いた．1950年代初めに発生した「マウマウ（Mau Mau）の反乱」は，土地不足問題の深刻化が主因だといわれる．1953年イギリスの「ホワイト・ハイランド」の非白人への開放，そしてアフリカ人地域での私的土地所有制の確立を植民地政府に勧告した．同時に，土地不足が顕著であった「キクユランド」で「スウィナートン計画（Swynnerton Plan, 1954年）」という農業近代化政策を実施した．その目的は私的土地所有制の確立，商品作物栽培の奨励であったが，土地市場の創出，農民層分解，そして工業化を進めようとした．

●**ザンビアの土地法改正**　旧イギリス領ザンビアは1889年，「イギリス南アフリカ会社」が獲得した領土，そして時には武力による実効支配の結果誕生した．1924年イギリスの直轄植民地となり，白人入植者に鉄道沿線の土地が分譲された．白人用の王領地とアフリカ人用の原住民指定地が設定され，前者に自由土地保有権もしくは借地権が付与され，後者に慣習法が適用された．独立後，ザンビアの土地制度に大きな変更はなく，王領地と指定地は大統領に帰属し，王領地が国有地，原住民指定地が指定地，原住民信託地が信託地となった．指定地や信託地の土地制度は民族集団によって異なるが，一定の領域を支配する首長が村長を承認し，首長や村長が村民に土地を配分する権限を有している．1990年代初めに構造調整が本格的に導入され，民営化・自由化に合わせ，1995年に土地法が改正された．首長や村長という伝統的権威や地方議会の許可を得て土地利用権の不安定性を除去し，利用権の長期保障が確保されるようになった．土地権利証書の発行と99年間という長期の利用権が認められた結果，土地利用権の売買が増えている．ザンビア内外の外国人が大統領の認可を受けて土地権利証書を取得し，その利用権の所有と売買が可能になった．他者による利用権のはく奪，利用権の相続をめぐるもめ事が農村では絶えない．首長が領内の土地を割り当てる権限をもつようになった．大規模な農地開発のために土地から追い出される人々も現れ，ランド・グラビングともいえる状況が生じている．

図1　M森林保護区内の森林伐採と畑地化：首長が森林保護区内の農地開発を認めたとのうわさで多くの人が木を伐採して農地化した

［半澤和夫］

📖 **参考文献**
[1] 小谷汪之他『土地と人間―現代土地問題への歴史的接近』有志舎，2012
[2] 武内進一編『アフリカ土地政策史』日本貿易振興機構アジア経済研究所，2015

農村の生活

rural life

　農村は農民の生産と生活の場である．開発途上国の貧困層の約75％が農村居住であり，かつ今後も人口増加が見込まれるため，農村開発は常に開発課題の中心にあった．しかし農業経営が改善されても生活は苦しいまま……という声は日本に限らず世界中で聞かれる．そこで本項では農業開発の果実を待つのではなく，農家の生活に直に働きかける農村開発手法とその展開過程をみていこう．

●**農村の生活と農村開発**　農民の生産と生活の再生産の基本単位である農家は，農業のための地域・自然資源や環境を集団で管理する必然性から，自治機能をもつ農村を構成する．農村では農業にまつわる労働や行為の多くが農事暦に則った生活の根幹をなし，地域固有の衣食住様式や農耕儀礼，民謡といった文化が形成，伝承される．農民の農業生産活動によって生じる農地（国土）・水源・自然環境・生物多様性の保全，良好な景観の形成，文化の継承など多岐にわたる機能を「農業・農村の多面的機能」（農林水産省ホームページより）とよぶが，それを支えるのが農村の生活である．

　農村生活においては，農作業および多面的機能を支える活動に加え，家事も育児も主に担う女性の負担が大きいことは古くから指摘されてきた．特に生活インフラが未整備の地域では，炊事洗濯の手始めは水汲みや薪集めであるなど家事作業も多く，かつ重労働で時間も要する．さらに近年ではグローバル化の農村への波及，若者の都市移住に伴う農村の過疎高齢化により，残った住民の環境保全諸活動や高齢者介護の負担増，伝承活動の困難化など，農村生活の課題は多様化している．

　食料安全保障の観点から農作物の生産・増産を主目的とする「農業開発」に対し，「農村開発」は貧困削減ひいては人間の安全保障の観点から広く農業・保健衛生・教育・社会インフラなども含む総合的地域社会開発を指す．農家の生活や所得の向上は，都市貧困の背景要因である農村からの人口流出を抑制し，また農村社会の安定と発展は，セーフティ・ネットの役割を果たすため，社会全体の安定に不可欠であることも，農村開発に注力されてきた理由である．1990年代以降は国際的援助動向として，地方分権化や社会開発，参加型開発の積極的導入がはかられ，その舞台としての農村には多種多様な援助プログラムが展開されてきた．

●**農村生活改善協力の展開**　1940年代後半からアメリカは農村民主化支援の一環として，世界各国に対し，農業・農村生活に関する知識・技術普及や生活向上を目的に農業と家政分野の専門家をセットで派遣し，技術指導および制度構築を支援した．技術協力に携わる家政関係者向けの冊子 *"Home Making around the World"*（米国農務省 1963）には，育児，栄養，衛生，家庭菜園，鶏兎山羊の飼育，

家庭管理，住居，裁縫と生活全般にかかる項目が網羅されている．布団の天日干しによる寝具の衛生改善，屋根上のタンク設置による薪の使用量削減などが日本の実践例として掲載されている．農村住民が直接裨益するこれらの活動は1960年代においてはコミュニティ開発アプローチの先駆けであった．当時の対象者は主に女性だったため，1970年代以降はジェンダー関連諸活動に発展していった．

●**日本の経験と生活改善アプローチ**　日本では1947年から農業と生活の二本立ての協同農業改良普及事業が開始された．農林省（当時）は全国に生活改良普及員（生改）を配置，生活技術の習得による具体的な改善実践の累積を通して，自主自立できる「考える農民」の育成にあたらせた．「農業の普及員は作物を心配する．けれど作物を育てるのは農民だ．作物が生育不良なら例えば子どもの看病で農作業ができなかったのか，急な出費で肥料代が不足したのか

図1　お互いの家を訪問して課題を話し合う生活改善グループ（ドミニカ共和国）

など，その農家の生活全体を心配すべきなのだ」．この北海道の生改が言うとおり「農家生活をまるく（包括的に）みる」ことによって，生産と生活が分かちがたく結びついた農家の諸課題が浮かび上がる．生改は既存資源を活用し自助努力によって課題解決に取り組むグループ活動を推進した．これらの活動は公衆衛生・栄養改善，社会教育他諸事業と相まって，農家の生活のみならず女性の地位の向上も促し，現在の地域振興にまで脈々と受け継がれている．

　国際協力機構（JICA）はこの日本の経験を応用・展開すべく，1980年代から数々の生活改善関連研修や技術協力プロジェクトを実施してきた．みずから生活課題を特定し，既存資源と知恵と工夫，仲間との相互扶助による主体的解決を促す「生活改善アプローチ」は，援助依存からの脱却，自立的な住民育成の手段としての評価が高い．活動内容は農産品加工販売から小規模金融，観光振興まで幅広く，住民同士や家族が話し合い学び合う活動を通して仲間意識や協働精神が醸成されている．今後の課題は，農家の個別課題の個別解決に留まらず，個別課題の共同解決，やがては農業・農村の多面的機能の強化に通ずる，共通課題の共同解決へと展開させていくことにあろう．その鍵を握るのは生改のような視点と技術，課題解決ファシリテーション手法を会得した人材の育成，およびその支援体制の構築にある．　　　　　　　　　　　　　　　　　　　　　［太田美帆］

参考文献
[1] 水野正己・佐藤寛編『開発と農村—農村開発論再考』アジア経済研究所，2008
[2] 佐藤寛他「途上国ニッポンの知恵—戦後日本の生活改善運動に学ぶ」クロスロード増刊号，2010

農民の生存戦略と農村

survival strategies among farmers and local villages

　開発途上国の農民の生存戦略は世帯が必要とする食料の確保と現金収入源の模索に主眼がおかれていることが多い．開発途上国が多く存在するアフリカ諸国の農村をみると，それぞれの地域や村によってさまざまな作物や農法，営農形態が存在しているものの，多くの農民は「食料の自給」を担保しながら，生計の維持に必要な現金収入源となる生業に従事している．

　例えば農民が現金収入源の模索をする場合，彼らは政治や経済，生態環境の変化にとても敏感で，これらの変化を踏まえながら換金性の高い作物を導入したり，農外就労へ従事したりする．こうした生業・就労体系はかなり流動的で，ひとたび状況が変化するとすぐに別の現金収入源を再度模索するようになる．アフリカ農村を調査した島田周平は，こうした農民の戦略を「変わり身の速い」行動と表現している（2007年）．しかし，島田も指摘しているようにアフリカの農村社会における農民の「変わり身の速さ」の基盤には，しっかりとした「食料の自給」が担保されていることが多い．また，さらに細かく彼らの生存戦略をみてみると，生業体系の多様化や農法の工夫，社会的紐帯の強化をとおして生活の安定化がはかられている．

●生業体系　農民は彼らの生業体系にさまざまな工夫をしている．その1つが「生業の多様化」である．アフリカの多くの農村において農民は農業だけを営んでいるのではなく，漁労，狩猟や採集活動にも携わっている．さらにはグローバル化の進展とそれに伴う現金経済の浸透によって，途上国の農村では現金の必要性が増加している．農業生産や漁労，狩猟，採集からの現金収入が足りない場合は出稼ぎなどの農外就労が必要となっている．こうした農外就労も現金稼得源の多様化としてとらえることもできる．生業体系の多様化は，ある生業がうまくいかなくても，他の生業からの収穫物や収入によってカバーできることがあるためリスク分散の意味があるといわれている．

●社会的紐帯の強化　農民の生存戦略のひとつに地縁・血縁集団を中心としたセーフティ・ネットの形成がある．彼らは農作業における共同労働や冠婚葬祭の際の互助行動などを通して互いの紐帯を強化している．例えば，地縁・血縁集団においては，構成員が共同で農作業を行うことで，高齢者の世帯などにも労働力がいきわたる工夫がされている．また集落内には構成員が目的をもって金を拠出しあい資金を積みたてていく無尽講のような集団もみられることがある．さらに近年では，女性だけで組織されたグループや特定の目的のために集まった住民グループも存在している．これらの住民グループも農民同士の社会的紐帯の強化に

役立っている.

●**農法** 主食作物や換金作物を栽培する際の最も基本的な戦略は農法の工夫である. 農法の工夫には, 主に①作物の選択, ②作期の工夫, ③耕作空間の工夫, ④土壌保全・地力維持がある. 例えば, ①作物の選択では, 乾燥地においてソルガムやトウジンビエなど乾燥に強い主食作物を栽培することや, 土壌条件の悪いやせ地にはあまり養分を必要としないキャッサバなどが植え付けられている. ②作期の工夫では年間で同じ圃場に異な

図1 共同労働の様子:共同労働でイネを脱穀している. 共同労働は地縁・血縁集団の紐帯を深める役割がある(タンザニア・モロゴロ州)

る作物を複数回作付けする多毛作, 同じ圃場で同一作物を複数回作付けする多期作などが採用されている場合がある. ③耕作空間の工夫としては主作物の圃場の中に副作物を栽培する間作, 主副の区別がなく多数の作物を栽培する混作, アグロフォレストリーなどが土地を有効に活用する農民の戦略のひとつとされている. また④地力保全・地力維持では, 傾斜地の土壌流亡を防ぐために段々畑をつくるテラス農耕や畝立て農耕などが行われている.

●**生存戦略と農村** 途上国の農村人口は増加傾向にある. このため相続時の世帯の農地の細分化が問題となっており, 一部の農民は都市へと移住する場合がある. ただし, 都市へと流出した多くの人々も農村と深いつながりをもち続けている. 都市に移住した農民は, すでに都市に居住している血縁者や同じ地域の出身である知り合いを頼ることが多い. また都市の生活が農村よりも苦しくなった場合, 人々は農村に残った親族を頼りに再び農村に戻ることもある. 都市へ出た農民も農村から切り離された存在ではない. 出稼ぎのように世帯の成員の一部が都市に居住する場合は, 世帯内で食料の自給と現金収入源の模索が分業化された状態ととらえることもできる.

農村における農民の生存戦略とは, さまざまな方法で農法を工夫しながら主食の自給を確実にすることと積極的に現金収入源を模索することである. そのために生業は多様化する傾向にあり, また社会的な紐帯を強化することで, これらの目的がより達成されやすくなっている. このような戦略の観点からみると農村は主食作物や換金作物の生産の場であるとともに, 彼らが生きていくために必要な人と人の絆を深める場ととらえることもできる.

[加藤 太]

📖 **参考文献**
[1] 島田周平『アフリカ可能性を生きる農民―環境−国家−村の比較生態研究』京都大学学術出版会, p.270, 2007

生態的農業と市場

ecological agriculture and market

　封建制（前近代社会）から資本制（近代社会）への移行に伴って，小経営が資本主義的経営に成長し，さらに競争による淘汰を経て資本の集積と集中を繰り返す．結果として，成功した少数の経営が大企業となって生き残り，競争から脱落した多数の経営者はプロレタリアートとなって労働者階級に転落する．これが工業部門における資本主義化の論理であり，歴史的展開であった．

●**農業の資本主義化と開発途上地域**　農業部門においても，市場志向の生産を行う資本主義的経営が土地所有者としての地主階級とは別個に成立し，競争を通じて大規模な資本主義的経営と脱落した農業プロレタリアートとに分かれていくと想定された．この現象は理論的には「農民層分解」とよばれるが，実際に農民層分解によって地主・農業資本家・農業労働者の3階級からなる「三分制」とよばれる体制が明確に成立した地域は，先進国でもイギリスに限られる．ほとんどの開発途上地域においても，農業発展が上記のような経路をたどることはなかった．その最大の理由は，植民地支配のもとで当該地域の農業が編成替えされ，帝国主義本国向けの換金作物生産に特化したためである．主な形態としては，大土地所有・利用を前提とした大規模プランテーション経営と，資金の前貸しによって商業ルートから小規模経営に換金作物の作付けを強制する方式とが存在した．こうして単一作物栽培が拡大する一方，比較的小規模な自給的経営が多様な作物を栽培したり農畜複合経営を営むことによって，天然資源を循環・再生利用する，自然と人間が調和した生態的農業システムは，次第に後退していくこととなった．

　第2次世界大戦以降になると，農業の資本主義化は異なる段階に入ったとする考えが現れてくる．先進地域において農民層分解が停滞し，開発途上地域においては植民地的農業構造によって資本主義化が困難に陥るなか，農外資本が農業全体を包摂していくという論理である[1]．具体的には，農業関連多国籍企業＝多国籍アグリビジネスが，流通部門からの取引関係によって生産部門を支配したり，農業生産に直接投資を行うことによって，農業部門全体をコントロールしていく．また投入部門からは，「緑の革命」とよばれるハイブリッド品種と農薬・化学肥料多投型技術の普及や，バイオテクノロジーの発展による遺伝子組換え作物（GMO）の導入といった技術革新によって，農業部門の発展が促迫された．これらの技術革新が世界の食料生産を増加させ，開発途上地域における食料不足の抑制に大きく貢献したことは事実であるが，化学物質の不適切な使用や単一作物の大規模生産による環境負荷の増大，意図せざるGMOとの交雑の可能性や在来種

を含む生物多様性の危機など，数々の問題点も指摘されている．

●**グローバル化と生態的農業**　「緑の革命」の目的のひとつは開発途上地域における食料自給であったが，米の自給をいったん達成したフィリピンやインドネシアさえも，工業化の進展に伴う自給農業部門の縮小などにより，1980年代以降は再び米の輸入に依存することとなった．他方で輸出農業部門は大きく発展し，特に野菜・果実や花卉，畜産物といった，植民地的貿易構造とは異なる新たな品目の農産物輸出が著しく伸長した．さらに，輸出農産物の供給と品質を確保するため，多国籍アグリビジネスは契約農業を通じて，技術指導を行ったり生産資材を提供したりしながら多数の農業生産者を組織し，生産過程を実質的にその管理下におくこともしばしばみられる．開発途上地域の農業生産者には，輸出農業に特化し大規模化して資本主義的成長を遂げている経営が存在するが，実質的には多国籍アグリビジネスの下請生産者と化しているケースも少なくない．

　1990年代以降，グローバル化が全面展開し貿易自由化がいっそう進展するとともに世界農産物市場は拡大し，開発途上地域においても輸出向け大規模農業の著しい発展がみられるようになった．典型的な例はブラジルで，砂糖とコーヒーの輸出で世界の首位に立つのみならず，牛肉輸出でもオーストラリアを上回って第2位となり，同国の農産物輸出総額の約4分の1を占める大豆についてはアメリカと肩を並べる大輸出国となった．しかし他方で，輸出農業に対応できない農民は農業発展から取り残され，零細経営のままにとどまらざるを得ない．発展する輸出農業と停滞する自給農業が併存するなか，開発途上地域では農民の両極化が進行しつつあり，食料安全保障がおびやかされている．2008年の国際穀物価格急騰時には，食料不足のためアフリカでデモや暴動が多発し，ラテンアメリカでも政情が不安定になるなど，貧困層のおかれた脆弱性が白日の下にさらされた．

　マルクスは『資本論』において，資本主義的農業のどんな進歩も労働者と土地から略奪するための技術の進歩であると述べた．近年，小規模農業の広範な存在とその潜在力が，国際的に注目を浴びている[2]．近代農法の問題点を克服し，生態系に即した農業システムを再建するため，食料自給と経営の持続性を重視する小規模農業の発展可能性を追求する方向は，たしかに有益かもしれない．しかし同時に，それは農業の資本主義化を拒否する道でもある．今日なお進展を続けるグローバル化のもとで現実的にそのような選択が可能か否か，開発途上地域の農業はひとつの岐路に立たされている．　　　　　　　　　　　　　　　　［千葉　典］

📖 **参考文献**

[1] 北原克宣・安藤光義編著『多国籍アグリビジネスと農業・食料支配』明石書店，2016
[2] 国連世界食料保障委員会ハイレベル・パネル『家族農業が世界の未来を拓く—人口・食料・資源・環境—食料保障のための小規模農業への投資』家族農業研究会・農林中金総合研究所訳，農山漁村文化協会，2014

農民と食料

farmers and food

　食料は経済活動の産物である以前に，農民や農村地域の人々の命と暮らしの源泉である．そのため，食料の確保に関する思考や態度は，農民世帯レベルと国家レベルとで大きく異なり，前者では食料へのアクセスと安定した食料摂取がより大きな意味を有する．

●**食料の確保と安定供給**　一般に，小規模農民は食用作物を中心とした自給作物を生産することで食料を確保するか，あるいは換金作物生産からの現金収入によって食料を購入し世帯の消費にあてる．

　人類は世界的にみると三大穀物（コメ，トウモロコシ，コムギ）にジャガイモを加えた四大食用作物に依存する傾向を高めてきているが，自給的小規模農業における食料生産と食文化は地域ごとのファーミング・システムに規定される部分が大きい．また，遊牧や牧畜などの生業を営む人々の食料に対するとらえ方は，農耕民のそれと大きく異なる．羊肉や乳製品など食料を家畜に依存するため，家畜の出産，良質の飼料の確保，冬営など家畜の飼育に適した環境を求めて移動することが前提とされている．家畜は生きた蓄財（live stock）であり，大切に扱われるが，物資の調達は農耕民などとの交易に頼らざるを得ない．遊牧人口は減少しても，食文化は農耕民として定住した地域においても脈々と残っており，畜肉，血液，内臓のほか，発酵させた乳製品や馬乳酒など豊かな栄養源を得ている．

　農民の場合，食料を安定的に摂取できるように絶えず工夫を凝らしてきた．人間が生きるための主要なエネルギー源となる食用作物のうち主食には，主に穀類とイモ類があげられる．米穀貯蔵缶あるいは穀物籠，場合によっては高床式の倉庫（図1）やサイロに貯蔵することで安全保障を向上するとともに安定した販売価格を可能にしている．イモ類は，収穫後の貯蔵期間は穀類に比べて短いが，収穫しないことで緊急用の食料となり得る．そのため，飢餓のリスクを分散するために穀類とイモ類の両方を栽培する農民が一般的であり，また栄養素を摂取するために野菜や豆類を作付けすることも多くみられる．さらに小規模で自給的生活を営んでいる農民では作付けにおいても，混作，間作，輪作を組み合わせて生産の安定化をはかっている場合もある．さらには，冷蔵庫のような

図1　農民世帯の高床式穀物倉庫（撮影：時田邦浩，ウガンダ）

調理後食品を保存する設備がない場合，食品廃棄を最小限にするとともに，干物をはじめ，漬物などの保存食を組み合わせることで安定した食料確保をはかっている．そのため，農民レベルの食料生産の安定という観点から，農畜林漁業の複合経営が推奨されてきた．タイの「足るを知る経済」という哲学に依拠した「新理論農業」に基づく小規模複合農業システムは，その一例である．これは，稲：野菜・果樹：魚・灌漑：住居・家畜飼育の比を３：３：３：１として土地を分割し，経営的にも栄養的にもバランスのとれた自給生活を充足させるものである．

●**食料安全保障・栄養と持続性**　国連の食料農業機関（FAO）は，1996 年に開催された食糧サミットにおいて，「食糧安全保障は，すべての人が，いかなる時にも，活動的で健康的な生活に必要な食生活上のニーズと試行を満たすために，十分で安全かつ栄養ある食料を，物理的にも経済的にも入手可能であるときに達成される」としている．食料安全保障の要素として，食料供給，食料アクセス，摂取，安定性の４つをあげている．開発途上国にとって食料安全保障は，教育と健康の改善による人的資本の向上とともに国家安定のために不可欠である．飢えによる栄養不足は，貧しい人々が労働につくことを妨げ，健康な子どもが生まれる機会を減少させ，子どもの学習機会を奪うことにつながる．国連の持続可能な開発目標（SDGs）においてもそのゴール２で飢餓の撲滅をあげ，食料の安定確保と栄養改善の達成をうたっている．そして，飢餓ゼロへの挑戦の取組みのひとつとして「小規模農家の生産性と収入を倍増させる」をあげている．

　世界の貧困者の大多数が農村居住であり，農業で生計を営む割合が高い．したがって小規模農家の農業生産性の向上は，食料生産量の確保と農家の収入の改善に資する．しかし，グローバル化の影響は，農業生産をはじめ農村生活様式にも及んでいる．携帯電話が普及し，ほとんどの情報は農村部でも届くようになり，より多くの現金を必要とする生活が浸透している．そのため，自給的作物から換金作物へ生産の志向がシフトしてきている．農外収入を志向する若者の増加により，離農や離村という選択肢が顕在化している．農村労働力の流動化が進行し，農民の食生活，食文化にも大きな変化が生じている．農民の選択の多くが農業からの離脱という場合，国家レベルひいては世界の食料安全保障もおびやかしかねない．食料価格，特に生産者価格の安定は，農業への再投資の観点から食料生産の安定に資する．さらに，収益性において魅力ある農業は，担い手の確保という観点から食料の安定供給システムの持続可能性にとって鍵となる．

[時田邦浩・小國和子・水野正己]

📖 **参考文献**
[1] FAO, *Farming Systems and Poverty*, 2001
[2] 世界食糧計画（WFP）「国連 WFP と飢餓ゼロへの挑戦」（http://ja.wfp.org）

灌漑農業の歴史と発展

a path to sustainable irrigated farming

　作物が生育するのに必要な水分を人為的に供給することを灌漑という．天水依存農業は，収量が大きく変動し，飢餓を引き起こすリスクがある．このリスクを回避するために，人類は灌漑という方法を見つけ出した．食料の生産性は水に大きく左右される．世界の灌漑農地は全耕地の17％しかないが，全食料の約40％を供給しているし，灌漑によって穀物生産を大幅に増やすことが可能である．

●**地域条件に応じた多彩な灌漑方法**　地球上で利用可能な淡水の量は非常に限られている．だから，農民たちは気象や土質などの自然条件に対応して，それぞれの地域ごとに多彩な灌漑方法を生み出してきた．

　例えば，乾燥地域では，地下水に依存せざるを得ない．イランでは地下水をあちこちから集めてくるカナートが開発された．乾燥地域ではこの種の横井戸が広範にみられ，北アフリカではフォガラ，中央アジアではカレーズとよばれている．日本でもこれとよく似たマンボ（鈴鹿地方）や暗渠（南淡路地方）が知られている．河川灌漑では，降水の季節変動や地理的な偏りを避けられない．そこで，降水を貯め，これらの変動を吸収する仕組みとして，溜池灌漑が始まった．溜池灌漑では緻密で公平な用水配分が原則であり，河川灌漑の上流優先，古田優先の慣行とは異なっている．

●**近代的灌漑の拡大と諸問題の噴出**　図1は灌漑面積と単位面積あたりの収量との関係を示している．世界全体の灌漑面積比率は1960～70年代に急速な伸びを示した．しかし，1980年代以降は伸び率が鈍化・横ばい状態となっている．地域

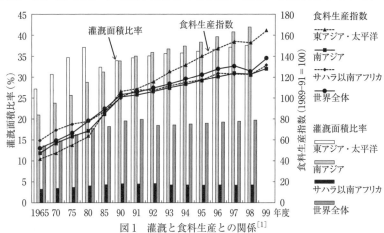

図1　灌漑と食料生産との関係[1]

的には南アジアの伸びが著しいが，それはインド，パキスタン，バングラデシュで急速に広がった地下水灌漑（管井戸）によるところが大きい．

灌漑面積比率の増大は，1990年ごろまで食料生産指数の伸びとよく対応していた．いわゆる緑の革命の影響（☞「農業と技術革新」）だといってよい．「緑の革命」は食料安全保障の向上に貢献する一方で，ダム建設や化学化農法による深刻な環境破壊，住民移転による地域社会の破壊など，多大な社会的費用も生み出した．大規模かつ高度な水利システムになったため，農民たちでは管理が難しく，水利組織の運営が立ちゆかなくなる事例も数多くみられた．大規模技術と農民の論理が噛み合わなかったのである．

加えて，近代的な大規模灌漑農業は多くの困難に直面している．非農業的水需要の急増と食料の効率的増産圧力によって，用途間，地域間の競合が目立ち始め，今後はさらに水争いが激しくなると予測されている．国際河川の水紛争，淡水湖の縮小，過剰揚水による地下水枯渇のおそれも深刻化しつつある．

また，商品生産の深化と国際競争の強化に伴う灌漑の大規模化や初期投資・運転費用の増大は，中小農民の没落を引き起こしている．乾燥地では図2のように大規模なセンターピボット灌漑により「緑の島」が生まれるが，それは数年後に塩害によって放棄され，作物の育たない「茶色の島」に変わってしまう．さらには，水利施設の更新の資金的困難性，ストック・マネジメント視点の必要性，「持続可能な灌漑」の模索といった新しい課題も生まれてきている．

図2　乾燥地の「緑の島」(2005年9月16日)

●**持続可能な灌漑農業へ**　いま用水をめぐる在地技術の論理を再評価し，近代土木技術だけに頼らない灌漑の多様性を回復することが有効性を増している．在地技術の論理としては日本の農業水利の特徴である使いまわしの論理，集団管理と利用，多層的な（入れ子状の）管理組織，風土性に根差した中小規模の水利基盤などが注目に値する．

在地の灌漑技術は，世界各地で農民たちが所与の条件のもとで創意・工夫し，歴史的に発展させてきた．それは，自然条件との調和やその変動に対する柔軟な対処能力，レジリアンスの高さといった面では，近代的灌漑を凌いでいる．これらの諸点を上手く組み込んだ灌漑制度と灌漑技術の確立が今後の課題である．

[池上甲一]

📖 **参考文献**
[1] Molden, D. et al. *Water for Rural Development, Background Paper on Water for Rural Development Prepared for the World Bank*, International Water Management Institute, 2001
[2] 山崎農業研究所編『21世紀水危機―農からの発想』農山漁村文化協会（発売），2003

農業と技術革新

technical innovations in agriculture

農業技術はその時代の社会文化と関係する．技術の発達は紀元前の古代四大文明を支えることから始まり，18世紀の農業革命や20世紀の世界大戦の勃発により食料確保のための増産政策が農業技術を発展させた．そして21世紀の今，生産性が高く，合理的な，工業技術・素材を取り入れた農業革新がはかられている．ここでは，耕作技術から近代と将来への視点での技術革新を取り上げる．

●**栽培法の革新による近代農業開発の発祥**　農業革命は18世紀にイギリス，ノーフォーク地方で始まった農法を指し，これが西ヨーロッパに渡り世界に広まったもので，産業革命と対をなす．農業革命の基本は輪作周年栽培システムの構築で，構成要素は主食作物（穀物）と飼料作物の輪作体系，畜力による機械化とそのための土地区分改善（囲い込み：enclosure），堆肥の多用である．中でも休耕が必要な従来の三圃式農業から周年栽培を可能にした輪作体系が革新的であった．これが「粗放的大農法」として機械化農業の基礎となり，農業経営の分岐点となった．また，革命の発祥地であるイギリスでの技術普及の背景には産業革命による農村人材の減少，英仏戦争における食料の必要性などがあげられる．

一方，産業が発展する中で，農業の機械化も進んだ．特に第2次世界大戦後の復興では工業化が進み，同様に農業も食料増産や工業原料の確保のために開発が重視された．新しい素材を使った道具，機械の開発が進み，農民がこのシステムを動かす技術，能力が必要となった．特に開発途上国に対しては農民が高度な農機具を直接使うのでなく，中間技術（intermediate technology）の現地適応の普及がはかられた．近年の技術移転と適正技術としての中間技術の関係が，農業資機材開発―適用技術開発―技術移転―増産体制の流れとして出来上がった．

●**種子を中心にした農法による農業の技術革新**　今までの資機材改良から種子，植物を改良する技術革新が起きた．その代表的なものが高収量品種（HYV）を使用した「緑の革命」である．ほかにもネリカ米（NERICA），遺伝子組換え作物（GM作物），F1品種などバイオテクノロジーでつくられた作物の改良法による技術革新がある．1960年代にアジア，ラテンアメリカの穀物栽培に対してHYV種子を使用した革新的な増産技術の導入が緑の革命である．HYVは第2次世界大戦中にアメリカのN. ボーローグ博士らによって矮化性で多肥性の品種として育成された．緑の革命は世界銀行などで創設されたCGIAR（国際農業研究協議グループ）が中心となって，戦後の食糧不足を救おうという目的があった．この栽培体系と技術の構成要素は，①高収量品種（HYV），②化学肥料の多用，③灌漑水の利用（水の多用），④農薬の多用，⑤機械化（労働力の集約化）である．この

図1　中間技術として畜力利用の伝統的播種から改良型播種（インド，デカン高原，1980年代）

栽培体系は18世紀の農業革命と対比すると，集約的農業（intensive farming）であり，多投入型農業のため，各国は農民，農村に対して補助政策を行った．その結果，「緑の革命」は国家的には増産を達成できたが，農村部における所得格差の拡大という問題も残した．

また，同様にアフリカに対しては緑の革命後にコメの増産普及を目的としてネリカ米（NERICA）が育成された．ネリカはアフリカイネ（*oryza glaberrima*）とアジアイネ（*oryza sativa*）との交配種で，乾燥，病気に強い品種として1990年代から胚培養などのバイオテクノロジーを取り入れて育成された陸稲である．先の緑の革命と並んで，アフリカで緑の革命を起こす種子として期待されている．

一方，水稲の栽培については，多投入型のコメの集約栽培を見直す農法として，「SRI農法（イネ強化法）」が発案され，コメの低投入型集約栽培が実施されている．SRIはマダガスカルで発祥し，基本は一本の稲の苗の能力を最大限に生かすために，栽培環境を整える方法である．小苗を広い株間で植え，有機肥料の施用で根の働きを活発化させ根圏の環境を良好な状態にするものである．投入は少なくて済むが，すべての地域で良好に働くとは限らないという未知の部分がある．

● **ITとIoT社会の将来農業**　IT（information technology）利用の農業管理や流通システム，IoT（internet of things）利用の自動管理操作システムなどで農作業を高度化することが可能となった．農民が直接耕作するという今までの概念とはまったく異なり，情報技術革命のもとでの農業となる．1990年代の後半に，ITが農業を変える分岐点となり，サプライ・チェーンによる生産システムを構築し，経営的視点強化の農業に変えるものとなった．耕作地でも人工知能（AI），IoT，ビッグデータ，ロボットを使った管理システムがさらに展開されるなど，グローバル化のもとで，改めて農民と農業の関係が問われている．　　　　　[西村美彦]

参考文献
[1] 西村美彦『熱帯アジアにおける作付体系技術』筑波書房，p.175，2009
[2] 西村美彦『村人が技術を受け入れるとき』創成社，p.239，2012

種子から考える農業の持続性

sustainabillity of agriculture through farmers' rights on seeds

　「農業の持続性」という言葉から読者は何をイメージされるだろうか？　農業が持続的であるということは，ミクロの生産単位としては再生産が可能な経営が行われることを意味する．しかし，開発のより広い枠組みの中では，農業の持続性は，単に各農家の経営が持続する以上の意味をもち，環境容量やエネルギー収支を含めた世界的な食料生産の持続性から，経営を可能にする市場の存在や政策の実現，人的資源や土地資源への持続的アクセスも含まれる．そのような前提のもとで，本項では，土地・水と並んで，生命体としての持続性を担保する多様な作物品種の種子（世代を超えて引き継がれる性質と経済的な価値を生み出す源泉であることから専門用語で植物遺伝資源とよばれる）の持続性について説明したい．

●**公共財としての種子から知的財産権で守られた私有財としての種子へ**　国連食糧農業機関（FAO）は，「土壌，水，そして遺伝資源は農業と世界の食料安全保障の基盤を構成している．これらのうち，最も理解されず，かつ最も低く評価されているのが植物遺伝資源である」と警告を発している（FAO『世界遺伝資源白書』1996）．ここで植物遺伝資源とよばれているものが多様な作物品種の種子である．耕種農業にとっては，その経営の大小や自給志向か販売志向かの違いにかかわらず，良質な種子を安価に安定的に調達することが不可欠である．農業の近代化や品種改良が進む以前は，長い間にわたって農家は自分たちが毎年まく種を自分で採種するのがあたり前であった．この行為を通じて，作物種内の多様性がつくり出され保全されており，この多様性は人類共有の遺産と位置付けられて品種育成の素材として広く利用されてきた．しかし，現代農業においては，種子は購入されることが多くなっている．また，品種改良によって限られた数の品種に栽培が集中し，病害虫や気候変動に対する脆弱性の問題も指摘されている．1968年の「植物の新品種の保護に関する国際条約（UPOV条約）」の登場以来，各国が種苗法を制定し，作物の品種に対する知的財産権が広く認められるようになった．すなわち，農民や国家が中心となってきた品種開発に企業が参入し生産性の向上に寄与する反面，そのような企業が種子の権利を主張し，種子が公共財的存在から私有財へと変化してきている．

●**農家が主体となる種子をつなぐ農業**　現代社会においては，品種育成と種子供給に農家が積極的に参画することは少ない．その中で，遺伝的な多様性を農民自身が利用する方法として，参加型開発の概念を取り入れた「参加型植物育種」（PPB）が1990年代から注目されるようになった．農家がもっている知識や希望する形質を出発点とし，科学者・研究者や市場関係者が，地域の遺伝資源の価値

を継続的に取りだす協働システムといえる．PPBにおいては，品種導入の対象となる地域の選定と地域社会のニーズ（興味）の把握に始まり，農民の希望する形質の確定/既存の地方品種の長所短所の解明，育種材料の選定/分離系統の選抜/目的とする環境下での選抜（環境は農民が選択），農民による作物形質の嗜好に基づく順位づけなどを通じた普及，新品種の受容率の調査/種子配分の状況/採択・非採択の理由調査などのモニ

図1 日本との国際協力で設置されたミャンマーシードバンクに展示される多様な稲品種の穂

タリングまでのすべての段階に農民の参加がうながされている．

●**種子と自律と食の将来** 持続可能な開発目標（SDGs）の達成においては，経済成長・社会的包摂・環境保護の主要要素の調和が重要である．市場原理主義と技術信仰に基づく楽観論と市場の失敗や資源・環境の制約を懸念する悲観論の両方が併存するグローバルな食料需給議論を踏まえて，農家が経営体として収益をあげられる品種の継続的開発，その開発および使用における主体者の多様性確保，生命体としての種子の特性理解の促進が期待される．2001年に合意された「食料農業のための植物遺伝資源に関する国際条約（ITPGR-FA）」では，UPOVなどが規定する育種家の知的財産権に対する概念として「農民の権利」を明示し，遺伝資源管理における農民の役割を重視している．農民の役割への利益配分，政策決定への農民の参加に加えて，農家が自ら種子を採り，保存し，交換する「農民の特権」とよばれる権利が含まれる．また，自分たちが食べたいもの，つくりたい作物を自分たちが決める権利は食料主権とよばれ，基本的人権の一部と位置付ける議論が国連の場でも活発化している．農業の持続性を実現するには，農の営みの基本として人間と自然の相互関係に根ざした地域農民の組織・制度・知識の再評価を行い，さらに，農家・農民のみならず消費者も含めた評価基準に根ざして継続的に自分たちに必要な品種を開発し，その種子を利用してどのような財やサービスを取りだしていくかを決めることができる社会的な仕組みの整備が不可欠である．

[西川芳昭]

参考文献
[1] 西川芳昭『作物遺伝資源の農民参加型管理―経済開発から人間開発へ』農山漁村文化協会，p.209，2005
[2] 西川芳昭『種子が消えればあなたも消える―共有か独占か』コモンズ，2017

食と農の距離

"distances" in the global food politics

　政府が実施する狭義の農業政策という旧来のとらえ方は，さまざまなアクターと体制（レジーム）の関係性から見出される広義の政策（フード・ポリティクス）概念に移行してきた．食と農の距離も政治経済構造と関係性の世界観で考える必要がある．

●**距離概念の多義性**　農業開発の歴史は食と農の分離と距離拡大の歴史でもある．物理的距離だけでなく，国家内外の「制度的」距離（関税，防疫，栽培契約，開発輸入），「心理的」距離（国産品神話，○○産は危険という思い込み，国や地域に対する親しみの差，接触頻度，情報の偏り，プロパガンダ），立場の差異に起因する「社会的」距離（消費者と生産者，大人と子ども，健常者・高齢者・障害者）など多元的なメタファーが存在する．フード・マイレージ（英語では food miles が一般的）は生産地と食卓間の距離に食品の重量をかけて算出する輸送に伴う環境への負荷の大小を表す指標である．ウォーター・フットプリントは生産加工に際して汚染される水の量を数値化したもので，生産国の水資源や環境への負荷を計測する指標である．グローバル経済システムにおける生産者・生産国の政治的発言力の差に起因する「政治的」距離も忘れてはならない．

●**フード・レジーム**　食と農の距離を論じる上で有用な分析視点を提供するのが，フード・レジーム（FR）論である．レジームとは国際関係の諸アクターの期待が収斂する暗黙・暗示的な原則・規範・ルールであり，時代と関係性の中で新しいレジームが誕生・変容する．アクターには諸国家，国際機関，NGO，農民団体，遺伝子から加工流通にいたるビジネスを掌る多国籍企業群が含まれる．多国籍企業は農業・食料複合体（コンプレックス）とよばれる国境を越えた関連産業群の垂直的統合体（インテグレーション）を構成するレジーム構成要素でもある．第1次 FR は第1次世界大戦前のイギリス中心型帝国主義的 FR で，イギリスの覇権を中心とした植民地主義の中で基本的食料の国際市場が生まれた．第2次 FR は冷戦期におけるアメリカの覇権とブレトン・ウッズ体制を背景に，農産物輸出入に対する政府の管理，開発政策と農業政策に特徴付けられたアメリカ中心型集約的 FR である．現在進行中の第3次 FR は企業・環境 FR であり，自由貿易を是とする新自由主義（ネオリベラリズム）の貫徹により，国家から多国籍企業，食料・農業複合体へと主要アクターが交代した．一方，環境問題，食の安全や倫理への意識が高まり，企業，非政府組織（NGO）/非営利組織（NPO），農民団体によるオルタナティブな対応も各地で展開される．これがグローバル資本主義の再編の端緒になるか，結局資本主義に回収されるのか，見極めが問われている．

●**フード・レジームと国際開発**　国際開発学においては，FR 論の枠組みで開発

援助や食糧援助などを理解することも重要である．戦後，開発途上国における食料増産と飢餓栄養不足人口の削減は，アメリカや日本の二国間援助による機械，化学肥料，改良品種種子，かんがい施設などの供与，関連の技術協力が大きな役割を果たし，中南米とアジアで緑の革命（グリーン・レボリューション）が達成された．この過程で農産物の商品化と貨幣による取引が第三世界の隅々まで浸透し，アジア，ラテンアメリカの小農も体制（レジーム）の中に組み込まれた．国際開発の世界で「開発とビジネス」は最新アジェンダのひとつである．先進国・新興ドナー・多国籍企業による開発輸入目的の土地収奪（ランドグラビング），遺伝子組換作物の導入が進行する一方で，BOP (Base of the Economic Pyramid) ビジネスによる世界の低所得層への市場開拓・取り込みも注目を集めている．FR論の枠組みでみれば，新しい開発アジェンダの登場という次元を超えて，第3次レジームへの移行現象としてとらえる必要がある．

●**フードシステム** 食をめぐる一連の人間活動，経済行為を1つのシステムとして把握する概念である．私たちの食は，遺伝資源のレベルから消費者の食卓にいたるまで，一握りの人々によってコントロールされるグローバル・フードシステムへの依存を余儀なくされている．社会的連帯に立脚するローカル・フードシステム (LFS) を，物

図1　JICA 草の根事業による LFS 構築：品評会での直売風景（カンボジア）

流・安全性・環境の面のみならず，持続可能な社会と健全な市民社会の基礎条件として位置付けようとする動きがある．食のヴァリューチェーン化の流れは否定できずとも，利潤の最大化だけではなく，公益性をいかに確保するかが問われている．

●**食料主権と実践** 生産者や消費者が食料に関する意思決定する権利を食料主権という．貧困層を含む都市住民が道路，線路際，空地，屋上を活用し農業生産をするアーバン・アグリカルチャーが欧米先進国，開発途上国の双方の大都市部で広まっている．生存戦略であり，安全安心な食料を可能な限り自給するというグローバル・フード・システムへの抗いとしての究極の地産地消である．途上国産品を適正な価格で継続的に購入し，立場の弱い生産者や労働者の生活改善と自立を促す貿易パートナーシップであるフェアトレードは，より良い貿易条件の提供，権利の擁護を通じ，持続可能な発展に貢献する．1990年代以降の認証ラベル制度の発達で大企業の参入が容易になり，フェアトレード市場は量的に拡大したが，生産者と消費者との連帯意識の醸成には直ちにつながらないジレンマを抱える．

［北野　収］

📖 **参考文献**
[1] フリードマン, H.『フード・レジーム』渡辺雅男・記田路子訳, こぶし書房, 2006
[2] ヴァンデルホフ, F.『貧しい人々のマニフェスト』北野 収訳, 創成社, 2016

5

保健医療

保健医療

health

　健康や保健医療にかかわる分野で，世界にはどのような格差が存在するのか．どのようにその格差を表すのか．どこまでの格差を容認できるのか，容認できない格差をなくすためにどういう努力をすべきか．それが国際保健医療学の課題である．また，世界各国で直面している保健医療の課題の多くは，単に医療や保健の分野だけで解決することが困難であり，国際経済，政治，社会全体にわたるグローバルな矛盾と深くかかわっている．そのため，世界的な取組みを通じた模索と挑戦がいまも続いている．

●**プライマリ・ヘルス・ケア**　東西冷戦のさなかのデタント（緊張緩和）の時期の 1978 年に，世界 143 か国の首脳が集まり，先進工業国と開発途上国を包含し，「すべての人々に健康を（Health for All）」という世界共通の目標をめざすアルマ・アタ宣言が採択された．その根幹をなす戦略がプライマリ・ヘルス・ケア（PHC）であった．

●**ミレニアム開発目標**　1990 年代になって，旧ソビエト連邦の崩壊とそれに伴う東西対立の構図がくずれ，保健医療問題は人口問題や環境問題と直結した地球規模のグローバルな課題と考えられるようになった．2000 年の国連総会において提唱されたミレニアム開発目標（MDGs）は，1990 年代の主要な国際会議やサミットで採択された国際開発目標を統合し，1 つの共通の枠組みとしてまとめたものと位置付けられる．

　MDGs においては，貧困と飢餓の撲滅，初等教育の完全普及，ジェンダー平等と女性のエンパワーメント，環境の持続可能性の確保などの課題とともに，健康問題も大きな課題として取り上げられた．保健医療分野は 8 項目の目標のうち 3 項目を占め，乳幼児死亡率の削減，妊産婦の健康の改善，エイズやマラリアなどの感染症の蔓延防止が掲げられた．

　2000 年に開催された G8 九州沖縄サミットにおいて，HIV/エイズ，結核，マラリアなどの感染症対策が大きな議題として取り上げられた．このサミットでの議論は，その後の世界エイズ・結核・マラリア対策基金の設立や国連エイズ総会の開催など，グローバルな感染症対策の進展の大きな契機となった．

　MDGs の時期に，乳幼児死亡数は年間 1260 万人（1990 年）から 590 万人（2015 年）に大幅に減少した．抗レトロウィルス薬で治療するエイズ患者も増加し，マラリア対策の殺虫剤浸漬蚊帳の配布数も増加し，結核の直接監視下短期化学療法（DOTS）治療も普及した．このように MDGs は大きな成果をおさめたが，妊産婦死亡率の減少は達成困難であり，エボラ感染時の危機管理の甘さなどの課題も

明らかとなった.

●**持続可能な開発目標**　2015年9月の第70回国連総会において, 17の持続可能な開発目標（SDGs）とともに, 「誰も置き去りにしない（no one will be left behind）」という理念がうたわれた（表1）.

●**疾病構造の平準化と国内外の格差の増大**　現在では, いわゆる低中所得国と先進国との間で疾病構造の差異は少なくなっている. アジア諸国においても, 死亡原因の上位を

表1　持続可能な開発目標（SDGs）：目標3「あらゆる年齢のすべての人々の健康的な生活を確保し, 福祉を促進する」のターゲット

1. 世界の妊産婦死亡率（出生10万対）を70未満に削減
2. 新生児死亡率12以下（出生1000対）, 5歳未満児死亡率25以下（出生1000対）に削減
3. エイズ, 結核, マラリア, 顧みられない熱帯病の根絶
4. 非感染性疾患（NCD）による若年死亡率を3分の1に減少
5. 薬物乱用やアルコールなどの乱用の防止・治療
6. 交通事故による死傷者を半減
7. リプロダクティブ・ヘルスの国家戦略・計画への組入れ
8. ユニバーサル・ヘルス・カバレッジ（UHC）の達成
   ・質の高い基礎的な保健サービスへのアクセス
   ・必須医薬品とワクチンへのアクセス
9. 有害化学物質, 大気・水質・土壌の汚染による死亡・疾病の減少

心疾患, 脳卒中, 慢性肺疾患が占め, 高血圧, 糖尿病, うつ病, 肥満などの慢性疾患に罹患する人口が増大している. もちろん, 農村部や貧困層においては, 下痢症や肺炎などの感染症による死亡はまだまだ多く, 栄養失調で命を落とす子どもも少なくない. アジア・中南米・アフリカの多くの国では, 感染症と非感染性疾患（NCD）, 栄養失調と肥満といったように, 二重の負荷が同時に存在する.

　低中所得国や先進国を問わず, 国内における医療の格差が広がっている. 医療従事者や医療施設など都市部への医療の集中がみられ, 農村部やへき地では医療者も少なく医薬品の入手にも困難を生じている. 一方, 大都市の中でも, 貧困や教育の格差により医療へのアクセスができない人々が少なくない.

　世界的には, プライマリ・ヘルス・ケアとユニバーサル・ヘルス・カバレッジ（UHC）という大きな枠組みの中で, グローバル・ヘルス・ガバナンスや保健医療情報システムの強化が必要になる. MDGsからの課題として, 母子保健やリプロダクティブ・ヘルス, エイズ・マラリア・結核, 予防接種などの感染症対策があげられる. また, SDGsの時代において, 非感染性疾患, 栄養, 必須医薬品の重要性はますます高まっている. 交通事故や大気汚染も喫緊の課題である. その中で, 多種多様な自然災害から立ち上がってきた経験をもつ日本の役割として, 災害保健医療の重要性をグローバル世界に発信していく必要があろう.　　　［中村安秀］

📖 **参考文献**
[1] 日本国際保健医療学会『国際保健医療学』第3版, 杏林書院, 2013
[2] 日本国際保健医療学会『国際保健医療のキャリアナビ』南山堂, 2016

プライマリ・ヘルス・ケアとユニバーサル・ヘルス・カバレッジ

primary health care and universal health coverage

　保健医療の分野は，人の命に直接かかわる分野であり，国際開発の中でも，国際場裡で最も先駆的な試みが行われてきた分野のひとつでもある．

●**すべての人々に保健医療サービスを**　1977年の世界保健総会（World Health Assembly）は，2000年までに「すべての人々に健康を（Health for All）」という目標を国際社会が掲げるべきことについて決定した．翌年1978年，世界保健機構（WHO）と国連児童基金（UNICEF）が共催した第1回プライマリ・ヘルス・ケアに関する国際会議で発表された「アルマアタ宣言」は，すべての人々に健康をもたらすための実践的な戦略として，「プライマリ・ヘルス・ケア（PHC）」を世界が重視していくべきであると説いた．

　PHCとは，基本的な保健医療サービスである．それぞれの国，共同体地域で実践可能であり，科学的に正しく，社会的に受け入れられる方法論を使い，そこに住むすべての人々が利用可能である．その実施については，人々が，自立・自決の精神に基づき，参加することができる．開発のそれぞれの段階に応じて，その国で維持可能な技術に基づくケアであり，人々が，生活する場，働く場において得られる保健医療サービスである．これは，裏を返せば，多くの国における保健医療サービスの現実に対する批判が国際世論として結実したものでもあったといえるだろう．つまり，多くの国で，保健医療サービスのための国の努力は，農村ではなく都市に振り向けられ，基礎的なサービスではなく高度で高価なものにあてられ，貧しい人々ではなく豊かで恵まれた人々のニーズに応えるためにより多くの資源が割かれてきたという現実があった．アルマアタ宣言は，これらの現実に対して，人間の基本的人権である健康に関する世界の不平等を廃絶すべきであるという主張である．

●**国際社会が掲げる共通の目標としての健康**　1970年代におけるこれらの試みは，1990年の「子どものための世界サミット」や1994年の「国際人口開発会議」，1995年の「世界女性会議」，同年の「世界社会開発サミット」に受け継がれ，貧しい国々において，社会的に弱い立場にあった子どもや女性の健康問題に光があてられ，そこでは，PHCの考え方やアプローチの重要性が繰り返しうたわれることになった．1996年に経済協力開発機構（OECD）の開発援助委員会（DAC）が採択した「DAC新開発戦略」では，保健医療分野での具体的目標として，①乳幼児死亡率の低下，②妊産婦死亡率の低下，に加え，③PHCを通じてすべての人々が性と生殖に関する保健医療サービスを受けられるようにすることを目標に含めた．このような動きをたどっていくと，PHCを含む保健医療分野の国際場裡で

の議論が，国際開発全般に関して，世界人類が共通の目標を掲げる，という動きにも大きく貢献してきたことがわかる．そして，これらの動きが，開発途上国世界のための「ミレニアム開発目標（MDGs）」，ひいては，現在の全人類社会を対象とする「持続可能な開発目標（SDGs）」に結実していくことになった．

●**人々の健康を守るための総合的な取組み**　これらの度重なる決議や途上国各国におけるさまざまな努力にもかかわらず，今日，世界人口の2人に1人，すなわち35億人の人々が基本的な保健医療サービスを受けることができず，毎年1億人が医療費の負担によって経済的に破綻している現実がある．この現実に対処するには，PHCの思想を継承し実践するだけでは十分ではない．国の行財政，サービス提供を担う人材の育成確保，地域社会や脆弱層の能力強化，感染症等の危機管理などについて，総合的に取り組む必要がある．

　「ユニバーサル・ヘルス・カバレッジ（UHC）」は，そのような問題意識から生まれた．UHCは，すべての人々が，必要とする質の高い保健医療サービスを，支払いの際に経済的な困難に苦しめられることなく確保している状態のことを指す．UHCは，単にサービスを提供する，あるいは，それらを受けとることに留まらず，公衆衛生上のすべての危険からすべての人々を保護し，あるいは，人々が自らを守り，本人や家族が病気になった際に医療費の自己負担や所得喪失による貧困化からもすべての人々を保護することを目指しているという点において，日本が国際協力の理念として掲げる人間の安全保障の考え方を保健医療の分野において具体的に反映している概念である．

●**日本の役割**　日本は，UHCの概念を国際場裡で広め，世界中がその実現に取り組むために大きな役割を果たしている．SDGsの中にUHCが明示されるにいたった経緯においても，日本の関係者が活発に動いた．2016年，国際保健のためのG7伊勢志摩ビジョンでは，UHC2030という枠組みの立ち上げを提案し，同年のアフリカ開発会議（TICAD IV）では，日本政府・国際協力機構（JICA）が，WHOや世界銀行などとともに，UHC in Africaという共同行動枠組みをまとめるなど，UHC実現に向けた世界の協働体制を整備することに尽力してきている．日本は，世界で最先端の高度な保健医療サービスが提供できる国であるのみならず，高度経済成長の戸口に立つ前の1961年に国民皆保険を実現した歴史や，それ以前から，PHCについて，貧しい農村など全国各地で工夫を凝らした実践を展開してきた経験をもつ．特に，UHCは経済成長の結果実現するものではなく，均衡のとれた経済成長を実現するための前提であるということを日本は自らの経済成長の経験から学んできた．このメッセージを日本から世界に発信することの意義は大きい．それらも踏まえ，日本は，JICAや市民団体を通じ，世界の開発関係機関などとともに，途上国各地で，UHC実現に向けての支援を展開している．

［戸田隆夫］

保健医療情報システム

health management information system, health information system

　保健医療情報システムとは，保健・医療に関する情報を収集・処理・保管・伝達する一連の活動である．その目的は，国や地域の保健・医療状況やその動向を把握し，保健医療の政策・戦略・事業の効果などをモニタリング・評価することで，それらの改善をもたらし，最終的に国民の健康を向上させていくことである．

●保健医療情報システムの現状　国によって経済状況，社会基盤，疾病構造，保健医療に関する制度，インフラ，予算，人的能力などは異なり，また時代とともにそのニーズや情報通信技術などの環境も変化するため，すべての国にとって理想の画一化された保健医療情報システムというものは現時点では存在せず，各国の状況に応じて試行錯誤しながらシステムをつくり，導入し，改善・向上させているのが現状である．

　例えば，現在の日本においても，電子カルテ，レセプト電算処理，遠隔診療支援，地域医療連携など，情報システムの改善が進んでいるが，将来はさらに個別化医療，先制医療，再生医療などの次世代医療の進展とともに，情報システムにも常に進化が求められるであろう．

　開発途上国における保健医療情報システムの導入・稼働状況は国によって異なるが，未だに基本的な情報さえ欠落し，収集されたデータの質も低いという国が少なくない．例えば，出生数，死亡数，乳幼児死亡数，妊産婦死亡数，年齢別死亡原因，HIV や結核など主要疾患の新規罹患数などのデータは，「出生・死亡登録と動態統計（CRVS）」が未だ導入・整備されていない，保健医療機関からの報告が遅く，漏れが多く，収集されたデータの信頼性も低いなどの問題があるため，多くの国で正確に把握できていない．そのため途上国では，援助機関が「人口保健調査（DHS）」や「複数指標クラスター調査（MICS）」などの全国規模の標本抽出調査を支援し，主要な保健医療指標を測ってきた．例えば，DHS は 1984 年にアメリカ合衆国国際開発援助庁（USAID）の資金援助で始まり，これまでに 90 か国以上で 300 以上の調査が行われ，出生力，家族計画，母子保健，栄養および HIV/AIDS に関する知識・態度・行動，さらに国のニーズに応じて，マラリア，家庭内暴力，女性性器切除，女性のエンパワーメントなどの情報を収集・提供してきた．

　一方，これらの調査には多額の予算と労力が必要である標本調査のため国の全地域の状況を把握できない，5 年に 1 度程度しか情報が得られない，などの短所があり，より迅速で安価に，網羅的で継続的にリアルタイムに情報が収集できるシステムが求められてきた．

●ソフトウェア DHIS 2　これまで途上国ではさまざまな情報システムが試行・

導入されてきたが，そのひとつとして注目されているのが，「地域保健情報システム（DHIS）の構築を目指してつくられたソフトウェア DHIS 2（District Health Information Software 2）である．これは 1998 年に南アフリカでプライマリ・ヘルス・センターのデータ管理のために開発されたものだが，その後改良を重ね，ノルウェー，アメリカ，グローバルファンド，オスロ大学などの支援・協力により，現在では約 50 か国に導入されている．ほぼすべての保健医療データを扱うことができるが，その拡張性と有用性の高さから教育，水衛生，食糧安全保障，森林管理などの情報システムとしても活用されている．DHIS 2 の特徴は，無料でオープンソースのソフトウェアを Web を通じて，またオフラインでも使用でき，末端の診療所から地方・国レベルまで，共通のデータベースでつながっていることである．どこからでもデータを入力・集計・分析でき，その結果を地理情報システムを用いた地図や図表により視覚化でき，報告書の作成も容易である．末端の医療機関への情報のフィードバックが迅速に行われ，どのレベルでもその情報を活用することができるので，データのオーナーシップやアカウンタビリティの強化にもつながっている．

　途上国においては，疾病に罹患しても保健医療機関を利用しない，またはできない住民も少なくないため，施設のみならず地域における疾病や死亡の状況把握も重要である．これに対して，DHIS 2 ではモバイル・ソリューションも用意され，地域保健ワーカーが地域で収集したデータをその場で携帯電話やスマートフォンを用いて入力・送信し，データの集計・分析結果もそれらの端末から得られる．しかも，個別症例について，個人識別コードを用いてプライバシーを守りながらも，健診や診療の予約日に来院しなかった個人をフォローアップのために同定したり，その個人の携帯電話に SMS などで健診や受診をうながす通知をしたりする機能も有している．また，地域における死亡例については「口頭検死」を用いた死亡原因の把握につなげたり，エボラ熱などのアウトブレイクに対しては地域や施設でのサーベイランスにつなげたりと機能の拡張が可能である．

　DHIS 2 は国や地域のニーズに応じて柔軟にカスタマイズでき，その拡張性や汎用性が今後も期待されるが，現時点ではこれをもって国のすべての保健医療情報をカバーできるシステムとはいいがたい．したがって，途上国の保健医療情報システムの構築では，CRVS や DHIS 2 など主要な基幹システムを連携・統合させ，DHS や MICS などの有用で信頼のできるデータ・情報のすべてを国の保健医療情報システムの一部とみなし，それぞれが補完し合い，保健医療情報に関する「システム」をつくることが必要である．そのためには，国がオーナーシップをもち，政府，ドナー，国連機関，NGO，市民社会などが国の保健医療情報の「システム」強化のため，連携・協働して計画・実施することが求められている．

［國井 修］

グローバル・ヘルス・ガバナンス

global governance for health

　グローバル・ガバナンスという言葉は，B. ブトロス=ガリ国連事務総長（当時）の支持を受けて 1992 年に設置されたグローバル・ガバナンス委員会と，その報告書『Our Global Neighborhood（1995 年）』によって，広く知られるようになった．本項では，「世界政府が存在しない国際社会において，地球規模課題を世界的に解決していくために，多種多様なアクターによってつくられた複数の仕組みと活動の総体」と定義しておきたい．

　地球規模課題のひとつである健康についてグローバル・ヘルス・ガバナンスを議論するとき，大きく分けて 2 つの領域がある．狭義には，健康を中心として，国際保健またはグローバル・ヘルスに直接的にかかわるアクターのみに注目し，グローバル・ヘルスのガバナンスが論じられる．広義には，健康のためのグローバル・ガバナンスを論じるために，より多様な分野のアクターが視野に入る．

●**国際レジームとグローバル・ガバナンス**　グローバル・ガバナンスと関連した用語として，国際レジームがある．本項では，「特定の国際的課題において，アクター（狭義には国家）の間で慣習化され，さらに明文化されるような国際規範．それに加えて，その国際規範に関連して制度化される意思決定の手続き」と定義しておこう[1]．それでは，グローバル・ガバナンスの概念は，国際レジームと比較して，何が同じで，何が違うのであろうか．

　両者の共通点として，一国で解決できない課題が存在すること，その解決のために複数の国家が国際的な仕組みをつくることがある．その仕組みの中核には，国際規範の形成や意思決定手続きの制度化があり，それが進展した場合には，それぞれの国家から権限が移譲された国際組織が設置される．

　他方，両者には相違点もある．狭義の国際レジームは，国家間レジームであり，関係する国家の間で特定された課題について国際規範が形成され，地域的または世界的に，国家が解決に取り組むものである．それに対して，グローバル・ガバナンスは，すべての国に関係した地球規模課題の解決へ向けて，多種多様なアクターによって，世界的に取り組まれるものである．国家だけでなく，世界保健機関（WHO）のような国際機構，汎米保健機構（PAHO）のような地域機構，地方自治体，企業，研究機関，非政府組織（NGO）などの多種多様なアクターが，同じグローバル・ガバナンスの強化にかかわろうとする．そして，その中核的な仕組みとして国際レジームが構築されていることが多い．

　つまり，世界政府のない国際社会において，国家を含めた多種多様なアクターが，それぞれ別に，あるいは協調しながら，国際レジームの実施を促すための活

動を展開している．こうした活動も，グローバル・ガバナンスの内容に含まれる．

●**国際レジームとしての国際保健規則**　現行の2005年の国際保健規則（IHR）は，「原因を問わず，国際的な公衆衛生上の緊急事態（PHEIC）を構成するおそれのあるあらゆる事象」をWHOへ報告することを締約国に義務付けている．WHO憲章の第21条に基づくIHRには，WHO加盟国191か国を含め，合計196か国が合意している．このIHRは国家間で合意された国際レジームであるが，その効果的な実施のためには，国家だけでなく，国際機構，地域機構，地方自治体，企業，研究機関，NGOなどの多種多様なアクターによるグローバル・ガバナンスが必要とされる．

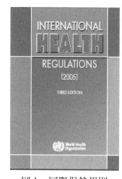

図1　国際保健規則

●**ワン・ヘルス**　世界健康安全保障のためには，テロリズムのほか，ヒトの健康だけでなく，動物の健康と，それらを取り巻く生態系に取り組む必要がある．動物－ヒト－生態系の相互作用に注目し，ワン・ヘルス（one health）という概念のもとに，国連食糧農業機関（FAO），国際獣疫事務局（OIE），WHOは，2010年に三者協力に合意した．そこでは，人獣共通インフルエンザ，狂犬病，薬剤耐性（AMR）が優先課題とされた．

●**IHRとOIEコード**　新興感染症や再興感染症の多くは，動物や鳥類に由来している．したがって，ワン・ヘルスの視点から取り組む必要がある．ヒトの健康のための国際レジームがIHRだとすると，動物の健康についてはOIEコードがあり，それは陸生動物保健コードと水生動物保健コードの2種類から構成される．IHRとOIEコー

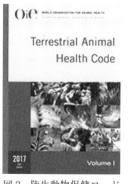

図2　陸生動物保健コード

図3　水生動物保健コード

ドという2つの国際レジームを調和させるために，WHOとOIEはそれぞれのモニタリングと評価を協調させるよう努力している．そして，その具体的な実施においては，ヒトと動物の健康にかかわる多種多様なアクターによる広義のグローバル・ガバナンスが必要とされている．　　　　　　　　　　　　　　　　［勝間　靖］

📖 **参考文献**

[1] 勝間　靖「人権ガヴァナンス」吉川　元他編『グローバル・ガヴァナンス論』法律文化社，2014

リプロダクティブ・ヘルス・ライツ

reproductive health and rights

「リプロダクティブ・ヘルス」は，つまり「性と生殖に関する健康」を享受する権利のことである．リプロダクティブ・ヘルスとは，生殖システムおよびその機能と活動過程のすべての側面において，単に疾病，障害がないばかりではなく，身体的，精神的，社会的に最高に良好な状態にあることを指す．

人々が安全で満ち足りた性生活を営むことができ，生殖能力があり，子どもを「もつかもたないか」，「いつもつか」，「何人もつか」を決める自由をもつことを意味する．生殖年齢にある男女のみならず，生涯にわたる性と生殖に関する健康を意味し，子どもをもたないことを選択する人々を含めた，すべての個人に保障されるべき健康概念である[1]．この権利は，1994年，カイロ国際人口開発会議（ICPD）において提唱され，それまでの人口抑制的な国家主導の人口政策に代わり，女性の健康が，人権の理念を踏まえた個人（女性およびカップル）の選択を尊重しつつ，推進される転換点となった．

リプロダクティブ・ヘルス分野は，妊娠，出産に限定せず，直接，間接的に関連する家族計画（避妊），母親の健康（妊娠・出産），安全でない中絶・流産，不妊・生殖補助医療，セクシュアリティ・性感染症・生殖器感染症，生殖器系がん，思春期の性と生殖にかかわる健康，更年期・加齢，男性の健康，リプロダクティブ・ヘルスへの男性参画，ジェンダーに基づく暴力・有害な慣行，紛争および災害時の女性の健康，など多様で幅広い下位領域を網羅する．紙面が限られているので，ここではその中から主要な項目に関して概要を記す．

●**母親の健康**　女性の健康の重要な指標である妊産婦死亡率は，世界平均で1990年の385（出生10万対）から2015年の216へと低下した．一方で，妊産婦死亡の99％は開発途上国で発生しており，地域により大きな格差がある．主な直接的死因は，出血，感染症（敗血症），妊娠高血圧症候群，難産，安全ではない中絶，HIV／エイズ（特にアフリカ地域），貧血などである．安全な出産を保障し母親と新生児の健康を守るためには，適切な技能を有する介助者により出産が介助されることや，事前に発見することが難しい妊娠出産時の合併症に対応する産科救急ケアへのアクセスを確保することが必要である．

●**安全でない中絶**　安全でない中絶は，必要な技術をもたない人による人工妊娠中絶施術と，最低限の医療水準に満たない環境で行われる人工妊娠中絶の両方を含む．WHOによると，2008年に世界で推定4380万件の人工妊娠中絶が行われ，うち86％は途上国で行われたとされる．また，全体の約半数にあたる2160万件は安全でない中絶であり，その結果，合併症を起こし4700人の女性が死亡した．

そのほとんどが適切な性教育や避妊に関する情報の提供，避妊方法の提供，安全な中絶の実施で防ぐことができたものである．

●家族計画・避妊 家族計画ニーズの非充足（アンメット・ニーズ）とは，出産可能年齢の（既婚，パートナーと同居している）女性がこれ以上子どもを希望しない，あるいは現時点では出産時期を遅らせたいと思っているにもかかわらず近代的避妊方法を実行していない状態[2]をさす．世界で23%の女性がこの非充足状態であるといわれているが，地域格差が大きい．ニーズを満たすには，近代的避妊方法の正しい知識をもつこと，安価な避妊方法にアクセス可能でそれらをタイムリーに入手できることが必要である．ほかにも，宗教，文化社会的環境の中で家族計画を含む性教育がどのように実施されているかに加えて，パートナーや家族の理解，家族計画実施への社会文化的環境，経済的問題など多くの要因が関係している．近代的避妊法で家族計画のニーズが充足されれば，安全でない中絶を4分の1まで減らすことができるといわれている．

●思春期の健康 思春期，特に少女たちは，死亡リスクの高い子ども時代を生き抜き，かつ再度死亡率が上昇する妊娠，出産期に入る前の年齢期であり比較的健康問題が少ないとされてきた．しかし，この時期は身体的，脳神経的，心理的，社会的成長が顕著な時期である．思春期にどのような健康，栄養状態であるか，この時期に身につける健康，栄養にかかわる認識や行動（生活習慣病や感染症に影響を与える食習慣，喫煙・飲酒週間，危険な性行動など）は成人後の健康状態に影響を与える．

　歴史的にみると，1970〜80年代半ばまでは，母子保健という括りで実際には「子どもの生存」をうたった子どもの健康課題が中心であった．女性の健康を単に母体，あるいは子どもの養育者としてとらえるのではなく女性自身を中心に考えるという動きが出てきた1980年代以降は，世界女性会議の開催などフェミニズム運動が活発化した時期と重なる．2000年にミレニアム開発目標（MDGs）は「母親の健康改善」を掲げてスタートしたが，2005年世界サミットでリプロダクティブ・ヘルスというさらに広い概念が追加され，その重要性が再認識された．一方で，これまでほとんど議論されずにきた「男性のセクシュアリティ」分野にも近年注目が集まるようになった．リプロダクティブ・ヘルスは，一方の性のセクシュアリティや健康を考えるだけでは不十分であり，女性も男性も身体的，精神的，社会的な健康を享受できるよう，より包括的観点から健康課題への取り組みが始まったといえる．　　　　　　　　　　　　　　　　　　　　　　　［松山章子］

📖 参考文献
[1] UNFPA編『世界人口白書1994』世界の動き社，1994
[2] WHO, *Sexual and Reproductive Health Unmet Need for Family Planning*, 2018（http://www.who.int/reproductivehealth/topics/family_planning/unmet_need_fp/en/）

母子保健

maternal and child health

　母子保健とは，妊娠，出産，育児などの一連のイベントに関連して生ずるさまざまの課題に関する対策を提供するためのサービスである．日本を例にみると，妊娠の判明により妊産婦登録がなされるとともに母子健康手帳が交付され，妊産婦登録により妊娠期の前半，後半の最低２回の妊婦健診費用や出産費用が自治体により保証され，新生児の出生登録とともに自治体職員による新生児訪問が始まり，登録情報に基づき乳児健診や予防接種の通知が届くというサービスのすべてが母子保健に含まれる．国内では，これらのサービスが全国で一律に行われており，遠隔地の自治体であってもサービスが公平性に基づき担保されている．その結果として，日本の乳児死亡率は，世界で最も低くなっている．しかし，国際母子保健においてはかなりの不平等が目立ち，地域差があるのが一般的である．都市部と農村部，富裕層と貧困層の間でも，利用し得るサービスは異なる．

●**国際母子保健課題の変遷**　1990 年代までは，主として疾病別の対策（感染症対策）が推進されてきた．その中でも 1974 年に世界保健機関（WHO）と国連児童基金（UNICEF）の共同で推進された予防接種拡大計画（EPI）（ジフテリア，ポリオ，破傷風，百日咳，麻疹，結核の６つの感染症が対象）は現在も成果をみせている．また，1982 年に UNICEF が提唱した「子どもの生存革命」，その具体策である GOBI プログラムは大きな成果を収め，５歳未満児死亡率（５歳未満の死亡者数/1000 出生）でみると，115/1000（1980 年）が，98/1000（1990 年）にまで減少した．GOBI は成長モニタリング（Growth monitoring），経口補水療法（Oral rehydration therapy），母乳育児（Breastfeeding），予防接種（Immunization）などのサービスを統合的に推進するものである．しかし，一方で，妊産婦死亡対策は解決されない課題として残されていた．

●**ミレニアム開発目標（MDGs）によって達成されたもの/残された課題**　2000 年代以降，MDG 4 に乳幼児死亡率の削減，MDG 5 に妊産婦の健康の改善がそれぞれの目標として設定された事により，母子保健の方向性は大きく変化し，科学的に根拠のある政策が注目を集めるようになった．英国の保健医療系学術誌『Lancet』において，2003 年に論文集「Child Survival シリーズ」が上梓され，５歳未満死亡全体の 35〜50％に低栄養が関与しており，死亡原因の約６割が感染症である一方で，約３割強は新生児死亡であることが明らかになった．また，さまざまの介入策の効果が統計学的に検証され，有効な 13 の介入策が提唱された．引き続き，2005 年には「Neonatal Survival シリーズ」が上梓され，新生児死亡の原因の半数が早産，仮死などであり，従来推進されてきた感染症対策では新生児死

5. 保 健 医 療

亡の減少は困難であることも明らかになった。これらの結果を受け，5歳未満児死亡を全体に減少させるためには，感染症対策のみならず，妊産婦対策と一体になった新生児対策を推進していくべきという機運が生じた。2015年9月に国連総会にて批准された持続可能な開発目標（SDGs）においては，母子保健課題の改善，ユニバーサル・ヘルス・カバレッジ（UHC）による医療アクセスの改善が世界的なアジェンダとして扱われるにいたっている。

●**母子保健において必須である継続ケアとは?**　MDGsへの注目，そしてグローバルヘルスへの注目の高まりにおいて，最も資金が集中したのは感染症対策を中心としたMDG 6，特にHIV/エイズ対策であり，母子保健への資金配分は十分とはいえなかった。そのような背景において，HIV/エイズ以外の疾病対策に関する資金獲得メカニズムとして，パートナーシップが注目された。母子保健分野においても，Partnership for Maternal, Newborn and Child Health（PMNCH）が設立され，PMNCHは安全な妊娠，出産などを担保するための戦略として，継続ケア（CoC）を提唱した。CoCとは，妊娠前の思春期，妊娠，出産，新生児ケア，小児ケアまでを一貫したサービスでとらえること（時間の継続性），自宅，コミュニティ，医療施設といった場所に対しても一貫したサービスでとらえること（場所の継続性）を提唱したものであり，今日までの母子保健戦略の根幹をなしている。

　日本の継続ケアは一貫した事業として推進されているが，開発途上国では，妊産婦健診，出産，予防接種などの事業に別々のドナーが付き，それぞれにデータが収集，保管されるために一貫性がみられない。この一貫性を担保し，情報を一元管理するツールとして，日本の母子健康手帳が注目を集め，現在アジア，アフリカなどを中心に40か国以上に拡大されている（2017年1月現在）。母子健康手帳は妊娠，出産，新生児期，乳幼児期のさまざまの情報を一元管理できるだけでなく，健康教育ツールとしても有効性が確認されている。この手帳の活用においては，識字率が影響することが懸念されるが，諸外国では，イラストなどを用いた母子健康手帳，ITを活用した電子母子手帳も開発が進んでいる。

●**日本の皆保険達成の経験と母子保健**　日本は，1961年の皆保険制度の成立により，医療アクセスは向上したといわれているが，そもそも医療機関が存在しないために医療アクセスが確保されない地域が存在した。公平な医療アクセスを担保する次善の策として整備されたのが，駐在保健婦という制度であった。高知，沖縄などを中心に無医村，無医地区に配置された保健婦は，現地の農村に滞在し生活を営みながら，母子保健事業，感染症対策などを統合的に推進した。現場で状況を観察しつつ，さまざまの試み，介入策を行い，成功事例などは県に報告されることで他地域に共有された。

　今後，途上国において，UHCが導入された際には，医療への公平アクセスの担保のための保健医療スタッフの技術向上が課題である。　　　　　　　[高橋謙造]

予防接種

immunization

　予防接種は，高い費用対効果をもつ公衆衛生の施策であり，乳幼児死亡率低減への開発協力において最も成功した事業のひとつである．5歳未満児の死亡原因の約3分の1は予防接種によって防ぐことが可能であり，予防接種事業の成功は，他の多くの公衆衛生活動の促進に貢献し，ミレニアム開発目標（MDGs）などの国際開発目標策定の背景ともなった．

● EPI　1798年の種痘という天然痘への予防接種法の発見は，1958年世界天然痘根絶計画につながり，1980年には人類に甚大な被害を与えてきた感染症の撲滅宣言を可能にした．予防接種は，麻疹やポリオなど他の多くの感染症対策にも広がり，1974年には世界の子どもを対象とした予防接種拡大計画（EPI）が開始された．EPIは1978年のアルマ・アタ宣言で提唱されたプライマリ・ヘルス・ケアの基本8項目にも含まれた．EPIでは当初，結核，ポリオ，麻疹，百日咳・破傷風・ジフテリアなど6種の子どもへのワクチン接種が行われ，1980年代初めに20％台であった世界の子どもの予防接種率は，世界保健機関（WHO）や国連児童基金（UNICEF）などの積極的な働きかけによって，多くの途上国の保健政策に組み込まれ，大量の人材と資金投入も進み，目に見える成果をみせるようになった．

　例えば，UNICEFは1980年代に「子ども生存革命」戦略を立て，その中核にインパクトが大きく費用対効果が高い4つの施策，（成長モニタリング，経口補水療法，母乳育児，予防接種）からなるGOBIをおいたが，その戦略の最先端に最もインパクトが実証しやすく，政治的，資金的なコミットメントを引き出せる予防接種事業をおくことで，子どもの命を救う保健戦略を大きく推進していった．また，「1990年までに世界の子どもの80％が予防接種を受けられるようにする」という目標を立て，期限までに達成した．その結果，1990年代には子どもの死亡原因に占める予防接種可能な病気の割合は急速に減少し，同時に子どもの死亡率が大きく低減してきた．このように，効果がわかりやすく，期間を限った，国際的な取組みの成功は，保健分野のみならず基礎教育や給水と衛生といった他の開発目標の設定にも大きく影響を与え，2000年代のMDGsや持続可能な開発目標（SDGs）などの国際開発目標策定への基礎を築いた．

　予防接種事業の実施には，科学的に実証されたワクチン接種の効果と方法，予防接種事業を整備するための政策，訓練と人材育成，ワクチンの冷凍・冷蔵保存と運搬の体制（コールド・チェーン），すべてのステーク・ホルダーが予防接種の子どもへの効果を理解し，各家庭が子どもの接種を受けるよう動機付けるためのコミュニケーション，ワクチンや機材の調達，大量で安定した資金の調達などが

必要になり，事業の継続には途上国政府がこれらを包括的に整備し自ら安定的な運営を行えるよう能力構築する必要がある．予防接種の包括的なシステムとマネジメント能力の構築は，これまで到達できなかったコミュニティや社会層に栄養や衛生などほかの保健事業の拡大を促進する基礎を築くことにもつながった．

●**日本の貢献**　日本は 1990 年代に入って，UNICEF や WHO とのマルチバイ協力を通じて，外務省，JICA の感染症対策技術協力や母子保健無償資金協力などを実施し，アジア，アフリカの EPI 活動の強化，特にポリオ根絶プログラムへのワクチン購入やコールド・チェーンの整備，人材育成などに大きな貢献をした．予防接種への支援は，経済とインフラが中心であった日本の ODA が公衆衛生分野へ参入する足掛かりとなっただけでなく，基礎教育や衛生などほかの社会開発分野での支援の拡大にも大きく貢献した．また，日本はソフト面においてもこれまで使われてきた予防接種の記録カードに発育観察や妊産婦検診の記録などを統合した独自の「母子手帳」のモデルを紹介するなど，多くの途上国の総合的な母子保健活動にも貢献した．

●**資金調達の枠組み**　しかし，2000 年代になると日本の ODA が減少し，他の先進国からの資金調達も難しくなり，予防接種事業への新たな資金調達の枠組みが必要となった．例えば，小児麻痺の原因となるポリオの根絶計画は 1990 年代から大きな進展をみせ 2000 年には感染が数か国に減少したが，ナイジェリアやパキスタン，アフガニスタンなどでは紛争と宗教的な問題で根絶計画が遅れたこともあり，2005 年までの資金調達が困難な状況となった．根絶寸前のポリオが再び世界に蔓延すると，多くの子どもが犠牲になると同時にそれに対応するために巨額の費用がかかることが想定された．そこで UNICEF や WHO は 2003 年に，これまで資金協力を行ってきた民間の国際ロータリー財団に加え，ビル＆メリンダ・ゲイツ財団と交渉して中規模の財源を確保し，さらにその財源を元に世界銀行の低金利ローンを組み合わせて，1 億ドルを超える資金調達に成功し，危機を乗り越えた．このような状況の中，2006 年には予防接種の安定的な資金調達を行う枠組みとして先進国が ODA を供与してワクチン債を発行，それを世界銀行とGAVI ワクチン・アライアンスが運営するという新たな枠組みがつくられた．現在多くの国で当初の 6 種に加えてロタ・ウィルスや肺炎球菌などのワクチンの導入が進んでおり，GAVI はそのような拡大活動も支援している．

　国際開発協力において大きな効果をあげ，長い間保健戦略の中核に置かれてきた予防接種は，その重要性にもかかわらず，ほかの新たな課題と比べて高い優先順位を保てなくなる可能性がある．予防接種がその効果を発揮し，十分な政治的，資金的なコミットメントを引き出すためには，悲願ともいえるポリオの根絶が達成され，マラリアやエイズなど新たなワクチンの導入が行われることで，引き続きその有用性が認識される必要がある．　　　　　　　　　　　　［久木田　純］

感染症対策

infectious disease control

　感染症は，寄生虫，細菌，ウイルスなどの微生物（病原体）により起こされる病気であり，世界中の先進国と開発途上国において，いまだに多くの人が悩まされている．その症状は，かゆみなどの軽微なものから，短期間で死にいたる重篤なものまで多様である．また，近年，エイズや鳥インフルエンザのようにヒトとそれ以外の脊椎動物に感染する人畜共通感染症が地球規模の課題となっている．

●**対策としての予防・診断・治療**　感染症対策の重要なことは，感染が，宿主，病原体，環境の3つの関係の中で成立するという点である．この3要因が複雑に絡み合って病気として成立する．感染症の原因である病原体が存在しても個体であるヒトの免疫力が強ければ，感染はするけれど症状はないという不顕性感染となる．逆にヒトの免疫力が弱ければ少量の病原体により，症状をもつようになる．対策としては，まずは，ヒトの防御を高めるための予防接種，マラリア予防のための蚊帳の使用，病原体が体内に入らないようにするための環境の整備，健康教育などがあげられる．次に感染して症状が出た後には，その病原体を確かめるための検査を行う．最後に診断結果に基づいた適切な薬剤による治療を行う．治療に必要な薬剤の開発，供給が重要である．

●**主な感染症とその特徴**　死亡原因として多い急性呼吸器感染症，下痢，結核，マラリア，エイズが代表的な感染症といわれる．急性呼吸器感染症，特に肺炎の原因は，細菌，ウイルス，寄生虫，カビも含めたさまざまな微生物によるもので，熱や咳などの症状を引き起こす．細菌以外の肺炎には，一般的には抗生物質による効果はない．途上国の子どもははしかや百日咳などの感染症が原因で死亡する．一方，先進国では，肺炎が80歳以上の高齢者の主要な死因である．下痢症は微生物が含まれている安全でない水を飲むことで引き起こされる．原因の微生物は多様であり，細菌の場合にはそれぞれに適した抗生物質を飲む必要がある．ウイルス性の下痢も頻度が高く，その場合には，十分な水分（経口補水液）をとることが必要となる．1980年代には，アジアで流行したコレラ（細菌によるもの）が徐々に，世界中に広まり，多くの犠牲者を出した．このときに効果的な治療法として使われたのが「経口補水療法」である．また，世界の三大疾患として重要なものが，HIV/エイズ，マラリア，結核であり，これらの対策のために，世界エイズ・結核・マラリア対策基金（GFATM）が2003年に設立され，途上国でのこの3疾患への対策により多くの人命が救われた（☞「エイズ・マラリア・結核」）．

●**その他の感染症**　顧みられない熱帯病（NTD）は主に貧しい途上国の疾患であり，必ずしも重症化し，死亡しないにしても苦しめられている病気のことをいい，

多くの寄生虫疾患が含まれる．製薬会社にとって薬剤を提供しても利益が上がらないことから薬の開発がされにくいものである．世界保健機関（WHO）は，デング熱，狂犬病，ブルリ潰瘍，性感染症，ハンセン病，シャーガス病，アフリカ睡眠病，リーシュマニア症，囊胞症（のうほうしょう），ギニア虫症，エキノコック

表1　公衆衛生危機を起こした主要なウイルス疾患

	HIV/エイズ	鳥インフルエンザ	新型インフルエンザ	エボラウイルス病(出血熱)
致死率	1%以下(治療者:2017)	50%(1997, 2003)	0.1%以下(2009)	50～70%(2013)
潜伏期	3～5年	1～10日(多くは2～5日)	1～7日	2～21日
感染国	全世界	アジア,中東,アフリカ	全世界	8か国
病原ウイルス	HIV	H5N1亜型	H1N1亜型	エボラウイルス
感染動物	サル,チンパンジー	鳥類(主に水禽類)	鳥・豚	コウモリ(?)
感染経路	接触感染(体液)	飛沫感染	飛沫感染	接触感染(体液)

ス症，食品媒介性感染症，象皮病，糸状虫症（しじょうちゅうしょう）（オンコセルカ症），住血吸虫症，土壌性寄生虫症（どじょうせいきせいちゅうしょう）の17疾患をNTDとして定義している．現在では，NTDに関しての基金（DnDi）ができ，これらの病気の薬剤の開発や提供が進められている．新興感染症は，新しく発生したり，また，これまであった感染症が急に増加し，媒介虫にも，人々の中でも広がるものをいう．代表的な病気としては，HIV/エイズ，SARS，鳥インフルエンザ，エボラ出血熱（エボラウイルス病），MERS（地中海出血熱）などをいう．毎年のようにあらたな新興感染症が発生するといわれている．ほかにも蚊が媒介するデング熱，ジカ熱，チクングニヤ熱などの熱性疾患があるが，感染するものの症状がでない不顕性感染も多い．ジカ熱は，妊婦が8週ぐらいの早期に感染すると，胎児への影響により，小頭症の頻度が増えるといわれている．

●**地球規模課題としての感染症対策**　1997年に発生した鳥インフルエンザという地球規模課題として世界全体としての対策をとる必要があることから，2007年に国際保健規則（IHR）が改訂された．緊急事態宣言をするための基準として，公衆衛生的インパクト，想定を超える通常でないもの，国際的に広まる可能性があること，旅行や貿易制限が必要になることの4項目を定め，この中の2項目を満たす場合には各国はWHOに報告することとした．また，WHOは公衆衛生危機を引き起こす感染症対策のため，2000年に「地球規模感染症に対する警戒と対応ネットワーク（GOARN）」を構築し，新しい感染症情報を収集・伝達し，必要に応じて国際支援をすすめている．　　　　　　　　　　　　　[仲佐　保]

📖**参考文献**
[1] オドノバン, D.『病気と健康の世界地図』千葉百子訳, 丸善出版, 2009

エイズ・マラリア・結核

HIV/AIDS, malaria and tuberculosis

エイズ，マラリア，結核は世界3大感染症であり，2000年国連ミレニアム開発目標（MDGs）の目標6のターゲットであり，さらに，2015年の持続可能な開発目標（SDGs）の目標3ではエイズ，結核，マラリア，その他の感染症の蔓延を2030年までに食い止めるとされている．これらは社会開発の課題であり，貧困問題と深くつながっている．世界エイズ・結核・マラリア対策基金（GFATM），国連合同エイズ計画（UNAIDS），世界保健機関（WHO），国連児童基金（UNICEF）をはじめ多くの国際機関，NGO各組織が専門的に取り組んでいる．医学，疫学，統計学を主とする伝統的な公衆衛生の手法のみならず，医療人類学，ジェンダー，経済学，社会学，心理学，行動学，人権，法学，社会政策，政治学，メディア，教育，福祉論などあらゆる分野からの包括的アプローチが必要である．

●**エイズ**　エイズ（AIDS）は，後天性免疫不全症候群といい，ヒト免疫不全ウイルス（HIV）によるウイルス感染症で，免疫不全を起こし，日和見感染（からだの抵抗力が落ちて普段は害のないような弱い細菌やウイルスなどによって感染すること）や悪性腫瘍などを発症する症候群を指す．HIV感染からエイズ発病まで平均10年とされ，感染に気付かないまま何年も経つこともある．感染経路は，性感染，血液感染（汚染された血液および血液製剤の注射，注射針の共用），母子感染である．治療としては，抗HIV薬を3～4剤同時に内服する「強力な抗ウイルス療法（HAART）」（強力なART）が主流である．

HIV/エイズの拡大により，国家の社会経済を支える労働者人口が影響を受け，労働力の質の低下や死亡による喪失となる．労働生産年齢人口の減少，医療費・社会保障の負担増，貧困の増大は，社会的資源の喪失につながる．HIV/エイズの予防や対策に限られた開発資源が流れることにより他の開発の遅延にもつながり，それも貧困の加速要因となる．さらに，個人や世帯でみると，世帯収入の減少，それに伴う子どもの健康および教育水準の低下がもたらされ，貧困層の人々により深刻な影響を与え，一方で，貧困がHIV/エイズの問題を加速させる．貧困は，女子だけでなく男子も含め性産業への従事，性暴力，雇用の機会を求めての人口移動や人身取引にもつながる．さらには，社会開発的側面として，エイズ予防情報や保健医療サービスへのアクセスがないこと，女性の社会的立場が弱いこと，基礎教育レベルが低いことも，HIV感染リスクを高める．また，難民などがおかれる環境でもリスクが高まるさまざまな要因が指摘されている．ただ，HIV感染は拡大し続けているものの，近年，様相が変わり減速傾向にある．UNAIDSレポートでも，新たに追加された代表的な指標は抗ウイルス治療薬で生き続ける

感染者の増加数を表している．つまり，治療薬の開発により，HIV 感染者が増加しても，必ずしもすぐ死亡に至らない．

●マラリア　マラリアは，亜熱帯・熱帯地域では疾病率・死亡率が高い疾患である．地球温暖化の影響で流行地が拡大している．また，旅行者の疾患としても重要性が高まっているが，この場合には流行地住民のマラリアとは異なる視点での対応も必要である．マラリアのなかでも熱帯熱マラリアは迅速かつ適切な対処をしないと，短期間で重症化あるいは死亡に至る危険性がある．

　予防の3原則は，蚊による刺咬を避けること，予防内服（予防的に抗マラリア薬を服用すること），スタンバイ治療（マラリアが疑われるときに，自らの判断で抗マラリア薬を服用すること）である．蚊帳の使用普及のための無料または安価な配布，そのための啓発や物流体制の整備も行われている．蚊帳も何度か洗うと効力がなくなる塗布タイプのものだけでなく，日本の企業が，練り込み式で洗っても薬の効力がなくならない長期残効型蚊帳を開発し，現地生産するなど，「企業の社会的責任（CSR）」として対策に取り組む事例もある．

●結核　結核とは，マイコバクテリウム属の細菌，主に結核菌により引き起こされる感染症である．結核菌は 1882 年に細菌学者 R. コッホによって発見された．空気感染が多く，肺などの呼吸器官においての発症が目立つが，中枢神経（髄膜炎），リンパ組織，血流（粟粒結核），泌尿生殖器，骨，関節などにも感染し，発症する器官も全身に及ぶ．開発途上国ではエイズの一症状としても関係が深い．感染者の大部分は症状が出ることは少なく，無症候性，潜伏感染が一般的である．潜伏感染の約 10 分の 1 において最終的に発症し，治療を行わない場合，感染者の半分が死亡する．標準的な治療を完了することによってほとんどの患者は治癒できる一方で，患者管理が不徹底であれば多剤耐性が増加する危険がある．耐性率はいわば，その国や地域の結核対策の効果を評価する指標ともなる．

　WHO において，1993 年に「世界結核緊急事態」を宣言し，効果的結核対策の枠組みを勧奨した．結核対策である「StopTB プログラム」は，「予防接種拡大計画（EPI）」と並ぶ，WHO の重要施策である．結核患者を発見し治すために世界中で使われている，「プライマリ・ヘルス・ケア（PHC）」の包括的戦略に含まれる「直接監視下短期化学療法（DOTS）」では，一環として，ヘルス・ワーカーが助言し，薬の強力な組合せであるそれぞれの用量を患者が服用するのを直接確認しさらに患者が治癒するまで保健サービスが経過をモニターする．

　EPI には，乳幼児期の結核性髄膜炎や粟粒性結核など重症の結核発病を予防するための BCG も含まれる．しかし，BCG の肺結核発病の予防効果には限界がある．EPI は，WHO と UNICEF，ワクチンと予防接種のための世界同盟（GAVI）および国際ロータリークラブが協同して世界的に推進されている．　　　［大谷順子］

非感染性疾患

noncommunicable disease

　非感染性疾患（NCD）とは，人から人に感染しない疾患で，長期間にわたり徐々に進行する慢性疾患のことである．世界保健機関（WHO）は，主要NCDとして，心血管疾患，がん，慢性閉塞性呼吸器疾患，糖尿病をあげている．世界全体で推定年間3800万人（全死亡者の68%）がNCDによって死亡している．

● **NCDとその危険因子**　NCD発症に関連する危険因子として，不健康な食事，運動不足，たばこ，過剰な飲酒などの行動・生活習慣危険因子，および血圧上昇，過体重/肥満，血糖上昇，血清脂質異常といった代謝・生理的危険因子があげられる．不健康な行動・生活習慣は，血圧上昇，肥満，血糖上昇，血中脂質異常をもたらし，心血管疾患発症の危険を増大させる．また，年齢が高くなるほどNCDの危険は増加するため，人口の高齢化はNCD増加の一因となっている．NCDは生活習慣病とほぼ同義であるが，生活習慣病には，肥満，高血圧症，2型糖尿病，脳卒中，虚血性心疾患，血清脂質異常，慢性閉塞性呼吸器疾患，歯周病，肺がん，大腸がんなど，主要NCDとその危険因子が包括されている．また，メタボリックシンドロームとは，内臓脂肪型肥満に加え，血圧上昇，血糖上昇，脂質異常が，それぞれは治療を要するほどでなくても2項目以上重なっている状態のことである．海外では，内臓脂肪型肥満を必須項目とせず，3項目以上重なるものと定義している場合もある．

● **開発とNCD**　NCDは，かつては先進国の裕福な人々の病気と思われていたが，実際は開発途上国において負担の大きいことがわかってきた．WHOによると，低中所得国におけるNCDによる死亡者数は，全世界の4分の3に相当する．しかも，NCDによる70歳未満の死亡の8割以上は，低中所得国で起こっている．低中所得国では，経済発展と急速な都市化に伴い生活習慣が変化したことに加え，これまで重点をおいてきた感染症・母子保健対策が一定の成果をあげたことにより，1990年代以降，NCDの問題が顕在化してきた．貧困層など社会的弱者の方が，不健康な食事，たばこ，過剰な飲酒などの危険因子にさらされやすいが，予防や治療へのアクセスは限られている．そのため，NCDを発症しやすく，発症後は重症化して死亡に至りやすい．加えて，周産期・幼少期に栄養不良状態にあった人は，成人後に心血管疾患や糖尿病を発症する危険が増大することも指摘されている．また，先進国においても，教育水準，所得，社会的地位が低いほど，肥満はじめ心血管疾患危険因子の有病率が増大することが知られている．

　NCDは，かなり進行するまで無症状のことが多く，いったん発症すると長期間にわたる治療継続を要し，重症化すれば医療費は高額となる．医療保障の不十分

な国の低所得者は，働き手が心疾患や糖尿病などに罹ると，長期間の高額医療費負担と世帯収入喪失によって，急速に貧困に陥ってしまう．さらに，NCD 増加により医療費全体が増大し，国の財政も悪化する．

●**NCD 対策**　NCD 対策としては，健康教育・生活習慣改善による予防や，健康診断による早期発見が重要である．また，長期間にわたる治療を可能にする医療保障の仕組みや，的確に診断・治療のできる医療施設整備と医療人材育成も不可欠である．しかし，途上国では，疾病構造・人口構造転換に，医療体制整備が追いついていない．また，個人の生活習慣には社会環境が大きく影響しているが，健康的な食品の提供，運動する場所の確保，公共施設の禁煙などの社会環境整備は，途上国では遅れている．

　NCD は，グローバルな課題として認識されるようになり，2011 年には，国連ハイレベル会合，WHO 閣僚会合において NCD が取り上げられた．2015 年に国連で採択された「持続可能な開発目標（SDGs）」においても，「目標 3：健康・福祉」のターゲットのひとつとして，2030 年までに NCD による死亡を 3 分の 1 減少させることがあげられている．

　NCD 対策には，生活習慣改善による発病予防と健康増進（一次予防），および，早期発見・早期治療（二次予防）が重要である．WHO は，費用対効果の高い対策として，たばこ，過剰な飲酒，不健康な食事，運動不足などへの介入，NCD とその危険因子に関する疫学調査，そして，プライマリ・ヘルス・ケアのアプローチによる早期診断・治療をあげている．生活習慣改善には社会環境整備も重要であり，すべてのセクターが協力した包括的アプローチが必要とされる．

●**たばこ対策**　たばこは主要な NCD 危険因子で，WHO によると毎年世界で 600 万人がたばこによって死亡している．2005 年に発効した「たばこの規制に関する世界保健機関枠組条約（たばこ規制枠組条約）」に沿って，受動喫煙防止，包装表示面の健康警告，たばこの広告制限，未成年者への販売禁止，たばこ増税，禁煙支援，各国の政策モニタリングなどが進められている．

●**人口の高齢化**　人口の高齢化は加速しており，世界の 60 歳以上人口は，2015 年の 9 億人（12％）から，2050 年には 20 億人（22％）まで増加すると予測されている．高齢者は，NCD など複数の疾患に罹りやすく，老年症候群とよばれる複合的健康問題をもつようになる．

　しかし，老化の進行速度には大きな個人差があり，医学的要因に加え，居住環境，生活習慣，経済状態，家族・社会との関係によって，健康状態に差が生じる．健康的な生活習慣を維持できる環境で過ごし，健康を保持できれば，高齢者は若年者と同様に社会に貢献できる．　　　　　　　　　　　　　　　[青山温子]

📖 **参考文献**

[1] WHO, *Global status report on noncommunicable diseases 2014*, WHO, 2014

栄　養

nutrition

　多くの国が経済的に豊かになった今日でも，栄養不足の人々が約8億人（FAO, 2016），世界人口の9人に1人いることは，国際開発の大きな課題である．

●**栄養とは何か**　すべての生物は「栄養」を営むことで生きている．動物や植物は鉱物や工業製品とは異なり，生まれて成長し，次世代を産み出して死ぬというライフサイクルで常に変化し続ける存在である．そのために，外界から栄養素を取り込んで自分の身にしていくという同化作用を行っている．この営みが栄養であり，生物の種類によりどの栄養素が必要かは異なっている．

　人間は人種や民族が異なっていても，生物種としてはホモ・サピエンス1種であり，基本的に必要な栄養素はほぼ共通している．

　アフリカで猿人から進化した私たちホモ・サピエンスは，世界各地に広がり，一部は狩猟採集生活のままとどまり，また多くは農耕牧畜を始めた．何が主食料になるかは地理的条件により異なる．ところが興味深いことに，主食料が違っても，必要な栄養素が確保できる食事内容が伝統的に形成されてきた．

　筆者がかつて支援活動を行ったソマリアの牧畜民はほとんど野菜を食べない．気候的に栽培は困難で，野菜の伝統料理はない．毎日ラクダ乳，ソルガム，果物，そしてたまに肉や内臓を食べることでほぼ必要な栄養素は確保される．他地域の調査でも，伝統食にはこのような栄養面の合理性があることがわかっている．

●**主要栄養不足問題**　しかし現在，世界にいくつもの栄養問題がある．

　国連食糧農業機関（FAO）は毎年，「栄養不足人口」を『世界の食料不安の現状（The State of Food Insecurity in the World: SOFI）』として報告している．各国の食料供給量をもとに世帯間格差も考慮して，必要最低限の食物エネルギーを得られないと判断される人数を推計したものである．それは前述の約8億人とされる．供給量は，すべての国から毎年 FAO に報告される「食料需給表」を用いている．摂取量データがある国は限られるため用いない．

　世界保健機関（WHO）は，人数や問題の重篤さから表1に示す主要栄養問題をあげて，改善に取り組んでいる．

　乳幼児の全体的な栄養不良を判定する方法として，体重や身長を毎月測定する成長モニタリングがある．簡便に判別できる標準曲線が示され，ユニセフやWHO により推奨され，各国で用いられている．主な指標は，月齢別の体重（低いと低体重），月齢別の身長(低いと慢性栄養不良あるいは発育阻害)，身長別の体重(低いと急性栄養不良あるいは消耗症)の3つである．難民キャンプなどで簡便な方法として上腕囲計測がある．

5. 保健医療　えいよう

表1　世界の主要栄養問題と対策

栄養問題	推定割合	直接的原因	症状・影響	対策
たんぱく質エネルギー欠乏症（protein-energy malnutrition：PEM）	乳幼児の約2割	食物総量の不足	極度の体重減少，筋萎縮，発育障害，歩行障害，脳の発達障害，死亡など*	補助食配給
ヨード欠乏症（iodine deficiency disorders：IDD）	約3割，欧州でも発生	土壌中ヨードの低含有	甲状腺ホルモン低下，倦怠，成長遅滞，脳の発達障害など	調理塩へのヨード添加
ビタミンA欠乏症（vitamin A deficiency：VAD）	夜盲症発生率約1割，乳幼児の3割	動物性食品や緑黄色野菜の不足	夜盲症や失明，粘膜再生や抗酸化作用の低下による免疫機能・感染予防力の低下など	健診時の肝油ドロップ投与
鉄欠乏性貧血（iron deficiency anemia：IDA）	妊婦や乳幼児の4割以上	動物性食物の不足，寄生虫，出血	疲労，身体発育，胎児の発育阻害，分娩時の出血やそれによる死亡など	妊婦への鉄材投与など

＊症状によりマラスムス（Marasmus）と下肢に浮腫があるクワシオルコール（Kwashiorkor）がある
注：推定割合は世界人口などに占める割合．データの出所はWHOによる各報告書

●**栄養転換・肥満**　肥満者の割合は世界人口の約13%（WHO, 2016）といわれる．開発途上国ではまだ低栄養の割合が高いとはいえ，タイで約9%，フィリピンで6%と，急速に増えつつある．このように不足から過剰栄養に問題が変化していることを「栄養転換」とよぶ．現実には不足の問題もあるとして，「栄養不良の二重苦」ともいう．

　富裕層ばかりではなく都市貧困者にも肥満が発生しており，最近の研究では，胎生期から乳幼児期の低栄養が，大人になってからの生活習慣病の発症リスクを高めると指摘されている（生活習慣病胎児期発症起源説，DOHaD説）．低栄養で生命を保てるように代謝が変化すると考えられている．低栄養は発育不全とともに，二重の意味で健康への悪影響を及ぼすといえる．

●**栄養問題の原因と対策**　国連児童基金（UNICEF）は栄養不良の原因を，食物摂取不足などの直接的原因に加えて，世帯の食料へのアクセス（経済状態など）や医療を受けられるかの間接的原因，さらに社会の政治や文化的要因などを根本的原因として指摘している．栄養問題の改善には，こうした重層的な原因の解決をはかることが重要である．FAOによる「食糧安全保障に関するローマ宣言（1996年）」では，「安全で栄養ある食糧を手にすることは人間の権利である」と述べられ，改善のために，食料や農業だけでなく，民主主義やジェンダー平等，環境保全，経済向上，紛争予防などが不可欠であると指摘された．2014年に第2回国際栄養会議が開催され，この宣言を引き継ぐ新たなローマ宣言が採択され，国連総会にて「栄養のための行動の10年（2016-25年）」が宣言された．　　　［磯田厚子］

必須医薬品

essential drugs

必須医薬品の概念が 1975 年に芽吹き，必須医薬品や重要な医薬品の普及がグローバルなレベルで進行したが，現在も持続可能な開発目標（SDG）や G7 サミットの活動目標であり，あらゆる側面でさらなる進展が必要である．

● **「必須医薬品」の概念の創設**　1970 年代には多くの医薬品が販売されるようになったが，比例して人々の健康状態が改善したわけではなかった．住民の必要性や国の優先より，販売促進が先行したこともあった．限られた資源で調達される医薬品は治療に有効で，許容される安全性を有し，住民の健康管理上必要なものに限定される（WHO 1977）．「必須医薬品」とは，大多数の国民の健康管理に必要な医薬品であり，何時でも十分量，適切な剤形で利用可能であり，妥当な価格でなければならない（WHO 2000）．

1975 年第 28 回世界保健機関（WHO）総会（28WHA）で当時のマーラー WHO 事務局長が，開発途上国が直面する主要な医薬品問題を指摘し，新たな医薬品政策を提案した．その骨子は，①必須医薬品の選択は各国の必要性と，保健サービスの構造・発展状況に応じたものであること，②必須医薬品リストを各国で作成し，公衆衛生，医学，薬理学，薬学，医薬品管理の専門家の助言により定期的に刷新すること，③作用，適用，用法について十分な情報が提供されること，である．

28WHA は WHO 事務局長の提案を採択（WHA 28.66）し，加盟国に医薬品の選択・調達を助言するよう WHO に求めた（WHO, *Handb. Res.*, Vol. II）．必須医薬品の選択に関する最初の WHO 専門家委員会の審議を経て，1977 年に 205 項目を収載する必須医薬品モデルリスト第 1 版が公表された．後に WHO 事務局長を務めた中嶋宏がこのとき WHO 薬剤政策管理課長として主導的役割を果たした．

WHO の活動の基本方針となる 1978 年のアルマ・アタ宣言で打ち出されたプライマリ・ヘルス・ケア（PHC）の 8 基本要素の 1 つに「必須医薬品の供給」が掲げられた．必須医薬品対策もグローバルな保健衛生対策として，WHO の保健衛生政策の一角を占めることとなった．

必須医薬品概念の確立に先立ち，医薬品の規格を定める国際薬局方（IP）第 1 版が 1951 年から 1958 年に公表され，医薬品の一般名を定める INN プログラムも WHO に設置された．医薬品の品質確保が，他に先駆けて開始されたが，現在でも課題が大きい分野である．

● **必須医薬品対策の発展**　必須医薬品の概念が確立したことから，グローバルにさまざまな医薬品対策が進行した（表 1）．

表1 主な医薬品対策のできごと

年	主なできごと
1985	ナイロビ医薬品適正使用専門家会議：初の医薬品国際会議. マーラー事務局長は国家医薬品戦略と必須医薬品プログラムの推進, 医薬品当局の設置, 国際流通薬の品質, 情報強化, 適正使用, プロモーション倫理, および研究支援強化を発議し, 39WHA 総会で改訂医薬品戦略の策定に至った. 偽造薬に関する勧告もなされた.
1987	バマコイ・ニシアテイブ：必須医薬品の販売収益により, 医薬品, その後, 母子保健・予防接種などを充実・拡大し, 地域保健衛生の向上をはかる.
1989	医薬品適正使用国際ネットワーク(INRUD)の設立.
1994	知的所有権の貿易関連の側面に関する協定(TRIPS)により医薬品など技術製品に最低20年間の特許保護期間を設定.
2000	ミレニアム開発目標(MDG)8：製薬企業の協力で開発途上国に手の届く価格で必須医薬品を利用可能にする.
2002	ドーハ宣言：国民の健康保護のための TRIPS 合意に柔軟性を持たせる.
2003	第13版モデル必須医薬品リスト：基本的なヘルス・ケア・システムで必要な医薬品のコアリストに加え, 優先的に取り組む疾病治療薬を補足リストで示す.
2004	グローバル・ヘルスファンド, クリントン・ヘルスアクセスファンド, 米国大統領 AIDS 緊急計画など医薬品の調達, 流通, 使用改善活動を含むグローバル健康イニシアティブ設立.
2007	子どものためのモデル必須医薬品リストの発行(AHPSR/WHO 2014 改).
2015	持続可能な開発同様(SDGs)3.8：安全, 効果的, 高品質, 安価な医薬品, ワクチンへのアクセスと研究開発の支援

●**必須医薬品の今日の課題**　ヘルス・システムで進行状況が思わしくない首位10項目のうち3項目が医薬品に関係している. その理由は高価格, 低いジェネリック普及率, 規格外医薬品, 偽造医薬品, 不適正使用, 非効率使用だった（WHO／AHPSR 2010). 品質不良, 特に溶出規格に不適合の医薬品や偽造薬の存在（Yoshida et al. 2014), 不安定な薬剤価格制度などの問題に加え, 高い技術を要する医薬品の不完全な製品の流通など新たな問題も出現している.（Rahman et al. 2017). また, 抗微生物薬の品質不良や不適正使用による耐性菌の出現も大きな問題である（WHO 2014).

　2015 年「持続可能な開発目標（SDGs)」では, ユニバーサル・ヘルス・カバレッジ（UHC）の目標に向かい, 安全で効果的かつ高品質で安価な必須医薬品とワクチンへのアクセスや研究開発支援を求めている.

　2016 年 5 月の G 7 伊勢志摩サミットの「国際保健のための G 7 伊勢志摩ビジョン」でも, 負担可能で, 安全で, 効果的, 確かな品質の医薬品, ワクチン, 抗微生物薬へのアクセスの向上と確保, さらに不正取引や偽造に対抗する決意が示された. 健康の維持, 回復に重要な役割を担うので早急な改善が必要である.

［木村和子］

自然災害

natural disaster

　人類の生存は，かつて自然災害との戦いであった．災害（disaster）の語源は，ギリシャ語の「悪い」（接頭語）と「星」（名詞）によるが，古来，「悪い"dis"星まわり"aster"」つまり，自然現象によって引き起こされる人間とその居住地への攻撃が災害であった．産業革命以降，多様な技術が導入され，人間の行動や居住環境は激変した．工場や交通機関の事故など，自然現象と異なる災害も増えた．国家や民族間関係が複雑化して戦争や紛争，テロといった人為災害や，化学工場や放射線施設の技術的災害，ジェット機やオイルタンカーなどの巨大船舶事故といった，技術的災害が増えているが，災害の本質は変わっていない．

●**災害の定義**　かつて，内外の災害救援に，医師や看護師ら保健分野専門家の派遣が優先された．現在は，多種多様な専門家が，得意分野や特殊技術を行使している．そのため，微妙に異なる定義の中で，最も広く受け入れられているのは，災害とは「自然現象や人間によって引き起こされる急激な異常事象（ただし干ばつは緩徐）が人とその居住環境を物理的機能的かつ広範に生態系を破壊する結果生じ，しばしば，被災地の対応能力をこえるため，外部救援を要するもの」（世界災害救急医学会名誉会長 S. ガン）である．近年，マラソンや多数者があつまる集会の場で発生する人為的かつ事件性のある災害も少なくないが，災害であれ，テロであれ，人命が失われ，生存環境が破壊されることは同じである．多数者を対象に発生する，あるいは引き起こされるものを集団災害とよぶこともある．

●**災害の種類**　災害は，大きく自然災害と人為災害に分類される．自然災害の分類には，多少の変異はあるが，大きくは
　① 気象災害：風災（台風，サイクロン，ハリケーン，竜巻），降雨災害（豪雨，洪水と河川氾濫），雪害（豪雪，ホワイトアウト，ブリザード），気温災害（寒冷，熱波），霜・雹・霧害，その他雷害や湿度害．
　② 地（殻）変（動）災害：地震災害（地震と津波），火山爆発，地滑り．
　③ 動物災害：病原体による感染症・虫害・鳥害・獣害・その他貝害など．

●**災害サイクルと救援**　自然災害であれ，人為災害であれ，通常，最大インパクトは一度で，急性期から，徐々に沈静化し慢性期を経て静謐状態に達する．ただし，1週間以上同一地域に停滞したハリケーン・カトリーナ（2005年，アメリカ・ルイジアナ）や震度7を2度繰り返した熊本地震（2016年，日本・熊本県）など例外もある．救援は，災害のどの時期に，どんな救援者が，何をしようとしているのか，どのような事態に到ったら撤退するか，活動引き継ぎはどうするかを，適正に判断して行う必要がある．

最近では，国際的人道援助の規範として，被災者の安全を確保し，救援団体や人々が最低限の援助基準を理解するための「スフィア・プロジェクト人道憲章と人道対応に関する最低基準」がある．日本では，国際協力 NGO センター（Japan NGO Center for International Cooperation：JANIC）が管理している[1]．

●**救援と防災・減災**　最近，災害救援は人道支援と称され，突発的災害への緊急的応急は緊急人道支援とよぶ．一般的に，突発的に発生した災害によって失われる生命を維持救助し，健康や生活またその環境を保護することに終始する．近年，身体的健康のみならず，精神的（メンタル）またスピリチュアルな苦しみの緩和を目的とする取組みも多く，前述のスフィア・プロジェクトでも，個人の尊厳尊重を強く打ち出している．災害救援は，あくまで緊急的処置であり，原因究明や原因除去，また，繰り返される災害に対する防御，防災や減災対策とは異なり，街のインフラ整備まで行う復興援助とも一線を画する．

●トリアージ（triage）

トリアージはフランス語で選別を意味する．通常の医療では，複数専門家が，豊富な資機材を行使するが，災害現場では，限られた人資材で，可能な限り，多数の生命を救わねばならない．そのため，被災者の重傷／症度に応じ，短時間内介入で救命可能かどうかを判断

表1　トリアージカテゴリー

優先順位	識別色	コード	分類	傷病などの状況
1位	（赤）	I	最優先治療群	生命の危機的状態で直ちに処置を要する気道閉塞，呼吸困難，出血，ショック，意識障害が認められるもの
2位	（黄）	II	待機的治療群	数時間程度の治療の遅れでは生命に別状のないもの．バイタルサインは安定している
3位	（緑）	III	保留群	自力歩行可能な大部分の傷病者．外来治療が可能なもの
4位	（黒）	0	死亡・救命不可群	すでに生命反応がなくなりつつあるか，または既に死亡しているもの

し，治療優先順位をつける過程をトリアージという．現在では，世界標準があり，一定のタグで，誰がみてもわかるようになっている（表1）．災害現場のみならず，搬送先施設でも繰り返すが，要は，軽症（傷）者や救命の可能性がない被災者を排除する，厳しい判断を行うため，トリアージ担当者は，診療にタッチせず，判断だけを行う．判断基準は，術者の経験や資格，被災者数，受入れ医療施設までの距離と機能，繰り返し起こる地震など，被災地の状況次第で変動することもあり，きわめて厳しい責務である．　　　　　　　　　　　　　　［喜多悦子］

📖 参考文献

[1] 国際協力 NGO センター「スフィア・プロジェクト人道憲章と人道対応に関する最低基準」（https://www.refugee.or.jp/sphere/The_Sphere_Project_Handbook_2011_J.pdf）

6

教　育

開発と教育

development and education

　すべての人が教育を受ける権利を有し，初等段階の教育が無償であり，義務的でなければならないことは，「世界人権宣言」（1948 年）において国際的に合意されている（☞「教育における人権アプローチ」）．近年では，「子どもの権利に関する条約」（1989 年）に掲げられているように，教育を受けることは子どもの基本的な権利であると広く認識されている．

　このように人権として教育をとらえる思潮がある一方で，教育と経済成長の関係は，1950 年代から議論が続けられており，人的資本理論に代表されるように，教育投資は経済成長にとって不可欠な要素であるとする理論が一般に受入れられた（☞「教育・人材開発と経済発展」）．このような時代背景のもと，1960 年代に独立を果たした多くの国は，教育に国家財政を優先的に分配した．

　教育は経済発展のための重要なツールであると考えられていたわけであるが，1980 年代以降，教育が社会開発に果たす役割が注目されるようになった．例えば，女子教育の普及は，出生率や乳幼児死亡率の低下に貢献し，人口の抑制や母子保健の向上に寄与するというものである．1990 年代以降，開発をめざした教育ではなく，教育そのものが目的であり，開発の一部であると考えられるようになった．

●開発途上国における教育の現状と課題　初等学校に通っていない学齢期の子どもの数は，6100 万人（2014 年）と推定されている．この数は前年に比べて増加しており，その 35％は紛争の影響を受けたことで就学が困難となったもので，貧困のみが不就学の原因では必ずしもない（☞「紛争・災害と教育」）．このようなアクセスに加え，教育の質が低いことは従来から大きな課題であった（☞「教育の質」）．これには教員の質が深くかかわっており，その資質向上に向けたさまざまな取組みも行われてきた（☞「教員養成・教員訓練」）．また，国の中での格差（所得，地域，ジェンダーなど）の是正も急務である（☞「教育格差と公正」）．

　教育の普及には，地域コミュニティの役割も大きい（☞「学校と社会・コミュニティ」）．教育を国民に提供することは政府の役割であるが，財政や統治の問題もあり，住民が自立的に学校を運営し，公教育を支えているケースもある（☞「低学費私立学校」）．また，宗教は歴史的に教育と深く結びつきがあり，イスラーム圏では，マドラサなどの宗教施設が公教育に組み込まれている場合もある（☞「宗教と教育」）．

　教育段階としては，近年の国際援助の動向にも影響を受け，初等教育および中等教育が国際的な議論の中心となっている（☞「教育開発と国際協力」）．なかで

も中等理数科教育は，日本が1990年代半ばから本格的に教育分野の国際協力を始めた頃の中心的な事業でもある（☞「数学教育・科学教育」）．しかし，各国や各地域の発展段階などにより，高等教育や職業技術教育の強化・普及を重視する国もある（☞「高等教育」「技術教育・職業訓練」）．さらに，就学前教育は，1990年代以降，開発課題の達成と密接に関連する分野として注目されている（☞「乳幼児のケアと教育」）．

●**教育をめぐる国際開発の動向**　1990年開催の「万人のための教育世界会議」以降，国際開発において，教育は保健とともに常に重要な分野として位置付けられてきた．2015年を目標年とした「ミレニアム開発目標（MDGs）」では目標2（初等教育の普遍化）が，「持続可能な開発目標（SDGs）」においては目標4（すべての人に包摂的かつ公正な質の高い教育を確保し，生涯学習の機会を促進する）が教育に特化した目標である（☞「教育開発の国際新枠組み」）．MDGsが途上国向けの目標であったのに対して，SDGsは先進国を含むすべての国が主体的に取り組まなければならないものである．その目標も学習成果をもたらす質の高い初等教育および中等教育を修了できるようにすることになり，一段とハードルが高くなった．

　2030年を目標達成年とするSDGs（目標4）は，包摂的な（インクルーシブ）教育および生涯学習という用語に特徴づけられる（☞「インクルーシブ教育」「ノンフォーマル教育」）．目標4には7つの成果ターゲットがあり，ターゲット4.7において，持続可能な開発を促進するために必要な知識と技能について記されている．その1つがグローバル・シティズンシップである（☞「教育と国民・市民の形成」）．さらに，教育はすべてのSDGs達成に不可欠な要素であるとも認識されている．

　教育をはじめとするさまざまな開発目標を達成するための方策として，情報通信技術（ICT）の利用が期待されている（☞「教育開発と情報通信技術」）．また，開発におけるスポーツの活用は，これまでも実践場面で行われてきたが，SDGsを包含する「2030アジェンダ」において，開発および平和への寄与として，重要な鍵となることが提示されている（☞「開発とスポーツ」）．

　教育はどの国でも身近な問題であり，国際開発や国際協力に関心をもつ者にとって，入門しやすい分野である．しかし，理論的なことや表面的な理解だけでは思わぬ誤解をしてしまうことが多く，注意しなければならない．人々の日常生活や国民性，教育に対する期待や価値観を知らなければ，そこで営まれている教育のさまざまな問題を本質的に解明することは難しい．　　　　　　　　　[澤村信英]

📖 **参考文献**
[1] 黒田一雄・横関祐見子編『国際教育開発論─理論と実践』有斐閣，2005
[2] 澤村信英編著『アフリカの生活世界と学校教育』明石書店，2014

学校と社会・コミュニティ

school, society and community

　学校は，それを取り巻く社会の価値観や文化，社会経済状況に影響を受けるものである．例えば，学校近くの教会の祭日には，親や地元の人々を学校に集めようとしても難しいし，農業地帯であれば，農作業の繁忙期には親のみならず生徒ですら学校を休みがちになるかもしれない．学校に行けば，親よりも安定した仕事を得られると期待し，無理をして子どもを学校に行かせる人々がいる一方，地域によっては，学校は伝統社会や宗教的価値観を損なうものだとして，反発する場合もある．2014年に，ナイジェリア北部ボルノ州で，学生寮に住む女生徒240名を拉致したスンニ派イスラム教の武装集団，ボコ・ハラムはその端的な例であろう．彼らは，学校教育（特に女子に対する）が，イスラームの教えに反し，地域社会の文化を内部から崩壊させると考えているのである．

●**コミュニティの自助努力による学校**　しかし，学校に反発する社会もある一方で多くの場合，人々は学校に行くことに夢を託す．1950～60年代に起きたケニアのマウマウ運動や，南アフリカのバンツー教育法に対する黒人の若者の暴動など，植民地政府やアパルトヘイト政権に対し，教育機会の差別撤廃を求めたことが大きな抵抗運動のきっかけになっている例は少なくない．学校が欲しい，子どもに教育を与えたいという大衆の欲求から，サハラ以南アフリカや南アジアなど，学校教育の普及が遅れていた地域では，歴史的に，政府の支援や認定を待たずに，住民が自らのイニシアチブで設立した学校は非常に多い．これらの学校は，いろいろなタイプがあるが，大雑把に「コミュニティ・スクール」とよばれてきた．

●**分権化策としての住民参加型学校運営**　1990年代以降，「万人のための教育（EFA）」目標や「ミレニアム開発目標（MDGs）」の一環として，教育分野における国際的な関心の中心は初等教育の無償・普遍化におかれ，多くの開発途上国で急激に基礎教育の就学率が上昇した．1990年代後半から2000年代半ばの途上国の教育予算の内訳をみると，初等教育予算が6～8割を占めている例も少なくなかった[2]．しかし，こうした公共支出の大幅な拡大にもかかわらず，政府は急速に拡大した教育制度を支える財政基盤を必ずしも備えておらず，学校建設のための費用や労働力はほとんどコミュニティが負担している国もあった．つまり，制度上は政府に認可された公立校も，その建設にあたって資金や労働力を提供するのはコミュニティであり，いわゆる「コミュニティ・スクール」と実態はほぼ同じといえる．つまり，住民が学校の建設や運営にかかわるという実態は，EFAや教育への住民参加などが提唱される前から存在したのである．

6. 教 育

2000年代に入ってから，国際開発協力の中で，行財政改革の一環として分権化政策を取り入れることが主流になった．教育セクターにおいては，地方教育行政官の研修といった，下位の行政機構の意思決定・執行能力強化だけでなく，各学校に就学者数に応じた補助金（ブロック・グラント）を送金し，同時に教育に関する計画・立案・実施の意思決定権限を学校レベルに委譲するという財政と運営の分権化策も行われるようになった．このような流れの中で，親や近隣の住民が学校や教育にかかわる事柄に当事者意識をもって関与するための参加のメカニズムとして，「学校運営委員会（SMC）」が導入されるようになった．SMCは，行財政の分権化の有効な手段かつ，住民参加のメカニズムとして，多くの国で設置を義務付けられるようになった．同時に，SMCを通じた参加型学校運営は，EFAの達成に，教育へのアクセスと質の向上という側面で貢献する施策としても奨励されている．すなわち，住民は学校に対して当事者意識をもつことにより，学校運営の効果・効率を高めるだけでなく，ひいては教育の質の向上にまで貢献するといわれているのである．

日本でも，文部科学省が「学校運営協議会制度（コミュニティ・スクール）」（文部科学省および教育委員会から指定を受けた「学校運営協議会」を設定している学校を指し，国際的な用語とは定義が異なる）をつくり，学校・保護者・地域が学校運営に参加することを奨励している．こうした，SMCを万能視する論調には疑問の声も上がっている．またSMCが設置された学校の中にも，主体的関与が高い場合とそうでない場合がある．これらは，元来コミュニティ特性や意思決定の仕方などによる部分も大きく，援助プロジェクトでしばしばいわれる「参加の度合い」は，実は，SMCなどの制度の部分だけみていてはわからないのである．

また，「コミュニティ」という言葉の定義が曖昧であることは，多くの研究者によって指摘されている．コミュニティとは，村を指すのか，学校に子どもを行かせている親を指すのか．同じ学校でも，人によって参加の度合いに違いがある．どういう人が中心になって教育や学校にかかる議論を起こし，人々を動員するかによって，参加する人々や，そのかかわり方は決定づけられる．「教育の意義を理解している人は，学校運営や子どもの教育に積極的だ」という定説化した説明では，この複雑な状況は理解できない．現実的に学校「コミュニティ」の「参加」のメカニズムを知るためには，どういう人々がより教育に関心をもち，そこにどのような社会の力学が働くかを検討すべきであろう．　　　　［山田肖子］

📖 参考文献
[1] 山田肖子「「住民参加」を決定づける社会要因—エチオピア国オロミア州における住民の教育関与の伝統と学校運営委員会」『国際開発研究』20(2)，pp.107-126，2011
[2] Yamada, S., *Educational Finance and Poverty Reduction: The cases of Tanzania, Kenya, and Ethiopia*, GRIPS Development Forum Discussion Paper Series, No. 9. p.26, 2005

教育・人材開発と経済発展

education, human resource development and economic development

　教育・人材開発は，経済成長と貧困削減，そして経済発展を促進する最も重要な要因のひとつである．1950 年代以降，新古典派経済学だけでなく，制度派政治経済学や労働経済学などさまざまな学問分野で教育・人材開発が経済発展に果たす役割について理論的・実証的検討が重ねられてきた．

●**教育投資と経済成長**　1950～60 年代に T. シュルツや G. ベッカーが発表した「人的資本理論」は，教育や職業訓練を人的資本への投資ととらえ，教育投資は知識や技能の習得につながり，その結果，就業機会や労働生産性の向上を通じて賃金水準の上昇による経済的収益をもたらし，経済成長を促進すると説いた．教育の収益は就学年数の違いによる生涯賃金の差に表れるが，教育の収益への期待は，家計の教育需要を上昇させ，社会全体における教育水準の向上と所得水準の上昇をもたらし，経済成長に貢献すると説明している．

　G. サカロポロスらを中心に，教育の収益に着目し，異なる教育段階，性別や地域など異なる属性を有する集団の間の教育の収益率の違いを計測する教育収益率研究がさかんに行われた．これらの研究成果は，開発途上国の教育政策や国際教育協力において，収益率が高い教育段階・集団への教育投資を優先することに理論的根拠を与えた．例えば，1970～80 年代の高等教育や職業訓練を重視する教育政策・協力から 1990 年代以降の基礎教育重視への転換を正当化した．

　しかし，人的資本理論には多くの批判もみられる．例えば「シグナリング説」では，教育を受けた労働者の就業機会拡大や賃金上昇は，知識や技能の習得による労働生産性上昇の結果ではなく，労働市場で学歴が能力や資質・素養を雇用者に判断させるシグナルの役割を果たすことにより生じると説く．また，「市場の失敗」に着目する立場からは，完全市場を前提とする人的資本理論への反論として，労働市場における不完全競争や情報の非対称性，労働者の離職や転職に伴う外部性に着目し，教育・訓練投資における政府の介入の重要性が強調された．

　他方，1980 年代後半以降発展した「内生的成長理論」は，教育や訓練，研究開発などへの投資が経済成長をもたらす，別の経路に着目した．P. ローマーらは，教育投資など人的資本の蓄積とそれによる知識の創造には外部性が存在するゆえ，限界生産性が逓減せずに上昇し，経済成長をもたらすことを理論化した．さらに，経済成長の源泉である技術進歩は，企業の利潤最大化活動の一環である研究開発への投資によるイノベーションにより実現されるゆえ，人的資本への投資，さらに知識を創造する研究開発投資は経済成長に貢献すると説明した．

　1990 年代には，東アジア諸国のめざましい経済成長が奇跡的と注目され，これ

ら諸国に共通する重要な説明要因のひとつとして積極的な教育投資が指摘された．特に，初等教育の普遍化と中等教育・職業教育の拡大が産業発展に必要な基幹労働力の育成に貢献したと考えられている．A. アムスデン，D. アシュトンとF. グリーンらは，教育・職業訓練政策・制度が産業政策と密接に結びつき，基幹産業の成長に必要な技術の習得・技能形成が促進されたことがこれら国々の急速な経済成長に貢献したと論じた．

また，中国や台湾などアジア新興国は直接投資の誘致に注力したが，直接投資の受け入れ拡大が経済発展に貢献するという分析結果は多い．直接投資の重要な立地決定要因のひとつは労働者の教育水準であると考えられている．近年は，グローバル化の進展に伴い，途上国・新興国の企業・生産者によるグローバル市場への参入が増し，労働者の技能水準の向上・底上げが新興国・途上国産業の競争力強化・高度化のためにいっそう重要になっている．そのため，高等教育や職業訓練など人材開発への政策的関心が再び高まっている．

もっとも，経済発展における教育の機能的な役割が注目されがちだが，A. センは，教育を受けること自体に内在的価値（intrinsic value）があり，教育は経済・社会発展のための手段だけでなく，それ自体が目的であると説く．つまり，個々の人間が教育を受けて，人生における選択肢や自己決定権を拡大し，より自律的で質の高い生活をすることこそが経済発展の実現であるとする考え方である．

●**教育と貧困削減**　家計の所得・消費水準は家計教育需要に影響を与え，低所得は，子どもの教育へのアクセス，学習成果に負の影響を与える．例えば，子どもの栄養状態は就学率・中途退学率や学力に影響を与えていることが知られている．また，一般に貧困地域では教育の質（学校施設・設備，教材，教員などの投入量と質）が低く，学習成果に負の影響を与える．多くの研究が貧困地域における教育の質的改善と貧困層の学習成果向上との関連を示唆している．

他方，教育・人材開発は貧困削減に貢献する．教育投資の結果としての就業機会拡大や賃金上昇は，家計所得や消費水準で測る貧困の減少につながる．また，親，特に母親の教育水準は，子の栄養や就学と相関関係があり，女子の教育水準の上昇は，結婚年齢を遅らせ，出生数を減少させ，子の栄養や健康，教育アクセスの改善をもたらし，貧困削減に貢献することを多くの研究成果が示している．教育アクセスの拡大，特に基礎教育の義務化は，貧困層に顕在する児童労働やストリート・チルドレン（路上生活をする子ども）の減少につながるという主張もある．学校教育だけでなく，ノンフォーマル教育や技能訓練も，識字やライフ・スキル，仕事に役立つ技能の習得を通じて，貧困層の生活改善や生計向上に貢献する．さらに教育は，意思決定の際の選択肢を拡大し，自らの行動に自信を与え，社会性，社会への関心や視野，社会参加を高め，エンパワーメントにつながる．センは教育を受けること自体が貧困からの脱却であると論じている．　　[岡田亜弥]

教育における人権アプローチ

a human rights based approach to education

　開発途上国では，経済成長の担い手となる人材の育成や国民としてのアイデンティティ形成などを目指して，教育を普及するための努力が積み重ねられている．それらの目的は，往々にして国家の発展を希求するものであるが，教育を普及することの重要性は，そうした社会的要請に応えることにのみあるわけではない．すなわち，一人ひとりの市民が自立した存在となり，自分らしく生きていくための礎を育むために，教育は不可欠なものである．そのために，教育を受けることはすべての人にとっての基本的な権利であるとみなすことが必要である．こうした考え方が，教育における「人権アプローチ」である．

●人権アプローチの歴史的変遷　　人権という観点から教育の意義をとらえるアプローチは，近代国家の成立とともに生まれてきた．すなわち，国家が国民に対して教育の機会を均等に保障しなければいけないという「公教育」の考え方である．1924 年には「子どもの権利に関する宣言」が国際連盟に採択され，権利として教育をとらえるための議論が国際的にも積み重ねられてきた．

　しかしながら，教育という営みがすべての人にとって基本的な権利のひとつであると広く国際社会で合意されたのは，第 2 次世界大戦以降のことである．その嚆矢となったのが 1948 年の国連総会で採択された「世界人権宣言」である．同宣言の第 26 条は「すべて人は，教育を受ける権利を有する」という原則を示しており，同条第 1 項で「教育は，少なくとも初等及び基礎的な段階においては，無償でなければならない．初等教育は義務的でなければならない」という初等教育の義務制ならびに無償制をうたっている．さらには同条第 2 項において「教育は，人格の完全な発展並びに人権及び基本的自由の尊重の強化を目的としなければならない」という，教育の果たすべき役割に言及している．ここに，基本的人権としての教育という概念が国際的な合意として広く認められるようになった．

　この世界人権宣言は，教育を基本的人権の重要な柱のひとつであると位置づけたという意味で画期的なものであったが，同時に，あくまでも新しい教育のあり方を実現する第一歩に過ぎず，それがすぐさま教育の普及へと容易に結びついていったわけではない．特に途上国の視点からみれば，世界人権宣言が採択された時代は，アフリカを中心に世界各地でいまだ植民地状態におかれた国が数多く存在しており，それらの国や社会ではそもそも基本的人権が十分に認められていなかったという現実があったことを忘れてはならない．

　とはいえ，1960 年前後から多くの植民地が独立を果たすようになり，国際社会でもさまざまな合意が積み重ねられ，途上国でも子どもたちを中心に多くの人々

が教育機会へとアクセスできるようになるための社会的制度の整備が少しずつ進められていった．そうした動きを支えた国際的な合意の例としては，特に社会的な弱者である子どもたちの権利を明示した「子どもの権利に関する宣言」（1959年）をはじめ，「経済的，社会的及び文化的権利に関する国際規約」（1966年），「児童の権利に関する条約」（1989年）などをあげることができる．

●**国際目標に基づく促進**　このように国際社会の中で教育における人権アプローチの重要性が認められてきたことを受けて，1990年にタイのジョムティエンで「万人のための教育世界会議」が開かれ，2000年までに達成すべき国際的な目標として「万人のための教育（EFA）」目標が採択された．このEFA目標は，基礎的な学習のニーズ（basic learning needs）を満たすための教育機会の保障は，すべての子ども・青年・成人にとっての基本的な権利であることを踏まえ，基礎教育（basic education）の普及を国家的・国際的な義務として確認したものである．こうした目標を国際社会が合意したということは，教育における人権アプローチが大きな成果を収めたという意味でひとつの到達点であったとともに，そうしたアプローチをすべての国・社会で実現していくための出発点であったともいえる．

　2000年にはセネガルのダカールで「世界教育フォーラム」が開かれ，1990年代に達成することができなかったEFAの実現を目指して，2015年を目標年とした新たなEFA目標を設定した．その後，2015年には韓国の仁川で「世界教育フォーラム」が開催され，新たな国際的な合意として「教育2030」宣言が採択された．この「教育2030」宣言は，「ミレニアム開発目標（MDGs）」を発展させる形で国連において2015年に合意された「持続可能な開発目標（SDGs）」と呼応するものである．同宣言においても，またSDGsの目標4（教育に関する目標）の中でも，「基本的人権としての教育（education as a fundamental human right）」を基本理念として掲げるとともに，「公共善としての教育（education as a public good）」の役割の重要性を強調している．

　これらの一連の国際合意を受けて，途上国では1990年代から国家的な政策としてEFAが掲げられてきた．特に2000年代以降はMDGsの中に初等教育の普及や男女格差の解消といった目標が定められたこともあり，一部の例外はあるが多くの途上国で，無償化政策などを通して初等教育の就学率が目覚ましく上がっている．しかしながら，その状況をより仔細にみつめると，依然として教育機会の格差が存在していることに気づく．特に，いわゆる社会的弱者（女子，障害をもった子，少数民族など）とよばれる子どもたちは，十分な教育機会へのアクセスを得ることができていない．そのため今後，教育における人権アプローチの観点からも「インクルーシブ教育」を推進することが重要である．　　　　[北村友人]

📖 **参考文献**

[1] 黒田一雄・横関祐見子編『国際教育開発論―理論と実践』有斐閣，2005

教育の質

quality of education

　教育の質とは，とても複雑な概念であり，政策決定者や教師などの利害関係者によって異なる解釈がなされている．くわえて，何をもって教育の質とするかについて単一の定義が存在せず，教育の質に関するいくつかの要素が組み合わされている場合が多い．ここでは，まず教育の質に関する概念と枠組みを整理し，その中でも教育生産関数に依拠する考え方による定義を試みたうえで，国際的潮流における教育の質の位置付けと教育の質としての学習効果について解説する．

●**教育の質—概念・枠組み**　開発の文脈における教育の質に関する定義や概念整理は，すでに 1960 年代に C. E. ビービーの『発展途上国における教育の質』（Beeby 1966）が出版されて以来，さまざまな研究者や援助機関によって試みられてきた．なかでも，初等教育の質に焦点を当てた世界銀行の政策文書や評価研究を中心とする文献には，教育経済学から生まれた教育生産関数に依拠した定義や概念枠組みが提示された．教育生産関数とは，教育インプット（投入）と教育アウトプット（結果）の関係が教育プロセス（過程）においていかに効率的かつ公正であるのか，また教育アウトプットがどのような教育アウトカム（成果）を生み出すのかを評価することを基本的な考え方としている．その典型は，1996 年に発表され，サハラ以南アフリカを想定した W. ヘネベルドと H. クレイグによる学校効果の決定要因の提示や G. サカロポロスらによるコロンビアの初等教育改革の成功例として注目されたエスクエラ・ヌエバ（新しい学校）の評価研究であろう．教育生産関数における量的指標として就学率や留年・退学率が用いられるが，教育の質に関しては，インプットの質とアウトプットの質に大別することができる．インプットの質とは，教員，校舎・教室，教科書や教材などの教育条件や学習環境の整備の程度に関するものである．一方，アウトプットの質とは，学業成績や識字能力，進級や卒業など，教育の結果として現れた指標の程度を指すが，教育プロセスとしての学びの場（教室など）において質の高い学びがなされてこそ，アウトプットの質が担保される．

●**国際的潮流における教育の質の位置付け**　教育の質への関心は，1990 年の「万人のための教育（EFA）世界会議」を契機とする基礎教育へのアクセス拡大から，教育の質向上を伴う国際的潮流が形成されていく中で，「質の高い教育へのアクセス」として 2000 年の世界教育フォーラムで採択された「ダカール行動枠組み」で確認された．国連児童基金（UNICEF）は 2000 年に「教育の質を定義する」というワーキングペーパーを作成し，教育の質に含まれる要素として学習者，学習環境，内容，プロセス，成果を含む枠組みを提示し，教育の質は，政治，文化，

経済的文脈に根づく複雑なシステムとして理解されるべきと説いている．同様に，UNESCO は，「EFA グローバル・モニタリング・レポート 2005」において，学習者の特性，教育への投入，成果，およびそれらと相互に作用する文脈とに分けた「教育の質に関する枠組み」を提唱し，教育の質を経済・社会・文化的な文脈の中で定義している[1]．2015 年にはミニミアム開発目標（MDGs）が持続可能な開発目標（SDGs）によって継承され，先進国と開発途上国の双方を対象とする 17 の目標が設定された．教育に関しては，2015 年の国連教育科学文化機関（UNESCO）総会の高級会合で採択された「教育 2030」と一致する目標 4 として，2030 年までに「すべての人々に包摂的かつ公平で質の高い教育を提供し，生涯学習の機会を促進する」ことが目標である．

●教育の質としての学習効果　国際的な調査研究においてはインプットとしての学習環境とアウトプットとしての学習達成度から教育の質を測っている．1995 年以降 4 年ごとのサイクルで実施されている「国際数学・理科教育動向調査（TIMSS）」や 2000 年以降 3 年ごとに実施されている，知識や技能の応用力といった新しい学力観やリテラシーを問う，OECD の「生徒の学習到達度調査（PISA）」といった国際学力調査がその典型である．このような調査の結果を巡り，多くの国々が関心を寄せている．開発途上国でも，子どもたちの学力レベルが今後の経済社会発展の可能性をはかるものさしになるとして，注目されている．

　政策決定者は，先進国と開発途上国を問わず，教育の質として，いかに学習効果（学力）を費用対効果的に最大限にするかということに関心がある．その際，教育の質には 2 つの要素が含まれる．1 つめは，学習者が知的認識能力を習得すること（認知能力），2 つめは，学習者が創造力，感性，意欲，忍耐力，社会性などを身につけること（非認知能力）である．教育生産関数に基づけば，教育のインプットとアウトプットのどちらにインセンティブを与えれば子どもの「やる気」を引き出し，学習効果を高めることができるかという政策的な課題が導かれる[2]．

　また高等教育においては，質保証という観点で，教育の質改善に取り組まれている．質保証の枠組みや基準をめぐって世界の各地域にさまざまな質保証のネットワークが構築されつつあり，国際通用性のあるグレード・ポイント・アベレージ（GPA）制度の活用や単位互換に関する共通の枠組みやシステムの構築が進行している．特に，高等教育の学習達成度については，OECD 諸国において大学版PISA としての「高等教育における学習成果調査（AHELO）」の導入が試みられており，高等教育にとっても，その成果の測定や検証が喫緊の課題である．

[廣里恭史]

📖 参考文献
[1] ポッスルウェイト，N.『国際学力調査と教育政策』ユネスコ国際教育政策叢書 6．野村真作訳・解説．東信堂，p.xvii，2015
[2] 中室牧子『「学力」の経済学』ディスカヴァー・トゥエンティワン，pp.32-36，2015

教育格差と公正

disparity and equity in education

　教育格差と公正を考える際，最も重要な視点は何におけるどのような集団間の格差に注目するのかという点である．平等はすべての人が等しい状態であることを指すのに対し，公正は平等性を達成するために異なる環境にある人々に対して異なった教育上の扱いをすること（垂直の公正）と，等しい状態にある人々に対し平等な扱いをすること（水平の公正）を指す．具体的には，教育機会へのアクセス，学習過程，学習成果（学力，態度など），そして学習の結果（就業，社会的地位など）の次元において存在する集団間の格差に対して公正を求める場合，どの集団の，何において異なる，どのような状態に対して介入するのか，という価値判断が反映される．

●**持続可能な開発目標（SDGs）における公正**　「世界人権宣言」（1948 年），「子どもの権利条約」（1989 年），「万人のための教育世界宣言」（1990 年），「ダカール行動枠組み」（2000 年）および「国連ミレニアム開発目標」（2000 年），は，すべての人に平等な基礎教育の機会を保障することを謳い，公正な介入よりも目的としての平等を強調している．2015 年に国連で決議された持続可能な開発目標（SDGs）は，「インクルーシブで公正な質の高い教育をすべての人に提供する」ことを打ち出し，教育格差の存在を前提として格差の是正をはかる公正により焦点を当てている．ただし，ここにおける公正を判断する軸は，国際機関や非政府組織（NGO）により視点が異なっており，主に学校教育へのアクセスやテストの成績における違いに注目して，脆弱な立場におかれた人々に特化して介入する機関と，カリキュラムや政策における多様性への配慮など，主流の政策やプログラムの見直しの必要性を訴える機関では公正に対するアプローチが異なっている．また，教育格差を測定する集団の単位としては，一国内の男女，障害の有無，居住地域，世帯の経済的レベルが利用されることが多いが，SDGs は先進国と開発途上国の間の格差にも注目しており，教育格差や公正は国だけでなく国家間においても用いられる概念となっている．

●**教育格差の現状**　2000 年代には教育格差の中でも男女間格差に注目が集まっていたが，近年では，格差の多重性が指摘されている．例えば，「EFA グローバルモニタリングレポート」（2016 年よりグローバルエデュケーションモニタリングレポートと改名）は，教育の複雑な格差の現状を，民族，農村都市部，家庭の経済的背景，男女に細分化して示した．格差構造は複雑に入り組んでおり，個々人の多重なアイデンティティに注目しなければ，効果を発揮できる介入策を選択することはできないとされる．

図1にみるとおり，不就学児童の割合は，最貧困層と最富裕層では男女ともに約20％程度の格差があることがわかる．さらに，全体的にみると女子の方がより不就学児童になる割合が高いものの，富裕層女子と貧困層男子を比較すると貧困層男子の方がより不就学児童になる割合が高いことがわかる．

また，ケニアにおいて2009年から毎年実施されている「世帯学力調査（UWEZO）」の結果によると，小学2年レベルのスワヒリ語を読めた小学3年生の

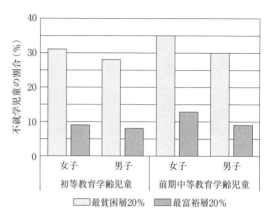

図1 家庭の経済的背景別・性別にみた不就学児童の割合（出典：United Nations, *Millennium Development Goals Report 2013*, 2013 より作成）

割合において最富裕層と最貧困層の間には25％程度の格差がある．しかし，それを男女別，そして学校で補習を受けているか否かというグループに分けてみると，最も読めた割合の高いグループは最富裕層かつ補習を受けるために追加的授業料を支払った女子であり，最も読めた割合の低いグループは最貧困層かつ補習を受けるために追加的授業料を支払わなかった男子であった．

● 「公正」概念の再考に向けて　最後に，公正を考える際に，国連教育科学文化機関（UNESCO）が2015年に打ち出した教育をグローバルな次元で「共有するもの（a common good）」とする視点に注目したい．この視点は，単に既存の教育制度へのアクセスや成果における公正を検証するに留まらず，社会集団としての教育の目的の設定や民主的な参加を問う姿勢の必要性を訴える．そして多元的な知のあり方を認め，グローバルな次元で教育変革を迫る．知の5つの次元（知の創造，統制，獲得，妥当性，利用）の中で，多くの援助機関や政府が知の獲得と利用に注目する傾向にあるのに対し，焦点が当たりにくい知の創造，統制，妥当性における公正の検証の必要性を訴える．つまり，公正性とは単に人種，民族，言語，宗教，その他の社会経済的背景などの少数派に対する追加的措置に留まらず，国家やグローバルな次元における教育政策や教育内容を設定する際の参加のあり方や主流派のあり方を批判的に問う視点を打ち出している．　　　　　［西村幹子］

📖 参考文献
[1] 西村幹子・笹岡雄一「教育の平等と公正」『国際開発研究』14(1・2)，pp.79-90，2017
[2] UNESCO, *Rethinking Education: Towards a Global Common Good?*, UNESCO, 2015

インクルーシブ教育

inclusive education

　インクルーシブ教育は，1994 年にスペインのサラマンカで国連教育科学文化機関（UNESCO）が開催した「特別なニーズ教育に関する世界会議」において提唱され，国際社会に広く認知されるようになった概念である．この会議は，世界の障害児教育の主流を，特殊教育から，通常学校・通常学級における特別支援教育に移行させるための大きな原動力となった．その後，2006 年には「障害者の権利に関する条約」が国連において採択され，「インクルーシブ」「インクルージョン」の概念が教育を規定した第 24 条に位置付けられたことから，開発途上国を含む多くの国々がこの条約を批准していく中で，インクルーシブ教育は国際的な教育政策思潮となっていった．

●**インクルーシブ教育の定義**　それでは，インクルーシブ教育とはどのような概念なのか．サラマンカ会議で採択された「サラマンカ声明」では，「特別な教育的ニーズをもつ子どもたちは（中略）通常の学校にアクセスしなければならず，このインクルーシブ志向をもつ通常の学校こそ，差別的態度と戦い，すべての人を喜んで受け入れる地域社会をつくり上げ，インクルーシブ社会を築き上げ，万人のための教育を達成する最も効果的な手段」であるとされ，インクルーシブ教育は通常の学校に特別な教育的ニーズのある子どもを受け入れることを指すと考えられる．しかし，インクルーシブ教育にはさまざまな定義が存在する[1]．

　最も代表的な定義として，UNESCO は，インクルージョンを「すべての学習者の学習，文化，地域社会への参加を促進し，教育の中でも，教育そのものからも排斥されないような状況をつくることによって，彼らの多様なニーズを明確にし，応えていこうとする過程」とし，インクルーシブ教育を「正規・非正規の教育環境における広範囲にわたる学習ニーズに適切な対応を提供していくこと」であり，かつこれを「（特別のニーズを有する）学習者の一部がいかにして主流の教育に統合していくか，という周辺的な課題のことではなく，教育システム全体をいかにして学習者の多様性に対応するように変容させていくかを模索する方向性である」としている．そして，そのうえで，インクルーシブ教育の目的は「教師と学習者が多様性を積極的に評価し，問題（problem）としてではなく，挑戦（challenge）や豊かさ（enrichment）ととらえる」ことができるような状況を意図するとしている[2]．

　一方，世界銀行がサラマンカ声明と同じ年に出版した報告書では，児童それぞれのニーズや能力に配慮して，都市部エリート層だけでなく，貧困層や遠隔地・農村に居住する特別なニーズを有する児童に対しても，分離的ではない統合的な

教育・学習機会を提供することをインクルーシブなあり方（inclusive pattern）とし，統合的な学生の配置や教員養成・研修，家庭とのあり方をインクルージョンを促進する統合システムと定義している．以上のように，UNESCO，世界銀行の主要文書からは，すべての学習者はそれぞれ個別の教育ニーズを有しているという基本的な認識のうえに，障害児を含むさまざまな状況にある児童が通常学校に就学できる環境を整備することにより，インクルーシブ教育を実現することで，学習者の多様性を積極的に評価し，これを教育の質の改善にもつなげられるようにするという考え方が読み取れる．

●インクルーシブ教育の２つの側面　このようなインクルーシブ教育の考え方には２つの側面がある．その１つは，教育は児童にとって基本的な人権であり，特にすべての児童が同じ環境で「一緒に」教育される必要があるという考え方である．このような主張は，障害者の教育・学習権という基本的人権の確保という国際的・伝統的な言説と信条をもととしているが，同時に，障害者に単に同等の教育機会が提供されればよいというのではなく，分離的な状態ではない「インクルーシブ」な状態で教育が提供されることに重点がおかれている．構造主義社会学においてP.ブルデューらの主張するような，教育制度の不平等が社会制度の不平等を再生産するという考え方を基にして，教育における分離も，社会の不平等や差別を構造的に再生産するという考え方が展開されている．ここに，インクルーシブ教育は「差別的態度と戦う最も有効な手段」だという主張の根幹があると考えられる．

　もう１つの側面は，実践的経験の集約や教育学研究の蓄積から，インクルーシブ教育を「万人のための教育（EFA）」や教育の質の向上に有効な手段だとする実証的な主張である．つまりは，障害児を非障害児から分離した特殊教育においての障害児・非障害児双方の学習成果と，インクルーシブな教育環境にある学習成果を比較して，前者が必ずしも後者を上まわるわけではない．費用対効果の観点からみると，非常に費用のかかる前者のアプローチは，比較的少なくてすむ後者のアプローチよりも，有効な政策手段である，とする考え方である．このような実証研究の結果については，先進国では数多くのインクルーシブ教育の事例があるが，途上国では乏しいため，その途上国における適切な導入方法とあわせて，今後の重要な研究課題となっている．　　　　　　　　　　　　　　［黒田一雄］

📖 参考文献
[1] 黒田一雄「障害児とEFA—インクルーシブ教育の課題と可能性」小川啓一他編著『国際教育開発の再検討—途上国の基礎教育普及に向けて』東信堂，pp.214-230, 2008
[2] UNESCO, *Overcoming Exclusion through Inclusive Approaches in Education – A Challenge and a Vision*, UNESCO, 2003

教育と国民・市民の形成

education for character development as a nation and a citizen

　外国に赴いたり，国際的な集会に参加したりするとき，あなたはどんな自己紹介をするだろうか．名前に続けて，（あなたが日本人だとして）「私は日本人です」のように出身国を紹介するだろう．そして，その発言には確信があるだろう．立ち止まって考えると，生まれたときにはその確信はなかったはずである．いったい，いつ，どのようにして，あなたは日本人としての自覚を手に入れたのか．

●**国民形成の教育**　なんとなく，いつの間にか，そうなったと感じられるだろう．しかし，どこの国でも統治者の立場からすれば，国家の領域内で生まれた子どもを国民として確実に形成する必要がある．教育がそのために行われ，意図的・計画的に人は国民になるのである．20世紀は国民国家の時代であった．国民国家は，国民としての帰属感をもたせ，ナショナリズムをはぐくみ，公用語（または国語・標準語）の能力や道徳性を身につけさせることにより，国民を統合しようとする．そうでなければ，国家統治の基盤が危うくなり，治安の維持もままならない．したがって，どんな国でも国民教育は国家的事業として必ず制度化される．義務教育とは，一面では国民の教育を受ける権利の保障であるが，他面ではまさにこのような意味で，どんな国民にも強制的に受けさせる必要があるのである．B. アンダーソンは，国家とは「想像の共同体」であると表現した．国家は人々のイメージの共有によって成り立っているという考え方である．

　ナショナリズム教育の実際では，多くの場合はその目的が明示されない．共通語の規範化や，国旗掲揚などの学校行事，各教科の教材の中に忍び込んでいる．例えばタイの学校の場合，教室に三大国家原理である国王・国旗・仏教を表す絵や写真が掲示されている．多民族国家のインドネシアの場合，建国五原則である「パンチャシラ」の精神に立って「多様性の中の統一」を目指す国民教育が行われる．その基本は，地方語による教育から国家語として開発されたインドネシア語による教育へ移行するバイリンガル教育である．

　国民意識とは，人が何者であるか，何を大事にして生きるのかということにつながるものである．行動や考察の判断基準にもなる．そのため，国民形成の教育に及ぼされる宗教の影響は無視できない．むしろ，統治者の側が宗教を統治原理に組み込むために，特定の宗教の擁護者となることがある．また，宗教指導者が国家元首になることもある．

　国の国民形成の方針がどうなっているかを考えるとき，少数民族教育をみるとその本質的な部分があらわになる．民族の言語や文化の教育がどのように守られているか，あるいは主要民族への同化をうながしているのかである．

6. 教　育

●グローバル時代の市民形成　21世紀グローバル時代になると，国民教育は世界標準化の中で対応を迫られた．一方では国民の競争力を高めるための教育の質向上が課題となり，他方では世界的な価値標準化から国民文化の独自性を守ることが課題となった．さらに，解決すべき社会の諸問題がもはや国の枠内だけでは考えられなくなった．資源，食料，気候変動，環境保全など国民生活に直接的に大きな影響がある諸問題には国民国家の枠を超えて，1つの惑星に共存共栄するグローバル市民としての価値の育成が求められる．それらの問題解決のための行動は，実際には地域社会の中でローカルな局面で実践されなければならない．加えて，国民の安全保障，いいかえると平和を守るために，近隣諸国との相互理解・協力・信頼の関係を構築しようとする潮流がある．ヨーロッパ連合（EU）が一つのモデルケースであるが，東南アジアでもアセアン共同体が2015年に発足した．これに合わせて，「アセアンネスのための教育（アセアン市民意識形成教育）」の推進が提言された．リージョン（地域）の一員であるという意識の教育も必要とされているのである．

　このように，今日においてはローカル，ナショナル，リージョナル，グローバルの多層的な市民性（シティズンシップ）の形成をめざす教育が世界共通の課題となっている．「市民性教育」とは，平田利文による定義では「異文化を理解・尊重し，共生できるための知識・理解，能力・技能，価値観・態度をもち，人権，平和，環境，開発などの地球的規模で考えなければならない課題に対して，グローバルな視点から考え続け，ローカル，ナショナル，リージョナル，グローバルなレベルで意思決定でき，行動できる人間を育成する教育」とされる[2]．

　「持続可能な開発のための教育（ESD）」を推進してきた国連教育科学文化機関（UNESCO）でも，市民性は従来から重要視されてきたが，2015年に「グローバルシティズンシップ教育（GCED）」が掲げられ，ESDを発展させる事業として取り組まれている．さらに国連が2015年にまとめた「持続可能な開発目標（SDGs）」の目標4のターゲット7において，2030年までに達成すべき目標として，すべての学習者が持続可能な開発を促進するために必要な知識および技能を習得できるようにするとされ，方法としてグローバル・シティズンシップ教育が明記された．

　従来の国民教育は，ややもすれば同化主義的で価値の押しつけを伴うものであったが，今後の市民性教育は，個人の多層的なアイデンティティ形成，多様な他者への寛容性および彼らと協働する力，思考力・判断力・表現力，実践的な行動力も育むものに転換されなければならない．先進国も含めて人類社会の重要課題である．　　　　　　　　　　　　　　　　　　　　　　　　　　　　　　　［森下　稔］

📖 参考文献
[1] 北村友人編『グローバル時代の市民形成』岩波書店，2016
[2] 平田利文編著『アセアン共同体の市民性教育』東信堂，2017

紛争・災害と教育

education in conflict and disaster-affected societies

　今日，紛争に影響を受けた社会に住む学齢期の子どものうち，2150万人が初等教育を，そして4100万人が中等教育を受けることができていない．その理由は，学校の破壊などの武力衝突の直接的な影響にとどまらず，生活インフラの崩壊による貧困化や戦禍を逃れることによる難民・国内避難民化によって不就学となるといった間接的な要因も含まれる．大規模地震や干ばつなどの自然災害も，教育に対して同様な影響を及ぼし得る．持続可能な開発目標（SDGs）は学力向上などの教育の「質」に焦点をあてているが，紛争や災害に影響を受けた社会では教育へのアクセスでさえも困難である．生存・生活のための選択肢を増やすため，人生をより豊かに過ごすため，そして社会の復興を担う人材育成のために，教育を遅らせることはできない．なお，紛争や災害は悲劇であるが，その復興期はレジリエント（強靱）かつ公正な社会の構築を目指すチャンスとなり得る．教育開発もそのような視点で取り組むべきである．

●**教育による保護と予防**　紛争や自然災害が発生している時期とその後の一定期間は，「緊急期の教育」として教育の保護的な役割が重視される．学校が再開されれば，子どもたちの身体的・精神的状況を大人が把握し，トラウマなどに対する必要な対策を取ることができる．さらに，地雷や不発弾，汚染物質などの危険性を子どもに伝えることもできる．また，早期の教育再開は，慣れ親しんだ日常生活やそのリズムの回復を意味する．これにより，子どもも親も心理的な安心感を得られる．こういった理由から，近年は，教育が衣食住と同様に国際緊急支援の柱として位置付けられている．

　教育は，個人にとっても社会にとっても未来への投資である．紛争や災害により学習機会を断絶された若者は「失われた世代」となり，その結果，個人の生活や社会の再建が遅れる．教育を受けておらず，仕事に就けない若者は社会への不満を募らせ，それが大規模な暴力の再発を助長することもある．特に紛争は長期化する傾向にあり，「失われた世代」の問題は深刻である．学齢時期に紛争が発生し，学ぶ機会を得られなかった若者は，紛争後も教育機会の回復が困難になる．

　自然災害と紛争への教育的な備えとして，両者には若干の違いがある．前者は防災・減災教育の開発と実践が重視される．防災教育は，主に災害による身体的被害を無くすことを目指すのに対し，減災教育はコミュニティ再建などを含め，生活への負の影響を最小限にするための包括的な取組みである．他方，紛争予防の観点からは，対立した集団同士の関係改善を目指した平和教育や，公平・公正な社会構築のための市民性教育などが重視される．場合によっては，インドネシ

アのアチェのように，自然災害（津波）と紛争（民族対立）が同時に起こることもあり得る．これは，「複合的緊急事態」とよばれ，その備え（preparedness）と対応（response）には，重層的な取組みが必要である．

●**教育の二面性**　教育には2つの側面がある．1つは，より良い生活や社会を構築していく側面であり，もう1つは，対立や紛争を助長してしまう側面である．紛争を経験している社会では，紛争前の教科書に集

図1　紛争後東ティモールの成人教育プログラムで学ぶ若者たち

団間の対立を煽るような表現があったり，教師が特定集団の子どもたちに差別的な態度をとるといったことがあったりする．また，教育の提供が集団間や地域間で偏りがある場合もある．さらに，多文化社会では，多様な言語や宗教が存在するが，それらが公平に認められていない場合，特定集団が学校で不利益をこうむる可能性もある．リソースが少なく統治能力も高くない開発途上国や紛争後社会で，多様な集団に対して公平・公正に教育を提供するのは容易ではない．しかし，教育が社会の不平等・不公平を生み出し，それを維持・固定化した場合，紛争が発生するリスクは高まる．紛争による甚大な人的・物的被害を考えた場合，その発生リスクを減らすための投資は怠るべきでない．リスクを減らすための投資という視点は，防災・減災教育の実施や学校舎の耐震性強化といった自然災害への備えにも共通している．また，災害復興においても，行政サービスに集団や地域間の偏りがあると，対立を生み出しかねない．その意味では，紛争も自然災害後も，レジリエントで公平な社会構築のための復興のあり方が問われる．

以上のように，紛争や災害に影響を受けた社会の教育は，その二面性に配慮しつつ，単なるアクセスの確保を超えて，その提供における新しい姿を模索する必要がある．緊急期の教育支援には3つの視点があるといえる．①教育アクセスの確保と子どもの保護，②支援対象国の紛争構造への配慮と支援による対立の助長の回避，そして③支援受益者とその社会の変革の促進，という視点である．紛争再発を防ぐには特に③が重要である．紛争・災害後の復興期をさまざまな改革を導入する契機ととらえ，SDGsが目指す平和で持続的な開発のための教育に，当該社会，そして国際支援機関が協働して取り組むことが求められている．

［小松太郎］

📖 **参考文献**
[1] 小松太郎編『途上国世界の教育と開発―公正な世界を求めて』上智大学出版，2016
[2] シンクレア, M.『紛争・災害後の教育支援』小松太郎訳・解説，東信堂，2014

宗教と教育

religion and education

　教育はもともと宗教と強く結びついている．世界の各地では，古くからキリスト教の教会学校，イスラームのマドラサ（イスラーム神学校），ヒンドゥーのパートシャーラー，仏教の僧院学校など，各宗教が，教会，モスク，僧院などの宗教施設を活用して教育的営為を営む在来の教育を展開してきた．そしてその多くは，各宗教にある聖典や教義に関し，暗唱，朗誦，講義，実践など，さまざまな学習スタイルを通じて学ぶものであり，今日にいたるまで各地で多様な宗教教育を展開している．また，世界の多くの国々では，公教育におけるカリキュラムの中にも，宗教の時間があり，宗教教育は制度的な位置付けを得ている．

●**大航海時代における宗教と教育**　この世界各地で起こった在来の宗教教育（マドラサ，パートシャーラー，僧院学校など）には，欧米の国々が植民地を拡大し始めた大航海時代真只中の 16 世紀ごろから変化が訪れる．

　スペインやポルトガルの支配する植民地のある南アメリカ大陸やインド亜大陸への航海には，航海士，兵士，行政官，そして宣教師が同乗していた．宣教師たちは，植民地で布教をすべく現地語を徹底して研究し，キリスト教要理などを現地語に翻訳してつくった教材を用いて教え，現地の人々を教会へといざない，在来の宗教からカトリックへと改宗させていった．日本にも渡来したイエズス会やフランシスコ会は，こうした活動において有名である．

　イギリスも植民地であるマラヤやインドにおいて，ミッション・スクールを展開したが，布教を目的とはしておらず，むしろ植民地支配の経済効果を高めるための，実利的な近代教育の普及に主眼がおかれており，そのために宗教の力を活用した．また，受容する側の民衆も，イエズス会が行ったような現地語を用いた宗教教育ではなく，英語による階層上昇のための教育を求めたため，必然的に，現地語による学校は淘汰され，結果的に英語によるエリート校が残る形になった．

●**近代教育と宗教教育との相克・融和・妥協**　こうしたイギリスの実利主義は，イスラーム神学校であるマドラサにも，近代教育を施す教育機関として機能させる結果をもたらした．1780 年，インドのベンガル地方では，ベンガル総督 W. ヘイスティングスによって，イスラーム教育と近代教育との双方を施すインド初の政府系教育機関のコルカタ・マドラサが設立された．当初は，アラビア語やペルシャ語学習を施していたが，1826 年からは英語教育を始めている[1]．

　フィリピンにおいても，1898 年に領有したアメリカが，自国をモデルとした近代国家へ改革し，自らが後ろ盾となって独立させるべく，大衆教育を施そうとし，

全島で公立小学校の普及を進めた．住民のカトリック信仰への配慮から，宗教教育の枠組みも付与された．当初は地元のカトリック教会からの反対にあったが，やがて，公立学校で宗教教育を教科として教える形が容認されていった．さらに，フランスによる同化政策，つまり共和制的な教育が強く推進された西アフリカでも，イスラームは例外的に認められ，先述のコルカタ・マドラサ同様，伝統的に存在していたコーラン学校と近代教育の中間的な存在であるマドラサとして，公教育の中に組み込まれた．

　こうしたアメリカ，イギリス，フランスなどの植民地支配のための動きが動機となって，冒頭で述べたような，1つには，宗教系学校における近代教育という形，もう1つはその逆で，政府系の近代教育を施す学校での宗教教育という形ができ，今日にいたっている．つまり，宗教と教育は，教育の場である教会やモスク，基礎的な知識を教育することのできる教員など，相互にリソースを共有・補完できる関係性にあるため，さらには住民の宗教的価値と，主に外部からもたらされる近代的価値の結節点ともなり常に表裏一体であり続けてきたのである．

●**現代における宗教と教育の関係**　19世紀後半にアメリカ統治下のフィリピンで起こったような，近代教育と宗教教育との相克・融和・妥協と類似した状況が，アジアやアフリカのイスラーム教育をめぐり，2000年代初頭に再現されている．インド，ベンガル地方や西アフリカにおいて近代教育と宗教教育双方を施すマドラサは既述したが，南アジアにはもう1つ，宗教機関としての本来の機能である宗教教育の方に重

図1　バングラデシュのコウミ・マドラサ

点をおく，無認可マドラサの形がある．前者のあくまで近代教育の枠組みにおいて宗教教育を行う方はアリア・マドラサとよばれ，後者の宗教重視の無認可マドラサは，コウミ・マドラサとよばれている．西アフリカのセネガルでは，前者をフランコ・アラブ学校，後者をダーラとよぶ．

　教育開発を進めるとき，多くの国で，これらを公教育に包摂するか，あるいは無認可状態のまま併存させていくかで，ときに国民的論争となる場合がある．補助金や教員給与などが支給されるため，認可されたマドラサとなる経済的メリットは大きいものの，宗教教育機関としての独自性は減じられ，長い期間をかけて無認可側が開拓してきた，充実した宗教教育，そして宗教関係の職業市場や，無認可マドラサ教員としての就職先を失ってしまうことになりかねない．　　［日下部達哉］

📖 **参考文献**
[1] 日下部達哉『バングラデシュ農村の初等教育制度受容』東信堂，2007

教育開発と情報通信技術

educational development and ICT

　1990年代以降，インターネットの普及に伴い，コミュニケーションの形態は多様化し，開発分野においても情報通信技術（ICT）の果たす役割が議論されるようになった．国連開発計画は『人間開発報告書2001―新技術と人間開発』で，ICTが貧困削減に貢献することを指摘し，人間開発のための施策に取り入れるべきだと提言した．UNESCOは，比較的早い時期から北京宣言（2001）で，「万人のための教育（EFA）」を促進するための要素としてICTをあげ，教育へのアクセス拡大および教育の質の向上に向けて，ICTの適切な活用を通じた教師の研修，遠隔教育教材の開発など，教育におけるICT活用の重要性を提言してきた．

●**開発分野におけるICTの導入**　九州・沖縄G8サミット（2000）では，ICTは「21世紀を形づくる最強の力のひとつである」と明記した「グローバルな情報社会に関する沖縄憲章（IT憲章）」が採択され，G8および開発途上国政府，民間企業団体，国際機関から構成されるデジタル・オポチュニティ作業部会が設立された．同作業部会は翌年のジェノバ・サミットで採択された途上国のICT利用支援や人材育成をODA計画に取り入れる内容を含んだ「ジェノバ行動計画」を提案した．2005年の「国連世界情報社会サミット」では，貧困削減や世界平和にICTをどう活用するかが議論され，「チュニス・サミット文書」が採択された．

　2006年には「情報通信技術と開発のための世界同盟（GAID）」が発足し，『開発のためのICT教育白書』（Gutterman 2009）は，ミレニアム開発目標（MDGs）に規定された初等教育の普遍化とジェンダー平等の推進に果たすICTの役割の重要性に言及し，社会的弱者への教育機会の提供の可能性をあげている．2015年に国連総会で採択された「持続可能な開発目標（SDGs）」「質の高い教育をすべての人に」を掲げる目標4では，途上国の人材育成のために，高等教育におけるICTを含めた科学技術分野での教育機会の拡大が重要項目としてあげられている．また，持続可能な開発に向けたグローバル・パートナーシップを掲げる目標17は，ICTを含めた科学技術の活用における国家間の協働を提案している．今後SDGsを実現するためにも多様なICTの導入は，ますます重要になると考えられる．

●**教育とICT**　ICTの定義とは「情報共有・交換のための形態で，ラジオ，テレビ，DVD，電話，衛星システム，ハードウェア，ソフトウェアに加え，ビデオ会議システムや電子メールなどの関連機材やサービスも含まれる」とされる．ここでは，ICTが識字力向上に効果的とされる5項目を整理する（UNESCO 2006）．

　① **学習心の向上**：ICTには，視聴覚教材を活用し学習者の興味を引き出すことで，学習を継続する環境を生みだすという強みがある．コンピューターやスマー

トフォンなどを使用した学習は，即時のフィードバックを可能にし，個々のペースに合わせた自己学習を可能とすることも利点とされる．

② **識字教育へのアクセスの拡大**：国や地域によっては，文化社会的，地理的または政治的要因により教育の機会が制限されているケースは少なくない．多様なICTを活用したプログラムはそれらの要因を打破する手法として活用されている．

図1 モンゴルの地方小学校におけるICTを活用した授業

③ **現地主導型教材開発**：ICTは現地に適応した学習コンテンツ開発ツールとして注目される．教育現場で開発された教材を，それぞれの教育環境で効果的に応用することも可能である．また，古いコンテンツを改良することでより質の高い教材開発にもつながり，CD-ROM化することで，低い費用で配布することもできる．

④ **教員育成**：テレビ，ビデオ，CDを使用した研修教材は好事例を共有するには最適であり，コンピューター・プログラムはより多くの知識を提供できる研究教材として効果をもたらす．近年では，教員用の研修ポータルを通じた教材の共有も盛んに行われている．

⑤ **識字教育支援の環境づくり**：識字教育の重要性を伝えるには，日常生活においての普及活動が重要である．テレビ，ラジオ，インターネットなどを通じた情報発信に加え，ショート・メッセージ・システム（SMS）の技術を活用した情報提供の環境づくりは成人のための識字教育活動にも利用されている．

UNESCO中期戦略（2014-21）（UNESCO 2014）では，目標1において「質の高い教育の提供のための教員研修の重要性およびICTを活用した教育の機会の促進」について言及している．さらに，目標9において「情報技術による質の高い教育機会（教師と生徒を含む）と多様な情報へのアクセスの提供の重要性」を明記しており，教員研修教材の開発および情報共有を促進するための教員研修ウェブポータルを含めたプラットフォームの開発・活用を奨励している．また，UNESCOアジア太平洋地域教育戦略（2014-21年）は，効果的なICTの活用を人々の意識と行動パターンを変える重要な手段として位置付けており，社会開発分野における多様なICT手法の開発，導入を促進している． ［山口しのぶ］

低学費私立学校

low-fee private schools

　低学費私立学校とは，開発途上国の都市部や地方にみられる学校で，政府ではなく民間により所有・運営され，主に低所得層を対象に低額な学費を徴収することで成り立っている学校を指す．学費が低額であることから，一般的に高額な学費を徴収する認可私立学校とは区別される．国によっては政府が認可しておらず，無認可学校の枠組みで扱われている．そのような無認可学校に通う児童は，政府の統計に反映されることがなく，これまでその実態が十分把握されてこなかった．しかし，研究が進むにつれ，実際多くの児童が在籍していることや，国を越えて類似した傾向がみられることが明らかになっている．

●**低学費私立学校台頭の背景と議論**　低学費私立学校は，2000年前後から研究者の間でしばしば取り上げられてきたが，学校自体はそれ以前から存在している．国により学校区分や学校形態が異なることから，その定義は必ずしも明確ではないが，英語論文では「低学費私立学校，無認可学校，官民パートナーシップ」などのテーマで扱われている．このような学校が台頭してきた背景には，1990年以降開発途上国の教育分野で国際的潮流となった「万人のための教育（EFA）」との関係がある．多くの開発途上国では，基礎教育課程を普及させるため初等教育を無償義務化してきた．公立小学校が無償化されると，それまで不就学であった低所得層の子どもも就学するようになり，公立小学校に対する需要は一気に高まった．一方，急激な就学者数の増加は学校施設・教室・教材・教員の不足を招き，教育の質が低下したと指摘されている．また，無償化されたとはいえ給食費・PTA会費・定期試験料などの経費徴収は続き，その上制服着用も義務付けられるなど，保護者による経済的負担は必ずしも軽減されていない．このような背景から，次第に低学費私立学校に対する需要は増加した[1]．

　低学費私立学校に関してはさまざまな議論があるが，前述したEFA達成との関連で主に3つの異なる主張が繰り広げられている．1つめは，このような学校を擁護する立場で，EFA達成には政府だけでなく民間セクターも重要な役割を果たすことができるとする立場である．2つめは，一時的には容認の立場で，就学者数が急増し教育の質が低下したとされる公立学校の現状から，低学費私立学校の需要が高くなることは理解できるとしながらも，長期的には公立学校における教育の質を向上させることが重要であるとする立場である．3つめは，否定的な立場で，低学費私立学校が普及している一方，未だ不就学児童は多く，その大半は最貧困層の子どもであることから，このような学校の役割には限界があるとする立場である．

●**低学費私立学校の実態**　低学費私立学校については，主に初等教育において議論されてきたが，実際には国により就学前教育から中等教育に及んでいる．その設立や運営には個人（経営者・教員など），地域住民，宗教団体，NGO などがかかわっている．その特徴としては単に学費が安いだけではなく，公立学校と比較して小規模学級であること，早期に英語教育（国によってはフランス語）が導入されていること，多くの学校で給食が提供されていること，公立学校を凌ぐ成績が認められることなどがあげられる．また，通学距離が近いこと，教員が地域住民であること，奨学金制度を設けていること，各家庭の事情を考慮した柔軟な対応がなされていることも保護者が支持する要因になっている．さらに，無認可であってもカリキュラムは認可学校に倣い，小学校修了時には国家試験の受験資格が得られ，合格した暁には正規中等学校への進学を認めている国もある．このような特徴が高い需要と結びついている．

　低学費私立学校が低額の学費で運営できる背景には，教員の給与の安さや校舎の簡易さがあげられる．教員の中には無資格教員も少なくない．無資格でも学校側が採用する背景として，教員不足の問題だけでなく，無資格教員は有資格教員に比べ給与が低額で済むことがあげられる．学校側としては，有資格教員を採用するより人件費を安く抑えられるのである．一方，このような学校で教える動機は，教職が好きで経験が積めること，地域に貢献できること，僅かでも収入が得られることなどさまざまである．校舎に関しては，建設資材の経費を安く済ませるため，壁や屋根はトタン板で床がなく地面がむき出し状態の学校も多い（図1）．

図1　ケニアの首都ナイロビのマザレ地区にある低学費私立学校

　低学費私立学校に関しては，前述したようにその役割に関して賛否の議論がなされている．対象となる学校や多様なアクターとのかかわりについては国ごとに異なることが多く，今後の研究によりいっそうの解明が必要とされる[2]．したがって，一括りに扱うことなく各国のコンテクストを踏まえた丁寧な議論が必要である．　　　　　　　　　　　　　　　　　　　　　　　　　　　　　　　　　　　［大場麻代］

📖 **参考文献**

[1] Tooley, J. and Dixon, P. *Private Education is Good for the Poor: A Study of Private Schools Serving the Poor in Low-Income Countries*, Cato Institute, 2005
[2] Srivastava, P. ed. *Low-Fee Private Schooling: Aggravating Equity or Mitigating Disadvantage?*, Symposium Books, 2013

開発とスポーツ

development and sport

「開発とスポーツ」は日本においては歴史が浅い分野であるが,実際の開発現場において「スポーツ」は古くから活用されてきた.1990年代後半になり現場で行われていたスポーツを用いた開発実践が注目されはじめ,SDP(sport for development and peace:開発と平和のためのスポーツ)やIDS(international development through sport:スポーツを通じた国際開発)などと称されるようになった.スポーツは教育,保健,コミュニティ開発などの複数の分野で活用され,手段であったり目的であったりし,余暇活動の一部ともみなされることから,開発との関係や実質的な活動の成果が示されにくい分野である.

●国際社会と日本におけるSDP　長年にわたって,スポーツ実践は基本的人権のひとつとみなされてきたが,スポーツの組織化,高度化,グローバル化が進めば進むほど,スポーツの場から周縁化,排除,隔絶される人々が増加していった.その中で開発分野におけるスポーツは,既存のスポーツ科学におけるスポーツの定義のすべてを包摂するような広い概念でとらえられている.2008年にSDPの国際ワーキング・グループは,スポーツを「遊び,レクリエーション,組織化されたスポーツまたは競技スポーツ,先住民のスポーツやゲームなど,心身の健康や社会交流に貢献するあらゆる形態の身体活動」と定義づけた.すなわち,当該社会において合意を得た身体活動のすべてがスポーツとみなされる.

2000年代に入りSDPは一種のムーヴメントとなり,国際ワーキング・グループやタスクフォースが立ち上げられ,関連するNGOも急増した.国連はスポーツを担当する事務総長特別顧問のポストを設けたほか,UNOSDP(United Nations Office on Sport for Development and Peace:国連平和と開発のためのスポーツ・オフィス)を設置した.2013年には,毎年4月6日を「開発と平和のためのスポーツ国際デー」とする国連決議がなされ,以来,この日の前後には世界各国でSDP関連のイベントが開催されている.SDGsの「2030アジェンダ」には,スポーツが持続可能な開発における重要な鍵のひとつであると明記された.

わが国におけるSDPは,他の援助国のように開発協力としての政策的裏付けをもつものではなかったが,国際協力機構(JICA),国際交流基金,日本体育協会,日本オリンピック委員会(JOC)などが類似の活動を行っていた.2020年の東京オリンピック・パラリンピック招致の際に,特に青年海外協力隊事業のこれまでの成果が強調され,SFT(Sport For Tomorrow:スポーツ・フォー・トゥモロー)の実施が宣言された.SFTは,2020年までに100か国,1000万人以上の人々にスポーツの楽しみを届けることを目標としており,開発途上国に対する

「戦略的二国間スポーツ国際貢献事業」もその一部である．本事業では，開発途上国で行われるスポーツにかかわるイベントを支援するほか，いくつかの国においては，学校体育のカリキュラム策定などへの協力が計画されている．

● **SDP からみえる世界**　開発とスポーツは新しい分野であり，その位置付けや課題など議論されていない部分が多い．一方で既存の開発の矛盾や問題点を浮き彫りにすることもしばしばあり，存在のあいまいさゆえの可能性を秘めている．例えば，余暇活動に位置付けられるスポーツは，開発途上国が有する他の課題と比較すると，「遊び」「楽しみ」「不真面目」といった印象が強く，援助での優先順位が下がる傾向にある．一方で，「成果を求めて」「競争的に」「真面目に」行うスポーツは，競争の原理を「ルールに従う」という正当性のもとに押し付ける側面をもち，極論をいえば「新たな植民地化」へと人々を誘導していく．競争の是非はともかく，SDP の流行がコミュニティや国家の力を示すことにつながり，弱者の中から強者を選別する仕組みとなり得る危険性に留意が必要である．ほかにもスポーツ移民，ドーピング，政治的緊張，ギャンブル依存などのスポーツの副作用が想定される．一方でこれらの課題を開発の文脈でとらえることは，SDP のみならず開発全体の未来を考える際にも示唆的である．

　開発現場における影響力のためにスポーツの効果的な活用方法については意見が分かれている．他方で開発現場とスポーツとの関係についてはいくつかの興味深い論点がある．第 1 に，SDP が開発現場での実践を政策に反映させた "From Practice to Policy" という考え方を出発点としていることである．人々の日常生活のリアリティに応じた開発を推進する中で，草の根からの動きとして，スポーツは開発に溶け込んできたのである．第 2 に，スポーツ，特に SDP の中心を占めるサッカーは，世界中のかなり多くの人々が，即座に似通ったイメージをもつことができる珍しい媒体である．今やサッカーは，情報が行きわたらない地にも自然に伝播していった国際的（かつある程度共通の）文化である．第 3 に，SDP の実践は，多くの開発現場において「援助−被援助」の関係性を越える可能性を有している．SDP の現場では，参加者と運営者，コーチと選手，勝者と敗者のように世界共通の一時的ではあるが平等な関係性に目を向けざるを得ないからである．

　私たちが世界共通の課題を緩和，克服しようとするとき，開発現場の生活文脈に沿った議論が必要であることはいうまでもない．スポーツを媒介して行われる議論は，直接的でなくても本質的な開発の議論，すなわち「人の幸福とは何か」を追求せざるを得ない特質を有している．　　　　　　　　　　　　　［岡田千あき］

📖 参考文献
[1] Young, K. and Okada, C. *Sport, Social Development and Peace: Research in the Sociology of Sport*, Vol.Ⅷ (8), Emerald, 2014
[2] 齊藤一彦他編著『スポーツと国際協力―スポーツに秘められた豊かな可能性』大修館書店，2015

教員養成・教員訓練

teacher education and teacher training

　教員養成・教員訓練は，広義には教員の自己研鑽を含む養成・採用・研修等にわたる教師の力量形成全般をさす．フォーマルな養成や研修だけでなく，日常的な同僚間の教え合いや学び合い，学校内外でのさまざまな経験もその一環としてとらえられる．一方，狭義の教員養成・教員訓練は，教員になるために必要な知識や技能を教授し，教員としての資格・条件を備えた人を育てることをさす．主に大学などの教員養成機関で実施される「教職課程内での教員養成」と，教員として勤務開始後に実施する「現職教員研修」に分けられる．ここでは，国際的な教員養成の動向について，その概念と養成の中身を踏まえつつ，現在，開発途上国で求められている教員養成について確認する．

●**教員訓練から教師教育へ**　教育養成の概念は「教職観」とも深く関係する．「教員訓練」という概念には，国が決定したカリキュラム内容を正確に，かつ効率的に伝達する技術的熟達者（technical expert）を訓練して養成するという意味合いが強い．一方，「教師教育」は，学び続ける反省的実践家（reflective practitioner）の育成ととらえられることが多い．国際的にも，1980年代から90年代にかけ，教員養成課程内での教員養成を「Pre-service teacher training」，現職教員研修を「In-service training of teachers」とよぶことが一般的であったが，2000年代以降は training の代わりに education が用いられることが増えた．また，近年では，教師の主体的な学びや研究を主眼におく「Professional development of teachers（教師の専門職能の成長）」という表現も，広く用いられている．

　教師の専門職能は多岐にわたり，「科目に関する専門的知識」だけでなく，「多様な学習者に応じた教育方略」，「コミュニケーションと協働能力」，「学校経営能力」などがあげられる．L.ショーマンは，教師に必要な知識を精選し明確にする作業よりも，生徒の学習過程の中から得られた教師特有の知識をより広く共有していくことが重要だと述べている[1]．グローバル化が進展した現在，ネットで即座に検索できるレベルの知識の多寡は重要性が相対的に低下した側面もある．教員は「何を知っているか」ではなく，教育の支援者として「何をするべきか」がより求められるようになっている．将来的にも，社会や技術の

図1　マラウイ，ドマシ教員養成大学での現職教員研修の様子（撮影：小林勇貴）

変動は激しさを増す中，教員は継続的に専門性を伸ばし，動機付けを維持することがいっそう求められる．つまり，教員養成課程において，完成した教員を輩出することよりも，生涯にわたり「学び続ける教員」を養成することが，より必要になっている．

●**学び続ける教員を育てるために**　現在，世界的に「教職課程内での教員養成」，学校を中心とした「新任研修」，「職能開発研修」の3点について連続性をもたせたうえで包括的にデザインする重要性が指摘されている．しかし，多くの途上国では初等教育の就学者が急増した影響もあり，慢性的な教員不足に陥っている．特に，東南部アフリカ諸国では，短期間で大量の教員を養成するため，教員養成課程の簡素化，養成期間の短縮化，研修のみでの教員資格の付与などにより，低コストで一定数の教員を確保しようと試みられてきた．

　しかし，教員養成課程内での教員養成の営みは，単に教員の輩出だけを目的としたものではなく，養成課程の教員と学生，または学生同士の学び合いと議論を通じて，当該社会における教育文化を醸成していく機能を果たすことが期待されている．また，E. ドッティンは，教員養成において重要な要素の1つは，教員の「気質（disposition）」を育成することであると述べている．そして気質とは，直接的に育成されるものではなく，学習者を取り巻く環境（文化的要素）によって，態度，価値観，信念とともに形成されていくものであり，外的要因が内部移行しながら，育成され発達されると指摘している[2]．

　このように，教員養成とは，単に教員を輩出することを目的とするのではなく，当該社会の教育文化や教職観を形成していく，重要な教育的営為である．それにもかかわらず，現在の途上国の教員養成では，拙速で簡素化された教員養成政策が国際機関，先進国主導で導入されている実態がある．短期的には教員数対生徒数の割合を下げ，教育の質向上に寄与すると考えられているが，長期的には，教員の離職率の上昇，社会的価値の低下，ひいては，当該国の教育文化の醸成を阻害するといえよう．

　長期的な視座に立ち，教育の質の持続的向上に寄与することのできる教員養成が，今，改めて求められている．国際標準や潮流にとらわれ過ぎると，マニュアル化され，項目化された「コンピテンシー」や「教員評価」により，かえって教師の自主性の伸長を阻害し，教員のモチベーションを低下させるおそれがある．教師が学習者一人ひとりの個性や学び方に配慮しながら，自律的に教育実践を試行できる「省察する専門家」を輩出する教員養成が必要とされている．　［川口　純］

📖 **参考文献**

[1] 興津妙子・川口　純編『途上国の教員政策と国際協力』明石書店，2018（未刊行）

[2] Dottin, E. S. "Professional Judgment and Dispositions in Teacher Education" *Teaching and Teacher Education*, 25, pp.83-88, 2009

数学教育・科学教育

mathematics and science education

「数学教育」「科学教育」という語は，学校における教科の名称を表している．国際協力の文脈では，両者を合わせた「理数科教育」という語がしばしば使用される．その用語は，国際協力の対象である開発途上国において，産業振興・経済開発の基盤を形成するという意味で重要な教科の集まりを示している．それに対して，日本では，数学教育と科学教育はあくまでも異なる教科であり，2002年に導入された総合的な学習でも，この2つを合わせた取組みは多くない．

しかし歴史を振り返ると，異なった様相がみえてくる．第2次世界大戦の戦時下では「理数科」という教科名が，産業振興や国威発揚という目的で用いられた．しかし終戦後にそれらは再び分けられた．つまり1947年に出された学習指導要領試案では理科編や社会科編を中心に据えた生活上の問題解決学習が重視され，国語科編，算数科・数学科編は，その知識を得るための基礎的能力・知識の習得という点で，用具的・基礎的な教科と位置付けられた．時代は下って，21世紀に入り再び状況が変化しつつある．さまざまな情報が数量に変換，表現され，情報通信技術（ICT）によって処理される高度情報化社会の到来である．そこでは，数学と科学に，技術，工学も融合したSTEM教育（科学，技術，工学，数学の英語名の頭文字を取っている）の重要性がアメリカを中心に発信されている．このように数学教育・科学教育は，学問としての数学や科学を背景に有するとともに，社会的動向を受け，科目名や目的が変化してきたことに留意したい．

●**途上国における数学教育・科学教育**　現在の途上国では，上記の3つの文脈（産業経済の基盤形成，基礎力と応用力の涵養，高度情報化社会への対応）が同時に成り立っているところに特徴がある．1990年に設定された「万人のための教育（EFA）」の実現に向けた世界的協働によって，教育の量的側面（就学率）は大幅に改善した．しかし教育の質的側面（教育内容）の改善は十分でなく，上記の文脈へ対応するべく，教育改革を行っているところである．そのためには学習状況の把握が不可欠で，国内の学力調査や国際比較調査（例：TIMSS，SACMEQ）が実施されている．途上国では，多くの場合，国際平均より低い正答率，すなわち教育の質が低いことを示しており，ここではその原因について検討する．

初めに，教授言語の問題である．途上国には旧宗主国の言語を現在もなお用いるところもあり，そこにおいて子どもたちは数学や科学を学習する前に，言語の習得が求められる．両者の同時習得が学習の困難さを引き起こしている．また教授言語が学校内外で同じ国であっても，生活的概念から科学的概念への移行（例：丸から円へ）において配慮が十分になされていない場合が多い．

第2に，カリキュラムおよび学力調査の問題である．カリキュラムは学ぶ目的，内容，方法などを示している．多くの途上国では，先進国で1960年代に行われた数学教育・科学教育の現代化の影響を受け，統計や集合などの内容を取り入れた．その後，学力の低下がみられたとして，基礎を重視したカリキュラムに移行した．しかしそれ以降，約40年間のカリキュラム改定に注目するとき，子どもの実態把握を目的とした調査研究は十分に実施されておらず，それを踏まえたカリキュラム改定には程遠い状況である．

　第3に，教師教育である．途上国ではこれまで計画的な教員養成に取り組んできたにもかかわらず，教員には社会的に要請が高い理系出身者が少ない．加えて近年では教員の質的向上も課題となっている．子どもの理解に合わせた教育を行う以前に，教科内容の理解が不十分な教員もいる．これらのことは，彼らの資格，給与，現職教育などとも関連し，本格的な解決はこれからである．

　以上の課題は，数学教育・科学教育の政策，カリキュラム，教師教育に関係する．その開発支援の代表的事例として，1970年代の国連教育科学文化機関（UNESCO）によるカリキュラム開発専門家の派遣，1990年代以降の国際協力機構による現職教員研修プロジェクトを取り上げる．前者は上述の現代化の時期に，先進国から専門家を派遣した．しかし教育内容の現代化のみで，十分な改善が得られなかった．また後者ではケニアを中心にアフリカ諸国において教員の質的向上を目的に，理数科教育分野のプロジェクト（SMASSE）が1998年から2007年まで実施された．それ以前は先進国主導の散発的な研修のみであったが，このプロジェクトでは現在も続く教員研修を導入，制度化した．それらに加え，青年海外協力隊事業では，アフリカ諸国に理数科教師隊員を多数派遣してきた．その活動を通して，途上国との人的交流や国際貢献を果たしてきたことは評価できる．

●**今後の課題：深化・発展を目指して**　各国の数学教育・科学教育を改善していくうえで，社会動向分析から教育政策を定めたり，子どもの学習実態調査や新しい理論（例：構成主義，民族数学）からカリキュラム開発につなげたり，教職の専門職化をはかったりするうえで，研究の視点は不可欠である．ところが，途上国の研究所，大学の多くでは，研究がいまだ十分に実施されず，その成果が蓄積されていない．他方で，途上国の次世代研究者の多くが，海外の大学で学位取得のため研究を行っている．数学教育・科学教育の本質的な改善には，彼らが成長し，自国の教育改善に主体的に関与することが必要であろう．そのためにも，単に新しい動向を知ることや学位を取得することに止まらず，21世紀という時代と自国のおかれている状況を批判的にみる必要がある．留学経験や国際学会への参加は，そのような相対的とらえ方をはぐくむうえで絶好の機会となるだろう．

[馬場卓也]

技術教育・職業訓練

technical and vocational education and training

1990 年に「万人のための教育（EFA）」目標が合意されて以来，国際教育開発のグローバルな議論の中心は，基礎教育（初等および前期中等教育）へのアクセスの拡大にあった．しかし，基礎教育の量的拡大がある程度成果をみた 2000 年代の後半以降，国際社会の教育開発に関する議論も多様化してきている．基礎教育のさらなる質・量の拡充も重要とされる一方で，近年は，雇用可能技術の形成に関心が高まってきている[1].

●**国際的議論における技術教育・職業訓練**　基礎教育普遍化政策は，学習達成度の向上，雇用拡大，貧困削減にも明示的な効果はもたらさなかった．安定した仕事を得たり，生活を向上させたりするにも，知識・技能があることが前提であるが，それは，教科書を丸覚えしたら得られるものでは必ずしもない．実際に使える知識・技能を身に着けて，仕事を得るために「学校から仕事への移行（school to work transition）」が重要だ，といわれだしたのも 2000 年代の半ばからである．

特に，職業技術教育訓練（TVET）の分野は，旧来から，実習施設や機材が高額で，多様な専門性の教員が必要なため，その教育課程を維持するための行政的コストが高い割に，卒業後に，訓練された技術分野で就業する者の割合が必ずしも高くなかったり，普通科の教育課程を経て就業する者より所得向上の度合いが低いといった問題が指摘されていた．そのことから，投資の割にリターンが少ない（費用対効果が低い）とみなされることも少なくなかった．その原因として，公的な TVET 機関の教育が，変化の早い労働市場の人材・技術需要に応えられていないこと，また，それが TVET 卒業生への社会的信頼の低下につながり，ますます雇用の鈍りや労働市場とのかい離につながっていることが指摘されている．こうした状況を受け，産業界の需要に合った人材育成をすることを目的に，多くの開発途上国では，TVET の抜本的な制度改革を進めている．

●**職業人材育成のための制度枠組み**　そのための処方箋として，国際的に広く喧伝されるのは，第 1 に，狭義の TVET だけでなく，ノンフォーマル教育や企業内研修，徒弟制度といった多様な教育・訓練の場を視野に入れ，技能習得の場に縛られず，身に付ける能力に重点をおいて訓練のあり方を考え直すことである．さらに，中・高等レベルの技術者の養成に偏りがちだった従来と違い，実際に多くの労働者が属するインフォーマル・セクターや小規模事業所などの低所得者の貧困削減に資する，より広い内容を含めた技能形成に焦点を当てようとしている．

第 2 は，さまざまな形での民間セクターとの連携が提唱されるようになったことである．政府は，職業人材育成への直接関与を極力減らし，人材を雇用する産

業界，人材を育成する教育界，関連する複数の省庁を調整し，企業が労働者を訓練に参加させる場合の補助金や TVET 機関が産業界の需要に応えて新しい教育プログラムを開発するための奨励金を出すなどして，技能形成を活発化する触媒機能を重視する．同時に，人材訓練市場に民間の教育・訓練機関を積極的に参入させ，競争的市場を形成することで訓練の質を高め，政府のコスト負担を軽減させようという考えである[2]．

　こうした趣旨に照らし，職業人材育成の調整機関を設置すること，産業界の意見を取り入れ，「現場で使える」ということを基準に，従来の教える側の視点に立ったカリキュラムを抜本的に修正し，学習者の資格認定枠組みや TVET 教育機関の認可基準もそれに準じて変更することなどが，多くの国で推奨された．こうしたアプローチを，仕事の場で「使える」能力を育成するという意味で，コンピテンシー・ベースト・トレーニング（CBT）と総称するが，この CBT は，オーストラリア，ドイツ，スイスなどの二国間援助や，世界銀行，国際労働機関（ILO）などの多国間援助事業を通じて，多くの開発途上国で導入されてきている．この改革は，既存の TVET 教育の評価方法，教員養成，教授法など，教授学習過程にかかるあらゆる変更を伴うことから，多くの国で混乱も生じている．例えば，アフリカでは，南アフリカが最も先行して，民主化プロセス開始後の 1992 年から CBT に移行したが，国家資格枠組み（NQF）が数百の職業分野にわたり，それぞれに対してカリキュラムや認定基準が設定されるなど，いまだに混乱から脱していない．

　また，南アフリカの後を追うようにして，他のサハラ以南アフリカ諸国が改革を導入し，関係機関を調整する組織や，企業や教育機関への補助金をまかなうための技能形成基金などが設置されている．こうした改革の一環として，多くの国で，TVET 教育機関では，「現場で使える」技能形成のために，学内での理論の座学と実習だけでなく，学校周辺や生徒の出身地の工場などで，長期実習を行うことが，資格認定の要件となった．この長期実習には，工場や企業と TVET 機関の連携が不可欠であるが，企業と TVET の信頼関係が形成されていなかったり，付加的な負担を企業側が嫌ったりするため，機能しにくいという報告は少なくない．現在，多くの国では，連携の枠組みの形成に重点が置かれているが，こうした仕組みが機能するためには，まず，実際に雇用側が求めている技能を把握することが大前提である．柔軟な制度を目指して，別の硬直的な制度をつくることにならないよう，改革の本旨に沿った対応が必要であろう．　　　　　　［山田肖子］

📖 参考文献

[1] UNESCO *Youth and Skills: Global Monitoring Report 2012*, UNESCO, 2012

[2] 山田肖子「第 2 章 途上国の産業スキルディベロプメントへの国際協力―歴史と現在の方向」
岡田亜弥他編著『産業スキルディベロプメント―グローバル化と途上国の人材育成』日本評論社，p.45, 2008

乳幼児のケアと教育

early childhood care and education

　乳幼児期に人は著しい成長を遂げる．そのため，この時期の養育環境は子ども
の生存や発達を大きく左右し，その影響は生涯にわたることもある．しかし良質
な乳幼児のケアと教育の普及が，開発途上国の国家開発や国際社会の開発課題の
ひとつに認識されるようになったのは 1990 年代半ば以降である．なぜだろうか.

●開発課題としての乳幼児のケアと教育　その背景には複数の要因がある．最初
に，乳幼児のケアと教育への投資効果は，他の教育段階に比べて最も高いことの
証左が近年得られるようになった．例えば，J. ヘックマンはアメリカの貧困地域
における複数の縦断的研究結果から，乳幼児のケアと教育への投資が個人と社会
の双方に高い収益をもたらすことを明らかにした．乳幼児のケアと教育のプログ
ラムへ参加した者は不参加者に比べ，学業成績や学歴，所得が向上しただけでな
く，社会福祉サービスの利用率や非行・犯罪の発生が減少するなどの持続的効果
が顕在化した．乳幼児期に認知的発達だけでなく，自制心や集中力，自尊心や社
会的適応といった社会情緒的発達も促進されたことが，その後の人生に大きな影
響を与えたのである.

　次に，こうした実証データから，貧困削減や格差是正といった開発課題の達成
に対する乳幼児のケアと教育の効果も自明となった．特に，貧困層の子どもほど
得られる効果は高いことが立証され，公正な社会の実現という政策課題との関連
性も認識されるようになった.

　さらに，1990 年以降，国際社会が取り組んできた初等教育の普遍化との関連性
がある．初等教育の調整後純就学率は途上国平均で約 90％にまで上昇したが
(2014 年)[2]，残り 10％は貧困層や少数民族の子どもなど教育的により恵まれない
状況にあり，課題達成は容易ではない．就学前のケアと教育は学校環境における
学習の素地（専門的には就学レディネスとよばれる）の形成を促し，就学後の留年
や中退の抑制効果もあることから，こうした子どもへの普及が急務となっている.

　最後に，子どもや女性の権利保障という観点からの必然性もある．世界のほぼ
すべての国が締約した「児童の権利に関する条約」(1989 年) には子どもの生存や
発達，保護や参加の権利などがうたわれ，教育を受ける権利は出生とともに始ま
るとされる．また，乳幼児のケアと教育の提供は，子育て中の母親の就労を可能
にし，子育てに有益な知識や技術の提供といった支援にもつながる.

●乳幼児のケアと教育の多面性　乳幼児のケアと教育を指す用語は多様で，その
解釈も一定ではない．ケアは養護と同義で，幼い子どもの生命の保持や情緒の安
定をはかる活動を指す．一般的に，出生から小学校就学までの教育を幼児教育と

よび，3歳（時には4，5歳）からの小学校就学準備に重点をおく教育を就学前教育という．保育という用語は，本来，乳幼児のケアと教育の双方を含む広い概念であるが，福祉としてのケアに重点をおくと解釈されることもある．また，国際協力では Early Childhood Development（ECD）の用語を用いることが多い．ECD は乳幼児期の発達の多面性に注目している．その支援の特徴は，分野横断的で総合的な支援を重視する点，妊産婦や保護者を対象に含めたり，ノンフォーマルやインフォーマルな方法の支援を行ったりする点，さらに出生から8歳までを対象とし，場合によっては小学校低学年も加える点にある．ただし，機関によって支援の対象や方法が異なることもある．

●**開発途上国の現状と課題**　途上国における乳幼児のケアと教育の現状は厳しい．途上国に蔓延する貧困や栄養不良といった問題は乳幼児の健全な発達を妨げ，発育不良やその後の学業不振などを誘発している．実際，途上国の5歳未満児の4人に1人が重度か中度の発育不良にある[2]．さらに，発達促進のために適切な刺激を与える家庭の養育環境にも乏しい．大人から子どもへの働きかけの頻度，児童書の有無や冊数は低所得国や貧困層で少なくなる傾向がある．

前述の開発課題に照らしても，最も恵まれない状況の幼い子どもから優先的に就学前のケアと教育を普及させる必要がある．しかしながら，就学前教育の総就学率は途上国平均で39％と低く（2014年），そこには所得階層間や地域間の顕著な格差が存在する[2]．そのため，農村部や貧困地域では国際機関や非政府組織（NGO）などの支援を受け，コミュニティが地域の人的・物的資源を活用して施設を開園し，管理運営する手法がある（図1）．また，コミュニティの保護者がグループをつくって乳幼児のケアと教育のあり方を学び合い，家庭での実践を促す手法も用いられる．

図1　カンボジア農村部のコミュニティ・プレスクール

教育内容や方法は多様であるが，多くの途上国では認知的発達を重視し，科目別に編成された教育課程を教師主導で進める傾向がある．しかし，乳幼児期の発達特性に照らせば，子どもの自発的活動である遊びを中心に，身体的，社会情緒的，認知的な発達の促進に総合的に働きかけることが効果的とされる．近年では乳幼児のケアと教育を通した社会情緒的発達の促進に世界的関心が高まっているが，この分野における途上国での研究蓄積の乏しさも課題のひとつとなっている．　　　［三輪千明］

📖 **参考文献**
[1] 浜野　隆・三輪千明『発展途上国の保育と国際協力』東信堂，2012
[2] UNESCO, *Global Education Monitoring Report 2016*, UNESCO Publishing, 2016

高等教育

higher education

　高等教育は，中世ヨーロッパの教員や学生の自治組織に起源を求めることの多い大学のほか，中等教育後の多様な専門職・職業教育機関を含む幅広い概念である．第3段階教育（tertiary education），中等後教育（postsecondary education）ともよばれる．「世界人権宣言」（1948年）第26条においては，「高等教育は，能力に応じ，すべての者にひとしく開放されていなければならない」と規定されている．

●**高等教育の開発における役割**　高等教育は，近現代国家・社会の建設，発展には不可欠と考えられ，教育（人材開発），研究（知識の創出）のほか，社会と直接関わる形でさまざまな知識・技術の創出や移転を進める社会貢献の役割を果たす存在である．日本でも1877年に東京大学，その後次々と官立・私立の大学・専門学校が設立された．これらの大学や高等教育機関は，法学，医学，文学，理学といった中世以来の学問にとどまらず，工学，農学，経済学，経営学など，国家・社会の建設，発展に必要なさまざまな専門人材の育成を担い，同時に科学技術，社会の思想や制度の形成など，さまざまな知的社会貢献を行ってきた．第2次世界大戦後，アジア・アフリカを中心に多くの独立国家が誕生したが，そこでも国家運営を担うリーダーや官僚の養成のため，高等教育の充実が必要となった．1968年に設立され，南太平洋の12か国が運営に参加する南太平洋大学（The University of South Pacific）のように，地域連合として，自らの大学や高等教育機関をもつ事例もある．植民地においては，一般的に植民地経営に必要なレベルの人材を除いては，高等教育の発達が抑制されることが多かった．また，新規に独立した国の多くは十分な資源をもたず，高等教育段階の教員・研究者としてふさわしい教育・訓練を受けた人材も絶対的に不足していることから，国際的な協力・支援が不可欠だったのである．

　日本もまた，二国間援助，国連やコロンボ・プランなどの国際機関の活動への参加を通じて，多くの開発途上国の大学や高等教育機関の建設，教員の能力開発などに大きな役割を果たしてきた．代表的な協力事例としては，さまざまなプロジェクトを通じた長期にわたる協力によって国の有数の大学へと育ったキングモンクット工科大学ラカバン校（タイ）ジョモケニヤッタ農工大学（ケニア）などがあげられる．他方，国家建設・運営に必要な人材が一巡してしまえば，高等教育は他の教育段階に比較して費用が高く享受できる人数も限られ，投資効果を表す社会的収益率でも基礎教育の方がずっと高くなる．このため，1980年代以降の構造調整期には高等教育の開発への貢献には疑問符が付され，多様な主体による

費用分担（コストシェアリング）を推進すべきとの考え方のもと，アジア・中南米の新興諸国を中心に私立・民間による高等教育の発達がうながされた．

●**高等教育をめぐる国際対話の必要性**　途上国において高等教育への国際援助や公共投資が停滞する中で，高等教育の学生数は途上国・新興国を中心に拡大を続け，その投資不足や質の低さが現実的な開発課題として浮上した．同時に，21世紀に入り知識基盤社会・経済の到来が世界的に影響を及ぼし始め，ワールドクラスの大学をもち，知識創出への参加を行うことが国の開発に決定的な意味をもつとの考え方が示され，急速に普及・発展した国際大学ランキングをめぐる競争に多くの新興国もまきこまれるようになった．また，英語圏を中心に，先進国の間で自国学生への高等教育費の公的負担を維持する観点から，国際援助などでの奨学生以外の留学生に対して全額の教育費負担を求める動きが広がった．さらに，1980年代以降，採算・収益の確保を前提として自国の外での教育を展開する動き（トランスナショナル教育）が広がり，サービス貿易の一部としてこれをとらえたり，国際的な質保証を担保すべきだとの議論が広がった．以上のような状況の変化は，単純に先進国が援助として途上国の高等教育の開発を支援するという図式ではなく，むしろ途上国・新興国の方が量的には世界の高等教育の多数派であるという前提のもとで世界やリージョンに開かれた対話と協力を行っていくことの重要性が高まったことを意味する．世界銀行は，2002年に報告書『知識社会の建設—高等教育の新しい挑戦』を刊行，国連教育科学文化機関（UNESCO）は1998年と2009年に南北対話を意識した世界高等教育会議を開き，2015年に定められた「持続可能な開発目標（SDGs）」4.3においても，大学を含めた高等教育への平等なアクセスが目標として盛り込まれた．

●**多様な主体と活動への参加の意義**　国際協力・連携の主体もさまざまである．日本は2018年現在，国家間のプロジェクトとしてエジプト日本科学技術大学やマレーシア日本国際工科院を設立，支援している．同時に，ASEANトップ大学のネットワークASEAN University Network（AUN）と連携して工学系大学教員の養成や工学系地域学術ネットワークへの日本の大学の参加・協力を進め，また，科学技術分野の研究・イノベーションを地域として進める汎アフリカ大学プロジェクトにもホスト大学の一つであるケニアのジョモケニヤッタ農工大学を支援する形でかかわっている．高等教育の質保証や国家資格枠組み（NQF）における国際連携も盛んであり，さらに，高等教育のリーダー養成や国際化，教員の教授能力の向上などの分野の専門家や専門機関の役割が増している．　　　　［米澤彰純］

📖 **参考文献**
［1］国際協力機構『開発課題に対する効果的アプローチ—高等教育』2004
［2］米澤彰純・梅宮直樹「グローバル・ガバナンスと高等教育開発」『国際開発研究』25（1・2）
　　国際協力機構国際協力総合研修所，pp.81-88, 2016

ノンフォーマル教育

nonformal education

　開発途上国を中心に世界には非識字者7.6億人と不就学の児童生徒1.2億人がいる．日常生活において口頭によるコミュニケーションは可能だが，文書によるやり取りや少し込み入った計算が困難な人たちである．公的な学校制度以外の場での教育はノンフォーマル教育とよばれ，そうした人たちへの学習機会を保障する役割を果たし得る．ただし，学習機会は途上国だけの課題とはいえない．「教育」というと学校を思い出しがちだが，実際には学校以外で学んだことが人生に役に立つことも多い．また，社会参加する際に必要な各種リテラシーを身に着け，またそれを更新し続けることが求められる現在，多様な学習機会が重要となるのである．

●**ノンフォーマル教育の背景**　ノンフォーマル教育とは，正規の学校教育の枠外で，教育する意図を伴って，ある程度組織的に行われる教育活動を指す．いつでも，どこでも，誰でも，多様な方法で学習を可能とする生涯学習の概念と重複しており最近はノンフォーマル教育という用語は使われることが少なくなってきた．だが，国際機関の文書では今も扱われ，途上国はじめ諸外国では政府内に担当部局があり，非政府組織（NGO）による教育現場などで多くの実践が存在する．近年は，日本国内ではオルタナティブ教育，フリースクールとしても注目されている．なお，インフォーマル学習は経験の結果として知識や技能を習得する偶発的な学習を指し，その行為には教育意図がみられない点で，ノンフォーマル教育とは異なる．

　ノンフォーマル教育に関する議論は，P. H. クームスが1968年の『現代教育への挑戦』において示したのを端緒として世界的に広がり，そのピークは1980年代にあった．一方で，先進国では不平等を拡大する近代学校教育制度の代替として，途上国においては学校教育制度の不備を補完するものとして，ノンフォーマル教育の重要性が認識されていたからである．学校運営や教員研修の非効率さ，または資源配分の脆弱さが問題視されていたのである．他方で，欧州生まれの近代教育制度を根本的に批判する，脱学校論や被抑圧者の教育学などが活発な議論をよんだ．ここでは，国民教育というものが「国民」や「国民文化」を定義し，その範疇に入らない者を落伍者として必ず一定数生み出し，また彼らを序列の下位に位置付ける機能をもつという問題が浮き彫りにされた．そのため，文脈に即した多様な形態をもつ徒弟制や家庭教師，民衆教育などによって，不平等の解消を目指す別様の教育が求められた．これらの議論をふまえ，ノンフォーマル教育の概念によって，教育が制度化された学校教育の範囲に収まるとは限らないこと，教育とは

状況やニーズによって柔軟につくっていけるものであることが示されたのである.

1990年代以降の国際協力・教育開発の分野においては,教育アクセスを重視してきた「万人のための教育（EFA）」による目標達成が最優先課題となり,時として教育とは学校への通学を意味した.また,途上国のノンフォーマル教育の現場では,一人の教員が前に立ち,数多くの学習者は教育を受ける側にいるといった学校を模したものが多い.本来,学習者の実利的ニーズに応えるようデザインされた,NGOやコミュニティが主催する識字教室や職業訓練であっても,時に修了証を受け取ることで,より上位の学校へ進学することを保障すること（イクイバレンシー・プログラムとよばれる）が目標とされることが少なくない.

●**ノンフォーマル教育の現在**　今日のノンフォーマル教育は,教育と他のセクターとの連携をより可能とする.保健衛生,環境,ジェンダー,人権,平和などをノンフォーマル教育は下支えし,社会の変化に迅速に対応できない学校教育の代わりに最新技術を導入した教育・学習活動や,紛争や災害時における柔軟な教育保障なども含む.2015年に国際合意された「持続可能な開発目標（SDGs）」は,途上国および先進国の両者がともに持続可能な社会の構築を目指すことを示し,多様な学習のひとつとしてノンフォーマル教育を含めているのである.

ノンフォーマル教育の実践例に,コミュニティ学習センター（CLC）による活動がある.CLCは,1998年にUNESCO・バンコク事務所が若者と成人のための基礎識字と生涯学習の機会を提供するために始められた.日本の公民館と同様のものとされることが多いが,設置者や機能は国よって多様である.タイ,バングラデシュ,カンボジア,パキスタン,ベトナムなどのアジア諸国ではCLC活動が盛んにみられるほか,旧ソ連圏や欧州の一部と同様,ノンフォーマル教育を扱う政府部門がある.

欧州諸国やラテンアメリカでみられる民衆教育は,宗教的運動や民衆運動から始まり,民主主義や市民の役割についての学習を促す.例えば,市民が講師になり公共施設を使って希望者の要望に応えるコース化されたドイツのフォルクスホッホシューレや,入試や単位認定試験もない寄宿制学校であるデンマークのフォルケホイスコーレがある.

日本など東アジアの生徒の高学力は学校以外の教育機会に起因するという指摘もあるが,近年増加する学習塾の研究以外に,家庭環境や隠れたカリキュラムなどの影響についても,ノンフォーマル教育からとらえ直すことが可能である.人口減少社会である日本の場合,フリースクール,学童保育・活動,日本語教室,老年学などもノンフォーマル教育と関連する内容となる.　　　　　［丸山英樹］

📖 **参考文献**
[1] 丸山英樹・太田美幸編『ノンフォーマル教育の可能性』新評論, 2013
[2] 国際開発学会編『国際協力用語集』第4版, 国際開発ジャーナル社, 2014

教育開発と国際協力

educational development and international cooperation

　国際協力で用いられる教育開発という用語は，開発における教育分野を指し，開発途上国の教育の拡大や質の改善を目的とする活動としてよばれている．ここでは，日本の教育協力に焦点をあて，これまでの変遷を振り返り，今後の展望をみていく．

　1960年代，多くの植民地が独立を果たし，教育が社会の近代化のために不可欠だという認識が生まれ，人的資本論の台頭により，旧宗主国を中心とした先進国からの教育援助が開始された．国連教育科学文化機関（UNESCO）は，1960年代に，アジア，アフリカ，ラテンアメリカで教育開発に関する地域国際会議を開催し，1980年までに初等教育の完全普及（ラテンアメリカは70年まで）を決議した．こうしたなか，日本の教育協力は，人づくり協力とよばれ，国費留学生，高等教育・職業訓練分野が中心に実施された．一方，基礎教育分野は，学校現場への青年海外協力隊の派遣，文部省（当時）によるユネスコなどを通じた途上国の初中等教育・識字教育への協力などに限られていた．

●**基礎教育協力の萌芽期（1990年代～2000年代前期）**　1990年に，「万人のための教育（EFA）」の達成が国際目標として掲げられ，国際協力機構（JICA）は「開発と教育」分野別援助研究会（1992年）を設置し，1994年に，日本の教育援助の基本方針設定のための提言を行い，基礎教育を重視すべきとの提言は，日本の教育協力の方向性に影響を与えた．1994年に，JICAは基礎教育で初めての技術協力プロジェクトをフィリピン・理数科教育分野で開始し，その後の基礎教育協力の拡大につながった．国内の教育機関の支援体制面では，文部省（当時）が，国際教育協力に関する懇談会（1995, 2000, 2001年）を組織し，例えば，教育協力の推進のためのネットワークの拠点的機能を果たすことを目的として，広島大学（1997年），筑波大学（2002年）に，教育開発国際協力研究センターが設置され，また，2001年に，現職教員の青年海外協力隊への参加促進のため，特別参加制度が創設された．2002年には，日本の教育開発分野の非政府組織（NGO）のネットワーク組織である「教育協力NGOネットワーク（JNNE）」が設立された．こうしたなか，日本政府は，2000年のダカール行動枠組み，ミレニアム開発目標（MDGs）を踏まえ，2002年に，カナナスキス・サミットにおいて教育分野に特化した初めての援助政策である「成長のための基礎教育イニシアティブ（BEGIN）」を発表し，基礎教育を重視した教育協力への決意表明を国際社会に対して行った．

●**包括的支援期（2000年代中期～2010年代中期）**　2000年代は，知識基盤社会やグローバル化の急速な進展のもとで，高等教育の役割が新たに見直された時期でもある．工学教育支援，産業人材育成支援，科学技術分野の共同研究，留学生事

6. 教 育

図1 平和と成長のための学びの戦略（出典：外務省，2015）

業など，高等教育分野の協力が拡大した．一方で，世界各国では紛争や災害が多発し，紛争・災害影響地域の子どもや人々の教育の課題が深刻化していった．こうしたなか，2010年に，日本政府は，「日本の教育協力政策2011-2015」を発表し，①包括的な学習環境の改善，②職業訓練拠点の整備と高等教育ネットワークの構築，③紛争や災害の影響を受けた国に対する教育支援，を重視していくことを表明した．本政策は，BEGINの後継政策となるが，初めて教育セクター全体を視野に入れ包括的支援に取り組んでいくことを示した点に特徴がある．

● 「学び合い」協働期（2015年以降） 日本政府は，2015年の「国連持続可能な開発サミット」に合わせ，教育協力の新戦略として，「平和と成長のための学びの戦略」を発表した（図1）．教育の質確保を「学びの改善」としてとらえ，質の高い教育を実現するために「学び合い」に取り組んでいくとしており，「学び」に焦点をあてて，国際協力を推進していく点に特徴がある．また，教育協力のあり方として，これまでの「援助」という「垂直的」なものから，より「水平的」な「協働」に移行してきており，アクターが多様化するなか，多面的・重層的アプローチが必要としている．こうした動きの中で，2016年に，文部科学省によって，オールジャパンで取り組む「日本型教育の海外展開官民協働プラットフォーム」（EDU-Portニッポン）が立ち上げられ，教育協力のアクターは民間企業を含めて多様化し，新たな広がりをみせつつある．このように，教育協力は，先進国，途上国を超えてともに学び合う協働へと移行しつつある． ［石原伸一］

参考文献
[1] 萱島信子「政府系機関による教育協力」小松太郎編『途上国世界の教育と開発―公正な世界を求めて』上智大学出版，2016

教育開発の国際新枠組み

new international framework of education development

国際社会は，これまで四半世紀にわたって「万人のための教育（EFA）」を旗印とする枠組みを中心に開発途上国の教育開発を推し進めてきた．それが2015年，EFAを継承する新たな枠組み「教育2030」アジェンダが採択され，同年国連で採択された「持続可能な開発目標（SDGs）」のひとつとして組み込まれた．教育2030はその対象を教育全般に，またすべての年齢層に広げ，すべての国々が取り組むべき課題を設定している．

●**2015年以前** EFA世界宣言が，1990年にタイのジョムティエンで開催された教育世界会議で採択されて以来，EFAは教育開発に関する国際的な運動を方向付けるものとして長らくその中心的役割を果たしてきた．初等教育の普遍化を2000年までに達成させることをはじめ，万人の基礎的な学習ニーズを満たすことを目指した．この考え方は節目の2000年に再確認され，6つの目標群をもつ「ダカール行動枠組み」に引き継がれ，2015年を新たな達成年として設定した．

この年，国連は，貧困の削減を目指すミレニアム開発目標（MDGs）を採択し，その中には初等教育の普遍化と男女格差の解消が盛り込まれた．途上国の教育開発は，ダカール行動枠組みとMDGsの教育目標という異なる2つの国際的枠組みによって方向付けられてきた．

この間，世界で最も初等教育の普及が遅れていたサハラ以南アフリカにおいても純就学率は59％（1999年）から80％（2014年）へと大幅に改善し，同就学率における男女格差も改善した（ユネスコ統計局）．その一方で，学校に通わない子どもたちは依然として6100万人にのぼり，そのほとんどが，貧困，障害，紛争，言語など多重的な困難を抱えている．また，初等教育を修了しても読み書きなど基本的な学習成果が得られていない児童が特に途上国には多く，教育の質の面における課題も山積している．

●**ポスト2015年教育枠組みの策定** EFAからダカール行動枠組みへの流れを汲む国際的な教育枠組みは，「教育2030」アジェンダに引き継がれている．これは，2015年5月に開催された世界教育フォーラムにおいて採択されたインチョン宣言と，同年11月にUNESCO総会のハイレベル会合で採択された行動枠組みとから成り，2030年までの目標達成を目指している．「教育2030」は同時に，SDGsの第4目標（SDG4）に符号するという側面をもつ．ダカール行動枠組みとMDGs教育目標の不一致による混乱を再燃させることを防ごうとする教育側からの働きかけにより，両者の内容は完全に一致したものとして，それぞれ採択されている．

SDG4＝教育2030は，「すべての人に包摂的で公正な質の高い教育を確保し，

生涯教育の機会を促進する」ことを全体ゴールとし，そのもとに，就学前教育，初等・中等教育，技術職業教育および高等教育，雇用のためのスキル，格差解消と包摂性，リテラシー（読み書き）とニューメラシー（基本的な計算能力），持続可能な開発に必要とされる知識と技能，の分野にかかわる7つのターゲットと，3つの実施手段（教育施設，高等教育奨学金，教員）にかかわるターゲットを設定している。

　教育2030の共同発起機関には，ダカール行動枠組みの際の5機関（UNESCO，UNICEF，国連開発計画，国連人口基金，世界銀行）に加え，UNウィメン，国連難民高等弁務官事務所，そして国際労働機関が名を連ねている。

●**教育2030の特徴**　教育2030は，ダカール行動枠組みの残された課題を引き継ぎつつも，いくつかの新しさを備えている。ターゲット4.1では，無償教育の普遍化の範囲をこれまでの初等教育から中等教育（日本の高校までに相当）まで延長し，さらに，適切で効果的な学習成果を求めている。高校レベルまで含めた場合，学校に通っていない子どもの数は世界中で2億6300万人に膨れ上がる（2014年現在，ユネスコ統計局）。また，これまでの教育枠組みで明示的に触れられていなかった高等教育（ターゲット4.3）や，雇用・働きがいのある人間らしい仕事（ターゲット4.4）も対象としている。

　さらに，ターゲット4.7においては，持続可能な開発を促進するために必要な知識と技能とは何かを具体的に記している。すなわち，持続可能な開発のための教育（ESD），持続可能なライフスタイル，人権，男女の平等，平和及び非暴力の文化推進，グローバル・シチズンシップ，文化的多様性と文化の持続可能な開発への貢献の理解，これらを内容とする教育を通じてこそSDGsが達成されるとしている。SDGsが，国連憲章の理念に立脚し，その理念の実現を妨げる諸要因を除くことを求めながら，開発の意味そのものを問い直していることを，このターゲットは示している。あわせて，教育がSDGs全体の達成にとって必須の役割を果たすことを表明している。教育は，SDGs全体の多方面からの期待に答えるという重責を負っていることになる。各方面との連携も従来以上に求められる。

　教育2030は，革新的，普遍的で，野心的であるというSDGs全体に共通する特徴を併せもっている。教育2030の目標は，これまでの強力な取組みにもかかわらず達成できていない残された難題を私たちに突きつけているのみならず，教育の成果として，知識と技能の修得，さらには行動様式の変容など非認知の領域にも及ぶ高いハードルを課している。目標を達成するためには，従来の方法にとどまらない斬新な取組みと，膨大な追加的資金の確保とその効果的な活用とが不可欠となる。途上国の課題解決を先進国が支援する，といった構図を越えて，すべての国々のすべての人々が，SDG4が掲げるターゲットを自分たちの課題としてとらえて主体的にかかわることを求めている。

［吉田和浩］

7

国家・法

国家体制と法制度

state regime and legal system

　近代国家の原型は1648年，宗教戦争後のウエストファリア条約によってヨーロッパで成立した．それまでのローマ教皇の宗教的権威ではなく，世俗の王が国境の定まった領土において，国民を統治するようになった．こうしてナショナリティと統治機構が一致した国民国家が成立する．しかし，統治機構は官僚と近衛兵で構成され，王族・貴族の意向による公私混同の体制であった．

　このような恣意的権力と特権階級への反発，財政破綻を契機に，啓蒙主義による「人間は生まれながらにして権利をもつ」という自然権の考えが生まれ，市民革命によって絶対王政は崩壊した．共和制では，中産階級による市民社会が自由権を基に，「夜警国家」あるいは「小さな政府」として，国家の権限を防衛や治安維持などに制限した．そして自由経済体制が生まれたが，選挙権は一定の資産をもち，理性的・合理的判断ができるとされたブルジョアジーの男性だけにあって，労働者や農民，ましてや女性には認められなかった．資本主義経済が発展する中で，劣悪な労働条件を危惧し，「人間らしく生活をする権利」すなわち生存権を，国家が「大きな政府」として保障するようになった．結局，ヨーロッパの国家体制は，西洋列強の対立と帝国主義の犠牲となった小国のナショナリズムに起因する第1次世界大戦と，その後のファシズム台頭と第2次世界大戦で挫折した．

　このように国民国家の内容は，国家体制が絶対王政から共和制になり，人権概念も自由権と生存権に増え，普通選挙で政治参加する社会勢力も増えた．1789年の人権宣言以降，ヨーロッパ各国で国家権力のあり方と国民の権利を保障した憲法が制定され，M. ウェーバーの支配権力の正統性の理論に基づけば，伝統的支配から合法的支配に移行したといえる（☞「開発途上国の公法」）．しかし，19世紀に帝国主義の西洋列強がアジア・アフリカで植民地統治を行い，近代化をはかると，現地の社会勢力も国家体制もヨーロッパとは異なるものとなった．

●**国家体制と三権分立**　　元来，アジアにもアフリカにも社会組織があり，それは伝統的慣習に基づいた統治体制で，宗教的価値観やタブー，報復・制裁などの法的戒律があった（☞「国家法と非公式法」）．ところが，西洋列強は現地制度を直接統治で排除したり，間接統治の行政機関として利用して，資源獲得や土地収奪，現地労働力を動員した農業生産を行った．植民地統治は，現地の価値観を否定し，資本主義的合理性を人類開発の最終目標だと押し付けた．ヨーロッパで形成された人権の概念は，「未開」，「野蛮」とみなされる人種には適用されなかった．

　植民地時代に壊され，変容した現地社会を独立国家として統治するにあたり，多くの開発途上国は権威主義体制や軍事政権となった．植民地体制から派生し

た，エリートと大衆の格差や土地問題，分離独立派や民族アイデンティティの形成は，国民国家の統合を阻む要素であるため，現地エリートは強権的国家体制を選択した（☞「開発途上国における国家体制」「開発途上国の国家と社会の関係」）．大統領は一党独裁の政党の長であり，法案や政策はその政党員の国会議員が異議なく承認してしまう．憲法上，大統領が憲法裁判所長官の指名権をもち，憲法違反を指摘するような裁判官は指名されない．そして，派遣された党員の公務員が地方に労働のノルマを課し，不穏分子を諜報・監視するのが実態であった．

　このように三権分立も疑わしく，経済政策に動員するため，国民の自由や権利は侵害され，法治国家として疑わしい状態であった．これが開発独裁の典型である（☞「開発国家と開発独裁」）．J.L.リンスがラテンアメリカの権威主義体制について，官僚型・軍部支配型や独立後動員型など類型化しており，ほかの地域との比較に有効である．

●**国民国家から周縁化する人たち**　グローバル化の中で，経済活動の新自由主義化や民営化が進んだが，開発途上国ではもともと自由経済を担える民間セクターが育っておらず，特にアフリカでは失業と貧困，社会不安などが惹起された（☞「国際秩序と開発途上国」「開発途上国の国家と社会の関係」）．アフリカ諸国において，一党独裁では構造調整に対処できないと，正統性が疑問視され，暴動や反体制派弾圧，流血事件，憲法改正などを経て，複数政党制にいたった（☞「開発途上国の民主化」「グッド・ガバナンスと国際協力」）．

　冷戦終焉後，超大国からの援助も途絶え，自由な人とモノの往来は，開発途上国への融資をうながし，民間セクターの発展が見込まれたが，官民の関係は複雑化している（☞「国際秩序と開発途上国」「開発途上国の私法」「移行諸国への法の移植」）．また，グローバル化の闇の側面として，外国資本に生計の場を追われ，格差と貧困に苦しむ人々は自らのアイデンティティを再解釈して排他的で暴力的な民族中心主義に傾倒していった．そして，国境を越えた武器・麻薬の密輸や暴力集団の連携を生み，軍閥や民兵はその武器を手にテロや略奪を繰り返している．このようにガバナンスを維持できない国は，もはや国民の安全や人権を保障できない破綻国家となってしまった（☞「国際秩序と開発途上国」「破綻国家の出現」）．

　今日，人権の概念は多様で複雑になった．開発途上国では安全な飲料水や持続的発展，教育，感染症予防など，「人間の安全保障」も新たに浮上している．そして，ヨーロッパ型の国民国家が想定していなかった，民族やジェンダー，宗教勢力，移民などの多くの社会勢力が政策決定を左右している．法を犯し，汚職・腐敗で行政能力を失った国家において（☞「汚職と腐敗」「持続可能な開発に向けての国家の課題」「法と開発」），多岐にわたる人権を保障するには国境を越えた技術的・人材的協力が必要となり，国民国家は独自では成り立たなくなってきている．

［鍋島孝子］

開発途上国における国家体制

state systems in developing countries

　「開発」途上国の「開発」は第一義的に「国づくり」である．国づくりとは近代国家の基礎をつくることである．近代国家は4つの任務，すなわち，中央集権政府による軍事力の合法的独占と治安秩序，国民経済，教育と保健医療に代表される国民福祉，国民の願いを反映する民主政を実現する課題を負う．それを遂行するのがガバナンス（統治）であり，その手段は法の支配と開発行政（官僚制）および諸政治勢力の言質・調整・協調プロセスである．実際の開発の枠組みは国家がつくる．国家は政治がつくる．政治は法治ではなく人治で動く古い体質をもち，本来の諸課題との間に大きなずれを生む．それが途上国国家体制の基本である．

●**南北問題の終焉**　第2次世界大戦後の東西冷戦時代の途上国では，一方では社会主義の広範な展開があった．中国やベトナム，キューバなどが共産主義化し，ネルー首相がインド型，スカルノ大統領がインドネシア型，ナセル大統領がエジプト型の社会主義を唱え，ミャンマー，スリランカ，タンザニア，ザンビア，モザンビークなどの非共産型社会主義もさかんとなった．それらの国はいずれもナショナリズムを基礎としており，東西どちらの陣営にも組みしない非同盟諸国会議や，Group 77，資源ナショナリズムなどを展開していった．それらの国はまた，政治独立の後は経済独立ということで，国営企業を強化し，自力更生を目指した．しかし，西側先進国の多国籍企業の技術力，資本力に圧倒され，国内の物的・人的インフラの低水準もあって，社会主義路線は頓挫していった．1990年代からのグローバル化は，東西冷戦とともに南北問題の終焉のうえに展開した．

●**新家産制**　アメリカは，当初，反共軍事政権支援を中心にしていたが，途上国（南の諸国）の資本主義化を進めるために開発援助を体系化した．1961年国連の「開発の10年決議」が南北問題の始まりとなった．ただし南北問題は，途上国側の独自の動きとの接合を余儀なくされた．1964年のブラジル・クーデターを契機にアメリカが出した方向性は，軍・官僚制権威主義支援であった．それは，反共軍事政権が治安を担当し，アメリカ帰りの経済学博士がテクノクラートとして，外資導入と先進国市場への輸出志向成長路線で西側資本主義と一体化した経済成長を目指す．国内では人材育成と行政インフラの構築を目指すというものであった．それは開発独裁ともよばれ，20世紀の三大独裁（共産主義，ファシズム，途上国の権威主義）のひとつとなった．国家体制の論理は新家産制であった．

　新家産制国家は，M. ウェーバーのいう家産制（国家レベルの家父長制支配）に近代的官僚制を接ぎ木したものである．政治体制は家産制の伝統的支配体系を保持し，近代的外見をもつ官僚制は，前植民地時代の王の官僚から植民地中央集権

下の地元エリート官僚へ，さらに独立後の大統領の忠臣へという連続性を保持した．開発途上国というと経済開発のイメージが強いが，中央集権的軍事力形成と開発が相互依存関係にあった点に留意が必要である（A. ギデンズ『国民国家と暴力』）．A. P. ダントレーヴ『国家とは何か』が規定した国家の三要素，すなわち，実力（force），権力（power），権威（authority）の合体も，法による支配を意味する権力を，強制力を意味する実力と，国民が下から「妥当である」と同意し従うという権威との相互関係で理解する視点を提供している．

●**国民国家ではなく国家国民**　平等の主権国家の集合体としての国際社会の枠で独立した途上国にとって，「国民」国家は外来思想であった．途上国のほとんどは多民族国家であり，「国民」意識は部族（tribe），氏族（clan），民族（ethnicity）に埋没し，分散していた（sub-nationalism）．国民統合は国家建設（state building）の一部として創造されるものであった．多数民族がその言語を公用語とすると，進学や採用などで格差が生まれ，同化政策にもつながり，少数民族側の不公平感が高じ，民族紛争を招くことにもなる．「国民」への意識統合は，経済成長の進展，都市化，マスコミと活字の普及，大学進学，スポーツ国際試合の応援などで促進され，他方で地方自治や地方文化の尊重で民族意識との折り合いがつけられていく．

●**民主化と非自由民主政**　軍・官僚制権威主義国家が1979年のイランとニカラグアの革命で崩壊し，1980年代に，ブラジル，韓国，台湾，フィリピンなどで次々崩壊すると，アメリカは国民の支持を基盤とした民主政こそが経済を成長させると主張する開発戦略に転換し，1990年代にはそれが国際合意になった．その後，今日まで約30年の途上国国家体制を特徴付けるものは非自由民主主義（illiberal democracy）であり，新家産制の継続である．一方で，中国や中東諸国など民主政を拒否する51か国（途上国の約1/3）があるが，ドナーから開発援助の継続を得るために形ばかりの選挙民主政を導入している国が非常に多い．「粉飾国家」現象である．カンボジアやルワンダで典型的にみられるように，国民の知る権利や集会・結社の自由（野党や非政府組織（NGO）の活動の自由）を大幅に規制し，与党勝利のために政府補助金を利用し，警察や軍も動員する選挙が広く行われている．比較的自由な選挙が行われているインドやインドネシア，フィリピンなどでも，地方では，地方ボス支配，カースト的伝統，縁故の網の目，買収などが横行している．

●**ポピュリズムの堕落**　世界的な政党政治の地位低下とともに，政党指導者への権力集中現象が顕著である．「腐敗したエリートに対する民衆のための政治」を訴えるポピュリスト政治も台頭している．ポピュリズムは社会格差の激しい中南米では肯定的な用語である．それが堕落するのは，大衆の想定する単純な図式に迎合し，増幅して異論を攻撃するときである．大衆迎合は上記近代国家の四大課題促進とは無縁である．有効に機能する国家への道はなお遠い．　　　［木村宏恒］

汚職と腐敗

corruption

　汚職・腐敗はどの国でも存在し，古くから文化と歴史に根付いている．ある社会では賄賂はギフトであり，ある国では潤滑油的役割を果たすなど，それに対する考えや認識は社会や国により異なる．またその種類は下級，中級公務員による個人レベルで日銭を稼ぐために行われる行政汚職から，政府高官や政治家・企業などを通じた政治汚職で多様である．

　汚職・腐敗をめぐるスキャンダルは，連日世界各地のニュースを賑わしている．2011年の「アラブの春」にみる中東諸国や，2015年のギリシャ危機，昨今では韓国の朴槿恵大統領の罷免などの発端には国内の汚職・腐敗問題が背景にあるといえる．汚職の蔓延は特に開発途上国では深刻で，国家開発の大きな妨げとなり，政府の効率性や構造を脆弱なものとし，人間開発を損ね，貧富の格差を広げている．途上国で仕事をした日本人の多くはこう思うはずである．なぜ地方自治体ではコネ人事ばかりなのか．教育や福祉へのさらなる投資が必要な国で，なぜインフラ事業ばかり進めるのか．なぜ途上国は税収率が低いのか．不正で処罰された人間がなぜ役所で平然と働いているのか．これらの背景には汚職・腐敗が直接的・間接的に影響しているのである．

●**汚職はどの程度社会に蔓延，浸透している？**　2012年に行われた国際NGOトランスペアレンシー・インターナショナル（TI）による汚職認識度調査では，公共セクターにおける汚職・腐敗問題は調査対象国のほとんどである183か国（実に世界の9割以上の国々）において深刻であるとし，潘基文前国連事務総長なども「汚職は民主主義と法の支配を衰えさせ，人権を無視し，政府に対する市民の信頼をなくす」と問題視している．2010年のミレニアム開発目標（MDGs）レビュー・サミットでは，目標達成の主たる阻害要因としている．2017年の汚職認識度調査（TI）では，180か国中，ニュージーランド，デンマーク，フィンランドが汚職認識度が低いトップ3（日本は20位），そしてソマリア，南スーダン，シリアを高いワースト3に位置付けた．汚職・腐敗と1人あたりの所得や人間開発とのレベルの間には一定の相関関係がみられることを明らかにしている．

　世界平均でみれば，実に4人に1人の市民が過去1年間に公務員に何らかの形で賄賂を支払っているのである．その支払い先としては警察官が最も多く，裁判官，許認可業務を担う職員，医療や教育への従事者と続いている．市民は，本来最も信頼をおくべき人間に対し最も賄賂を支払わざるを得ないのである．他方，贈賄側（特に企業）に目を向けると，政府事業などの契約を獲得するためには公務員への現金，贈呈品や接待を行うことがあたり前である国も多々存在する．

途上国の多くでは，物資や権利を公平に分配する制度や文化が欠落している．市民はそれを獲得するために安易に不正そして賄賂に手を染めることとなり，許認可などにおいて裁量権を有する役人は当然のごとく賄賂を要求する．市民は日常生活で何かをするには賄賂が必要となり，賄賂は生きる術とさえいえる．途上国では，汚職・腐敗は政府内の上から下まで浸透し，組織的かつ制度的な利益分配の構造となっており，途上国特有のカルチャー＝風土病でもあるといえる．我々はまずそのような現状と途上国の構造を理解することが重要であろう．

●今日の汚職・腐敗対策とは何か？　1990年代に入るとグッド・ガバナンスという新たな開発パラダイムのもと，汚職と闘う国際社会の機運は高まり，途上国政府には先進国と異なった汚職対策が不可欠であり，グローバル規模の取組みと政治的意志なしには達成不可能とのコンセンサスができた．取り組み自体も一個人を対象としたものではなく，汚職を政治的・経済的問題として取り上げ，それを発生させる構造を改善し，制度により抑制することに解決策を見出している．

多くの途上国では，贈収賄を犯罪として法律上規定しても，執行体制が脆弱なため，あまり機能していないのが現状である．先進国・途上国内双方の汚職に対する法的処罰の厳格化や協働活動実施のための世界的な規範と行動枠組が必要となる．1997年のOECDの「外国公務員贈賄防止条約」では，条約批准国の自国企業が海外で操業する際に，現地の公務員への賄賂の支払いを法律上禁止し，違反者は処罰される制度が構築された．2003年の国連腐敗撤廃条約（UNCAC）では，公務員などの汚職行為に対処するための防止措置，汚職行為の犯罪化，国際協力，政治家などが汚職や犯罪などから得た財産の回収などについて定めている．2018年7月現在，国連加盟国の9割以上が条約締結国・機関となっている．

汚職と闘うために有用な条件として，政治的コミットメントと信頼できるリーダーシップの存在，政府の汚職対策に対する国民の支持，市民社会の育成と市民教育，汚職対策法の制定と確実な執行などがあげられる．汚職の頻度は，国家の経済政策と政府機関の政策策定および説明責任との間に強い負の関係があり，それゆえ汚職対策は法の支配に則った国家を運営することが大前提となる．そして市民が中心となり汚職を許さないカルチャーを築き上げることが重要である．

MDGsでは明記されなかった汚職対策は，持続可能な開発目標（SDGs）の16目標に組み入れられた．そこでは，「腐敗や贈収賄，窃盗，租税回避によって，途上国に年間1兆2600億米ドル（約130兆円）の損害が生じている」とし，今後はSDGsを通じて新たな形のグローバルな反汚職取組みが期待されよう．　　　［小山田英治］

📖 参考文献

[1] 小山田英治「汚職対策の開発への影響」木村宏恒他編『開発政治学入門』勁草書房，2011

[2] 小山田英治「第10章 汚職対策」木村宏恒監修『開発政治学を学ぶための61冊―開発途上国のガバナンス理解のために』明石書店，2018

開発国家と開発独裁

developmental state and developmental dictatorship

　開発国家（開発主義国家ともいう），開発独裁といった概念は，20 世紀後半の開発途上国の開発の歩みの中で，特に良好なパフォーマンスで注目された東アジア諸国の経験をモデルとして生まれたものである．その背景には，開発学の歴史において常に論じられ，その論調が時代により振り子のように大きく揺れてきた「開発における国家と市場の役割」論争がある．これら諸国においては，強権的な国家主導の開発により急速な成長が実現されたのであった．

　しかし，この用語の定義・使われ方は多様で，多くの人がそれぞれの文脈で多少異った意味で使用する．さらに厄介なことには，日本語と英語の違いもあり，冒頭に英訳として掲げた用語の意味するところは，実は日本語のそれと同一ではない．以下では，こうした複雑な状況・用法を極力わかりやすく整理してみたい．

●**開発主義と開発国家，開発独裁**　　開発（主義）国家のイデオロギーは開発主義である，とされることが多い．この開発主義という言葉を世に提示した村上泰亮によると，これは，自由主義のもとで工業化を進めた欧米先進国とは違って，強いナショナリズムのもと，先進国へのキャッチアップを試みてきた後発国の産業化の理論である．私有財産制と市場経済を基本的枠組みとしつつも，産業化の達成を目標とし，その目標に役立つ限り，長期的視点から政府が市場に介入することを容認するような国家を単位とした政治経済システムであり，非民主的側面を有することが多い．しかし積極的な市場介入（産業政策）により産業化を進め，それが成功裏に進むと，格差が生まれ，その格差を是正するための分配政策が必要となる[1]．この双方をある程度まで実現したのが，「東アジアの奇跡」の国々であり，開発（主義）国家といわれるのである．

　村上は，その著書のタイトル『反古典の政治経済学』が示すとおり，20 世紀末において全盛であった新古典派の自由主義経済に対するアンチテーゼとして開発主義を提示した．しかしその後，この概念を用いて戦後東アジアにおける高度成長を理論化しようとした多くの論者たちが重視したのは，この体制の権威主義的性格であり，国民・社会を強く管理・動員しながらも，他方，経済成長を実現し，その果実を分配することによって国民の支持を得，体制の正統性を確保するという政治経済的側面であった．こうした体制を可能とする要因として指摘されるのは，多民族社会における国民形成の必要性や，東西いずれの陣営にあっても同様に体制の安定が重視された冷戦という国際環境への対応の必要性である．

　この政治的要因を特に強調した概念が開発独裁である．経済成長のためには社会的安定が不可欠として国民の政治参加の制限を正当化しようとする政治体制，

などと定義されるが，開発（主義）国家とほぼ同義とみなされることも多い．

　なお，開発国家，開発独裁ともに，典型例として取り上げられるのは韓国の朴正煕体制や台湾の党国体制であるが，インドネシアのスハルト体制など，東南アジア諸国の経験が言及されることも多い．

●デベロップメンタル・ステイト（developmental state）　これに対して，英語の世界の developmental state という概念は若干異なる理論化の道をたどってきた．その元祖としてまず言及されるべきは，C. ジョンソンの『通産省と日本の奇跡』（原著：*MITI and the Japanese Miracle*, 1982）である．これは，戦後日本の高度成長を国家の役割に着目して説明したものであり，市場を機能させるためのルールづくりに徹した欧米の規制指向国家（regulatory state）に対し，日本はより積極的に市場に介入する開発指向国家（developmental state）であるとした．この日本モデルが，やがて韓国・台湾の高度成長の説明に応用され，さらには，そこに東アジアの新興工業国・経済（NIES）とその他地域の開発パフォーマンスの違いを説明しようとした比較政治の研究成果が結びついて理論的発展を遂げたのが developmental state 論である．第 2 次世界大戦後の世界において，国家主導の開発はいわばテキストどおりのアプローチであったが，しかしその中で一部のアジア諸国のみが長期安定的な成長を実現した要因を，政策のみならず，政治・制度の観点から説明したのがこの理論である．これら諸国が，内外の状況に応じた良い政策を形成・実施することを可能とした要件として，第 1 に開発に対するリーダーの強力なコミットメントの存在，そして，第 2 に国家機構，特に官僚の能力（capacity）の高さに加え，政策形成過程が社会諸勢力からの圧力に影響されることない国家の自律性（autonomy），そして，さらにその「良い政策」の確実な実施を保証した国家機構の能力と官民協力の諸制度・メカニズムの存在（embeddedness）などが指摘されている．

　理論化の始まりがきわめて良好なパフォーマンスを説明することにあったため，ここで妥当するケースとして取り上げられるのは，韓国と台湾，そして場合によっては戦後日本を含む北東アジア諸国が中心である．

　なお，この英語の世界の developmental state という用語は，21 世紀に入り，アジア以外の国・地域に関しても，さらに開発実務の世界においても積極的に用いられるようになっている．しかし，政府が積極的に開発のイニシアティブをとる程度の意味で使用されることも多く，上述のように理論化された制度的側面が考慮されているかというと，必ずしもそれにはあたらないように思われる．

[堀金由美]

📖 参考文献
[1] 村上泰亮『反古典の政治経済学』上・下，中央公論新社，1992
[2] 東京大学社会科学研究所編『開発主義』20 世紀システム 4，東京大学出版会，1998

国際秩序と開発途上国

international order and developing countries

　一般的に開発途上国という呼称は 1980 年代頃から用いられており，それ以前には後進国などの呼称が用いられた．こうした国家は，第 2 次世界大戦後に独立を果たした旧植民地（アジア，アフリカ）とラテンアメリカ諸国を中心とした地域にみられ，先進国と比較して経済開発のレベルが低い点を主な特徴としていた．

●**冷戦構造下の開発途上国**　こうした諸国に対してはさまざまな評価が行われてきた．1960 年代以降の A. フランクや S. アミンなどによる従属論は，先進国（中心）と開発途上国（周辺）の経済的格差を中心による周辺の収奪構造として位置づけるものであった．こうした系譜の中で，I. ウォーラステインの「世界システム論」は，中心と周辺に準周辺を加えて，近代世界を資本主義的経済関係によって統合され，非対称な従属構造としてとらえる理論として注目された．また，J. ガルトゥングはこうした収奪構造を「構造的暴力」として位置付け直す形で，1970 年代における先進国と開発途上国の関係を南北問題として位置付ける国際機構の潮流の中で大きな影響力をもった．こうして開発途上国がより公正で公平な経済開発を進めるための条件などへの関心が向けられた．

　その形が整備されてきたと考えられるのが開発途上国援助に関わる国際レジームである．レジームは「行為主体の期待が収斂する原則，規範，ルール，決定手続きの集合」(S. クラズナー) を基本的には意味する．ただし，レジームにかかわる見方は多様でもある．レジームは国際協力を実現する上での枠組み（リベラリズム的とらえ方）であるとともに，それを構築した覇権的な国家の利害を反映したもの（リアリズム的とらえ方）でもあり得る．アフリカ諸国では 1970 年代末に，またラテンアメリカ諸国では 1980 年までに国家介入型の経済開発政策の失敗が顕在化し，累積債務問題が顕在化し，経済危機が深刻化した．これに対し，市場経済の優位を掲げる新古典派経済学の考え方を取り入れた取り組みの一つとして知られ，第 2 次世界大戦後の自由経済秩序を維持する目的で設立された「ブレトンウッズ機関（世界銀行と国際通貨基金：IMF）」により構造調整政策が 1980 年代にアフリカ諸国に対して実施されることになった．構造調整政策は新古典派経済学の考え方に基づく改革にかかわる厳しい政策条件を付与し，アフリカ諸国の経済危機からの脱却をはかることを試みた「援助」実施政策であった．これ以降，アフリカ諸国は構造調整政策を中心とした国際援助の枠組みとしての援助レジームに組み入れられることになった．

　冷戦下にあった 1980 年代まではブレトンウッズ機関を中心とし，西側先進国と協調して成立していた援助レジームと並行する形で，ソ連邦を中心とした東側

陣営による援助も社会主義陣営の諸国に対して行われるなど，冷戦構造を色濃く反映した国際政治の図式の中で，援助も実施された．冷戦の文脈においては，その対立が色濃く現われた地域においては，米ソの対立を利用する形で政権維持をはかることが可能な「弱い国家」（weak states）が多く存在する状況にあった．ソマリアのように社会主義国でありながらも，1978年に同じく社会主義国であったエチオピアとのオガデン戦争で敗れたことを受け，アメリカからの軍事援助を受けることでその政権を維持した国家も存在する．また，チャドのように米ソの対立の中で，独自性を主張する政策を展開していたフランスからの多額の軍事援助を得る形で，「弱い国家」を維持した事例もあるなど，旧宗主国の影響が色濃くみられた地域も存在する．

●**冷戦終焉後の変容**　冷戦終焉後は，アメリカを中心とした自由主義と民主主義を中核に据えた国際秩序の模索が行われるようになった．従来の自由主義経済改革に加え，ブレトンウッズ機関を中心として行政改革や民主化（グッド・ガバナンス）の分野へと改革の重心が移る形になったのである．こうした動向に合わせて，開発途上国への援助においても，行政と政治体制の民主化改革への支援が拡大傾向をみせるようになった．こうした中で，独自の対アフリカ援助政策を展開してきたフランスは1994年1月にそれまで45年間1フランス・フラン＝50CFAフラン（旧フランス領諸国で用いられる共通通貨）に固定されていた相場を1フランス・フラン＝100CFAフランに切り下げる決定をした．これは，IMFの要請に応じたものでフランスの援助政策もブレトンウッズ機関のもとに組み入れられる意味を有していた．

　さらに，冷戦終焉後唯一の超大国として軍事的に優位性を有したアメリカは「帝国主義」的な意識のもとで，自由主義的な国際秩序（リベラル・ピース）の維持をはかる動きをみせることになる．1991年の湾岸戦争はそのひとつの現れであった．その後，2001年9月11日に発生したアル・カーイダによる米国同時多発テロは，アメリカの援助政策にも大きな影響を与えた．援助政策は単に民主化支援や行政改革を目的とするだけではなく，「対テロ」という認識枠組の中で位置づけ直されることになったのである．一般的には「脆弱国家」（fragile states）を支援するという形で，統治能力に問題がある国家に対し人道的観点に加え，自国の安全保障を目的とした支援が行われることになった．この結果，アフリカではテロにかかわる勢力をかかえている国（ソマリア）へのアフリカ連合（AU）を通じて平和維持活動の部隊を派遣するウガンダやエチオピアなどの権威主義的な国に対しても多額の援助が提供される傾向がみられるようになった．　　　［遠藤　貢］

📖 **参考文献**
[1] 田所昌幸『国際政治経済学』名古屋大学出版会，2008
[2] 稲田十一編『開発と平和—脆弱国家支援論』有斐閣，2009

開発途上国の国家と社会の関係

state-society relations in developing countries

　数多くある開発途上国の経済・社会開発のパフォーマンスが多様となるのは何故なのか.

　この問いに対しては，歴史・気候などの初期条件の違いや，選択された政策の差異など，さまざまな説明ができるはずであるが，1990年代から国家と社会の関係を規定する政治的・制度的要因が注目されるようになった[1].　そもそも，開発は国家と社会のいずれか一方のみで達成されるものではない.　A.レフトウィッチが指摘するように，開発とは国家の権力によって意図的に資源の配分に変更を加えることによって可能になる政治的プロセスでもある.　こうして，開発は「国家がいかに社会とかかわるのか」という国家−社会関係のガバナンスのあり方に多くを左右されることになるのである.　ここでは，開発パフォーマンスを国家−社会関係から理解するため，開発国家と新家産制国家の2つに分類して説明する（☞「開発途上国における国家体制」，「開発国家と開発独裁」）.

●**開発国家と社会**　第1に，開発国家の国家−社会関係については，1990年代にA.アムズデンやR.ウェイド，L.ウェイス，P.エヴァンスが注目してきた.　これらの研究は，経済開発で顕著にパフォーマンスを示してきた東アジア諸国の「政治−社会関係と開発」に焦点をあて，開発国家論を描いた.　開発国家においては，国家が社会からの特殊個別的な利益の供与の要求に影響されることなく（autonomy：自律），国家は国家経済開発の政策立案・実施に当たって重要な財界などの経済アクターと連携（embedded：埋め込み）し，その関係は高度に制度化されていたのである[2].　例えば，韓国では，政府が労働組合のような特定社会アクターを弾圧し，低賃金と安定的労働環境を確保する一方で，財閥という特定アクターとは月例輸出促進会議において緊密に政策対話をもち，財閥に輸出ノルマ付きの政策金融を有利な条件で提供するという形で自律と埋め込みを制度化していた.

●**新家産制国家と社会**　第2に，新家産制国家の国家−社会関係は，多くの途上国でみられるものである.　大半の途上国では，開発国家は構築されず，近代的政治・行政制度の一方で官僚が指導者に個人的忠誠を誓う「新家産制国家」となってきた.　これら諸国では，植民地支配の歴史的経緯もあり，多民族社会における国民形成が進まず，国民アイデンティティも重層的なアイデンティティも希薄なまま，民族・部族・氏族・宗教を単位とするアイデンティティが強化されてきた.　1980年代以降の構造調整と民主化の後には，公共政策過程において民族単位のアクター間での競争がいっそう激化した.　民族単位の競争によって，支配エリートは，国家機構を通じて自己の支持者に富を配分するクライエンテリズムを制度化

し，政権を維持してきた．その結果，国家の経済社会開発上合理的な政策ではなく，特定民族の政権維持上合理的な利権配分を目的とする政策が決定・実施され，国家規模での経済・社会開発に失敗したのである．この特定民族に偏重した特殊個別的な利権配分は，その恩恵から排除されたそのほかの民族の不満を蓄積し，アフリカ諸国でみられたように究極的には民族紛争や分離独立運動の巨大なマグマになってゆく．

●**開発途上国の国家と社会の関係をどうすればよいのか**　本来，国家と社会アクターとの連携は，官民パートナーシップ（PPP）でも想定されるように，市民社会の各アクターが国家の役割を補完し，社会福祉・社会保障を充実させ（福祉多元主義），市場メカニズムにも参入する可能性を期待するものである．先進国で財政問題に対する新自由主義的アプローチが重視されるようになると，途上国においても，財政・開発双方に失敗してきた国家に期待するのではなく，新公共経営（NPM）により政府にも競争原理を導入し，かつ市民社会のアクターに期待すべきであるという考えが2000年代からみられるようになった．こうした考えは，市民社会のアクターが国家の役割を補完して公共サービスを行き渡らせること，極端な場合には，市民社会が国家を代替することを希求する．実際に，途上国の市民社会，特にNGOによる開発が顕著なパフォーマンスを上げた事例も存在する．グラミン・グループやBRACのような巨大NGOが公共サービスを供与するバングラデシュは最たる例であろう．しかし，一般に，途上国の市民社会組織は，政府統制ゆえ，活動のための政治空間が狭く，メディアを含む市民社会のアクターが自由な活動ができないことが多い．そもそも，金儲けのためにつくられたり，先進国の国際NGO（INGO）に依存したりと，必ずしも国家を補完する自立的なアクターとして公共サービスの十分な担い手になっているとは限らない．それは，比較的発展が進み，中間層が出現しつつある新興国の市民社会においても同様であることが確認できよう．また成功事例のバングラデシュであっても，NGOによる貢献は，国家による開発の失敗を代替するというよりは，補完する程度に留まる．

　国家と社会の関係は開発パフォーマンスに大きく影響を与える政治的・制度的要因をなす．癒着やエスノ・ポリティクス（民俗の際に基づく政治）に基づくクライエンテリズムを超え，国家と社会の関係を開発上合理的に制度化し，開発政策過程に国家と社会の両アクターが参加し，官民対話・政策調整を可能にする制度設計をする必要があろう．　　　　　　　　　　　　　　　　　　　　［近藤久洋］

📖 **参考文献**

[1] グラボウスキー, R. 他『経済発展の政治経済学―地域・制度・歴史からのアプローチ』山本一巳他訳, 日本評論社, 2008

[2] Evans, P., *Embedded Autonomy: States and Industrial Transformation*, Princeton University Press, 1995

開発途上国の民主化

democratization of developing countries

「民主化」とは，ある国の政治体制が民主的なものへと向かう過程である．1989年の冷戦終結前後より東欧の共産主義諸国で民主化が進む一方で，1980年代の中南米諸国での軍政から民政への移管を皮切りに，アジアやアフリカの開発途上国で民主化が進んでいった．このような1990年代までの世界的な民主化の進展の現象は，民主化の「第三の波」（S. ハンティントン）とよばれる．そこでの民主化の目標は，西側先進諸国で実践される，いわゆる自由民主主義体制を想定しており，経済面においては自由市場経済を柱とし，政治面においては複数政党制に基づく自由で公正な選挙で政権を選択する代表民主制を要素とする．

●**開発（援助）と民主化**　1990年代，民主化と経済開発は好ましい相関関係にあると想定されるようになった．もともと1960年代に開発理論の主流であった近代化論は，経済発展が中間層を増やして教育水準を高めることで，国民の民主化要求を強めて民主化をうながすことを想定していた．その後，途上国で軍政や独裁化が続いたことで，開発（援助）と民主化は切り離された．しかし，1980年代末以降の韓国や台湾の民主化および冷戦における西側の「勝利」によって，両者は再度結び付けられた．他方で，同時期のブラジルなど中南米諸国や東欧諸国の民主化は，エリート間の「協定」によって実現されている．それにより，G. オドンネルとP. シュミッターの研究に代表されるように，経済・社会的条件とは無関係に政治エリートたちの合意で民主化は可能という「移行理論」が民主化理論の主流となる．これらの流れが合わさり，1990年代，欧米先進国や国際機関は，開発援助に民主化や人権の尊重を政治的コンディショナリティ（政策条件）として付与するなど，途上国の政治エリートに圧力を加えて，経済だけでなく政治の自由化も求めていく．途上国側も国内外の正統性確保のために民主化を進めていった．

しかし，政治体制の形式的な民主化の後も，軍によるクーデターやその未遂など途上国で政情不安が続くと，形式的な「移行」だけではなく，民主主義体制の「定着」が課題となっていった．この定着とは，J. リンスとA. ステパンによると，主要な政治アクターの間で民主政治が「街のルール」として根付くことである．定着してはじめて民主化は達成されたことになる．この定着段階は長期的な過程であり，経済・社会的条件，特に経済発展と富の分配がカギとなる．

●**開発途上国の民主化の現状と背景**　現在，アメリカの非政府組織（NGO）フリーダムハウスによると，開発途上国を含めた世界の国・地域のうち3分の2弱が制度的には「選挙民主主義体制」となっている．しかし，民主主義が「定着」したとまでいえる途上国は多くない．同じフリーダム・ハウスの自由度指標では

欧米先進国と同様の「自由」の水準にあると位置付けられた国の割合は45％で，ここ数年は指標の数値は停滞あるいは悪化する傾向がみられる．中国や中東の王制国家など長年民主化が進まない諸国がある一方で，カンボジアのフンセン政権（1997年〜）やトルコのエルドアン政権（2000年〜）のように，行政府が突出して三権分立が脅かされるなど，民主的に選ばれた政権が権威主義化する現象が近年目立つようになった．

　このような世界的な民主化の停滞の背景には，第1に，開発途上国のおかれた環境に関連する原因がある．そもそも，多くの途上国の政府はガバナンスに問題を抱えており，行政能力の不足や汚職の蔓延から，必要な開発政策や福祉，治安維持などを実施することができない．そのため民主化後も国民の不満は高まり，民主主義への幻滅を生じさせてしまう．そもそも，民族対立などを抱えていて，民主政治の前提である「国民」としての一体感が欠如している途上国も多い．

　特に紛争を経験した途上国では，民主化において困難に直面する傾向にある．民主的な国家同士では戦争が起きる可能性が低いという考え方（民主的平和論）から，紛争後の国家では，平和構築の手段として民主化が目指される．しかし，分配できる資源が限られる開発途上国では，民主化の途上ではむしろ紛争が起きやすいとされる．資源を独占できる勝者に対する敗者側の不満を掻き立てるため，選挙が武力衝突の引き金となることがある．

　第2に，自由民主主義体制自体に内在する問題も指摘されている．経済の自由化を伴う民主化は，自由競争の拡大の中で国民間の経済格差を増大させ，国民の不満を生み，やはり民主主義への幻滅を生じさせかねない．また，欧米諸国で発達した選挙を中心とする民主主義の仕組みは，国民としてのアイデンティティや国家としての制度形成が不十分な途上国では，むしろ国民を分断させかねない．

●**開発途上国の民主化の課題**　そこで，まずは，政府のガバナンスの改善が民主化のためにも不可欠である．同時に，各国の事情に応じた段階的な民主化が望まれる．例えば，紛争後の国家では，選挙に参加した元武装勢力間で連立政権を組むといった手法がとられ得る．最後に，これまで民主政治の実践の舞台であった国民国家自体がグローバル化で変容を余儀なくされる中で，欧米で発達した選挙を中心とする民主主義以外のあり方も模索される必要がある．民主主義には多様な形態があり得る．実際，開発援助では，直接民主主義や熟議民主主義の発想に基づいて，地方分権と住民参加による自治の推進が奨励されている．それは，国家の民主化に対して補完的な役割をはたすものではあるが，住民にとってより身近な問題の効果的な解決にもつながりうる点で期待される．　　　　　　［杉浦功一］

📖 **参考文献**

[1] リンス，J.・ステパン，A.『民主化の理論―民主主義への移行と定着の課題』荒井祐介他訳，一藝社，2005

グッド・ガバナンスと国際協力

good governance and development cooperation

　開発援助においては，1990 年代から，開発や援助の効果を左右するものとして，開発途上国の「ガバナンス」が注目されるようになった．世界銀行が 1980 年代に広範囲に実施した「構造調整融資」では，「良い政策・制度」の採用を条件づけた融資がなされたが，サハラ以南アフリカ地域では期待した成果がでず，深刻な経済停滞と社会不安をもたらした．この原因が，政治指導力の欠如，非効率な行政運営，不透明な政策決定プロセス，汚職の蔓延などのガバナンスの問題におかれたことがガバナンス論の始まりである（World Bank 1992）．1990 年代後半には「有効に機能する国家」の役割が改めて再評価され，「グッド・ガバナンス」は経済発展や貧困削減を可能にする前提条件としてミレニアム開発目標（MDGs）の第 8 目標に位置付けられた．以来 20 年余の間，ガバナンス改善に向けた援助は，内容・規模ともに大きく拡大するとともに，援助の効果，内容や方法を見直す議論がなされてきた．

●**ガバナンスの概念**　開発援助のガバナンスは，「社会が方針決定や実施のためのルールを決め，管理するやり方」と理解され，家庭から村落，国，地球社会までのあらゆるレベルに当てはまる（UNDESA 2007）．「公共ガバナンス」（国家，政府，公共活動による公的資源の管理運営のプロセス），「経済ガバナンス」（民間部門による財・サービスの生産・流通に必要なプロセスや組織メカニズム）（同），「民主的ガバナンス」（包摂的で応答性のある政治プロセスや解決のための環境をつくり，持続させるプロセス）などの用語も用いられる（UNDP 2011）．世界銀行は公共ガバナンスに，国連開発計画（UNDP）は民主的ガバナンスに重きをおくが，いずれもフォーマル，インフォーマルな制度の構築・運営にかかわる．

●**グッド・ガバナンスのキーワード**　中立的用語であるガバナンスに特定の価値観を付加するキーワードは 3 つの側面から整理できる（表 1）（JICA 2004）．主要な援助ドナーの価値観や援助内容に大きな違いはみられない．2000 年代からは，紛争や経済危機などにももち堪られえるガバナンスの要素として，政策，指導者等の政治的権威が人々に受容されるかどうか（正当性）も重視される．正当性は，公共サービスの有効性や公平さ（パフォーマンス），憲法上のルールやアカウンタビリティの適切さ（プロセス）などへの認識が影響する（OECD/DAC 2008）．

●**ガバナンス改善のための援助**　援助はグッド・ガバナンスの 3 つの側面に即して展開した（表 1）．援助額は 2000 年代に増大し，ODA 全体の 1 割を超え，教育，保健分野とならぶ援助分野に成長した．また，内容面では，行政改革，民主化・市民社会支援が同分野の過半を占めてきたが，2000 年代後半より法・司法と

7. 国 家 ・ 法

表1　グッド・ガバナンスの3側面と援助の内容

グッド・ガバナンスの3つの側面	価値観のキーワード	援助の内容事例
①民主的制度	民主政，人権，公平性，自治，参加	公正な選挙，メディア，市民社会組織育成，議会支援など
② 有効な政府	効率性，ニーズへの応答性，アカウンタビリティ，透明性	行政改革，公務員制度改革，監査制度や税制を含む公共財政管理，汚職防止，住民参加による公共サービスのアカウンタビリティ改革
③ 政府・市場・市民社会の諸アクター間の調整・協力	法の支配，予測可能性，権限移譲	法・司法制度整備，地方分権化など

（出典：JICA 2004, p.29, 表1-5より作成）

公共財政管理が増え，7割を超える．対象国は4割が低所得国と多い．地域別では，2000年代からアフリカに加えて中央・南アジアへの援助が増え，合わせて5割を占める．援助規模はアメリカ，EU，ドイツにイギリスが続く（DAC database）．

●**ガバナンス指標と援助供与との関連付け**　政治的自由や選挙実施，治安や汚職状況などに関する多様な主観的・客観的指標が存在する．世界銀行研究所のWorld Governance Indicators は，既存指標を集約して，ガバナンスの長期動向を国際比較する試みである．国民の発言力と説明責任，政治的安定と暴力の不在，法の支配，政府の有効性，政府による規制の質，汚職の抑制の6側面の指標により，1996年より200近くの国・地域を網羅する．これらの国横断的データを用いた実証研究からは，制度の質（法の規制度合い，官僚の質，汚職蔓延度）と1人あたり所得や，成人識字率や乳児死亡率の改善との正の相関が見出せる．世界銀行は，政策運営を経済政策と制度の質で定義し，資金援助は健全な経済運営を行う低所得国に絞って行うべきだと結論付けた（World Bank 1998, JICA 2004）．

●**ガバナンス援助の批判的見直し**　他方，多様な要素からなるガバナンスを集合指標に一般化し，国横断的に評価することには限界がある（木村2014）．2000年代半ば以降は，ガバナンスの欠落を網羅的に指摘するよりも，現実的な対応能力を踏まえた段階的な改善策の検討が重要だとして，国別の政治経済分析が重視され始めた（Grindle 2007）．援助の方法論についても，形式的な制度や技術論的な解決策の限界から，政策の策定や実施能力の向上，市民からの改革圧力の喚起などの重要性が提起されている．世界銀行は「世界開発報告：ガバナンスと法」において，制度を実質的に機能させるには，インフォーマルな政治構造や力関係などの理解にたった次善の政策・制度の導入が必要だと提案する（World Bank 2017）．成果重視の援助マネジメントが求められるなか，柔軟かつ長期的な視野をもったガバナンス援助を進めることには大きな困難が伴う．　　　［桑島京子］

持続可能な開発に向けての国家の課題

contemporary issues for the state to realize sustainable development

　開発途上国の国家は今日，多様な課題に直面し，そのあり方が根本的に問い直されている．冷戦終結後の世界は，民主化の大きな流れに包まれ，途上国でも複数政党制による選挙の定着などの進展がみられた．しかし，とりわけアフリカ諸国における民主化は現在でもさまざまな課題を抱えている．そのような状況下にあって，21世紀の国家運営は，気候変動などの課題に対応しつつ経済成長を推進し国民の生活レベルを向上させるという新たな難題にも取り組む必要性が生じてきた．これらの諸課題を同時に解決し得る英知が今まさに試されている．

●**民主化と地方分権化の推進**　途上国において貧困問題を解決するためには，政治的自由を制限した独裁体制の方がより効率的であるとの議論が，冷戦期の東アジアの経験をめぐって展開された．実際，近代化を推進し短期間で成果をあげるためには，権限や資源を中央政府に集中させる方が望ましいとの想定のもと，1970年代以降多くの途上国で中央集権体制が採用された．しかし，このような「上から」の政策はしばしば庶民の生活実態とはあわないことも多く，その成果には疑問も多かった．そこで1980年代後半になると，地域ごとに異なる事情に配慮し，地域のことは地域での解決を目指し，権限を地方政府に移譲する地方分権化が推進された．地域の人々は身近なところでの政策決定に参加できるので，より民主的であると考えられた．さらに，1990年代以降は幅広い国民参加のもとで経済運営を行った方が経済成長の恩恵もより幅広い裾野へと広がり，貧困解決にも資するという議論が主流となってきた．そのため，野党を含む複数の政党による普通選挙の実施，選挙による平和裏の政権交代，立法・行政・司法三権分立の実質化，行政府によるさまざまな情報の公開，さらには各種の政策決定過程の透明化と国民参加の促進などの改革が実施されてきた．なかでも重要なのは，中央集権体制から地方分権の仕組みへの転換であった．情報公開と住民参加に基づく開発運営は，ローカル・ガバナンスの基礎とされた．その結果実現される「下から」の開発は，より人々の主体性を尊重する参加型開発であり，長期的にみればこの方が貧困の解決にも効果的であると考えられた．そのような住民主導型開発を実施するために，地方政府は地方開発計画を策定し，その実施には行政のみならずNGOや市民社会の代表も含めて協力するという方式が多くの途上国でとられた．国によって無論差異はあるものの，県，町，村といったさまざまな単位で開発を議論する場が組織され，それぞれに地域住民の代表が参加し，どのような活動を誰の支援を得ながら実施するのかが協議され，決定されていった．

　しかし，地方分権化の推進には，多くの困難が伴った．途上国においては，財

政面のみならず，高等教育を受けた人々が少ないなど，さまざまな面で制約がある．より大きな役割を担うことになった地方政府への各種の支援がなければ，それ以前と比べて大きな責任をまっとうすることは困難であった．さらに，大きな問題は政治的抵抗であった．公共事業などでは，工事の実施で恩恵にあずかろうとする関係者からの働きかけ，権限を手放したくない中央政府の思惑が働き，透明性の確保は難しい．地方分権化が成功した例としては，例えば1990年代のウガンダのように政治状況がそれを可能にする場合が多い．逆に，国内政治状況が必ずしも分権化を要請しないにもかかわらず，外部機関が援助の条件として分権化を提案した場合には，内実を伴わない形だけの分権化が実施される場合が多くみられる．途上国全体としてみればこちらの例の方が多いかもしれない．

●**気候変動とグリーン経済への対応**　そのような中で，今の途上国は新たな課題に直面することとなった．地球温暖化は各地で深刻化している．とりわけサハラ以南のアフリカや島嶼国では，環境劣化は第一次産業に従事することが多い貧しい人々の生活基盤を根こそぎ奪ってしまう危険性が増大すると危惧されている．

　そのため，現在求められる理想的な国家運営は，中央政府と地方政府が協力し，環境を保護しつつも，必要な資源を効率的に使い，貧しい人々の生活向上に繋がるような経済成長の実現である．このためには新しい民主主義が必要と考えられる．とりわけその影響が予見しにくいという意味において，不確実な環境問題については，現在の民主制度よりもはるかに多種多様な関係者との時間をかけた熟議を基盤としなければならない．これは，選挙以外の多様な機会での意見交換を重視する熟議民主主義である．

　そして，このような過程をへて，地域の実情を反映し，環境に優しいグリーン経済の実現が，地域住民主導のもとで進められなければならない．そして，このグリーン経済への転換においては，行政や企業さらにはNGOといった多様な関係者との協力が，中央においても地方においても不可欠となる．

　しかしながら，これらの政治・経済両面での転換は「言うは易く行うは難し」である．サハラ以南のアフリカでは，国家建設の歴史が浅く，地方分権化もいまだに形骸化しがちである．その上，地球温暖化の影響で，貧困問題の解決，住民主導型開発，そして，環境対策という異なった課題を一度に解決することを求められるようになった．環境対応はまず先進国からとしばしば考えられがちであるが，実はグリーン経済の実現とその基盤となる新たな熟議民主主義の整備が急務であるのは，気候変動にとりわけ脆弱なアフリカや島嶼国なのである．現在これら諸国の地方政府が最も頭を抱えているのが，気候変動対策を含んだ効果的な地方開発計画を立案し，実施することである．　　　　　　　　　　［斎藤文彦］

📖 **参考文献**
[1] ドライゼク，J. S.『地球の政治学—環境をめぐる諸言説』丸山正次訳，風行社，2007

国家法と非公式法

state law and informal law

　人々は国や政府の定めた成文法（国家法）だけでなく，さまざまなルールに従いながら社会で生活し，それが全体として社会の凝集性と予測可能性のシステムを形成している．その一部は慣習法や宗教法という非公式法という形をとる．非公式法は，国家法と同様に人々の社会生活を規律している．特に開発途上国ではそれが顕著である．また，非公式法に配慮しない法政策は，法の実効性を妨げ，国家法の正当性も損なうことになる．

●**社会規範─法と道徳・国家法と非公式法**　法ではない社会規範として「モラル」「マナー」などがある．しかし，法が「してよい／してはならない」の二分法で人々の行為を規制するのに対して，モラルなどは「した方がよい」といった「程度」のルールである．また，モラル違反は，明確な集団的（国家法の場合には国家権力による）制裁を伴わない．モラル違反は顰蹙（ひんしゅく）を買うにしても，事前に決まった手順や量の制裁を受けない．モラルと一致するルールだけを正当な法とみなす立場もあるが，現在の法はモラルとは異なる規制の体系である．

　しかし，モラルと区別される法にしても，その正統性（権威）と強制力（制裁）が常に国家に由来しているわけではない．例えば，慣習法や宗教法はその代表であるが，その正統性の根拠は「伝統」や「超自然的存在」であり，強制力は国家とは異なる権力に由来することが多い．この国家権力に由来しない法規範を「非公式法」とよぶ．一般的に，社会の近代化（特に人の移動の増加）と国家機構の整備により，国家法は非公式法が由来する権威を内部化し，強制力を独占していく．しかし，国家権力が十分に強くない開発途上国社会や，特定の商業コミュニティなどでは非公式法が実質的な権威と強制力を維持している（例：S. ムーアによるニューヨーク縫製業界の研究）．また，法の規制する分野によっても，国家法と非公式法のバランスは異なり，家族法（婚姻，離婚，養子，相続など）や土地（売買，入会地など）では非公式法が顕著である場合が多く，他方で刑法，経済法では国家法が独占的に規制していることが多い．

●**法多元主義と非公式法**　ある社会において，国家による権威と強制力をもつ法（国家法）とそれ以外の権威と強制力に由来する法（非公式法）が併存する状態を「法多元主義（legal pluralism）」という．法多元主義には，非公式法について，国家がその効力および強制力を認めている場合（弱い法多元主義）と，国家による承認の有無にかかわらず，非公式法が強制力を有している場合（強い法多元主義）とが考えられる．

　ここではインドネシアにおける非公式法を例にとると，現在，非公式法として

有力な法規範はイスラーム法と慣習法（アダット法）がある．イスラーム法については，インドネシア国家は，婚姻法や宗教裁判所（ムスリム同士の婚姻関係などを管轄する国家裁判所），さらに政府が主導してイスラーム法を条文化した「イスラーム法集成」を通じて国家法の体系に取り込んできている．ここでは，非公式法としてのイスラーム法を定める権威を宗教から国家が吸収する過程がみられる．

　インドネシアではアダット法とよぶ慣習法と国家法の関係は揺らいでいる．アラビア語で慣習を意味するアダットは，インドネシアではさらに広く法，習俗，合意，道徳，儀礼，呪術などの意味をもつ文化的概念である．植民地期にオランダ人研究者たちがアダットのうち法的意味をもつものをアダット法（adatrecht）とよび，それがインドネシア語化（hukum adat）した概念である．

　オランダ・ライデン大学を拠点に植民地期のアダット法学を構築したC.ファン＝フォレンホーフェンは，植民地の慣習に関する大規模なフィールド調査結果に基づき，共同体成員の土地へのアクセスと共同体成員の構成原理を中心にインドネシアを19の「アダット法圏」に分類した．その影響下で，オランダは植民地政庁が定める公式法とともに，植民地におけるアダット法の効力を承認した（Holleman 1981）．また，植民地政庁で司法行政を担当したB.テル・ハールは，アダット法に基づく共同体の長（村長など）による紛争処理の決定を公的裁判所の規範として承認した（Soepomo 1941）．

　しかし，1945年，インドネシアが独立すると非公式法であるアダット法は「現に存在する場合で，民族の統一に基づく国民および国家の利益に合致し，かつより上位の法令に反しない限りで」（土地基本法，1960年）承認されるだけの，国家法に従属するものとなった．結果として，インドネシアの開発主義体制下でアダット法は国家法に吸収された．例えば，アダット法ごとに多くの村落共同体のタイプが存在し，村長などの慣習法的な権限も多様であったが，全国で画一的な行政村として整理され，村長と村組織も国家統治の末端機関に位置付けられた．

　しかし，1998年以降の民主化で，開発主義により抑制されていた慣習法共同体が，公的な国家機構と対等な立場として存在を主張しはじめた．1999年結成の「インドネシア群島慣習法共同体連合」（AMAN）には，土地と自然資源へ慣習法上の権利をもつと主張する2304の共同体が加盟する．また，森林法（1999年制定）の合憲性をめぐるインドネシア憲法裁判所判決は，慣習法に基づく森林利用は国有林に先立って存在するとの主張を認めて，国有林の下に慣習法林が設定されるとする森林法の規定を憲法違反とした．　　　　　　　　　　　　［島田　弦］

📖 **参考文献**
[1] Lindsey, T. *Indonesia- Law and Society*, Federation Press, 2008
[2] 安田信之『東南アジア法』日本評論社，2000

法と開発

law and development

「法と開発」は①「どのような法のもとで，開発がより達成されるか」と，②「開発を実現するには，どのような法制度・法律の整備が必要か」という課題を含む．①は，各国の法と経済開発の状況を比較する．特に植民地支配を通じた開発途上国への西洋近代法の「移植」，近代法と伝統的な慣習法や宗教法の関係が議論となる．②は国際開発協力としての「法整備支援」という実践的課題と結びつく．

●**法と開発の概念の歴史** 「法と開発」は，開発パラダイムの変化と軌を一にしてきた．途上国支援として「法と開発」が始まるのは1960年代である．当時，途上国の貧困は非合理的な社会・経済制度の問題で，合理的な政策とそれを遂行する政府の能力を高める「近代化」が課題と考えられた．近代化の障害は変化に抵抗する非合理な伝統的社会とされた．近代化論に影響を与えたのは，W. ロストウの「成長段階論」である．ロストウはどの社会も「伝統的社会，離陸のための先行条件期，離陸，成熟への漸進，そして大衆消費時代」を経て近代化するとした．また，経済的変化が政治的・社会的変化を帰結するだけではなく，政治的・社会的諸力も経済的変化を帰結させると論じた．ここに法が合理性の手段として途上国の発展に寄与する可能性が生まれた．近代化論に基づく「法と開発」で合理的な法のモデルはアメリカ法とされ，1960年代の「法と開発」はアメリカ法と法学教育の移入という形をとった．

しかし，その方法論に対して，単純化された社会発展史観で，近代西洋史を唯一の発展モデルとする自民族中心主義に陥り，理想化されたアメリカ法を無批判に受け入れているとの批判が提起された．その批判は，アメリカ法の移植を「自由主義的法律主義」とよび，市場経済とは異なる経済構造をもち，政府の正統性が「法の支配」に依存しない途上国では，自由主義的法律主義は社会改革を伴わず，既得権益階級から構成される法律家へのアメリカ型法学教育は権威主義を強化するだけだと論じた．その後，アメリカ援助機関からの資金縮小や，ベトナム戦争の影響で途上国法の近代化を目指す「法と開発運動」は急速に縮小した．

1980年に入ると法の役割は，新古典派経済学とそれを政策基盤とするいわゆる「ワシントン・コンセンサス」（世界銀行（世銀），国際通貨基金，アメリカ政府が共有する政策とされた市場経済と小さな政府を標榜する政治経済学）の中に位置付けられた．そこでは，法の役割は市場機能に必要なものに限定される．したがって，契約および所有権の保護，契約履行を保証する司法制度，「市場の失敗」を是正するための諸制度，最低限の福祉政策と治安維持が法の役割となる．政策レベルでは，構造調整政策，旧ソビエト連邦・東欧諸国に対する「ショック療法」

とよばれる急速な市場経済化を条件とする経済援助として現れた.

●**新しい展開** 1990年代後半から「法と開発」の前提となる開発パラダイムは新たな段階に入る. まず, 法は単に市場経済を機能させる手段としてではなく, それ自体が目的となり, 責任ある政府, 基本的人権, 信頼できる司法, 一貫した明確な法制度（法的安定性）などが, 開発の前提となるいわば環境として重要となってくる. 新制度派経済学の D. ノースは,「制度」を社会におけるさまざまなプレーヤーの行動パターンを制約するゲームのルールとする. そして, そのような制度が経済活動を実行するための「生産費用」と「取引費用」を規定するため, 悪い制度の下では低い経済パフォーマンスにとどまるとする. 世銀は経済開発のために良いガバナンスが不可欠であり「良いガバナンスは開発のために政府の資源を有効に使用するだけでなく, また国の力（法と秩序）によって既得権益を維持するという意味ではなく, 実際に適用される抽象的な準則および準則の適用を保障する実効的な機関に基づくシステムをもつという意味での良い秩序を必要とする」(Seidman & Seidman, 99) として,「法の支配」支援が世銀の目的に合致するとの解釈を示した.

「人間開発」も重要な影響を与えた. 人間開発では従来の法整備支援が重視しなかった法のユーザーである個人に関心を向ける. 人間開発とは「人間の役割と能力を拡大することにより, 人々の選択の幅を拡大する過程」であり, マクロな経済成長だけでなく, 国内の小集団や貧困層の人間らしい生活への権利が開発目標となる.「法と開発」でも国家法中心の法整備支援に貧困層がアクセスできないとの批判が出された. 国家法制度が整備されても, 差別と弾圧, 慣習法・宗教法など非公式法の優位, 言語の問題で多くの人々は法制度から疎外されている.

そこで2000年代後半に入ると新たな「法と開発」アプローチとして「正義アクセス (access to justice)」が注目される. 国連開発計画の「貧困層の法的能力強化」委員会は2006年報告書で「継続的な貧困は公共政策と市場の失敗の結果だが, 法的な能力剥奪と法の支配からの疎外は, 脆弱性の重要な側面である」とし, 法へのアクセスは基本的人権で, その保障が貧困削減に必要とする. 特に所有権, 労働者の権利, ビジネスの権利をあげ, そのために自己証明（市民, 所有者, 労働者・事業者としての法的地位確認）と発言（情報・教育, 組織）への権利の保障が必要とする. 世銀は「貧困者への正義」プログラムで①法へのアクセス（公式, 非公式, 混合の紛争処理システムの承認）, ②公共サービスの公平性（健康, 教育, 社会的保護および公共事業などの公共財や給付の提供に関する不満への対処）, ③土地・天然資源ガバナンス（慣習的権利を含む土地・天然資源への主張や交渉プロセスの公平性と持続性）の3分野で活動を行ってきた. ［島田 弦］

📖 **参考文献**

[1] 松尾 弘『開発法学の基礎理論—良い統治のための法律学』勁草書房, 2012

開発途上国の公法

public law in developing countries

　公法とは，一般に国家機関（行政機関）がかかわる法をいい，憲法，行政法の
ほか，刑法，刑事訴訟法，民事訴訟法，国際法などを指すとされる．

●**憲法**　憲法は，各国が独立後その基本法として制定するものであるが，その規
定内容は人権保障と統治機構とに大別することができる．人権のカタログは概ね
いずれの国でも平等権，表現の自由などの自由権，さらには参政権などの主要な
ものが先進国と同様保障されていることが多い．ただし一部の国民に対して議席
の留保を認めたり，特定の宗教に優越的地位を認めたりするなど，その保障のあ
り方は歴史的背景や文化的環境に影響を受けている例が見受けられる．また，い
わゆる社会権に類似する内容のものが，政策の基本原則（国により名称は異なる）
という国の政策方針としての形で規定されている例がある．この政策の基本原則
規定は裁判により強行されない点にその特徴があり，いわゆる日本国憲法におけ
るプログラム規定説と同様なものといえよう．なお，信教の自由とかかわる政教
分離原則については国によりそのあり方は異なるうえ，元首などが特定の宗教の
信者であることを定める形で実質的に国教を定めている国がある点にも注意が必
要である．

　統治機構についてはそれぞれの国の国家体制が規定されているものであるが，
近代立憲主義の要素ともされる権力分立がおおよそいずれの国でももりこまれて
いる（社会主義国の憲法は独自の政治体制であるので，あり方が異なる）．ただ
し，立憲君主制国家をはじめ各国における元首の位置付けとその実質的役割はさ
まざまである．現代国家の多くは違憲審査制をもつが，その権限を通常裁判所が
もつ国（インド，バングラデシュなど）と憲法裁判所などの特別な裁判所がもつ
国（タイ，インドネシアなど）とに分けられる．概括的にいうと前者は英米法の
影響が強い国に多く，後者は大陸法の影響または近年の国際機関などによる憲法
制定支援の影響を受けた国に多いといえる．憲法裁判所をもつ国においては通常
裁判所との管轄権が問題になるほか，その裁判官の人事問題もしばしば政治的な
問題となる．ただし，裁判官の人事は，その任命などに政府が介入しようとする
場合がみられるなど，通常裁判所においても司法の独立との関係で問題になるこ
とがある．違憲審査制と関連して，個人の人権侵害救済にあたり令状訴訟の枠組
みを用いて行う，いわゆる公益訴訟が実施されている国もみられる（インドをは
じめとする南アジア諸国がその代表例である）．人権保障に関しては，裁判所を
通じての保障のみならず，国家人権委員会などの独立委員会がその侵害について
調査，勧告を行う国も増えている．なお，憲法の制定または改正は，国が新たに

独立したとき（例：1972年バングラデシュ憲法），国家体制が大きく変更されたとき（王制から共和制に変更された結果の2015年ネパール憲法），個別の詳細な事項について変更しなければならないとき（例：インド憲法は2016年までに101回の改正がなされたが，そのうち時限規定の延長など小規模な改正が多くを占める）などになされる．開発途上国の場合，政情不安が引き金となって政権がクーデターなど非合法的な手法により覆され，憲法の効力がいったん停止された後，新たな憲法が制定されるという事例がしばしばみられる．

●**行政法，刑法，国際法**　行政法は行政活動にかかわる各種の法令の総称であるため，特定の国における行政法のあり方については個別の事項についての法令を参照することになるが，植民地から独立した国においては植民地被統治期の行政システムが残されている場合があることから，歴史的経緯にも注意を払う必要がある．また近年では全土に適用される行政法規のほか，地方分権の流れの中での地方政府法（地方自治法）の類についても各国の状況が異なり，そのあり方は多様である．特に地域開発に直接かかわる基礎自治体については，インドの村パンチャーヤトのように伝統的な自治システムを参照して制度化している国もあり，これらの機関の組織法に着目することも農村や都市開発について考察するうえでのひとつの手段となる．

　刑法については，イギリス植民地統治期の1860年に制定されたインド刑法典をはじめとして各国で制定されている．これに規定されている犯罪や刑罰にもそれぞれの国の，法の移植を含む歴史的，社会的事情が反映されているものがあり，その一例としては2009年に違憲判決の出たインド刑法第377条のソドミー行為に対する処罰規定があげられる．なお，マレーシア刑法の第377条も類似した規定であり，植民地間で法の移植がなされたことがわかる．刑罰についてもイランなど，イスラームに基づく刑法をもつ一部の国で規定されている石打ち刑や鞭打ち刑などが目を引く例としてあげられる．

　国家間または国際的な条約などを指す国際法は，グローバル化する世界の中で多様な事柄について締結され，開発途上国の多くも批准などの手続きをとっている．条約に定められた内容を国内において適用させるために，国内法の制定や改正が必要になることがある．例えば2007年に国連障害者の権利に関する条約を批准したインドは，条約に適合的な法制度を整備するために，2016年障害者の権利法を制定している．このように，人権や環境など世界的問題に対応するための条約について，その内容をいかにして国内で実行させようとしているかという点にも注目する必要がある．　　　　　　　　　　　　　　　［浅野宜之］

📖 **参考文献**
[1] 稲 正樹他編著『アジアの憲法入門』日本評論社，2010
[2] 鮎京正訓編『アジア法ガイドブック』名古屋大学出版会，2009

開発途上国の私法

private law in developing countries

「私法において蒔かれた種が，憲法と国際法において実りをもたらす……．国家が……目的を実現するために必要とする力や士気は，私法の低みにおいて，つまり些末な生活関係において少しずつ積み重ねられてゆくしかない……．諸国民の政治的教育の本当の学校は，憲法ではなく私法である」．これは R. イェーリングが『権利のための闘争』で強調したテーゼである[1]．なぜ国家にとって私法は重要なのであろうか．

●**開発における私法の重要性**　私法は個人の生命・身体・自由・名誉・プライバシーなどの人格的利益や所有物などの財産的利益に対する権利・義務，夫婦・親子等の家族関係の権利・義務，契約などを通じて成立した債権・債務など，人々の最も身近な権利である私権を確保するための民法，商法，会社法などである．国民一人ひとりが日常生活や取引関係で私権をないがしろにしない態度を身につけている国の国民は，いざとなれば政治的権利や国際法上の地位を勇ましく防衛するであろうし，そのような国民から領土や資源を奪い取ろうと考える者はいないであろう．イェーリングが私法の重要性を強調する理由はここにある．

●**リード型の私法整備**　もっとも，私法整備の順序やペースは多様である．例えば，1986 年にドイモイ（刷新）政策を採用し，市場化に乗り出したベトナムは，1992 年改正憲法に従い，多セクター制の経済構造に転換すべく，1995 年に民法典を制定した（838 か条，1996 年施行）．しかし，これは政府の計画に従って生産と分配を行う社会主義のもとで，非社会主義セクターによる取引を規律するにとどまり，契約の自由を承認してはいなかった．その後，経済成長が続き，市場化政策が成果を生むに従い，2005 年に民法典を改正し（777 か条），契約自由の原則を初めて承認した．さらに，2015 年の改正民法典（689 か条）は，世帯や組合の法人格を否定して権利主体を個人と法人に限定し，無権利者・無権限者から事情を知らずに取得した者の保護を強化するなど，取引の安全を重視するにいたった．ちなみに，2005 年に施行された共通投資法および統一企業法が直前の 2014 年に改正，2015 年に施行された．その背景には外国投資による開発プロジェクトの増加が経済成長を牽引している事情がある．こうしたベトナムの私法整備は，政府が経済政策を実施し，経済成長を牽引すべく社会をリードするツールになっている．

●**リード・アンド・フォロー型**　一方，ラオスは，同じく 1986 年にチンタナカーン・マイ（新思考）のもとで，政府の計画による社会主義的な生産と分配の仕組みに，市場メカニズムによる自由な生産と分配の仕組みを融合した新たな経済管理メカニズムの導入を決定し，外国投資奨励管理法（1988 年），人民裁判所法

（1989 年），所有権法・契約法・契約外債務法・家族法・相続法・民事訴訟法（以上 1990 年），家族登録法・公証法（1991 年），事業法・担保取引法（1994 年），土地法（1997 年）などの個別立法を積み上げる形で私法整備を進めた．年率 5～7% の安定した経済成長が続く中，1991 年憲法を 2003 年に改正して国家経済の市場経済への移行を規定し（13 条），2003 年の人民裁判所法改正により，下級裁判所の司法行政権も最高人民裁判所に移管して司法の独立を進め，2004 年の民事訴訟法改正で，確定判決を検事総長などの異議申立てによって再審理する監督審を廃止した（ベトナムでは存続）．2012 年からは民法典起草作業が始まり，2016 年 2 月に民法典草案（615 か条）が司法省から政府に提出され，各地方での公聴会を経て，普及を伴う改訂作業が行われている．こうしたラオスの私法整備は，政府が経済成長をリードしつつ，社会の変化を観察してフォローしながら，実務に適合した私法改革を漸進させる点で，リード・アンド・フォロー型の特色をもつ．

●**ラディカルな私法改革**　これに対し，カンボジアでは，1970 年に王制廃止とクメール共和国の樹立を宣言したロン・ノル政権（アメリカが支持）を 1975 年に倒し，急進的共産主義化を進めたポル・ポト政権による民主カンプチアと，ヘン・サムリンによるカンプチア人民共和国（ベトナムが支持）との内戦，1991 年の和平協定，1993 年の新憲法公布によるカンボジア王国の成立を経て，日本などによる法整備支援のもとで 1999 年頃からようやく私法整備が始まった．2006 年に成立した民事訴訟法（2007 年施行）に続き，2007 年に成立した民法典（1305 か条，2011 年施行）は，インドシナ民法の中で最も詳細かつ国際動向も反映した先進的なもので，最もラディカルな私法改革といえる．しかし，それを解釈・適用する裁判所・裁判官の数は少なく，それを実施するための書記官・執行官の養成は始まったばかりで，法学教育における民法解釈論を構築中である．一方，1995 年の「商業規則及び商業登記に関する法律」（1999 年改正）は取引業者・貿易・通商行為などを定義し，外国企業を含む会社の義務と商業登記手続を定めた．また，2005 年に初の包括的な会社法が制定され（2015 年改正），一般・有限責任パートナーシップ，私的有限責任会社，公開有限責任会社，外国企業に適用されている．外国投資によるプロジェクト開発は活発であるが，開発用地の立退き紛争を多発させ，経済成長の恩恵を受ける国民の層は限られている．

●**私法による権利感覚の涵養**　私法は一般市民の人格権と財産権を保護し，より多くの市民が経済活動に参画し，国家の富の源泉である労働へのインセンティブを増すことにより，全市民参画（包摂的）的な発展を可能にする．それは市民の権利感覚を涵養し，私的自治を実質化することにより，往々にして法を政治化しようとする権力に対抗して，政治を法化する力の源泉となるであろう．[松尾　弘]

📖 **参考文献**

[1] イェーリング, R.『権利のための闘争』村上淳一訳，岩波文庫，pp.105-106, 1982

移行諸国への法の移植

legal transplant to transition countries

　「法の移植」は元来，西欧諸国によるローマ法継受を示唆する用語である．今日における移行諸国への「法の移植」論は，1991年のソビエト連邦崩壊により，20世紀を通じて形成された社会主義法の廃止をめざし，世界銀行や欧州復興開発銀行（EBRD）の周辺の論客が巻き起こした議論である．元来の「法の移植」論におけるローマ法継受に代わって，現代版「法の移植」論ではアメリカ法の社会主義圏への移植が称揚された．

●モデル法と法整備指標　自発的試みであったローマ法継受と異なる，現代版「法の移植」論のひとつの特色は，受容国側の抵抗にかかわらず，ドナー側が，熱心にアメリカ法の導入を働きかけた点にある．アメリカ法と一口に称しても連邦制度のもとでは全50州それぞれの法制度を有するが，主に経済界寄りに設計された新自由主義的な法制が，「法の移植」推進派の採用するところとなっている．その推進枠組みとして，世界銀行やEBRDなどの国際機関は，1990年代中盤より担保法，倒産法，コーポレート・ガバナンス，競争法などの主要な経済法制分野でいわゆる「モデル法」を打ち出し，また改革対象諸国におけるモデル法の導入度合いを格付け評価するために各種の「法整備指標」を導入した．EBRDによるLIS（Legal Indicators Survey）や，世界銀行・国際通貨基金（IMF）の推進するROSC（Report on the Standards and Codes）は，そうした「法整備指標」の代表例である．

　同じ1990年代，アジア通貨危機後に改革を進める諸国においてもモデル法の移植が推進された．同諸国に対しては救済融資コンディショナリティという強制力を伴って立法改革が促されたことに対して，ロシア・東欧・中央アジアの社会主義体制移行諸国においては，「法整備指標」による格付けの公表という間接的強制に留まり，コンディショナリティによる強制は少なくとも公然とはなされなかった．社会主義体制移行諸国についてはこのほか，世界貿易機構（WTO）への加盟交渉などの通商交渉などの場も，モデル法の推進の場となった．

●法系論　制度派経済学者を中心に現代版「法の移植」を正当化する理論形成が盛んに起こったことも，注目すべき現象であった．なかでも最も影響力を誇った議論が，La Porta, Lopez-De-Silanes, Shleifer & VishnyらいわゆるLLSVグループによる「法系論（Legal Origin）」である．英米法を継受した諸国がフランス法を継受した諸国よりも投資家保護に手厚く，よい経済的パフォーマンスにつながっていると示唆したが，学術的にあまりにも問題の多い論旨であった．特に法系のグルーピングが恣意的であり，ロシアほかの旧社会主義諸国をフランス法系

に含めた点は誤りであり，また倒産法や会社法などの投資家保護法制について，アメリカ法の影響が色濃い中南米やアジア諸国をフランス法系に含めた点も不当であった．ソ連崩壊後のロシアや累積債務諸国が経済的どん底にあった1993年時点の経済データを用いている点でも，結論誘導的である．このような学術的な脆弱性にかかわらず，LLSVの議論は著しい影響力を誇り，民法典を中核とする大陸法系の法典整備を進めようとする諸国にとって障害となった．

●**ロシアの法整備**　「法の移植」の例として，ロシアの法整備動向を取り上げる．ソ連解体直後から，世界銀行などの法整備支援が実施され，当初は1991年の競争法や証券取引法，1992年の倒産法や担保法などの足早な制定をみた．その後ロシア独自路線での揺り戻しとして，1995年の競争法，1998年の担保法，1999年の倒産法の改正などが起こった．また，1995年には民法典第一部が成立し，民商法を統一する基本法典として，会社や商事典型契約をも詳述した．この間に規制緩和主義的なアメリカ法の影響をみせる1998年有限会社法，1999年外資法などが成立したが，2000年代にかけてロシア独自の法整備は続き，1996年の民法典第二部（債務法各論），2001年の第三部（相続），2006年の第四部（知的財産権），2013年改正，2002年民事訴訟法，2002年倒産法，2006年競争法，2013年担保法などが制定された．このように，ロシア法整備は当初影響力のあった「法の移植」に対して，受入れ国の側が次第に独自路線を確立し，自由放任主義的な資本主義法の修正を模索した例であるといえる．

●**法整備支援におけるドナーの役割**　ロシアの1995年民法典の起草は，1964年ロシア民法典を基盤としつつも，オランダ・ライデン大学の支援を受けて行われた．民法・商法・消費者法を統合する包括的な基本法典としての性格は，オランダ法と類似する．ロシアでは当初，社会主義時代に計画指令制経済の制度基盤をなした「経済法」の学派が，民法と商法の分離路線を意図し，この商法領域にアメリカ・世界銀行などの投資促進・新自由主義的支援が流れ込む状況にあった．オランダによる支援の意義は，民法典を中軸として商法・消費者法をも取り込む包括的な規範を定立することにより，生活者の利益にも配慮するバランスのとれた資本主義のあり方を追求する道がありうることを，ロシアに指し示した点にあるといってもよい．

　特定のモデルの採用をうながす「法の移植」とは異なり，ロシア独自の法制度の探究をうながす支援姿勢であった．日本が1990年代半ばよりベトナム・カンボジア・ラオスなどの市場経済化諸国に対して実施した法整備支援においても，現地社会のニーズに応える法整備支援のあり方が模索された．　　　　　　［金子由芳］

破綻国家の出現

emergence of failed states

　国家の最も基本的な機能は，政治秩序（治安）を提供し，国民の安全を守ることである．1990年代半ばから，この基本的機能が不十分な，さらには完全に欠落した国家の存在がグローバルな課題として認識されるようになった．こうした国家の出現をどのように理解すればよいのだろうか．

●**国家の破綻という現象**　国家が基本的機能を果たせないといっても，その現象にはかなりのバリエーションがある．最も極端な例としては，内戦などにより国家がその機能を完全に停止する場合がある．そこでは，国家権力を握る政治エリートが国民の一部を排除し，抹殺する事例さえ観察される．人口的少数派のエスニック集団である「トゥチ」が組織的に殺戮されたルワンダのジェノサイド（1994年）はその典型例であり，1990年代には同様の事例がボスニア・ヘルツェゴビナ，ソマリア，リベリア，シエラレオネなど各地で起こった．今日でも，シリア，イエメン，南スーダン，コンゴ民主共和国などで，そうした事態が続いている．内戦による国家機能の停止は，国家の破綻現象として典型的であるものの，ソマリアのような例を除けば比較的短期間で終息する．この現象の出現を理解するためには，事態をもう少し広くとらえる必要がある．内戦にいたらないまでも，治安部門の機能不全や腐敗，また国民の一部に対する差別的措置は多くの国家で観察される．さらに，国家の基本的機能のひとつである教育や保健・衛生などの行政サービスの機能不全は，多くの開発途上国にとって深刻な課題となっている．基本的機能が完全に停止した状態は「崩壊国家」とよばれ，安全保障上の課題として認識されるが，そこまでにはいたらなくとも，「失敗国家」，「脆弱国家」といった形で，国家の機能不全が開発の課題としてとらえられることも多い．これらの現象は連続しており，明確に区別することはできないし，区別することは生産的でもない．重要なのは，なぜこうした国家が出現し，グローバルな課題となったのかである．

●**国家の破綻現象の出現**　国家の破綻が問題になるのは，国際社会を構成する主権国家でありながら，その基本的機能が果たせないからである．今日，我々が住む地球は主権国家体系によっておおわれている．そこでは，南極大陸を除くすべての地表は原則として国境線によって区切られ，いずれかの主権国家に帰属することになっている．そして，主権国家体系の中で，それぞれの主権国家は自らの領域を管理し，政治秩序を提供することが想定されている．内政不干渉原則は主権国家体系の重要なルールであり，その領域で起こった事象に当該国の承諾なくして他国や国際機関が関与することは原則としてできない．一方，ある主権国家

の領域でジェノサイドのように人道上許すべからざる犯罪が起こった場合，それを放置することには倫理上の問題がある．また，ある国で紛争が勃発すれば，難民の流出をはじめとして周辺国への影響が避けられないため，介入が要請されることがある．主権国家体系の下で，その想定から外れた介入を国際社会が行わざるを得ないところに，国家の破綻が引き起こす根本的な難しさがある．この問題は，主権国家体系の拡大と密接にかかわる．主権国家体系の起源は17世紀に成立したウェストファリア体制に求められるが，19世紀以降ラテンアメリカ，アジア，アフリカの従属地域の独立によって全世界に広がった．第2次世界大戦後になると，1960年の「植民地独立付与宣言」に典型的にみられるように植民地の早期独立を促す声が強まり，以前に比べて主権国家の地位を獲得するハードルが下がる一方で，他国への侵略や武力行使は国際法で厳しく制限されるようになった．こうした中で新たに独立した国々は，主権国家の内実をつくるという難題に直面することになる．

　そもそも近代化は伝統社会の政治秩序を動揺させ，政治的不安定を引き起こしやすい．加えて，これらの新たな主権国家群は，単に経済発展指標が低いだけでなく，植民地統治の遺制として国民統合の困難さを抱えることが多い．植民地分割の結果，それ以前の政治的共同体の単位とは無関係に国家の領域が確定されたり，植民地期の統治政策によって国民の間に深い分断がもち込まれたりしたことで，国民としての一体性を欠くことが少なくない．新たに独立した国々で政治が不安定化し，紛争が頻発するのは，歴史的経緯から国づくりに深刻な課題を抱えているからである．冷戦時代の米ソ対立の中で，超大国は自陣営に新興独立国を囲い込むためしばしば独裁者を支援した．アメリカによるザイール（現コンゴ民主共和国）のモブツやソビエト連邦によるエチオピアのメンギスツに対する支援は，その典型例といえよう．しかし，冷戦終結後，こうした支援は打ち切られ，統治が脆弱化する国が多数出現した．こうした文脈において，1990年代にはアフリカなどで深刻な紛争が頻発し，国家の破綻がグローバルな課題として立ち現れたのである．2000年代に入り，紛争の発生件数や犠牲者数は減少したが，事態は基本的に変わっていない．コンゴ民主共和国や中央アフリカのように武力紛争後に平和を確立できず，数多くの武装勢力が群雄割拠の様相を呈しているのも，マリなどサヘル諸国でイスラーム急進主義勢力が伸長しているのも，統治能力の減衰，すなわち国家の破綻現象が根底にある．今日，国家の破綻現象とそれが引き起こす諸問題は，国際安全保障上，最も深刻な課題といってよい．　　　［武内進一］

📖 参考文献
[1] 遠藤　貢『崩壊国家と国際安全保障—ソマリアにみる新たな国家像の誕生』有斐閣，2015
[2] 武内進一「国家の破綻」藤原帰一他編『平和構築・入門』有斐閣，pp.21-42, 2011

8

平　和

現代における紛争と平和構築

contemporary conflict and peacebuilding

　東西冷戦の終結以降，武力紛争は国家の間より，国境の内側で発生することが多くなっている．1990年代には国連平和維持活動が急速に増加したものの，ルワンダのジェノサイド（集団殺害）や旧ユーゴスラビア崩壊に伴う激しい戦闘において，国際社会の対応能力不足が露呈した．平和構築の議論と実践はそのような経験の中で重ねられてきたが，国境を越えるテロリズムの脅威も増大しており，平和に向けた努力は新たな状況への対応を迫られている．

●**現代の紛争**　国内紛争が多いという現代の紛争の特徴は，国家以外の紛争主体が増加していることを意味する．多くの紛争では，そうした非国家主体が民族や宗教などのアイデンティティを，戦う理由として掲げる．しかし，そのアイデンティティは政治的に形成される場合も多い．統治機能が損なわれた国家は，失敗国家，脆弱国家，崩壊国家などとよばれている．そのような国家では小型武器（SALW）が蔓延し，戦争経済で利益を得ることによって紛争を継続させようとする者も出てくる．

　国内紛争の増加はまた文民の犠牲者を増やす傾向にあり，難民や国内避難民（IDPs）の増加にもつながっている．性暴力が戦争の武器として使われることもある．さらに，暴力による直接の被害者に加えて，武力紛争に起因する飢餓や，衛生状態の悪化が引き起こす感染症による被害者の数も多い．

　当初の見込みを裏切る政治的変化も続いている．例えば2011年初頭，チュニジアから始まった反政府デモは，エジプト，ヨルダン，イエメン，リビアなど中東・北アフリカ諸国に拡大し，「アラブの春」とよばれて民主化への期待が大きく高まった．しかし，その後の展開は民主化の進行より紛争に陥ったといえる国々が多い．シリアでは反体制運動への強力な弾圧から本格的戦闘状態となり，外国がそれぞれの立場から介入をはかり，さらにイスラーム国（ISIS）など武装集団の勢力拡大によって周辺国を巻き込んだ混迷が続いている．欧州では，分離独立を別とすれば武力による国境の変更はもはや過去のものであるという従来の認識を裏切り，2014年にロシアがクリミアを併合した．アフリカに目を向けると，激しい紛争を経験したルワンダ，シエラレオネ，コートジボワールでひとまず和平の定着がみられるものの，紛争が続く国々もあり，2011年にスーダンから独立した南スーダンは，早くも内戦状態に陥っている．アジアでは2015年の総選挙を経たミャンマーで，政権移行後の民主化の進展が期待されているが，紛争の一因となってきた民族問題をどのように解決するのかまだ道筋が明らかではない．南アメリカのコロンビアでは，1960年代から反政府闘争を行ってきた左翼ゲリラ組

織コロンビア革命軍（FARC）と政府との間の和平合意が 2016 年に調印され，2017 年 3 月には別のゲリラ組織が政府との和平交渉に入っている．しかし 50 年以上に及ぶ紛争から抜け出せるかどうかは定かではない．

●**平和構築**　1992 年に当時の国連事務総長 B. ブトロス゠ガリが発表した報告書『平和への課題』は，紛争予防，平和創造，平和維持などの取組みを整理し，平和構築については紛争後の平和構築と位置付けた．しかし，その後の経験から平和構築は紛争中から開始されるという認識が広がり，2000 年のブラヒミ報告においてはその点が明らかになっている．

　国連が中心となって行われてきた平和構築は，リベラル・ピースビルディングとされる．つまり，市場経済，民主主義，人権重視という自由主義的な考え方に基づいている．国内武力紛争が増加した結果，紛争によって国家の機能が損なわれるため，平和構築は自由主義的原則を適用した国家建設の営みそのものとなる事例が増えてきた．したがって平和構築活動は，治安部門改革，司法改革，武装解除・動員解除・社会復帰（DDR），選挙の実施を含む民主化，経済復興，移行期正義など多様なものとなった．

　リベラル・ピースビルディングに対しては，新植民地主義的だとの批判もあり，市民の日々の暮らしに目を向ける必要性を唱えるポスト・リベラル・ピースビルディングの主張が強まっている．しかし，この主張はリベラル・ピースビルディングを完全に否定するものではなく，実践においても明確な線が引かれた訳ではない．国際社会が協力する，上からの制度構築と，「下からの平和」を組み合わせる，ハイブリッド型の平和構築を提唱する議論が有力になってきている．

　ポスト・リベラル・ピースビルディング学派の最近の研究は，ローカルな平和構築のエージェントを特定しようとし，また具体的な事例を収集するものが増加している．まさに「下からの平和」の視点である．国際機関，地域機構に加え，最近の平和構築の重要なアクターとして NGO や市民社会組織，宗教団体さらには企業もあげられるようになってきている．また，これまで平和構築の積極的アクターとみなされてこなかった女性や，逆に平和を妨害する潜在勢力とみなされてきた若者やディアスポラの平和構築への貢献に注目する動きもある．

　現代の紛争の影響が国境を越える以上，それに対する平和構築の努力にもまた，これまでの平和構築の概念を越える，紛争予防や平和の文化を醸成する活動を加えていく必要があるといえよう．紛争の要因となる不平等や貧困などを是正するために開発の果たすべき役割も大きい．これらの活動は長い時間をかけて成果を生んでいくと考えられることから，特に暴力的紛争の火種を抱える国や地域においては，積極的な活動の推進が求められている．　　　　　　　[片柳真理]

📖 **参考文献**

[1]　藤原帰一他編『平和構築・入門』有斐閣，2011

国際社会による平和の取組み

international efforts for peace

国連は，紛争の状況に応じて「紛争予防」，「平和創造」，「平和維持」，「平和構築」などさまざまな活動を行ってきた．図1は，それら活動を含め，紛争状況に対応した政策概念を整理した概念図である．

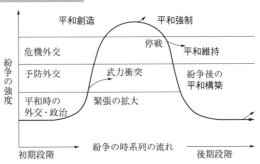

図1　紛争状況に対応した国連を中心とした政策概念図

●**平和構築と平和活動**　このうち「平和構築」という概念は，1992年6月に出された国連事務総長の報告書『平和への課題（An Agenda for Peace）』で，国連をはじめとする国際社会が果たすべき役割として言及された．平和構築という言葉の使い方には，「紛争後の平和的制度構築」をさす狭義の使い方と，「軍事的・外交的（政治的）・経済的（開発）側面のすべてにおける紛争予防と関連するすべての活動」をさす広義の使い方があるが，今日では，「平和構築」は紛争の一連のサイクルのあらゆる段階を考慮し，また政治・安全保障・復興開発のすべての側面を視野に入れている点で，後者の広義の意味に使われていると考えられる．

2000年にK.アナン国連事務総長（当時）が設置した「国連平和維持活動検討パネル報告書（いわゆるブラヒミ・レポート）」では，「効果的な平和構築には，紛争の根源に対処するための政治と開発を合わせた活動が必要だ」とし，紛争予防と平和創造，平和維持，平和構築それぞれの相互関係に着目し，それら全体を「平和活動（peace operations）」という概念で統合的にとらえた．この中で平和活動は，「平和の基礎を再生し，単なる戦争のない状態以上のものをつくり上げるための活動」と表現され，「戦闘員の市民社会への再統合，警察・司法制度の訓練などを通じた法の支配の強化，人権の尊重の監視，過去または現存する人権侵害の捜査，選挙協力や自由なメディアの支援を含む民主化支援，紛争解決・和解の促進」などの広範な活動を含むものとして位置付けられた．

●**保護する責任**　また，「脆弱国家」への国際社会の関与の必要性を重視する議論の中から，「人道的介入」論や「保護する責任」（R to P，R 2 P）論も登場してきた．「人道的介入」論とは，国際社会のどこかで「はなはだしい迫害が起きており，当該国の政府がそれを止める意志や能力がない場合，あるいは当該国の政府自らが

迫害を行っている場合，国際社会は人道的観点から介入すべき」とする議論である．他方，「保護する責任」論とは，「国家主権は人々を保護する責任をともない，国家がその責任を果たせないときは，国際社会がその責任を代わって果たさねばならない」とするものであり，内戦や国家の破綻の中で生じる人道的危機や非人道的行為を国際社会は放っておいてはいけないのだとする議論である．

　具体的には，2001年の「干渉と国家主権に関する国際委員会」の報告書で「保護する責任」が取り上げられ，2005年9月の「国連首脳会合成果文書」で，国際社会が特定の国内の人々の保護に責任を負うことへの一定の合意が表明されている．一方，「保護する責任」論が欧米を中心に広まる中で，こうした論理のもとになされる過剰な軍事関与への懸念，実践的な関与の基準の軽視などの問題も指摘されており，「保護する責任」論はいまだ国際的に定着したとまではいえない．

●冷戦後における国際社会の取組み　現実の動きをみると，1990年代以降，開発途上国の開発に取り組んできた多くの国際機関が，以前にもまして平和構築や脆弱国家に対する支援に力を入れるようになり，平和構築や脆弱国家支援を効果的に進めるための組織体制づくりや支援ツールの充実に取り組んできた．表1は，そうした国際社会の主要ドナー（援助国・国際機関）の議論の展開と主要な取組みを整理した一覧表である．

表1　平和構築，紛争と開発に関連する国際社会の動向

1992	国連「平和への課題」（PKOの拡大－政治体制・復興を含む国づくり）
1995	国連「平和への課題－追補」（平和構築の概念の修正）
1997	DAC報告書「紛争・平和と開発協力」（政策ガイドラインと政策提言）
1999	日本政府(外務省)国連に「人間の安全保障基金」設置
2000	国連「ブラヒミ報告書」（包括的活動として「平和活動」概念を提示）
2001	DAC「紛争と開発」第2次報告書
	ICISS(干渉と国家主権に関する国際委員会)「保護する責任」報告書
2002	世銀「LICUS(逼迫した低所得国)ユニット」設置
2003	日本政府「新ODA大綱」で「平和の構築」を重要課題として盛り込む
2004	「脅威・課題・変化に関する国連事務総長ハイレベル・パネル」報告書
2005	DAC「紛争の予防と平和の構築」に関するマニュアル作成
	国連「平和構築委員会」設立
2006	「破綻国家指標(Failed States Index)」の公表開始(以後毎年)
2007	DAC「脆弱国家支援原則」を採択
2009	国連「人間の安全保障」報告書
2011	世銀「世界開発報告2011－紛争・安全保障と開発」
2013	日本政府「国家安全保障戦略」を策定，「積極的平和主義」を打ち出す
2015	SDGsの目標16「平和と公正をすべての人に」を採択

［稲田十一］

平和構築と法の支配

peacebuilding and the rule of law

　1998 年 12 月，ボスニア・ヘルツェゴヴィナの平和構築について協議するため，雪のサラエヴォを訪れた．見せたいものがある，と言う政府の役人に誘われてきたところは墓場となった広大なスタジアム．強烈な匂いがするのは，肉親を埋葬に来る人を狙うスナイパーの狙撃を避けるため，夜間に申し訳程度の深さの墓穴しか掘れなかったためだという．郊外の家という家の屋根はすべて破壊されている．難民の帰還を嫌った武装勢力が念入りに破壊し，地雷まで設置していったそうだ．国際支援物資の横流しで財を成した者がいるとまで聞いた．

　平時では犯罪とされるあらゆる行為が，紛争下では平然と行われる．警察や裁判所が機能を停止するなか，民兵組織や犯罪組織が暴力をほしいままにし，汚職と腐敗が横行する．機能不全に陥った政府は人々の信頼を失い，社会は無法地帯と化す．最大の被害者は自らを守るすべをもたない子ども，老人，女性などの弱者である．平和構築は，こうした人間の尊厳の蹂躙をもたらす紛争の予防および再発防止を目的とする．その手段のひとつが，適正な法制度を構築して政治・経済・社会の新しい秩序を樹立することであり，その指針となるのが法の支配の理念である．

●**公正さの保障**　法の支配の理念はまず，平和構築の過程で整備される多種多様な法制度が，政府や個人，企業の行動の指針となる明確な法ルールを示すものであること，そしてそれが実効性をもって確実に執行されることを要請する．

　具体的には，治安と社会秩序の回復に大きな役割を果たす刑事法は，どんな行為が犯罪となるかをあらかじめ人々に明確に示すものでなくてはならない．例えば，市中に溢れる武器を回収するため武器所持を違法化する場合には，いつからどんな種類の武器をもつことが禁止されるのか，違反にはどんな刑罰が科されるのかを，市民に事前に明確に示さなくてはならない．さらに，法を犯した者を逮捕し訴追する捜査機関，公正な裁判を通じて処罰の可否と量刑を決定する司法機関の腐敗汚職を防止し，その能力を強化することも必要となる．同様に，民事法が経済取引のルールを明確に定めること，契約違反があったときに裁判所が中立で公正な裁判を通じて契約内容の実現をはかることは，経済活動を活性化して復興を促進するうえで重要である．このように，法の公平・適正な適用・執行を確保して，法の正当性とそれを執行する公権力に対する人々の信頼を回復することは，平和構築の第一歩となる．

●**民主主義下において**　しかし，治安の回復や経済活動の活発化だけで紛争再発が防止されるという保証はない．法の支配にはもう 1 つ，紛争後に導入される民

主主義が健全に作用するように導くという重要な役割がある.

　そもそも紛争が起きるのは社会に重大な対立があるからだが，社会から対立それ自体をなくすことはできない．対立のない社会などあり得ないし，対立が表面化するのを抑え込もうとする社会は不健全ですらある．紛争防止のために必要なのは，さまざまな対立の存在を認めたうえで，それが暴力に転化することを防ぎ，あらかじめ合意された手続に沿って政治的に解決できるようにすることである．

　そのための仕組みのひとつが民主主義である．それは，どちらが先に相手の頭を切り落とすかで決着をつけるのではなく，話し合いを行って妥協を模索し，最後はどちらがより多くの頭数をそろえることができるか（多数決）で決着をつけるというルールに従って対立を解決しようとする．しかし，民族や宗教などの分断線に沿って相互不信が渦巻く紛争後の社会では，民主主義が少数者を疎外して紛争を再発させる危険がある．紛争後の議会は紛争の対立構造をそのまま反映した民族・宗派別の政党で構成されることが多く，妥協は望むべくもない．その結果，多数派が提案した法律による少数者の権利侵害が頻発する．「民主的選挙」を何度繰り返しても多数派と少数派は入れ替わらず，法ルールづくりに自分たちの声を反映できない少数派は不満をつのらせていく．こうした事態を防止するには，「頭数をそろえたからといって何を決めてもいいわけではない」というルールづくりのルールが必要となる．これが「法の支配」の第2の役割である．

　平和構築の過程では，新たに制定される憲法に，こうした「法の支配」の理念を体現する法ルールが盛り込まれることが多い．そこでは，基本的人権のような根本的価値が，多数派の民主的決定をもってしても侵害が許されないものとして保障される．そして，多数者の意思に基づいて制定される法律がこうした価値を侵害しないよう，その憲法適合性を審査する権限が裁判所に付与されるほか，議会の二院制や地方自治，オンブズマンなどの制度が導入される．こうした法制度は，均衡と抑制のメカニズムを通じて多様な人々の利害が意思決定に反映されるようにし，少数者の不満のうっ積が紛争に転化することを防止するための安全装置である．それは，民主主義とともに紛争後の政治秩序の両輪をなす．

　このように，「法の支配」の概念は，平和構築の過程においてどのような法がつくられるべきかの指針を提示するとともに，そうした法ルールが少数派を疎外するものとならぬよう，ルールづくりのルールをも定めるものである．その究極の目的は人間の安全保障である．法の支配が達成されることによって，人間一人ひとりが生存・生活・尊厳に対する脅威にさらされることなく，その潜在的能力を花開かせるための基礎条件が整うことになるのである．　　　　　　　［志賀裕朗］

参考文献
[1] 篠田英朗『平和構築と法の支配—国際平和活動の理論的・機能的分析』創文社，2003

戦闘員の武装解除・動員解除・社会復帰

disarmament, demobilization and reintegration：DDR

　近年の紛争の多くは国内紛争である．同じ国の人が敵と味方に分かれて戦うため，紛争が終結した時点で国内に多くの戦闘員が残る．紛争が終わると戦時の兵員数は不要になるため，残された多くの戦闘員を一般市民に転換させ，軍事費を社会・経済開発に振り向けていく必要が出てくる．しかし，紛争により経済や社会の基盤が破壊されることも多く，軍が戦闘員を解雇し，非正規軍が解体されても，元戦闘員たちは自らの力で一般市民として生活を立ち上げることができない例も多い．元戦闘員は，一般市民として生活した経験がない，教育を十分に受けていない，紛争により心身の障害を負っているなど，ほかの人々とは異なる問題を抱えている場合もある．さらに，武器の使い方を知っている，戦闘に慣れているなど，一般市民として生計を立てられない場合に，治安を脅かす存在となる可能性も高い．このような背景から，紛争後に戦闘員の武装解除と動員解除を行い，元戦闘員が一般市民として社会復帰していくための協力を実施することで，紛争後の国を戦時の構造から復興に移行させ，紛争再発要因を縮小していくことが求められている．

● **DDR とはどのような活動か**　2006 年に国連が策定した「統合 DDR 基準（Integrated Disarmament, Demobilization and Reintegration Standards）」においては，「DDR は，戦闘員の手から武器を取り除き，軍事構造の外に戦闘員を出して，一般市民としての生計をみつけて，これら元戦闘員が社会的・経済的に社会復帰することを助けることを通じて，紛争後の復旧における治安と安定に貢献するプロセス」とされており，DDR の各活動は以下のように説明されている[1]．

　武装解除とは，戦闘員や時に一般市民が所有する小型武器，弾薬，爆発物，軽・重火器を回収，登録，管理，廃棄することである．武器管理プログラムの開発も含まれる．動員解除とは，武装勢力やその他の武装グループから，現役の戦闘員を公式に管理された形で除隊させることである．動員解除の第 1 段階では，暫定的な施設にいる各戦闘員を，宿営地，キャンプ，集合地，兵舎など，動員解除のための場所に集結させる．第 2 段階では，支援パッケージを除隊した戦闘員に提供する．動員解除期間には，長期的な社会復帰プロセスに先立って，元戦闘員とその家族の基礎的ニーズに対応することを支援し，一時金，食料，衣服，生活場所，医療サービス，短期的な教育・研修・雇用の提供など，物質的，資金的な支援が提供される．

　社会復帰は，元戦闘員が一般市民の身分を得て，持続的な雇用と所得を確保するプロセスである．基本的には地元で行われる，時間的制限がない社会経済的プ

ロセスであり，その国の一般的な開発や国家責務の一部として実施され，時として長期的な外部の支援も必要とする．

DDRにおいては，武装解除と動員解除から社会復帰フェーズへの移行が円滑かつ迅速に行われるよう，DDR全体の計画を適切に策定することが重要である．また，元戦闘員の特性（女性戦闘員や児童兵，高齢者，障害など特別なニーズの有無，正規軍・民兵・反政府武装組織兵など）を適切に把握し，それに対応した支援も必要である．なお，社会復帰の段階で実施される技能訓練や生計向上支援の多くは，村落や一般の職業訓練センターなどで実施されるため，元戦闘員以外の人々から嫉妬や不満が噴出しないよう配慮し，場合によっては元戦闘員と同様のニーズをもつそれ以外の人々も一部支援対象とするなどの対応がとられる．

●ルワンダにおける好事例　紛争後のルワンダでは，1997年からルワンダ動員解除・社会復帰プログラムのステージ1が，2001年からはステージ2が開始された．国際協力機構（JICA）はルワンダ政府からの要請を受け，2005年から「障害をもつ除隊兵士の社会復帰のための技能訓練プロジェクト」を実施し，1000人を超える障害がある元戦闘員に対して木工，縫製，農業，水道工事，電器修理など幅広い分野で技能訓練を提供し彼らの社会復帰を支援した．国軍兵士，紛争で国軍に敗北した旧政府軍兵士，元民兵のすべてを対象とし，訓練終了後の組合形成を支援する活動も実施したところ，紛争中対立していた国軍と旧政府軍や民兵が混在した組合や，障害者と非障害者，

図1　技能訓練を受ける元戦闘員（提供：渋谷敦志/JICA）

元戦闘員と一般市民が混在した組合が多く形成され，障害がある元戦闘員の社会復帰とともに，和解の促進にも貢献した．2011年からは「障害をもつ元戦闘員と障害者の社会参加のための技能訓練・就労支援」を実施し，障害がある元戦闘員と，元戦闘員ではない一般障害者合わせてさらに約1500人に対して技能訓練を提供した．このプロジェクトは，コロンビア政府国際協力庁と国連南南協力事務所が編纂した平和構築の事例集において，好事例として取り上げられている．

［小向絵理］

参考文献
[1] United Nations, *Integrated Disarmament, Demobilization and Reintegration Standards*, United Nations, 2006
[2] 国際協力機構『紛争予防配慮・平和の促進ハンドブック—PNAの実践』国際協力機構，別添4 2-3A DDR, 2017

難民と国内避難民

refugees and internally displaced persons

　国連難民高等弁務官事務所（UNHCR）の統計では 2015 年末の時点で世界の強制移住者（難民，国内避難民，亡命申請者）の合計人数は 6500 万人を超え，4 年連続で過去最悪を更新した．日本では日常的な議論は少ないが難民・国内避難民などの強制移住の問題は，国際社会が直面する最重要課題のひとつなのである．

●**難民とは**　英語で難民は Refugee と言われる．これはフランス語の refuge（避難）が語源となっており，祖国を追われて避難場所を求める人々を意味している．現代の難民に関する概念・法的枠組みが本格的に整備されたのは第 2 次世界大戦以降である．同大戦中に生まれた膨大な数の難民の帰還を支援する目的で 1950 年に設立されたのが UNHCR である．そしてその翌年の 1951 年に難民の定義と基本的な権利を定めた「難民の地位に関する条約」が策定されている．

　同条約では「人種，宗教，国籍，政治的意見やまたは特定の社会集団に属するなどの理由で，自国にいると迫害を受けるか或いは迫害を受ける恐れがあるために他国に逃れた人々」と難民を定義している．今日ではこうした迫害に加えて，戦争や内戦などの武力紛争による危険から逃れるために国境を越えて他国に庇護を求めた人々も難民とみなされるのが国際的な解釈である．

　難民という概念の重要な点は「自国の庇護を受けられずに国外に保護を求めざるを得ない」ということである．現代社会では基本的に我々市民は「国家」に属しており，有形無形で国家からの保護を受けている．難民というのは本来あるべきこうした国家と市民の社会契約関係が崩壊してしまい，自国の代わりに国際社会の庇護を必要としている状態にある人達である．

　現在の難民問題を理解するうえで重要なポイントが 2 つある．1 つめは世界の難民の圧倒的多数は開発途上地域で暮らしているということである．2015 年末の時点で世界の強制移住者の約 3 分の 1 にあたる 2130 万人が難民だが，このうち 9 割弱はアフリカ，中東などの途上国で難民生活を送っている．近年では政治家やメディアが「世界難民危機」，「欧州難民危機」といった表現を使い，あたかも難民が世界のあらゆる地域に押し寄せているかのようなイメージを与えているが，欧州などの先進地域までたどり着く難民はむしろ少数派である．

　2 つめは難民状態の長期化である．難民状態の解決方法としては UNHCR が定めた 3 つの「恒久的解決」という手段がある．第 1 は内戦などの終了に伴い難民が自発的な意思で自国に帰る「自主帰還」．第 2 が庇護を求めた亡命国で永住権・市民権を得るなどしてその後もその国に住み続ける「庇護国への統合」．そして「第三国定住」である．だが現実には大多数の難民は「恒久的解決」のいずれも得

られず，庇護国で難民として不安定な時間を過ごしている．UNHCR によると現在，亡命国に滞在する期間は平均で 26 年に達する．開発途上国の平均寿命が 60 歳代前半であることを考えると，人生の約 4 割を難民として生活していることとなる．難民状態の長期化を受けて，UNHCR を含めた援助機関は従来の短期的な人道支援型のアプローチから，難民の生計手段の強化などを盛り込んだ長期的な開発型アプローチへのパラダイム・シフトを求められている．

●**国内避難民とは**　武力紛争・人権侵害・自然もしくは人為的災害などにより自らの住居や居住地域から移動を強いられたが国境を越えずに国内で避難生活を送っている人々は「国内避難民」とよばれ，難民とは明確に区別されている．国内避難民の数は難民のそれを大きく上まわっており，UNHCR の統計では 2015 年末の時点で難民の約 2 倍にあたる 4080 万人が国内避難民と推定されている．難民と国内避難民の決定的な違いは，強制移住後に自国の主権が及ぶ領土範囲内に留まっているか否かである．国外に庇護を求めた難民と違い，国内避難民は避難先でも自国の主権下にあり避難前と同様の権利を有する．このため国内避難民の保護・支援の責任は根本的に自国政府にある．だが現実には国内避難民が発生している国の政府には避難民を支援する能力が著しく欠けている場合が多いほか，政府自体が国内避難民を生み出す主因となっているケースも見受けられる．このため国内避難民の保護の必要性を指摘する声が 1990 年代初頭から国際社会でも高まってきた．1991 年，当時の国連人権委員会は，国連事務総長に対し国際的なガイドラインを作成することを要請し，1998 年には「国内強制移動に関する指針（Guiding Principles on Internal Displacement）」が策定された．この指針は国際条約のような法的拘束力はもたないが，国内避難民を抱える国で国内法や政策を策定する際の重要な原則を提供している．

　また，国内避難民への支援についても国連を中心に協議され，2006 年からはクラスター・アプローチ（人道支援活動に際し，複数の支援機関が個別に活動するのではなく分野ごとに責任機関を指定し，責任機関のリーダーシップのもと，支援機関同士が協働して効率的な援助活動を行う仕組み）で対処することになった．国内避難民への支援を含む「保護分野」では UNHCR が責任機関に任命された．同機関は近年では国内避難民向けの支援にも乗り出しており，2016 年時点ではシリアやイラク，イエメンなどの 26 か国で国内避難民の援助活動を展開している．しかしクラスター・アプローチによる国内避難民への支援については，援助機関同士の調整の不十分さや支援額の不足を指摘する声もあり，難民援助以上に改善の余地が大きい分野である．　　　　　　　　　　　　　　　　　[小俣直彦]

📖 **参考文献**

[1] Fiddian-Qasmiyeh, E. et al. eds., *The Oxford Handbook of Refugee and Forced Migration Studies*, Oxford University Press, 2014

紛争と人間の安全保障

conflict and human security

　人間の安全保障が顕著に危機に直面するのは紛争の最中，そしてその直後である．そのような緊急事態において，人命を最優先に食糧や水，医療，医薬品，シェルターなどの提供を行うことを人道支援という．

●**紛争による人間の安全保障への影響**　紛争はさまざまな人々の生活，そして最悪な場合は命をも奪う．2015年，紛争により第2次世界大戦後最多となる6530万人が家を追われ，その内の2130万人が難民，4080万人が国内避難民（IDPs），320万人が先進諸国で庇護申請を行った（全体の半数以上がシリア，アフガニスタン，ソマリアの3か国）．これは世界総人口が73億4900万人ということを踏まえると113人に1人，1日あたり平均3万4000人（毎分24人相当）が紛争や迫害により移動を強いられたことを意味する．難民の51%は子どもであり，その内の3分の1は初等教育の機会を奪われている．また，アフガニスタンでは，2015年，国連アフガニスタン支援ミッションが統計を開始した2009年以降，市民の死傷者数が過去最悪の1万1002人を記録した．女性の死傷者数は1246人，子どもの死傷者数は2829人，市民の死傷者の10人に1人が女性，4人に1人が子どもだった．

　紛争の傷跡はすべてが物質的なものではない．国際NGOのセーブ・ザ・チルドレンは，シリア内戦が始まってから6年を迎えた2017年に，シリア国内に留まる子どもたちのメンタル・ヘルスに関する報告書『見えない傷（*Invisible Wounds*）』を公刊した．同報告書は，長期化する紛争による空爆や暴力行為といった過剰なストレスに継続的にさらされることにより，子どもたちのメンタル・ヘルスが危機的状況におかれていると指摘する．

　子どものほぼ全員が日常的な爆撃が最大のストレスと答え，40%は家の近くであっても外で遊ぶのを安全と感じず，78%は往々に深い悲しみを感じその内49%は常に感じていると回答している．大人の89%は子どもたちがより神経質に，80%は子どもたちが以前よりも攻撃的に，そして71%は子どもたちが頻繁に夜尿や尿失禁をするようになったと，48%は紛争が始まってから言葉を発せなくなった子どもをみたと答えている．これらは毒性ストレスや心的外傷後ストレス障害（PTSD）の一般的な症状であり，大人も発症することはある．このようなトラウマ的体験から回復することは適切な治療により可能だが，壊滅状態にあるシリアでは困難をきわめる．また同様の状況はシリアに限らず，その他の紛争を経験した社会でも確認されている．

●**人道支援の現状**　このような緊急事態に対処する人道支援を取り巻く環境が，

近年，変化している．国際法上，紛争地域における人道・医療関係者，その移動手段と装備，傷病者，病院などの医療施設は保護対象と定められている．意図的な攻撃は戦争犯罪に問うことができるが，それにもかかわらず攻撃が絶えることはない（図1）．2014年10月にアフガニスタン北部でアメリカ軍が病院を誤爆したことを契機に，国連安全保障理事会は人道・医療関係者や傷病者，病院への攻撃を非難し，そのような事態に対しては調査を行うよう国連加盟国に促す国連安全保障理事会決議2286号を2016年5月に全会一致で採択している．

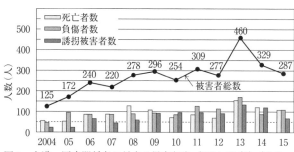

図1 人道・医療関係者に対する暴力行為（2004-15年）（出典：*The Aid Worker Security Database* の Security Incident Data, 2017年1月17日更新版をもとに作成）

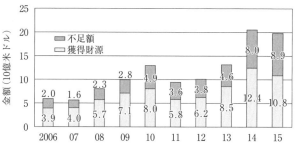

図2 国連の人道支援の財源と不足額（2006-15年）（出典：*Global Humanitarian Assistance Report 2016* の p.37 図3.2 をもとに作成）

また，1人でも多くの命を救い，人道支援をより効果的に実施するために，国連はトルコで史上初の世界人道サミットを2016年5月に開催した．同サミットで国連は，①紛争の予防・解決に向けたリーダーシップ，②人道規範の遵守，③誰も置き去りにせず，最も困窮する人々に手を差し伸べること，④人道ニーズを満たす「届ける支援」から，人々の脆弱性を克服し人道ニーズをなくす支援へのシフト，⑤人道支援への投資（図2），以上5つの「中核的責任」の重要性について確認した．　　　　　　　　　　　　　　　　　　　　　　　　　　　　　[古澤嘉朗]

参考文献
[1] 上野友也『戦争と人道支援—戦争の被災をめぐる人道の政治』東北大学出版会，2012
[2] 内海成治他編『国際緊急人道支援』ナカニシヤ出版，2008

土地・天然資源と平和構築

land and natural resources in peacebuilding

　紛争や平和構築の文脈で土地や天然資源にかかわる問題が注目されるのは，1990 年代半ば以降である．土地や天然資源の権利や管理にかかわる問題は，紛争の勃発や長期化をもたらす要因として，また持続的平和の創出に不可欠の課題として，きわめて重要である．今日，土地や天然資源（特に鉱物資源）をめぐって，紛争抑止や平和構築の観点から，一国のみならずグローバル・ガバナンスの観点からさまざまな取り組みがなされている．

●**なぜ平和構築において土地・天然資源が重要か？**　平和構築において土地・天然資源にかかわる問題に取り組まねばならない理由は，大きく分けて 2 つある．

　第 1 に，それが紛争を引き起こし，また長期化させるからである．この点で，〈ブラッド・ダイヤモンド〉（エドワード・ズウィック監督，2006 年）のタイトルで映画化された「紛争ダイヤモンド」はわかりやすい事例であろう．シエラレオネ内戦の中で，反政府武装勢力の支配地域でダイヤモンド採掘がなされ，その売却益が軍事資金として利用された．コンゴ民主共和国東部では，携帯電話などに使われる希少資源タンタルが反政府武装勢力の資金源となっている．同国の紛争では，反政府勢力を支援したルワンダとウガンダが，ダイヤモンドの支配権をめぐって対立し，コンゴ領土内で武力衝突したこともあった．鉱物資源だけが問題なのではない．近年のアフリカでは，水資源や土地利用をめぐって，牧畜民同士や牧畜民と農耕民との間で衝突が頻発している．土地不足，気候変動，また人口増などの要因で資源制約が強まった結果，その利用をめぐる住民間の衝突が増した．視野を広げれば，パレスチナ領でイスラエルが進める入植活動も土地問題が社会的緊張を著しく高めている事例といえるだろう．

　第 2 に，土地や天然資源が人々の日常生活，すなわちその生存に深くかかわるからである．今日の世界で武力紛争が多発するのは発展途上地域であり，そこでは人口の多くが農業や牧畜に依存する．つまり，土地や水をめぐる権利がどうなるかは，彼らの生活，そして生存に直結する．紛争が終わって難民が帰還すれば，その多くは生存のために農業や牧畜に従事する．土地がなければ，彼らは生きていけない．これは農業国だけの話ではない．土地や天然資源をめぐる問題は，換言すれば財産権をめぐるものである．財産権をめぐる紛争後の課題が国際的に注目されたきっかけは，1995 年にボスニア紛争が終結した後，帰還民の土地や家屋をどう確保するかという問題だった．敵対勢力が支配していた土地に帰還民が戻れば平和構築に資するが，彼らの土地や家屋は往々にして敵対勢力の支持者によって占拠され，帰還は簡単に進まない．ボスニアの事例は，帰還民の財産権を

保障することが平和構築の前提条件だとの認識を国際社会に広めるきっかけとなった.

●どのような取組みがなされているのか？　土地や天然資源にかかわる問題が紛争予防や平和構築に重大な意味をもつとの認識が共有されると，それに対する国際的な取組みが実施されるようになった．先駆となったのは鉱物資源に関する取組みである．2000 年 5 月，「紛争ダイヤモンド」問題を受けて，南部アフリカのダイヤモンド産出国が南アフリカのキンバリーに集まって対応を協議した．同年末，国連総会もダイヤモンド流通に認証制度を導入すべく決議をまとめた．こうした流れを受けて，2002 年から「キンバリー・プロセス認証制度（KPCS）」とよばれる原産地証明制度が開始された．また，2003 年以降，イギリスの主導により，石油，ガス，鉱物資源開発にかかわる産業のガバナンス改善を目指す「採取産業透明性イニシアティブ（EITI）」が進められ，参加国，支援国が次第に増加している．日本も 2009 年以降，EITI の支援国となっている．コンゴ民主共和国の紛争鉱物に関しては，2010 年のアメリカ国内法（ドッド＝フランク法）によって，アメリカ証券取引委員会に報告書を提出している企業はすべて，スズ，タンタル，タングステン，金を製品に用いている場合，それがコンゴおよび周辺国の紛争鉱物でないかどうかを調査，申告する義務を負うこととなった.

　一方，ボスニア紛争で脚光を浴びた紛争後の財産権問題については，難民や避難民の帰還に際しての重要性を訴える報告書が 2005 年に国連経済社会理事会に提出され，ピネイロ諸原則（Pinheiro Principles）として国際社会で共有されるようになった．こうした取組みは評価できるものの，十分な制裁措置がなく，実効性に疑問が呈されていることも事実である．一方，当然ながら各国政府が主導する取組みも行われている．土地や天然資源にかかわるガバナンスの改善は，国際社会が積極的に支援しているとはいえ，最終的には各国政府の取組みに依存している．権利関係に関する法制度的枠組みはもとより，利用計画の策定，計画の執行と管理，課税，情報提供，紛争処理など，政府が取り組むべき資源管理ガバナンスの課題は多岐にわたる．難しいのは，これらのガバナンスが本質的に政治権力構造にかかわることである．土地や天然資源が政治的に重要であるがゆえに，国家権力を握った集団はそれに関して自らに有利な権利体系を構築しがちである．そうした権利体系に基づく不平等な資源分配はしばしば特定社会集団の不満を醸成し，紛争再発をもたらしかねない．資源管理の取組みにあたっては，それがすぐれて政治的な性格をもち，政策介入が容易ではないという認識を共有するところから出発する必要がある． [武内進一]

📖 参考文献
[1] Takeuchi, S. ed. *Confronting Land and Property Problems for Peace*, Oxon: Routledge, 2014
[2] 華井和代『資源問題の正義―コンゴの紛争資源問題と消費者の責任』東信堂，2016

紛争とジェンダー

gender justice and conflict

　ジェンダー差別のひとつに性暴力がある．性暴力は紛争下においては戦略的に用いられる．近年，民族対立が紛争勃発の要因である場合には民族浄化の手段として組織的に行われてきた．紛争から逃れた人たちが保護されるはずの難民キャンプにおいても女性は性暴力の被害にあう．しかし，戦時性暴力の残忍性や凶暴性について女性たちが声をあげ続けてきたことに，国際社会が関心をもち，必罰化に向けて具体的な対応策に取り組んだのは 1990 年代に入ってからである．

●**第 4 回世界女性会議**　国連は 1975 年を世界女性年と定め，第 1 回世界女性会議を開催した．「平等，開発，平和」をテーマに掲げ，女性と紛争についても議論するが，範囲を当時の紛争地域に限定していた．以後の会議においても女性と紛争は議題となるが国際社会の関心を高めるまでにいたらなかった．第 4 回会議（1995 年）で採択された行動綱領では，12 重点項目のひとつに「女性と紛争」をあげ，戦時性暴力は非人道的な暴力であり人権を侵害する戦争犯罪に該当するとした．行動綱領にその重大性が明記された背景には，組織的な戦時性暴力と社会構造との関連性が明らかにされたことがある．また 1993 年，国連総会では「女性に対する暴力の撤廃に関する宣言」が採択され，1994 年，国連人権委員会において「女性に対する暴力，その原因および結果に関する特別報告書」が任命された．

●**1990 年代の 2 つの紛争**　旧ユーゴスラビアとルワンダにおける性暴力の被害状況は国際社会に衝撃を与えた．旧ユーゴスラビアの解体過程において，ボスニア・ヘルツェゴビナでは独立をめぐって民族対立が激化し，民族浄化の手段としてムスリム系女性はセルビア系男性からレイプを受け，被害は 2 万人にのぼったといわれる．ツチとフツの穏健派が虐殺されたルワンダ内戦では，多くの女性がレイプされて惨殺された．その被害規模は 25 万から 50 万人といわれる．2 つの紛争で生じた性暴力は民族の殲滅を意図しており，女性を恐怖の極致に追い込んだ．また，紛争後の HIV/AIDS の感染率が高いことが報告されている．被害女性たちはレイプされて出産した子どもとの関係構築に苦しまされる．地域社会や家族親族からの差別や疎外を避けるために，子どもの出生を隠し，被害について黙することを強いられる．紛争が終結しても性暴力による被害に生涯にわたって苦しまされ，その傷は癒えることはない．

●**特別報告者による報告書**　国連人権委員会が任命した女性に対する暴力に関する特別報告者 2 名の作成した報告書がある．R. クマラスワミによる報告書は家庭内での暴力に焦点を当て，性暴力の実態を証言から明らかにし，被害者の保護と暴力の必罰化を訴えた内容となっている．G. マクドゥーガルによる報告書は，

旧ユーゴスラビア，ルワンダ，アルジェリア，グアテマラなどの紛争下での性暴力の調査結果である．戦時性暴力は処罰すべきとし，これまで副次的な扱いであったことを非難し，被害に対して訴追し補償救済することを妨げる最大の要因として政治的意思の欠如を指摘した．

●**国際刑事裁判所（ICC）ローマ規定**　国連安全保障理事会は，旧ユーゴスラビアおよびルワンダの紛争において生じた集団虐殺や民族浄化などの国際人道法違反を訴追するため，1993年に旧ユーゴスラビア国際刑事裁判所（安保理決議827号），1994年にルワンダ国際刑事裁判所（安保理決議955号）を設置した．裁判では被害者の証言に基づき性暴力の定義を具体化し，人道に対する罪に性暴力を含めた．これは1998年，国際刑事裁判所に関するローマ規定に反映された．規定は人道に対する罪および戦争犯罪に「強姦，性的な奴隷，強制売春，強いられた妊娠状態の継続，強制断種その他のあらゆる形態の性的暴力」を含め，処罰の対象とした．

●**安保理決議1325号**　国連安全保障理事会において初めて女性と平和・安全保障を議題とし決議を行ったのが決議1325号である．この画期的な決議の背景には，ルワンダや旧ユーゴスラビアでの性暴力の被害状況や，女性の人権尊重への国際的な関心の高まり，国連女性の地位向上部（DAW），国連女性の地位委員会（CSW）および加盟国による「女性・平和・安全のフレンズ」の結成，さらに婦人国際平和自由連盟（WILPF）が主導した関係各機関への広範囲にわたるロビイング活動があった．

　安保理決議1325号は紛争の予防や解決，さらに平和維持や平和活動において女性が貢献できるよう女性の参加を要請している．戦時性暴力については被害女性と子どもに対する特別な措置をとることおよび不処罰の廃止を求めている．加盟各国に対しては決議1325号を実施するための「女性・平和・安全保障に関する行動計画」を作成するよう求めている．日本は2015年に作成した．

　戦時性暴力について，その後に同様な内容の決議を行った．決議1820号（2008年），決議1888号（2009年），決議1960号（2010年）および決議2106号（2013年）は戦時性暴力の防止，被害者の保護および不処罰を防ぐ取組みの強化を内容としている．性暴力についての決議が続いたことは，その重大性についての認識は高まったものの，10年経ても被害は依然続いており，処罰化が進んでいないことを示している．

[雑賀葉子]

📖 **参考文献**

[1] エンロー, C.『戦争の翌朝―ポスト冷戦時代をジェンダーで読む』池田悦子訳，緑風出版，1999

[2] 上野千鶴子『生き延びるための思想』新版，岩波書店，2012

移行期正義と和解

transitional justice and reconciliation

移行期正義は，軍事政権から民主政権への移行期に過去の人権侵害を追及するために始まったものだが，近年は平和構築の中で重要な分野のひとつとなっている．紛争から平和への移行期に，紛争中に起きた人権侵害を明らかにし，新たに平和な社会づくりを行うための活動を指す．その方法には刑事裁判，真実委員会，ローカルな司法などがあり，近年は複数の方法を併用する傾向にある．移行期正義の目的のひとつは和解だが，実際の効果については議論がある．

●**移行期正義**　移行期正義には，4つの大きな目的があると考えられている．第1に真実を明らかにすること．第2に人権侵害や集団殺害などの重大な罪を見逃さず，犯罪者を処罰することで法の支配を確立し，不処罰の文化を食い止めること．第3に被害者を救済すること．第4に和解を推進することである．どのような方法で移行期正義を進めるかによって，達成される効果は異なってくる．以下の説明は，近年増加している国内紛争を念頭においている．

刑事裁判所で移行期正義を扱う場合には，犯罪者と犯罪内容を特定し，処罰することが最重要課題となるため，第1と第2の目的が重視される．国内武力紛争の場合には，和平合意が成立したとしても裁判所が機能していなかったり，公正な裁判を実施する能力に欠ける場合も多い．そのため，例えばルワンダと旧ユーゴスラビアについては，国連安全保障理事会の決議によって暫定的な国際刑事法廷が開設された．その後，2002年には常設の国際刑事裁判所が設置されている．国際刑事裁判に関しては，多額の費用がかかること，犯罪の発生した国・人々と離れた場所で行われること，国内の裁判所との適用法や待遇の違いなど，問題も指摘されている．最近では，カンボジアやシエラレオネなど，国際裁判にはせず，国際判事と国内判事が参加するハイブリッド方式を採用する事例も出てきている．裁判はいずれにしても時間がかかり，対象として扱える事件も限られる．

処罰よりも真実の解明と和解を重視する場合（第1と第4），真実委員会や真実・和解委員会などの委員会方式が用いられる．南アフリカにてアパルトヘイトのもとで起こった人権侵害を究明した委員会がモデルとなり，エルサルバドル，シエラレオネ，東ティモールなど多くの国で同様の委員会が設置されてきた．委員会方式では被害を語ることにより癒し（ヒーリング）の効果もあるとされているが，逆に辛い記憶を呼び起こすことによる心理的傷害を生じるとの議論もある．委員会方式は修復的正義を目指すと考えられている．つまり，加害者と被害者，被害者の家族などの関係，さらにコミュニティ全体の関係を修復する．被害者，被害者の家族に対してはなんらかの補償が行われることもある．こうした過程を経て，和解

へと進んでいくことになる.

さらに首長による裁定などの伝統的な紛争解決手法を取り入れることもある. 代表的な例はルワンダのガチャチャで, コミュニティ・レベルの法廷という形をとり, 被疑者, 証人, 被害者やその家族などの証言を聞く方式である. ルワンダの場合は国際裁判, 国内裁判, ガチャチャの3方式を併用し, 対象となる罪の重さによって使い分ける方法がとられた. 被害者も加害者もあまりに多かった

図1 カンボジア特別法廷（出典：UN Photo Extraordinary Chambers in the Courts of Cambodia）

ジェノサイド（集団殺害）という事例では, 複数の手続きを組み合わせる対応は適切であったと考えられる. ただし, ガチャチャのあり方自体については, 被疑者の権利の保護が国際基準に達していないなどの批判的研究も多い.

●和解　移行期正義によって真実を明らかにし, 犯罪者を処罰することによってもたらされるものは何か. 被害者やその遺族の心が癒され, 社会そして国家としての和解が進行する, という考えから移行期正義は推進されてきた. エルサルバドルの真実委員会は国民和解をその目的のひとつとしていたし, 東ティモールの受容・真実・和解委員会は伝統的な手法を取り入れてコミュニティの和解プロセスを重視したことで知られている. しかし, 刑事裁判や真実委員会は本当に和解につながるのか, その成果を疑問視し, 実証研究をすべきだとの声があがっている.

そもそも和解には明確な定義がない. 国内紛争を経験した国では, 一般的に対立していた集団の間の関係を修復し, 友好的で調和した関係を生み出すものと理解される. 和解の度合いについて指標をつくる試みは行われているが, 数値的に測ることが難しいのは明らかである. アイデンティティ集団間の紛争を考えるとき, 和解にはいくつかのレベルがあろう. 個人の間, 集団間, そして国のレベルでの和解は必ずしも同時に起こるわけではない. 集団間の和解に注目し, 和解とは政治的プロセスだといわれることもある. しかし, 政治的和解だけで人々が本当に共生できる社会をつくることは難しい.

和解の問題は, 移行期正義において本当に真実を明らかにできるのかという問題にもつながっている. なぜなら, 紛争時に対立していた集団はそれぞれの「真実」を守ろうとするからである. そのため, 裁判所や委員会という機関が提示する「真実」を, 紛争の当事者であった人々が受け入れるかどうかによって, 和解にいたるかどうかが左右される.

［片柳真理］

参考文献
[1] ヘイナー, P. B.『語りえぬ真実—真実委員会の挑戦』阿部利洋訳, 平凡社, 2006

国際武器取引と核不拡散

international traffic in arms and nuclear non-proliferation

アメリカ議会調査局によれば2007～10年に全世界で行われた武器移転に関する合意の74.4%が開発途上国に向けたものである．また，世界的に有名な軍縮・軍備管理の研究機関であるストックホルム国際平和研究所（SIPRI）によれば，最大の輸出国は米国で，2012～16年の全国際武器輸出の33%を占めている．ロシア（23%），中国（6.2%）がこれに続く．輸入国では，インドの13%を筆頭にサウジアラビア（8.2%），アラブ首長国連邦（4.6%），中国（4.5%）が続いている．輸入国の半数は全取引の占有率が3%未満の「小口」ユーザー国である．

●通常兵器と小型武器　世界的に最も広範に取引きされ，問題視されている通常兵器（化学兵器，生物兵器，核兵器などの大量破壊兵器以外の兵器）は，SALWと呼ばれる小型武器である．これは1人で携行可能な小火器（small arms）と，数名で運搬が可能な軽兵器（light weapons）の総称である．多くの場合，日本語で言われる小型武器はSALWと同義で用いられている．これらの武器は安価なうえ，取扱いが簡単である．しかも，自動小銃など殺傷力の高い種類もある．ジュネーブ高等国際・開発問題研究所の研究プロジェクト「スモール・アームズ・サーヴェイ」によれば，世界の小型武器の取引の約4分の1が非合法なものである．2003年の世界の紛争における直接的な犠牲者の60～90%が小型武器による．米ソいずれかの陣営に支援されてきたいくつかの武装グループや国家は，冷戦終焉後に経済的「自立」を迫られた結果，象牙，麻薬，ダイヤモンド，小型武器などの違法取引に手を染めた．天然資源などの他の品目の非合法取引が武器購入を促している面もある．ソマリアでは毎年，10000トンの木炭が不法に国外に持ち出され武器の購入にあてられているという．

小型武器の拡散が国際的な問題となる中，2001年には国連で国連小型武器行動計画（PoA）が採択された．同計画は非合法取引きの法制度整備，取引のトレーシング措置（刻印，製造・移譲などに関する記録保持），小型武器の回収・破壊を含むDDR（武装解除・動員解除・社会復帰）の実施について勧告するもので，法的拘束力のない合意である．一方，2014年12月には武器貿易条約（ATT）が発効した．同条約は小型武器のみならず戦車，装甲戦闘車両，大口径火砲システム，軍用艦艇，攻撃用ヘリコプター，戦闘用航空機，ミサイルおよびミサイル発射装置の移転を規制対象とする．そして同条約はジェノサイドなどの人道に対する罪や，武力紛争時に文民を保護することを定めた1949年ジュネーブ諸条約に反する行為が行われるとわかっている場合，これらの通常兵器を移転することを禁じることを目的としている．

●核不拡散 核不拡散条約（NPT）が1968年7月に署名開放され，1970年3月に発効している．NPTは1967年1月1日以前に核兵器その他の核爆発装置を製造しかつ爆発させた国を「核兵器国」（すなわちアメリカ・ソビエト連邦・イギリス・フランス・中国の5か国）として認定し，それ以外の国を「非核兵器国」とすることを定めている．NPTは核兵器国に対し，核兵器を他国に移譲せず，その製造について非核兵器国を支援しないことを義務付ける一方，非核兵器国に対しては，核兵器を受領，製造または取得せず，援助も受けないよう義務付ける．全締約国には核軍備縮交渉を進めるよう求めている．NPTはまた，原子力の平和的利用を「奪い得ない権利」と定める．なお，5年に1度，NPTの運用状況を検討するため，NPT再検討会議が開催されている．2015年の時点で191か国，つまり世界のほとんどの国が署名する条約となっている．インド，パキスタン，イスラエル，南スーダンは未加盟である．北朝鮮は一方的に脱退を宣言したがNPTでは依然署名国に数えられている．

　問題はNPTで保障されている原子力平和利用に，核兵器の製造能力につながり得る機微な技術が存在することである．例えば原子力発電に広く使われる軽水炉のウラン燃料の製造のためには，採掘した天然ウランにわずかに含まれるウラン235（^{235}U）を3～5％まで濃縮する必要があるが，濃縮度を90％まで高めれば原爆製造に使用可能とされる．また使用済み核燃料を再処理すれば，燃料として使用可能なウラン，プルトニウムを回収できるが，この再処理技術はプルトニウム型原爆の製造に役立つ．したがって機微な技術を含む原子力平和利用を行うには，これが軍事転用されないための特別な措置が必要となる．NPTは締約国に対し国際原子力機関（IAEA）との間で協定を締結し，保障措置を受諾するよう求めている．IAEAはこのためにNPT締約国を対象に必要な協定のひな型となるモデル文書を策定している（INFCIRC/153）．保障措置には計量管理，監視カメラ，封印などによる確認，IAEA査察官の立入りなどが含まれる．原子力平和利用が開発途上国でしばしば問題となるのは，保障措置の実施能力の有無に加え，これらの措置によって国家主権が侵食されるとの反発が起きることによる．

　核不拡散のための輸出規制の枠組みには原子力供給国グループ（NSG）がある．1974年5月のインド核実験に衝撃を受け，アメリカ・イギリス・フランス・カナダ・西ドイツ・日本・ソビエト連邦がNSGを創設した．これは法的拘束力のない紳士協定である．NSGは1978年よりNSGガイドラインを整備してきており，パート1品目（原子力専用品・技術）とパート2品目（関連汎用品・技術）に示された技術の輸出を規制している．NSGは2016年現在48か国まで増えている．　　［友次晋介］

📖 参考文献

[1] United Nations, *Facts on Illegal Small Arms, for Small Arms Review Conference 2006*（www.un.org/events/smallarms2006/pdf/factsheet_1.pdf）

テロリズム

terrorism

　2001 年 9 月 11 日にアメリカで発生したいわゆる「同時多発テロ」は，世界を震撼させた．このような一般市民を巻き添えにした殺戮などの暴力を用いて社会に政治的な影響を及ぼそうとすることを一般的にテロリズムという．テロ＝恐怖，イズム＝主義，ということで恐怖主義とでも訳せようか．その語源は，フランス革命後の恐怖政治であったともいわれるように政治に恐怖はつきものである．人権思想の発揚とその出自を同じくするという歴史的背景をみすごすべきではない．現代では，むしろ権力や権威に抗する手段のうち正統性のない政治的暴力として認識されている．しかし，植民地独立や民族自決を掲げる解放闘争にみるように，その正統性が争われている以上，テロリズムと抵抗権はいわば表裏一体の現象であり，客観的一義的で普遍的な定義は不可能であるといえよう．

●南北問題・貧富の格差との関係　グローバル化の進展に応じて，テロも世界に拡散し，頻発しており，その原因が問われている．冷戦後，各地で内戦が頻発し，諸国家と非国家主体との武力衝突が国境を越えて拡大する．国連開発計画 (UNDP) の 1994 年の人間開発報告書が，「人間の安全保障」の概念を提起したとおり，紛争の原因のひとつは，国内での貧富の格差などの社会的不正義にあるとされる．開発途上国の多くは，植民地時代とその後の冷戦下での負の遺産である民族差別や，冷戦時代の強権的な政治による独裁を受け継ぐ．独立後も宗主国を含む先進国の経済搾取を受けて経済的政治的にも従属する．このような南北問題が，国内の搾取構造の温存と結びつき，グローバルな搾取格差構造として再認識される．これによって不利益を被る人々の抵抗として反グローバル運動が展開され，先進国内部でも帝国主義以来のナショナリズム，保護主義が台頭しつつある．

　すなわち，グローバル・パワーによる構造的暴力に対する抵抗運動として，テロリズムが再生産される背景があるといえよう．本来，国内犯罪であるはずのテロは，アメリカの同時多発テロ後，対テロ戦争が呼びかけられたように，非国家主体による組織的で非対称的な戦争として国際的な平和と安全保障の枠組みでも位置付けられた．これにより，テロリストはグローバルな抵抗運動としての正統性を主張し，これまで声をあげられなかった人々の闘争への参加を呼びかけるためにまたテロを実行する．これを当局が弾圧し，人々を監視，管理する．このため，さらに抵抗運動が拡大，強化されるという，悪循環が観察される．

●宗教的要因　この抵抗運動に正統性を与えるイデオロギーが宗教である．とりわけ，支配，抑圧されていた地域にイスラームが支配的であるという歴史的，地政学的観点から，最近のテロリズムは，イスラームを名のるプロパガンダが主流と

なっている．9.11 同時多発テロは，U. ビン・ラディン率いるアルカイダが実行したというのがアメリカの主張であり，定説となっている．ビン・ラディンをかくまっていたとされたアフガニスタンのタリバン政権へのその後の攻撃と，大量破壊兵器を持っているとして行われたイラクのフセイン政権への攻撃は，ムスリムへの攻撃として喧伝され，イスラーム原理主義という急進派を勢いづかせることになる．

IS（イスラム国）とよばれるフセイン政権の残党を中心とした集団は，キリスト教の十字軍に対する抵抗として，欧米の近代化の拡大による現代の国際秩序自体への異議申し立てを行っている．その残忍な方法は論外として，欧米の価値を普遍化しようとするグローバル化に対する抵抗運動と考えることもできよう．逆に，シリアのアサド政権に対する抵抗運動を欧米は支援している．イスラーム地域のスンニ，シーアなどの派閥争いを背景に武力紛争が複雑化する中で，人々を動員する宗教による洗脳が，先進国のいわゆるホーム・グロウン・テロを刺激し，先進国ではこのような紛争地から逃れてくる難民の受け入れを拒み，ムスリムへの警戒心や反感が増幅し，社会を分断しつつある．

●**テロ・ネットワークの国際化と流動性**　アラブの春といわれる民主化運動が，インターネットの普及で可能となった反面，IS などが聖戦と称してテロを呼びかける動画などがプロパガンダとして流され，これに触発された自発的なテロが増えている．IS を名のる各活動単位がアメーバー状に触手を伸ばして世界的なネットワークを形成し，各地で現体制に不満をもつ人々が，その呼びかけに共鳴し，洗脳されて，呼応し，自発的にテロを行う．これに復讐するテロも誘発され，その活動は流動的で，予防することは困難になっている．手段も，車やナイフなどを凶器として利用するために準備も容易で，計画性もなく突発的に行われる．

このため，取締り当局も，予防のための諜報活動の強化や，国際的な連携を求められる．他方，国連組織犯罪防止条約加盟のためと称して，共謀罪が名を変えたテロ等準備罪が日本でも新設され，言論の自由やプライバシーの侵害によって，自由で民主的社会が変質することが懸念されている．ヘイトスピーチのような，外国人やムスリムを排斥するような言論を阻止する必要性がある一方，逆に現代の治安維持法のように，健全な言論や市民活動を封殺する国家テロを許すことにもなりかねない．難民や移民を排斥することは，社会的不正義に抗する新たなテロリストをつくることにつながり，悪循環の罠に陥ることになる．抑圧や搾取に苦しむ人々の削減と多様性を尊重する文化の醸成が，迂遠ではあるが確実なテロ対策だと思われる．　　　　　　　　　　　　　　　　　　　　　[佐藤安信]

📖 **参考文献**
[1] ゲイロー，J=F. ・セナ，D.『テロリズム―歴史・類型・対策法』私市正年訳，白水社，2008
[2] テロ対策を考える会編著，宮坂直史責任編集『「テロ対策」入門―遍在する危機への対処法』亜紀書房，2006

開発援助機関による平和構築の取組み

peacebuilding by development agencies

　開発援助機関は1990年代から平和構築に取り組むようになり，近年では「国家建設（state-building）」とよばれる，能力と正当性のある国家の建設への貢献が期待されている．紛争と貧困は相関した課題で，持続可能な開発目標（SDGs）でも「平和と公正をすべての人に」（目標16）が目標とされているように，開発援助を通じた平和構築は重大な課題である．

●**平和構築への取組みの発展**　冷戦の終結後，カンボジア，ルワンダ，旧ユーゴスラビア，東ティモールなどで，国際社会が国連平和維持活動（PKO）などの形で紛争解決にかかわる機会が急増し，開発援助機関もそのような中で紛争後の国々への支援を担うようになった．1990年代は開発援助機関の中でガバナンスを重視する議論が主流化した時期と重なる．効果的な援助には「良いガバナンス」が不可欠と考えられるようになり，ガバナンスが破綻した紛争国への援助は，開発援助機関にとって困難な課題として認識された．

　この後，9.11のような国際的なテロ事件が相次いだこともあり，国際社会では開発援助を安全保障につなげる考えも強くなっていった．アメリカ，イギリスなどでは，そのような流れもあって，紛争・脆弱国支援が援助政策の中心的な課題となった．

●**「国家建設」への支援**　2000年代にもこの流れは継続し，特に紛争を経験した国における制度の構築が重要な課題と認識され，開発援助機関には国家の制度構築や能力強化への支援が期待されるようになった．国連PKOも，選挙監視などに役割が限定されていた初期の形態から，国造り全体を支援する統合型のミッションに形態が変化し，開発援助機関との連携が進んだ．このような，能力と正当性・説明責任を有する国家の制度構築を外部者が支援するアプローチは「国家建設」とよばれている．

　2011年には世界銀行（世銀）が年次研究書『世界開発報告（WDR）』で初めて紛争と平和構築を議論し，「安全，正義，雇用（citizen security, justice, and jobs）」を実現するような制度構築が重要と指摘した．この後も世銀は，脆弱国・紛争国・暴力対策の支援の主流化を進め，それらの国への支援を拡大させている．

　経済協力開発機構（OECD）の開発援助委員会（DAC）では，1997年に紛争と開発に関する初のガイドラインである「21世紀の紛争，平和と開発協力（Conflict, Peace and Development Co-operation on the Threshold of the 21st Century）」をまとめた．さらに2007年，「脆弱国家支援関与原則（Principles for Good International Engagement in Fragile States）」など，脆弱・紛争影響国の実情に合わせ

た開発援助の枠組みの議論が進み，2009 年には「紛争と脆弱性に関する国際ネットワーク（INCAF）」が設置された．INCAF はドナー間での議論に留まらず，脆弱国政府のネットワーク「g7＋」や市民社会を交えた「国際対話」を立ち上げ，2011 年の釜山における援助効果に関するハイレベル・フォーラムでは，釜山合意の中に脆弱国支援のための「ニュー・ディール（New Deal）」が含められ，平和構築と国家建設のアプローチの重要性が共有された．

●アジェンダ 2030 の中での平和構築　2015 年に合意された「持続可能な開発目標（SDGs）」には目標 16 として「平和で包摂的な社会」「司法へのアクセス」「包摂的な制度」が設定された．また，SDGs では，難民，国内避難民，移民を含む全ての人々が目標の対象となったことで，こうした人々への対応も重視されることになった．

SDGs で紛争が注目されたのは，2015 年のミレニアム開発目標（MDGs）達成状況を分析すると，世界の貧困人口の多くが脆弱国・紛争影響国に所在していたことが明らかになったのが一因である．2030 年までに貧困撲滅を実現するには，平和構築は国際社会にとって避けて通ることのできない課題であり，目標 16 は他の目標達成の前提条件と考えることもできる．

平和のために必要な要素として目標 16 に含まれる司法へのアクセスや包摂的な制度づくりに対しては，引き続き開発援助機関の貢献が期待されている．一方，SDGs の達成手段については，伝統的な開発援助以上に新興ドナーの役割が増し，民間資金の動員が鍵となる．DAC の役割も限定的になりつつあるが，2010 年の時点で DAC 加盟国（先進諸国）に加えて脆弱国政府を巻き込み，市民社会や新興ドナーとの対話を進めてきた「国際対話」は先進的な取組みである．今後も SDGs 達成のために国連 PKO なども含めたアクター間の連携はますます重要になる．

現在の平和構築が直面する課題としては，紛争の長期化と暴力的過激主義の台頭があげられる．紛争の長期化により，従来のように紛争終結後に順を追って支援を提供することが難しくなっているため，人道支援と開発協力の連携が引き続き重大な課題となっており，2016 年の世界人道サミットでも主要テーマのひとつとされた．暴力的過激主義の台頭は深刻で，国家という制度そのものに対抗したり，紛争状態が継続することをいとわない集団も現れている．国家建設の取組みは引き続き必要だが，国家の能力強化だけでなく人々の意識について考えることも必要となるだろう．制度構築や能力強化を中心としてきた開発援助機関にも，他アクターとの連携などを通じたさらなる工夫が求められている．　　［室谷龍太郎］

📖 参考文献

[1] OECD *International Support to Post-Conflict Transition: Rethinking Policy, Changing Practice*, DAC Guidelines and Reference Series, OECD Publishing, 2012（http://dx.doi.org/10.1787/9789264168336-en）

[2] 篠田英朗『平和構築入門—その思想と方法を問いなおす』ちくま新書，2013

ビジネスを通じての平和構築

peacebuilding through business

　平和構築のアクターは，国際機関，地域機構，NGO など多様化しつつある．それに加えて，近年，民間部門が新たなアクターとして認められつつある．武力紛争を経験した国や地域において企業が活動する場合，平和に貢献することもあれば，逆に紛争を助長してしまうこともあると考えられている．そのため，どうすれば平和に役立つ企業活動になるのかという課題が研究され始めている．

●**通商による平和**　これは，経営学者の研究から生まれてきた概念であり，現在広く受け入れられているのは5つの形態である．

　第1は経済発展の推進で，雇用創出，投資，技術移転などが含まれる．第2に法の支配の促進や外部評価の導入で，これによって汚職撲滅や透明性の向上に繋がるといわれる．紛争の資金源となるダイヤモンドを市場から排除するための，キンバリー・プロセス認証制度（KPCS）の導入が一例である．第3は共同体意識の形成である．企業は，従業員が所属している地元のコミュニティの一部となるため，従業員が教育を受ける学校や，司法機関，政府，株主などさまざまな人・機関とともにコミュニティ形成を行うと考えられる．第4はトラック2外交で，5つの形態のうち，これのみ明らかに通常の企業活動とは異なるものだといえる．実例としては，北アイルランド紛争をやめることによって期待される経済効果を，イギリス産業連盟（Confederation of British Industry）が試算して発表し，和平推進に貢献した例などがある．第5の形態は，紛争に敏感に対応する慣行やリスク評価があげられる．

　ビジネスによる平和への悪影響としては，鉱物資源，麻薬，武器などの違法取引が顕著な例となる．これらの犯罪行為とは別に，悪意をもたずとも，紛争影響国の事情を理解せずにビジネスを行うことによって，例えば既存の集団間の対立を悪化させてしまうことがある．そのため，慎重なビジネス展開が求められる．

　「通商による平和」では，リスクに対応しようとする通常のビジネス活動が平和に貢献する可能性を指摘する．この分野の研究では，平和構築が広義に認識されている傾向があり，次にあげるビジネスを通じての平和構築との境界線はあいまいなところもある．

●**ビジネスを通じての平和構築**　「通商による平和」がもたらす経済発展効果は，ビジネスを行うことによって結果的に相手国・社会の経済発展につながることを意味し，平和構築を目的としてビジネスを行うわけではない．これに対し，ビジネスを通じて平和構築を行う場合，「通商による平和」よりいっそうの積極的かかわりが求められる．これをビジネス基盤型平和構築とよぶ研究者もいる．具体的

表1　ビジネスを通じての平和構築事例

国・地域	関係団体	活動の概略
コロンビア	Alianzas Red（仲介役）・複数の企業	企業が国内避難民に職業訓練後，雇用したり，開発事業に資金提供して雇用を創出する．官民協力の事例．（Alianzas Red は日本が世界銀行に拠出している社会開発資金によって 2001 年に設立．国連開発計画が技術協力）
パレスチナ・イスラエル	Agrexo	パレスチナの農家による農産品を，パレスチナの協会が集荷・冷蔵・梱包し，イスラエル最大の農産品輸出業者 Agrexo に引き渡し，同社が EU 諸国に販売
シエラレオネ	Search for Common Ground（SFCG, NGO），Celtel, ラジオ局	スーダンのディアスポラがオランダに設立した会社，Celtel が，少数民族の町と，ダイヤモンドの産地として知られる紛争の被害が大きかった町に，携帯電話サービスを開始．SFCG の発案で，ラジオ局と協力し，町と町の間，そして国をつなぐことの重要さを，ラジオ番組への有力者や市民の電話出演によってキャンペーン

（出典：インターナショナル・アラートの報告書をもとに作成）

な事例を集め，ビジネスによる平和への積極的なかかわりを推進しようとする動きもある．その好例である国際 NGO のインターナショナル・アラート（International Alert）は，2006 年に 500 ページを超える報告書を発表し，表1を含む世界中の事例を紹介している．

　平和構築における経済復興支援は，これまでも開発援助機関によって行われてきている．経済インフラ支援もあれば，マイクロクレジットの提供もある．しかし，平和構築の活動には，経済，政治，法律分野での制度構築，武装解除・動員解除・社会復帰（DDR）など，平和構築特有の支援をはじめとして，行うべきことが非常に多様である．そのため，支援を受けることなく紛争後も貧困の中で生活を維持しなければいけない人も多い．また，公的な援助では必ずしも個人のビジネスを直接支援することが望ましいとはいえない．その意味で，ビジネスが平和構築の意識をもって参入すれば重要な役割を果たし得ると考えられる．

　ビジネスには，人と人との間の協力が必須である，共通の利益を追求する，参加するためには積極的に取り組む必要がある，という特徴がある．そのため，分断社会とよばれる集団間対立のある社会においては，集団間の壁を越えるビジネスを通じてコミュニティ・ビルディングの効果を生む可能性がある．また，ビジネスによって人々は技術や能力を身につけること，収入を得ること，自らイニシアティブをとることになり，エンパワーメントとオーナーシップの強化につながることも期待される．　　　　　　　　　　　　　　　　　　　　　　　　　　[片柳真理]

参考文献
[1] International Alert, *Local Business, Local Peace: the Peacebuilding Potential of the Domestic Private Sector*, International Alert, 2006

9

貧困と不平等

貧困と不平等

poverty and inequality

19世紀末からイギリスで都市貧困調査を行ったS.ラウントリーは，人間が肉体的な機能を維持できる最低限の生活費を「貧困線」とし，それ以下の生活を「貧困」と規定した．貧困は個人責任ではなく，低賃金と失業が最大要因であると判明した．その後の完全雇用を目指す福祉国家の中で，これらの要因は比重を低下させたとみられた．しかし1970年代になって貧困は「再発見」される．P.タウンゼントは，人がその属する社会の生活スタイル（わが子の誕生日にパーティーを開くなど）を実現できない状態を「相対的剥奪」とした（☞「相対的剥奪」）．

絶対的貧困と相対的剥奪を理論的に統合したとされるのが，A.センのケイパビリティ論である．人が絶対的に必要な栄養状態を保つにせよ，子どものパーティーを開くにせよ，自ら価値付けるさまざまな生き方を実際に選び得る可能性の広がりを「ケイパビリティ」という．所得の大きさは生き方を達成する手段のひとつにすぎない．そして，誰もがもつべき最低限の基礎的ケイパビリティこそが平等であるべきで，これすら剥奪されている状態が「貧困」であるとされた．

●**社会関係からみる貧困**　1980年代末から北側諸国（いわゆる先進国）では「社会的排除」が貧困論のキーワードとなった．排除の観点から貧困をみることは，個人以上に社会関係に注目し，剥奪を再生産する「プロセス」を分析することになる．こうした議論は開発途上国でも盛んになった．グローバル化の進展とともに，（貧困そのもの以上に）格差が問題とされることが多くなっている．

社会的流動性が高い場合には，雇用や移住，融資，教育などを通じて国全体の経済的格差は縮小していく可能性がある．しかし多くの場合，格差と支配関係は社会的に固定され，特定の集団が生きる選択肢を狭められ，貧困が再生産される．こうした不平等が，ジェンダー，階層，資産，職業，学歴，民族，地域，障害など多くのカテゴリーに存在して経済関係を支配し，単純な所得再分配策の効果をそいでしまうのである．「個々人ではどうすることもできない経済諸力によって従属させられる社会関係」（☞「貧しい人々の自立」）がそこにある．

●**人々の生存戦略**　ある人の生きる機会の剥奪とは，その人のケイパビリティ，すなわち「自由」の縮小を意味する．貧しい人自身が貧しさを問う（☞「貧困者による貧困調査」）のは，どのように自由が抑圧されているかを自問するということだろう．再びセンの言葉を借りれば，人間を受け身のサービス対象（patients）ではなく，変化への行為主体（agents）としてみるならば，注目すべきなのは，貧しい人たちのニーズは何かということよりも，彼らがどう行動して生活を確保しようとし，何によってその自由が阻害されているのか，ということである．

実際に 1990 年代からは，持続的生計論などに基づいて，貧困者が営む多様な生計活動が分析の焦点となっている．生活保障システムの側面では，地域での（共済型の）マイクロクレジットやそれに基づくマイクロ保険，あるいは住民が出資運営するコミュニティ福祉基金などである．貧困住民が自ら編み出す生存戦略といえる．途上国のみならず日本でも，行政による個人給付・個別サービスを越えて，地域を基盤とする活動が注目されている（☞「日本の貧困地域」）．

しかしこれらが住民の意思と資源に基づくリアルな戦略として広がりつつあるとしても，大きな資金的・制度的限界がある．地区レベルの活動だけで所得貧困を解決するのはしばしば困難であるし，自治的なマイクロ保険は国レベルのマクロな資源再配分には関与できない．住民の多様で有効な生存戦略を見出し支えつつも，それらをマクロな政策や制度で補完する公的介入が必要である．

●**多様化する貧困削減戦略**　新ミレニアム（千年紀）の始まりから 2015 年までは，ミレニアム開発目標が開発途上国の（広義での）貧困削減を推進する動因となっていた．ミレニアム開発目標の 8 つの目標とそれらに付随する数値ターゲットは，低所得国の開発計画でもある貧困削減戦略書（PRSP）の目標やターゲットとしても採用された．PRSP の履行は事実上，世界銀行や国際通貨基金（IMF）の譲許的支援の条件とされていたため，低所得国には PRSP に盛り込まれた目標を達成しようと努力する誘因があった．

貧困削減を推進するにあたっては，政府や NGO，国際機関や民間団体によって，多くの知恵と資源がつぎ込まれた．新しい知恵の 1 つは，マイクロファイナンスに代表される金融メカニズムであった．融資，保険，デリバティブといった金融商品が，貧困削減のために活用された．いま 1 つの新しい知恵は，情報通信，エネルギー分野の新技術であった．携帯電話，インターネット，太陽光発電，浄水，といった分野での新技術が，実験的に開発途上国の村々にもち込まれた．

貧困削減の局面ごとに，対策が練り上げられたことも，この時期の特徴としてあげられる．災害や紛争直後の緊急支援，そしてその後の平和構築と開発への移行のプロセスに関する研究が進められた．その各プロセスにおいて，食料や住居に関する支援がどのようになされるべきなのか，現在も試行錯誤が続いている．

さらには貧困削減を進める制度的メカニズムについての研究も進んでいる．受益者による開発プロセスの推進を支える参加型アプローチ，介入の成否に関する厳密な統計的精査をプロジェクト実施の要件として求めるインパクト評価アプローチ，子どもの就学や予防接種などをパッケージ的な給付条件とする条件付き所得移転がそれらの例である．　　　　　　　　　　　　　[穂坂光彦・山形辰史]

📖 **参考文献**

[1] オデコン, M. 編集代表『世界格差・貧困百科事典』駒井 洋監修，明石書店，2012
[2] 絵所秀紀他編著『貧困と開発』シリーズ国際開発 1，日本評論社，2004

貧しい人々の自立

self-reliance from poverty

　国際開発研究の主題は，その出発点から貧困の解消であった．1950 年代以降，植民地支配から政治的独立を達成する国が増えると，開発を至上の善とみるイデオロギーが，国際機関の高邁な理念になり，国際開発学が誕生した．国数において世界の 8 割，人口において 7 割，面積において 6 割を占める開発途上国集団が，すべて開発の完成に向かって一本道を歩むことが期待された．北半球に集中する先進工業国が，国際機関を支配し，南の国に押し付けた開発の理念でもある．

　ところが 21 世紀に入ると，階層格差や経済格差が，北の国でも深刻な社会問題であると，気付かれ始めた．貧しい人々の自立は，いまや全世界的に共通の課題となりつつあり，経済協力開発機構（OECD）や EU 加盟国の国内問題でもある．

●**貧困とは何か**　貧困は伝統的に，次の 3 種の基準で判定されてきた．

　① **所得水準**：1 年間に生産された付加価値総額が計算の基礎になる．経済成長が貧困の解消に有効であると考える為政者にとって，1 人あたりの国民所得は，経済学者がつくり出した便利な指標である．しかし，名目上の経済成長に対応する国際貿易や国際金融の肥大は，債務返済に苦しむ貧困家庭と同様に，公権力の債務返済も困難にしている．メガ銀行のカードローンに頼る貧困家庭の様相は，国際金融機関からの累積債務に苦慮する多くの政府の貧困に重なる．

　② **栄養水準**：所得水準は，通貨価値の変動や商品経済の浸透度などの違いから，地域や時代により貧困に関する意味が異なってしまう．次善策として採用されたのは，栄養水準である．生命維持に必要なカロリー量は，地域や時代を越えて変わらないので，貧困線を決定するうえで有用とみなされた．しかし肉体労働者は高カロリー食を摂取するのに，高額所得者が低カロリー食を求めると，妥当性が無くなる．

　③ **医療・教育水準**：栄養だけでなく，衣料や住宅などの物量指標を追加しても，これらは気候や地形などに左右される．そこで基本的ニーズという概念がつくられ，病院数と医療従事者数や，学校数と教員数などが指標にとり入れられた．しかし病院に入院している日数が長ければ長いほど豊かともいえない．学校に通う期間が長くなり，試験を受け続ければ豊かともいえない．

　万人が納得する貧富の物的指標をみつける作業は，きわめて難しい．だからといって，貧しい人々が存在しないとはいえない．それでは，貧困はどこから生まれてくるのであろうか．個々人ではどうすることもできない経済諸力によって，従属させられる社会関係が貧困の根源である．支配や従属が経済的な社会関係に転化したとき，初めて貧困が感受され，人は貧しい暮らしに涙を流す．

9. 貧困と不平等　　まずしいひとびとのじりつ　　273

●**豊かさと自立**　逆に豊かさというのは生命活動の開花であり，それは循環性の永続，多様性の展開および関係性の創出である．貧しさは，経済的な従属（生活手段の被支配）と生活環境の破壊から生まれる．豊かさとは，経済的な自立（経済活動の自主管理）と生命活動の充足をめざす暮しである．

　ある地域における暮しを充実させる方向を示す指標は次のように考えられる．

　① 地域内における物質循環比率：特定地域に運び込まれる財貨や廃物と，その地域から運び去られる物量が長期的につり合っていれば，循環性が永続可能であり，人々の暮らしも豊かになる．資源であれゴミであれ，この物質循環の比率が1から乖離する度合に応じて，環境破壊の危機は深刻になる．

　② 障害者による経済活動参加の比率：地域社会に受け入れられる障害者の比率が高くなると，多様性の展開が容易になる．障害者を隔離する特別施設の解消速度でもって，豊かな社会への進み方を判断することも可能である．人間社会では，すべての人が何らかの形で障害を背負っている．万人が障害者であるという立場から見ると，経済活動に参加できない人々の解消が望ましい．

　③ 人口に占める多重生活者の比率：単一の活動だけをする人間の住む地域から，越境する多元・多重の生活者が住む地域に変わると，人間社会における関係性の創出が進む．人間は異なった活動をする人間に出会うことによって，自己を豊かにする．かつてボランティアとは，志願兵という軍事的な役割を担う存在であったが，暴力の呪縛を解けば，ボランティアこそ地域住民にとっては「よそ者」として地域間協力の担い手になるであろう．

●**豊かな生き方──循環性，多様性，関係性**　豊かな社会の豊かな生き方とは何だろうか．結局のところ，循環性の永続である．物質の移動だけでなく人間の交流を豊かにする．次に多様性の展開である．そこでは経済主義からの自立が課題である．多様性を担うのは，同時にいくつもの仕事を引き受ける人間である．それもひとつふたつではなく，家庭，地域，職場などにまたがって多元的な仕事をしている多重生活者である．最後に関係性の創出である．人が人として生きてゆくうえでの社会的な生活のほとんどの活動が関係性をつくる．例えば，日本とアジア諸地域を国家と国家の関係で考えるのではなく，民衆と民衆の関係として考えてみよう．国家の学問を教えたり，経済援助をしたりするのではなく，対等な仲間として互いに教えたり，助けたりするところから始める．このような形で人々が国境を越えれば，南北問題も意味を変えるに違いない．

　人は誰も孤立して生きるわけにゆかない，貧しい人々の自立も，相互依存関係の深まりが決める．依存する人間，施設，制度などの数や種類が多くなればなるほど，当事者の自立水準は高まるからである．　　　　　　　　　　　[中村尚司]

📖 **参考文献**

[1] 中村尚司『地域自立の経済学』第2版，日本評論社，1998

グローバル化と格差・貧困

poverty and inequality affected by globalization

　グローバル化は，多かれ少なかれ経済構造変化を伴う．構造変化の結果として縮小する部門から生活の糧を得ていた人々は，それによって所得の一部を失うことになる．この結果としてグローバル化は，少なくとも一部の人々に不利益をもたらし，それが貧困や格差拡大をもたらす可能性を有している．グローバル化の利益が，どれだけこれらの不利益を相殺できるかが，グローバル化が格差・貧困に及ぼす総合効果の方向を決める．

●**グローバル化の2つの側面**　グローバル化とは，ものごとが地球規模で進むことを意味している．グローバル化には，①世界の国々の制度や人々の嗜好が同一化に向かうこと，②財・サービス，資本，人間の地球規模での移動への障壁が低くなっていくこと，という2つの側面がある．①については，もともと影響力の大きい国が採用している制度に，他国が合わせていくことになりかねないため，合わせる側の人々の負担が大きくなることが懸念されている．したがって影響力の大きな国が，どれだけ他国に配慮できるかが問われることになる．以下では，グローバル化の②の側面が，格差・貧困にもたらす効果について述べる．

●**グローバル化と国際所得格差**　移動の障壁が下がることにより，①財・サービスが，それを最も強く求める人に届くことが容易になり，②資本や労働も，それらを最も生産的に用いることのできる生産活動へと配分しやすくなる．①はグローバル化がもたらす消費の国際的効率化で，②が生産の国際的効率化である．このように，グローバル化は世界的な消費・生産の効率化に寄与し，世界全体の所得増加をもたらす要素をもっている．

　国際所得格差については，所得を生み出す源泉となる生産投入物（経済学では生産要素とよぶ）である労働や資本の国際移動の障壁が下がることで，それらを保有する人々の間の国際所得格差が縮小する．例えば，低所得国の労働者の賃金は，先進国の労働者の賃金の数十分の1に相当する低い水準である．それは低所得国の労働者のスキルや生産性が，先進国の同じ職種の労働者の数十分の1の低さだからではない．したがって，国際労働移動の障壁が下がることによって，低所得国の労働者が高所得国へ出稼ぎに行って高い賃金を得て，仕送りしたり所得をもち帰ったりすることは，労働者の賃金格差を縮小させる．

　しかし一般に，労働移動は国際的に自由ではなく，制限が大きい．労働を含む生産要素の移動がまったく行われず，財のみが自由な国際的取引を許された場合，国際的な所得格差はどうなるだろうか．この疑問に答えを与えたのがストルパー・サミュエルソン定理である．この定理は，貿易障壁の削減によって国際的

な財価格が同一化の方向に進めば，労働や資本などの生産要素市場が国際的に全く閉鎖されていても，賃金や利子率といった労働と資本の価格が，国際的に同一化の方向に進むことを導いている．その論理は以下のとおりである．

世界に労働豊富国と資本豊富国，労働集約財と資本集約財があったとしたら，労働豊富国と資本豊富国が貿易を始める前には，労働豊富国は労働集約財を安価に生産することができ，資本豊富国は資本集約財を安価に生産することができる．両国が貿易を始めれば，労働豊富国の労働集約財は，資本豊富国からより高値で購入されることによって生産量が増え，資本豊富国の資本集約財も，労働豊富国からより高値で購入されて生産量が増えることになる．この結果，労働豊富国の労働集約財に集約的に用いられている労働の需要が拡大して，労働豊富国では労働者の賃金が上昇する．同じメカニズムから，資本豊富国の資本サービス価格は上昇する．具体例でいえば，労働豊富国バングラデシュで生産されている労働集約財（衣類）の生産が，貿易自由化によって拡大すれば，衣類工場で働いている労働者の賃金が上昇して，資本豊富国アメリカの衣類工場の賃金に追いついていく，というわけである．これは実際に起こっていることである（山形編2011）．ただし，技術進歩といった動学的な要因を考慮すれば，財の国際移動を通じた生産要素価格の均等化は，起こらない可能性もある（Grossman and Helpman 1991）．

●**グローバル化と国内所得格差**　このようにグローバル化は，国際所得格差を縮小する作用を有している．一方，国内において，貿易自由化によって激しくなる国際競争の敗者は，廃業，転職するか，生産物の価格を下げるか，または質を高めるか，しなくてはならない．それらがスムーズに進まなければ，敗者の所得は著しく下がる．アメリカの衣類工場労働者や，プラスチック製品に代替されつつあるバングラデシュのジュートの栽培者や加工業者は，このような国際競争にさらされている．

彼ら国際競争の敗者に対する施策として，1970年代に日本で採用されていたような，斜陽産業からの離職や再就職をうながす雇用調整援助（関口・堀内1984）や，失業保険，生活保護といったセーフティ・ネットを整備しなければならない．D. ロドリックは，グローバル化が進んだ国ほど，国民所得に対する政府支出が大きい傾向にあることを示し，「国際競争の敗者に対して厚い手当てができる国ほどグローバル化を進めている」と解釈している（Rodrik 2011）．グローバル化は，地球規模での効率化をもたらすものの，それを地球の全員が享受するためには，かなりの調整コストを誰かが負わなければならない，という認識が広がりつつある．

[山形辰史]

貧困の指標と測定

measurements of poverty

　今世紀に入り，世界の貧困削減は進展したとみられている．このように，貧困削減の進捗状況を客観的に議論できるのは，適切かつ実用的な貧困指標が考案されたことに加え，開発途上国の広い地域においてデータの収集がなされるようになったことによっている．貧困指標とその数値は，ミレニアム開発目標（MDGs）の目標1のターゲットとして用いられ，世界の人々を貧困削減に動機付ける重要な役割を果たした．これらの指標のひとつはMDGsの後継である持続可能な開発目標（SDGs）の目標1のターゲットにも採用されている．

●**貧困線**　すべての貧困指標は，所得や支出を基準とした貧困線を用いて，貧困者と非貧困者を分けることを前提として定義されている．貧困線は，衣食住など，生存のために絶対的に必要な活動を維持するためにかかる経費を，地域ごとに算出することによって定義される．貧困線は通常，国や地方自治体の範囲で算出される（Deaton 2013）．一方，国際比較のためには世界全体の貧困線が定義されており，現在では，1日1人あたり1.90米ドル（2011年価格）が国際貧困線として，広く用いられている．

●**貧困者比率**　貧困指標として最も広く用いられているのが貧困者比率 P_0 である．これは貧困線以下の所得で生活する人の人数 p を総人口 n で割った指標である（$P_0 = p/n$）．総人口の中で何割が貧困状態にあるか，つまり「貧困の広がり」を示しているといえる．

　図1に，世界の主な地域の貧困者比率の推移を示した．1981年には世界の4割以上の人々が貧困状態にあったが，2013年には，約1割にまで貧困者の比率が低下したことがみてとれる．これは主として東アジア・大洋州，南アジア，サハラ以南アフリカにおける貧困削減の成功によっている．これら以外の地域（ヨーロッパ，北米，中東・北アフリカ）においては，1980年代から貧困者数が少なかった．一方，東アジア，南アジア，アフリカには貧困者が多かった．しかし東アジア・

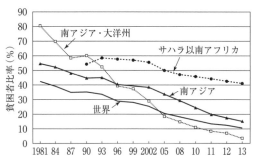

図1　貧困者比率の推移（用いられた貧困線は，2011年の購買力平価で測った1.90米ドルである）（出典：World Bank *World Development Indicators*. 世界銀行 DataBank［http://databank.worldbank.org/data/home.aspx］）

大洋州は中国の経済発展に牽引され，1981年には貧困者比率が80.5％だったものが，2013年には3.5％へと低下している．南アジアでもインドの経済成長によって，1981年には全人口の半数以上が貧困状態におかれていたのに対し，2013年には貧困者比率が15.1％に低下している．サハラ以南アフリカにおいても，1990年代には貧困削減の進展があまりみられなかったものの，2000年以降今日までは，顕著な貧困者比率の低下をみせている．

　これらの結果，MDGsの目標1達成のために定められた「2015年までに，貧困者比率を1990年の水準から半減させる」というターゲットは，サハラ以南アフリカでは達成されなかったものの，東アジア・大洋州，南アジア，そして世界全体で達成された．

●**FGT指数**　貧困者比率の長所は，その意味が一目瞭然で，貧困者数と人口だけで計算できることである．一方，この指標の短所は，貧困者の中でも，所得水準が貧困線に近い，比較的裕福な貧困層と極貧層を区別できないことである．言い換えれば，貧困者比率には「貧困の深さ」が反映されていない．貧困の深さを反映した指標に貧困ギャップ比率がある．貧困ギャップ比率とは，貧困者の所得yと貧困線$\underline{y}$との差$(\underline{y}-y)$を貧困線で割って比率にしたもの$(\underline{y}-y)/\underline{y}$である．非貧困者の貧困ギャップ比率は意味をもたないので0とおいて，当該社会における個人の貧困ギャップ比率の平均をとると，その社会の貧困ギャップ比率が次式(1)によって得られる．

$$(1) \qquad P_1 = \frac{1}{n}\sum_{i=1}^{p}\frac{\underline{y}-y_i}{\underline{y}}$$

　この貧困ギャップ比率にも短所がある．それは，比較的裕福な貧困者の所得の改善と，極貧層の所得の改善がまったく同等に扱われていることである．極貧層の所得増加を，裕福な貧困層の所得増加よりも高く評価するためには，前者に対して大きなウェイトを与えた加重平均を用いることがひとつの対処法である．この目的でしばしば用いられるのが式(2)の2乗貧困ギャップ比率である（山形2012）．

$$(2) \quad P_2 = \frac{1}{n}\sum_{i=1}^{p}\left(\frac{\underline{y}-y_i}{\underline{y}}\right)^2 \qquad (3) \quad P_k = \frac{1}{n}\sum_{i=1}^{p}\left(\frac{\underline{y}-y_i}{\underline{y}}\right)^k$$

　2乗貧困ギャップ比率よりも，極貧層の所得へのウェイトを高めるためには2乗の項を3乗，4乗に増加させればよい．このようにべき乗の値を可変にした貧困指標は，提唱者の名前を冠してFGT指数とよばれている（Foster et al. 1984）．

　興味深いのは，$k=0$の場合にFGT指数が貧困者比率に一致することである．つまりFGT指数は，貧困者比率P_0，貧困ギャップ比率P_1，2乗貧困ギャップ比率P_2の一般形になっているのである．現在，多くの貧困実態報告において，貧困指標として，P_0, P_1, P_2の3つが示されることが通例となっている．　[山形辰史]

所得の不平等

income inequality

　国家レベルでの所得の不平等を計測するためのデータは各国の家計調査から得られる. 開発途上国において国家レベルでの代表性をもった家計調査が行われるようになったのは, おおむね1990年代以降であり, サハラ以南アフリカではこうした調査が一度も行われていない国もある. しかし, 過去10数年で各国の家計調査データの蓄積, 利用が著しく進み, 各途上国, また世界全体での不平等の議論が大きく前進することとなった. 表1は世界の地域ごとにジニ係数で測った不平等度（消費データ）がどのように分布しているのかを表しているが, アジア地域に比べて, ラテンアメリカやサハラ以南アフリカの分布のばらつきがより激しく, また平均的な不平等度が高いことがわかる.

表1　1人あたり消費額で計測したジニ係数の地域分布（2010年）

地　域	平均値	中央値	標準偏差	最小値	最大値
東アジア・太平洋地域	38.1	36.7	0.1	31.9	43.5
東欧・中央アジア	33.6	33.7	0.1	25.6	43.6
ラテンアメリカ・カリブ諸国	43.8	44.8	0.1	34.7	52.8
中東・北アフリカ	36.0	36.1	0.1	30.8	40.9
南アジア	35.0	36.3	0.1	30.0	38.1
サハラ以南アフリカ	44.4	42.1	0.2	33.3	63.1
途上国全体	39.8	39.2	0.2	25.6	63.1

（注）データは各地域の途上国データのみを使用（出典：*Alvaredo and Gasparini*, p.709, 2015）

　また, 家計調査から金銭ベースで得られるデータとしては, 所得と消費の2種類のデータがある. 途上国家計において典型的な世帯形態ともいえる自営農家などでは所得の正確な把握が困難であることなどから, 不平等度の多国間比較のためには, 家計厚生の代理変数として, よりデータの信頼性がおける消費額データを用いて不平等の議論がなされることが多い.

●相対的不平等指標　不平等をどのように計測し, 指標化していくのかという問題についてはこれまで多くの議論がなされてきた. とりわけ不平等指標が備えるべき性質としては以下の4つがあげられており, ジニ係数, タイル指標, 変動係数などが, これら4つの性質を満たす.

　① **対称性（無名性）**：所得を個人間で交換して得られる2つの所得分布では, 不平等の測定値が不変であること.

　② **複製に関する不変性**：所得分布を複製して得られる分布では不平等測定値が

もとの分布と同一であること.
 ③ **平均からの独立性**：全員の所得が同一比率で増加しても不平等の値は不変であること.
 ④ **ピグー・ドールトン条件**：相対的に貧しい個人から裕福な個人への所得移転は必ず不等度を上昇させること.

●**ジニ係数とローレンツ曲線** n人の所得分布$(y_1, y_2, \cdots, y_n)$が$y_1 \geq y_2 \geq \cdots \geq y_n$を満たすとき，平均値を$\mu$とすると，ジニ係数は，

$$\text{Gini} = \frac{1}{2n^2\mu} \sum_{i=1}^{n} \sum_{j=1}^{n} |y_i - y_j|$$

と定義できる. なおジニ係数は図1のローレンツ曲線と所得均等直線で囲まれた図形の面積を2倍した値に等しい. このためローレンツ曲線そのものが所得の不平等度を視覚的に示すグラフとなっている.

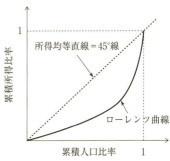

図1 ジニ係数とローレンツ曲線. 所得の低い構成員・世帯からそれぞれの所得を積み上げて（累積）いく. 縦軸, 横軸ともに全体を1として描写する

●**その他の不平等指標（変動係数とエントロピー指標）** 変動係数CVは分散$V = (1/n)\sum_{i=1}^{n}(\mu - y_i)^2$の平方根（標準偏差）を所得水準の平均値で除したもので，$CV = V^{1/2}/\mu$と定義される. 例えば, ある1つの所得分布を日本円と米ドルの双方で描写するということを考えてみる. 日本円で計測した際には, 例えば100万円が平均値だったとすると, 米ドルでは1万ドル（1ドル=100円換算）となる. 同一の所得分布を描写しているのに分散と標準偏差は平均所得水準に依存してしまうために日本円と米ドルではそれぞれの大きさが異なってしまう. ただし変動係数は所得水準で除すことによって平均所得水準から独立となるため, 異なる分布比較に用いることができる. また, その他によく用いられる不平等指標がタイル指標を含む一般化されたエントロピー指標である.

$$E_\alpha = \frac{1}{\alpha^2 - \alpha}\left[\frac{1}{n}\sum_{i=1}^{n}\left(\frac{y_i}{y}\right)^\alpha - 1\right]$$

ここで, αはエントロピー指標のパラメータで, パラメータ$\alpha = 1$のエントロピー指標がタイル指標とよばれる. なお, このエントロピー指標は, 分離加法性と呼ばれる特性をもつ（ジニ係数にこの特性はない）. ［栗田匡相］

📖 **参考文献**
[1] Alvaredo, F. and Gasparini, L. "Recent Trends in Inequality and Poverty in Developing Countries" in Atkinson, A. B. and Bourguignon, F. eds. *Handbook of Income Distribution volume 2A*, pp.697-805, 2015
[2] セン, A.『不平等の経済学―ジェームズ・フォスター, アマルティア・センによる補論「四半世紀後の『不平等の経済学』」を含む拡大版』鈴村興太郎・須賀晃一訳, 東洋経済新報社, p.298, 2000

相対的剥奪

relative deprivation

イギリスで発達してきた貧困研究においては，貧困の状態を判断するために2つの方法が採用されてきた．1つは人が健康や身体を維持するために必要な基本的資源が欠如している状態を意味する「絶対的貧困」である．もう1つは「相対的貧困」で，一部の人たちの生活条件と，人口の大多数があたり前として享受する生活条件との間にみられる格差に基づいて貧困状態を判断するものである．なお近年日本では経済協力開発機構（OECD）の方式に基づき，相対的貧困を「年間の等価可処分所得が中央値の半分未満」と定量的に説明されるが，これとは区別されることに留意されたい．

●**貧困をめぐる絶対論・相対論と相対的剥奪**　絶対的貧困とは，生きるために必要な栄養や食糧，安全な水，住居などが欠如していて，人間の生存自体が脅かされている状態である．国際開発の文脈でいえば，「ベーシック・ヒューマン・ニーズ（BHN）」が満たされていない状態や「1日1.9ドル以下」という「貧困線」を設定して表現する世界銀行の定義が該当する．

他方で，相対的貧困は，生存のために活用できる資源が欠乏していることに加え，社会から得られるサービスが享受できなかったり，求められる社会的活動を果たすことができず，心理的にもはなはだしい不利益を被っている状態とみなされる．貧困とは絶対論にみられるような個人の生活状況にとどまる問題ではなく，基準とする他者との比較を通して認知され，規定されていく「社会的貧困」と理解されたのである．P. タウンゼントは「相対的剥奪」という視点を用いて相対的貧困論を構築した．

A. ギデンズによれば相対的剥奪とは「人が，自分自身の比較対象である集団と自分とを対照した際にいだく剥奪感」である．つまり比較の基準（準拠集団，期待と達成の水準）が異なれば剥奪感も相対的に変化するといえる．

タウンゼントは「周囲の人々に比べて相対的に剥奪されているという感情」（S. スタウファー）をさらに敷衍して「相対的に剥奪されているという状態」と読み替え，必要な生活資源を欠くために，基準とする周囲の人々が当然として享受している生活水準や生活様式を大幅に下まわっている状態を貧困であるとした．また，このような「相対的剥奪状態に陥っている人々の割合はある所得水準を下まわると急速に高まる」という閾値（相対的貧困線）を発見した．

●**セン＝タウンゼント論争**　貧困をめぐる重要な論争が，A. センとタウンゼントの間で交わされている．この論争は，相対的貧困論（タウンゼント）対絶対的貧困論（セン）とみなされることがあるが，これを単なる二項対立としてとらえる

べきではない．タウンゼントも人間の生存を脅かすような絶対的な貧困状態から出発しているし，センもまた，社会的文化的達成の次元で，個人と他者のありようで貧困状態が多様に発現することを認めている．いわば「『相対的に絶対的』（relatively absolute）な観点から貧困を定義する」（T. マーシャル）という点では，センもタウンゼントも同じ立ち位置にあるといえる．

　他方でセンは，相対論を過度に適用し相対的没価値に陥ってしまう危険を強調する．また，従来の絶対論も相対論も，物質的消費の不足の内容で貧困を測定しようとする点では同じであり，これをケイパビリティの概念を提案することによって乗り越えようとした．つまり，「諸個人がアクセスし得る財の組合せである権原（エンタイトルメント）を用いて，なりたいものになり，やりたいことができるよう自己を決定できること．そしてそれは状況によって多様性をもつこと」を貧困状態克服の原理とみなしたのである．このように絶対的貧困アプローチと相対的剥奪論に基づく相対的貧困アプローチを相互補完概念として理解することが重要である．

●**国際開発研究への示唆**　相対的剥奪概念はケイパビリティ・アプローチとともに国際開発研究においても重要な意味をもつ．開発協力の現場では，便宜上被援助国の行政や世界銀行など国際機関が整備したデータに基づいてプロジェクトをデザインすることが多い．その際，プロジェクト対象者の状況が一様ではないことや，生活のために絶対的に必要とされる財・サービスが，国際援助機関や被援助国政府といった「援助者側の視点」によって計上されたものだということに自覚的でなければならない．

　次に，支援される側が果たして「自分たちは貧困である」とみなしているのか，そしてみなしているとすれば，どのように困窮している状態と感じているかを，他者との関係で慎重にみきわめる必要がある．支援する側が設けた貧困線以下で厳しい生活を送っていたとしても，実は親密なコミュニティで重要な役割を果たしていたり，相互に助け合いながら社会的文化的な充足感を得ていたりすることもあり得る．そして，そのような状況に介入することによって，むしろ「自分たちは貧困である」と認知して，さらに貧困状態を強めてしまうラベリング問題（H. ベッカー）に陥るリスクにも注意が必要である．

　最後に，剥奪状態を招いている要因の相互作用関係を適切に把握することが求められる．例えば R. チェンバースが「貧困の罠」として説明した5つの要因（物質的欠乏，身体的弱さ，社会的孤立，脆弱さ，政治力・交渉力の欠如）があるとき，どの要因に働きかけるのか，最も実現可能性が高い選択肢は何かを見きわめる必要がある．重要なことは，自分たちがどのような状態になることを希求し，実際にそれをどの程度達成できたのかということを当事者自身が評価できることである．

［滝村卓司］

貧困者による貧困調査

poverty assessment by the poor

　貧困問題に行政的に対応するには，誰が貧困であるか，その基準を「客観的」に定めなくてはならない．伝統的にとられてきたのは，家計データに基づいて基準となる所得・消費水準を見定め，これに照らして個々の世帯を所得によって区分する方法である．しかし1980年代から，こうした調査に貧困当事者の視点を反映させるべきではないか，少なくとも「何が貧困であるか」について貧困者自身の声に耳を傾けるべきではないか，という主張が高まった．

●参加型貧困調査　世界銀行は『世界開発報告2000/2001』を「貧困」特集としたが，その準備の一環として1999年に「貧しい人々の声を聞く」調査が世界23か国で集中的に行われた．1990年代を通じて参加型調査の蓄積はなされていたが，このときに世界銀行によって定式化された方法が「参加型貧困調査」（PPA）とよばれることが多い．手法としては，R. チェンバースらの速成農村調査（RRA）や参加型農村調査（PRA）で展開されているトランセクト（村内ウォッチング），グループ討論，半構造化インタビュー，優先順位付け，因果関連図の作成などが住民ワークショップを中心に実施され，「貧しさ」を語ってもらう個別事例調査によって補足される．最終的には国レベルでまとめられ，政策的対話の場をつくりだすことが目的とされ，この点で，プロジェクトごとの参加促進にとどまっていた過去の参加型手法からの革新であるとされている．

　けれども多くのPPAで，フィールドワークは人類学的方法に比べれば比較的短期（数か月）であり，貧困住民による議論の枠組みは外部者（世界銀行の委託を受けた研究者）によって標準的に設定され，総括された．PRAが主張する「指示棒を（住民に）渡せ」というにどれほど近づいたかについて，疑問も残る．

　世界銀行にとってはPPAの採用は画期的であったかもしれないが，そもそも貧困者による参加型調査は1990年代にPRAによって突然登場した，というわけではない．チェンバース自身がPRAの源流として5つのアプローチを指摘している．その1つは，P. フレイレの影響を受けつつ1970年代に展開した，貧困住民による社会分析である．人々が自らの貧困状態を社会構造の問題として意識化し，社会変化への組織的行動をとるプロセスが方法化されたのであった．それはその後の参加型アクション・リサーチ（PAR）などとよばれる一連の流れに結びついた．1970年代は国際開発分野で，貧しい村人の自立と参加型開発が熱く語られた時期であった．北側諸国（いわゆる先進諸国）でも，障害者を先頭として，社会的に不利な立場におかれやすい人々の当事者運動が展開し始めた．貧困問題の議論においても当事者の自己認識が重視されるようになった．PPAにはこうした歴史的背景がある．

●アジアの諸例から　1980年代後半，スリランカは参加型住宅政策を全面的に採用し，無権利居住者（スクォッター）地区の改善にあたっては，住民ワークショップを重ねながら居住者の意向に沿って事業を進めた．事業の進展に対応する一連のワークショップ・メニューが用意されたが，いずれの地区でもまず最初に「私たちはどのように貧しいのか．貧しいのはなぜか．どうすればいいのか」が議論された．このときの政策や手法は事業としては成功をおさめ，世界的にも注目された．一方，核心となるワークショップの中身を観察すると，各地区ほぼ横並びの物的整備を提案する結論に導かれる傾向がみられた．制度を背景とする施策に応じてワークショップ構成が定型化されていたためであろう．

図1　「貧困」を議論するスラム住民ワークショップ（スリランカ）

やはり1980年代半ば，ムンバイの路上で暮らす女性たちは自らの組織「マヒラミラン」を結成し，路上の仲間たちの正確な数と状況を把握する「自己調査」を始めた．その結果をもって当局と交渉し，最終的には郊外の代替地で住宅を自力再建する集団移転を果たした．こうした調査は「人々のセンサス」とよばれ，多くの非政府組織（NGO）に影響を与えている．

さらに近年，NGOネットワークであるアジア居住権連合（ACHR）は，世界銀行・政府が設定する貧困線の妥当性を当事者の眼から検証するために，アジア6か国で貧困線調査を組織した．各地のスラム組織が集まって企画し，約1年をかけて調査し，結果を協議した．それぞれの国で多様な貧困層を類型化し得ることを自らの眼で見出し，かつ「主観的」な貧困観の表明にとどまらず，一定の家計調査に基づいて，既存の貧困線設定が貧困層の生活ニーズを過小評価していることを実証した．例えばフィリピンのグループは「通学する子どもが着たきりの服装で恥ずかしい思いをする」（相対的剥奪）ことのない生計費を，自分たちのスラムでの調査から測定した．

これら事例にみられるのは，外部支援者との十分なラポール（相互信頼関係）を前提に，制度や事業から相対的に独立したインフォーマルな場で，共同的な認識を深め発信することが，エンパワーメントやアクションへの出発点となるということである．貧困者による貧困調査の最終目的は，当事者の集団的な自己認識を通じて共同行動をうながすことにあるだろう．

[穂坂光彦]

参考文献
[1] ナラヤン, D.『私たちの声が聞こえますか？』世界銀行東京事務所, 2002
[2] チェンバース, R.『参加型開発と国際協力—変わるのはわたしたち』野田直人・白鳥清志監訳, 明石書店, 2000

食の貧困

food and nutrition insecurity

　食料安全保障というコンセプトをご存知だろうか？「すべての人が，常に，活動的・健康的生活を営むために必要となる，必要十分で安全で栄養価に富む食料を得ることができるとき，食料安全保障が実現しているといえる」というのがその定義である．

　現在，世界人口のおおよそ9人に1人にあたる，約8億人の人々が健康的な食生活ができていないと報告されている．これは，食糧生産が足りていないからではない．基本的に問題は家庭レベルの貧困にある．都市部の貧困層は収入が少ないため，たとえマーケットに豊富な食材が売られていても，十分で栄養価の高い食材を買えないわけである．また農村では，貧しい農民は十分な農地や資本がないため，自給自足も成り立たず，やはり食料安全保障が実現していない．さらに追い打ちをかけるように，紛争や自然災害の影響で貧困が悪化している国や地域が多くみられる．それらの多くの国々では，貧困層に対しての十分な社会保障制度が確立されていないので，そういった国の制度に頼ることもできない．国連や国際非政府組織（NGO）が外から援助に入る所以である．

　国連世界食糧計画（WFP）は，難民キャンプなどで日々の食糧の100％を支援に頼らなくてはならない受益者に対して，1日1人2100キロカロリー分の食糧支援を行っている．通常，配給する食糧は対象国の食文化に合わせた米，小麦，とうもろこしなどの主食，タンパク質源となる豆類，食用油，塩などが基本となる．こうして，十分なカロリーを提供するのも大事だが，ここ十数年，食料安全保障の定義にも含まれている "栄養" をより重視する傾向がみられる．

●栄養の問題　毎年，約300万人の5歳未満の子どもが栄養不足に関連した原因で亡くなっている．365日で割ると1日8000人以上の小さな命が脅かされていることになる．この事実はメディアで報道こそあまりされないが，「静かなる緊急事態」と解釈してもよい．栄養不足の原因，症状，種類にはいくつもあるが，中でも重要視されているのは発育阻害という病理である．胎児から2歳の誕生日を迎えるまでの約1000日間に適切な栄養がとれないと，この発育阻害が起こる．世界の5歳未満の子どもの4人に1人，1億6000万人が発育阻害に苦しんでいるといわれており，その内の90％はアジアとアフリカの子どもたちである．発育阻害は予防こそできるが，2歳の誕生日を超えてしまうと基本的に治癒はできないと考えられている．発育阻害の症状としては，同年代の子どもに比べて身長が低いというのが目に見えるものだが，それ以上に深刻な問題は子どものその後の学習能力が大きく阻害され，長期的には大人になったときの労働能力も阻害される

ことである.発育阻害の世代を抱える国は,世界銀行によれば,GDP の最大 11％分もの損失を被っている.開発途上国の長期的な経済発展をサポートするプロジェクトでも,発育阻害による損失の大きさを考慮し,子どもの栄養をより重視する必要がある.ただし,栄養不良は食生活の問題だけではなく,衛生,教育,医療などを総合的に考えなければならない.

図1　WFP の栄養プロジェクトでラオスの山岳民族の母親たちに栄養価を改善する調理法などを指導している

●**飢餓と紛争**　2030 年までに達成されるべき「持続可能な開発目標」の2番目には飢餓をゼロにするという目標が掲げられている.過去,約 20 年間で貧困に苦しむ人達の数を半分近くに減らせたことを考えると,この飢餓をゼロにする目標も理論的には達成できるはずである.ただし,家庭レベルの貧困以外にも,このゴール達成を阻むもう1つの大きな問題がある.

それは世界中で未だに減らない紛争である.国連難民高等弁務官事務所（UNHCR）によると,現在 6000 万人を超える人々が,紛争や迫害で避難生活を余儀なくされている.これは第2次世界大戦以降,最も多い数である.2016 年度の WFP の予算は 6000 億円ほどだったが,その5分の1近くの 1200 億円相当がシリアの国内支援と国外に流出した難民のために使われたと報告されている.本来,WFP の援助を受けなくてもよかった人たちが紛争のために援助される状況にある.その他にも WFP の支援の大半は現在紛争が続いている南スーダン,イエメン,ソマリア,コンゴ民主共和国,アフガニスタンなどの紛争地に送られている.こういった紛争地への食料支援は,復興のために使われるものもあるが,多くは単純に人命を救うための緊急人道支援である.そういった人道支援の必要性に議論の余地はないが,紛争のような人災のために多額の援助予算が使われ,その一方で貧困や飢餓を減少させる地道な援助活動が,食糧支援に限らずおろそかになってしまう傾向にある.

食の貧困とは,国の経済発展にも影響する問題であり,家庭レベルの貧困の連鎖を断ち切るためにも,国家や国際社会が真剣に解決に取り組むべき分野である.

［忍足謙朗］

居住の貧困

housing poverty

「南」世界（開発途上世界）で戦後の爆発的な都市化が始まったころ，南米で住宅計画に従事していたイギリス人建築家 J. ターナーらは，都市郊外を一夜にして占拠して定住し始める移住集団の力に，強いリアリティを見出した．それは北側諸国（いわゆる先進諸国）にも通じる住まいづくり（housing）の本質であり，ハウジングとは，供与されるハコモノではなく，自らの意思と力で建てることを通じて都市生活への諸関係を築いていくプロセスである，ということを示していた．

「居住」とは，住まい（housing）を核としてそれを支える物的住環境（built environment），さらにはそれを構築し維持するシステムを指す．居住は人権としても認知され，「居住の権利」（right to adequate housing）とは「安心して，平和に，かつ尊厳をもって住む＝暮らす＝生きる（live）なんらかの場をもつこと」と定義されている（国連社会権規約委員会）．

●**「居住」と都市貧困**　「居住の貧困」は都市の貧困問題と重ね合わせて議論されることが多い．南世界の都市住民の3割はスラム居住である．むろん農村にもホームレス状態の人々はいるが，都市では貧しさの空間的表徴としてスラムが集中的に可視化され，政治的にも無視しがたい．しかし農村との本質的な違いは，都市においては居住形成が制度的になされる（のが「正常」とされる）ことである．都市では，市場での取引，法的規制，事業者との契約といったフォーマルな手続きを通じて，宅地も建築材料もサービスも確保されなくてはならない．逆にいえば，都市の居住貧困は，制度へのアクセスの剥奪やフォーマルな市場からの排除によって生じるのである．したがって現代都市では，居住の貧困は社会的な不平等・排除と一体化している．すでに地球人口の過半数は都市に居住しており，都市は経済成長のエンジンともいわれるが，2016年の国連報告によれば，世界の75%の都市で過去20年間に所得の不平等が拡大したという．

●**インフォーマル居住地**　都市貧困層の居住形態は多様化しているが，それでも大多数は「スラム」や「スクォッター地区」とよばれるインフォーマルな居住地に住んでいる．「インフォーマル居住地」とは，近代法上は認められぬまま公有地や他人の私有地を占有していたり，宅地・建物が都市計画・開発法制・建築基準などに照らして違法ないし無認可であったり，あるいは規制法令がなくとも一定の「近代的」規範に対して住まい方（立地，密度，共同施設の態様，単体の設備や建築材料など）が「異常」とされるような居住地をいう．

スクォッターとは，近代的土地法のもとで認められる居住権を有さぬまま公有地・民有地に定住している「無権利居住者」である．またスラムというのは，立地や

物的環境が低水準にあって,主として低所得層からなる居住地の総称である(☞「生活と居住」).その意味ではスクォッター地区もスラムの一種である.

●**居住改善の課題と展望**　1970年代の貧困層向け居住戦略は,ターナーらの理論に導かれ,また援助機関に後押しされて,一方的・画一的な公的住宅供給を縮小し,スラム住民の自律的な居住改善を支える政策(enabling policies)へと転換した.オンサイトのス

図1　撤去前の河川敷スラム(インドネシア)

ラム改善,低コスト小敷地の分譲,土地権利付与,建築資材の補助的融資などである.しかしその背景にあった公的介入批判は,1980年代後半からは新自由主義的な民活路線に乗っ取られた.活性化したのは,スラム・コミュニティよりも中産階層向け住宅市場であった.貧困層にそれなりの居住空間を提供していた様々な仕組みもフォーマル化,商品化され,スラム居住者は(市場で住宅商品を購入しえないかぎりは)住む場を失っていった.こうして2000年代以降は「居住の不安定化」の時代となった.再開発をねらう官民の地主による強制追い立てが頻発し,一方で居住の分断と排除が顕在化した.大都市に出現したゲイテッド・コミュニティ(gated community)はその象徴であり,隔壁と門番と監視カメラに囲まれた高級住宅地が自由な諸関係を拒絶する.

これに対して「持続可能な開発目標」(SDGs)の検討過程でも注目されるようになったのは「都市への権利」の主張である.「居住の権利」を包含する理念として,都市の空間と生活の享受をすべての住民に(ジェンダー,年齢,法的地位,民族などを問わず)保障しようとするものだが,国際人権法上の議論としては未成熟である.しかしこの方向に向け,世界の少なからぬ都市で台頭している注目すべき動きもある.1つは「都市全域のスラム改善(city-wide slum upgrading)」といわれるものである.排除されてきたスラムの住民組織とその連合が,貯蓄運動やコミュニティ基金の運用を通じて蓄積した資金を都市レベルで統合し,自治体との共同開発基金を設け,組織的に土地を入手し,都市全域のスラム改善や生計支援や福祉的生活保障を協議に基づいて計画し,自ら実施していく.居住貧困を自律的に克服する新しいプロセスである.

[穂坂光彦]

参考文献
[1] 穂坂光彦「都市貧困層の居住形成と政策・支援」松行美帆子他編『グローバル時代のアジア都市論』丸善出版,pp.132-149,2016
[2] 穂坂光彦「都市・人間居住,水,衛生環境」髙柳彰夫・大橋正明編『SDGsを学ぶ―国際開発・国際協力入門』法律文化社,pp.120-141,2018

貧困削減と再配分政策

poverty reduction and redistribution policies

　近年の世界的な経済成長により，開発途上国の最貧困層人口は着実に減少してきた．しかし，経済成長を通じて貧困から脱する人の数は次第に減っていく傾向にある．女性，若年層，障害者や高齢者，遠隔地や紛争地域の人々など，脆弱な立場におかれた人々が最貧困層に取り残されているからである．貧困を削減するためには経済成長だけでは十分ではなく，高所得層から低所得層へ所得が再配分されるような政策が必要とされるゆえんである．一般的には，累進課税や相続税などの税制，所得比例の保険料を課す医療保険制度などが再配分政策としての機能を持つが，ここでは低・中所得国で近年導入が進んでいる政策をとりあげる．

●**条件付所得移転**　条件付所得移転（CCT）は，1990 年代から導入が始まり，現在，中南米のほとんどの国のほか，バングラデシュやインドネシア，フィリピン，トルコなどで実施されている．これは，一定の資格要件を満たし負担すべき義務を果たす個人や世帯に対して，政府から現金を直接支給する政策であり，給付の受け取り手は母親とされることが多い．受給者に課される義務として一般的なのは，乳幼児定期健診の受診や予防接種の実施，妊産婦健診の受診，子どもの就学およびその子の一定の出席率の確保である．すなわち，CCT は貧困世帯への経済的支援と子どもへの人的投資を同時に達成しようとするものといえる．CCT において受給者にどのような義務を課すかは重要である．例えば，すでに初等教育の就学率が一定以上の国では，小学校への就学を義務としても就学率の向上は見込めない．医療施設での妊産婦定期健診受診を義務としても，近くに医療施設がない場合には，検診受診率の大幅な向上は難しいだろう．また，CCT 受給世帯が将来的には経済的に自立できるよう，移行的な支援も非常に重要である．例えば，①職業斡旋，識字教育，技能訓練，起業支援を通した生計手段の確保，②他の社会サービスへの橋渡し，③金融サービスへのアクセス向上，などである．

●**無条件所得移転**　CCT は主に貧困児童への人的投資が目的であり，貧困高齢者，子どものいない貧困世帯には適用されない．そのため，貧困に着目した別の施策が必要である．無条件所得移転は CCT と異なり，貧困，高齢，障害など一定の要件を満たす人々に対し，果たすべき義務を課すことなく行われる現金支給である．特に，高齢者の場合には所得移転を行っても労働へのインセンティブ低下につながりにくいと考えられ，無条件所得移転が行われることが多い．

●**ワークフェア**　ワークフェア（workfare）は，公共事業での労働提供の対価として金銭を提供したり（cash for work），食糧を提供したり（food for work）する事業のことである．ワークフェアにより，①貧困層が必要とするような基礎イン

フラを整備するほか，②ワークフェアの対価によって最低限度の生活費を短期的に保障すること，③対価が生活物資購入などに使われることにより地域経済にプラスの効果を与えることが期待できる．

●**ターゲティング** 貧困削減の取組みにあたり貧困層と非貧困層を区別すること（ターゲティング）は，貧困層が取組みの対象から意図せず排除されてしまうリスクを減らすだけでなく，本来支援を必要としない非貧困層に対して給付されてしまうことによる経費のロスを最小限にするためにも

図1　CCT受給世帯に対する起業支援研修で販売用の軽食の作り方を学ぶ女性たち（ホンジュラス）（提供：JICA）

必要である．ターゲティングには，①調査などで収集したデータを活用したターゲティング，②セルフ・ターゲティングがある．データを活用したターゲティングは，所得データにより貧困世帯の多い地域や貧困が深刻な地域を特定する方法が代表的であるが，個々の世帯について正確な所得を把握することは難しいことから，代替資力調査が併せて行われることがある．例えば住居の屋根や壁の素材，トイレの有無やその種類といった貧困と相関がある事項を調査し，世帯の資力を推定する．また，住民相互の関係が深いコミュニティでは，生活レベルランキングという参加型手法によって，そのコミュニティ内でどの世帯が貧困であるかを特定する方法もある．セルフ・ターゲティングは，貧困層のみが受益者として選定されるようなメカニズムを用いたターゲティング手法である．すなわち，ワークフェアにおいて，非貧困層が購入しないような食料品を配給する方法や，非貧困層にとって低い賃金率を設定する方法である．ワークフェアに参加しないことによって別の収入機会でそれ以上の賃金を得ることができると判断した非貧困層は，自発的にワークフェアへの不参加を決断すると想定され，結果として貧困層のみが参加することになる．

●**Pro-poor growthのための政策**　直接的な再配分政策のみで貧困を持続的に削減できた事例はほとんどないといわれており，Pro-poor growth（貧困削減に寄与するような経済成長）が必要とされる．Pro-poor growthを実現するには，分野横断的な貧困層配慮が必要である．例えば，幹線道路から貧困地域を結ぶ道路の整備，貧困層を対象としたマイクロファイナンス，住民組織の強化などがそれにあたる．「ケイパビリティ」に着目するA.センの考え方に即していえば，こうした取組みは，貧困層自身がもちうる経済的，人的，政治的，社会文化的機会を拡大し，能力を発揮できる環境を整えることを通じ，彼ら一人ひとりの貧困からの脱却を促すことを意味している．

［中村信太郎］

貧困削減政策の評価

evaluation of poverty alleviation programs

　本来，政策は，効果のあるものが選択され，実行されるべきである．しかし実際は，政治家・官僚の主観や個人的信念，専門家の主観的判断に基づいて政策決定がなされており，大した効果がないのに膨大な金と労力をつぎ込んで実行している政策も少なくない．限りある予算と人員で貧困削減を効率的に進めるために，それぞれの政策の効果を評価し，高い効果が見出された政策を選択的に実施しようというのが政策評価の目的である．

●**統計的政策評価**　このように政策評価の必要性は自明だが，統計学的な因果推論に基づいて厳密に貧困削減政策が評価されるようになってきたのは最近のことである．それまでの政策評価は，評価者がさまざまな情報をもとに主観的な評価を下すものであり，誰が評価するか，そして評価者のさじ加減次第でも，評価内容が異なり得るものだった．そのため，評価プロセスに政治的圧力や利害関係が入り込む余地も大きく，効果のある政策を特定するための評価というよりは，政策が問題なく実施されたことを示すためのアリバイづくりとしての評価であった．

　統計学的な因果推論に基づく政策評価では，数量的なデータを用い，同じデータに同じ統計手続きを適用すれば誰が分析しても同じ結果となる再現性のある形で評価を行う．評価の信頼性は分析方法の妥当性に帰着するため，分析手法に精通した多数の専門家のチェックを受けやすく，政治的圧力に屈して結果が操作される可能性も低くなる．こうして統計学的に妥当な分析方法に基づいて得られた実証結果は「エビデンス」とよばれるが，さまざまな貧困削減政策についてエビデンスを蓄積し，それに基づいて政策決定をする試みが広がりつつある．

●**ランダム化比較試験**　このエビデンスに基づく政策決定の先駆的事例が，メキシコの PROGRESA である．PROGRESA は，小・中学生の家族に対して，出席率と予防医療サービス利用を条件に現金を支給する「条件付き現金給付（CCT）」プログラムだが，特徴的だったのは，「ランダム化比較試験（RCT）」とよばれる評価手法を組み込んだことである．これは，多数の調査対象者をランダムに 2 グループに分け，片方のグループにのみ政策を実施して，その後の結果を比較する，というものである．ランダムにグループ分けしたため，両グループは政策実施の有無以外は均質なはずなので，両者の結果の差が，政策効果となる．RCT による評価の結果，CCT は就学率向上に有効なことが実証され，現在ではラテンアメリカやアフリカの多くの国で採用されている．メキシコでは政権交代のたびに前政権を否定するために政策が変更され，政策に一貫性を欠いていたが，CCT は厳密な科学的評価によって有効性が立証されたため，その後の政権も CCT を廃止し

ようとしなくなり，名前を変えながら現在も継続して実施されている．

RCT で重要なのは，政策を実施されるグループと実施されないグループがランダムに決定される，ということである．通常の貧困削減政策においては，政策実施グループはもともと貧困であった家計であり，政策非実施グループは非貧困家計なので，両者を単純に比較しても政策の効果は測定できない．しかし，ランダムにグループ分けすることで，政策実施グループと非実施グループは平均的に同質となり，両者の平均の差が真の政策平均効果となる．

CCT では出席率などの条件を満たした場合にのみ現金が支給されたが，条件を付けずに就学年齢児童のいる家庭に現金を与える「無条件現金給付（UCT）」のRCT も実施されている．その結果，就学率向上効果では CCT に劣るが，出席条件を満たさずドロップアウトしがちな女子学生の早婚率や妊娠率を減らすうえで有効なことがわかり，UCT を採用する国も増えてきた．もし厳密な統計的評価の結果がなければ，UCT に対して，「ばらまき政策だ」「貧困層は現金をもらっても無駄遣いするから意味がない」「貧困層の援助依存を高めるだけだ」という批判もなされただろうが，これらの懸念は実証的に支持されないことが示され，UCTの採用を後押ししている．また，極貧層に対して，一時的な集中支援（家畜などの生産資本提供，現金給付，技能・健康教育，定期的なコンサルティング）が生活水準の持続的改善をもたらし，政策実施費用を上まわる収入増加効果があったことを示す別の RCT の評価結果もあり，貧困層の援助依存を懸念して援助をやめるより，貧困削減のために適切な支援を行うべきことが示唆されている．

●**政策評価から政策改善へ**　政策を策定する際には，さまざまな懸念や批判が浴びせられるのが常だが，厳密な評価が可能なデザインで政策を実施し，それらの懸念・批判の妥当性を検証しつつ政策効果を測定するという立案・実施・評価のサイクルを厳密な科学的手法で進めていくことで，貧困削減政策の改善をシステム化することができる．ただし，RCT は，十分な数の調査対象者に対し政策をランダムに割り振る必要があるため，マクロ経済政策や産業政策といった国レベルの政策に対しては実行不可能である．RCT だけに重きをおいていては，RCT で評価不可能な政策が無視されがちになってしまう．RCT 以外の代表的評価手法に，操作変数法，回帰非連続デザイン，差の差分析などがあるが，それぞれに必要な仮定があり，その仮定の妥当性に関して個別の判断が求められる．仮定の妥当性が疑われる統計分析も多いため，統計手法に精通した専門家による既存研究のレビューが重要な意味をもつ．また，1つの研究で大きな効果が見出されたとしても，たまたま政策実施グループのメンバーの多くのビジネスが好調だったために効果が大きくみえただけかもしれないし，経済文化環境が変われば効果が異なるかもしれない．したがって，1つの評価結果だけを重視するのでなく，同じ政策に対して複数の評価をもとに判断する必要がある．　　　　　　　［高野久紀］

サハラ以南アフリカの貧困

poverty in Sub-Saharan Africa

　1990 年以来，絶対的貧困は世界的に減少しているが，サハラ砂漠以南（サブサハラ）のアフリカでは 2013 年時点でなお全体の 41%，4 億人近くが貧困状態にある．これは他のすべての地域を合わせた数値より大きくなっている．アフリカには今なお紛争状態の国もあるほか，平和な国であっても主要産業の伸び悩みにより，成長から取り残されている国が少なくない．

●農業生産性の低さと製造業の伸び悩み　アフリカの多くの国の主要産業は農業である．しかし，サハラ以南アフリカの穀物の土地生産性は世界の平均水準の 3 分の 1 にも満たない．もともと土地が肥沃でないうえ，農業機械や灌漑も未整備で，生産性を上げる品種改良もさほど進んでいない．また，ほとんどの農作物が，加工して付加価値をつけることなく，そのまま出荷されている．さらに，道路や鉄道などの輸送インフラも十分整備されておらず，市場までのアクセスの悪いところでは農作物は仲買人により安く買い叩かれ，農民の収入は非常に少ない．

　一方で，粗悪な輸送インフラにより農産物の輸送コストが高く，都市化の進展により急増する都市住民に対して農業生産が追いつかず，穀物の輸入が拡大しているため，サハラ以南アフリカの食糧物価はアジアの開発途上国よりも高い．食糧価格が高いと，賃金水準も押し上げる．サハラ以南アフリカの製造業の平均賃金は，1 人あたりの GDP が上位の東南アジアよりも高くなっている．このことがアジアでは安くて豊富な労働力を求めて入ってきた外国からの投資を妨げ，サハラ以南アフリカにおける製造業を伸び悩ませる一因となっている．

●資源産業への過度の依存によるリスク　2000 年代以降の原油価格の高騰，先端技術産業に不可欠なレアアース獲得競争の激化などにより，アフリカにおける資源開発に対する海外投資が急速に拡大した．2000 年代後半にはサハラ以南アフリカにおける輸出額の 7 割が鉱物性燃料となっている．最も顕著な例のひとつが赤道ギニアである．1980 年代末までは GDP における鉱業の割合はゼロであったが，1992 年に沖合油田が発見されたのをきっかけに 20 年後には 7 割を占め，1 人あたりの GDP も 2 万ドルを超えるにいたっている．それにもかかわらず，こうした国々の中には平均寿命は 50 歳未満，乳幼児死亡率は 10% を超えている国も少なくない．2011 年時点でデータのあるアフリカ 44 か国中 35 か国で最富裕層 10% の所得比率が 30% 以上を占めており，経済成長の果実が十分に社会全体に還元されていない．また，資源産業への依存度が大きくなる一方で，製造業が伸び悩んでいる．2014 年に資源価格が急落すると，アフリカの経済成長も鈍化し，マイナス成長に陥った国も出てきた．資源への依存を強くすることが経済成長率に

マイナスに影響する「資源の呪い」がサハラ以南アフリカの貧困の新たな要因になりつつある．

アフリカの人口は2015年で9.62億人，2030年には13.96億人とインドを上まわる見込みである．人口増加により労働人口も増加するため，生産・収入も向上する「人口ボーナス」効果も期待される．しかし，それは増えた労働人口を吸収する十分な雇用があることが前提である．製造業の伸び悩みにより，雇用が確保されないと，むしろ若年失業が増加し，都市部における社会不安が高まるリスクとなる．

●**サハラ以南アフリカにおける貧困対策**　これまで述べた状況を踏まえると，資源産業により得た利益を灌漑や道路といったインフラ整備に投資するとともに，農業の技術を高めることにより，農業生産性を上げることがサハラ以南アフリカの貧困対策として喫緊の課題である．併せて，農産品の加工や工業製品の生産といった製造業の発展も経済成長において重要となる．そのためには，生産性の高い労働人材が重要であるため，教育や保健の質向上が不可欠であり，それを実現するガバナンスや公共財政管理の強化が喫緊の課題となっている．

教育や保健といった住民生活に直結する基本的な社会サービスは地方レベルで提供される．また，アフリカにおける貧困層のほとんどが農村部に存在していることからも，地方レベルでの公共サービスの提供は貧困削減において重要である．しかし，サハラ以南アフリカの地方では，行政の職員数も予算も不足しており，行政だけで十分な社会サービスを提供することはきわめて難しい．

しかし，サハラ以南アフリカでは，伝統的にコミュニティの住民たちが自らの意思で労働を提供し，みなで協力して道路整備や学校建設などをする活動が残っている．タンザニアでは，地方行政がこうしたコミュニティの自助活動を促進し，資機材などを支援することで，低コストながら住民ニーズにあった公共サービスを進めている．このように，経済成長の恩恵を受けにくい地方部の貧困層の

図1　コミュニティ住民たちによる道路建設（タンザニア）

人たちを主体において開発を進めていくことがサハラ以南アフリカにおける貧困撲滅にとって最も重要である．

[木全洋一郎]

📖 **参考文献**
[1] 平野克己『経済大陸アフリカ―資源，食糧問題から開発政策まで』中公新書，2013
[2] 北川勝彦・高橋基樹編著『現代アフリカ経済論』ミネルヴァ書房，2014

南アジアの貧困

poverty in South Asia

　世界経済が低迷を続けるなか，南アジア地域は7%を超える高い経済成長率を達成し，今後さらに成長を加速させていくと見込まれている．南アジアを世界で最も成長著しい地域へと押し上げる原動力となっているのが，地域内で圧倒的な経済規模を誇るインドの存在である．近年，中国経済の減速傾向などを背景に，インドは世界経済の新たな牽引役として大きな注目を集めるまでになっている．では，インドをはじめとする南アジア地域では，急速な経済成長に伴って貧困の解消も大いに進展しているのかというと，実は状況はそれほど単純ではない．

●**偏る経済成長の恩恵**　A. センは，「ケイパビリティ」という概念を提唱し，所得だけでなく教育，保健医療，公衆衛生，栄養などの側面も含んだ，より幅広い視点から貧困について分析を試みている．そして，このケイパビリティという考え方に基づいて，センはJ. ドレーズとともに，インドは過去20年ほどの間に目覚ましい経済成長を達成する一方，それと比較すると，貧困の解消という点では乏しい成果しか上げていないと結論付けている[1]．

　こうした厳しい評価が下される理由として，2つの点があげられる．第1に，インドでは経済成長が大きな偏りを伴いながら進行するあまり，人口の圧倒的多数を占めるより貧しい階層の所得や消費支出の向上には十分結びついていない．確かに，生存可能な最低限の消費水準以下で暮らす極貧層の割合は着実に低下している．例えば，1983年と2004-05年度の全国標本調査のデータによると，政府が当時用いていた貧困線を基準とした場合，農村部と都市部を合わせた貧困者比率は1983年の45%から2004-05年度の28%へと低下している．ところが，貧困線をその倍に引き上げると，消費支出がこの水準に達しない人たちの割合は1983年には86%，2004-05年度には80%とほとんど変化がみられない[2]．貧困線を倍に引き上げたとはいえ，きわめて低い消費水準であることにかわりはなく，この期間に貧困をめぐる状況がインドで劇的に改善したとはいいがたい．

　なお，世界銀行による最新のデータによると，1日あたり1.9ドルおよび3ドル（2011年購買力平価換算）以下で暮らす貧困層の割合は，南アジア6か国のなかでインドがともに最も高く（それぞれ21%と58%），バングラデシュ（19%と57%），ネパール（15%と48%），パキスタン（6%と37%）と続いている．これらの国々のうち，1人あたりGDPが最も高いのがインドであるという点からも，インドの経済成長に偏りがあることが明らかである．

●**遅れる社会開発**　第2に，インドは所得以外の生活水準の面で，1人あたりGDPがより低い国々に対しても明らかに後れを取るようになっている．生活水

準を表す社会指標について南アジア諸国を比較してみると，この点は一目瞭然である．例えば，バングラデシュの1人あたり GDP はインドの半分以下にすぎないが，ほとんどの社会指標でバングラデシュはインドを上まわっており，そのなかには平均寿命，子どもの生存率，ワクチンの接種率，合計特殊出生率，学校教育，栄養摂取，公衆衛生などに関する指標が含まれている．具体的には，1990年の時点で両国の平均寿命にはほとんど差がみられなかったが，2011年にはバングラデシュがインドを4歳上まわるようになっている（インド65歳，バングラデシュ69歳）．また，乳児（1歳未満）および乳幼児（5歳未満）の死亡率では，1990年の時点でバングラデシュがインドをともに約20%上まわっていたが，その後，バングラデシュで死亡率が急激に低下した結果，2011年にはバングラデシュがインドよりもそれぞれ21%と25%低い値を示すようになっている．さらには，1990年前後にはほぼすべての社会指標でインドに大きく後れをとっていたネパールも，2011年には1人あたり GDP でインドに約3倍の差をつけられながらも，社会指標については同程度の水準にまで到達している．1990年の時点では，社会指標に関してインドを上まわっていた国は，南アジアではスリランカのみであった．ところが現在では，インドは下から2番目に位置しており，パキスタンを除くすべての国々に対して，社会開発の面で後れをとっている（表1）．

南アジアが世界で最も急成長を遂げる地域であるのは確かだが，経済成長の恩恵が社会全体に行きわたっているのか，そして，経済成長が人々の生活水準の改善に結びついているのかという点は，十分考慮されなければならない．　　　　　［湊 一樹］

表1　南アジア6か国でのインドの順位（首位は1，最下位は6）

	1990年	2011年前後
1. 1人あたり GDP	4	3
2. 平均寿命	4	5
3. 乳児死亡率	2	5
4. 5歳未満の乳幼児死亡率	2	5
5. 妊産婦死亡率	3	4
6. 合計特殊出生率	2	4
7. 衛生的な排泄設備の普及率	4〜5	5
8. 子どもの三種混合ワクチン接種率	4	6
9. 子どもの麻疹ワクチン接種率	6	6
10. 25歳以上の平均就学年数	2〜3	4
11. 15〜24歳の女性の識字率	2〜3	4
12. 5歳未満の低体重児の割合	4〜5	6

注：6か国とは，バングラデシュ，ブータン，インド，ネパール，パキスタン，スリランカである．1990年は，ブータン（低体重児の割合はネパール）のデータが欠けているため，順位に幅が生じている（出典：参考文献［1］の p.101 表3-4）

📖 参考文献
［1］セン，A.・ドレーズ，J.『開発なき成長の限界—現代インドの貧困・格差・社会的分断』湊 一樹訳，明石書店，2015
［2］Kotwal, A. et al. "Economic Liberalization and Indian Economic Growth: What's the Evidence?" *Journal of Economic Literature*, 49(4), pp.1152-1199, 2011

日本の貧困地域

disadvantaged areas of Japan

　近年貧困の所在が都市へと移りつつあり，「貧困の都市化」と認識されるプロセスが注目を集めている．その中では，都市内の特定地域での剥奪の集中に焦点があてられるとともに，そのようなメカニズムによりもたらされる社会的排除に関する「地域」の機能に大きな関心が集まっている．社会的排除は，人々が完全なる市民として享受できるような利益から閉ざされていくダイナミックなプロセスに関連する概念である．

●貧困の空間的集中　剥奪が集中している地域の居住者は，その地域に居住しているがゆえに市民的権利から排除されがちである．つまりこの場合の社会的排除には，不利益を強いられている世帯の空間的な集中という問題と，それが及ぼす社会参加への制約や社会からの孤立という問題がある．すなわち諸資源から遠ざけられた「社会的不利地域」では，排除の空間的集中によって，地域が教育，雇用，健康，住環境などに大きな影響を与える要因になる可能性がある．

　そこで本項では，これまで日本の都市政策や社会政策から認知されず，不法居住や非衛生な居住生活，無年金状態の中での経済的な剥奪を余議なくされてきた「在日コリアン・コミュニティ」と，2002年の同和対策関連法制の終焉により新たな課題を抱えることになった「被差別部落」とを取り上げる．これらの地域は，東・東南アジアの貧困地域とは，歴史や文化的な観点からも類を異にしており，日本独自の「排除と貧困の空間的集中」の現状と傾向を示している．

●在日コリアン・コミュニティ　日本における在日コリアンの歴史は，すでに100年を超えている．戦前と戦後を生き抜いてきた人々は，民族性や文化的な固有性を有するコミュニティ，あるいは集住地域を形成し，持ちつ持たれつの生活を営んできた．時にはホスト社会による疑心暗鬼の視線にさらされ，差別，排除を経験しながらも現在まで乗り越えてこられたのは，同郷集団が中心となって築き上げてきたコミュニティがあったからでもある．大阪は，在日コリアンの多住地域が多い都市として知られている．その中でも西成区の北西部では，1920年代から朝鮮人の居住がみられ，その後同郷者ネットワークによる仕事や住居の斡旋などを通じて，コミュニティとしてのまとまりが時代とともに広がった．地域の居住者は，皮革業や金属加工業（ナット製造）などに多く従事し，そこでは先住の同郷者を頼りに移住してきた多くの朝鮮人が働いており，産業ごとに出身地域が分かれるなど，独特の労働空間が形成されていた[1]．

　一方，近年経済のグローバル化によるモノの移動に合わせて人の移動がさらに加速するなか，当該地区でも地域経済の地盤沈下とともに，若年層の地域外への

流出が進んでいる．コミュニティの居住者の高齢化も進み，とりわけ高齢居住者の生活ニーズと関連サービスとの間にミスマッチが生じ，地域生活の脆弱化に結びついていく傾向が顕著である．それは地域経済の衰退に伴う地域活力の停滞という形でも表れている．

●**被差別部落** 若年中堅世帯の地域外への流出や高齢世帯の増加が加速している点は，被差別部落においても同様である．そこでは，公営住宅関連法制の変更などを通じて住宅供給システムが変わったことにより，若年層の流出，貧困層・高齢単身層の増加などを招き，地域経済が沈滞するなど多くの課題に直面している[2]．同和地域の環境改善は，1969年の「同和対策事業特別措置法」の制定により多くの成果を上げてきたのも事実であるが，2002年に関連法が失効してからは厳しい状況におかれている．さらに2010年に大阪市では，地域内のコミュニティ施設が統廃合され，使われなくなった施設や空き地を今後どのように活用していくのかが問われている．

図1　大阪の被差別部落でコミュニティ・ビジネスとして設置・運営されているふれあいカフェ

筆者が関与した市内3地区での共同調査では，高齢化の深化と困窮層の集中など，地区内のコミュニティに偏りが生じていることがわかった．地区内の住宅の9割弱が公営住宅であることを考えれば，今後も一般募集を通じて困窮層の転入が増える傾向が進んでいくと思われる．一方，住民の多くは，地区外への移転や住み替えに対して消極的で，現在の地域での定住意向が強い．これは推測するに，地区外からの差別という外的な要因と，同和対策事業による地区内への引き寄せ誘因が相まって，地域内での生活に馴染むことになったためと考えられる．現在最も困っていることとしては，経済面や健康面での不安があがっているため，住宅や健康，家事サービスなど，住民の高齢化に伴う対応が急がれる．これら3地区では，こうした課題に対応するべく，地区共同のコミュニティ・ビジネスを進める社会的企業（AKYインクルーシブコミュニティ研究所）を設立し，住民の手による地域再生のまちづくりを模索中である． ［全　泓奎］

参考文献
[1] 川本　綾「西成地域における在日コリアンコミュニティの産業と文化」全　泓奎他『エスニックミュージアムによるコミュニティ再生への挑戦』大阪公立大学共同出版会，pp.18-33，2015
[2] 全　泓奎「都市部落の高齢居住者の生活から見るプロセスとしての貧困」『包摂型社会─社会的排除アプローチとその実践』法律文化社，pp.97-107，2015

10

包 摂 性

包摂的な開発

inclusive development

　2030 年までに達成すべき持続可能な開発目標（SDGs）では，「誰も置き去りにしない」ことが重視されている．こうした考え方は，特に目新しいものではない．これまでも，村落開発において「後まわしにされる人々こそ先に（putting the last first）」（R. チェンバース）という視点が 1980 年代に提示されたほか，人間開発では，ジェンダーと開発（GAD）（北京宣言，1995 年），すべての人に健康を（アルマ・アタ宣言，1978 年），万人のための教育（ジョムティエン宣言，2000年），インクルーシブ教育（サラマンカ宣言，1994 年）などが国際政策として採用されている．

　それでも，これまでの開発が，一部の人々にしか裨益せず，社会格差を拡大したという反省に基づき，2030 年までに「誰も置き去りにしない」よう SDGs を達成することを国連加盟国の国家元首・政府首脳が誓ったのは画期的である．

●排他性から包摂性へ　これまでの開発が社会における格差を拡大してしまったのは，その進め方が排他的（exclusive）だったからである．既存の社会構造を所与のものとして，多くの場合は無意識的に，それをさらに強固なものとした．

　例えば，男性の経済参加が顕著な社会において，それをより活性化するインフラを支援することで，男性優位がさらに強化されてしまった．そこで今度は，女性に排除的にならないよう「開発と女性（WID）」の視点から家事労働する女性への支援が進められたが，それは社会における性別役割分業を固定化してしまった．そうした反省から，社会における女性の包摂性（inclusive-ness）を高めるため，GAD の視点からジェンダー平等が進められるようになった（☞「ジェンダー」）．

　このほか，社会において「弱者」または「顧みられない存在」だった人々を開発において包摂しようという努力が進められてきた．女性（☞「女性に対する暴力」）のほか，子ども（☞「子ども」）や若者（☞「若者」），移転を余儀なくされるスラムなどに住む貧困者（☞「住民移転」），非自発的移住者である難民・国内避難民（☞「人道と開発」），人身取引の被害者（☞「人身取引」），厳しい環境で労働に従事している人（☞「労働」）といった社会的「弱者」のエンパワーメントを通して，包摂性を高めようという動きがある．

　また，少数民族（☞「民族」），性的少数者（☞「少数者」），障害をもつ人（☞「障害をもつ人たち」）など，これまで開発において不可視化されて「顧みられない存在」だった人々の社会参画を奨励することが試みられている．

●人権に関する国際規範　こうした社会的「弱者」および「顧みられない存在」

だった人々について，国際的な規範が形成されてきた．例えば，「女性差別撤廃条約」（1981 年発効），「子どもの権利条約」（1990 年発効），「難民条約」（1954 年発効），「国際組織犯罪防止条約人身取引議定書」（2003 年発効），「移住労働者権利条約」（2003 年発効），「障害者権利条約」（2008 年発効）などの国際条約がある．

　これらの国際条約の締約国は，その国際規範を国内的に実施することについて国際法上の履行義務を負っている．そして，その国の政府は義務履行者（duty-bearer）と位置付けられる．それと同時に，これらの国際条約は，女性や子どもを権利保持者（rights-holder）として位置付け，剥奪された権利を取り戻すために政府へ請求できると考えるのが，人権基盤型アプローチである（☞「人権と開発」）．人権基盤型アプローチは，社会的「弱者」および「顧みられない存在」だった人々が社会に包摂されるような開発を政府に政策提言するうえで，法的な根拠を用いる．この点で，人々のニーズを満たすことを主眼とした「ベーシック・ヒューマン・ニーズ（BHN）」アプローチとは大きく異なる．

●**人道に関する国際規範**　人道における国際規範としては，陸戦傷病者・海戦傷病者・捕虜・戦時下の文民の保護に関する 1949 年のジュネーブ 4 条約に加え，1977 年の国際的な武力紛争に適用される第 1 追加議定書と非国際的な武力紛争に適用される第 2 追加議定書がある．また，国際刑事裁判所（ICC）に関するローマ規程（2002 年発効）によって，ジェノサイド（大量虐殺），人道に対する罪，戦争犯罪を犯した個人を訴追する常設裁判所が設置された．こうした国際規範の形成によって，武力紛争における文民，特に少数民族とその女性・子どもに対する深刻な暴力を伴う犯罪を抑止することが期待されている．

　さらに，武力紛争においてジェノサイド，戦争犯罪，民族浄化，人道に対する罪から人々の生命を守るため，第一義的に国家は，そして第二義的に国際社会は，人道被害から人々を「保護する責任」があると認められた（☞「保護する責任」）．武力紛争において，少数民族とその女性・子どもは社会的に弱い立場に追いやられ，とくに人道被害に直面しやすいことが指摘されている．第一義的な責任を負う国家による保護が機能しない場合，国際社会として，国連憲章にのっとり，国連安全保障理事会を通じて集団的行動をとる用意があるとした．

●**包摂的な開発へ向けて**　社会的「弱者」および「顧みられない存在」だった人々は，脆弱な状況に置かれている．例えば，ミャンマーにおいてロヒンギャ民族，特にその女性と子どもを社会的に包摂するためには，どのように人道援助や開発協力を進めればいいのだろうか？　暴力の矛先が向けられるなか，まずは人道に関する国際規範に沿って人道援助を進めなければならないだろう．そして，同時に，人権に関する国際規範に沿って，人権基盤型アプローチで開発を進められるだろうか．

［勝間　靖］

人権と開発

human rights and development

　開発の理論・政策・実践において，人権への関心が高まってきた背景には，次の3点がある．第1に，国際人権法において，第三世代の人権ともよばれる「発展の権利」が論じられるようになり，その法理論を開発の政策と実践に応用しようという潮流がある．第2に，国連改革の文脈において，開発における人権の主流化を目指す政策がとられるようになった．第3に，途上国開発のために基礎的な社会サービスの拡充が進められるなか，従来の「ベーシック・ヒューマン・ニーズ（BHN）」に基づくアプローチに代わって，「人権基盤型アプローチ」が実践されるようになってきた．以下では，この3点について，より詳しく論じる．

● **「発展の権利」による人権と開発の理論的な結合**　1986年に国連総会で採択された「発展の権利に関する宣言」（A/RES/41/128）は，開発のための機会均等の原則が不可譲の権利であることを示した．すべての人々は経済的・社会的・文化的・政治的な発展に参加し，それに貢献し，かつそれを享受する権利を有するという「発展の権利」は，1993年にウィーンで開催された世界人権会議においても確認された．

　2000年にニューヨークで開催された国連ミレニアム・サミットにおいても，「発展の権利」が取り上げられた．そこで採択された「国連ミレニアム宣言」の中の開発に関する合意を実施するために，2015年までに達成すべきミレニアム開発目標（MDGs）が設定された．そして，2002年にモンテレーで開催された国連開発資金国際会議において，先進国は，1975年の国連総会で決議された「先進国は国民総生産の0.7%を政府開発援助にあてる」という国際公約の実現へ向けてさらに努力することと，重債務貧困国の債務を救済することが求められた．

　開発途上国の人々の「発展の権利」の実現へ向けて，途上国政府は履行義務を負う．しかし，自助努力だけでは難しいことから，途上国は，先進国に対して，「発展の権利」という国際規範や「国民総生産の0.7%を政府開発援助に」という国際公約を根拠として，債務救済や開発協力の拡充を要請している．

● **開発における人権の主流化**　グローバルなレベルでは国連開発グループ（UNDG）を通して，それぞれの途上国では国連開発援助枠組み（UNDAF）を通して，開発における人権の主流化が進められてきた．その推進役は，国連人権高等弁務官（UNHCHR）である．UNDGの基本目的として，UNHCHR事務所との協力によって，国連の開発活動に人権を組み入れることが明記されている．

　開発における人権の主流化には「開発が人権を侵害しないよう配慮する」という消極的な側面と，「開発を通して人権を実現する」という積極的な側面がある．

前者の「開発が人権を侵害しないよう配慮」するわかりやすい例として，大規模な開発プロジェクトによって住民が移転を余儀なくされる場合，住民の権利が侵害されないように配慮する必要性がある．具体的には，水力発電プロジェクトのダム建設によって水没する村の住民の権利をいかに配慮するかという事例があげられる．前者の少しわかりにくい例としては，開発政策や開発プログラムが，特定の社会集団を排除するような形で実施されないように，包摂的な開発を奨励する必要性がある．特に，民族や宗教による分断がみられる国において，少数民族や宗教的少数派を冷遇するような排他的な開発政策は，社会集団間の格差を拡大するが，状況によっては国内紛争に発展する場合もある．そうした途上国における排除的な開発に，先進国が開発協力を通して加担することは避けなければならない．2030 年までに達成すべき持続可能な開発目標（SDGs）では，「誰も置き去りにしない」ことが重視されている．

後者の「開発を通して人権を実現」する例として，人間を中心とした開発の重視がある．その中には，人々の健康を向上させ，質の高い教育の機会を拡大するといった，基礎的な社会サービスの提供も含まれる．健康への権利や教育を受ける権利の実現へ向けて，人間を中心とした開発により積極的に取り組むことは，開発を通して人権を実現することにつながる．

●**基礎的な社会サービスにおける「ニーズ」と「権利」**　人々の健康を向上させ，質の高い教育の機会を拡大するなどの基礎的な社会サービスの提供は，2 つの異なる視角からみることができる．第 1 は，人々のニーズを満たすという視角である．1970 年代半ばから強調されてきた「ベーシック・ヒューマン・ニーズ（BHN）」は，人々のニーズを満たすことを主眼とした開発アプローチである．これに対して，第 2 は，剥奪された権利を取り戻すという視角である．1990 年代以降，人々が生まれもった健康への権利や教育を受ける権利が剥奪されている実態を問題視して，人権基盤型アプローチが提唱されてきた．

人権基盤型アプローチで重視されるのは，すべての人々は生まれたときから教育を受ける権利をもっている権利保持者（rights-holder）であり，国際人権条約の締約国の政府は義務履行者（duty-bearer）だという点である．例えば，ある国において女子の教育を受ける権利を，明示的または黙示的に剥奪するような排除的な教育開発が進められていたとしよう．その場合，女子の教育ニーズが満たされていないとみるのではなく，女子の教育を受ける権利が剥奪されていると理解する．そして，義務履行者である政府に対して，包摂的な教育開発を進めるよう政策提言し，そのための開発協力を必要に応じて行うのである．　　　　　［勝間　靖］

📖 **参考文献**

[1] アジア・太平洋人権情報センター編『新たな国際開発の潮流―人権基盤型開発の射程』アジア・太平洋人権レビュー 2008，現代人文社，2008

人道と開発

humanitarian and development

　人道とは，人として守り行うべき道．人を人たらしめている尊厳を守り尊重する生き方であり，人権の概念とも深く結びついている．人間のもって生まれた人権を侵害する行為を公正に裁くことでなくすのが人権の課題とすれば，人権を著しく侵害するような状態を改善することが人道の課題となっている．国連開発計画（UNDP）が1990年から提唱している人間開発という概念は，経済発展と人的資源の開発にとどまらない人間中心の開発という考え方である．国連は人権基盤型アプローチを提唱しており，近年は特に紛争地や被災地における人道支援と開発援助との連携の必要性を訴えている．

●人道の概念と人道支援　スイス人のH. デュナンの提唱により，1864年に敵味方の区別なく傷病者を救護するという人道主義に基づく最初のジュネーブ条約が結ばれる．1949年には，陸戦傷病者，海戦傷病者，捕虜，戦時下の文民の保護に関するジュネーブ4条約に発展し，196か国の締約国をもつ国際人道法として知られるようになった．デュナンの理想は国際赤十字・赤新月社の創設と人道的活動の普及・促進へとつながってゆく．国際赤十字・新月社運動には7つの基本原則（人道・公平・中立・独立・奉仕・単一・世界性）がある．なかでも，人道・公平・中立・独立の4原則は，国連や国際人道機関が人道原則として掲げ，紛争国や被災国において人道支援を遂行する際に曲げることのできない倫理・行動の規範とされている．

　国連で人道問題を統括し，さまざまな国際機関や民間団体による救援活動の調整を担う国連人道問題調整事務所（OCHA）は，2015年に人道支援を必要とする人々が世界には1億3000万人いて，その人道支援のためにはおよそ2.2兆円が必要であると訴えている．近年，国連の緊急アピールの大部分は，紛争を要因とする人道危機を救うことを目的としている．今でもシリア，イエメン，イラク，南スーダンなどで多くの人命が奪われ，子どもや女性が暴力の犠牲となり，数千万人もの人々が難民もしくは国内避難民となっている．加えて，気候変動などによる気象現象の激変がもたらす飢饉や風水害の増大，地震・津波，放射能汚染などの技術的災害による避難民など，開発途上国だけでなく先進国でも防災や人道・復興支援の拡充が急務となっている．災害時において，途上国では人命が多く奪われ，先進国では経済的被害が増加する傾向がみられる．

　国際緊急・人道支援は，主として紛争や自然災害による大規模な人的・物的被害や避難生活により深刻な支援ニーズが発生した場合に実施される．被災国の要請に基づくという原則があるが，ミャンマーのサイクロン，東日本大震災，フィ

リピンの台風被害など自然災害の場合は，国際機関や各支援国政府から緊急支援の意思表明がなされ，これを受け入れるといったケースもよくみられる．

　紛争の場合は当該国政府もその当事者であることが多いなか，危機的な状況におかれた市民をいかにして保護するかが重要な課題となっている．人道支援を実施する際に，すべての戦闘当事者らに対して中立原則を遵守しても，人道支援組織による被災者への安全でフリーなアクセスが保障されない場合も多い．1990年代に，ソマリア，ルワンダ，ボスニア・ヘルツェゴビナなどでの内戦，著しい人権侵害やジェノサイド（大量虐殺）を防止できず，紛争当事者による人道支援や平和維持活動への妨害や介入を受けるといった状況に国際社会は直面することになった．国際社会の指導者が根本的な政治的解決を避けて，人道支援でその場しのぎをしているという批判も生まれた．人道支援に伴う予期せざる弊害をなくし，被災者を人道支援の中心に据えなければならないという現場の声から生まれたのが「害を及ぼさない（Do No Harm）」原則である．それは中立を保ちながらも人権侵害を許さないという行動規範や，最も弱い立場の人々を保護し，支援するという公平原則の徹底へとつながってゆく．

●**持続可能な人道と開発**　日本は国連防災世界会議を横浜，神戸，そして仙台（2015 年）で主催した．仙台防災枠組みを採択し，持続可能な開発目標（SDGs）の中でも，特に貧困撲滅，震災に強い都市のインフラ，気候変動対策などの目標への貢献をうたっている．2016 年に初めて開催された世界人道サミットにおいて，当時の潘基文国連事務総長は「人道への課題」と題して，国際社会が共有すべき 5 つの核となる責任（紛争予防・解決のためのグローバル・リーダーシップ，人道規範の護持，誰も置き去りにしないこと，支援供与から人道ニーズ解消への取組み，人道への投資）を訴えた．人命救助や苦痛の軽減を目的とする人道支援は，もともと紛争や災害という問題自体を解決する手段ではない．人道危機がより複雑化し長期化する中，その根本的な解決のためには，現地コミュニティに溶け込んだ参加型による災害リスク管理，生活の復興と平和の構築という人道と開発の両面からの共同作業が重要となっている．

　最も弱い立場におかれた人々を対象とする人道支援の成否は，「誰も置き去りにしない」貧困の撲滅という持続可能な開発アジェンダの実現の鍵をにぎるものである．その実現のためには国際社会の政治的および経済的なサポートに加えて，関連するすべてのアクター，特に現地コミュニティの市民や民間組織の参加と能力やレジリエンス（復元力・強靭性）の向上が必要であるというのが人道と開発の現場で共有されつつある基本的な認識である．　　　　　　　［田中敏裕］

📖 **参考文献**

[1] Ban, K. *Report of the Secretary-General for the World Humanitarian Summit*, United Nations A/70/709, 2016

ジェンダー

gender

図1はグアテマラの地方都市の洗濯場である．ここには女性しかいない．しばしば社会には女性と男性を二分するような空間が存在する．世帯内というミクロなレベルから公共空間あるいは政策などを通し，男性を公的領域に，女性を私的領域におくことがある．経済開発や社会開発，住民参加型開発のために対象地域で調査を行う場合，男女がおかれる社会的役割や階層構造，歴史などをみていくことは不可欠である．

図1　女性しかいない洗濯場（グアテマラ）

●**地域で異なるジェンダー課題**　女性の労働が地域ごとに異なることや開発により女性の貧困が悪化したことを1970年代に論じたのは経済学者のE. ボズラップであり，「開発と女性（WID）」の理論的支柱となった．WIDでは女性を開発過程に組み入れることが提唱されたが，女性の労働の過重負担や性別役割分業の固定化につながったことから1980年代以降，「ジェンダーと開発（GAD）」が台頭した．しかし，GADが目指す西洋近代の普遍的人権概念と当該地域の文化や規範にはしばしばずれがある．例えば，南米パラグアイの農村で2人の子どもを育てる15歳の未婚の母（2017年現在）がいる．彼女の母親も未婚の母で10人の子どもがいる．その理由は以下である．都市と農村の格差が大きく農村の人々は貧困ラインで暮らしている，中南米社会にあるマチスモ（男性優位）思想が農村には根強く残っている，家族計画や人工避妊（コンドームや経口避妊薬）の利用は「カソリックの教えに背く」「子どもの数は神が決める」といわれて長い間人々に受け入れられてこなかった．この事例は，1994年に国連で合意された人権概念と同等であるとうたわれたリプロダクティブ・ライツの概念とローカルな人々の意識には多くの乖離があることを示している．

●**エントリー・ポイントと開発アプローチ**　C. モーザは1993年，M. モリニューの実際的利害関心と戦略的利害関心の概念（1985年）を援用し，女性のニーズを実際的・戦略的ニーズという形で表し，後者の概念が開発実践者に広く認知されるようになった．パラグアイの話に戻そう．農村部で暮らす未婚の母の意識の中にも当該社会にも，複数の文化規範が深く埋め込まれているため，開発実践の際に単に「女性」や「ジェンダー」の要素を付加するだけでは不十分であり，人々の実際的ニーズをエントリー・ポイントとすることが重要である．女性を対象に

した集会で人工避妊の方法を普及させる活動は，宗教的な規範やマチスモ思想により，かえって男女間やコミュニティに摩擦を生むこともある．パラグアイの農村女性は，料理教室を通して実際的ニーズの充足を達成し（成果一類），小さな成功から満足感を獲得し（成果二類），ステップ・バイ・ステップ（アプローチ）で戦略的ニーズを認知・充足していった（成果三類）（図2）．女性同士が集い会話を通し，「家族計画は神の教えに背く」といった社会規範に疑問をもつようになり，家族計画の学びを主体的にはじめ，就学の継続や仕事を得るために活動するようになった．このような当事者の内発的変化が持続可能性には重要である．実際的ニーズの充足に向けて支援しながら，当事者が戦略的ニーズに転換できるよう支援することが望ましい．

図2　エンパワーメント評価モデル（藤掛2008）

●**ジェンダー・メインストリーミング（GM）と課題**　1995年の第4回世界女性会議を契機に広く使われるようになったGMは，ジェンダー平等を進めるための包括的な取組みであり，その視点をすべての政策・事業の企画立案段階から組み込んでいくことを意味する．そして，すべての開発課題において，女性と男性の両方が意思決定過程に参加できるようにするという考え方である．GMは援助事業のみならず，開発途上国政府および援助機関の組織内部においても実施されるべきものであり，組織の上層部にジェンダー平等を推進するための総合的な企画調整および監視機構を設置し，下部には各部署にフォーカル・ポイント（拠点と担当者）を配置するなど，ジェンダー平等の推進が貫かれる体制を整えることが必要である．ジェンダー視点はすべての開発関係者にとって必要だという認識が生まれてきたが，それゆえジェンダー課題に対して誰も責任を負わなくなる可能性がでてきた．今後は，「男性と開発（MAD）」や開発における性的マイノリティの研究はさらなる研究蓄積が必要である．また，デジタル・ディバイドとジェンダーなどについても新たな開発課題として研究が必要である．　　　　　　　　　［藤掛洋子］

参考文献
[1] モーザ, C.『ジェンダー・開発・NGO—私たち自身のエンパワーメント』久保田賢一・久保田真弓訳，新評論，1996
[2] 田中由美子他編著『開発とジェンダー—エンパワーメントの国際協力』国際協力出版会，2002

民　族

nation, ethnic group

　日本語の「民族」という言葉は，用いられる文脈によって英語のネイション（nation）もしくはエスニック（ethnic）の意味を含む．前者はラテン語起源の名詞で，生まれを共有する人々を意味するが，ヨーロッパで国民国家が成立した18世紀後半以降は，国家を構成する国民という意味が強まった．後者はギリシャ語起源の形容詞で，ネイション同様生まれを共有する人々を意味するが，国民とは異なる異教徒，異邦人というニュアンスをもつ．派生語としてエスニシティ（民族性），複合語としてエスニック・グループ（民族集団）といった形で用いられる．

　国際開発研究において，前者の意味の民族は，植民地体制から独立国が形成される過程を分析する際に重要である．独立を求める民族運動や，独立を達成する原理としての民族自決といった表現における民族は，国家の構成員としてのネイション概念に相当する．一方，後者の意味の民族は，すでに成立している国民国家の枠内で，多数派の国民と文化を異にする少数派の人々との関係を分析するのに有効な概念である．彼らは先住民族や少数民族として居住していたり，移民や難民として流入してきたりするため，国民国家への包摂にはさまざまな問題が生じる．以下，本項では後者の意味の「民族」について説明する．

●**民族間関係のパターン**　国家の中の多数派民族の少数派民族との関係は，排除的なものから包摂的なものまで，多様なパターンが存在する．なお多数派とは，政治的に有力な民族を意味し，必ずしも人口の多さを意味しない場合もある．

　多数派がとる最も強硬な態度は，異質な民族の生存を認めないというものである．異民族の生命を奪うことによって多数派民族の地位を守ろうとする試みであり，ジェノサイドや集団虐殺とよばれる現象を引き起こす．ナチス・ドイツのユダヤ人に対するホロコーストや1990年代半ばのルワンダ内戦におけるフツ民族によるツチ民族の殺戮などが該当する．またこのような殺戮にいたらずとも，少数民族の参政権や居住地などを法的に制限し，多数派から政治，社会的に隔離するパターンも存在する．かつて南アフリカに存在したアパルトヘイトは，通常，人種隔離政策と訳されるが，非白人として識別されていた者の中には黒人以外にアジア人など文化的差異に基づく集団も含まれ，また黒人の中でも民族集団によって処遇が異なったため，実質的には民族隔離の政策だったといえる．また隔離された民族が支配的な白人と没交渉だったわけではなく，むしろ低賃金労働者として白人から経済的に搾取される構造が成立していたことを忘れてはならない．

　これらに対し，少数民族を国民社会に受け入れようとする場合もある．その最も単純なパターンは同化である．少数民族の文化的独自性を認めず，多数派の文

化を受容することを前提に，受け入れが許容される．1960年代まで存在したオーストラリアの先住民族児童隔離政策は，先住民族や混血の子どもを親元から引き離し，オーストラリア国民の文化を習得させることを目的とした典型的な同化政策であった．しかし一方的な同化は，しばしば少数民族の反発を生み，紛争を引き起こすこともある．そのため国民国家としての一体感を確立する際に，強引な同化は慎み，少数民族の文化を尊重しようとする場合もある．これは通常，統合とよばれるが，「尊重」の実態は多様であり，個人的な民族文化の保持の許容から集団的な自治権の付与まで，さまざまな統合のレベルが存在する．

国家の多民族，多文化性を積極的に評価する方針が多文化主義である．国民の間に多様な文化が存在することの公認により，複数の公用語の設定や，それに応じた多言語教育プログラムなど，具体的な政策も伴う．多文化主義は多民族の共存を可能にするが，限界として，必ずしも民族間の相互理解を促進しないという面もある．そこで，異文化間のコミュニケーションを重視するインターカルチュラリティ（文化間交流）という理念が提唱されている．諸民族は相互の文化を尊重するだけでなく，学び合うことが理想とされる．米国の哲学者M. ヌスバウムはこの理念に基づく教育を提言している．また中南米諸国の先住民族運動ではこの概念が重視されており，その結果，2008年にエクアドルで制定された憲法では，自国をインターカルチュラルな国家とする記述がみられる．

●**国連先住民権利宣言**　以上のように国家内部の民族間関係には多様なパターンが存在するが，この問題に取り組む際に指針として参考になるのは，国連が2007年に採択した「先住民族権利宣言」である．同宣言は前文以下全46条からなる．まず第3条で先住民族の自己決定権が明記される．先住民族の文化については第8条で同化を強制されない権利，第14条では，独自の言語で行う教育制度を設立，管理する権利が認められている．開発に関しては，第23条で先住民族が開発のための戦略を自ら決定できる権利が保障され，第26条では，先住民族の土地，領域，資源への権利，そしてそれらを使用，開発，管理する権利が述べられる．さらに第32条では，先住民族に影響を及ぼす鉱山や水資源などの開発の際に，国家は計画に先立って先住民のインフォームド・コンセントを得るべきであると規定されている．一方，最終の第46条では，同宣言の中のいかなる規定も，主権独立国家の領土と政治的統一を分断する行為を奨励するものではないと記述され，先住民族が独自の国家を形成するために分離独立することを制限している．このように国連の先住民族権利宣言は，多文化主義という表現こそ用いられていないが，実質的に多文化主義を推進するものと考えることができる．　　　［鈴木 紀］

📖 **参考文献**

[1] Nussbaum, M. *Cultivating Humanity: A Classical Defense of Reform in Liberal Education*, Harvard University Press, 1997

少数者

minority

　「少数者」，もしくは，その語のもとになっている minority をカタカナ表記した「マイノリティ」とは，政治的・経済的・社会的な資源が少ないために，それぞれの社会において人権侵害やその他の不利益を被る集団のことをいう．ただし，南アフリカ共和国のアパルトヘイト下にあった黒人を「少数者」と呼称したように，この語は，権力資源の不均衡な配分に関するものであって，必ずしも数的な概念ではない．また，そのような資源の不均衡が起こる原因としては，人種や民族，宗教，身分や出身地域・国，障害，年齢，性別や性的指向など，さまざまである．このような「少数者」を理解するにあたっては，さらに以下の3つの点に留意する必要がある．ここでは，2000 年代以降，「少数者」としての公的認知が国際的に進む性的少数者やそれを対象とした HIV/エイズ対策を例にして記していく．

●**構築性**　7 か国における「マイノリティ」の用法を検討し「限定型」「拡散型」「回避型」という3つの形態があるとした岩間暁子とユ・ヒョヂョンが主張[1]するように，「少数者」の概念は，その社会それぞれの政治経済や歴史を通じて構築されてきたものであり，どの社会集団を「少数者」と考えるかはその場所や時代によって異なる．また，「少数者」とは自らが「少数者」であるとの認識を有する者の集団であると定義付ける文献もあるが，実際には，「少数者」としてのアイデンティティは，初めからそこに固定的にあるものではなく，構築されるものである．

　例えば，性的少数者とその人権に関しては，2007 年，国連人権理事会において承認された「ジョグジャカルタ原則」があるが，こうしたグローバルな動きを受けて，性的少数者を「少数者」として公的に認知するようになってきたところもあれば，これを拒絶するところもある．また，開発途上国における HIV/エイズ対策においては，国際協力団体による支援のもと，MSM（men having sex with men）とよばれる，同性間性的接触を行う性的少数者のための活動拠点が設置され，これを軸として，MSM が動員され，知識の普及がはかられたり，検査・医療サービスが提供されたりする．MSM という「少数者」のアイデンティティは，そうした過程をつうじて構築され，社会的にも共有されるようになっている．

●**多様性**　複数の「少数者」集団間にもさまざまな差異があるが，同じ1つの「少数者」集団内であっても，構成員それぞれが生きる環境はさまざまであり，そこには多様な差異が存在する．特に，上野千鶴子が解説[2]するように，1人の人間が複数の事由に由来する不利益を同時にこうむる，それゆえに，同一人物が時に衝突しあう，複数のアイデンティティをもつ，「複合差別」とよばれる状況もあ

り，1つの「少数者」集団であってもけっして一枚岩ではない.

実際，LGBT（lesbian, gay, bisexuial and transgender）と一口にいっても，性的少数者の中には，例えば女性であるレスビアンと男性であるゲイがおり，そこには教育や職業へのアクセス上，大きな違いが存在する. また，HIV/エイズ対策を計画・実施するうえでも，出生時の性別とその後の性別との間で不一致があるトランスジェンダーは，性産業についていることも少なくなく，それゆえに，ほかの性的少数者に比べて複合的な差別に遭遇し，HIVへの感染リスクもより大きい傾向がある.

●**社会変革性** 「少数者」は，その者がもつ資源が少なく，さまざまなリスクに対して脆弱である. そのため，国際協力団体などの支援と当事者の参加のもと，意識化やスキル向上をはかる事業の計画・実施を通じて，エンパワーメントされる必要がある. しかし，「少数者」が抱える課題を解決するためには，それだけでは不十分であり，「少数者」をとりまく社会のあり方を変革していく必要がある.

HIV/エイズ対策においても，性的少数者が感染に関してどのような知識をもち，リスク行動をとっているのか，感染率はどのくらいかについて，KAP（knowledge, attitudes and practices）調査とよばれる疫学的調査を行ったうえで対策事業が計画・実施されてきた. このような疫学的調査が第一世代の調査研究であるとすると，今日では，それに加え，第二世代のものが行われるようになっている. この第二世代の調査研究は，性的少数者自身ではなく，彼らが生活する環境を探ることを目的とするもので，例えば警察や保健センターの職員に対してスティグマ（偏見）分析を行い，改善を目的とする事業の形成・実施につなげるようになっている. また，特に表現方法の採用が一般化した今日では，性的少数者が生きる社会を法学的・社会学的に分析し，どのような人々の何の権利が侵害されているかを調べるなど，調査研究の方法もさらに学際化し，形成される対策事業も多様化するようになってきている.

国際開発にかかる実践・研究において，「少数者」に関するそれは，必ずしも最初から今日にみられるような位置を占めてきたわけではない. しかし，「少数者」をめぐる実践・研究は，その社会の統合という，社会のあり方の根本にかかわるものである. また，2015年9月，国連総会で持続可能な開発目標（SDGs）が採択されてからは，そのスローガンどおり，「誰も置き去りにしない」開発にすることが求められるようになっている. 今後は，「少数者」の諸課題をさらに主流化するために何が必要か，検討しつづけることが望まれる. 　　　　　　　　　　［岡島克樹］

📖 **参考文献**
[1] 岩間暁子・ユ・ヒョヂョン「「マイノリティ」をめぐる世界」岩間暁子・ユ・ヒョヂョン編著『マイノリティとは何か──概念と政策の比較社会学』ミネルヴァ書房，2007
[2] 上野千鶴子「複合差別論」『差別と共生の社会学』岩波講座現代社会学 15, 岩波書店，1996

子ども

child

1989 年に国連で子どもの権利条約が採択されてから 30 年がたとうとしている．子どもの権利条約に規定されている権利は，「生存の権利」「発達の権利」「保護される権利」「参加する権利」の 4 つの領域に分けられた．そして，この条約で，初めて意見表明権など，子どもにも参加の権利が認められた．子どもが権利の主体であることが条約で明示されたため，国際開発の現場でも大きな変化がみられるようになった．子どもを開発や援助の対象者としてのみみなすのではなく，開発の主体，すなわち，子どもが直面する課題を自ら明らかにし，その課題の解決に向けて行動を起こす変革のアクター，新しい社会の担い手としてとらえられるようになったのである．この結果，子ども自身が地域における調査や啓発活動に参加したり，事業評価を行ったりするようになった．さらに，児童労働や性的搾取などのさまざまな国際会議に参加し，国際レベルの政策にも影響を及ぼすようになった．

●**子どもの権利ベース・アプローチ**　1990 年代からは，子どもの権利に基づいて開発事業を進める「子どもの権利アプローチ」へと変化した．これは，国連機関としては主に国連児童基金（UNICEF）が進めてきたもので，「ライツ・ベース・アプローチ」，「人権基盤型アプローチ」ともよばれている．具体的には，子どもがおかれている状態を子どもの権利侵害としてとらえ，「子どもの最善の利益」「差別の禁止」などの子どもの権利条約の原則にそって開発を進める．そして，権利保有者（rights-holders）である子どもの権利の実現のために，その責務履行者（duty-bearers）の能力を強化するというアプローチであり，子どもを主な対象とした従来のニーズに基づくアプローチと大きく異なる．

例えば，児童労働廃絶では，貧困家庭の子どもに対して援助機関が奨学金を提供するのではなく，子ども，親，地域住民に子どもの権利を伝え，親の収入向上をはかり，地域全体で子どもが働かなくてもすむように取り組むものである．また，子どもを雇っている工場主や農園主にはたらきかけたり，労働監督官の能力を高めていくことも含まれる．児童労働を容認しない社会規範を生み出すために，児童労働が違法であることをメディアを使って広報することも重視する．

2015 年の国連での持続可能な開発目標（SDGs）採択以降，子どもの権利実現がどのように SDGs 達成に関連するかの考慮も重要である．例えば，子どもの「生存の権利」を実現していくためにその権利を保障する義務履行者の能力を高めることは，SDGs 3.2 の「5 歳未満児と新生児の死亡率を減らす」目標を達成することにつながる．子どもが経済的搾取，性的搾取，人身売買から保護される権利

（第 32, 34, 35 条）を実現することは，SDGs 8.7 の「児童労働の廃絶」と，SDGs 5.2「人身売買や性的搾取など女性および女児に対するあらゆる形態の暴力の排除」を達成することにつながる．また，子どもの「発達する権利」の「教育を受ける権利」を女児の間で推進すること（第 24 条）は，SDGs 4.5 の「教育におけるジェンダー格差の撤廃」につながる．

●**子どもに対する暴力と有害慣行**　子どもと開発における分野で重要なもう 1 つの視点は，子どもがおかれている状況を「子どもに対する暴力」としてとらえることである．2006 年 P. ピニェイロにより「国連子どもに対する暴力報告書」が発表され，これにより，世界のあらゆる国で子どもに対する暴力が起きており，「子どもに対する暴力はいかなるものも容認できない（ゼロ・トレランス）」とされた．そして，暴力が起こる場所は，①学校，②家庭，③地域，④職場，⑤施設の 5 つに分類され，家庭で起きている児童婚や女性性器切除（FGM/C）なども少女に対する「暴力」だと明確にされた．これ以降，子どもに対する暴力，少女に対する暴力をなくすための事業やキャンペーン活動が，草の根レベルと国際レベルの両方で強化されている．特に少女に対する暴力に関しては，UNICEF が数多くの報告書を発行している．

さらに，2014 年 11 月，国連子どもの権利委員会は「一般的意見（条約のさらなる実施を促進し，かつ締約国による報告義務の履行を援助するために採択される正式な文書）第 18 号有害慣行」を女性差別撤廃委員会と合同で採択し，FGM/C および児童婚を「有害慣行」であると明言した．

その他の動きで注目すべき点は，「子どもにやさしいまちづくり」と「子どもの権利とビジネス原則」である．前者は，行政が市町村で子どもの声を聞くシステムを構築したり，子ども予算を子どもとともに策定するなど，子どもの権利条約の具現化をめざすもので，UNICEF が 9 つの構造を提唱している．後者は，子どもの権利と企業の責任を結びつけるものとして，UNICEF，国連グローバル・コンパクト，セーブ・ザ・チルドレンの 3 者が 2014 年に発表したもので，企業には，児童労働など子どもの権利侵害に加担しない責任のみならず，積極的に子どもの権利を実現する責任があることを明確にした．

このように，子どもがおかれている状況を権利侵害や暴力とみなし，それらを容認しないという社会規範を生み出し，社会のすべてのステークホルダーが子どもの権利を実現する責任を自覚し，その責任を果たすための力をつけ，子どもにやさしい社会をつくっていくことが求められている．　　　　　　［甲斐田万智子］

📖 **参考文献**
[1] 初瀬龍平他編『国際関係のなかの子どもたち』晃洋書房，2015
[2] 甲斐田万智子「少女に対する暴力―『伝統』に挑む権利ベース・アプローチ」甲斐田万智子他編『小さな民のグローバル学―共生の思想と実践をもとめて』上智大学出版，2016

若 者

adolescent

「若者」の定義は多様だが，一般に子どもから大人への過渡期で，年齢はおおよそ 15 歳から 25 歳とされる．本項では主にこの年齢層に関して述べる．この時期，身体的・心理的に大きく変化すると同時に，社会的・経済的な役割にも大きな変化がある．15 歳から 25 歳の若者は，世界の人口の約 5 分の 1 を占め，特に開発途上国でその比率が高い．開発協力においては，教育や就労，ジェンダー，リプロダクティブ・ヘルス，ガバナンス，平和構築などさまざまな分野での重要なステークホルダーであり支援対象でもある．一方この世代は，西暦 2000 年前後に生まれ育ったいわば 21 世紀を生きる「ミレニアル世代」であり，貧富の格差の拡大や気候変動が進む世界でこれまでにないグローバルな課題を解決しなければならず，従来とは異なる革新的な開発協力のアプローチや手法が必要となる．

●**身体的・心理的な変化**　若者は，身体的・生理的には第二次性徴期・思春期から青年期・成人期に入り，男女ともに生殖機能が発達し，多くの女性は妊娠や出産が可能となる．したがって，この時期の生理的なニーズに応えることのできる社会環境が必要である．心理的には，多くの知識を獲得して認知的に複雑な判断ができるようになる過程にあり，青年期特有の発達課題であるアイデンティティの確立を行う時期でもある．自分は誰なのか，どこに属しているのかを定義し，どう生きるのかを考える時期であり，貧困や紛争により将来への希望やビジョンが見出せない社会では建設的なアイデンティティを確立することが困難である．

●**社会的・経済的な役割**　社会的には中等教育や高等教育を終え，就労する時期になり，コミュニティでの大人集団への参加や選挙権など社会的な役割が増していく時期でもある．彼らの社会的，政治的，経済的な参加を促進する必要がある．一方，18 歳未満は子どもと定義され，子どもとしての権利や特別な配慮がなされる必要もある．このように，一口に若者といっても多様なアプローチが必要になる．

歴史的に，若者は革新的でダイナミックな働きをしてきた．近年では「アラブの春」に象徴される政治的な動きや，IT や情報化社会での起業など新たな社会的，経済的な動きをつくりだしている．その一方で，多くの若者が貧困や教育へのアクセス，さまざまな差別，就労の困難さなどの問題にさらされており，これらの問題を解決しなければ，若者自身が社会不安や紛争，テロなどの主体となる可能性が高まる．若者はこれらの問題を自ら解決しようとしてさまざまな努力をするが，社会的な差別を受け疎外されたり，教育や就労への機会が少なく将来への展望が開けないような社会環境では，社会や開発活動への関与をあきらめたり，逆にネガティブなアイデンティティを形成し，非社会的あるいは過激な集団

の活動に参加する可能性が出てくる.

●東ティモールの例　したがって,若者を対象とした開発協力ではポジティブで建設的なアイデンティティをもてるような活動や環境整備が重要になってくる.例えば,2002年にインドネシアの不法支配から独立した紛争後の東ティモールでは,独立闘争で重要な役割を果たした若者に対する最初の政権の施策が十分でなく,その政府への若者の不満が2006年の内紛の大きな要因となった.独立以前に教育や職業訓練の機会を得られなかった若者に対して,彼らの知らないポルトガル語の使用を優先し,就労や教育の条件としたことなどは,若者の疎外感を高め,独立への大きな期待をもっていた彼らの失望と,逆に反政府勢力への期待を高めることにつながった.

　そのため2007年に選ばれた次の政権は,若者の声を反映し,将来のリーダーを育成するための「若者議会」を設立したり,ポジティブなアイデンティティを形成し,問題解決能力を向上させるライフスキル訓練,広範に使われているテトゥン語の政府内や教育での使用,子どもや若者向けのラジオ番組,教育機会の地方への拡充,インドネシア統治時代から盛んに行われてきた格闘技のスポーツ化などの施策を次々に実施し,若者の社会への参加と能力構築を積極的に行った.その結果,東ティモールでは2008年以降,社会的な安定を回復し,経済発展と民主的な選挙や政権交代が行われている.

●若者への開発協力のあり方　若者は,社会の中核で次世代を担う存在であり,その潜在的能力を発揮し,必要な能力構築を行えるよう支援することは国際社会にとって不可欠のことである.また,さまざまな側面で彼らの参加と意思決定を促進することは,彼らの社会への関与を深め,責任ある行動をうながすことにもつながる.

　今後の若者への開発協力は,世界的な貧富の格差の拡大や地球温暖化など,彼らが生きる21世紀の社会の問題解決を見据えたものにする必要がある.例えば彼らが社会の中核で働く2050年には,地球温暖化が進めば極端な気候変動が起き,また貧富の格差が広がれば,それによって生じる紛争やテロなどによって,生活基盤が崩れ,地球社会が崩壊に向かうことが懸念される.さらに,情報通信技術(ICT)や人工知能(AI),ロボット,生物工学などの爆発的な技術革新によって既存の仕事の多くがなくなり,産業構造や就労,生業形態が変わっていくことが予想されるので,そのような変化に対応できる中長期的な協力のあり方が模索されなければならない.中期的には,2030年までの世界の問題とその解決目標を集約した持続可能な開発目標(SDGs)の達成に関連する分野への世界的なニーズが高まると考えられるので,それに対応できるような開発協力のあり方が求められる.若者の能力を最大限に高め,彼らが地球社会の問題解決に貢献できるよう開発協力を進めていくことが持続可能な地球社会のためには必要であろう.　　［久木田　純］

障害をもつ人たち

persons with disabilities

　国連をはじめとした国際的な枠組み，特に持続可能な開発目標（SDGs）では，誰も置き去りにしない社会をつくることを念頭においている．そのために留意されるべき「脆弱な人たち」とよばれる人の中には，女性（女性差別撤廃条約参照，1981年発効）や子ども（子どもの権利条約参照，1990年発効）のように早くから個別人権条約や専門国際機関の創設が実現したグループもある．一方で，ごく最近までそうした枠組みの中で言及されてこなかった人たち，それが障害者である．

　障害者は先進国，開発途上国を問わず，世界中，どこにでも存在するが，貧困とのかかわりから途上国について特に障害者の問題に焦点をあてる必要性が叫ばれるようになった．世界銀行は，世界の貧困者の約3割が障害者であると推計している．また世界人口の10〜15%は障害者で，世界の障害者の多くは，途上国の，それも農村部に多く居住しているといわれている．このため，世界の貧困をなくしていこうといういかなる取組みも，貧困層の中に障害者がいることを念頭におかないと，貧困削減の取組みの中で，障害者が最後に取り残される人たちのグループの中で相当割合を占めることになりかねない．

●国連障害者の権利条約　一方で，多くの途上国には，障害者支援枠組みや法律が2000年代までほとんどなかった．女性や子ども同様，障害者の人権は保障されているとはいえず，各国の開発の中でプレーヤーのひとりとして活躍する道は閉ざされていた．こうした状況の改善のために国際社会は，2006年国連総会で障害者権利条約（CRPD）を全会一致で可決，同条約は2008年に20か国以上の批准国を得て発効した．日本も国内での障害者基本法の改正や障害者差別解消法の制定といった同条約を支える国内法の整備の後，2014年に同条約を批准した．

　CRPDは基本的に非障害者が有する諸人権を障害者も同等に享受できることを述べている．同条約に批准したことにより，加盟各国は各国の開発政策において障害者と非障害者の間の差別をなくすことを義務づけられた．多くの中南米やアフリカ，アジアの途上国が同条約を批准し，中には選択議定書とよばれる条約違反に対する申し立て手続きについても批准した途上国も多い．

　また同条約への批准をきっかけに国内でも障害者基本法や障害者法といった障害当事者の権利を保障する法律の制定や既存法の改正も進んでいる．2016年には，アジアでも最も早い時期である1995年に障害法を制定していたインドで，権利条約を踏まえた障害種別の拡大（盲・ろう・肢体不自由の古典的3障害から，知的障害，精神障害，慢性病，インドに特徴的にみられる酸攻撃の被害者などに

拡大）や障害者に対する職業・教育などでの指定割合の割当といった優遇措置を指定カースト・部族同様に，公的部門だけでなく，民間部門にも広げるなどの優遇措置をとることを求める新障害者法が成立した．2017 年にはアフリカのナイジェリアでも障害法が成立しているほか，パキスタンやモンゴルでも障害法制定準備が進んだ．成人障害者関連のみでなく，障害児についても例えば，香港では，同条約批准に伴って障害児のための特別支援の現状について報告をする必要に迫られ，香港政庁がこれまでほとんど顧みられることのなかった障害児教育の実情に関心を払うようになるなどの変化も起きている．

●**人権と障害者**　CRPD が目指したのは，障害者に特別措置を求めることではなく，非障害者と同等の人権を保障することであるが，なぜこうしたことが必要なのだろうか．多くの途上国で障害はタブーとされ，差別の問題となっている．前世での罪の報いで，あるいは悪霊の仕業であるといった迷信もまだ根強い．障害についての無知や医学的知識の不足などがこうした社会的態度を生み出している．社会環境の側にバリア（障害）があるため（障害の社会モデル），歩行困難や聞こえないという機能障害があると村の会議に参加できない，公的手続きもできないといったアクセスの問題に直面する．知的障害者や精神障害者が本人の意思に反して収容施設に収容されているケースも多い．教育へのアクセスが保障されないために読み書きができず，さまざまな社会参加をはばまれている障害者もいる．これらの問題の解決なくして，彼らがそれぞれの国の発展に資することはできない．

　ほかにも障害女性が複合差別とよばれる，①障害者で，②女性で，③途上国の人間であるという複数の人権上の壁，差別に直面しているという問題もある．

●**障害統計**　一方，CRPD は，その第 31 条で「統計および資料の収集」と題して，加盟各国に障害者に関する統計資料を用意することを求めている．しかし，多くの国々では，障害者の頭数の比率についての統計を揃えるのがやっとであり，それも国勢調査のような全数調査によるものではなく，標本調査からの推計であることが多い．障害者の貧困状況が課題であるのに，彼らの貧困状況に関する統計はほぼ皆無という国がほとんどである．障害統計の整備と開発が，障害者にかかわる諸問題の解決と実効ある政策立案のために強く求められている．

　CRPD は，障害統計が障害当事者にもアクセス可能であることも求めている．このアクセシビリティ確保は開発においても今後大事な課題である．　　［森　壮也］

📖 **参考文献**

[1] 森　壮也「障害」黒岩郁雄他編『テキストブック開発経済学』第 3 版，有斐閣，pp.253-268，2015

[2] 森　壮也編『途上国障害者の貧困削減―かれらはどう生計を営んでいるのか』岩波書店，2010

労　働

labor

「労働は，商品ではない」（1944 年，フィラデルフィア宣言）：国際労働機関（ILO）は，1919 年，ベルサイユ条約に基づき国際労働基準の策定を目的に設立された．「世界の永続する平和は，社会正義を基礎としてのみ確立することができる」という憲章原則のうえに打ちたてられており，国際機関の中で独自の政府・労働者・使用者（政・労・使）による 3 者構成をもっている．

1944 年に開催された第 26 回の ILO 総会において，労働の基本原則となるフィラデルフィア宣言が採択された．ILO の条約と勧告，ならびに「労働における基本的原則および権利に関する ILO 宣言」と「ILO 多国籍企業および社会政策に関する原則の 3 者宣言」は，労働の慣行や課題に関する最高権威となっている．

●ディーセント・ワーク　ILO が最低限の労働基準として定めたのが，「結社の自由および団体交渉権」「強制労働の禁止」「児童労働の実効的な廃止」「雇用および職業における差別の排除」の 4 分野・8 条約からなる中核的労働基準である．これらは，批准していなくても「尊重し，促進し，かつ実現する義務を負う」とされている．さらに ILO が重要な目標として掲げているのが，ディーセント・ワーク（人間らしい生きがいのある仕事）の実現である．ILO は，ディーセント・ワークの実現のためには，「仕事の創出」「社会的保護の拡充」「対話の促進」「労働者の権利擁護」が必要であるとしている．

ディーセント・ワークの実現が強く求められる背景には，失業，不完全就業，非生産的な仕事，危険な仕事と不安定な所得，男女不平等，労働者の搾取，発言権の欠如，病気・障害・高齢に対する不十分な保護などが，貧困や格差，社会不安を助長しており，世界の重大な問題となっていることがある．特に，世界の 5 人に 1 人が関連しているグローバル・サプライ・チェーンでは，労働者の権利の尊重や，労働組合の存在などに大きな課題が指摘されている．また 1 億 5000 万人以上といわれる移住労働者のディーセント・ワークの欠如も深刻な問題になっている．

2013 年 4 月，バングラデシュの首都ダッカ近くのサバールでラナ・プラザ商業ビルの倒壊事故が発生した．その中の 5 つの縫製工場で働く 1130 人以上もの労働者の尊い命が奪われるという悲惨な事故であり，そしてその人たちが世界的に有名な欧米の数十の衣料品ブランドの委託生産をしていたことは世界に衝撃を与えた．このようなサプライ・チェーン上を含むディーセント・ワークの欠如は，国際社会が取り組むべき最重要課題のひとつと認識されている．2015 年にドイツのエルマウで開催された先進国首脳会議（G 7 サミット）では，「責任あるサプ

ライ・チェーン」を取り上げた最初の会議となった．2030年を達成年にした持続可能な開発目標（SDGs）の目標8には「包摂的かつ持続可能な経済成長およびすべての人々に完全かつ生産的な雇用とディーセント・ワークを促進する」が盛り込まれた．ILOは，新たな国際労働基準，2011年に採択された「ビジネスと人権に関する指導原則」，SDGsなどを考慮して，2017年3月，1977年に採択された3者宣言の3度目の改訂を行った．国際標準化機構（ISO）は，2017年春に「持続可能な調達に関する国際規格」を発行した．

　移住労働者とは，「すべての移住労働者とその家族の権利の保護に関する国際条約」の第2条で，「国籍を有しない国で，有給の活動に従事する予定であるか，またはこれに従事している者」と定義付けられている．ILOの2015年12月の統計によると，世界の移民労働者数は，約1億5030万人で，その71.1％が第三次産業で働いている．移住労働者は，言語の問題，現地の法律への不案内などから，搾取や強制労働などの権利侵害を受けやすい．また，人身取引の被害も後を絶たない．その対策には，国際移住機関（IOM）を初めとする国際機関の取組み，送出し国と受入れ国の政府間の取組みや，リクルーターの取締り，非営利組織（NPO）や医療機関などの連携による救済や支援などが行われている．

●**日本における労働問題**　ディーセント・ワークの実現は，長時間労働，過労，男女間の賃金差，正規労働と非正規労働間の同一労働同一賃金の未実現など多くの問題が指摘されている日本にとっても喫緊の課題である．日本政府は，2016年秋から「働き方改革」委員会を立ち上げ，労働改善をはかるため，関連法案の議論を行なっている．少子高齢化に伴う労働力不足に対しては，女性や高齢者の活用を優先しているが，外国人労働者の数も増加している．厚生労働省によれば，2017年10月末時点でその数は127万8670人となり，前年同期比18％増となった．外国人労働者には，技能実習生やアルバイトをする留学生も含まれている．アメリカ国務省が毎年発行している人身取引報告書ならびに国別人権報告書では，日本における人権侵害事例として技能実習生が強制労働の状態を経験していることが指摘されている．

　2020年に開催される東京オリンピック・パラリンピック競技大会は，持続可能な大会を目指し，「持続可能性に配慮した運営計画」と「持続可能性に配慮した調達コード」を策定している．世界の注目を浴びる同大会において，建設労働者の安全や権利，サプライ・チェーンにおける労働者の権利擁護は，最重要課題に位置付けられ世界の注目を集めている．

　日本は，「ビジネスと人権に関する指導原則」の国別行動計画の策定に着手した．すべての労働者の権利尊重，グローバルなサプライ・チェーンにおけるディーセント・ワークの実現に向けて，日本の取組みのいっそうの加速化が求められている．

[黒田かをり]

住民移転

resettlement and displacement

　住民移転は，ダムや道路などの開発によって住民たちが移転を余儀なくされること，すなわち日本語の「立ち退き」と同じ意味だと考える人が少なくない．もちろん，それは重要な要素だが，「住民移転＝立ち退き」ととらえることは，住民移転が抱える本質的な問題から目を背ける結果となる．なぜか．

●**住民移転の多様な側面**　住民移転が国際開発分野で重視されるきっかけとなったのは1996年に世界銀行が発表した報告書である．ダム建設，都市開発，交通プロジェクトによって，毎年約1000万人が移転させられたと推計し，衝撃を与えた．住民移転は開発に伴うやむを得ない犠牲という考え方から，開発における中心的な課題に据えられるようになった．しかし，この数字は物理的に移転を余儀なくされた人たち，すなわち住居や居住地をプロジェクトのために失い，「立ち退き」を迫られた人たちしか含んでいない．実際には，農地や林産資源，河川での自給的な漁業などの生計手段自体やそれへのアクセス，雇用機会，住民同士の助け合いである社会関係資本などを失うことで，結果的に別の場所で新たな生計を営まざるを得なくなる人たちも存在する．「住民移転＝立ち退き」ととらえることで，こうした間接的な移転のリスクが過小評価される．

　また，「立ち退き」はインフラなど建造物による移転を連想させるが，実際には自然保護区の設定や土地利用の変更などの政策によって，住み慣れた場所を離れなければならないこともある．さらに，「立ち退き」という語には「意に反する＝非自発的」というイメージがあるが，移転が自発的かどうかの線引きは簡単ではない．政府が何らかの理由で行政サービスを打ち切れば，その地を自ら離れる人が現れると考えられる．あるいは強権的な政権下では，政府の開発政策に異議を唱えることは反政府活動とみなされかねないため，表面上は自分から引っ越す．自発的かどうかの判断には政治性が入りやすい．

　国際開発分野ではここにあげた生計手段の喪失による移転のリスク，政策に伴う移転，嫌がらせや自由意志に反しての移転は，すべて配慮の対象となる．移転による損失や被害などの悪影響を事前に調査し，できるだけ移転を回避，あるいは最小化し，避けられない場合は，最低でも移転前の生活水準を回復できるようにすることが国際的に求められている．

●**住民移転問題が解決しない要因**　世界銀行が国際開発機関として初めて住民移転に関する政策を打ち出したのが1980年．しかし，今も開発に伴う住民移転の問題は解決したとはいえない．

　2枚の写真を見て欲しい（図1）．東南アジアのある国で日本の政府開発援助

（ODA）と民間投資で進められている事業の住民移転である．同じ世帯ではないが，移転前の写真は自分の土地ではなく，家は茅葺に竹の壁．移転後は補償として与えられた土地に，トタン屋根と木造の家で，農地はない．筆者のインタビューに，前者の住民は移転したくないと語り，移転地の住民は移転計画を非難した．単純な比較はできないが，過去40年近く，住民移転にかかわる政策が改善されているのに問題が解決していない要因は以下の2つに要約できる．

第1に，移転によって家屋や施設を改善できたとしても，新たな農地を探すのは難しい．半自給的な農林業で生活していた住民が，職業訓練を受けて新たな生計手段に転換するのは容易ではない．第2に，移転住民の権利の問題がある．移転前の写真にあるように不法に土地を耕す住民は，開発計画によって土地を奪

図1 移転前（上）と移転後（下）

われても法的な補償を受ける権利はない．あくまで社会福祉的な「支援」に頼らざるをえない．一定期間支援を受けた後に自立できなければ，それは自己責任とみなされる．移転後の写真の家の住民は，移転地での生活苦からこの家を売って他の地に移ってしまったのである．

開発途上国の貧困撲滅や生活向上を目的に掲げている以上は，国際開発分野における住民移転は，政策や法律に基づいた単なる移転・補償の手続きではなく，住民の生活を守る手段でなければならない．また，住民移転の実際の影響がわかるのは，事業が始まって数年，事前調査からは十年以上経過してからである．深刻な悪影響を与えたとしても，それが明らかになったときには新しい法律や政策ができていて，「あの頃は法律や政策が古かったので問題を防げなかったが今は大丈夫」と反論される．しかし，実際には問題が繰り返されている．住民移転の問題が解決できないもう1つの理由は，改善努力が言い訳となって過去の問題の本質を考えようとしないことにあるのではないか．　　　　　　　［松本　悟］

📖 **参考文献**

[1] 松本 悟『調査と権力―世界銀行と「調査の失敗」』東京大学出版会, 2014
[2] チェルネア, M. M. 編『開発は誰のために』日本林業技術協会, 1998

女性に対する暴力

violence against women

女性に対する暴力（VAW）は，国や地域を問わず起きる人権侵害である．異性間だけでなく同性間でも起き，男性も被害者になり得るが，被害例は相対的に少ない．世界の女性の3分の1が暴力を受けているといわれるが，個人の問題とされがちで，国家や国際社会による取組みが始まったのは1990年代以降である．

●**暴力の種類**　暴力には，殴ったり，物を投げつけるなど身体的暴力だけでなく，交友関係の制限や無視などの精神的暴力，物を買わせるなど金銭的な負担や労働を強いる経済的暴力，性行為の強要や避妊への非協力を含む性的暴力がある．

さらに，発生する空間により，①家庭で起きる暴力，②コミュニティで起きる暴力，③国家権力などによる暴力の3種に分類できる．①には，配偶者など家族が加害者になるドメスティック・バイオレンス（DV），恋人など親密なパートナーによる暴力，子どもに対する虐待がある．②は，職場や学校，村や難民キャンプなど公共の場でのセクシュアル・ハラスメントやレイプ，慣習による暴力，ときに国境をも越える人身取引や強制売春などの性的搾取などがある．①②とも，災害後の人道的危機下に増える傾向がある．③には，平時にも起こり得る警察や軍など女性を保護すべき機関による暴力や，武力紛争下での政府および対峙する勢力による集団レイプ，「慰安婦」問題など紛争下の性暴力が含まれる．

●**開発との関係**　①には，特定地域の慣習も含まれており，伝統的な儀礼の尊重と，人権や保健衛生などの近代的価値観の間で廃絶には困難が伴う．アフリカなどで行われている女性性器切除（FGM/C）や，南アジアにみられるダウリー（結婚持参金）をめぐる暴力，男児偏重による女児の嬰児殺し，婚前・婚外交渉をもった女性を「家族の名誉を汚すもの」とみなして親族の男性が殺害する名誉殺人がある．また，児童婚や早婚も女性に対する暴力に含まれる．

こうした暴力は，女性や女児の生命・身体や生殖器官に影響を及ぼすだけでなく，精神面に深い傷をもたらす．その結果，社会生活が困難となり，貧困に陥ったり，地域社会から排除されることがある．また，暴力を目撃した子どもなど周囲の家族にも精神的な負担を与える．問題の根底には，男女の社会的な役割の非対称性などジェンダーの不平等や，女性の人権の軽視などがある．女性に対する暴力と同義で用いられる「ジェンダーに基づく暴力（GBV）」は，社会の構造に基づくジェンダー差別が暴力の原因であることを強調する語法である．

開発援助は女性の経済的自立支援，女性の権利，保健に関する教育，コミュニティでの意思決定への参画など多方面から女性のエンパワーメントをうながすことで，ジェンダー関係の是正をはかっている．また被害女性の保護，医学的・法

的支援を実施する機関に対する援助も可能である．ジェンダー不平等な社会の転換に寄与することで，女性に対する暴力の予防や削減ができると考えられる．

●**国際社会の取組み**　女性の人権保障の集大成として 1979 年に採択された女性差別撤廃条約（CEDAW）は，社会および家庭における性別役割分業の撤廃をもとめ，人身取引からの保護についても規定した．

　1993 年のウィーン世界人権会議の非政府組織（NGO）フォーラムでは，DV や紛争下の性暴力が取り上げられた．そこで採択された「ウィーン人権宣言および行動計画」は，女性・女児に対する暴力の撤廃を初めて明文化した国際規範で，「文化的偏見および国際的売買に起因するものを含め，性別に基づく暴力ならびにあらゆる形態のセクシュアル・ハラスメントおよび性的搾取は，人間の尊厳および価値と両立せず，撤廃されなければならない」とうたった．同年 12 月の「女性に対する暴力の撤廃に関する宣言」は，「女性に対する暴力は，男女間の歴史的に不平等な関係の現れであり，これが男性の女性に対する支配および差別ならびに女性の十分な地位向上の妨害につながってきたこと，および女性に対する暴力は女性を男性に比べて従属的な地位に強いる重要な社会的機構のひとつであること」を明らかにし，その撤廃のための施策の推進を加盟国に求めた．

　1995 年の世界女性会議で採択された「北京宣言および行動綱領」は 12 の重大問題領域のひとつとして「女性に対する暴力」を取り上げた．2000 年には，国連安保理決議 1325（女性・平和・安全保障）が採択された．加盟国は国別行動計画を策定し，紛争下の性暴力からの女性の保護や，紛争下・紛争後において女性・女児へのあらゆる形態の暴力の防止に努めることが求められている．

　2015 年に採択された持続可能な開発目標（SDGs）の目標 5 では「人身取引や性的，その他の種類の搾取など，すべての女性および女児に対する，公共・私的空間におけるあらゆる形態の暴力を排除する」，「児童婚，早婚，強制婚および女性性器切除など，あらゆる有害な慣行を撤廃する」ことが盛り込まれている．

●**予防と撤廃に向けた多様な運動**　紛争下の性暴力や女児の誘拐は可視化されにくく，国家やコミュニティによる対策は途上にある．さらに，インターネット空間での暴力など新たな形態の暴力への対策も求められている．女性に対する暴力撤廃の国際デーの 11 月 25 日から国際人権デーの 12 月 10 日までは世界各地で「ジェンダー暴力と闘う 16 日間キャンペーン」が毎年展開される．ほかに，女性に対する暴力をなくすために男性が主体となる運動であるホワイトリボン・キャンペーンや，セクシュアル・マイノリティに対する暴力をなくすための取組みがある．

[田中雅子]

📖 **参考文献**

[1] 国連経済社会局女性の地位向上部『女性に対する暴力に関する立法ハンドブック』ヒューマンライツ・ナウ訳，信山社，2011

人身取引

trafficking in persons

　人身取引（trafficking in persons）という用語は，2000 年に国際組織犯罪防止条約の補足議定書のひとつとして採択された「人，特に女性および子どもの取引を防止し，抑止しおよび処罰するための議定書」の発効以降，人身売買（human trafficking）に代わって使われている．この議定書は，採択されたイタリアのパレルモの地名にちなみパレルモ議定書とよばれる．パレルモ議定書が採択された背景には，経済のグローバル化だけでなく，1990 年代の人の移動，移動手段や情報伝達技術の発達や，テロなどの国際組織犯罪の台頭があった．

●**人身取引の定義**　パレルモ議定書は国際法上はじめて人身取引を国際犯罪であると定義した．それまで国際社会は 1904 年の「就業ヲ行ハシムル為ノ婦女売買取締ニ関スル国際協定」から 1949 年「人身売買及び他人の売春からの搾取の禁止に関する条約」にいたるまで国際協定や国際条約が締結されていたが，人身売買と女性の売春が同義とみなされるなど明確な人身売買についての定義はなかった．パレルモ議定書第 3 条（a）は人身取引を，搾取を目的とすること，人を獲得，移送，収受するなどの行為があり，暴力や騙しなどの手段から定義されている．人身取引の対象は女性に限定しておらず，搾取の形態も買売春だけでなく強制労働，奴隷のような扱い，臓器売買など，より広く，明確に示された．なお，パレルモ議定書を締結するためには国際組織犯罪防止条約の締約国とならなければならない．同条約は 2003 年 9 月 29 日に発効し，2018 年 4 月 22 日現在，締約国は 189 か国である（日本政府は，2017 年 7 月 11 日に本条約を締結，8 月 10 日に発効した）．

●**人身取引の実態と形態**　国連薬物犯罪対策事務所（UNODC）が 2016 年に発行した人身取引グローバルレポートによれば，2012-14 年に認識された人身取引された人の流れは 500 種を超えており，すべての国が人身取引の目的国もしくは被害者の出身国であるなど人身取引に無関係ではないと指摘している．また，2004-14 年の人身取引の傾向の変化として，これまで人身取引の被害を受けやすい人々は女性と子どもが多かったが，男性の労働搾取型の被害者が増加している．また，外国での就労機会など言葉巧みに勧誘する人身取引加害者が，警戒心を抱かせないよう被害者と同郷の顔見知りで，同性であることが少なくない．

　さらに，人身取引の形態は，強制売春のような性的搾取だけでなく，強制労働，物乞いの強制，臓器摘出・売買，強制結婚，子ども兵士などさまざまなタイプがあること，世界の人身取引の 4 人に 1 人は子どもだということも指摘されている．UNODC は国連加盟国に人身取引対策としてパレルモ議定書に則って加害者の刑事処罰化などを規定する法整備を求めてきた．2016 年時点で，158 か国が加

害者処罰，被害者保護，人身取引防止を盛り込んだ法律を整備した.

●**各地域での人身取引対策と国際協力**　パレルモ議定書採択以降，ヨーロッパやアジアで人身取引対策の枠組みが規定され，その対策が推進された. ヨーロッパ連合（EU）では「人身取引との闘いに関する 2002 年 7 月 19 日の理事会枠組決定」より被害者保護の観点を重視した「2002 年の枠組みを廃止し，人身取引の防止，闘い，そして被害者保護を行う 2011 年 4 月 5 日理事会指令」が発令された.

　また，南アジア地域協力連合（SAARC）では 2002 年に「買春を目的とした女性と子どもの取引の防止および撲滅に関する条約」と「南アジアにおける子どもの福祉促進のための地域協力体制に関する条約」を採択した.

　さらに子どもを含むさまざまな形態の人身取引が発生しているメコン川流域諸国では，バンコクに設置された国連合同プロジェクト（UNIAP）を事務局として人身取引対策に関するメコン地域 6 か国の閣僚級の協力枠組み（COMMIT）が 2004 年に発足した. UNIAP は 2014 年に発展的に解消し，現在は UN-ACT として人身取引対策のメコン地域間および ASEAN 諸国での協力を促している.

　東南アジア諸国連合（ASEAN）では，2004 年に「女性と子どもの人身取引防止宣言」，2011 年には「ASEAN 人身取引対策宣言」が出された. オーストラリア政府は AusAID を通して 2003 年から ASEAN の人身取引対策への国際協力を実施してきた. 主に警察や判事などの能力強化など刑事司法にかかわる分野であった. 2008 年に ASEAN 事務局が発行した「人身取引の司法対応に関する ASEAN 実務者ガイドブック」はオーストラリア政府の協力によって作成した.

　一方，日本政府も国際協力機構（JICA）を通して 2009 年からタイ，ミャンマー，ベトナムで，刑事司法ではなく被害者保護の観点から，被害者保護や支援にかかわる国際協力を進めている. タイでは人身取引にかかわる多分野協働チームのためのマニュアルの制作（タイ），ホットライン構築（ベトナム），被害者自立支援（ミャンマー）などの協力を進めてきた. 2015～19 年には二国間ではなく広域の「メコン地域人身取引被害者支援能力向上プロジェクト」を展開している.

　人身取引対策は国連や政府レベルで進められているだけでなく，中間支援組織である非政府組織（NGO）も活発に実施している. また人身取引被害に遭った経験をもつ当事者の自助組織がネパールやタイで誕生し，活動を続けている.

●**課題**　人身取引の形態が多様化（家事労働，強制結婚，臓器売買，物乞い，代理出産など）し，「搾取」の解釈をめぐり強制労働と人身取引の境界が不明瞭と指摘される. そのため保護・支援されるべき被害者が支援されないことも多々あり，被害者の侵害された権利の救済が急務である. さらに近年は，水産物加工業のサプライ・チェーンの末端において漁船乗組員らの労働搾取が発覚している. 人身取引課題は，多国籍企業活動のサプライ・チェーンでの労働者の人権侵害の救済が「ビジネスと人権」をめぐる議論の中でも課題とされている. 　　［齋藤百合子］

保護する責任

responsibility to protect

　1990年代以降に発生したボスニア・ヘルツェゴビナ，ルワンダ，コソボなどにおける武力紛争で多数の犠牲者が出たことを契機として，一国におけるはなはだしい人権侵害から人々を守るために他国による軍事的な介入（人道的介入）が許されるのか，という問題が提起された．特に，1998～99年のコソボのアルバニア系住民に対する民族浄化と，それに対して，1999年3月に国連安全保障理事会の承認を得ずに北大西洋条約機構（NATO）が実施した軍事介入が問題視された．

図1　コソボから逃れる難民（1999年3月1日）（出典：UN photo #50810）

　そこで，カナダ政府が中心となって設立した「干渉と国家主権に関する国際委員会」が2001年に発表した『保護する責任』と題する報告書の中で，「保護する責任（RtoP, R2P）」という概念が提唱されるにいたった．

　2005年，K. アナン国連事務総長も『より大きな自由を求めて』と題する報告書の中で保護する責任に言及し，同年の国連総会が『成果文書』と題する決議の中で，国家が大量虐殺，戦争犯罪，民族浄化および人道に対する罪から自国民を保護する責任を負うことを認め，国家による保護が機能しない場合には，国連憲章にのっとり，国連安全保障理事会を通じて集団的行動をとる用意があるとして，保護する責任概念を認めた．

●**定義および内容**　保護する責任とは，大量虐殺，戦争犯罪，民族浄化および人道に対する罪から人々を保護する第一義的責任を国家が有するが，国家に人々を保護する能力または意志がない場合には，人々を保護する第二義的責任を国際社会が有する，という考え方である．

　保護する責任には，第1に，人々を保護する国家の責任，第2に，国家が人々を守る際に国家を支援する国際社会の責任，第3に，国家が明らかに人々を守ることができない場合に，人々を守る国際社会の責任，という3つの柱がある．

　また，保護する責任には，第1に，開発援助，統治・人権・法の支配への支援や，対話・和解の促進などによって，人々を危機に陥れる原因の予防に取り組むという「予防する責任」，第2に，制裁，訴追，軍事介入などによって保護を必要とする人々に対して適切な措置を用いて対応するという「対応する責任」，第3に，復興，再建，和解を含む完全な支援を提供する「再建する責任」という3つ

の要素がある.

●**評価および問題** 従来の「人道的介入」という概念は,国家の視点に立ち,内政不干渉原則を超える介入する国の「権利」として理解されてきた.しかし,「保護する責任」という概念は,人道被害の犠牲者の生命を守る必要性という人々の視点に立ち,第一義的には国家の,そして第二義的には国際社会の,人々を保護する「責任」ととらえ直したところに意義がある.

他方で,保護する責任の法的根拠や正統性,国家による保護する責任の失敗を判断する基準,国際社会が第二義的責任を行使する際の手段の基準や範囲,国際社会が軍事的介入を行った場合に二次的な被害をこうむる人々の保護に対する責任,などの問題も指摘されている.

保護する責任概念が適用された事例として,2011 年,安保理決議1970 がリビア政府当局には人民を保護する責任があると指摘し,同じく決議1973 で文民保護のための飛行禁止区域の設定と,これを強制するための必要なあらゆる措置(武力行使)を執る権限を加盟国に与えたリビアの事例があげられる.同国のカダフィ政権が自国民を大量虐殺の危機にさらした時点で保護する責任は国際社会に移り,国連および地域的機構は,交渉,外交的圧力,制裁,武力行使などのあらゆる措置を発動することになった.その後カダフィ政権が崩壊したことから,リビアの事例は,保護する責任が奏功した事例と理解されている.

他方で,シリアの事例では,アメリカとロシアの利害が衝突し安保理が機能麻痺に陥っており,国際社会の保護する責任が果たされてはいない.

このように,保護する責任が一貫して適用されていないことも問題である.

●**保護する責任と開発援助** 開発援助は,保護する責任の第 2 の柱である「国家が人々を守る際に国家を支援する国際社会の責任」を果たす活動と考えられ,「予防する責任」に関連している.開発援助により,国家の保護する責任を奨励し,支援し,保護する能力を構築し,紛争勃発を予防することが可能である.一般的な開発援助の水準を実質的に向上させることにより,保護する責任に関連する犯罪と暴力の発生を減少させられるからである.2009 年の『保護する責任の履行』と題する報告書の中で,潘基文国連事務総長(当時)は,最底辺の 10 億人に対して開発援助を拡大することは,貧しい者と少数者集団により力強い影響力を与え,平等と社会正義を強め,教育水準を高め,政治参加の機会を増加させ,保護する責任に関連する犯罪と暴力を予防する,真に肯定的な効果を有すると指摘している. [秋月弘子]

📖 **参考文献**
[1] The International Commission on Intervention and State Sovereignty *the Responsibility to Protect: Report of the International Commission on Intervention and State Sovereignty,* the International Development Research Centre, 2001

11

貿易と資本・労働移動

グローバル経済下の貿易と生産要素移動

trade and factor mobility in the global economy

開発途上国を巻き込んだ経済のグローバル化が明確に始まったのは1990年代である．「グローバル化」には良い日本語訳がないが，世界各国間の相互関係が多面的に強まり，いわば地球がひとつになっていくというニュアンスを含んでいる．経済面では，輸送コストの低下やインターネットの充実により，財とサービス，資本や労働などの生産要素，情報の移動が盛んになり，世界の経済成長をささえた（☞「データでみる世界の貿易と直接投資」）．しかし，他方で悪影響を感じる人々も増え，2016年には経済のグローバル化を見直す動きが広くみられるようになった．

●**グローバル化の実態と影響**　経済のグローバル化をささえるものは，国際経済システムの整備，各国経済の貿易・資本の自由化，輸送コスト・連絡コストの低下などである．この結果，国際的なサプライ・チェーンが形成されるようになった（☞「グローバル・サプライ・チェーンと国際分業」）．

UNCTAD（国連貿易開発会議）のデータベースによれば，世界の財輸出は1970年に3182億ドルであったが，1990年には3兆4957億ドル，2015年には16兆6516億ドルに増加した．途上国シェアは，中国や他の東アジア諸国の輸出増大を主因として，1990年の24%から2015年には45%へと拡大した．サービス輸出は1990年の8314億ドルから2013年には4兆7202億ドルへと増加し，途上国シェアも18%から30%へと拡大した．

世界の外国直接投資額は1990年の2049億ドルから，2015年には1兆7622億ドルへと増大したが，特に開発途上国への投資が増えている．直接投資は，資本とともに経営資源の移転を伴うもので，開発途上国の経済発展に果たした役割は投資受入れ国の受入れ環境により大きく異なった（☞「直接投資の役割」）．

このほか，国際的な短期資金移動や出稼ぎ労働者・移民が1990年代になって急速に増大した（☞「国際労働移動」）．世界銀行のデータによれば，移民は2000年の1億7500万人から，2013年には2億4700万人に増加した．移民による国際送金も2015年には6010億ドルとなり，4410億ドルは発展途上国の受け取りとなっている．

このようにグローバル化の結果，1990年代には東アジア，2000年代にはアフリカの開発途上国が高い経済成長を示した．世界のGDPは1990年から2015年の間に2010年固定価格で約2倍となり，高所得国のシェアは84%から64%へ低下した．また，世界の1990年の貧困人口比率（1日1ドル以下で生活）は35.1%であったが，2013年の貧困人口比率（1日1.9ドル以下で生活）は10.7%へと低下

した.

　しかし，このような成長の陰で，国内の所得格差を増大させる国が増加した．また，生産要素の国際移動の活発化に加えて，国際貿易理論（☞「国際分業理論と開発」）による要素価格均等化命題が示唆するように，貿易の拡大が中・低所得国の労働賃金を上昇させるとともに，高所得国における一般労働者の賃金抑制をもたらすケースも増えた．

●**グローバル化効果の限界**　1999年11月シアトルで開催された世界貿易機関（WTO）閣僚会議は，WTOが推進する貿易自由化が各国の経済的弱者や環境に悪影響をもたらすと考える人々によって大規模な抗議行動にさらされた．このような中で，「公正」を重視した貿易形態も増加している（☞「フェアトレード」）．また，国際的な金融・資本自由化が進むにつれ，通貨危機あるいはそれがさらに深刻化した経済危機に見まわれる国が増加した．1997年にタイで発生し，近隣のマレーシアやインドネシアをも巻き込んだアジアの通貨危機は，マネーゲームとは無関係の庶民にも多くの経済的困難をもたらした．21世紀に入ると，グローバル化の経済効果に対する楽観論は徐々に影をひそめた．その原因は，グローバル化の初期段階では財・サービスや生産要素の自由化コストよりも自由化効果がはるかに大きいが，自由化が進むにつれて容易に自由化できる分野が減少して自由化コストが増大するためである．さらに，労働市場における人の産業間移動は簡単ではないために調整コストが無視できないこと，各国内で自由化により利益を得る人々と被害をこうむる人々の間での利害調整メカニズム（例えば政府による被害者への調整コストの補償）が十分に働かないことも事態を困難にしている．

　近年，ヨーロッパでは難民受け入れへの反対，アメリカでは移民労働者受け入れへの反対論が増加している．2017年1月に就任したアメリカのトランプ大統領は，WTOや地域経済統合による貿易自由化促進から保護主義への転換の方針を明確にし，さらに外国からの労働者流入制限の強化などの政策を打ち出した．EU（ヨーロッパ連合）においては，2017年3月イギリスがEUに対して脱退を通告した．今後，このような反グローバリズムの動きが主流となっていくのか，グローバル化の弊害除去の取組みにより，多国間の貿易自由化が維持できるのかは予断を許さない．1929年に始まった世界恐慌を契機に，経済のブロック化と為替切下げ競争により，世界貿易の規模が半分以下となった時代を人類は経験し，その反省に立ってブレトンウッズ体制を構築し，第2次世界大戦後の経済成長を支えた．すでに，戦後70年を過ぎ，国際通貨基金（IMF）やWTOの制度的限界にも直面している．21世紀の国際経済システムを構築するための合意形成が進むのか，あるいは世界各国が保護主義に傾斜していくのかに，すでにグローバル化によって経済的な相互依存関係を深化させてしまった世界経済の命運がかかっている．

[長田　博]

データで見る世界の貿易と直接投資

data on world trade and direct investment

図1に世界の貿易（総輸出額）および直接投資のGDPに対するそれぞれの比率の推移を示す．全体的傾向として，貿易および直接投資の比率は1980年代以降，年々高まっており，輸出比率はGDP比で30%を超え，直接投資比率も年によってはGDP比で5%を上まわっている（対外貿易の対GDP比は，1930年代から1950年頃まで保護貿易主義によりむしろ低下した経緯がある）．

表1に地域別の貿易額を示す．新興・途上国の多い東アジアから対世界への輸出入が大きな比重を占めていることが読みとれる．また近年の傾向として，一般機械，輸送機器および電気機器を中心として，「同一産業内の貿易」（いわゆる産業内貿易）が進展している．すなわち従来の垂直分業（原材料を輸出する国と，それらを輸入・加工した上で最終製品を輸出するという形の分業）から，新興・途上国を含めて相互に工業関連製品を輸出する水平分業への変化が生じている．

表2には海外直接投資（対内および対外）の国・地域ごとの金額を示す．開発途上国・地域における対内・対外直接投資が大きく進展していることがわかる．特に東南アジアにおいては，2015年には1990年時点の10倍を越える規模の対内直接投資がなされ，これは1985年のプラザ合意以降，低コスト生産のために日本をはじめとする先進諸国から東南アジアへの直接投資が拡大したことを反映している．そして直接投資の内実としての工場が投資元の国・地域の工場との間で水平分業的な生産と貿易を行い，貿易と投資が相乗効果的に進展する現象が顕著となっている．

●**国および地域ごとの貿易と投資の動向** さらに表1によると，2015年において世界最大の輸出国は中国であり，世界最大の輸入国はアメリカであること

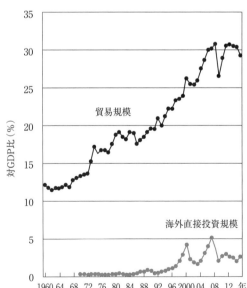

図1 世界の貿易と直接投資の対GDP比の推移（出典：世界銀行，World Development Indicators）

がわかる. そして中国の貿易収支（輸出額から輸入貿額を引いたもの）の黒字幅がアメリカの貿易収支の赤字幅とほぼ等しいことが示すように,「世界の工場」としての中国は「世界の市場」としてのアメリカに商品を輸出して外貨を稼ぐというパターンが顕著で, このことが近年のアメリカにおける保護貿易主義, すなわち外貨や雇用の国内から海外（特に中国）への流出をおそれて輸入を制限する動向につながっている.

また表2によると, 中国は1990年時点では対内直接投資および対外直接投資の双方で東南アジアよりも小規模であったが, 2015年にはともに中国が東南アジアを上まわり, 直接投資においても中国が台頭してきていることが観察される. インドも対内および対外直接投資を顕著に伸ばしており, アジア域内, さらにはよりグローバルな規模で効率性を追求する生産ネットワークの構築が急速に拡大している.　　　　　［石戸 光］

📖 参考文献
[1] JETRO『ジェトロ貿易投資報告書』2016
[2] UNCTAD *World Investment Report*

表1　地域別貿易額（2015年）

国・経済統合圏	輸出 金額（百万ドル）	輸出 構成比（％）	輸入 金額（百万ドル）	輸入 構成比（％）
NAFTA	2,293,442	13.9	3,062,815	18.2
アメリカ	1,502,572	9.1	2,248,232	13.4
EU28	5,396,840	32.8	5,263,443	31.3
ドイツ	1,330,190	8.1	1,050,449	6.3
フランス	505,864	3.1	572,400	3.4
イギリス	468,058	2.8	631,791	3.8
日　本	625,068	3.8	648,343	3.9
オーストラリア	187,687	1.1	200,344	1.2
東アジア	4,199,997	25.5	3,315,769	19.7
中　国	2,280,541	13.9	1,601,761	9.5
ASEAN 6	1,128,679	6.9	1,049,745	6.2
インド	267,920	1.6	394,014	2.3
ロシア	343,543	2.1	182,719	1.1
ブラジル	191,134	1.2	171,449	1
トルコ	143,749	0.9	206,839	1.2
南アフリカ共和国	81,641	0.5	85,722	0.5
世　界	16,446,732	100	16,800,440	100
先進国	9,867,960	60	10,326,487	61.5
新興国・途上国	6,578,772	40	6,473,952	38.5

（出典：JETRO『ジェトロ貿易投資報告書』p.8, 2016）

表2　海外直接投資の国・地域ごとの金額（単位：百万ドル）

国・地域	対内直接投資額 1990年	対内直接投資額 2015年	対外直接投資額 1990年	対外直接投資額 2015年
世　界	203,812	1,762,155	240,253	1,065,192
先進国・地域	169,777	962,496	222,450	576,254
EU	97,387	439,458	132,959	487,150
北　米	55,773	428,537	31,900	367,151
アメリカ	47,918	379,894	27,175	299,969
日　本	1,753	−2,250	48,024	128,654
開発途上国・地域	33,735	764,670	17,765	377,938
アフリカ	2,303	54,079	1,408	11,325
アジア	22,122	540,722	11,816	331,825
東アジア	6,557	322,316	10,109	226,070
中　国	3,487	135,610	830	127,560
東南アジア	12,005	125,732	2,690	66,681
南アジア	102	50,485	9	7,762
インド	162	44,208	6	7,501
西アジア	2,319	42,362	−459	31,311
ラテンアメリカ・カリブ地域	8,900	167,582	4,536	32,992
オセアニア	9,060	23,565	2,556	−14,729
移行経済圏	—	34,988	—	31,112
ロシア	—	9,825	—	26,558

注：マイナスは, 投資引揚げ額が新規投資額を上まわったことを示す.

（出典：UNCTAD, *World Investment Report* 各年版より作成）

国際分業理論と開発

international division of labour and development

どのような国家であれ，その地政上・歴史的背景のもとで，国境内に賦存（存在）する天然資源，生産要素（労働力，資本）を，自らもつ技術を利用して産業ごとに付加価値＝所得を形成し消費する一方，将来に向けて資源・要素を再生産している．国家間では，モノ，ヒト，カネ，情報が出入りしている．このうち，貿易すなわちモノの国家間の動きに注目し，その輸出と輸入のパターンを探る理論が国際分業理論である．ヒトの動きが国際労働移動であり，カネの動きが民間の間接・直接投資そして政府間の援助である．

●比較優位　国際分業理論の嚆矢は D. リカードの比較優位理論である．A，B 両地域それぞれ車1台，米1kgをつくるに表1のような人数を要する異なる技術をもっているとしよう．注目すべきは，絶対的には A 地域の方が両産業共に物的生産性が高いことである．もし，地域間労働移動が可能であるなら，B 地域の車産業の20人，米産業10人がともに A 地域に移動し生産すれば，生産性の高い A 地域で車と米をそれぞれ4台，2kg 増やすことができる．B 地域の生産減を考慮した両地域の合計では車，米をそれぞれ3台，1kg 増産することができる．残念ながら，国境のある国際社会ではこのような自由な地域間労働移動はできず，各国内の産業間労働移動だけしかできない．A（B）国においては相対的には生産性の低い米（車）産業から，生産性の高い車（米）産業へ，それぞれ国内産業間移動し，国際分業すれば，国際社会での車（米）産業は A 国で +1 台（−1 kg）B 国で −1 台（+2 kg）だから，車（米）産業全体では ±ゼロ台（+1 kg）増えることになる．国内の産業間労働移動しただけで，車は増えはしないものの，米は1kg，AB 両国で構成される国際社会全体では増産したことになる．

なぜ増産したのであろうか？それは AB 両国の産業間で技術が異なっているか

表1　異なる技術をもつ A，B の2地域・国間の労働移動で生まれる利益

想定	必要人数	車(1台つくるのに)		米(1kgつくるのに)	
異なる技術	A 地域	5 人		5 人	
	B 地域	20 人		10 人	
国境なし (地域間移動)	A 地域	↑ 20 人 移動	+ 4 台	↑ 10 人 移動	+ 2 kg
	B 地域		− 1 台		− 1 kg
	国内計	+ 3 台		+ 1 kg	
国境あり (産業間移動)	A　国	+ 1 台	←5人移動		− 1 kg
	B　国	− 1 台	20 人移動➡		+ 2 kg
	国際社会計	±ゼロ台		+ 1 kg	

らである．AB両国ともにそれぞれ相対的に優位な（生産性の高い）産業へと労働移動することにより国際社会全体では物的に増産することができるのである．もちろん移動，そして移動先の産業での習熟にはコストを要し，要素・財価格の変化は不明ではある．しかし，それらは別に考えればよい．基本は，各国はその技術が産業ごとに異なり，それぞれ比較的優位な産業に特化することで，国際社会全体に生産性の向上を果たすことができるのである．各国は，比較優位な産業に特化し，輸出し，比較劣位な産業の産物は輸入する．これが比較優位理論である．

　以上では国家間の違いを技術の違いに求めた．これを生産要素（資本，労働）賦存の違いにまで拡張したのが，要素賦存（にかかわるヘクシャー＝オリン＝サムエルソン）定理「各国は相対的により豊富に（稀少に）賦存する要素をより集約的に用いる財に比較優位（劣位）があり輸出（輸入）する」である．

　国際開発に関してはこの定理の直接的適用はできない．資本と労働，先進国と開発途上国，工業産品と農産品のモデルでは，この定理の直接的帰結は「相対的に資本（労働）豊富な先進国（途上国）は資本（労働）集約的な工業産品（農産品）に比較優位があり輸出する」である．これが長期的に固定されるならば，途上国はいつまでも先進国から工業産品を輸入し，農産品を輸出するだけであるからである．この理論と現実の間の齟齬を埋める考えのひとつが幼稚産業保護論である．

●**幼稚産業保護論**　そもそも歴史上最初に工業化に成功したイギリスを追って，遅れて工業化を開始したアメリカ（ハミルトン 1990），ドイツ（リスト 1965），日本（明治政府の殖産興業政策を参照）などの後発国は，各国国内の工業部門をイギリスあるいは他国の工業産品と競争させるため，保護育成してきたのである．

　こうした歴史的事実をかえりみれば上記の比較優位論は長期的には必ずしも合理性があるとはいえない．したがって工業化のためには何らかの理論的基礎付けが新たに必要である．それらについては高山晟[1]などに譲る．直観的には確かに，保護育成のための政策介入に短期的コストが発生するが，そのコストを凌駕するに十分なベネフィットが長期的にもたらされることを示すことができれば，保護育成政策にも合理的な根拠があるといえる．問題は，政府が果たして，産業が幼稚な段階から，正しく産業選択し，将来は成長して国際競争力をもつ産業にまで育成する能力があるか，および民間がそれに適応できるか，である．

　要素賦存定理は国際的な要素移動がないものと仮定している．しかし，現在では資本も労働も移動しており，その蓋然性は低くなっている．したがってこの定理は，各国はその地政上・歴史的背景の下で，他国とは異なる動かしがたい特色をもった資源・要素・技術などを必要とする産業に比較優位がある，と解釈すべきであろう．

[横山 久]

📖 **参考文献**

[1] 高山 晟「開発経済学の現状」安場保吉・江崎光男編『経済発展論』創文社，pp.227-343, 1985

開発のための貿易政策

trade policy and economic development

前項の「国際分業理論と開発」にあるように開発途上国の開発は，比較優位論ではそのままの形では必ずしも適用できず，幼稚産業保護論などによる政府介入が必要とされる．しかし各国が参加する国際市場は自由競争が原則で熾烈な競争に直面せざるを得ない．戦後の関税及び貿易に関する一般協定（GATT）から世界貿易機構（WTO）への変遷は自由貿易を制度化しようとしてきた．一方で先進国は途上国からの先進国への輸入には特恵関税などで途上国支援をはかっている．

●**輸入代替工業化論**　2つの大戦をはさみ，続々と政治的に独立した途上国にとっては同時に経済的な独立も焦眉の課題であった．勢い新生途上国政府は独立の気運を背景に自らの経済的自立，特に工業化をはかるべく内向きに国内工業を保護育成することとなった．これが輸入代替工業化論である．独立以前からの国民の消費財たる労働集約的軽工業品（繊維・衣服・身のまわり品，電気製品など）が旧宗主国のかつての市場すなわち新生独立国の輸入需要としてあり，これを代替して，新生政府の主導により幼稚産業として国内工業生産化を企図したのである．同時にそれまで輸出していた一次産品についてはそれと代替し，さらに付加価値をつけ輸出代替（一次産品加工）産業として育てようともした．後者については，比較的に技術・資本集約的であり，先進国の傾斜関税（原材料に低率，最終製品に高率の関税を課す）制度の制約もあり進展は大きくはなかった．しかし，労働集約的な前者については，灌漑整備を礎にした緑の革命による農民の所得増からくる新規需要や先進国からのこの分野への直接投資の流入などにより国内生産化に着手でき，ある程度の成功をみた．その後，狭隘な国内市場に直面すると，保護のコスト（当該財市場の政府保護，優先的投資配分，過大評価のための為替市場介入），中間原材料などの派生輸入増などの問題が頻出し，一部の国を除いてさらなる成長は限界に直面した．

●**輸出志向工業化論**　この内向きの限界を克服し外向きに国際市場にうってでたのが，国内市場が小さく天然資源希少国である新興工業国家群（NICs）である．こうした国々では輸入代替する労働集約的な軽工業品生産が国内市場の限界に直面するや，開発の方向を先進国内市場へ志向（指向）し，そこへの輸出を主導させる工業化をはかったのである．これを可能にしたのは低賃金と軽工業品製造技術・輸出体制への習熟であり，先進国市場において十分な競争力をもったのである．この背景には内向きから外向きへの明確な政策転換があった．市場は輸入代替時とは異なり国内でなく先進国であり，先進国市場からの情報を自国内製造業

の生産性向上に生かし，為替レートも国内通貨を過大評価するための介入を改め，むしろ為替取引を自由化し，国内通貨を切り下げ，輸出に有利になるよう仕向けた．この転換をもって，自由化政策こそがこの輸出志向工業化の成功の鍵であるとする（A. クルーガーら正統派経済学

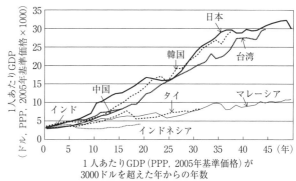

図1　アジア諸国の成長の軌跡（出典：戸堂康之『開発経済学入門』新世社，p.90 図表5-1，2015）

の）見解がある．これは必ずしも正確であるとはいえない．確かに国際競争力をもつようになった労働集約的軽工業品の関税は撤廃され，輸出生産のために輸入される原材料は輸入関税が免除されたりはした．しかし，輸出実績に応じた投資の優先的配分・補助金給付など，輸出のための保護が供与されていたのである．こうした手厚い政府保護を意識して，輸出志向する労働集約的軽工業と輸入代替する資本集約的重工業とが共存する複線型成長として，NICs の急速な工業化を説明することがある（今岡 1985）．

　この点で 20 世紀末の東アジア諸国の良好なパフォーマンスを分析した『東アジアの奇跡』（世界銀行 1993）や『東アジアの経済発展と政府の役割』（青木昌彦他編 1997）が強調した市場と政府の補完関係，さらに，速水佑次郎のいう，市場や政府の失敗を補完するコミュニティの論理などは参考になる．また，ランダム化比較試験（RCT）による近年の実証分析研究成果の蓄積は，複雑化する途上国の各地域における開発メカニズムと処方箋の究明に力を発揮するであろう．

●中進国の罠　この過程で顕わになってきた現象に「中進国の罠」がある．輸出志向による経済成長を開始した後，一挙に高所得国にのぼりつめる国がある一方で，成長の勢いが鈍化してしまう国々が現れ始めたのである．図の横軸に1人あたり GDP が 3000 ドルを超えた年からの年数，をとると，日本・台湾・韓国が 3000 ドルを超えた年以降，順調に1人あたり GDP を高めてきたにもかかわらず，多くの中進国は同じようには成長してこなかったことがみてとれる．この現象が，資源保有，貿易（直接投資）政策，人材育成・科学技術・研究開発などからきているのか，あるいは各国特有の事情があるのか，そしてこの罠をどうやって回避あるいは脱却できるのかが，RCT などの研究成果を用いて探求されている．

［横山　久］

直接投資の役割

roles of foreign direct investment

　多国籍企業などによる海外直接投資（直接投資）が，受入れ側の開発途上国の開発に果たす役割については，投資受入国の開発に貢献するとの見方（性善説）と，逆に，これを阻害するとの見方（性悪説）とがある[1]．

　直接投資は，他の国際資本移動と異なり，投資受入国に設立された子会社を通じて，さまざまな技術やブランド力などの経営資源を移転する．しかし，その吸収・応用の効果は，投資受入国の政策（輸出振興，輸入代替，投資規制緩和・自由化など），人材のレベル，科学技術の集積度，金融・資本市場の発展度，市場競争の強さなどにより大きく異なることが上記2つの対照的な見方を生じさせたと考えられる．

●受入環境と経済発展効果　近年は，世界貿易機関（WTO）や地域自由貿易協定（FTA）などの貿易・投資自由化枠組みの国際的進展の下で，製造業輸出産業への対内直接投資を促進して輸出増強をはかる投資受入国の成功により，性善説が実現されている．この成功は，中国・ASEAN諸国などアジアで顕著であるが，中南米やアフリカにもみられる．政府開発援助などにより輸出加工区などのインフラストラクチャーを整備し，進出外資系企業に輸出貢献に応じた減・免税や生産に必要な部材の優先輸入などのインセンティブを与えて輸出産業振興をはかる投資受入国の政策と，欧米諸国との貿易摩擦・為替リスクなどを回避しつつ，生産コストの低い途上国に生産・輸出拠点を設置して企業内国際ネットワークを構築する日本など先進国多国籍企業の戦略とが調和したためである．先進国市場でも十分競争力のある大規模・最新鋭工場の建設がこれら投資受入国で行われると同時に，最先端の生産・操業技術が，現地子会社に対して移転された．こうした親・子会社間の技術移転は，技術吸収能力のある投資受入国では技術漏出を生じ，国際競争力のある現地企業の発展に貢献した．

　一方，インセンティブに基づく投資受入国の政策は，当該国統治の透明性を損なうおそれがある．また，複数の投資受入国にまたがり，各国の立地優位性を生かした，親子会社間のネットワーク構築をはかる先進国多国籍企業の戦略と，自国の開発のため，外国企業子会社と自国企業との前方・後方連関効果を高めたい投資受入国の政策とは，必ずしも合致しない．さらに，先進国市場を標的とする輸出産業育成策を採用する途上国が増加する一方，先進国経済は成長鈍化傾向にあり，これら輸出品の世界的供給過剰・デフレ圧力を生じたことから，対内直接投資促進による輸出競争力増強政策にも限界がある．このため，現在は，輸出振興と漸進的な投資規制緩和・自由化を同時に進める国も多い．

これらの結果，1990年代以降，新興国・開発途上国への対内直接投資フローは安定的に増加して，2014年には，先進国向け直接投資フローを上まわった（UNCTAD世界投資報告2016）．一方，1990年代以降，新興国・途上国の実質経済成長率は，一貫して，先進国のそれを上まわるようになり（IMF WEOデータベース2016），その意味で，南北間の所得格差は減少傾向にある．

●さまざまなモデルによる解釈　理論的には，資本が豊富な低金利国（先進国）から，資本の乏しい高金利国（途上国）への自由な国際資本移動（直接投資を含む）は，双方の金利水準を均等化させ（国際均衡金利の成立），先進国と途上国の双方の所得（GDPでなくGNP）を増加させる（マクドーガル・モデル）．自由な国際資本移動は両国の生産要素価格（実質金利，実質賃金など）の均等化を通じ，財・サービス価格も各々均等化させるため，自由な国際貿易（ヘクシャー・オリーン・モデル）と同等の利益を両国に生ずる．国際経済取引をすべて国際貿易で行っても，逆に，すべて国際資金移動で行っても，また，一部を国際貿易で，残りを国際資本移動で行っても，先進国も途上国も，各々，同様の利益を得る．

しかし，以上の議論は，国際貿易も国際資金移動も，ともに完全競争市場を前提にしている．現実には，S. ハイマーが論ずるように，海外直接投資の主体は，複数国にまたがり国際事業展開を行う，国際競争力をもつ多国籍企業である．ハイマーは，直接投資を通じた，こうした寡占企業間の国際競争は世界経済にマイナスの影響を及ぼし得ると論じた．一方，ハイマーの師であるC. キンドルバーガーは，多国籍企業が，不完全であることの多い国際貿易の機能を補うように国際的な企業内取引を展開するので，世界規模での財・サービス価格均等化および生産要素価格均等化を促進し，世界経済にプラスの影響を及ぼすとした．確かに，貿易摩擦という国際貿易の機能不全は，大規模な直接投資を誘発した．企業活動が市場機能の不備を補完するとの視点から，R. コース，O. ウイリアムソン，P. バックリー，M. カッソン，J. ダニングらは，各々精緻な分析を行っている．特に，ダニングは，貿易でなく直接投資が選択される条件を経営学的な観点から3つの優勢性，すなわち生産技術の所有者としての優位性（O），立地の優位性（L），世界の経営資源を統合できる優位性（I）により明らかにした（折衷理論）．

競争力の淵源であるイノベーション創発能力増強を希求する先進国多国籍企業は，最近，南北間格差の縮小を反映して，途上国・新興国における研究開発拠点設置・増強によるリバース・イノベーションを目指しており，これは，途上国・新興国のイノベーション創発能力醸成の機会ともなっている．　　　［手島茂樹］

📖 参考文献

[1] Moran, T. H. *Foreign Direct Investment and Development*, Institute for International Economics, 1998

技術移転と知的財産権

technology transfer and intellectual property rights

　技術の進歩は限られた土地，労働力，設備および原材料からより多くの生産物を得ることを可能にすることで，経済の発展に貢献する．また，技術が進むことで今まで存在しなかった製品やサービスが利用できるようになり，生活がより豊かになる．

　新しい技術は大学や公的研究機関，民間企業，あるいは個人による研究開発の成果として生まれることが一般的であり，多くの場合，技術は発明者から利用者に移転されたうえで活用される．発明者と利用者が別々の国に所在する場合は，国際的な技術移転が行われることになる．従来，先端的な技術は先進国で開発されて開発途上国に移転されることが一般的であったが，近年は中国やインドなどの途上国に所在する企業や研究機関においても，先端的な研究開発が行われるようになっている．

　民間企業が研究開発に投資する場合は，その費用を賄うだけの収益を得られることが期待できなければ，そもそも投資しようという意欲が湧かないだろう．例えば，ソバルディというC型肝炎の治療薬を開発したアメリカのギリアド・サイエンシズは，その薬の開発の基になった発明を保有するファーマセットという別の製薬会社を約110億ドル（発表された2011年11月当時の為替レートで約8480億円）で買収した．ソバルディの販売からよほど大きな収益を得ることが期待できなければ，ギリアドはかくも大きな投資を行わなかっただろう．実際，ソバルディは先進国では1錠あたり数万円（2017年4月現在の日本における薬価は約4万2000円）で売られており，ギリアドに莫大な利益をもたらしている．

●企業の研究開発投資を促進する知的財産権制度　民間企業による研究開発に向けた投資が活発に行われるためには，企業が新技術から利益を獲得できることが要件となるが，そのために政府がとる方策が知的財産権制度の構築と運用である．知的財産権は特許，実用新案，意匠，商標，著作権などからなり，新しい技術，デザイン，著作物といった知的創造物をつくった者がそれを独占的に使用する権利を政府が付与するものであり，法律によって権利が保証されている．

　上記の例でいうと，ギリアドは各国でソバルディの特許権を得ており，そのため他の製薬会社はギリアドに無断でソバルディを製造販売することができない．仮に他社が無断でソバルディを製造販売できたとしたら，競争原理が働いて1錠あたりの価格は大幅に低下するだろう．事実，ギリアドがソバルディに関するライセンスを複数の地場企業に供与しているインドでは，1錠あたりの価格が数百円にとどまっている．各国でそのように価格が低下すれば，ギリアドは到底投資

を回収できなくなるから，ファーマセットの買収はむだだったということになる．

　消費者や国民の医療費を負担する政府にしてみれば，有用な薬を安く買えたらそれに越したことはない．しかしながら，新しい薬に関する発明を誰でも自由に使えるようにすることで薬の値段を下げようとすると，そもそも製薬会社による研究開発投資が行われず，消費者や国全体としても不利益を被ることになる．だからこそ，政府は特許権者に対して製品を独占的に製造販売する権利を認めているのである．

●開発途上国と知的財産権の関係　冒頭で述べたとおり，近年は中国やインドといった開発途上国でも企業による研究開発が活発に行われるようになっているが，その背景には各国における知的財産権制度の整備と，同制度を積極的に活用しようという企業側の姿勢があると考えられる．特に中国については，通信機器メーカーである ZTE および華為技術が特許の国際出願件数で世界の 1 位と 2 位（世界知的所有権機関の 2016 年調査による）を占めるまでにいたっており，企業による知的財産権の取得がごく一般化している．

　国際的な技術移転のためにも，知的財産権制度の整備は役立つと考えられる．例えばインドでは 2005 年に医薬品関連特許が原則として認められるようになったが，それ以後，外資系製薬会社による投資が活発化しており，新薬が比較的迅速に導入されるようになっている．また，先進国企業が途上国企業に技術のライセンスを供与したり，途上国に設立する製造拠点に技術を移転したりする際にも，その国における知的財産権制度が整備され，しっかり運用されていることがプラスに働くであろう．したがって，知的財産権制度は途上国の経済発展に少なからず貢献するものと考えられる．

　他方，途上国で知的財産権制度が整備されることで，その対象となる製品やサービスの価格が高くなりやすくなることも事実である．中には，特許対象製品の価格が高止まりすることで，消費者が欲しいモノを購入できなくなる場合もあろう．事実，中国やインドでは医薬品関連特許の保護が浸透すると同時に医薬品価格の上昇が問題視されるようになってきている．

　そのような問題を極力解消すべく，医薬品など人々の生命や健康にとって不可欠な製品については，政府や国際機関が購入費用を肩代わりしたり，場合によっては製品の価格に上限を設定したりして，消費者にとってのアクセシビリティを保つことが必要になると考えられる．そういった動きは一部においてみられるものの，まだ十分な対策がとられているとはいいがたい．したがって，各国政府，国際機関，消費者を代表する NGO，そして研究開発の担い手である民間企業を交えた協議を通じて，最適な解決策を目指すことが望まれる．　　　　［久保研介］

グローバル・サプライ・チェーンと国際分業

global supply chain and the international division of labor

　国際経済学者のR.ボールドウィンは，空間経済学の理論モデルを念頭に置きながら，南北貿易の歴史的経緯について新しい解釈を与えた[1]．それによると，1830年代頃までは，伝統的な輸送技術とそれに伴う高い輸送費用のために，一部の贅沢品を除くと，地産地消が基本であり，生産と消費は国内で完結していた．ところが，その後鉄道や蒸気船の登場で，国際的な輸送費用は低下し，「国境を越えた生産と消費の分離」（第1のアンバンドリング）が可能になった．しかし，その当時の輸送費用の低下は，国境を越えて生産工程を分割するには不十分であったため，製造業の活動は北の先進国に集中し，他方，南の開発途上国では非工業化が進行した．

●**輸送・通信費用の低下と「第2のアンバンドリング」**　その後，1980年代半ばに情報通信技術（ICT）革命が発生し，インフラ整備が進むと，輸送・通信費用は大幅に下がり，国境を越えた部品・中間財の輸送や工程間の複雑な調整が可能になった．それとともに，南北間の大きな賃金格差が，「国境を越えた生産工程の分離」（第2のアンバンドリング）を有利なものにし，北にあった労働集約的な工程の一部（特に労働集約的な加工・組立工程）は南に移転し始めた．

　第2のアンバンドリングの登場によって産業発展の戦略は大きく変化した．第1のアンバンドリングの時代には，開発途上国は，すべてのバリュー・チェーンを国内で完結させるために，幼稚産業保護を目的とする「輸入代替政策」を実施した（第1次輸入代替は非耐久消費財，第2次輸入代替は耐久消費財・中間財・資本財を国内生産に置き換えるために実施された）．しかし，近年貿易自由化や地域統合が進展した結果，そのような政策を実施するのは困難になっている．そのため，当初は後発国における低賃金の優位性を活かして，組立てなど付加価値の低い活動に特化するものの，次第に技術力や生産能力を高めて，バリュー・チェーンの階梯をのぼっていくことが求められる．

●**グローバル化時代の開発政策**　後発国は，豊富な労働力と低賃金の優位性を活かしながら，先発国から企業活動をひきつけて「第2のアンバンドリング」を誘発する．ところが，企業活動の後発国への移転は，追加的な費用を伴う．第1に，移転にともなう生産施設のセットアップ費用が必要になる．第2に，後発国では裾野産業が脆弱であるため，ほとんどの中間財を輸入し，最終製品を海外市場に輸出しなければならない．そのため，追加的な貿易・輸送費用が発生する．第3に，後発国は，先発国と比較して，インフラや投資環境が劣るため，生産設備の運転費用が高くなる可能性がある．

以上の状況を踏まえると，グローバル・サプライ・チェーンへの参入に向けての政策的含意を引き出すのは比較的容易である．つまり，企業が後発国に投資することで得られる労働費用の節約を「便益」と考えれば，生産拠点の移転に伴う追加的な「費用」を可能な限り引き下げて，「純便益」が正になるようにすればよい．したがって，実施すべき政策課題は，生産拠点の移動に伴う追加的な①セットアップ費用，②貿易・輸送費用，③運転費用を最大限引き下げることである．そのためには，貿易自由化や地域統合による貿易・投資障壁の削減，輸送，電力などのインフラ整備や投資環境の改善が必要である．

　しかしながら，開発途上国が多国籍企業を誘致してグローバル・サプライ・チェーンに参入することができても，所得水準が向上するにつれて，低賃金の優位性は失われていく．それに対処して産業競争力を持続的に高めるためには，外資企業の誘致や地場企業の育成を通じて裾野産業を発展させて，産業クラスター（オペレーショナル・クラスター）を形成していく必要がある．裾野産業を発展させるため，輸入代替の時代にはローカルコンテント規制が使われていたが，現在では世界貿易機関（WTO）ルールによって禁止されている．ただし，部品・原材料の現地調達によって生産コストを引き下げることができるため，十分な生産量を確保できる限り，現地生産のインセンティブは働くであろう．

　さらに，所得水準が向上し，「中所得国の罠」を避けて高所得国へと移行するためにはイノベーションを通じた生産性向上が必要になる．なかでも，高度人材の育成やR&Dを主体とする産業クラスター（テクノロジカル・クラスター）形成が重要であり，クラスター内部における技術知識のスピルオーバーを通じてイノベーションが促進される．

　グローバル・サプライ・チェーンへの参入を通じた経済発展プロセスは，日本，アメリカ，西欧諸国にそれぞれ隣接する東アジア，中米，中欧諸国において顕著にみられた．また近年では，インド，バングラデシュなど南アジア諸国へも波及する兆候がみられる．このようなグローバル化の最大の受益者は中国であるが，中国の旺盛な資源需要によって一部の資源保有国も利益を受けた．

　他方，このような発展プロセスを，今後，サハラ以南アフリカのような開発が困難な地域にまで広めるためには，自由貿易協定や関税同盟による地域統合の推進，道路・鉄道・港湾施設などによる輸送インフラの整備，ワン・ストップ・ボーダー・ポストなどによる国境障壁の削減，経済特区（SEZ）などによる投資環境の改善が不可欠である．　　　　　　　　　　　　　　　　　　　　［黒岩郁雄］

📖 参考文献

[1] Baldwin, R. "Global Supply Chains: Why they Emerged, Why they Matter, and Where they are Going", Elms, D. K. and Low, P. eds. *Global Value Chains in a Changing World*, World Trade Organization, 2013

世界規模の貿易自由化と途上国

worldwide trade liberalization and developing countries

　第2次世界大戦後の世界貿易は，1948年発効の「関税および貿易に関する一般協定（GATT）」のもとで，そして1995年以後はGATTを継承し組織としての機能を強化した世界貿易機関（WTO）のもとで実施された貿易促進措置によって，大きく拡大した．そのなかで，開発途上国の輸出は2000年以後大きく増加したが，これには中国の影響が大きい．例外はあるが，一般に輸出増加は経済成長の促進要因である．UNCTAD（国連貿易開発会議）の事務総長であったR. プレビッシュは，すでに1964年に先進工業国に「援助よりも貿易を（Trade rather than aid)」と呼びかけ，開発途上国からの輸出に対する関税や輸入制限の撤廃を求めている．時は移って，WTOでは「貿易のための援助（Aid for Trade）」イニシアチブの推進が合意され，2007年から途上国輸出拡大のためのインフラ整備・人材育成・制度改革などの面で国際援助が始まった．

表1　世界貿易額の推移（億米ドル）

年	1950	1970	1980	1990	2000	2010	2015
世界輸出総額	618	3,182	20,501	34,957	64,523	153,021	165,516
途上国輸出額	210	608	6,083	8,431	20,595	64,384	74,111
途上国シェア(%)	34.0	19.1	29.7	24.1	31.9	42.1	44.8

（出典：UNCTADデータベースから作成）

●**貿易の拡大とGATT（WTO）による貿易自由化の促進**　GATT（WTO）の基本精神は，世界全体で秩序ある貿易自由化を進めるというもので，20世紀の間は各国ともその考え方を共有した．GATT（WTO）に加盟すると，特定の加盟国間で決まった関税譲許などが他の加盟国にも無差別に適用されるという「最恵国条項」が適用されるため，各国が時には容易ではない参加資格を満たしてWTOに加盟する道を選んだのである．2016年7月29日現在の加盟国数は164か国である．ところで，貿易自由化措置は，関税削減や輸入制限措置の関税による置き換え（関税化）に加えて，「円滑化」を含んでいる．円滑化とは貿易手続きの簡潔化のための制度改革やインフラ整備を指し，貿易促進効果が大きいことは意外と知られていない．テーマを決めて一斉に行われる多国間交渉は「ラウンド」とよばれ，1960年代ケネディ・ラウンドと1970年代東京ラウンドでは関税引き下げと輸入制限の縮小が行われた．1986年から1994年まで続いたウルグアイ・ラウンドでは，あらたにサービス貿易，知的所有権などに関する協定が締結され，加盟国間の紛争処理機能を強化したWTOの設置が決まった．2001年開始の国際開

発と貿易の関連分野を中心としたドーハ開発ラウンドは，途上国と先進国との意見がまとまらず失敗に終わった．また，今世紀に入って貿易自由化はWTOでという考え方は弱まり，2国間や多国間のFTA交渉へとアプローチのシフトがみられる．このほかに，一定の条件を満たす途上国に対する関税削減などの優遇措置として一般特恵関税制度（GSP）がある．これは最恵国待遇の例外措置としてWTOが認めているもので，先進工業国が個別かつ自発的に実施している．

WTO交渉・FTA交渉を通じる自由化は双務的である．貿易自由化は短期的には，国内に受益者と被害者をつくりだす．したがって，被害をこうむる産業や労働者がスムーズに他産業に転換したり廃業したりするための痛みを緩和する措置が必要となる．このような構造調整がうまく進まないと貿易自由化の促進は，国内で大きな抵抗に直面することになる．

●貿易自由化と途上国の経済発展　1960・70年代に多くの開発途上国で採用された輸入代替工業化政策は自国の輸入制限措置を拡大し，他方で先進国への輸入自由化要求により工業化を進めようというモデルである．しかしこの工業化モデルの多くが外貨不足で失敗し，1970年代にアジアNICsが輸出志向（指向）工業化政策で成功をおさめると，輸出製品に使用される輸入中間財にかけられる関税の撤廃や国内市場の競争促進のために，途上国でも自発的な貿易自由化が始まった．また，1980年代に世界銀行やIMFの構造調整融資を受けた各国は，融資のための政策条件として貿易の自由化を要求された．さらに，1990年代の東アジアでは，外国直接投資誘致のために近隣諸国が競って，貿易や，金融・資本の自由化を進めた．前述のWTOでの自由化の動きと同時に，途上国の経済発展政策としても貿易自由化が推進されたのである．

貿易自由化が短期の資源配分効率を上げることは貿易理論が示すところであるが，自動車産業などの長期の戦略産業の育成に役立つかどうかは意見が分かれるところである．WTOルールに整合的なゆっくりした選択的貿易自由化を前提とした21世紀型の「産業政策」の必要性を指摘する声もある．また，近年の先進工業国の自由化要求分野は，財の自由化から金融・商業などのサービスの自由化へとシフトしており，途上国にとっては自由化以前にこれら分野の国内企業の効率化が課題となっている．

世界規模の貿易自由化の享受という点では，途上国間でも格差がある．アジアの途上国のみが世界貿易に占めるシェアを1990年の17%から2015年には36%へと増加させている．先進工業国市場の成長が鈍化し，製造業品の関税率がゼロに近い水準になっている中，関税引き下げで市場拡大が期待できるのは，農業分野である．しかし，先進工業国でも農業保護の問題を抱えている国は多いので，自由化は容易ではない．世界経済全体でみれば，途上国が貿易自由化による輸出拡大によって経済成長を達成できる可能性は狭まっている．　　　　［長田　博］

地域自由貿易圏の形成

formation of regional free trade area

　従来からWTOではいろいろなレベルの地域経済統合に関する協定を一括してRTA（地域貿易協定）とよんでいる．一般的に用いられているB.バラッサの分類によれば，地域経済統合はその段階によって，①自由貿易協定（加盟国間の関税などの撤廃），②関税同盟（対外関税の共通化），③共通市場（加盟国間の労働・資本の移動自由化），④経済同盟（共通通貨，経済政策の協調），⑤完全な経済統合（超国家機関の設置）に分かれる．例えば，FTA（自由貿易協定）や，NAFTA（北米自由貿易協定）など多くのRTAが①に，MERCOSUR（メルコスール：南米南部共同市場）は②に該当する．EU（ヨーロッパ連合）は，④から⑤を目指す段階で，AEC（アセアン経済共同体）は①と③の混合である．

　法的にみればWTO加盟国は最恵国条項に縛られ，加盟国間の差別的扱いが禁止されているが，RTAは世界規模の自由化への中間ステップとしてGATT24条により一定の条件のもとで認められている．しかし，世界規模の貿易自由化方針から，地域あるいは2国間の貿易自由化方針へのパラダイムシフトは，本来のWTOの精神とは一致しない動きであることを指摘しておかなければならない．

　地域における自由貿易圏の形成は，古くから，市場が小さい途上国にとっての開発政策のひとつの選択肢であった．経済のグローバル化が進む中で，それとどう向き合うかが途上国にとってますます重要になっている．

●**世界の地域自由貿易圏の形成と現状**　第2次世界大戦後，世界規模の自由貿易を目指すGATT（WTO）システムと調和的なRTAの構築が進んだ．欧州統合の理念のもと，EECからついには高度の経済統合へと発展したEUは別格として，NAFTA，MERCOSUR，AFTA（アセアン自由貿易地域）など，近隣諸国での地域自由貿易圏の形成が主流であった．途上国間のRTAも形成されたが，相互の経済構造に類似性が高くまた所得水準が低いために貿易自由化の効果は限定的であった．1990年代には，多くの途上国地域で地域ごとの自由貿易協定が締結されるようになった．なかでも諸国間の工程間生産分業により国際バリューチェーンの形成が進む地域では，実質的な貿易自由化が進んだ．

　21世紀に入ると，世界規模あるいは地域規模の多角的な貿易自由化の遅れを背景にして，利害関係が深い2国間でのFTAの締結が盛んになった．これには，地理的な近接性は必要ない．2国間FTA戦略を採用する国が増加すると，他の国もそれに追随し，FTAが網の目のように締結されることになった．日本の場合は，貿易に加えて投資の自由化などカバーする範囲が広いためEPA（経済連携協定）とよんでいるが，一般にFTAとして数えられる．J.バグワティは多様なFTAは

貿易手続きを煩雑化させる（「スパゲッティ・ボウル現象」と命名）として警告した. さらに WTO での自由化が期待薄となると，先進工業国も途上国も含む多数国をメンバーとした広域 FTA（「メガ FTA」ともよぶ）形成への動きも盛んになった. これには，環太平洋諸国を加盟国とする TPP（環太平洋経済連携協定），アメリカと EU 間の TTIP（環大西洋貿易投資連携協定），RCEP（東アジア地域包括的経済連携協定）などがある. FTA やメガ FTA 交渉で問題になるのが付加価値基準などにより財の生産国を定義する原産地規則であり，国際バリューチェーンの展開が進むなかでその問題はいっそう重要になっている. なお，2017 年 3 月現在で，WTO の RTA データベースによれば，発効済みの FTA は 430 ある.

　さらに，2017 年になって，FTA や RTA による自由化の流れにも変化の兆しがみられる. アメリカは，TPP への参加を取りやめ，イギリスも EU 離脱手続きに入った.

●**アジアの RTA**　アジア地域での RTA としては 1993 年発効の AFTA と 2006 年発効の SAFTA（南アジア自由貿易地域）がある. AFTA は地域の国際バリューチェーンの形成とともに発展し，2015 年末に AEC が創設されたが AEC はまだ経済共同体への条件整備の初期段階にある. アジア地域での貿易自由化の動きの歴史は古く，東アジア諸国，アセアン諸国，オーストラリア，アメリカ，カナダなどの貿易関係が緊密な環太平洋諸国をメンバーに 1989 年に発足した APEC（アジア太平洋経済協力）がその基盤となっている. APEC は制度的な自由貿易地域ではないが，地域の経済発展のために自発的な貿易自由化と円滑化，経済協力を進めている. 2000 年以後この地域でも FTA の締結が盛んになった. しかし，日本，中国，韓国の 3 か国間 FTA の形成は進まず，ASEAN（東南アジア諸国連合）をハブとして日本，中国，韓国，インド，オーストラリア・ニュージーランドとの FTA を締結し，地域の FTA ネットワークが形成された. 2010 年以後，東アジア諸国を巻き込んだ 2 つのメガ FTA の動きがあった. TPP は自由化率が約 95％と高い FTA であり，アメリカのイニシアチブのもとで，日本・オーストラリアと ASEAN のうちシンガポール・ベトナム・マレーシアを含む 12 か国で構成され，中国とインドが含まれていないのが特徴であった. アメリカの TPP 撤退で，発効できなくなり，残りの加盟国で新協定（俗称：TPP11）として発効を目指している. これに対し，ASEAN のイニシアチブで準備されたのが RCEP で，自由化率は約 90％と予想される. アメリカは含まれないが，中国・インドや ASEAN のすべての国が含まれている. TPP の頓挫で RECP の推進力も弱まっているが，将来的には TPP と RCEP の加盟国を包摂する APEC を基盤とした FTAAP（アジア太平洋自由貿易圏）が構想されている. 地域の自由貿易進展のためには，アメリカと中国の思惑の中で，日本，ASEAN，オーストラリアの調整能力が重要となっている.　　　　　　　　　　　　　　　　　　　　［長田　博］

フェアトレード

fair trade, fairtrade

　フェアトレード（公平貿易）とは，開発途上国でつくられる作物や製品を適正な価格で継続的に取引することによって，生産者の持続的な生活向上を支える仕組みである．WTOをはじめとした既存の国際システムの変革・大量消費を前提とした消費社会の変革・生産者の社会的地位向上を訴える政治運動としての側面もある．フェアトレードという言葉を用いるサプライヤーは既存のバリューチェーンを利用する認証型と利用しないグラスルーツ型の2者に大別でき，両者の間の対立は根深い．消費者の倫理性が市場拡大において重要であり，倫理的消費の文脈では労働配慮型商品と分類されている．環境配慮型・動物愛護型といった各種倫理的商品間の競争も重要な課題である．

●**フェアトレードの歴史**　フェアトレードの成立には諸説があり，①教会のチャリティ活動，②NGOの地域への持続的支援，のいずれかで第2次世界大戦後に欧米で始まったと考えられている．当初は，グラスルーツのNGOや教会が，独自輸入という形で，地域の文化や技術特性を活かしたクラフト製品を中心に，地域のバザーや第三世界ショップで販売を行っていた．その後，フェアトレード専売企業が誕生するなど，1980年代まではクラフト製品が主要な販売手段であった．1990年代に入り，東西冷戦が終結し，国際商品協定が機能不全に陥る中，コーヒーや紅茶やカカオといった一次産品がフェアトレードの対象商品として重要になった．より多くの消費者への販路の拡大を目指し，認証マークをつけた商品をスーパーなどの小売店で販売する戦略をとり，大企業がフェアトレード商品を扱うことで，結果的に販売は爆発的に拡大した．現在では，グラスルーツ型と認証型では，認証型の売り上げが大きくなっている．フェアトレードを実施する団体の連合体のひとつであるFLOは，Fairtradeという単語を商標登録している．

　フェアトレードは，NGO・教会・企業など多様な組織がかかわり，それぞれの思惑も多様であるため，長らくの間，統一的な定義が存在していなかった．2001年こうした問題を改善するため，FLO/IFAT/EFTAという当時の主要団体のネットワークであるFINEの場で，以下のようなフェアトレードに関する統一的定義が策定された．

　「フェアトレードは，対話，透明性，敬意を基盤とし，より公平な条件下で国際貿易を行うことを目指す貿易パートナーシップである．特に『南』の弱い立場にある生産者や労働者に対し，より良い貿易条件を提供し，かつ彼らの権利を守ることにより，フェアトレードは持続可能な発展に貢献する．フェアトレード団体は（消費者に支持されることによって），生産者の支援，啓発活動，および従来の

国際貿易のルールと慣行を変える運動に積極的に取り組む事を約束する.」

　上記定義は，現在ではフェアトレードの統一的定義として広く知れわたっている．ただし，参加主体によって，この定義のどの部分に力点をおくかは異なる.

●**フェアトレード団体**　フェアトレードを行う団体には大きく分けて3つの区分がある．①フェアトレード専業の団体に対する認証を行うWFTO系，②製品に対する認証システムを利用する大企業の利用が多いFLO系と，③その他である．①②のグループはFINEの定義を用い，③のグループは用いないことが多い.

　③の企業・団体は，フェアトレードという用語やFINEの定義を用いず，オルタ・トレードやコミュニティ・トレードという名称や独自の定義，認証システムを用いる場合がある．独自の認証システムを用いる団体の中には，認証基準を緩めることで，企業が認証を得やすくするところがある．このような団体はフェアトレード・ライトとよばれ，フェアウォッシュ（免罪符としてのフェアトレード認定）に加担していると非難されることがある.

●**フェアトレード運動の特徴**　定義の達成には，参加企業，業界団体，自治体，政府，労働組合，消費者の消費意識改善が重要となる．消費地でフェアトレードをひろめることを目的としたフェアトレードタウン運動がイギリスのガースタングから始まり，草の根の運動として，世界的に拡大している．日本では，熊本，名古屋，逗子，浜松がフェアトレードタウンとなっている．このように，フェアトレードは，どのようなものを消費品目として提供し，どのように消費したいかということを消費者が表明する草の根の政治活動に発展する可能性を秘めている.

●**フェアトレードの哲学**　定義からもわかるように，フェアトレードの背後には，多岐にわたる哲学が存在している．不公正な貿易慣行を是正するという部分は，R. プレビッシュの構造学派の歴史認識が介在している．また，生産者の生活改善や能力の向上という点は，A. センのケイパビリティ論とかかわる．また消費者による消費を前提としていることから，市場主義的な問題解決方法となっていて，この点はネオリベラル的である．このように，フェアトレードは多様な運動から起こったものであり，首尾一貫した哲学的背景に支えられていない．こうしたフェアトレードが自らをフェアと名乗ることはきわめて挑戦的であり，他の倫理的消費運動以上に，常に何をもってフェアというのかという論争にさらされる宿命をもつ．フェアトレードの効果を検証した多くの研究は，市場の大きさに依存するという限定はつくものの，貧困削減へのインパクトとしては何らかの効果があったとみなすものが多い．他方で，特定の生産の選抜や規模の経済性の毀損など資源配分の非効率性を含め多くの課題があるのも事実である．　　　[大野　敦]

📖 **参考文献**
[1] 佐藤　寛編『フェアトレードを学ぶ人のために』世界思想社，2011

国際労働移動

international labor migration

　開発途上国の人々の経済厚生の改善にとって国際労働移動は根本的な役割を担う．市場や社会資本の質が低い途上国から先進国に人々が移動することで，本来の生産性をより発揮し得ると考えられるからである．このように国際労働移動を通じ，送出国と受入国双方の資源配分が効率化し，全体の経済厚生が高まる．また，労働力流出に伴う外国からの送金や知識・技術の移転や還流がある限り，中長期的には送出国の資本ストックの質・量も高められ，国際労働移動は送出国に正の影響を持つ．従って国際労働移動の理解は，国際開発を議論する際の基盤的知識といえる．ここでは日本の外国人労働力への需要と供給の実態とともに，国際労働移動が受入国に与える影響についての経済学的論理を紹介することで，日本の経験はどういう教訓を国際開発の議論に与えるのかを考える一助としたい．

●外国人労働力の需要と供給　日本の外国人労働力は「身分に基づく在留資格」と「活動に基づく在留資格」のどちらかによって滞在・就労が許可されている．在留資格の制度設計は過去 30 年間で数回，大きな変更を経験してきた．1990 年の入国管理法改正により，定住者資格が在留資格に新設され，日系中南米出身者の就労が認められた．同時に技術移転目的の技能研修という在留資格が新設された（上林 2015）．2009 年には入国管理法が再改正され，技能実習資格が新設された．また外国人登録と住民登録を一体化した在留カードを新設し，居住地の把握を進めた．2012 年には高度人材の入国・定住促進のためのポイント制度が導入された．2014 年には技能実習の受入期間を 3 年から 5 年に延長し，建設業での受入れ拡大を 2020 年までの時限措置として認めた（上林 2015）．

　『外国人雇用状況の届出状況』（厚生労働省，2016 年 10 月末時点）によると，外国人雇用事業所数は約 17 万個所あり，そこで約 108 万人の外国人が雇用されている．その半数にあたる約 56 万人は 100 人未満の事業所で雇用されている．外国人雇用事業所全体の約 4 分の 3 が，こうした 100 人未満の事業所（約 13 万個所）であり，さらに外国人労働力の約 3 割にあたる 37 万人が 30 人未満の小規模事業所（約 10 万個所）で雇用されている．東京都に立地する事業所が全体の 3 割弱の約 5 万個所で，愛知，大阪，神奈川，埼玉，千葉の事業所と合計すると，これら大都市圏だけで外国人雇用事業所全体の 6 割近くを数える．

　また製造業が全体の約 3 割を雇用し，各種サービス業，卸売業・小売業，宿泊業・飲食サービス業で外国人労働力需要の約 4 割を雇用する．一方で教育・学習支援業と情報通信業を合わせても外国人労働力の 1 割に満たない．建設業は少なく，情報通信業と並んで全体の 4% に満たない．

国籍別にみると中国，韓国，フィリピン，ベトナム，ネパールの4か国出身者で74.5万人を数え，全体の約7割に達する．うち半数弱の約34万人が中国出身者である．中南米出身者は約13万人で，全体の1割強である．中南米出身者の約半数は製造業に従事し，主に派遣・請負労働に従事している．中国・韓国出身者の場合，派遣・請負労働に従事する割合が1割強である．

『在留外国人統計』（法務省，平成28年12月末時点）によれば，「専門的・技術的分野」の在留資格者は技術・人文知識・国際業務（約16万人）を筆頭に約25万人にすぎない．技能実習生はアジア出身者ではぼ占められ，約23万人である．技能実習生だけで，上記の「専門的・技術的分野」の外国人総数に匹敵する．また，地方ほど外国人労働力に占める技能実習生の割合が高い．

●**国際労働移動が受入国に与える影響**　それでは，国際労働移動の帰結をどう評価すべきだろうか．結論から述べる．外国人労働力の流入に伴う資本所得の増加分を用いて，賃金所得の低下分を補うような所得再分配政策がある限り，受入国は外国人労働力の参入から利益を得る[1]．そこで要となる評価軸は2点ある．第1は外国人労働力の参入によって国内労働者が代替されるか否かである．代替されやすければ，国内労働者の賃金所得は減少する．外国人労働力の方が受入国の労働者よりも留保賃金（労働者が労働供給をしてもよいと考える最低の賃金）が低く，両者が同じ技能であれば企業側は賃金費用の低い労働力に代替するからだ．一方，両者の技能が補完的であれば，受入国労働者の賃金所得は増加する．日本の実証研究は，賃金低下に対する外国人労働力の導入の影響は観察されないが[2]，技能実習生と非正規雇用労働者が代替的であることを示す（橋本2011）．

第2の評価軸は外国人労働力と資本が補完的か代替的かである．労働と資本が代替的であれば，増加した外国人労働力によって資本が置き換えられ，資本への需要が低下し，資本所得が減少する．このように，企業経営者の利害も代替・補完関係に左右される．日本の実証研究は，低賃金の外国人労働力・技能実習生の導入によって労働集約的生産が維持され，そこでは資本集約的な生産が進まず，産業高度化が遅れることを示す[2]．

まとめると，国際労働移動が受入国に与える影響を評価するうえで要となるのは①労働者同士の代替・補完性，②労働と資本の間の代替・補完性と旧技術の温存効果である．現行の技能実習制度は，本来の「技術移転目的」から外れ，低賃金労働力の人材不足解消策として活用されている可能性が高い．こうした外国人労働力の流入によって，産業高度化と旧技術・旧産業の温存効果のどちらが現れやすいのか，綿密な検討が必要である．　　　　　　　　　　　　　　　　　　［町北朋洋］

📖 **参考文献**
[1] 佐藤仁志・町北朋洋「労働移動」黒岩郁雄編著『東アジア統合の経済学』日本評論社，2014
[2] 中村二朗他『日本の外国人労働力—経済学からの検証』日本経済新聞出版社，2009

一次産品

primary commodity

　一次産品とは，自然の中で採取され，加工されていない産品である．農・林・水産物や鉱産物の加工されていない産品である．一次産品の問題は，国際価格の短期的な乱高下と中長期的な交易条件（1単位の輸出品で何単位の輸入品が得られるか）の悪化である．

●**プレビッシュ報告**　「プレビッシュ報告」は，1964年に国連貿易開発会議（UNCTAD）で開発途上国の「一次産品の輸出停滞と交易条件の悪化」を指摘した．つまり，一次産品の価格は，製造業製品の価格に対して低下する．開発途上国が生産する農産物の輸出価格が先進国から輸入する製造業製品価格よりも相対的に低くなる状況があった．

　国際商品とは，統一化され，組織化された国際市場で取引される商品である．このような商品は一次産品が多く，石油や金の価格が一次産品の指標価格となることが多い．その他の一次産品の例は，穀物，砂糖，天然ゴムなどであり，開発途上国の主要輸出品の場合がある．国際商品協定は，一次産品の価格変動の防止，需給調整，構造調整を目的として生産国と消費国が締結する協定である[1]．協定締結には，開発途上国が輸出する国際商品の価格を安定させるという目的があった．国際商品協定は，コーヒー，ココア，天然ゴム，砂糖，ジュート，熱帯木材，オリーブ油，スズの8品目で結ばれた．

　一次産品価格が低迷する一方で，世界には，ゴールデンエイジとよばれる高度成長局面を実現した国があった．経済成長の「黄金律」とは，1961年にエドモンド・フェルプスが提唱した，1人あたり消費が最も多い経済成長である．1960年代にドイツや日本が低価格の石油（1バレル1ドル台）を利用し，高度成長を達成した．1960年代まで石油生産を独占したのは石油メジャー，特にセブン・シスターズであり，後のエッソ，ロイヤル・ダッチ・シェル，BP，モービル，シェブロン，ガルフオイル，テキサコである．これらの石油メジャーが原油価格を2倍にはなるが低位の1バレル2ドル台に安定させた．一方で，アメリカは，第2次世界大戦後の世界経済をリードしてきたが，ベトナム戦争などで財政を悪化させ，ドイツや日本の台頭があり，世界経済の構造が変化した．

●**ニクソン・ショック**　アメリカのニクソン大統領が1971年に金とドルの交換を禁止したことによるショックである．そして，穀物の世界相場が1960年代から上昇する中で，1973年にニクソン大統領は，穀物の需給の逼迫により大豆の輸出を禁止した．この背景に，畜産物の消費の拡大（飼料用のエサ需要の増大），穀物生産の不作があった．

●**石油危機**　石油危機とは，1973 年（第 1 次），1979 年（第 2 次）に始まった石油の需給逼迫による価格の高騰である．石油の世界価格を左右するようになったのは，生産国カルテルである石油輸出国機構（OPEC）である．そのうちのペルシャ湾 6 か国が，1973 年に中東での戦争勃発を受け，原油公示価格の引き上げを発表した．そして，1 バレル 3.01 ドルから 5.12 ドルへ引き上げた．第 2 次石油危機は，1979 年のイラン革命がひとつの契機であった．1978 年末に OPEC は 1979 年から 14.5％の値上げを決めた．

●**一次産品の相場商品化**　世界経済は金融市場が主要な役割を占める資本主義となった．国際商品の先物市場は，一次産品の需給が逼迫する 1970 年代以降に相場商品としての一次産品の価格を決定した．特に，指標となる一次産品が原油となり，アメリカの原油価格である「WTI 価格」とイギリスの原油価格である「北海ブレント価格」が指標となった．WTI とはニューヨーク・マーカンタイル取引所（NYMEX）の原油価格であり，北海ブレントとはロンドン取引所での原油価格である．一次産品は，国際商品として相場商品となり，市場メカニズムにより決定されることになった．つまり，原油価格も中長期には原油の需要と供給で決まる．一方，一次産品は金融商品のポートフォリオのひとつとなり，短期的には投機資金で決まる．一次産品の価格形成には，実物の需給と投機資金の動向が大きく左右するようになった．

　投機的な出来事として興味深いのは 1980 年の「銀相場事件」であった．ハント兄弟は銀を買い占め，銀先物価格は 1979 年 9 月の 1 トロイオンス 11 ドルから 1980 年 1 月の 50 ドルまで高騰した．しかしその 2 か月後に 11 ドルに戻った．ハント兄弟は，国際商品の「市場（マーケット）」をコントロールできなかった．

●**逆石油危機**　逆石油危機とは，原油の先物価格が，原油の超過供給に過度に反応し，下落することである（参考文献[2]に理論的説明）．2 度の石油危機の反作用としてサウジアラビアが生産量の減産の調整役を放棄したことにより 1986 年に逆石油危機が発生した．この後に石油価格は低位に安定した．一次産品価格もこれと並行して低価格を記録した．

　しかしながら，中国を含むアジア経済の成長により石油需給が再び逼迫した．これにより投機資金の流入もあり，2008 年に WTI 原油価格は 1 バレル 140 ドルを突破し，「第 3 次石油危機」とよばれた．この逆石油危機として，WTI 原油価格が 1 バレル 34 ドル台に戻るという現象もみられた．　　　　　　　　　[朽木昭文]

📖 **参考文献**
[1] 平島成望他『一次産品入門』JETRO・アジア経済研究所，1990
[2] Kuchiki, A. "The Existence of Negative Bubbles and Unpredictability of Financial Markets"『人間科学研究』12 号，pp.1-15，2015

12

成長・マクロ経済

経済発展とマクロ経済

macroeconomic issues in the context of economic development

　国際協力の実施者と受益者の組合せは，本来多様であり得る．先進国の個人が，開発途上国のコミュニティに対して協力する，という形態や，先進国の非政府組織（NGO）から開発途上国の NGO に対する協力，先進国の地方自治体が開発途上国の中央政府に対して行う協力，といった形態も存在するが，額の面から最も大きいのは，開発途上国の中央政府に対して，先進国の中央政府や，多国間援助機関とよばれる組織（国連や世界銀行など）が行う協力である．それにより，ある開発途上国一国全体の経済状態が，その国に対してなされる国際協力のあり方を大きく左右することになる．

●**マクロ経済と国際協力**　このとき経済状態として問題になるのは，財政や金融の健全性，産業の国際競争力，外貨準備の多寡，といった点である．税収などの歳入基盤が堅固であれば，中央政府主導でインフラストラクチャー投資を行い，経済成長率を高め，経済発展を推し進めることが可能となるが，低所得国においては，歳入基盤が弱いことが多い．またそれゆえ，投資資金を借り入れで調達したとして，期待したほど生産能力が拡大しなかったり，予想外の国際金融市場変動（金利，為替レートなど）があったりすれば，返済能力を超えた債務が累積してしまう．借入さえ困難な国においては，政府が中央銀行に国債を買わせることによって，貨幣供給を増やし，物価高騰という結果に陥る場合もある．さらには，産業の競争力が全体に弱く，輸出が少なければ，外貨を稼得することができず，必需品の輸入にも支障をきたしかねない．

　援助受入国が，経済的に良好なパフォーマンスを上げるかどうかは，援助供与国にとっても重大な関心事である．援助をしても目に見えた成果が上がらなければ，供与した援助の意義に疑問が提起される可能性がある．その結果，国際協力の継続が支持されなくなる場合もある．さらには，政府開発援助（ODA）の中で譲許的借款が大きな位置を占めていることから，援助受入国の低調な経済パフォーマンスは，財政基盤の弱体化を通じた，借款の債務不履行を導き得るので，援助供与国は債権者としても，債務者たる援助受入国のパフォーマンスに強い関心を寄せる．前世紀末，援助が特定のプロジェクトと結び付けられないノン・プロジェクト援助（借款）として実施される場合には，援助供与国が，援助受入国の良好なマクロ経済パフォーマンスを導くために，いくつかのマクロ経済政策を融資の条件（政策条件）として設定することがあった．このように，マクロ経済政策と国際協力には，密接な結びつきがある．

●**さまざまな国の分類法**　国際協力に伴う優遇措置は，より大きな困難を抱えて

いる国には手厚く与えられる．そしてどのような優遇措置が適用されるかは，直面する困難の度合いや性質によって区別されている．そこで以下では，国際協力にかかわる，さまざまな国の分類の仕方について説明しよう．

まず，ODA の対象とならない国，そしてむしろ援助を与える側の国の分類として「先進国」がある．かつて先進国といえば，経済協力開発機構（OECD）加盟国とほぼ同義であった．OECD は，当初，第2次世界大戦で大きな損害を被ったヨーロッパを，アメリカが支援するための枠組みとして組織された．その後，加盟国同士が，財政・金融・雇用・貿易などの面で安定した経済成長を遂げるよう相互監視や助言をすることを通じて，経済運営や国際協力の世界標準を設定する機構へと発展した．OECD には開発援助委員会（DAC）がおかれ，かつてはDAC 加盟国が，援助ドナーとほぼ同義であった．

また世界銀行の国分類には「高所得国」があり，これらの国々の多くは援助対象国とされていない．DAC 加盟国以外の高所得国の典型は，バーレーン，クウェート，サウジアラビア，アラブ首長国連邦といった湾岸産油国と，アジアの新興経済（台湾，香港，シンガポール，マカオ）である．チリ，ウルグアイといった南米の高所得国は，今も（2016 年末現在）世界銀行の援助対象とされている．

●**開発途上国の分類**　「開発途上国」は，先進国以外の国々すべてである．開発途上国の分類はさらに細分化されている．

国連は，開発途上国の中でも，低所得，経済的な脆弱性，人的資源の蓄積の不十分さといった不利を抱える国々を後発開発途上国（LDCs）と分類している．EU や日本は，LDCs からの輸入に対しては，他の開発途上国より低い関税率（または無関税）を適用しており，LDCs は，国際協力以外の側面でも，優遇を得ている．これに加え国連は，国境のすべてが陸地で囲まれ，海に面していない国々や，面積の小さな島国で，アメリカやヨーロッパといった大市場との距離が遠い国々を，それぞれ内陸国，小島嶼開発途上国と分類し，いずれも貿易に不利な条件を抱えているという観点から，より手厚い優遇を与えることを推奨している．

世界銀行は，開発途上国を「低所得国（low income country）」と「中所得国（middle income country）」に分け，中所得国をさらに「高中所得国（upper middle income country）」と「低中所得国（lower middle income country）」に分類している．世界銀行は，国際復興開発銀行（IBRD）と国際開発協会（IDA）からなっており，IDA は，より不利な経済条件の国々に譲許的な融資を提供している．典型的な IDA 融資は，無利子で返済期間が長く（25〜38 年），借入直後の支払猶予期間も長い（5〜10 年）のに対し，IBRD 融資は数％の利子支払いが求められ，返済期間や支払猶予期間は IDA 融資より短い．低所得国はほぼ例外なくIDA 融資対象国とされている．中所得国の中でも，LDC，内陸国，小島嶼開発途上国に分類される国々は，IDA 融資対象国とされる場合がある．　　　　［山形辰史］

経済成長論

economic growth theory

経済成長とは経済規模が拡大する過程を示す用語であるが経済成長論の始まりは経済学の「父」とよばれるイギリスの古典派経済学者A.スミス（1723-90）の主著『国富論』（1776）に求めることができる．スミスは「分業」に基づく大規模生産や技術改善が生産要素（労働，資本など）の生産性を高め経済成長をもたらすと考えると同時に，「国富」とは当時の国際通貨であった金や銀の蓄えではなく生産的な国民の集まりにあるとした．国民の生産性向上や技術進歩が大事とする基本的な考え方は第2次世界大戦後に生まれた開発経済学で中核をなしてきた新古典派経済成長論や新経済成長論（内生的成長論）にも引き継がれている．

●**新古典派経済成長論（ソロー・モデル）** 生産活動はある技術Fのもとに資本Kと労働Lを投入要素として行われ，一般的な生産関数は式（1）のように表される．この生産量Yとは生産活動で生み出される「付加価値」を指し，原材料などの中間投入材の価値は含まれない．

(1) $Y = F(K, L)$　　　(2) $y = Y/L = F(K/L, 1) = f(k)$

ここで資本と労働の投入量をそれぞれ2倍にすると生産量もまた2倍になり，これを「規模に関する収穫不変」という．生産量Yを労働投入者数Lで除すと「1人あたりの生産量（所得）」が得られるので式（1）の両辺をLで割ると，式（2）となり，1人あたりの生産量yは1人あたりの資本量kの関数$f(k)$として表される．kは「資本労働比率」とよばれ，これが増大する過程を「資本深化」という．ここで1人あたりの生産量（所得）は労働生産性と同義であり，その水準は資本深化の水準に依存するという経済成長論の基本が読みとれる．図1の中に表される式（2）の生産関数$y = f(k)$はまた，新古典派経済学を特徴付ける資本の「限界生産性逓減の法則」に支配される（生産関数の勾配が段々減少する）と仮定される．ある一定数の労働者Lの働く縫製工場で使用されるミシンの台数Kを増やしていく過程を考えるとよい．最初は手縫いで行っていた縫製作業の効率がミシンの導入で飛躍的に増大するが，ミシンの数が増えていくと，追加したミシン1台から得られる追加の縫製済みシャツの枚数（これを限界生産物という）は減ってくる．特に労働者1人に1台のミシンが行きわたった後は，追加でミシンを導入してもそれ以

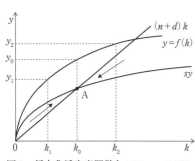

図1　新古典派生産関数とソロー・モデル

上シャツの生産枚数は増えないことが想像されるであろう.

米国の新古典派経済学者 R. ソローは 1956 年発表の論文の中で「ソローの成長方程式」式 (3) によって資本深化 Δk をとらえた.

(3)　$\Delta k = sy - (n+d)k$

すなわち資本深化 Δk（労働者 1 人あたりのミシン台数増加）は，1 人あたりの貯蓄 sy（s は貯蓄率）に支えられた新規投資（ミシン購入）から，人口増加（労働者数増加：n が増加率）と資本減耗（ミシンが使用され壊れていくこと：d が減耗率）に対して 1 人あたり資本量を維持するための必要投資 $(n+d)k$ を差し引いたものと等しい．ソロー成長方程式の関係も図 1 に示されている．1 人あたりの貯蓄曲線 sy と 1 人あたりの資本量維持の投資線 $(n+d)k$ が交わる A 点において式 (3) の両項の値が等しくなり Δk はゼロとなり，1 人あたりの資本量が k_0 で固定され定常状態が出現する．このときの 1 人あたりの生産量（所得）y_0 は，定常状態における 1 人あたりの所得水準あるいは長期的・潜在的所得水準などとよばれる.

このソロー経済成長モデルからは，①世界には富める国と貧しい国が存在し諸国間で 1 人あたりの所得水準に差があるのは定常（潜在）所得水準 y_0 が異なるからであること，②たとえ定常所得水準 y_0 が同じであるとしても，資本深化の初期にあり労働者 1 人あたりの資本量 k が少ない低所得国の経済成長率は資本深化がより進んで図のより右側に位置する高所得国に比して高いこと，③より高い定常所得水準 y_0 を享受するためには貯蓄率 s を高めて投資を行いより高い資本深化水準 k_0 を達成することや，人口の爆発的増加（高い n）を避けることなどが条件であり，④これら条件の似通った諸国の 1 人あたり所得は収束していくなどの重要なメッセージが得られる．また，1 人あたり所得の恒常的な増加には技術進歩（f の改善）によって生産関数 $y = f(k)$ とそれにつれて貯蓄曲線 sy が継続的に上昇して行くことが不可欠であるとされる.

●**新経済成長論（内生的経済成長論）**　その後のいわゆる「新経済成長論（内生的成長論）」では，この「技術進歩」を内生的に扱う（理論モデルの中で決定する）試みがとられている．人口が生み出すアイデアや知識情報などの「公共財」の蓄積による「外部経済効果」（直接コストを払わない外部者にもその恩恵が及ぶこと）を重要視し，また生産活動の中での学習効果による技術向上によって，伝統的な生産関数が「規模に関する収穫不変」や「限界生産性逓減の法則」から解放される可能性を示唆している．これらの新経済成長論では，政府が投資基盤整備に努め，企業間の投資活動の調整をはかり，技術開発やイノベーションにつながる研究・開発投資を奨励することが重要とされる．政府の新しい調整役としての役割が重要だととらえるのである．　　　　　　　　　　　［大坪　滋］

📖 **参考文献**

[1] スミス, A.『国富論』全 3 巻，大河内一男監訳，中公文庫，1978

経済成長と技術進歩

economic growth and technical progress

　持続的経済成長のためには，成長とともに生産性が低下しないような資本蓄積が必要である．1980〜90年代に開発された内生的経済成長論の貢献は，この「資本」が，従来考えられてきた物的資本のみならず，人的資本や知識をも含むという考え方を示したことであった．中でも知識は，資本のみならず公共財としての性質ももっていることから，持続的経済成長に大きな貢献をしたと考えられた．

●**資本としての知識**　知識は，物的資本と同様に，①蓄積され，②生産に貢献し，③生産活動によって生み出される，という3つの性質を備えている．その意味で知識は，経済学的な意味で，資本と位置づけられる．そのうえ知識は，経済学的な意味での公共財としての性質をも有している．公共財は無償で同時共同利用ができる財のことで，性質としては①非競合性（同一の財を同時に利用可能），②非排除性（無償で利用可能）が要件とされている．特許制度がない場合，知識は①②のどちらの性質も有しているため，知識の創造者が生み出す新しいアイディアは容易に他人に使われてしまい，技術革新の利益が出ないことから，誰も技術革新したがらない，という問題（フリーライド問題）が発生する．特許制度によってフリーライド問題に対処し，公共財である知識，および知識に込められた新しい技術を創造していくことが，経済成長の源泉となる．

●**創造的破壊と独占的競争**　J. シュンペーターは著書『経済発展の理論』において，経済成長の本質を，技術革新による創造的破壊と読み解いた．企業家が蓄積した利潤を原資にして技術革新を行い，古い製品や生産方法を陳腐化するプロセスが創造的破壊なのであるが，それを無数の企業が行うという一般均衡解は，A. ディキシットとJ. スティグリッツが構築した独占的競争モデルを用いることによって，はじめて可能となった[1]．独占的競争モデルが経済成長論に応用されることにより，無数の企業が技術開発（R & D）投資を行い，特許保護期間に利潤を上げて初期投資を回収することにより技術革新を行うというプロセスが，初めて記述されることとなった．技術革新には新製品開発と品質向上があり，どちらのタイプの技術革新も，消費財，生産投入財，生産プロセスのいずれにも応用可能である．投資額が大きいほど技術開発成功の確率は高まるが，いくら投資しても，開発の成功に運不運もあるという意味で，確率的要因に左右される．

　技術史，経済史の観点からいえば，内生的経済成長論は，「創造的破壊」の「破壊」に注目することの重要性を提起した．まず，歴史的にみて多くの為政者は，いったん政権が安定すると，変化を嫌うものである．その実例としては，明の時代以降の中国や，13世紀以降のヴェネツィアがあげられる．新しいアイディアや

技術は，仮にそれが便利なものだったとしても，既存の生産体系や統治システムを陳腐化させ，古い技術を葬ることになる．その古い技術やシステムに頼って生きる人々の抵抗を和らげることなしに，スムーズな技術革新は進まない．D. アセモグルと J. ロビンソンはその共著『国家はなぜ衰退するのか』において，技術革新によって陳腐化する古い技術から生まれる利益を享受している人が，新技術の誕生に抵抗せず，だれもが自由に経済活動を行うことができるような包括的制度体系があって初めて，急速な技術進歩と持続的な経済成長が可能だ，と主張した．歴史的には，既得権益をもったグループが収奪的制度体系のもとに技術革新や新技術導入を阻害することが多く，そのような地域，時代には，持続的経済成長が起こらなかった，としている．

●開発途上国への技術移転と成長　先進国から開発途上国への技術移転や，開発途上国企業の技術導入によって開発途上国が経済成長するプロセスも，構造としては上記の技術開発モデルと同様のモデルを用いて説明されている．技術革新における R&D 投資の場合と同様に，技術移転や技術導入の際にも，それらの技術を十分理解するための導入費用（金銭的，時間的）を支払い，その技術を一定期間，独占的に用いることによって利潤を上げ，当初の導入費用を回収する，というのが技術導入のメカニズムである．技術開発の場合と同様，技術導入の成功も，確率的攪乱要因に依存する．

　技術革新も技術導入も，開発された新しい技術が体現された製品に，どれだけ大きな需要があるかによって，開発や導入への着手の可否が決まる．そして新技術への需要の大きさは，それぞれの国民の嗜好や，資源存在状況（経済学用語では要素賦存状況）に左右される．例えば，労働豊富国では労働使用的技術の需要が大きく，エネルギー希少国ではエネルギー節約的技術の需要が大きい，といった具合である．このように，それぞれの経済条件に応じて経済合理的になされる技術進歩を，方向付けられた技術進歩とよぶ[2]．先進国が先進国の嗜好や資源存在状況に応じて最適ないくつかの技術革新をした後に，その技術体系全体を開発途上国に移転しても，それが開発途上国の嗜好や資源存在状況に合致するとは限らない．そしてその食い違いが，開発途上国の低生産性として現れる可能性がある．E. シューマッハーは著書『スモール イズ ビューティフル』において，先進国で開発された技術が，開発途上国の実情に合わないケースが多いことを指摘し，開発途上国の現状に即した適正技術を開発する必要性を説いた．適正技術の意義は，上記のように，内生経済成長理論の枠組みでも確認されている．　　[山形辰史]

📖 参考文献

[1] 松山公紀「独占的競争の一般均衡モデル」岩井克人・伊藤元重編『現代の経済理論』東京大学出版会，pp.103-137，1994

[2] Acemoglu, D., *Introduction to Modern Economic Growth*, Princeton University Press, 2009

産業構造変化

structural transformation

産業構造変化とは，国や州など経済主体の GDP や労働力，貿易品目などに関して，それらの産業構成が変化することである．開発途上国にとっては経済発展過程における不可欠な現象であり，経済主体の経済水準と密接に関連している．産業構造変化と経済水準は需給要因を通じてリンクしており，相互因果的な関係にある．

●**経済水準との関係** 産業構造変化に関する議論は，17 世紀後半に W. ペティが農業，工業，サービス業という産業分類を用い，各産業従事者の 1 人あたり所得が異なる事実を発見したことに始まる．この発見に基づきペティは当時の欧州諸国において，産業構造によって各国の所得水準が異なる事実を指摘した．その後 C. クラークがペティの発見を踏まえ，①国々の経済水準（所得，生産性）は産業ごとの生産性格差に関係し，②経済水準の変化とともに産業間労働移動（＝産業構造変化）が生じることを明示した．2 人の発見は，現在「ペティ・クラークの法則」として知られている．

図 1 は，世界各地域からそれぞれ数か国を選び，経済水準指標である労働者 1 人あたり GDP と産業構造変化に関連する指標との関係を示したものである（データは 2009 年の数値，その他詳細は出典を参照）．(a) は農業部門および非農業部門の労働生産性と労働

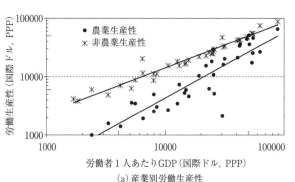

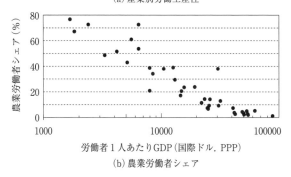

図 1 産業構造変化と経済水準（出典：Groningen Growth & Development Centre, *10-sector Database, Penn World Table*, 9.0）

者1人あたり GDP との関係を，(b) は農業労働者シェアと労働者1人あたり GDP との関係を，それぞれ表している．図では経済水準の低い国ほど，①（非農業部門に比べて）農業部門の労働生産性が低く，②農業部門で働く人々の比率が高いことを示しており，現代においてもペティ・クラークの法則が成立していることがわかる．

「経済水準と産業構造との関係」は，以下のような恒等式でより明示的に表すことができる（なおここでは経済水準を経済主体全体の労働生産性，産業構造を各産業の労働シェアでそれぞれ表すものとする）．

労働生産性＝Σ（各産業労働生産性×各産業労働シェア）

すなわち産業構造の観点からみた場合，経済主体の経済水準は各産業の労働シェアをウェイトとする各産業労働生産性の加重平均となる．この事実を踏まえると，途上国が経済成長を実現するためには「生産性の低い産業の労働生産性向上」と「労働生産性の低い産業から高い産業への労働移動」が不可欠である．この2つの事象は相互依存的であり，例えば農業で機械化が進むと労働力の必要性が低下するように，前者が実現すると同産業での相対的な労働需要低下から労働流出が生じる傾向がある．また後者が実現する場合には，人手不足を機械化で補うように，労働流出した産業での生産性は上昇する傾向にある．

●**産業構造変化の要因と影響**　産業構造変化は需給要因を通じて経済水準から影響を受ける．需要側の要因としては，経済水準上昇に伴う需要構造変化がある．「エンゲルの法則」が示すように，所得水準が上昇すれば食料への支出割合は低下し，その結果，産業構造変化が生じる．また供給要因としては，各産業の技術特性による財・サービス市場および生産要素としての労働市場の変化がある．経済水準の上昇は各産業に技術進歩や（物的・人的）資本蓄積を促し，財生産の拡大や賃金上昇などを可能にする．このとき各産業の技術特性により，技術進歩や資本蓄積の程度に違いがあれば，各産業での生産拡大や賃金上昇の程度に差が生じ，生産財市場や労働市場での供給変化を通じて産業構造変化が生じることになる．

また産業構造変化は需給要因を通じて経済水準へ影響を及ぼす．たとえば物的資本集約度が高い産業では規模の経済が生じやすく，政策的に産業構造変化を促すことで経済成長が生じるケースもある．これは規模の経済性が発揮されない状況では「貧困の罠」が生じる可能性を意味し，「ビッグ・プッシュ」とよばれる産業政策の妥当性の理由のひとつとなっている．ただしこのような政策が有効となるためには，生産される財・サービスに対し国内外での需要の存在が前提条件となる．外需をベースに経済成長を実現させた東アジアの工業化は，産業構造変化を経済成長に結びつけた好例といえる．

[川畑康治]

産業連関

inter-industry linkages/input-output linkages

産業連関表は，ある経済（国・地域など）において，モノやサービスが1年間に産業間で取り引きされる様子を記録した統計表であり，各種統計の整備や経済政策の策定・評価などを目的として，多くの国々で作成が行われてきた．

●**産業連関表の見方**　表1は，一国の経済が農業と工業の2つの産業のみから構成されていると仮定した場合の産業連関表の例である．ここでは，各産業の生産量は，すべて金額で表示してある．表の見方は以下のとおりである．

表1　産業連関表の例（2産業のケース）（単位：億ドル）

		中間需要		国内最終需要	輸出	輸入（控除）	総産出
		農業	工業				
中間投入	農業	50	30	130	15	−25	**200**
	工業	65	250	80	150	−45	**500**
付加価値		85	220				
総投入		**200**	**500**				

まず，表を横方向に読むと，各産業の生産物が，どの産業にどれだけ使用（販売）されたか（産出構造または販路構成）を知ることができる．例えば，「農業」の項目を横方向にみると，右端の「総産出」の欄には，農業の生産物が合計200億ドル生産されたことが記録されている．その間の欄には，この200億ドルの農業生産物が，各産業にどれだけ使用されたかという内訳が記録されている．表からは，農業の生産物200億ドルが，農業には50億ドル，工業には30億ドル，それぞれ使用（販売）されていることがわかる．ほかの産業に販売された農業の生産物は，各産業の生産のための原材料などとして使用されるため，「中間需要」とよばれる．また，農業の生産物は産業だけでなく，消費者などによる消費や企業などによる投資にも使用される．これらは，「国内最終需要」とよばれる．表からは，農業生産物が，消費や投資に130億ドル使用されていることがわかる．さらに，農業の生産物は，国内のみならず，海外の産業や消費者にも「輸出」という形で使用される．表からは，農業の生産物が海外に15億ドル輸出されることがわかる．しかし，国内の産業や消費者に販売されたり，海外に輸出された農業の生産物を足し上げると，その合計は225億ドルにのぼり，国内の生産額200億ドルだけでは需要を賄い切れないことになる．そのため，不足分の25億ドルは他国からの輸入によって賄われることになり，それがマイナスの値として「輸入」の欄に記録されている．

一方，表を縦方向に読むと，各産業が生産のためにほかの産業の生産物などをどれだけ投入（購入）したか（投入構造または費用構成）を知ることができる．例えば，「農業」の項目を今度は縦方向にみると，200億ドルの生産を行うために，

農業から50億ドル，工業から65億ドルを，それぞれ原材料や部品として投入することがわかる．生産のために各産業から投入する原材料や部品を「中間投入」とよぶ．また，生産のためには原材料や部品のほかにも，労働力や生産設備も使用しなければならない．生産のために使用される労働力や生産設備は「付加価値」とよばれる．表の例では，200億ドルの農業生産のために，労働や生産設備を85億ドル使用していることがわかる．

●**産業連関表の役割**　産業連関表には，産業間の取り引きを記録する「統計表」としての役割と，それを用いて各種の分析を行う「分析ツール」としての役割がある．産業連関表は，上述のとおり，産業間の結びつき（連関）を示す統計表であるが，中間需要および中間投入として記録される産業間の取り引きは，産業連関表のみが提供し得る，ほかの統計からは得られない貴重な情報である．また，産業連関表は，その作成自体が重要な意味をもっている．すなわち，産業連関表は生産統計や所得統計などの基礎統計を統合し，統一的な基準のもとで記録しているため，各種統計の整合性を確認・維持する役割を果たしている．このような性質から，産業連関表は，政府により作成されるさまざまな公式統計の中でも，中核をなす統計のひとつとして位置付けられている．

　また，統計表としての役割のほかにも，産業連関表は分析ツールとしての側面ももっている．産業連関表を利用した分析を，「産業連関分析」とよぶ．産業連関表を利用すれば，特定の政策が実施された場合や経済的ショック（経済危機など）が起こった場合に，産業間の結びつきを通じて，各産業および経済全体の生産や所得あるいは雇用などに，最終的にどの程度の影響が及ぶかという経済波及効果を計測することが可能となる．そのため，産業連関表は，多くの開発途上国において，開発計画の策定や効率的な経済発展のための戦略産業の選定，さらには開発政策や開発プロジェクト（例えばダムや発電所などのインフラ建設）などの効果予測や評価に利用されてきた．

●**産業連関表の拡張**　近年では，産業連関表の拡張を通じたさまざまな分野の分析への応用が試みられている．代表的な例として，環境問題への応用があげられる．産業連関表を環境汚染物質や温室効果ガスなどの環境データと組み合わせて用いることにより，環境政策の効果や開発プロジェクトが環境に及ぼす影響の計測などが行われている．

　産業連関表の拡張に関する取組みのもう1つの代表的な例として，各国の産業連関表を，貿易取引を通じて連結した「国際産業連関表」の作成とそれを利用した分析があげられる．国際産業連関表の作成は，1970年代から日本で行われてきたが，近年になって欧米の研究機関や国際機関による作成も開始され，国境を越えた経済波及効果の計測や，経済統合，国際分業などの分析に利用されている．

［桑森　啓］

経済危機

economic crisis

　経済危機と一口にいっても，その様相は非常に多様である．まずは，経済危機を系統的に類型化して整理しよう．

●**国内的要因による危機**　金融危機や銀行危機，財政危機と，それに起因するハイパーインフレーション（以下，ハイパーインフレ）があげられる．まず，金融危機の事例としては，株価の大暴落から始まった戦前の大恐慌や2008年のリーマンショックがあげられる．金融機能に生じた障害が経済全体に悪影響を与えることにより発生した経済危機である．次に，銀行危機は，金融危機の特殊な例と考えられる．銀行預金に対する取付け騒ぎが広範囲にわたって発生し，銀行の決済機能や金融仲介機能が大きく損なわれたことにより生じた経済危機である．第3に，財政危機は政府の財政収支が悪化したことが原因で経済に悪影響を与えることである．さらに，貨幣の増発により財政収入を得ようとした場合はハイパーインフレにつながる．古典的な事例として第1次世界大戦後のドイツのハイパーインフレが有名である．ほかに，後述する80年代のラテンアメリカ累積債務危機に伴うハイパーインフレ，2007～09年のジンバブエのハイパーインフレなどの例があげられる．

●**国際的要因による危機**　国際的取引における支払不能，もしくは支払困難となる国際収支危機や，急激な通貨の減価を伴う通貨危機である．国際収支危機はその要因から，次の2つに分けられる．①貿易などの経常収支の不均衡に起因するものと，②金融取引（金融収支）の不均衡によるものである．金融グローバル化の進展に伴い，後者に起因する国際収支危機が主流となっている．危機の深刻さという意味でも金融取引の不均衡が与える影響の方が甚大である．

　通貨危機と国際収支危機の関係はハイパーインフレと財政危機の関係と似ている．深刻な国際収支危機は通貨危機の引き金となりうる．多くの通貨危機に共通する背景は次の2つである．①（証券投資を含む）外貨建ての金融債務の存在，②経済の先行きに対する予想（期待）の予期せぬ悪化．将来予想の悪化をきっかけとして，外貨建て金融債権の回収（あるいは証券投資の引上げ）が起こり，国際収支を急激に悪化させる[1]．

●**開発途上国の代表的な経済危機**　開発途上国は開発のために必要な資金が不足することが多く，国際収支は赤字に陥りやすい．したがって，途上国における経済危機は国際収支危機としての側面を抱えていることが多い．1980年代の中南米の累積債務危機，1990年代の新興国の通貨危機が代表的である．

　中南米の累積債務危機の背景は，1970年代の2度の石油危機（石油価格の高

騰）により産油国に集まった外貨（オイルマネー）にあるとされている．オイルマネーは，欧米の金融機関を経由して世界中に貸し出されたが，その一部は中南米諸国に流入した．ところが1980年代に入ってアメリカが高金利政策に転じると，その影響を受け債務問題が一挙に深刻化した．なぜなら，途上国における対外借り入れは外貨建てで行われることが普通であり，特に中南米諸国ではドル建てで行われていた．そして，その金利はアメリカ国内の金利に連動する．したがって，アメリカの高金利政策は中南米諸国の債務返済の負担増大を招き，累積債務危機を引き起こした（1982年）．こうして，中南米諸国にとって1980年代は「失われた10年」として記憶されることになった．

　1990年代に入ると先進国を中心として金融グローバル化（国境を超える資金の流出入の増大）が急速に進展する．一部の途上国においても開発のための資金を国際金融市場から調達する動きが加速した．こうした中，通貨・金融危機が多発することになる（1994年にはメキシコ危機，1997年にはアジア通貨危機，1998年のロシア危機，1999年のブラジル危機，世紀を超えるが2001年のアルゼンチン危機などがあげられる）．それぞれの危機の詳細な特徴は異なるが，国境を超える資金の流出入が背景にある点では共通している．

　これらの危機では多くの場合，国際収支や通貨危機以外の経済危機も伴った．中南米の累積債務危機では銀行危機やハイパーインフレ，アジア通貨危機でも一部の国では銀行危機などを併発した．

●**経済危機への対応（マクロ経済安定化政策）**[2]　開発途上国の経済危機への対応においては，国際機関，その中でも国際通貨基金（IMF）が重要な役割を果たしてきた．特に，国際収支危機や通貨危機に対して，開発途上国が単独で対応するには，①対応に必要な外貨資金の不足，②政策立案と実施能力の不足，といった問題がある．そこで，多くの場合，IMFによる包括的な経済改革を条件とするプログラム融資による経済支援によって対応することが選択されてきた．

　1980年代ごろまでは，IMFの支援プログラムはおおむね有効に機能してきた．しかし，1990年代以降は次第にその神通力を失い，一部では激しい批判を受けるようになる．これは，国際収支危機の主な要因が経常収支の不均衡から金融収支の不均衡へと移ったことと関連している．第1に，金融取引の規模は経常取引より大きく，また，変動が激しいためIMF支援の資金規模が不足したこと．第2に，金融取引においては市場参加者の予想（期待）の変化の影響が大きいという点の認識が不十分であったことなどが背景としてあげられる．　　　　［国宗浩三］

📖 **参考文献**

[1] 国宗浩三『IMF改革と通貨危機の理論―アジア通貨危機の宿題』勁草書房，2013

[2] 国宗浩三「マクロ経済安定化」黒岩郁雄他編『テキストブック開発経済学』第3版，有斐閣，2015

開発と財政

public finance in development

　開発途上国の財政においては，財政政策や財政バランスにかかわるマクロ面，開発投資や税制などのミクロ面，財政制度・執行を中心とする公共財政管理（Public Financial Management：PFM）の制度面という3面の課題がある．開発における国家の形態により財政の形態も異なるが，家産制（patrimonial）的財政，統制主義（dirigisme）的財政，市場主義的財政，福祉国家的財政の4パターンがあるといえる．

　家産制的財政とは，国家財政が支配者や一部のグループによって私物化され，あたかも家計のように使われる状態である．統制主義的財政には，社会主義経済も含まれ，市場は国家により厳しく統制されているために，財政と金融が同様に扱われ，財政支出が戦争などの国家目的の達成のために優先配分される．市場主義的財政では，財政は，公共財供給や外部経済などの市場の失敗への対処とソーシャル・セーフティ・ネット，所得格差・貧困への対処などの公平の達成，マクロ経済の安定化による経済的厚生の最大化を目的として，市場による効率性を損なわないように資源が配分される．福祉国家的財政においては，経済的厚生の最大化を目的とする点については市場主義的財政と同じであるが，国家がより国民の福祉厚生に介入し，「ゆりかごから墓場まで」といわれるように，積極的な国民の福祉向上が目的とされる．開発途上国においては，資源的制約，資本蓄積の遅れと人口増加から福祉国家型財政の要素は少なく，統制主義的財政と市場主義的財政が混合された形で，そこに家産制的財政の要素が加わることもある．

●**財政のマクロ的側面**　開発途上国においても，マクロ財政政策の目的は安定した経済成長であるが，政権が高い経済成長率を目標に掲げ，積極的開発投資を実施し拡張的な財政政策が継続的に実施される場合が多い．道路，港湾といった経済・社会インフラ形成が遅れる途上国政府は，資金を借入れてインフラ部門への公共投資を積極的に実施する．しかし，積極的公共投資はともすればマクロ・インバランスを拡大させ，対外バランスの悪化により IMF プログラムなどの緊縮政策へと転換するケース，公的債務が増加し，政府予算制約（government budget constraint）に直面し，財政余地（fiscal space）がなくなる場合も多い．

　途上国のマクロ財政政策のもうひとつの特徴は，景気循環一致性（pro cyclicality）である．先進国においては金融市場が発達しているために，景気が悪化した場合，民間資金需要が減退して金利が低下し，政府が公債発行により反景気循環的（counter cyclical）財政政策により経済の安定化をはかる．途上国においては財政収入が一次産品価格に影響されることが多く，一次産品価格が高い場合に

は財政収支が改善し開発支出を増やすが，価格が低下し景気が悪化した場合に，未発達の金融市場からの資金調達が制約されて緊縮的な財政政策を行うことも多く，むしろ経済の不安定性がいっそう増大する結果となる.

途上国では，過去の統制主義的財政において資源開発・取引の独占や貿易税収確保のために，多くの国有企業を設立し，国有部門に貿易や国内取引を独占させてきた．また，インフラ・公益事業の投資主体としても国有企業が重要である．国有企業は，国内外から資金を借入れて事業を実施するが，資源価格の低下等の外生ショックにより，偶発債務（contingent liability）の問題を発生することも多い．同様に，銀行に特定分野への貸出負担を押し付け，国債を引き受けさせるケースも多く，銀行部門に不良債権問題が発生することも多い．これらの銀行の破綻処理により，財政負担が生ずる財政リスク（fiscal risk）もしばしば発現する.

●**財政のミクロ的側面**　財政のミクロ面で開発途上国に特徴的な点は，収入サイドでは税・関税収入や資源からの収入，支出サイドでは公務員賃金や補助金などの経常（recurrent）支出と，インフラなどの開発事業を実施するための開発支出である．補助金については，貧困，地方対策のために農村部に優先配分され，非効率的なエネルギー価格補助金が設定されることもある．歳入の問題としては，所得税制度の確立が遅れ個人所得の捕捉率が低く税の執行ができずに所得税収が低くとどまることである．インフレ率と成長率の高い途上国では，累進税制は租税弾性値（buoyancy）が高いため，名目GDPの成長に応じて所得税収は増加し，経済の安定性を高めるはずであるが，実際には所得税収の比率が低く，輸入関税が税収の中心を占める場合も多い.

プランテーション・一次産品輸出依存型の途上国の財政においては，輸出税および輸入関税が大きな収入源となっている場合もある．これらの国では，農産物貿易を国有企業が独占し，農家から農産物を安く買付け，外国に高く輸出することで財政収入としていたが，その後，世界銀行などの構造調整により改革され，農産品輸出税として継続していることも多い.

●**公共財政管理**　このように，ミクロ面，マクロ面の財政構造や制度の改革を目的とする分野が，公共財政管理，PFMである．その根源は，資金の代替可能性（fungibility）への対応としての公共支出レビュー（public expenditure review）と財政部門での構造調整政策である．2011年には，マニラ合意によって国レベルでのPFM強化と国際的モニタリング強化が提唱された．PFMの国際モニタリング制度・手法として公共支出・財政に関する説明責任（PEFA）が確立されており，最新のPEFA2016においては，予算信頼性，公共財政透明性，資産負債管理（asset liability management：ALM），政策に基づく財政戦略と予算化，予算執行の予測可能性とコントロール，会計と報告，外部監査の7つの柱と，そのもとに合計31指標と94次元の課題が設定されている．　　　　　　　　　［和田義郎］

開発金融政策

policy of development finance

　第2次世界大戦後，多くの開発途上国が独立を果たした．それらの開発途上国において実施されてきた開発金融政策として，①人為的低金利規制と統制的な信用割当，②金融自由化政策，③市場機能を補助する金融制度の整備，という3つの政策を本項では紹介する．

●人為的低金利規制と統制的な信用割当　第2次世界大戦後，独立を果たした開発途上国では産業部門の発展が企図され，産業発展を実現していくための資金を必要としていた．しかし，途上国では資金配分の役を担うべき金融市場はしばしば未発達であった．このような途上国の状況において，産業発展のために必要な資金をどのように各産業に対して供給していくかが問題となる．1960年代までには，この問題への対処策として，人為的低金利規制と統制的な信用割当という政策が多くの途上国によって採用された．借り手（例えば企業）が外部から資金を借りる場合には，返済時に元本と金利を貸し手（例えば銀行）に返す必要がある．人為的低金利規制がない場合には，借り手と貸し手が市場を通じて交渉することにより金利の水準が決定される．端的に表すと，市場が金利を決定する．これに対して，人為的低金利規制とは，政府が，市場で決定される金利（市場金利）よりも低い水準に，金利の上限を設定するという政策である．金利が市場金利よりも低いのであれば，資金の借り手は借入に積極的になり，資金貸出への需要（以下，資金需要）を増やす．一方，資金の貸し手は貸出に消極的になり，資金貸出の供給（以下，資金供給）を減らす．このため人為的低金利規制の下では，資金供給額は資金需要額よりも小さなものになる．資金供給額が借り手の欲する資金需要額よりも小さな状況において，その少ない資金供給額を借り手たちの間に配分する際に用いられた政策が，統制的な信用割当である．政府は，貸し手である銀行に対して，政府が戦略産業と位置付ける産業に優先的に貸出（信用）を割当てさせる指導を行ったのである．1960年代までには，少なからぬ数の途上国が，戦略産業に対して低金利で資金を供給することにより経済発展を促進するという上述の経済発展戦略を採用した．

●金融自由化政策　1970年代に入ると人為的低金利規制などの金融市場への介入は，金融部門を抑圧する政策であり，経済成長に対してむしろ負の影響を与えるという批判がなされるようになった．R. マッキノンとE. ショウは金融抑圧批判を展開し，金融市場への政府介入を緩和・廃止すべきであるという金融自由化論を唱えた．マッキノンは零細な企業を念頭においた議論を展開した．零細企業は零細であるが故に外部資金を借りることが難しく，事業資金としては自らの貯

蓄を利用する．事業資金を増やすためには，貯蓄に付く金利は高い方が望ましい．ところが人為的低金利規制の下では，預金金利は低く抑えられるため，零細企業の事業資金は不足する．マッキノンはこうした観点から人為的低金利規制を批判した．ショウは金融市場に注目した議論を展開した．人為的低金利規制により金利が低く設定されている場合には，貸し手は資金供給に消極的になる．この結果，人為的低金利規制の下では資金供給量は小さなものにとどまってしまう．さらにいえば，借り手は，借入金の金利が低いのであれば，事業から得られる収益がさほど高くなくても元本と金利の返済ができる．このため人為的低金利規制により金利が低く抑えられている場合には，低収益の事業の資金であっても，借り手は市場から資金を借りることを試みる．その結果，人為的低金利規制下では低収益の事業にも希少な資金が投入されてしまう．こうした問題は，人為的低金利規制などの政府介入を緩和・撤廃し，金利などの決定を市場に委ねる金融自由化を実施すれば解消されると，マッキノンとショウは主張した．実際に，1980年代には，多くの開発途上国が金融自由化政策を採用した．

●**市場機能を補完する金融制度の整備**　貸し手と借り手の間の「情報の非対称性」とよばれる現象は，資金供給を減少させる効果をもつ．情報の非対称性の影響を緩和するような制度の導入への関心も高まってきている．借り手は借り手自身について十分な情報を有しているのに対し，貸し手は借り手についての情報を必ずしも十分にはもっていない．このように借り手と貸し手の間には，借り手についての情報量の差（情報の非対称性）が存在する．借り手のことがよくわからない状況では，貸し手は資金の貸出をためらうであろう．このような情報の非対称性の影響を軽減するような制度が存在する．例えば，債務不履行が発生した場合にも貸し手が担保を差し押さえることにより資金を回収することが可能であるということが貸出の時点からわかっているのであれば，貸し手は貸出により積極的になる．ここで，ある資産を担保として利用可能にするためには，担保とする資産についての所有権を明確にするような制度が必要である．別の制度としては，債務不履行時に借り手の資産を差し押さえる場合の優先権を明らかにする制度も挙げられる．貸し手の優先権が高いほど，貸し手は資金を貸し出しやすくなる．その他，借り手についての情報収集を容易にする制度なども資金貸出の拡大に有効である．これらの制度は金融市場の働きを補完し，産業への資金提供を円滑にする役割をもつ．現在では，開発途上国においても，こうした制度を整備することの重要性が認識されるようになってきている．　　　　　　［樹神昌弘］

📖 参考文献
[1] 奥田英信他『開発金融論』新版，日本評論社，2010
[2] 世界銀行編『世界開発報告 2005』シュプリンガー・フェアラーク東京，2005

産業政策

industrial policy

　経済は成長するに従って中心産業が第一次から第二次産業へ，さらに第三次産業へ移行していく（ペティ・クラークの法則）（☞「産業構造変化」）．しかし，こうした構造変化には市場の失敗が付きまとう．産業政策とは政府が市場に介入して経済構造の転換を促し，経済成長や雇用を促進するものである．

●**産業政策はなぜ必要か**　第1に企業が自らインフラなど経済成長上の課題をすべて解決することはできず，第2に途上国の新しい産業が先進国と最初から競争することは難しく，初期段階では保護をする必要があるからである（幼稚産業保護）．より理論的には次のような「市場の失敗」を補完するためである．

　第1に「情報の非対称性」である．企業にとって投資を行うにはリスクが伴うが，得られる収益を十分に見通すことができなければ，投資は本来望ましい水準（パレート最適）から比べて過小なものとなってしまう．この投資には，経営トレーニングなどの人的資本に対するものも含まれる．

　第2は「公共財」である．知識は経済成長の源泉であるが，非競合性と非排除性をもつ公共財である（知識を使う人が増えても，量が減るわけではなく排除もできない）．そのため知識創造を市場に任せた場合，フリー・ライダー（ただ乗り）が発生し，新たな知識を生み出す研究開発への投資が過小になってしまう．これにより生じる「知識ギャップ」を埋めることも産業政策の役割となり，例えば国際協力機構（JICA）のカイゼンの普及などの技術協力はこうした協力である．

　第3は「外部性」で，特に環境への影響である．工場による大気汚染などの環境コストは，汚染を生み出す生産物の取引を市場に任せた場合，内部化されず環境に大きな負荷をかけてしまう．近年では産業開発だけではなく「グリーン産業政策」が議論されるようになってきている．

　産業政策が対象とする「産業」は狭義では製造業など第二次産業であるが，最近はより広義に農業やサービス業など全産業を含む形で使われることが多い．

●**産業政策への批判**　産業政策に対し，世界銀行・IMF などは市場に政府が介入すべきではないとの新古典派的の立場（ワシントン・コンセンサス）から，批判的である．理由の第1は，政府は正しい企業や産業セクターを選ぶことができないというものである．これは政府が十分な情報をもてず，また客観的にそうしたセクター企業を選定する方法がないためである．第2に，仮に政策介入をするため方法があったとしても，途上国では能力面も含め産業政策を実施するだけの制度が整っていないというものである．レシピがあっても，どのコックも同じように料理をつくれるわけではない．第3に政府の失敗である．産業政策は政治家に

近い企業やロビーストによるレント・シーキングや汚職を誘発し、産業政策が経済的な合理性よりも、政治的な動機によって動かされてしまうと指摘されている。

このため世界銀行・IMFの政策は市場価格のひずみの原因である各種規制を取り除き民間企業が自由に動くようにすることを目的としている。これにより比較優位に応じた経済開発が可能になると考えるからである。こうした政策は1980・90年代の構造調整政策に端的に表れていた。具体的には、各種補助金の切り下げ、国営企業の民営化、金融・為替・貿易および投資の自由化などである。これらは現在、「投資環境整備」の強調という形で引き継がれている。

●論争から政策のつくり方へ　産業政策の論争は歴史を振り返れば19世紀のD.リカードとF.リストの論争にまでさかのぼる。1990年代前半には海外経済協力基金（OECF：現在のJICA）が世界銀行に反論を行い「世界銀行・日本論争」へと発展した。その議論の一環で世銀から「東アジアの奇跡」が出版されたが、両者の主張の隔たりを反映したものとなった。しかし、この後、世界銀行の主流派の巻き返しにより産業政策に対する否定的な時代が長く続いた。

論調が変わったのは、リーマン・ショック後、先進国が産業政策を実施するようになって以降である。同時に、H-J.チャンの研究（Chang 2002）によって従来、自由主義的と思われていた18世紀のアメリカやイギリスで産業政策がむしろ積極的に活用されていたことが明らかになったことも見直しに拍車をかけた。国際開発の分野では、世界銀行のチーフ・エコノミストであったJ.リンが産業政策を中心とする「新構造主義経済学」を提唱し大きな議論となり、現在も議論が続けられている（リンは、世界銀行内での反発が大きくなり最終的に2012年に世界銀行を去った）。

論点のひとつは比較優位をめぐるものである。現在の静的な比較優位を重視するのか、要素賦存構造が変化する中長期での動的な比較優位を考慮すべきなのか。市場は静的比較優位で判断するしかなく、動的比較優位を活かすには産業政策が必要になる。1970年代に韓国が製鉄業に力を入れようとした際、世界銀行は韓国の比較優位は農業だと判断し反対したが、今となってはこの判断は誤りであったことは明白である。本来は要素賦存構造が変化する中長期での動的な比較優位を考慮すべきであったが、それをどう見つけるかは難しい課題である。

現在では産業政策に関して、どうやって失敗の少ない産業政策をつくるかに議論が進展してきている。具体的な方法として、日本が世界銀行との論争の際に提案し、現在もエチオピアにおいて実施されている「政策対話」方式、成長上の制約要因を特定、除去する「成長診断フレームワーク」、そして、「成長分野識別・促進フレームワーク」（Lin 2012）などが議論されている。　　　　　　［島田　剛］

📖 参考文献

[1] Noman, A. and Stiglitz, J. eds., *Etticiency, Finance, and Varieties of Industrial Policy* Columbia University Press, 2017

インフラストラクチャー建設

development of infrastructure

アジアでは第2次世界大戦後，日本からの賠償資金，その後は円借款（政府開発援助（ODA）の一形態）で国の経済基盤の骨格をつくっていった．

●**インフラ金融** 円借款は政府間の国際約束に基づき国際協力機構（JICA）が実施機関となって行う融資である．2016年度の承諾平均で金利は0.44％，返済期間は9年間の据置期間を含む36年間である．これは，大規模な資金を要し，開発と効果発現に長期間かかり，経済収益も高くないインフラ開発の公共事業に適していた．このため円借款の融資累計額35兆円（2016年度末）のうち7割が電力，運輸，灌漑，上下水道などのインフラに投入された．

表1にあるように，例えば電力の整備においてインドネシアの火力発電所の11％（発電量ベース），ベトナムの火力発電所の36％が円借款で整備されたものである．そこに，日本の企業が継続的に進出した．特に1980年代の円高の時期には日本企業の進出が加速した．企業の進出は，現地に大量の雇用を生み貧困削減に貢献した．外国直接投資（FDI）の増加は国際収支の改善に寄与し，後には輸出の増加に結びついた．その後は台湾・韓国の企業も進出に加わり，アジア諸

表1 東南アジア3か国における円借款の貢献度

分　野	サブセクター	指　標	インドネシア		タイ		ベトナム	
			円借款での整備	貢献度（％）	円借款での整備	貢献度（％）	円借款での整備	貢献度（％）
運　輸	道　路	高速道路（km）	79	10.3	1,023	1.5	72	0.0
		国道／地方道（km）	76,519	17.5	3,251	2.9	613	0.0
	鉄　道	鉄道（km）	1,227	36.4	977	22.1	34	1.1
	空　港	空港数	37	22.6	2	3.1	2	5.4
		旅客人数（人／日）	34,486	42.3	121,490	75.8	23,200	84.8
		取扱貨物量（t／日）	434	25.1	3,376	NA	—	—
	港　湾	港湾数（湾）	36	NA	2	1.6	5	NA
		コンテナ貨物量（TEU／日）	8,980	48.3	3,900	21.6	986	8.2
		取扱貨物量（t／日）	560,258	40.3	14,680	0.0	50,080	37.3
通　信	通　信	交換機（万回線）	80	2.6	103	14.6	12	0.4
電　力	火　力	年間発電量（GWh）	13,593	11.0	—	—	14,448	36.5
	水　力	年間発電量（GWh）	6,945	61.5	1,691	20.8	3,011	10.1
	送電線*	総延長（km）	3,920	13.9	3,524	9.1	1,565	7.7

＊ 110 kV以上．注：貢献度とは，「円借款で整備したインフラ」/「全国のインフラ」（出典：「有償資金協力・無償資金協力の経済的インパクト評価」報告書，JICA，三菱総合研究所，2011）

国の産業構造は強固なものになっていく.

　2009 年にアジア開発銀行は，アジアにおけるインフラ需要は今後 10 年間で 8 兆ドル存在すると推測した．ODA だけで賄える規模ではない．そこで注目されるのが民間資金を利用した新たな手法による資金供給，いわゆる官民パートナーシップ（PPP）による開発である．その形態はさまざまだが，代表的な例は IPP（独立電力企業）とよばれる電力事業である．発電所の建設と運営を民間企業に任せ，政府の電力公社は一定期間決まった金額で電力を買いとる．政府にとっては初期投資が抑えられ，運営にコスト意識の高い民間企業のノウハウが活かせる．他にも，建設を政府が行い，運営・管理のみを民間に任せる委託方式，施設整備は公的セクター，運行と運営は民間企業といった上下分離方式などがある.

　そうした民間企業の投資を支援する役割こそが公的金融の使命だとする声が高まっている．日本でいえば JBIC の投資金融，JICA の海外投融資がそれにあたる．融資は現地通貨建てでも可能となったし，事業からの収益のみを担保とするプロジェクト・ファイナンスの仕組みも可能である．また，PPP 事業の案件形成を委託する PPP 事業のフィージビリティ・スタディ調査も経済産業省や JICA で公募している．さらに民間企業との適切なリスク分担がなければ参画する企業がいなくなることから PPP 事業の法制度を支援する技術協力も多くの国で始まっている.

●**質の高いインフラ・パートナーシップ**　日本政府は，アジアの成長を日本経済に取り込むべく，2013 年に「インフラシステム輸出戦略」を策定した．日本からのインフラ輸出を 2010 年の 10 兆円から 2020 年には 30 兆円に拡大するものである．2015 年にはこれを改訂する形で「質の高いインフラ・パートナーシップ」が発表された．その内容は，ODA の拡充，アジア開発銀行の活用などを通じて 5 年間で 1100 億ドルをアジア地域のインフラに振り向けるといったものだ.

　「質の高いインフラ・パートナーシップ」の代表例とされるのが，円借款で建設されたインドのデリー地下鉄である．日本のコンサルタントや建設会社が参画し，安全重視，納期厳守といった日本の企業文化がインドにもち込まれた．結果，工事はスケジュールを前倒して完成．完成後は 1 日 220 万人が利用し，東京メトロの利用者の 3 分の 1 までになった．また，ブレーキをかける際に発電を行うことで，世界初の鉄道での二酸化炭素の削減事業（CDM 事業）として認定された.

　質の高いインフラ・パートナーシップは 2016 年 5 月には対象が全世界に広がり，その支援規模も 5 年間 2000 億ドルとほぼ倍増している．今後とも新幹線や超々臨界圧発電などの日本での技術を活かしたインフラの輸出が目指されている.

[山田順一]

📖 **参考文献**

[1] 山田順一編著『新興国のインフラを切り拓く─戦略的な ODA の括用』日刊建設工業新聞社，2015

持続可能な成長

sustainable growth

「持続可能な成長」という言葉は、短・中期的に経済面のみ注目し、成長が持続するかどうかという文脈で使われることもあるが、最近では、より長期的に、天然資源の枯渇や地球環境問題などの環境制約、さらには、貧困やジェンダーの問題など、より社会的な問題にも配慮した上での経済成長を語る文脈で使われるようになってきている。

●成長の限界 　地球全体での天然資源の枯渇や環境破壊と経済成長や経済発展の関係が活発に議論されるきっかけとして、1972年にローマ・クラブが発表した『成長の限界』がある。システム・ダイナミックスという手法を用いたコンピュータ・シミュレーションをもとに、人口の幾何級数的な増加および経済成長により、天然資源の枯渇に直面すると予測したものである。当時の夢の技術であったコンピュータを用いていたこと、また、出版直後に石油危機が起こり、資源価格が高騰したことから、世界的なベストセラーとなった。

このような考え方に対して、W. ノードハウス（Nordhaus 1973）らの経済学者から批判があがった。まず、所得が高まるにつれて、一時的には人口成長率が上昇するものの、人口成長率は逓減していきているという点である。また、生産関数が、経済学で使われているものと違い、人工資本、労働、天然資源の投入などの代替的な関係が想定されておらず、天然資源と資本や労働が代替的な関係であれば、資源が少なくなったとしても、人工資本や労働の投入量を増やせれば、生産を維持することが可能であるという主張である。

一国単位の経済成長を考える際にも、天然資源を食いつぶして経済成長を遂げている経済のあり方を問題視し、GDPに変わる指標が提案されてきた。世界資源研究所（World Resources Institute）のR. レペット（Repetto 1989）らは、インドネシアを対象として、天然資源の減少を資本ストックの減耗とみなして、GDPから差し引き、経済成長率を計算した。1971年から1984年までの国内総生産（GDP）は、実質約7.1%の平均成長率が、石油・森林資源の減少、および土壌流出による収量の低下をGDPから差し引いた結果、国内純生産（NDP）は、約4.0%という成長率に落ちてしまうというものであった。

D. ピアス（Pearce 1989）らは、天然資源と人工資本が代替的とみなすか、補完的な関係にあるとみなすかで、持続可能性の考え方がかわるとして、天然資源と人工資本が代替的な関係とみなした上で得られる持続可能性を「弱持続可能性」（weak sustainability）、資源と人工資本が代替的な関係でなく、補完的である、あるいは、代替には限界があるとみなし、天然資源の減少そのものを防ぐ必要があ

るという考え方を,「強持続可能性」(strong sustainability) とよんでいる.

●**持続可能な成長の指標**　経済学では,弱持続可能性が強持続可能性の必要条件でもあることから,通常の資本財(人工資本)に加えて,人的資本,自然資本等の資本ストックを含めて,持続可能性を評価するための統合的な指標に関する研究が進められてきている.国連大学地球環境変化の人間・社会的側面に関する国際計画 (UNU-IHDP) は,人工資本,人的資本,自然資本を資産として評価した「包括的富指標」をまとめ,発表している.

　一方,持続可能な発展に向けた国際社会の取組みの中では,単一の指標を利用するのではなく,経済,環境,社会のさまざまな側面を評価した多くの指標を取りこむ方向となっている.

　2015 年 9 月に国連で採択された持続可能な開発目標 (SDGs) では,前文の中で,「我々は,地球が現在および将来の世代の需要を支えることができるように,持続可能な消費および生産,天然資源の自足可能な管理ならびに気候変動に関する緊急の行動をとることを含めて,地球を破壊から守ることを決意する」と宣言しており,貧困を撲滅し,人間が豊かで満たされた生活を享受することと同時に,地球環境を保全していくことを目標として掲げている.SDGs の内容にあわせた指標についての検討が,国連が組織した専門家グループで進められており,2017 年 3 月時点で,SDGs「17 の目標と 169 のターゲット」で,232 の指標がリストアップされている.60 の指標が設定されていたミレニアム開発目標と比べると大幅に増加する見込みである.

　指標が多くなればなるほど,多様な角度からその達成度が評価できるといえるが,その一方で,持続可能性が高まったかどうかを指標から判断することは難しくなると考えられる.

●**グリーン成長**　なお,2008 年 9 月のリーマン・ショック後,経済停滞の中で,景気対策として,環境に対処する投資や技術革新により,経済的な成長を実現するグリーン成長という考え方が経済協力開発機構 (OECD) などから示されてきた.2009 年 6 月に OECD の閣僚会合においてまとめられたグリーン成長宣言では,公共投資により,「短期的な経済の回復に貢献し,同時に,長期的なグリーン経済に必要とされる環境にやさしいインフラの建設を進める」ことが重要であると指摘している.グリーン成長は,持続可能な成長とほぼ同義の考え方といってよい.　　　　　　　　　　　　　　　　　　　　　　　　　　　　[小島道一]

📖**参考文献**

[1] 佐藤正行「「持続可能な発展」に関する経済学的指標の現状と課題」政策学会編『環境経済・政策研究』7(1), pp.23-32, 2014

[2] 小島道一「持続可能な開発の淵源と展望」『アジ研ワールド・トレンド』No. 232, pp.16-19, 2015

貧困削減を伴う経済成長

pro-poor growth

　経済発展および経済成長が，開発途上国の貧困層の貧困からの脱却にどれほど寄与しているのか，という疑問は，第2次世界大戦以降，継続的に提起されてきた．この疑問のひとつの視角は，経済発展のためには，すべての部門が同時に発展しなければならないとする均整成長論と，どの分野かが先行して発展せざるを得ないとする不均整成長論の間の，発展戦略上の角逐であった．いまひとつの視角は，経済発展のプロセスにおいて，社会階層の中で，いったん富裕層が出現し，その後，彼ら富裕層の繁栄が，後の貧困層の発展につながるといった，経済発展のトリックル・ダウン効果が期待できるかどうか，であった．S. クズネッツは，所得と平等度の逆U字仮説を提示し，「経済発展が始まると，所得は一時，不平等化するが，より経済発展が進化すれば，所得は平等化に向かう」と主張した（Kuznets 1955）．このように，マクロ経済の成長が実現したとして，その果実が経済全体に広く行きわたるかどうかが，長年の関心事となってきた．この疑問に答えるためには，経済のどのセクターが，経済成長により大きく貢献したのかを知る必要がある．なぜならば，大きな貢献のあったセクターに対し，市場メカニズムを通じて，より大きな所得の分け前が与えられたはずだからである．さらには，政府がどのように所得・資産再分配を行ったのかも，重要である．

●成長・所得分配・貧困削減　短期的にみれば，経済成長と貧困削減は矛盾する．なぜなら経済成長は貯蓄と投資を必要とするのに対して，貧困削減は消費の増加を必要とするからである（山形 2004）．閉鎖経済において，所得は消費か貯蓄に充てられるので，消費と貯蓄は，所得という資源を奪い合う関係にある（現実には，多くの途上国は閉鎖経済ではなく，輸入や外国から融資・援助を得たりすることで，消費と貯蓄の資源の奪い合いを回避できる）．しかし貧困層も，貯蓄→投資→マクロ所得増という迂回生産の分け前を早晩受けられるのであれば，中長期的に経済成長が貧困層を益する可能性がある．元世界銀行チーフ・エコノミストのF. ブルギニョンは，経済成長と所得分配，貧困削減を三角関係として示し，①貧困削減は，経済成長か所得再分配によって実現すること，②仮に経済成長が，貧困層と非貧困層の間で所得分配の悪化を貧困層にもたらすとしても，経済成長によるマクロ所得増加の利益が，所得分配悪化の不利益を凌駕するのであれば，経済成長によって貧困削減がもたらされること，を主張した（Bourguignon 2003）．

　多くの実証研究が，長期的には経済成長の貧困削減に対する大きな貢献に対して肯定的である．中でも D. ダラーと A. クライは，20世紀後半に途上国の多く

でなされた生活水準指標調査を総合すると，これらの途上国の平均的な結果として，①国民所得が1%高い国においては，貧困層の所得も約1%高い，②経済成長率が1%高い国においては，貧困層の所得の成長率も約1%高い，ということを示している（Dollar and Kraay 2002）．②の結果は，貧困層と非貧困層の間の所得分配の悪化が，観察期間を通じて，対象国全体としては起こっていなかったことを示している．これは，クズネッツの逆U字型仮説が成り立たなかったか，あるいは，逆U字のプロセスが，速く経過したことを意味している．

いくつかの歴史的経験も，経済成長と貧困削減の長期的な正の相関関係を支持している（Ravallion 2016）．近代経済成長は，産業革命を契機としたイギリスの経済成長が先駆けとなった．産業革命を構成したいくつかの発明は労働節約的だったので，発明された機械の導入とともに一部の労働者が職を追われ，それに怒った労働者が機械を打ち壊すという運動（ラッダイト運動）が起こった．しかし100年単位の歴史でみれば，産業革命によってイギリスの繊維産業は競争力を高め，労働者の賃金が高まった．このように産業革命による産業構造変化に伴い，摩擦失業が生じたのは事実であるが，労働者全体としては，長期的に賃金上昇という形で，産業革命の利益を得たことがわかる．このような経済成長と労働者の賃金上昇との関係は，一定のタイムラグはあるにせよ，日本や韓国，台湾，そして先発ASEAN諸国でも，20世紀後半に観察されている．

● **Pro-Poor Growth と Inclusive Growth**　21世紀初めに貧困削減への関心が高まり，経済成長が貧困削減に対して有効に作用しているのかが問われた．貧困層の所得上昇に貢献する経済成長は pro-poor growth とよばれ，経済成長に対する貧困削減の弾力性（経済成長率の1%上昇に対して，貧困指標が何%低下するか）が問題とされた．この弾力性が高ければ，経済成長に対する貧困削減の感応性が高いこととなり，pro-poor の度合いが高い，とされた（山形 2004）．

しかし本来重要なのは，いつのどの国の経済成長が pro-poor だったのかということではなく，貧困層がより大きな利益を享受するような経済成長は，どのようなメカニズムで実現されるか，ということである．そのためには，貧困層と位置付けられるさまざまな人々が関与することで成し遂げられるような経済成長でなければならない．このように，多様な貧困層の関与の下に実現する経済成長を inclusive growth とよぶ．貧困層の関与の形態には2通りある．第1に貧困層は，自身の労働力や，近隣の共有地の天然資源を経済成長の原資として提供することから所得（要素所得）を得るという形で，生産面から，経済成長に貢献する．第2に貧困層は，社会保障やマイクロファイナンス，保健・教育など公共サービスの受益者となる場合もある．貧困層が保有する資源（例：労働）を集約的に用いる産業（例：労働集約産業）を牽引役とした経済成長は，第1の形態の inclusive growth といえる．

[山形辰史]

債務削減

debt reduction

　国際開発の文脈での債務削減とは，開発途上国（政府および民間）が対外借入を行う際に契約上の義務として負う債務返済（金利支払いおよび元本償還）額を，事後に合意により減らすことである．これは債務問題の解決策のひとつとして適用されてきた．ここで債務問題とは，債務返済が当初の契約どおりに実現されない状態，あるいは，それが予見される状態，をいう．ある状態が「問題」視されるのは，それを放置することが何らかの主体にとって望ましくないからである．関係する主体としては，契約上の直接の当事者（経済主体）である，債権者，仲介者，債務者，の3者，その他に，事態の進展により影響を受けかねない人々（経済/社会主体），さらに，事態の帰結に関心を払う人々（社会/政治主体）がある．債務問題は，直接には，そして形式上は，借入主体の決定として生み出されるが，そこに至る過程においての実質上の責任が借入主体に帰せられるべきかどうかは，どのような判断基準が用いられるかによる．

●**対外債務の分類**　対外債務を借入主体に即して分類すると，債務者の種類により，政府・政府機関が負うものと，民間が負うものとに，大別することができる．債権者の種類でみると，他国政府・国際機関に対するものと，民間に対するものとに，大別することができる．対外債務は，債務者と債権者の組合せにより，原理上は $2\times2 = 4$ 分類され得るが，実際上は民間主体が他国政府・国際機関に債務を負うことはないので，それ以外の3つの場合のみが存在する．債務者の種類により分類するときに注意を要するのは，民間債務の返済を政府が保証することがあり，返済困難が生じた場合には政府が責任を引き受けなければならないことである．なお，借入の形態の視点からは，債務は，債券，貸付，貿易信用に大別される．債務問題，そして債務救済策としての債務削減は中所得国と低所得国で性格が異なる．中所得国では，民間に対する債務が大部分を占める．民間主体が貸し手である場合には，借り手が民間であろうが政府であろうが，貸付は，市場での取引として経済判断に基づき行われる．そうではあっても，情報の不足や判断の誤りにより，貸し手全体として返済能力を超える貸付をしてしまうことがある．1980年代の多くの中所得国での債務問題は，1970年代後半の民間貸付（主に銀行間貸付）の急増がもたらしてものであった．それに対する対応は，当初は債務繰延べ（債務返済時期を遅らせること）であったが，時のアメリカ財務長官 N. ブレイディの提案（1989年）に沿った債務削減が1990年代前半に13か国を対象として実現され，債務問題の解決をもたらした．なお，1990年代後半以降には対外債務の構成において債券の割合が高まり，新たな種類の債務問題が引き起こさ

れることとなった.

　これに対して，低所得国，とりわけ最貧国，の対外債務のほとんどは，貸し手は政府・国際機関，借り手は政府，という性格のものであり，貸付/借入にあたっての政策意思決定には，いずれの側でも政治判断が大きな影響を持つ．実のところ，最貧国への債務救済措置は常態化しており，国際社会全体としての政治判断により制度（レジーム）の形成と改変がなされてきた．二国間（対政府）債務については，1980年代後半以降の先進国サミットでの議題とされ，開催地の名前を冠する債務救済案が次々と打ち出され，パリクラブ（途上国政府の債務問題に対応するための債権国政府の非公式な合議体）で合意され実施された．1988年のトロントでは公的債務の3分の1の削減，1991年のロンドンでは同2分の1の削減，1994年のナポリでは同3分の2の削減，1996年のリヨンではいくつかの条件（下記）を満たす国については同80%の削減，1999年のケルンでは同90%の削減，が提案されパリクラブを通じて制度化された.

● **HIPC イニシアティブ**　1996年の合意（重債務貧困国（HIPC）イニシアティブとよばれ，その後1999年と2005年に拡充された）は，債務削減を通じての最貧国への債務救済の展開のうえで，重要な前進を画した．それ以前は二国間の債務に限られていた救済措置が国際機関に対しての債務にも適用されることとなり，それに伴い，適格条件が体系化され，世界銀行とIMFを中心とする運営が制度化された．債務救済は，判断時点（decision point）とよばれる第1段階での暫定救済と，完了時点（completion point）とよばれる第2段階での完全救済，の2段階を経る．第1段階では，以下の4つの要件が定められている．①世界銀行の国際開発協会（IDA）からの無金利の融資およびIMFの貧困削減・成長ファシリティ（PRGF, 2010年以降は同トラストPRGT）の譲許条件での融資についての適格であること．②従来の債務救済の仕組では対処できないほどの持続不可能な債務返済負担に直面していること．③IMFと世界銀行の支援を受け実行する改革と健全な政策運営について実績をあげていること．④国内での広範な参加の下に貧困削減戦略書（PRSP）が策定されていること．IMFと世界銀行の理事会が，当該国でこれらの要件が満たされているか，または満たす上で十分な進捗がなされたと判定し債務救済の適格であると決定すると，国際社会は当該国の債務を持続可能と判断される水準まで削減することを約束し，暫定措置が開始される．第2段階では，以下の3つの要件が定められている．①IMFおよび世界銀行の融資を受けるプログラムの良好な実績が継続していること．②第1段階で合意された主要な改革が適切に実行されていること．③PRSPを少なくとも1年間実行すること．IMFと世界銀行の理事会がこれら3つの要件の達成を認めると，当該国は第1段階で約束された債務救済をすべて受ける．2017年10月現在，対象とされた39か国中の36か国がこの段階での債務救済を受けている．

[柳原　透]

金融発展

financial development

経済発展が進んだ経済ほど金融活動の規模が大きく，その機能もより高度になる傾向がみられる．アメリカ，西欧諸国，日本など先進国は良く発達した金融部門をもっているが，開発途上国の金融部門は未発達である．経済発展と金融部門の発展は相互に促進し合う両方向の関係があるとされるが，特に金融機能の向上が経済発展を促進するという関係に着目して金融部門の発展をとらえようとする考え方が，「金融発展」というコンセプトに込められている．

●**金融深化**　金融部門は，国内外の資金を動員し，より高い生産性が見込まれる分野にそれらを配分することによって，資源の利用効率を高め経済成長を加速することができる．計量経済学の手法を用いた実証研究によっても，金融部門の発展が経済成長にプラスの効果を与えるとことが確認されている．途上国にとって経済発展は最重要の経済政策課題であり，金融発展はその実現に不可欠な要素の1つである．

「金融深化」という概念は，金融活動の拡大と機能向上が経済発展を高める効果に着目して使われ，深化の水準は各種の指標を利用して計測される．元来，金融深化の水準は，情報の非対称性，契約の不完備性，などといった金融活動の障害を克服するための制度や仕組みの発達度に依存している．しかし，これらの制度や仕組みを客観的基準で評価することは困難である．そこで通常は金融機能の向上の結果に注目して，資源動員の面では資産蓄積水準，資源の効率的配分の面では仲介・取引コスト，リスク処理能力の面では各種金融サービスの多様性，などが金融深化の代理指標として広く用いられている．

代表的な金融システムには，最終的な資金の出し手から金融機関を仲介して最終的な資金の利用者に資金が移動する「間接金融」と，最終的な資金の出し手から最終的な資金の利用者に直接に資金が移動する「直接金融」の2つの方式がある．間接金融である銀行を通じる資金移動では，預金者などから提供された資金が，銀行の判断に基づいて企業や公共団体などに仲介される．直接金融である株式市場や債券市場などを通じる資金移動では，投資家自身が株式や債券を購入することで，発行体の企業や政府・公共団体などに直接的に資金が移動する．

間接と直接のいずれの方式でも，資金を動員して効率的に配分するためには，資金の投資先の収益性とリスクを把握し，その適切な組合せを選択する必要がある．さらに，資金の使途や投資の成果を監視し，もし問題が発生した場合には善後策を立てて適切に処理しなければならない．

●**金融制度の転換**　一般に，経済発展の初期段階では証券市場よりも銀行部門の

規模が大きいが，経済発展が進むにつれて証券市場の成長が加速し，次第に銀行部門に対して証券市場の重要性が増してくる傾向がみられる．

　途上国で銀行部門の比重が大きい理由としては，証券市場が円滑に機能するために必要な情報開示制度や法制度が未整備で法務・会計専門職業人も不足していること，既存の技術やビジネスモデルを利用している企業が多く投資判断の基準が集約しやすいため，預金者の代理人として銀行が一括して投資判断をした方が効率的であること，家計の所得が低くリスク回避的で安全資産を強く選好するため，安全な銀行預金が好まれること，などが指摘されている．

　一方，先進国で証券市場の役割が大きい理由としては，証券市場の機能を支える制度インフラが整っていること，先端技術や革新的ビジネスモデルを利用している企業が多く，投資先に関する判断が投資家ごとに多様化するため，銀行が代理人として一括して資金仲介するのが難しくなること，家計所得の上昇によりリスク回避度が低下し，リスクは高くても高収益が期待できる証券市場での資産運用ニーズが高まること，などがあげられる．また，銀行には預金の取付に対して脆弱であるという本質的な弱点があり，金融自由化が進むほど銀行が直面する経営リスクは高くなるので，銀行による資金仲介は難しくなるという問題もある．

●**海外資金と金融発展**　グローバル化の進んだ世界では，各国の国内資金動員と投資だけではなく，国際資金移動や海外からの投資が途上国の金融発展に与える影響が大きい．特に，「新興市場経済」とよばれる中所得の開発途上国に対しては，先進国の投資家や企業にとっての有望な投資先として，多額の国際投資が行われている．これらの内で，先進国企業による直接投資については，新規成長産業の導入が加速されるというプラスの効果が期待できる反面で，新規産業が飛地化して国内金融部門の発展と実物部門の発展とが乖離するという危険性が存在する．また短期の利潤を狙った「証券投資」については，急激な資金流入によって景気過熱や資産バブルを引き起こしたり，急激な資金流出によって経済危機を招くなど弊害が大きい．

　海外と国内の金融機能が融合するグローバル化された現代の世界経済の姿を踏まえるならば，望ましい金融制度とは内外の金融サービスを最適な形で補完的に利用できるものと理解すべきであり，このような観点から各国の金融発展を評価する必要があろう．海外資金の効率的利用には適切なミクロ・プルーデンス規制とマクロ・プルーデンス政策の双方が不可欠であり，金融発展や金融深化を考える際には従来にも増して制度的・質的な側面の重要性を強調する必要があると思われる．

[奥田英信]

📖 **参考文献**

[1] 寺西重郎他編『アジアの経済発展と金融システム』東洋経済新報社，2006
[2] 奥田英信他『開発金融論』新版，日本評論社，2010

13

産業・金融・ビジネス

産業・金融・ビジネス

industry, finance and business

　産業を興し発展させることは，雇用の創出を通じて人々の生計向上や貧困削減に寄与するとともに，一国の経済基盤をつくり，成長を通じて自立的な国造りを実現する意味でも重要である．「殖産興業」は明治日本の国家スローガンだった．

　グローバル化が進み，国境を超えた企業活動が活発になった今日，世界の貿易や，多国籍企業による開発途上国への外国直接投資（FDI）が拡大している．多くの開発途上国にとって，グローバル化の流れに乗ることなく経済発展を遂げることは困難になっている．途上国の政府は，海外市場へのアクセス拡大，FDIを通じた資本・技術導入や雇用創出といったグローバル化がもたらす恩恵を最大限に活かしながら，安価な外国製品の流入による自国産業・企業の淘汰など，その負の側面を最小限にとどめるよう，産業振興や，担い手である企業・人材の能力強化に取り組む必要がある．

●**開発途上国における産業振興**　産業振興には多様なアプローチがあり，①外資の積極導入を通じた産業誘致，②高度な技術力や経営力をもつ自国のリーディング産業の振興（付加価値の高い製品の輸出企業，外資企業に部品を納入する裾野産業など），③汎用品を輸入代替生産する企業の振興，④地域資源を活用した地場産業やコミュニティビジネスの振興，などが含まれる（☞「産業集積と地域経済振興」「開発途上国における中小企業振興」「コミュニティ・ビジネス」「一村一品運動」）．①と②は主に経済成長，産業の高度化，ひいては国際競争力の強化をめざすものである．一方，③と④は地域経済の活性化や地域の課題解決を通じた雇用創出，あるいは人々に社会参加や自己実現の手段を提供することを重視している．

　開発途上国で産業を振興するには，ハード面のインフラ整備だけでなく，経営，技能・技術といった人的要因や金融，ビジネス環境，基準認証など，ソフト面の制度整備が重要になる（☞「産業発展のための人材育成」「技術の変遷と産業の発展」「産業発展のための金融と開発銀行」「企業発展と金融」）．その意味で，途上国にとってFDIは外国資本や先進技術を動員する有効な手段である．例えば，工場の操業や機械の操作，問題の処理，労働者や技術者の訓練などを通じて，途上国は新たな生産方法を実地に学ぶことができる．1993年に世界銀行が発表した『東アジアの奇跡』報告書は，1980年代以降にタイやマレーシアが採用した外資主導による工業化を，他の途上国にも適用可能な施策として推奨している．ただし，外国企業から現地企業への技術移転は自然には起こらない．外国・現地企業間のリンケージ構築，中小企業振興，産業人材育成，先進技術をローカライズする研究開発など，技術の習得と適正化に向けた現地企業の努力と政府の奨励策

が不可欠である.

● **ビジネスにおける社会性の追求** 近年,企業が開発途上国で営むビジネスにおいて,品質・生産性向上や競争力強化などの経済効率性のみならず,社会性を重視する動きが高まっている.途上国ではさまざまな制度が未整備なため,企業活動が社会・環境面に及ぼす影響に配慮する必要性が強く認識されるようになったからである.特に2つの観点が注目される.1つは,企業の社会的責任(CSR)の取組みを自社のみならず,資材調達や委託加工など,途上国の生産現場を含むグローバルなサプライ・チェーン全体で強化する動きである.市民社会においても,人権や労働上の問題,安全衛生,環境保全,地域社会との関係強化,汚職防止などの点で企業行動を監視する動きが活発になっている.

もう1つは,貧困層のニーズに合った製品・サービスを提供したり,彼ら・彼女らが直面する社会的課題の解決をめざすBOPビジネス,およびこうした人々をビジネス・パートナーとしてサプライ・チェーンに組み込んで貧困削減に貢献するインクルーシブ・ビジネスといった新しいタイプのビジネスの登場である(☞「貧困層とビジネス」).今まで慈善事業や公的援助の対象とみなされていた貧困層を対等なパートナーと位置付けて利潤を生み出すビジネスモデルを構築する.金融ではマイクロファイナンスがその先行事例として知られているが,最近では貧困層に多様な金融商品を提供する取組みが広がっている(☞「貧困層と金融」).

● **日本の産業発展の経験と開発協力** 日本は明治開国以来,官民あげて先進技術や制度の導入に努め,非欧米地域で最初に工業化に成功した.また,第2次世界大戦後の廃墟から復興と高度経済成長を遂げて,先進国への「キャッチアップ(追いつき)」を果たした(☞「キャッチアップ型工業化」).急速な工業化の過程で公害問題などの苦い経験もしたが,行政・企業・市民の協働により困難を克服し,今や環境産業で世界をリードする国になった.後発国から産業立

図1 カイゼンを実践するエチオピア企業

国になった経験を活かして,日本が開発途上国の産業振興のための開発協力を行う意義は大きい.さらに,1980年代後半以降に拡大した日本企業の東アジア進出を受けて,日本は政府開発援助(ODA)も活用して,官民連携して現地の裾野産業や産業人材の育成を支援してきた.この中には,日本的な生産管理手法である「5S活動」(整理・整頓・清掃・清潔・躾の頭文字のSをとったもの)や「カイゼン」の普及も含まれる.今では5Sやカイゼンは,アフリカや中南米など,アジア以外の国々でも実践されている.

[大野 泉]

キャッチアップ型工業化

catch-up industrialization

キャッチアップ型工業化については，それまでの関連した議論を取り込んだうえでアジアの経済発展パターンを整理し，理解しようとした末廣昭の『キャッチアップ型工業化論─アジア経済の軌跡と展望』が最も代表的な著作のひとつであろう[1]．まず，同書が示すキャッチアップ型工業化の概要に従ってそれを概観する．そのうえで，21世紀に入って急速に進む経済のグローバル化や工業部門における著しい技術革新などといった新たな状況や課題の出現を前に，キャッチアップ型工業化論の再評価を試みる．

●**キャッチアップ型工業化とは何か**　キャッチアップ型工業化とは，開発途上国が工業化を軸に実現する経済発展戦略のひとつである．このキャッチアップ型工業化の特徴は，第1に，途上国の工業化が「後発性の利益」を実現して，より発展段階の高いレベルにある国に「キャッチアップ（追いつく）」するというものである．「後発性の利益」とは，先進国が時間をかけて開発・汎用化していった技術や知識を，そうした開発にかかわるプロセスを経ずに導入できることでより速く，効率的に自国の工業化のために活用して経済発展を実現できる，とする考え方である．例えば，工業化の初期段階にある国は，たくさんの労働力を国内にもちつつも，資本や技術の蓄積レベルが低いことが多い．こうした国は，通常多くの労働力を必要とする縫製産業のような労働集約型産業から工業化を開始するが，先進国とのリンクを通じてこの「後発性の利益」を十分に活用し，資本・技術レベルの蓄積を進め，次第に資本集約型産業，さらには技術集約的な産業へと経済を高度化するというのがキャッチアップ型工業化論の基本構図である．

　第2に，こうした工業化のプロセスにおいて，キャッチアップの対象となる産業の工業製品は基本的に輸入から始まるが，やがてそれが国内で生産された製品で代替され，次第に競争力が向上してくるとその製品の輸出に転じ，最終的には同産業が競争力を失う局面がきて再び輸入に依存するというサイクルを経る点にも注目している．ここでは特に輸入していた工業製品を国産で代替するという「輸入代替」および「輸出振興」といった貿易政策と，国内産業への先進的技術の導入と改善・改良などを通じた競争力強化をうながす産業政策が密接に関連した点，さらにはその中における政府の主体的役割が強調されている．つまり，「後発性の利益」を実現できるかどうかは，国内に先進技術の導入と定着を可能とするような制度や組織が整備されているか次第であるという観点から，キャッチアップ型工業化に成功した国々ではそのような「社会的能力」が政府主導で形づくられていった，という議論である．

● 21世紀におけるキャッチアップ型工業化論

21世紀に入り，これまでのキャッチアップ型工業化論では説明できない現象が経済発展の実態面でみられるようになってきた[2]．第1に，キャッチアップ型工業化論では，後発国が先進国に「追いつく」勢いで成長する点には注目したものの，それが先進国を「追い抜く」状況は想定していなかったという点があげられる．こうした事態は，例えば電子・電器の世界市場における日本企業の苦戦と，韓国や台湾，さらには中国企業の著しい台頭（あるいは「追い抜き」）などに代表される．こうした後発国による先進国の追い抜き，あるいは「キャッチアップの前倒し」という現象は，1990年代後半からモノづくりのあり方が，IT産業の急速な発展や関連技術の著しい普及，デジタル化などいくつかの重要な技術革新を伴って大きく変化したことが背景にある（☞「技術の変遷と産業の発展」）．

第2に，これまで一国内で完結していた生産・流通プロセスが，労働や資本などといった生産要素の集約度に応じて細かく分断され（フラグメンテーション），その一つひとつの生産ブロックが国境をまたいで立地するようになったという点があげられる（☞「グローバル・サプライ・チェーンと国際分業」）．こうしたグローバルなレベルの国際分業体制では，各国の産業や企業の強みは個別産業や製品にあるのではなく，その産業の中の1つの機能，あるいは1つの生産プロセスに集約されるようになった．例えば，今日のベトナムの最大の輸出品目はスマートフォンなどの電子製品であるが，これに次ぐ輸出品目は衣料品である．一見スマートフォンと衣料品はまったく次元が異なる産業・製品のように思えるが，実態としてベトナムが国際的な生産・流通ネットワークで担っているのは，どちらの産業においても，多くの労働力を必要とする比較的単純な「組立工程」である．つまり，こうした労働集約的な機能を国際分業の中で担うことで工業化を進めるようになってきたのである．

こうした形の経済のグローバル化は，ベトナムのような途上国の工業化を国際分業の中で実現する可能性をつくり出したが，同国がその先，労働集約的な機能からより資本や技術，さらには知識集約度の高い機能を担って産業構造を高度化させるためには，国内でなんらかのイノベーションを実現する必要がある．こうした課題に対処できない場合，途上国が中所得国から脱却して高所得国の仲間入りをすることが難しい，いわゆる「中所得国の罠」におちいる可能性もある．こうした問題は，21世紀に入って新たに浮上してきた課題である．　　　[後藤健太]

📖 参考文献

[1] 末廣 昭『キャッチアップ型工業化論―アジア経済の軌跡と展望』名古屋大学出版会，2000

[2] 遠藤 環他編『現代アジア経済論―「アジアの世紀」を学ぶ』有斐閣，2018

技術の変遷と産業の発展

technological change and industrial development

　人類の歴史の中でさまざまな技術が開発されてきたが，特に重要とされているのが，数々の汎用技術である．汎用技術とは社会全体に幅広く適用可能な基幹的な技術のことをさす．これらの技術の開発によって社会全体においてさまざまな技術革新が起こり，それにより社会的変化も起きてきた．汎用技術の中でも特に産業の発展に大きな影響を与えたと考えられるのが，蒸気機関，電力，コンピューター，インターネットである．これらの汎用技術の発明・普及が，産業のあり方に対して大きな影響を及ぼし，それぞれがもたらした大きな産業の変化は「産業革命」とよばれている．

●産業革命・生産の高度化　18世紀中頃のイギリスに端を発した産業革命は，経済構造を大きく変化させたのみならず，社会構造にも大きな影響を与えた．その後，技術の変遷があり，現在は第3次産業革命から第4次産業革命への移行期と考えることができる．実際には政治・社会的な意味での革命とは異なり，それぞれの産業革命の時期については諸説あるが，ここでは図1のように区分した．

図1　産業革命の変遷

　第1次産業革命の特徴は，大幅な機械化がなされた時期であるということである．この時代には数多くの発明がなされ，機械化が進んでいったが，その中でも重要なのは蒸気機関の発明である．その結果，大規模な工場の建設が可能となり，これが都市化へとつながっていった．第2次産業革命の特徴は，電力の使用であり，これにより生産の効率性が飛躍的に向上し，大量生産の時代へと突入した．第3次産業革命を可能にしたのはコンピューターの発明である．これにより，機械がより賢くなり，ある程度の生産工程を自動化することにより，さらに生産の効率性を上げることを可能にした．第4次産業革命は現在進行形であると考えられている．第4次産業革命（もしくはインダストリー4.0とよばれることもある）は例えばドイツ政府が推進している次世代の生産形態のあり方である．

今までは別個の機械として存在していたものが，それぞれに情報をやり取りしながら，生産工程を管理していく，というものである．

第1次および第2次産業革命では動力源に対する汎用技術が重要であったのに対し，第3次および（来るであろうとされる）第4次産業革命においては，「情報」に関する汎用技術が重要である．第3次産業革命ではコンピューターの登場により情報がデジタル化された．しかし，個々の機械は個別に作動しており，機器間での情報の共有とそれに基づいた連携はなされていなかった．第4次産業革命では，この機器間での情報の共有と連携をネットワーク化された機械が行い，人間からのインプット（指示）をあまり必要としない自律的な工場へと変化することが期待されている．

●**技術の変遷と技能（スキル）**　今日の製造業における機械化は主に労働者の技能（スキル）を代替するものである．第1次産業革命によって，いわゆる職人の技能をある程度，機械化することが可能となった．これは，技術の発展に伴い，重要となる知識の形態が暗黙知から形式知へと変わったことを意味する．暗黙知とは個人がもつ体験や経験に基づく知識であり，言葉や文章で表現しにくい技術の事である．日本でいう「職人技」がこれにあてはまる．それに対して形式知とは，言葉や文章で表現することが可能な知識である．マニュアルなどがいい例である．今まで人間が手作業で行っていた行動を機械化するには，暗黙知であった技能を形式知にする必要がある．いったんその技能が形式知に変換され機械化されれば，その技能をもつ労働者の需要は減ることになる．ただし，暗黙知から形式知への変換が未熟な場合（もしくは補完的な他の技術が未熟な場合），ある程度の高度な技能をもつ熟練労働者は必要になってくるであろう．一方，どれだけ機械化が進んだとしてもある一定数の非熟練労働者は必要である．身近な例でいえば，電気炊飯器があげられる．電気炊飯器が発明される以前は，お米をおいしく炊くのにもある一定の技能が必要であった．しかし，電気炊飯器が普及した今，炊飯器にお米・適量の水を入れた後にスイッチを入れれば，おいしいお米が炊けるようになった．このように「炊飯」という行動が機械化されたとしても，お米と水を入れる役目は非熟練労働者として私たちが行わなければならない．

今までの産業形態の変遷を振り返ってみても，技術革新（汎用技術や特殊技術にかかわらず）が起こるたびに，ある技能が機械化され，その技能をもつ労働者の需要は減ることになる．その反面，新たな別の技能をもつ労働者の需要が増える可能性はある．特に，新たな技術を生み出すために必要となる高度な知識をもつ労働者に対する需要は増えるであろう．技術革新が進み，生産工程が高度化される中で，労働者の技能に対する需要は二極化しつつある．非熟練労働者に対する需要がなくなることはないが，熟練労働者に関しては，高度な技能・知識をもつ労働者に対する需要のみが伸びることとなるであろう．　　　　　　　　[鍋嶋　郁]

産業集積と地域経済振興

industrial agglomeration and regional economic development

　産業集積とは，地理的に近い特定の地域に産業連関のある企業がブドウの房（クラスター）のように群として立地することである．地域経済振興に有効な産業集積については，「立地論」，「構築論」，「経営論」の３つの観点から論じることができる．第１に，ある地域の産業集積の地理的な立地を可能とする条件を分析する「立地論」，第２に，産業集積のハード・ソフトの組織部門構築の効率的なプロセスを明らかにする「構築論」，第３に，ある産業集積が他の産業集積に対する競争優位を得るための要因を分析する「経営論」である（表1）．

　産業集積が有効であることを説明するために，空間経済学がどこに「立地」するかの条件を明らかにし，フローチャート・アプローチがどう「構築」するかを検討し，ダイヤモンド・モデルがどのように「経営」するかのあり方を要因分析する．つまり，①空間経済学が立地論であり，②フローチャート・アプローチが構築論であり，③ダイヤモンド・モデルが経営論である．

表1　立地論・構築論・経営論の３つの産業集積論

理　　論	①空間経済学	②フローチャート・アプローチ [1]	③クラスター論：ダイヤモンド・モデル [2]
論　　点	立地論	構築論	経営論
特　　徴	「空間」の場所の決定	セグメント構築における「時間」の導入	地域イノベーションの「競争優位」要因
分析視点	製品の差別化，輸送費	セグメントの効果的なシークエンス	地域経営の４つの要因

●**空間経済学**　J. チューネンによる『孤立国』を基にした空間経済学の基本モデルは２つの特徴がある．第１に，独占的競争モデルを使用し，多数の同質企業が多数の「差別化された製品」を生産するとされている点，第２に，費用関数が，企業の生産に固定費用があるとしている点である．

　モデルとして，製造業部門と農業部門の２部門とし，２つの地域を考慮に入れ，この労働者の数の変化により産業集積の条件を検討した．結論として，産業集積の立地条件に関して，「輸送費」が低くなると産業集積が起こる，つまり輸送費が「ある費用（臨界値）」を超えて低くなると産業集積が起こる条件が整うとする．このことを数値例で明らかにした．

●**フローチャート・アプローチ**　フローチャート・アプローチは，産業集積のハード・ソフトの組織部門（セグメント）構築のプロセスを分析する．セグメン

トとは，工業団地・道路・港湾などのインフラ，税制・投資などの制度，労働などの人材，学校・病院などの生活環境からなる．

セグメント構築プロセスにおける効率的な配列（シークエンス）があり，このことを「シークエンスの経済」とよぶ．このシークエンスを間違えるとセグメント構築が進まないか，無限大のコストを要し，産業集積のセグメント構築が進まない．逆に，「シークエンスの経済」の実施により，産業集積のセグメント構築を進め，産業集積の建築が完了する．この全工程がフローチャート・アプローチである．

空間経済学の条件である「輸送費」削減のためのセグメント構築が，第1優先順位となる．そのセグメントは，高速道や港湾などのハード・インフラの整備や関税削減や税関手続きの簡素化などのソフトな制度改革からなる．

アジアの経済成長過程での製造業に関して，「工業団地，港湾，高速道路」という「シークエンスの経済」の存在が見出された．成功例として，タイの東部臨海地域の自動車産業，ベトナム北部の電気・電子産業がある．

●**ダイヤモンド・モデル**　このモデルにおける産業クラスターとは，「ある特定分野に属し相互に関連した企業と，専門性の高い供給業者，サービス提供者，関連業界に属する企業，関連機関が地理的に集中し，競争しつつ同時に協力している状態」であり，イノベーションを要件とする．表1の③「ダイヤモンド・モデル」は，地域の産業集積がイノベーションを生み，産業集積の地域の競争優位を確保する「経営論」の要因として，①要素条件，②需要条件，③関連産業・支援産業，④企業戦略および競争環境の4つをあげた．M. ポーターは，これをダイヤモンドの形の図により示した．

第1に，要素条件とは，資本，労働，土地などの生産要素である．それには生産基盤，物流，そして「専門的な」労働が含まれる．第2に，需要条件とは，「知識があって要求水準の高い」顧客をもつかということである．第3に，関連産業・支援産業とは，組立て企業にとっては「有能な」サプライヤーである．例えば，自動車のサプライヤーである部品産業である．第4に，企業戦略および競争環境とは，産業集積に立地する企業が「複数の」競争状態にあることである．ダイヤモンド・モデルの①〜④の要件がイノベーションのための経営要因となる．典型的なクラスターの例は，カリファルニア・ワイン・クラスターである．

[朽木昭文]

📖 参考文献
[1] Kuchiki, A. et al. eds., *A Multi-Industrial Linkages Approach to Cluster Building in East Asia*, Palgrave Macmillan, 2017
[2] Porter, M. "The Competitive Advantage of Nations" *Harvard Business Review*, 68(2), 1990

開発途上国における中小企業振興

small and medium enterprise development in developing countries

中小企業 (SMEs) の定義は国によって異なるものの，中小企業は開発途上国においても経済的・社会的に重要な位置を占めている．特に雇用やイノベーションの源として経済・社会の基礎を支えており，例えば，日本では企業数では99%以上，雇用者数で約7割，GDPでも約半分が中小企業によるものである．そのため多くの途上国は，中小企業振興を目的とした政策を実施している．ただし途上国では一般に小さな企業が圧倒的に多く，他方で国営企業や外資系企業も含めた大企業はある程度存在するものの，その中間にあたる企業が育っていないことが多い．また，一般に「中小企業」には零細企業が多く含まれており，「零細中小企業 (MSMEs)」ともよばれる場合もある．行政機関に登記されていないなどのさまざまな意味で，インフォーマル・セクターに属する企業も数多い．途上国における中小企業振興策は，①ビジネス環境や政策・法制度の整備，②中小企業向け金融の拡充，③ビジネス開発サービス (BDS) の拡充，④外資系企業を含めた大企業や他の中小企業とのつながりを活用した振興の4つに大別される．

●**中小企業支援をめぐる国際的議論と BDS**　1980年代から各援助機関は先進国をモデルに行政機関として中小企業振興機関の創設を支援した．しかし，公務員の士気の低さ，優秀な人材が高給で民間に引き抜かれるといった人材の問題に加え財政難も大きな要因となり，援助の終了とともに機能不全を起こすことが多かった．他方，マイクロファイナンスが零細企業に対する金融に有効で，サービスを継続的に提供できることが実証されつつあった（☞「マイクロファイナンスと地域コミュニティ」）．これを参考にして，BDSと総称することとなった金融以外の各種支援サービスについても確実かつ継続的に中小企業に届けられるには，民間の業者を育てることが効果的であるとの考えが，欧米の援助機関や国際機関で広がっていった．行政機関提供のBDSは民業圧迫とも考えられた．さらに，ビジネスに関係する法律や規則が途上国では先進国よりも厳しく，行政手続きも煩雑かつ不透明な場合がほとんどで汚職の温床ともなっており，政府はBDSよりもこれらの改革を進めるべきだと考えられるようになった．世界銀行が毎年発表する「Doing Business」調査は，このような手続きにかかる日数とコストをビジネス環境の指標として，各国別に比較しランキングしたものである．

●**金融面での支援**　戦後日本の中小企業政策の柱となったのは金融，組織化，経営指導であった．国際金融公社の調査によれば，途上国の中小企業が認識する課題の1位が金融アクセスである．大企業は銀行からの融資を受けることが可能で，零細企業はマイクロファイナンスを活用することができるが，その中間に位

置する中小企業金融は未だ十分ではない．そこで，日本の国際協力では円借款を財務省や中央銀行に貸し付け，その資金が市中銀行を通じて中小企業に融資されるツー・ステップ・ローンを提供している．特に長期融資が必要な設備資金，環境対策といった政策的意図をもって実施されることが多い．

●**経営面での人材育成とBDS**　途上国の中小企業の現場を訪問すると無駄も多く，技術や経営ノウハウが不足していることがわかる．そのため，国際協力として経営指導員あるいは中小企業診断士制度を参考にした経営指導，および品質・生産性向上（通称カイゼン）を企業に広める制度の構築や指導員育成の支援を行っている．当初は行政機関職員が指導員となる場合が多いが，日本の制度のように，民間のコンサルタントや金融機関，商工会議所などの活用が進められる方向にある．ほかには，簿記・会計，マーケティングのノウハウの提供を基本とするビジネス研修のような人材育成や経営指導も実施されている．日本の経営ノウハウを特に移行経済国で広める日本センター事業も行われている．経営ノウハウはコミュニティ・ビジネスあるいはソーシャル・ビジネスとよばれるものでも重要である．

　日本では，商工会議所や商工会が経営指導を提供している小規模事業者を推薦することで無担保・無保証人で融資を受けることができる小規模事業者経営改善資金とよばれる制度がある．途上国における調査でも，経営能力の向上と金融との組合せは効果的であるといわれているが，それぞれが別の組織あるいは省庁の管轄となるため，一般に実現困難であることが多い．

　なお，雇用創出を目的として，特に若者や女性を対象に起業（創業）支援が行われることもある．内容は起業家向け研修で，場合によっては金融が組み合わされる．

●**組織化に代わるもの**　日本のように中小企業を事業協同組合という形で組織化することは途上国では困難だが，現在では，個別企業への支援だけではなく，一定地域に集積する同業者や関連業者が共同して，行政機関や大学なども含めた研究機関と連携して共通の課題を解決しながら，業界全体として競争力を強化することを目指すクラスター開発とよばれるアプローチが注目されている．このようなさまざまな企業の連携，産官学の連携によりイノベーションを起こそうという試みは日本など先進国でも行われている．また，進出してくる外資系企業（特に製造業）へ価格・品質・納期の条件を満たす部品を供給できるような地元の中小企業の育成を目指す裾野産業育成や，製品の原材料から加工・流通・販売あるいは輸出といった物やサービスの流れ全体を把握して，最も効果的な段階を支援するバリュー・チェーン開発とよばれるアプローチも重要となっている．　　［上田隆文］

📖 **参考文献**

[1] 中小企業庁『中小企業白書』（2018年現在，毎年刊行）

産業発展のための人材育成

human resource development for industrialization

人材は，産業発展のために不可欠な要素である．自動化が進み人工知能が発展する現代であっても，優秀な技術者，技能者などの産業人材なしには精度の高い製品を設計することはできず，高性能の機械設備を動かすことはできない．産業人材は主に，①基礎教育，高等教育，職業訓練を含む学校教育，②実際に仕事をしながらの訓練（OJT）と業務外での研修（Off-JT）から構成される企業内訓練を通じて育成される．経済理論では，前者では一般的技能（general skills）が，後者では専門的技能（specific skills），特に企業特有の技能が形成されると考えられる．

●**開発途上国における産業人材育成の状況**　工業化を進める開発途上国の多くは，外国直接投資（FDI）を活用して製造業を発展させている．東南アジア諸国はその最たる例であり，まず組立て工程へ FDI を誘致することから始めることが多い[1]．この工程は大量の労働力を必要とし，多くの途上国は生産ライン・オペレーターなど専門知識を必要としない人材の安価な供給に優位性をもつ．

しかし，その後部品や機械・設備など製造付加価値の高い工程の拡大を目指す過程で，技術者，技能者などのより高度な産業人材の不足という壁にしばしば突き当たる．これは人材・技能の需要と供給のミスマッチ，「スキル・ミスマッチ」といわれ，工業発展の阻害要因として多くの途上国で政策議論の対象となっている．その原因としては，教育訓練機関が産業界のニーズに合う教育を行っていないという質的な問題，そして先進国以上に学歴が重要視される途上国では「技術職業教育・訓練（TVET）」課程の人気が低く，十分な技能者候補を供給できないといった量的な問題が主に指摘されている．一方，企業内訓練の充実や拡大に関する産業界の責任に踏みこんだ議論は比較的少ない．この背景には，途上国における教育訓練の質の問題に加えて，企業は内部のスキル需要を把握しており，適切な市場環境があれば必要に応じて人材育成へ投資するはずであるとする経済理論が存在する．つまり，政策などで企業内訓練を強制することは効果がないだけでなく，企業の社員教育への意欲を削ぐ可能性があるとされている．他方で，情報共有が進む現代では，多くの技能が一般化し企業固有のものではなくなっているため，企業が内部訓練を行うインセンティブが減少しており，相対的に学校教育への要望と負荷が過度に増加しているため，市場の調整機能に任せていては，産業人材の高度化は達成できないとする議論もある．

●**産業人材育成のための施策と課題**　学校教育，特に適切な職の取得を主な目的とする TVET プログラムの改善のため，世界銀行や国際労働機関（ILO）などの国際機関は，企業のスキルニーズに基づき教育訓練プログラムを作成すべきとい

う「需要主導型訓練」を提唱している．これらの機関は，①産業界と連携しての職務別スキル基準の作成とそれに基づく教育訓練カリキュラムの作成と実施，②企業での実習・徒弟訓練の促進，③スキル需要と供給に関する情報を提供する公的な労働市場情報システムの整備，④高等教育と TVET 課程を包括する国家教育訓練資格フレームワークの作成などの施策を提言している．

しかし，先進国で長い時間をかけて形成されたこれらの施策を途上国で導入するには課題も多い．まず，政府や教育訓練機関における人的・財政的資源の不足である．さらに，途上国においてスキル需要を把握するのは先進国よりも本質的に難しい．経済が発展するにつれてスキル需要は大きく変化する可能性もあり，これを予測するのは容易ではない．また，技術移転が期待される外資系企業の戦略は母国の本社もしくは地域本部において決められることが多く，途上国では外資系企業の経営陣ですら将来のスキル需要を把握していないこともある．

また，途上国ではスキル不足に注目が集まりがちだが，教育訓練を受けた人材の供給が需要を上まわるスキル過多も起こり得る．学校教育の改善を提唱する議論の多くは，企業がビジネスを拡大するにつれてスキル需要が拡大し，より高い教育訓練を受けた技能者・技術者といった高度な産業人材の雇用が拡大すると想定している．しかし，スキル需要は企業のビジネス拡大と連動して増えるとは限らない．まず，企業は低付加価値工程だけで十分な利益を確保できる場合，あえて高付加価値工程に移行しないこともある．たとえ高付加価値工程に移行しても，機械化・自動化が進む業種では，高度な産業人材，特に技能者を大量には必要としないかもしれない．こうした状況では，少数のエリート技術者と大多数の低学歴・低スキルの生産現場労働者に職が二極化され，中堅の大学や TVET 卒業者に適した仕事が不足するといった現象が起こる．

●**最適な技能形成システム構築に向けて**　もちろん，途上国は産業人材育成プログラム改善のため，企業のスキル需要に目を向けるべきである．しかし，すべての企業が経済発展とともに自動的に付加価値の高い工程を増やし，高度な人材を求めるとは限らないということも理解しなければならない．このような現実の中で，産業発展と，国民に広く裨益する人材高度化を達成するためには，先進国の手法をただコピーするのではなく，それぞれの国において，経済・社会・制度の特徴を考慮しながら，企業，労働者，教育訓練機関，政府が連携して産業人材を育成する最適なメカニズムを構築する必要がある．また，スキル需要を刺激する工業化戦略と，スキル供給を改善する産業人材育成政策は産業発展の両輪である．途上国は産業界の意向をくみつつも国の将来像を見すえた，積極的な工業戦略を形成するべきであろう[1]．
　　　　　　　　　　　　　　　　　　　　　　　　　　　　　　[森 純一]

📖 **参考文献**

[1] 大野健一『産業政策のつくり方―アジアのベストプラクティスに学ぶ』有斐閣，2013

企業発展と金融

financing for corporate development

　経済成長の基盤は，生産−所得−貯蓄−投資−再生産の循環の中で蓄積する資本ストックである．資本ストックは道路や橋といったイメージでとらえられがちであるが，実際の主役は民間資本の蓄積である．つまり，経済成長の現場で現れてくるのは，生産設備や人材を備える企業の勃興である．発展する企業と，その持続的な投資を支える金融システムは，経済発展の黒子であり，影の主役である．

●**金融取引のメカニズムと難しさ**　民間部門で資金と投資が順調に循環するのはそう簡単なことではない．他人の貯蓄を投資を目的として利用するためには，相互の権利・義務関係を明確にする制度が不可欠である．資金の提供者には企業が生み出す収益への請求権や，事業が失敗した場合の責任範囲や残余資産への請求権が重要であり，一方，資金の利用者にとって義務の範囲の確定が大事である．

　高度な資本主義経済では，そのような工夫としてさまざまな制度が整備されている．株式会社制度は，企業の所有権を小口に分割し，所有者（株主）の有限責任の原則を適用することで，大規模な出資を容易にする．あるいは，債務者の有限責任の原則を定めることで，リスクをとった投資が可能となっている．事業の破綻を認定し，責任と権利を定める破産制度も，重要な工夫のひとつである．

　この問題と別に，金融取引には「情報の非対称性」という阻害要素があることが知られている．債権者は債務者の性質や実施事業の詳細を，債務者自身ほどには知ることはできない．そのもとでは，市場で借り手を募集すると，より高い金利がより質の悪い借り手（債務者）を引きつけるメカニズムが働き，貸し手はそのことを織り込んで十分な資金供給を控える（信用割当）．

　この問題を緩和する仕組みのひとつは，直接的に情報を生産して「情報の非対称性」を弱める方法である．小口の債権者（預金者）からの委託によって，銀行が貸出先の選別と監視という情報生産を担っているとみることもできる．もう1つの仕組みは，金利以外に融資契約を工夫することである．例えば，銀行は通常，担保条件を加えたり，操業規模や年数，立地などの間接情報によって融資先を制限したりして，債務者のリスク度合いをある程度選別する機能を有する．

●**経済発展と金融システム**　貯蓄から投資への資金移転の経路には，金融仲介（銀行）と証券市場（債券市場，株式市場）があり，その総体が金融システムとよばれる．この3つの経路には，上記に述べた①債務者と債権者の権利・義務関係の確定と，②情報生産の機能について，それぞれに違う特性がある．金融仲介は，小口の債権者（預金者）から委託される形で銀行が集中的に情報生産を行う．集中することで情報生産コストは節約される．銀行は債務者と長期の信頼関係を構

築して情報を獲得しつつ，返済の履行を管理する．

それに対し，株式市場では投資家それぞれの情報収集と判断で出資が行われる．情報生産を分散して行っているので全体のコストは高いが，多様な判断ができるし，リスクをとった投資が可能である．さらに，大規模で長期の資金需要に対応できる．他方，金融仲介とは違い，出資者の権利は社会的な制度によって保護される必要性が強い．市場を通じた債務契約である債券市場は，両者の中間的な性格をもっている．

開発途上国の金融システムは，一般的に金融仲介への依存が強いと思われているが，経済発展に伴って金融システムが変化するのか，あるいは初期条件が重要でその後の経路に依存して多様となるのか，などについての論争には決着がついていない．

実物経済の発展過程が生む多様性もまた重要だろう．高度成長期日本のシステムでは，金融仲介が圧倒的な比重を占めてきた．これを戦時期に強化された金融規制からの経路依存であるとみることもできるが，このようなシステムが戦後のキャッチアップ型の工業化過程に適合的であった面も重要である．1990年代以降の東南アジアの工業化の過程では，金融仲介，証券市場どちらの役割も大きくはなく，企業の投資は自己資金に依存する傾向が強い．これは直接投資依存型の工業化過程に伴う性質である．さらには，急速な工業化と企業発展がみられた2000年代の中国では，金融システムの形成が追いつかず，取引先相手の企業間信用が企業の投資に重要な役割を果たしてきたことも指摘されている．

●**企業統治と金融発展**　企業が発展し，株式会社として大規模化すると，株主や債権者として多数の利害関係者がかかわるようになり，会社が彼らにとって公平かつ効率的に運営されること，つまり企業統治（コーポレート・ガバナンス）が重要な問題となってくる．この問題の中核部分は，株主と経営者の間のエージェンシー問題（委託問題）である．つまり，経営者は株主から経営を委託された専門家であるが，一方で，より詳細な経営情報を握り，さらに経営者自身の利得計算によって行動するために，企業価値の最大化から外れた行動をとる可能性がある．それを防ぐために，株主は経営者が自由に利用できるキャッシュを圧縮するなどの行動を選択することなどが知られている．

企業統治に関して経済発展や途上国の問題として重要な論点は，急速に大規模化した企業の創業者一族が支配株主を兼ねた経営者となり，多数の投資家＝少数株主に不利益な行動をとることがあるという問題である．途上国では，支配株主がピラミッド型や持合い型の所有の連鎖による企業グループ（財閥）を形成し，少数株主に対し深刻な権利侵害を生み出しがちである．この論点は1990年代末のアジア金融危機の時期に，証券市場の発展の遅れの一因として指摘された．

［三重野文晴］

産業発展のための金融と開発銀行

finance for industrial development and development bank

政府が自国産業の育成を産業政策的に実施する際，その金融（政策金融）は重要な役割を演ずる．政策金融の主役は，多くの国で，政府所有の開発銀行である．産業の設備投資の回収は通例，長期間を要し，産業金融が未発達の経済では，長期資金を民間銀行や債券で調達することが困難なため，こうした機関が必要となる．第2次世界大戦後では，日本のみならず他の先進国でも，1948年設立のドイツのKfW（Kreditanstalt für Wieder：復興金融公庫）に代表されるように開発銀行的機関が存在し機能している．経済の発展に伴い，日本にみられるように，政策金融としての開発銀行の役割は産業育成から他の政策分野へ多様化していくが，開発途上国では，産業育成における開発銀行の意義は依然として高い．

●日本の開発銀行　1947年に基幹産業復興を目的として復興金融金庫（復金）が設立され，石炭・鉄鋼・電力などに巨額（同年，復金融資は全国銀行融資総額の94％に達した）の融資を行った．復金は大きな役割をはたしたが，①運転資金を含む巨額の資金を，日本銀行が7割を消化する債券発行で賄ったためインフレを加速したこと，②個別融資を関連省庁の委員会で決定し，審査は後追いにすぎなかったため不正融資などが発生したこと，などからわずか1年半で活動を停止した．

ただし産業復興の資金需要は依然として旺盛であり，新たに日本開発銀行（開銀）が1951年に設立された．同行は復金の教訓をふまえ，①設備資金のみ融資する，②資金調達は，多額の資本金に加え，郵便貯金，年金などを主資金源とする財政投融資計画からの借入れと債券発行で行う，③融資分野は政府が決定するが，個別融資は復金のような外部委員会でなく，審査の結論に基づき内部で決定する，という方針で運営された．初代総裁には財界の大物，小林中が，個別融資は開銀が決めると大蔵大臣に言明したうえで就任し，役員には，戦前の重化学振興のための政府特殊銀行であった日本興業銀行から，後に頭取となる，中山素平も就任し，総裁を補佐した．なお，中小企業，個人企業への金融は特定の産業育成の金融とは性格が異なるため，開銀と別個の機関が設立されている．

産業育成に開銀が貢献したケースとして，川崎製鉄への融資があげられる．同社が1950年に発表した初の高炉建設投資は，規模過大として日銀総裁が反対したが，開銀は周到な審査の結果，採算可能として，メインバンクとも協調して融資し，同社は高炉メーカーとして発展をとげた．その後開銀は，世界銀行（世銀）から1953年から1960年まで，鉄鋼，電力，自動車，造船などに転貸する資金として計約1100億円を借入れた．世銀は，開銀では健全な融資体制が整っていると審査で確認して融資を決定した．この世銀の融資には上述の川崎製鉄の高炉の

資金も含まれたが，これに先立つ開銀の融資なくしては実現しなかったであろう．開銀は，その後も不良債権を最低限にとどめ産業支援を含む多様な政策金融を実施した．1999 年，日本政策投資銀行（政投銀）となり，2008 年からは株式会社形態をとる．将来は民営化が予定されている．

●開発途上国における産業開発金融　日本における政策金融は，途上国の関心を集めた．韓国では，韓国産業銀行（英語名は Korea Development Bank）を 1954 年に設立する際，開銀に研修生を派遣するなどして，日本開発銀行法のみならず，開銀の業務方法書なども研究し同様のドキュメントを策定した．政府の開発銀行による産業金融は，アジアのみならず，中南米，アフリカなどの多くの途上国で実施され，世銀なども相当額の融資をこれら開発銀行に供給した．ただし政治的な不良融資の増大をもたらす国も多く，世銀の一部では 1980 年代から政府の開発銀行への融資に消極的な見解も表明された．こうしたなか，1993 年に，世銀は『東アジアの奇跡—経済成長と政府の役割』を出版し，注目をあびた．これにより日本をはじめ東アジア諸国の高度成長と，発展軌道にのらない他地域との政策の差異に焦点があたるなか，世銀の要請により開銀・日経研が日本の政策金融の調査を実施し，1994 年に世銀から『Policy-based Finance: The Experience of Postwar Japan』として出版された．上述の復金と開銀の相違を，支援分野は国が決定するが，個別融資は審査に基づき開銀が決定したことによるとの教訓も強調している．この調査内容は世銀本部に加え，相当数の途上国でのセミナーなどで発表された．以下では，1990 年代以降に新設（構想を含む）され，日本もアドバイスをしたいくつかの開発銀行に触れる．

　中国開発銀行は，1994 年の設立前から世銀の資金により開銀・日経研の，この教訓を踏まえた組織づくりの支援を，中国と日本での研修などで受けた．2015 年度末の融資残高は約 150 兆円と大規模に成長している．モンゴルは 2011 年に開発銀行を設立したが，準備段階より国際協力機構（JICA）が，政投銀・日経研を起用して広範な支援を実施した．初代の CEO や幹部には韓国産業銀行が数人を派遣したが，個別案件を審査して内部で決定するという原則が徹底しなかった結果，韓国の CEO は早期に辞任し，不良債権が相当積み上がりリストラも議論されている．インドネシアでは 1960 年以来，開発銀行（BAPINDO）が産業育成支援に従事してきたが，商業銀行と合併し，現在は新開発銀行の設立が構想されており，JICA/政投銀・日経研も助言している．これらに加え JICA/政投銀・日経研は，マレーシア，ベトナム，ナミビア，ジンバブエ，タンザニアの開銀にも各種の支援を行った．　　　　　　　　　　　　　　　　　　　　　　　　　[柴田　勉]

📖 参考文献

[1] The World Bank Group *The East Asian Miracle: Economic Growth and Public Policy,* Oxford University Press, 1993

貧困層と金融

financial services for poor people

私たちの暮らしの中には，あるのがあたり前すぎて普段は意識しないが，使えなくなるとあわててしまうものがある．電気や水道はもちろんだが，金融機関もそのひとつで，社会の大切なインフラだ．現代の日本では，給料は預金口座に振り込まれ，キャッシュカード1枚で引き出しができる．インターネットで買い物ができるのも，クレジットカード決済や口座振込みのサービスがあるからだ．企業のように事業で大金を動かしていなくても，一般の市民にとっても金融サービスは生活に欠かせないものなのだ．これは開発途上国の人々も同じで，お金を「ためる」「借りる」「送る」「受け取る」「支払う」という行動は，貧困層であっても日常的に行っている活動である．ただ，現金で家に保管したり，仲間内で融通しあったり，知人に託して遠くの親類にお金を届けてもらったりするというように，インフォーマルな形で行っていることが多い．昔ながらの助け合いという意味もあるが，一方でもち逃げされたり，高い金利を要求されたりする場合もある．

そこで，便利で安全に利用できる金融サービスを普及させることが，貧困層の生活をより良くするうえで重要だと考えられている．持続可能な開発目標（SDGs）の目標1「貧困の終焉」のターゲット4は「すべての人々に基本的なサービスを提供する」だが，ここには金融サービスも含まれているのである．

貧困層を支援する金融は，マイクロファイナンスが中心的役割を担ってきた（☞「マイクロファイナンスと地域コミュニティ」）．同時に，すべての人々が必要な金融サービスを安全かつ持続的に利用できる環境をつくる（金融包摂）には従来のアプローチだけでは不十分で，さまざまなプレーヤーが参入・連携し，革新的なサービスを開発することが求められる．ここでは，2000年代以降に発展してきた，マイクロファイナンス以外の新たな金融の形態を紹介する．

●**最前線の金融サービス**　今日，金融サービス拡大の牽引役は間違いなく携帯電話である．携帯電話の登場はマイクロファイナンスよりもずっと遅かったが，驚くべき速さで途上国に浸透している．そしてシンプルな機能の携帯電話でも利用できる電子マネーが，現金よりも安く早く安全に「支払う」「送金する」「受け取る」「預ける」「借りる」「返済する」ことを可能にしている．

最も有名なのがケニアの携帯電話会社サファリコムがイギリスの通信会社ボーダフォンとともにサービスを始めたMペサで，ケニアでは人口の7割が利用している．代理店で現金を払うと携帯電話にMペサがチャージされ，銀行を通ずして低料金で送金や支払いができる．Mペサを使ってさらにサービスを充実させたのがMシュワリで，ケニアのアフリカ商業銀行と提携したフォーマルな

金融サービスである．利用者はたまったMペサをMシュワリの口座に預ければ金利収入が得られる．また，Mペサの利用実績に基づいて借入上限額が自動計算されるので，申請すれば即時に短期融資が受けられる．このように電子マネーは，いわば労働集約型だったマイクロファイナンスを一変させ，より安価かつ効率的で利用者にやさしいサービスへと脱皮させている．電子マネーの安全性を確保しつつ，給与や公共料金の支払い，政府が個人に支給するお金（年金や教育のための条件付き給付など）にも活用すれば，現金での処理よりも透明性が高まり，確実に届くようになると考えられる．電子マネーは国際開発の世界に大きな変化をもたらす可能性を秘めているのである．

●**社会問題の解決を支援する民間資金** 今日ではマイクロファイナンスに限らず，貧困や社会問題を援助ではなくビジネスで解決しようとする取組みが広がっている．これを資金面で後押しするのが社会的インパクト投資だ．社会的価値を重視して出資者が経済的価値を求めていないもの（＝元本維持程度，あるいは寄付）から，経済性を重視し市場並みの利益を期待しているものまで幅が広い（図1）．

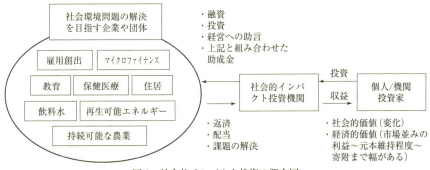

図1　社会的インパクト投資の概念図

マイクロファイナンスへの投資は優良な機関を選べば利益が見込めるので，経済性重視の投資家が参入しやすい．ブルー・オーチャードやオイコ・クレジットは，マイクロファイナンスへの投資で利益を確保しつつ，農業や教育分野に対象を広げている．一方で，マイクロファイナンス以外のソーシャル・ビジネスでは，ノウハウが確立しているわけではなく，課題解決と利益が両立するようになるまで時間がかかるし，確実に成功できる保証があるわけでもない．そこでアキュメンは，途上国の社会企業家に対して経営指導と返済猶予期間の長い融資を行い，活動資金自体は寄付金でまかなっている．これまでに抗マラリア蚊帳をタンザニアで製造するA to Z社，安価なソーラー電灯を販売するDライト社などを育成してきた．日本でもARUNが2009年より途上国における社会的投資を推進している．

［吉田秀美］

貧困層とビジネス

business for poor people

2000年に策定されたミレニアム開発目標（MDGs）では貧困率（所得が1日1.25ドル未満の人の割合）の半減が2015年までの目標に掲げられた．経済が急速に発展した国々では目標を大きく上まわる勢いで貧困率が減少した．これは企業活動が生み出した雇用によるところが大きいのだが，マクロレベルの経済成長や雇用拡大だけでなく，貧困層が直面するさまざまな問題の解決にも企業は貢献をすることができる．貧困層に直接働きかけるビジネスの事例について述べる．

●地場のソーシャルビジネス　バングラデシュのBRACは社会問題の解決に取り組むNGOだが，設立者のF.アベッドが企業出身であるため，社会開発プログラムに経済的インセンティブを取り入れたり，貧困層の収入向上や雇用拡大につながる産業を育成して成果を上げてきた．ソーシャル・ビジネス（あるいは社会起業家）の先駆けといえよう．インセンティブの例では，結核治療の際，患者が費用を前払いし，最後まで薬を飲みきったら一部を返金する仕組みを提供している．

図1　Brac Chickenの加工工場（出典：http://bracchicken.com/index.php/about-us/）

産業育成の一例をあげると，農村の貧困層に対して資金貸付だけでなく，養鶏の技術指導やヒナの生産販売，ワクチン・サービス，飼料の製造供給，成長した鶏の買い上げを行ったうえ，加工・販売までも手がけて一連のバリュー・チェーンを築き上げた．なお，現在は生産性を高めるため，生後間もないヒナを農家に直接売るのではなく仲買や養鶏場に卸している．また国内・国際的基準を満たす最新鋭の加工工場を有し，冷凍ナゲット類の国内シェアの1，2位を争っているほか，大手ファースト・フード・チェーンKFCのサプライヤーになっている．

また金融部門では，BRAC銀行を設立し，最近ではグラミン銀行グループが出資するグラミンフォンと提携して，電子マネーbKashの開発に取り組み，出稼ぎ者が離れた家族に簡単に送金できるサービスを始めている．

●BOPビジネス／インクルーシブ・ビジネス　BRACやグラミン銀行など，貧困削減をミッションに掲げつつビジネスとして成り立っている開発途上国発の事業が知られるようになり，また多国籍企業が途上国市場に浸透した事例が蓄積されると，経営学者のC.プラハラードが，貧困層（経済ピラミッドの底辺の人々（base of the economic pyramid）：BOP層）も新たな市場になり得るという戦略を

提唱して注目を集めた.「スラムの住民でも生活に不可欠な水は,一般の公共水道より割高な料金（BOP ペナルティ）で購入している.適切な価格で質の良い商品やサービスを提供すれば,貧困層にとってもメリットがあるし,企業にとっても新たな市場を獲得できる」という主張だ.国連や国際金融公社（IFC）などの国際機関,日本でも経済産業省や国際協力機構（JICA）が,こうした BOP 層をターゲットとするビジネスや,ビジネスパートナー（原材料の生産者従業員,商品の流通や販売を担う事業者）として包摂する事業をインクルーシブ・ビジネスあるいは BOP ビジネスと位置付け,さまざまなスキームで支援している.援助コミュニティが企業に期待しているのは,その技術力やマネジメント能力である.例えば,フィリピンの都市部の上水道事業を担うマニラ・ウォーターは,水道公社の民営化により地元財閥アヤラ・グループの企業が引き継いだ,三菱商事やIFC も出資している民間企業だが,従業員教育を徹底して貧困層が住むコミュニティと密接な関係を築いた.水道敷設を希望するコミュニティが各家庭のメーター管理や料金徴収に責任をもつ体制にしたところ,スラム地域でも 24 時間安定的に水道が利用できるようになった.適切な利用料を設定して徴収したために,財源が確保でき,施設のメンテナンスを持続的に行えるようになったのである.

● **CSR/CSV**　企業による貧困削減への積極的なかかわりが増えているもう一つの背景として,「企業の社会的責任（CSR）」に関心が高まっていることがあげられる.企業は株主だけでなく,従業員や消費者や取引先,コミュニティなどあらゆる利害関係者に対して責任を果たしていくべき,という考え方である.単に企業イメージを良くするために余剰資金を社会活動に寄付するのではなく,社会や環境に負の影響を与えない事業運営が求められている.1999 年に当時の国連事務総長 K. A. アナンが企業の最高責任者たちによびかけたグローバル・コンパクトは,人権,労働,環境保全,腐敗防止の 4 分野に配慮した経営,つまり責任ある「企業市民」として行動することをうながしている.この CSR をより積極的・戦略的に進めたのが,「共通価値の創造（CSV）」という考え方で,経営学者の M. ポーターは「社会的価値と企業の価値（利益）の両方を追求することこそが企業の競争力を高める戦略だ」と主張した.イギリスの通信会社ボーダフォンは,社会的価値のある商品の開発に投じる目的で 2004 年に社会投資基金を設立した.英国政府からの資金も得て,提携先のサファリコムとともに開発したのが電子マネーの M ペサである.当初は移動コストのかかるアフリカでマイクロファイナンスを行うために開発したのだが,携帯電話で簡単に資金をやり取りできるため,決済・送金のニーズを満たして爆発的に普及した.ボーダフォンは今やケニアだけでなく,他国でも M ペサの展開を始めている.企業が技術力を生かして,社会問題の解決に取り組んだ結果,自社の利益にもつながった好例といえよう.

［吉田秀美］

コミュニティ・ビジネス

community business

　開発途上国におけるコミュニティ・ビジネス（CB）への取組みには，多くの障壁があり，先進国とは異なるアプローチが求められる．日本では，「地域社会の課題解決に向けて，住民，非営利組織（NPO），企業など，さまざまな主体が協力しながらビジネスの手法を活用して取り組む」（経済産業省研究会）と定義されており，シャッター街となった商店街問題など，地域の経済的活性化の側面が強調され，活発な取組みが行われている．

●**開発途上国におけるコミュニティ・ビジネス**　これに対して，開発途上国におけるCBへの取組みには，具体的には，①課題解決性，②事業（ビジネス）性，③地域性，④多様な主体の協働性，⑤人材育成・地域資源の活用性，⑥市民参加性などへの配慮が必要となっている．

　「課題解決性」については，貧困削減や生活環境を含む環境問題とともに，教育，医療問題などがまずは指摘できるが，途上国の課題はコミュニティ・レベルではさらに複雑かつ深刻である．「事業（ビジネス）性」に関しては，途上国での事業展開には，市場・技術・資金・人材へのアクセスが壁となり得る．事業内容も途上国では先端的な産業のみならず，農産物加工，伝統工芸，換金作物などの生産プロジェクトや，コミュニティ全体の環境保全や保健・医療関係などへの対応に関する商品・サービスも中心的な事業になる．

　「地域性」とは，具体的には地域（コミュニティ）の貧困削減と自立支援を目指すことをさす．途上国のコミュニティが目指すものは共同体機能の強化，つまりエンパワーメントと相互扶助の強化を通して，自立的・内発的な発展ができるようになることである．途上国でのCBは，コミュニティ開発につながること，そしてコミュニティの人々の参画を促すことが前提となる．コミュニティ開発とは雇用と所得の向上，技術移転のみならず，教育（学校，図書館など），医療（診療所など），集会所などの建設や，道路・水（井戸など）などのインフラの改善などを含むが，住民のエンパワーメントの促進につながることが特に期待される．

　「多様な主体の協働性」とは政府・地方自治体，企業，非政府組織（NGO）・NPOなどの多様な主体の協力・協働をさすが，途上国でのCBではさらに国際機関や国際NGO，海外企業との協働へ進展していく可能性をもっている．これらの協働が途上国のCBをダイナミックなものにしている．途上国のCBはまさに多国間の多様な協力・協働がベースとなり，適切なパートナー（協働相手）の発見が成功の鍵となる．政府開発援助（ODA）などに支援される政府・自治体や援助機関は途上国のCBの重要な担い手である．民間企業が貧困削減，保健医療，環境

改善などの課題解決事業に継続的に取り組むには，ODA や多様な援助機関との協働は必須となる.

「人材育成・地域資源の活用性」については，途上国の地域の課題として人材，技術，資金，市場へのアクセスなどの欠落が大きな問題となる.「人材育成」には地域内に眠っている人材の発掘とともに，まずはリーダーの育成が重要である.「技術」は途上国にある技術と先進国の技術とを融合した適正技術開発を行い，「資金」は多様な主体から国際的に調達することもある. また CB によって獲得した地域の資金が地域で循環するような地域内循環型の仕組みをつくっていかねばならない. そして「市場へのアクセス」には，人材育成，適正技術開発，資金の問題と同様，外部者との連携によって取り組んでいくことになる.

「市民参加性」は NGO・NPO との協働であり，途上国の CB に取り組むには特に重要なポイントである. 地域の内発的イニシアチブをつくり上げるために特に地域の NGO（市民活動）との関係が重要である. CB プロジェクトには地域ニーズの把握，地域住民との協働性の確保，民主的運営，コミュニティのエンパワーメントの促進など，地域住民を中心とする市民セクターが運営上の主導権を確保することが重要な意味をもつ. 現地 NGO が主体的役割を果たすことは，地域のオーナーシップ（関与）を確保するとともに，コミュニティ開発の持続性・自立性（活動・事業の継続・普及）を担保するうえで重要である. リーダーのネットワークも NGO との連携によって形成され得る. NGO の関与によって，共同体（コミュニティ）としてのネットワークの強化とともに，全国的・国際的 NGO との連携によってネットワークの形成を国際的に広げることができる. 実際に CB のほとんどの事例において NGO は強くかかわっている.

●**地域活性化への 2 つの取組み**　先進国でも同様だが，とりわけ途上国では，CB による「地域活性化」を 2 つの側面でとらえる必要がある. ①地域内の相互扶助の精神とシステムの回復と，②地域内に富の循環ができるような，グローバル経済から「地域内循環型経済」へのつくり直しである. この 2 つの方向は世界の市民活動（NGO・NPO）の本質的動向となっている. さらに，地域住民が自律的に地域振興を進めて自分たちのコミュニティを守っていくために，国境を越えたコミュニティがビジネスの形で協力し合う方向も，CB が問いかける新しい視野となっている. 日本のある地域の CB が，途上国のある地域の CB と結び合って，共同で生産や販売をし合えるような関係づくりを目指すという方向性である.

つまり途上国の CB とは，開発協力とビジネスの接点をさぐり，現地側のコミュニティの人々を巻き込む努力をしつつ，チャレンジすることである.　　[長坂寿久]

📖 **参考文献**

[1] 国際貿易投資研究所『平成 27 年度 開発途上国のコミュニティビジネス開発と日本の対応報告書』2016

一村一品運動

one village one product movement

　一村一品運動（OVOP）は，1979 年に当時の平松守彦大分県知事が提唱した地域おこし運動である．大分県の大山町や由布院（湯布院町）で住民が長年取り組んでいた地域振興の活動から示唆を得て，地域の人々の発想と自助努力を県政が支援しながら運動という形で概念を広め，自立した地域をつくりあげようとした．

●**一村一品運動の始まり**　一村一品運動が提唱された背景には，地域に雇用がなく若者たちが町を離れてしまうことや地域住民の事なかれ主義，無気力感，自分たちの生活が良くならないのは行政が悪いといった行政依存があった．これらの課題を克服し，住民たちが地域で豊かな生活を送れるよう，大分県の豊かな自然や農水産物，文化に注目した活動がすすめられた．一村一品という言葉は，1 つの町や村が少なくとも 1 つはその地域の顔となる産品などを生み出そうとしたことを象徴的に示したものであり，決して 1 つの村で 1 つの産品をつくることを意味していない．また，行政は地域の人々を主役として，彼らの発想と自助努力を支援することで概念を普及させようとした．住民らの活動や特産品は県の広報番組や知事自らの紹介により，全国で知られるようになった．運動の提唱は大分県においても，より良い生活を望んでいた地元の若者たちが動き出すきっかけとなり，住民を中心とした地域づくり活動が盛んになり，58 市町村（当時）すべてに一村一品運動が普及した．その結果，運動開始 20 年後には地域の誇りとなる特産品や活動は 700 を超えた．

●**一村一品運動の発展**　平松県知事は県下で取り組まれた住民による活動を総括して，①ローカルにしてグローバル，②自主自立・創意工夫，③人づくり，という「一村一品運動の三原則」を示した[1]．ローカルにしてグローバルとは，地域の特色を示しながら国内外の消費者に受け入れられる製品やサービスをつくりあげることを意味している．特に，住民が地域の誇りとして開発した特産品は，「技術支援センター」や「一村一品株式会社」の設立など，技術支援から販路・流通対策までの一貫した支援を県が提供することで，品質が高められ販路が広がり，売上げがのびた．住民の自助努力は県の支援と相まって，麦焼酎や車エビ，関サバ・関アジ，由布院の観光など，大分県を代表する産品やサービスの知名度をあげた．さらに，平松県知事は「豊の国づくり塾」など人と人，人と情報を結びつける場をつくり，地域振興を担う人材を育成しようとした．一村一品運動は地域の自立を目指し，知恵を出しながら行動する住民を行政が支援し，それを縦横にネットワーク化した結果，多くの活動が現在も続いている[2]．

●キルギスの一村一品運動　1980年半ばには，一村一品運動は海外へ紹介されていった．その結果，貧困削減や都市部との格差といった問題を抱えていた開発途上国のリーダーたちの注目をあび，タイやマラウイ共和国などで国家政策や国際協力機構（JICA）が主導した援助プロジェクトとして導入され，現在も30か国以上で実施されている．

図1　村の女性たちによるフェルト製品づくりの様子（撮影：原口明久）

そのなかで，キルギスでは，ビジネスと連携させた開発援助を，JICA主導で行い，6年という短期間で日本の企業が価値を認める高品質な製品をつくることができる仕組みを構築し，活動を担う人材を育成した．地域資源の価値を高めながら地域を活性化させた日本の経験を，文化や価値観の違うキルギスで普及させるために，プロジェクトリーダーであった原口明久は，最初にやる気のある人々を探し出し，彼らがもつ技術や能力を高めながら活動を発展させようとした．大きな転機は，(株)良品計画との連携を勝ち取り，地域の羊毛産業と生産者を結びつけ，ビジネスを始めたことであった．JICA専門家や青年海外協力隊（JOCV），現地の専門家らが力を合わせ，企業がもつノウハウや専門知識を村の女性たちに根気強く教えながら，ビジネスの厳しさを体験させた．周囲約700kmにも及ぶ湖の周辺に住んでいる生産者らは，同じ規格の製品を指定された期日までに1万個以上もつくらなければならなかった．そのため，生産者だけでなく彼女らの家族から生まれたアイデアを活動に取り入れるなどして，住民が活動の主役となるようにし，1人ではできなくてもみんなで力を合わせれば目標を達成できることを示した．その結果，埋もれていた地域資源が効果的に活かされ，草木染のフェルト製品という競争力をもつ商品が生まれ，住民に雇用と収入をもたらした．加えて，ジャムやホワイトハニーなど海外の市場で求められる商品が開発され，住民をひきつける活動となり参加者が増えた．さらに，生産者の自助努力をコミュニティ・ビジネスとして発展させるための経営管理組織をつくり，担うことができる人材を育成している．

他の途上国に一村一品運動を普及させるためには，製品開発だけに注目するのではなく，組織管理や流通・販売まで視野に入れた地域独自の「一村一品運動の三原則」のもと，経済的自立を目指すことが重要である．　　　　　　［向井加奈子］

📖 参考文献
[1] 平松守彦『地方からの発想』岩波新書，1990
[2] 松井和久・山神　進編『一村一品運動と開発途上国—日本の地域振興はどう伝えられたか』アジア経済研究所，2006

14

インフラ・技術・強靱性

インフラ整備と経済成長

infrastructure development and economic growth

　電気・上下水道・ガス・情報通信や道路・公共交通機関などのインフラストラクチャー（以下インフラ）が整備された日本では毎日快適な生活を送ることができる．私たちはそれを当然のことのように思っているが，開発途上国に行くと日本の質の高いインフラを改めて実感することになる．一方，農林水産業・鉱工業や第三次産業が円滑に活動するためには，水資源開発，道路・鉄道・港湾・エネルギー整備などを計画的に実施して経済成長をもたらし，社会の発展を支えるインフラ整備が重要となっている．さらに，災害に強い社会を実現させるための河川改修や防災インフラは，強靭な社会をつくるうえで欠かすことのできないものとなっている．ただ，このように良好に整備されたわが国の状況は一朝一夕に達成されたものではなく，長い年月と膨大な予算をかけて，数多くの技術者と労働者が心血を注いでつくり，保守してきたものといえる．

●**社会インフラ，経済インフラ，そしてソーシャル・キャピタル**　インフラは，大きく社会の基本的活動やサービスに関する社会インフラとしての教育，医療，衛生，水供給などと，生産や分配に関連する施設やサービスに関する道路，港湾，鉄道などの経済インフラの2種類のインフラに分けられる．社会インフラは，人々が生きて行くために必要不可欠な基盤施設である．一方，経済インフラは人々にさらなる利便性を与えるとともに，生産，流通や消費を促し，経済成長に直結する基盤組織といえる．このほか社会の中で信頼関係，規範，ネットワークの構築が整った社会において，人々の協調行動が活発化することにより社会の効率性が高まるソーシャル・キャピタル（社会関係資本）という概念があり，社会の強靭性や人々が感じる豊かさと大きく関係する．これらのハードとソフトが適切に配備されることにより，豊かで活性化した社会が形成されることになる．

●**ベーシック・ヒューマン・ニーズのインフラ整備**　人間が生きてゆくためには適切な食糧，シェルター，安全などの基本要素が供給されていることが必要であり，さらに，安全な水，衛生環境，公共交通，教育と文化へのアクセスなどが重要で，そのためのインフラ整備が不可欠である．必要最低限の環境を万人にもたらし，さらに豊かな状態をつくり出すためには経済成長が重要な役割を果たすこととなり，貧困削減を後押しする経済成長（pro-poor growth）の実現が重要である．

●**経済成長を支えるインフラ整備**　経済成長を実現するためにはインフラ整備が不可欠であり，その具体的事例として，1980年代から始まったタイ東部臨海開発とその中心となったレムチャバン新港の開発についてみてみよう．図1はタイの

GDPと総輸出額の経年推移を示しているが，1970年代半ばからGDPの伸張が，1980年代中盤から総輸出額の著しい伸長がみられる．これは1980年代からタイ政府が取った輸出促進工業化戦略への転換の結果によるものが大きい．タイからの工業製品の輸出は1985年を起点に増勢に転じている．

タイの外国貿易港湾は首都のバンコク港のみであったが，河川港で拡張の余地がなく，年間の最大コンテナ取扱容量は150万TEU（20フィートコンテナ換算個数）で，タイ経済の発展に応じて拡張することは不可能な状況だった．そこで，バンコクの東南

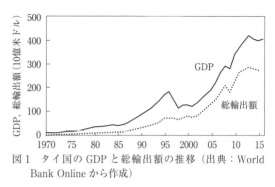

図1　タイ国のGDPと総輸出額の推移（出典：World Bank Onlineから作成）

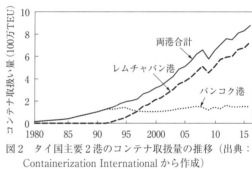

図2　タイ国主要2港のコンテナ取扱量の推移（出典：Containerization Internationalから作成）

80 kmに位置するレムチャバンに流通港湾を整備し，その後背地において輸出志向型の工業開発を行う東部臨海開発計画が1985年に決定され，日本の技術経済援助で港湾，道路，鉄道，工業用水などのインフラと工業団地の計画づくりと整備事業が展開された．

レムチャバン港でコンテナの取扱いが始まったのは1992年からであるが，図2のレムチャバン港とバンコク港および両港合計のコンテナ取扱い量の推移をみてみると，コンテナ量は右肩上がりで増加し，レムチャバン港の整備によってタイの経済発展のボトルネックが回避されたことがよくわかる．1980年代初頭に深刻な経済不況に直面したタイ国政府に対し，世界銀行が構造調整融資を実施し緊縮財政政策を強要しつつあった時点で，日本政府はタイ国政府と東部臨海開発を共同で推進し，同国経済を今日の発展に導いたといっても過言ではない．この開発に関するJICA開発調査が着手されてから30年が経つが，すでに世界各国の自動車会社の工場などが立地して，グローバルな生産過程の重要な一翼をレムチャバン港の背後圏は担っている．このプロジェクトの成功は，国や地域の発展のためには，中長期の将来を見据えた先見性と各セクターを総動員した実行力や人材の活用によるインフラ整備が最重要であることを示している．　　［池田龍彦］

インフラ整備とマネジメント

infrastructure and management

インフラ整備は一国の発展の基礎であり，国民の生活環境を改善する要素のひとつである．従来インフラに要する費用は巨額であり，開発途上国では自国でその資金を調達することは多くの場合できないために借款などで資金調達を行い，国や関連団体がそのインフラの建設や運営を行っていた．そして，完成後の債務返済の設計づくり，修繕や改修といったメンテナンスをマネジメントする人材などのソフト面における不足が問題になることも度々あった．こうした状況を受けて，近年では官民パートナーシップ（PPP）とよばれる官民連携でのインフラ整備が増加している．また，自然災害などのリスクによって，一部機能が停止しても速やかにその機能を回復できるような強靭さ（レジリエンス）をもったインフラづくりが国の競争力を高めるとの新しい考え方が出ている．リスクに対応したマネジメントのあり方についても，国としてどのような方向性を打ち出すかを考える必要がある．

●**インフラ整備における運営方法**　PPP によるインフラ整備は国などの公的部門側が民間部門にその事業を委託して行うものである．PPP はもともと先進国で始まったものであるが，近年では途上国でも導入されている．この連携が増加している背景には公的部門の財政負担や債務を減らす，あるいは切り離すことができ，かつ民間企業などの民間部門にインフラ事業を委託することでその知識や経験，技術，資金などを導入して効率的なインフラ整備とその運用が可能になるためである．このような委託方法はアジアでは 1990 年代から民活インフラともよばれ，途上国のインフラ整備事業で導入されてきた．

具体的な PPP の実施形態には，BOT（Build-Operate-Transfer / Build-Own-Transfer）や BOO（Build-Own-Operate）が代表的である．BOT は民間部門が長期間にわたってその事業の運営を受託して資金調達とインフラの整備を行うとともに，そのインフラは契約期間終了時に国や政府機関に無償で所有権移転を行う．民間部門は契約期間中に投資した資金を回収する．一方，BOO は基本的には BOT と同じであるが，契約期間終了後も所有権の移転は行われず，契約期間を迎える際には受託した民間部門は第三者にこのインフラを売却するか，引き続き事業を継続するかの判断をするというものである．

先進国では既存インフラの運営権のみを民間部門に売却し，所有権はそのまま公的部門がもつ形の PPP が行われることが多い一方，途上国では受託した民間部門がインフラ建設の企画や設計段階からかかわることが多い．また，途上国の PPP を実施する場合，自国の民間部門がインフラに関する建設，運営，管理と

いったノウハウをもっていることはほぼなく，主に外国企業や外国政府系公社など外資によって担われることが多い．そのため，請け負った外資は途上国の政治，政策，制度の変化に伴うリスクなどにも対応しなければならない．

●**中国の積極的な途上国インフラ整備への参画**　近年，新興国，中でも中国が積極的に途上国のインフラ整備に参画している．中国は改革・開放政策による規制緩和に踏み切って外資にインフラ整備や運用を委託し，そこでノウハウなどを習得してきた．たとえば，1990年代に大型コンテナ・ターミナルの開発計画を実施した際にはBOTを実施し，資金調達と港湾運営の技術の習得のためにGTO（Global Terminal Operator）とよばれる世界的規模でコンテナ・ターミナルを運営する企業に整備や運営を委託した．

ここで得たノウハウを活かして，中国は自国企業による途上国の港湾運営に参画するようになった．近年大きな問題になったのが，スリランカのコロンボ港や南部のハンバントタ港における港湾開発である．コロンボ港は南アジア最大のコンテナ港であり，2014年9月には中国の国有企業の子会社である中国港湾工程がコロンボ港の南側233haを14億ドルか

図1　中国港湾工程によるコロンボ港の埋め立て作業（2017年3月撮影）

けて埋め立て，道路などのインフラを整備するプロジェクトを開始した．しかし，スリランカ政府は翌年に政権が交代し，新政権はこのプロジェクトの中止を決定した．決定の背景には中国側に20 haの土地を無償供与する契約条項があり，中国と対立するインドが反発したためである．中国港湾工程はこの中止に対し賠償金を請求，折しもスリランカでは経済危機が発生したために，スリランカ政府はこの賠償金だけではなく，中国から過去に受けた空港や港湾の建設に対する借款返済もできなくなった．その結果，スリランカ政府は2016年8月にプロジェクトの再開を決定した．同時に，20 haの供与から99年間のリースにする，埋め立て面積を当初の233 haから269 haにするなど契約内容の一部が変更された．

中国は今後，アジア・インフラ投資銀行（AIIB）などを通じて途上国のインフラ整備に積極的に関与すると考えられる．ただ，今回のスリランカのようなことは今後，他国でも起きるだろうし，中国から借款や投資を受け入れた国家がどう対処するかもみる必要がある．　　　　　　　　　　　　　　　　　[池上　寛]

📖 **参考文献**
[1] 加賀隆一『実践アジアのインフラ・ビジネス—最前線の現場から見た制度・市場・企業とファイナンス』日本評論社，2013
[2] 荒井悦代「バランス外交と中国回帰で揺れるスリランカ」『アジ研ワールド・トレンド』No. 257，2017

道路整備事業

road development

　人および貨物の移動の大半は，その起終点において道路を経由することから，道路は最も基礎的な交通インフラといえる．また，鉄道，航路，航空路上の運搬手段である鉄道車両，船舶，航空機はほとんどが交通事業者により運行されるのに比較して，道路上の運搬手段は，個人による歩行，自転車，自家用車に加え交通事業者が運行するバス，タクシー，パラトランジットともよばれるミニバス，自動三輪タクシーなど非常に多種におよび，相対的に個々の輸送力は小さいが柔軟な運行が可能であることに特色がある．さらに，道路は交通機能のみならず，通風・採光の確保，市街地の形成，上下水道，電力線や軌道などの収容，防災といった空間形成機能も有する．

●**道路網の発展段階**　道路網はおおむね次のような発展段階を経て，走行性に特化した高速道路から中間的な機能の幹線道路，補助幹線道路，沿道住民のアクセスに特化した生活道路，区画道路にいたる階層的ネットワークに発展していく．

　① 既存の未舗装，簡易舗装の道路が改良・拡幅，舗装され，自動車が天候によらず通常走行が可能な道路が整備される．

　② 都市の成長，沿道の市街化に伴い，幹線道路を中心に道路網が拡大する．交通量の増加とともに，幹線道路には長距離トラックから都市内を移動する車両，二輪車，歩行者などあらゆる交通が混在するため，混雑が悪化し，交通事故も増える．

　③ 都市の外周部を迂回するバイパス道路や環状道路が整備され，長距離の交通が迂回分離されることにより交通の円滑化と安全の向上がはかられる．さらに，大量の交通を高速で円滑に流すため，出入り口をインターチェンジに制限した高速道路の整備にいたる．

　ただし，道路整備の画一的な処方箋は存在しないので，地域および交通の現状と課題，将来の都市や産業の開発構想を踏まえ，長期的な展望をもったマスタープランを作成し，それに沿った計画的な道路整備が望まれる．

●**日本による開発途上国の道路整備への支援**　日本は開発途上国の道路整備を資金，技術面からさまざまに支援してきた．代表的な支援分野として次のような事項があげられる．

　① **都市間幹線道路の整備**：主要都市間，港湾，空港などの成長・開発拠点を連絡する幹線道路の整備を支援し，沿道の工業団地などの生産拠点の整備を支えてきた．近年は，他の援助国，機関とも連携して，国境を越えた国際回廊の整備にも注力しており，代表的な事例としてメコン地域を横断する東西経済回廊，南部

経済回廊，アフリカの主要港湾と内陸国・地域を連絡する回廊整備を支援している．また，道路整備のみならずワンストップ・ボーダーポストなどの出入国審査および通関施設を一体的に整備し，国際物流の円滑を推進しているケースもある．道路の新設や拡幅に加え，集中的な資金投入と高度な技術を要する防災対策や橋梁整備にも日本の支援の特色がある．

② **大都市圏の交通円滑化**：都市内の渋滞対策として，幹線道路の立体交差化や橋梁整備，ジャカルタなどでの都市高速道路の整備を支援してきた．経済の発展に伴い，大都市圏では，自動車の急増により渋滞が急速に悪化するため，日本が支援するマスタープランでは，鉄道，バスなどの公共交通機関の活用，そして信号整備などの交通管理技術の改善などと有機的な連携のもとに，持続可能な都市の構築に貢献する事業および施策，例えば環状道路の整備とその沿道への物流・工業機能の再配置による交通の都心への集中緩和などを提言している．

図1 ハノイ市中心部と国際空港を連絡する全長3755mのニャッタン橋（出典：JICAベトナム事務所『ハノイ市都市交通への日本の協力』2014）

③ **地方開発の支援**：格差是正や貧困削減の観点から，他の援助国，機関とも連携しつつ，農村と市場をつなぐ地方道路の舗装化や橋梁整備などの支援を行ってきた．近年，紛争終結地域や災害被災地域の復興支援や安定化の観点からの支援も重視されている．

④ **マスタープラン策定などの技術協力**：日本の行政機関あるいはコンサルタントの技術者の派遣などにより，マスタープラン策定や技術基準類の整備，人材育成を支援してきた．日本が作成支援した交通マスタープランはパーソントリップ調査などにより収集された大規模な統計データに基づく将来交通需要予測と計画提案が特徴であり，他の援助機関も支援プロジェクト形成の参考としている．また，建設のみならず道路や橋梁の維持管理に多くの援助機関が注力している．世界銀行は，燃料税や自動車重量税などを原資として道路の維持管理に充当する基金の設立を推奨し，日本は点検などのマニュアル整備や技術指導を通じた人材育成を精力的に支援している．

⑤ **新たな支援のニーズ**：近年，橋梁などの耐震対策，道路斜面の災害に対する安全性向上，交通安全や高度道路交通システム（intelligent transport systems: ITS）といわれる情報通信技術を活用した交通管理などについても日本の技術と経験に対する期待が高まっている．

［川原俊太郎］

港湾整備事業

port development

　規模の経済性を発揮して大量の貨物を安価に輸送することを実現した海上輸送ネットワークの進化が，国境を越えるサプライ・チェーンを成立させ，ひいてはグローバル化を促進したといわれている．全世界の国際貿易は，重量ベースで80％以上（約100億トン：2015年）が海上輸送に依存している．原油，ガス，穀物，鉄鉱石，石炭などのいわゆるバルク貨物は，港湾近傍のプラント，製鉄所，発電所，製紙工場などで加工されてその製品が背後圏あるいは前方圏の消費地へ輸送される．一方，世界共通のコンテナに格納された貨物は，海運・陸運を組み合わせた複合一貫輸送によって内陸に位置する発地から着地まで同じ荷姿のままでドア・ツー・ドア輸送される．港湾は，海上輸送と陸上輸送の結節点として貨物の積み替え，保管，さらには加工などを行うターミナル機能を担っている．

●**港湾の類型**　①**産業港湾**：石油精油所，発電所，製鉄所，製紙工場などの臨海型工業を直接背後に有する産業港湾には，超大型の原油タンカー，LNG船，鉄鉱石船などによる輸送に対応するため，大水深の航路や泊地，防波堤などの海側のインフラ施設の充実とこれらの産業が立地できる大規模な産業用地が不可欠である．②**商業港湾**：主としてコンテナ貨物を取り扱う商業港湾は，生産・消費物資をいかに迅速に背後圏へ，また背後圏から輸送するかが重要なため，道路網，鉄道網などの背後圏交通ネットワークと一体となった良好な連結性を構築することが必要不可欠である．③**島嶼港湾**：島嶼地域では海上輸送が生活物資および旅客の輸送を担う唯一の輸送モードであることが多く，島嶼港湾はライフ・ラインを支える生活港湾ともいえる．

●**港湾の所有・管理，運営と官民パートナーシップ（PPP）**　①**港湾の所有・管理**：港湾施設（インフラ施設と上物施設）は，一般的に地方自治体に類する独立した公的団体（港湾管理者）が所有・管理していることが多い．港湾管理者が，船舶の入港許可，船舶の係留岸壁への割当，本船荷役前後の貨物の荷捌き地や上屋での保管を行うとともに，それらの対価として入港料，係留施設使用料，保管施設使用料を徴収する．港湾管理者はこの収入をもとに，港湾施設の計画的な整備と適正な維持管理を行う．②**港湾運営**：コンテナリゼーション以前の港湾では，港湾労働者（人力による荷役サービス提供者）をも構成員とする港湾管理者が，荷役サービスを自ら提供していた．一方，荷役作業が機械化されたコンテナ港湾では，コンテナ・ヤード，上物施設および荷役機械を長期契約によって排他的に占有利用するターミナル・オペレーターが，コンテナ荷役・保管サービスを提供することが多い．港湾管理者はコンテナ・ヤードの排他的占有利用の長期契

約による使用料を借受け者であるターミナル・オペレーターから徴収し，ターミナル・オペレーターはコンテナ荷役・保管サービスの対価である荷役料・保管料を荷主から徴収する．③ **PPP**：港湾の所有・管理は公共（Public），借受けターミナルの運営は民間（Private）という役割分担が港湾の所有・管理，運営の典型例であった．しかし，1980年代以降のコンテナリゼーションの急速な進展に対して，巨額の費用と長期間を要する港湾整備が追い付かなかったことから，公的資金と民間資金を組み合せる手法としてPPP方式が考案された．PPP方式では，収益を上げにくい海側のインフラ施設（航路，泊地，岸壁など）と背後圏アクセス道路などの整備を公共主体（Public）が受けもち，収益を期待できるコンテナ・ヤード（用地造成，舗装），上物施設および荷役機械（岸壁クレーン，ヤード・クレーン）の整備はターミナル・オペレーター（民間主体：Private）が自らの資金で行い，かつそれらを一体的に利用することで運営までを一貫して行うもの（Partnership）である．

● **日本の支援による開発途上国の港湾整備**　日本の政府開発援助による開発途上国の港湾整備の2つの代表例を紹介する．

① **臨海工業地帯開発と一体となった港湾整備**：タイ国レムチャバン港開発は，バンコク首都圏への工業の過度の集中を緩和しつつ，河川港であるバンコク港の能力不足に対応するため，1980年代，バンコクの東南80〜200km圏の東部臨海地域に道路，鉄道，工業用水などのインフラ整備と合せてすすめられた．その結果，レムチャバン港はコンテナ貨物の取り扱いを通じてタイの急速な経済成長を物流面から支えるとともに，東部臨海地域はタイの新しい産業基盤として自動車・電気機械工業が集積した一大工業拠点に発展した．

② **大都市港湾でのコンテナ港湾整備**：
ベトナム北部地域の国際的な物流拠点として大型コンテナ船の受け入れが可能なラクフェン国際港は，港湾分野のベトナムにおけるPPP案件第1号として2011年に整備が始まった．航路，泊地，防波堤，アクセス道路，橋梁のインフラ施設は円借款によって，岸壁，コンテナ・ヤード，上物施設および荷役機械は日越合弁企業であるハイフォン国際ターミナル株式会社（HITC）の資金によって整備されている．今後はPPP案件の特徴である整備後のターミナル運営にもこの日越合弁企業の参画が期待されている．［古市正彦］

図1　ラクフェン国際港ターミナル完成予想図（出典：ODA「見える化サイト」https://www.jica.go.jp/oda/profect/VN15-P3/field.html）

📖 **参考文献**
[1] JICA『東部臨海開発計画総合インパクト評価』2000年度円借款事業報告書, 国際協力銀行, 1999

鉄道整備事業

railway development

　鉄道は長距離大量輸送や定時性，高速性や信頼性，高いエネルギー効率，少ない大気汚染負荷，安全性など，他の輸送機関と比べ，優れた特性を有している．一方，鉄道には建設，車両調達など初期投資が高いことやドア・ツー・ドアの輸送サービスに対応できないなどの課題がある．また，鉄道は土木・建築，機械・車両，電気・通信などの事業設備を総合的に運営・管理することで優位性を発揮できるため，複雑なシステムを運営管理していくことが必要である．日本や欧米では，新幹線やフランス TGV などの高速鉄道，山手線や東京メトロなどの都市鉄道，石炭や鉄鉱石，コンテナなどを輸送する貨物鉄道が，人の移動や物流を支える重要なインフラとなっている．開発途上国においても，大都市への人口集中が急速に進み，また資源輸出を拡大して経済成長をうながすために鉄道が果たす役割は大きく，いかに鉄道整備，運営を行っていくかは成長の鍵を握るといっても過言ではない．そのために，世界に冠たる鉄道大国である日本に対する鉄道支援への期待は大きなものがある．

●**鉄道整備のタイミング**　世界約 200 か国のうち約 140 か国に鉄道が整備されている．途上国においては植民地時代に計画・敷設された鉄道網を有しているものの，施設・設備の老朽化，不十分な維持管理体制などの結果，競合する交通機関に対し鉄道の優位性が発揮できず衰退している事例も多い．

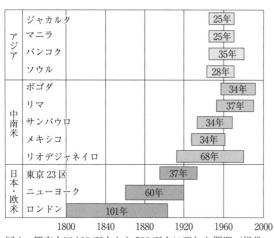

図 1　都市人口 100 万人から 500 万人に要した期間（提供：森地 茂）

一方，多くの途上国において，地方から大都市への人口移動が続いていること，外国投資も首都圏など大都市に集中する傾向があることから，都市の無秩序な拡大や交通渋滞など，いわゆる都市問題が顕在化している．人口 500 万人を越す巨大都市であっても，大量輸送が可能となる鉄道，軽量軌道交通（LRT）など軌道系交通機関が整備されている都市は 2014 年時点で全世界 79 都市のうちの

58都市にすぎず，特に，アジアでは46都市中31都市，アフリカでは7都市中2都市に限られている．途上国の都市化の進行は日本や欧米よりも急速であることが予想されているため，都市の経済活動を支える交通機関としての鉄道の役割は非常に重要である．一方，鉄道整備に巨大な初期投資が必要であることに加え，計画・着工から建設，運行開始までに10年程度の時間がかかることから，財政面の観点から初期投資の小さいバス高速輸送システム（BRT）や輸送容量の小さいLRTなどを選択しがちであるが，将来の需要をみすえて最適な交通機関を選定すること，問題が深刻になる前に開業できるよう，将来計画に基づき投資のタイミングを判断し，着実に整備することが望まれる．1990年代に都市鉄道整備計画が浮上したインド・デリーおよびインドネシア・ジャカルタを比較すると，2015年現在，デリーは6路線約190 kmの整備が進み，1日平均250万人の利用客とデリー市民の重要な交通機関となっているが，ジャカルタではようやく1路線約16 kmを着工しているにすぎない．ジャカルタでは既存国鉄の首都圏路線近代化や200 kmを超すBRTの整備がなされているものの，交通渋滞がきわめて深刻な状況となっている．

●**日本の鉄道支援にあたって**　途上国から日本の優位性として期待されているのは，①高密度・高容量での輸送ノウハウ，②鉄道各社の駅構内・駅周辺および沿線開発，③新幹線を始めとする鉄道の安全性，定時性，④鉄道各社のメンテナンス体制などである．欧州鉄道産業連盟によれば，途上国を含む全世界の車両需要は今後10年で5万5000両から6万2000両に増大と予測されており，鉄道車両メーカーにとって大きな市場となっているが，車両受注にとどまらず，鉄道事業者を中心とした鉄道システム・ノウハウの輸出による途上国鉄道支援が求められている．タイ・バンコクにおけるパープル・ラインでは，円借款で整備した土木，線路，駅などのインフラに対し，日本企業グループが車両調達，信号設備などとあわせて10年間の保守・点検業務を行う契約となっている．またパープル・ライン沿線では日系ディベロッパーによる宅地開発が始まるなど，沿線開発も今後進むものと思われる．このような事業形態は日本政府の資金による初期投資費用負担，鉄道事業者ほか関係者の強みをいかした好事例として位置付けられる．　　　　　　　　［小泉幸弘］

図2　タイ・パープル・ラインの車両引渡し
（協力：総合車両製作所）

📖 **参考文献**
[1] 海外鉄道技術協力協会『世界の鉄道』ダイヤモンド・ビッグ，2015
[2] 国際協力機構『鉄道整備と都市・地域開発を連携させる開発のあり方に関する調査』2017

空港整備事業

airport development

　経済のグローバル化に伴い，人流・物流を支える輸送インフラとしての空港は，開発途上国においても重要性を増している．航空輸送の最も顕著な特性は速達性であり，この点において他の輸送形態に対して大きな優位性をもつ．国際間の旅客移動手段としては，航空輸送が唯一の選択肢である場合が多い．国内旅客輸送においても，長距離ほど航空輸送の競争力は増し，日本では鉄道所要時間4時間以上の移動において航空輸送が選ばれる傾向が知られている．開発途上国においても経済発展に伴い旅客の時間価値は高まっており，航空輸送へのシフトが生じている．また，近年では，低コストの格安航空会社（LCC）が成長し，世界全体の航空旅客輸送に占めるLCCの割合が約25％にも達した．途上国においてもLCCによる航空運賃の低下を通じて利用層が拡大しており，他の交通機関に対する競争力も高まっている．

　世界的に航空旅客数は年々増加している．国内線と国際線の総旅客数は，2005年には約20億人であったが，2014年には33億人に増加している．この間の伸び率は他の交通形態を上まわっている．世界の空港の旅客取扱数ランキングにおいて，途上国の空港は2001年にはバンコク・ドムアン国際空港の1空港のみであったが，表1に示すように，2016年には8空港が25位までにランクインしている．地域的にはアジア太平洋，中東，中南米地域の航空輸送需要が大きく伸びている．

　航空輸送は，旅客の長距離移動に加え，重量あたりの価値が高い生産物（半導体製品，精密機器，衣料品など）や鮮度の保持が必要な物資（野菜，果物，花卉など）

表1　世界の空港ランキング（年間取扱旅客数，2016年）

順位	空港名	（千人）
1	アトランタ国際空港	104,172
2	北京首都国際空港	94,393
3	ドバイ国際空港	83,654
4	ロサンゼルス国際空港	80,992
5	東京国際空港	79,700
6	シカゴ・オヘア国際空港	78,327
7	ロンドン・ヒースロー国際空港	75,715
8	香港国際空港	70,314
9	上海浦東国際空港	66,002
10	パリ・シャルル・ド・ゴール国際空港	65,933
11	ダラス・フォートワース国際空港	65,671
12	アムステルダム・スキポール国際空港	63,626
13	フランクフルト国際空港	60,787
14	イスタンブール・アタテュルク国際空港	60,249
15	広州白雲国際空港	59,732
16	ニューヨーク・JF・ケネディ国際空港	58,813
17	シンガポール・チャンギ国際空港	58,698
18	デンバー国際空港	58,267
19	ソウル・仁川国際空港	57,850
20	バンコク・スワンナプーム国際空港	55,892
21	ニューデリー国際空港	55,631
22	ジャカルタ・スカルノハッタ国際空港	54,970
23	サンフランシスコ国際空港	53,099
24	クアラルンプール国際空港	52,640
25	マドリード・バラハス国際空港	50,398

の生産地から消費地への輸送手段として選ばれている．成田空港は金額ベースで日本一の貿易空港であり，途上国においても航空輸送に適した産物の輸出には航空輸送が使われる．例えば，バングラデシュは，市場の変化に即応してファッション衣料を生産し，航空輸送により迅速に先進国市場に届けるビジネス・モデルが成功し，世界有数の繊維製品輸出国として高い経済成長を継続している．ケニアではバラなどの切り花を生産，航空輸送による欧米などへの輸出により直接・間接雇用が 150 万人を超すなど農村経済に大きな利益をもたらしている．

●空港建設と空港の運営維持管理　空港は滑走路などの土木施設，ターミナルビルなどの建築施設に加え，フライト情報システム，手荷物搬送システム，ボーディング・ブリッジ，セキュリティ・システム，航空燃料システムなどの特殊機材を組み合わせた複合的なシステムである．各施設は国際民間航空機構（ICAO），国際航空運送協会（IATA）などが定める基準や指針に適合し，相互に効率的に連携して機能するよう設計される必要がある．また，立地によっては大規模な埋立て，軟弱地盤の改良，高盛土などの特殊な工事を伴う．高い

図 1　バンコク・スワンナプーム国際空港：日本の ODA 資金で建設され，本邦企業が建設に参加した（出典：http://www.pattayafans.de/images/suvarnabhumi-tn.jpg）

技術と経験をもつ日本企業が得意とする分野であり，アジア諸国の多くの首都空港は日本の ODA 資金により整備されたほか，世界的な大規模空港であるシンガポール，香港，カタールなどでも日本企業が建設に参加している．

　空港の運営維持管理業務は，航空機の安全運航の管理，旅客サービス，手荷物・貨物などの積下ろし，貨物サービス，セキュリティ，テナント管理，航空燃料供給，施設維持管理などから構成される．空港整備ではこれらの運営維持管理にかかわる運営主体の強化と人材の育成が欠かせない．日本の空港は世界的にサービス水準が高く，航空旅客，航空会社などのユーザーから高評価を得ている．ラオスのビエンチャン空港およびミャンマーのマンダレー空港では，日本企業が培った空港運営ノウハウを活用し，空港の運営維持管理を行っている．

●航空輸送の安全性向上　航空輸送の発展においては，空港建設による航空需要への対応とともに，安全性向上，事故の発生防止などについても取組みが必要である．ハード面では航空管制システム，セキュリティ機材，維持管理機材などの整備，人材面では航空管制官，セキュリティ検査官，保守技術者などの養成が必要となる．また，各国の航空当局は，安全な運航や整備の安全基準への適合を監視する義務を負っているが，途上国ではこれらを行う人員などの育成が十分でないケースが多く，課題となっている．

［上田博之］

電力・エネルギー事業
electricity and energy development

　開発途上国にとってエネルギーを低廉かつ，安定的に供給し，普遍的なアクセスを確保することは，社会経済の安定と持続的成長にとって重要であり，なかでも電力の安定的な供給は喫緊の課題である．国際エネルギー機関（IEA）刊行の"World Energy Outlook（WEO）2016"によると世界の電化率は2014年時点で81％と2000年時点の41％から大幅に改善しているものの，未だ12億人が電力のない生活を余儀なくされている．各国政府および国際機関は電化率の向上を支援しているものの，アフリカなどでは人口急増地域の電化が追い付いていない状況である．

　また，エネルギーの開発・供給にあたっては，それによって発生する温室効果ガス（GHG）を可能な限り削減（低炭素化）する必要がある．2015年12月の気候変動枠組条約第21回締約国会議（COP 21）で採択された「パリ協定」に掲げられた目標達成のためには，途上国を含むすべての国・地域が排出削減目標を含む貢献策を自ら作成・提出し，既存電源を含む発電設備の効率化や送配電網のエネルギー損失低減，再生可能エネルギーの導入，さらには需要側の省エネなどの低炭素化を推進することが求められている．

　電力は運輸などと並び主要な温室効果ガス排出源であり，世界の発電量は2014年時点の2万3809 TWhから伸び続け，2040年には4万2511 TWhに達する（WEO 2016現状政策シナリオ）と予想されており，電力への普遍的なアクセスを確保しつつ，同時に低炭素化も積極的に推進していくことが必要である．

●**従来電源と再生可能エネルギー**　世界の電力はこれまで主として石炭，石油，天然ガスなどの化石燃料によって供給されてきた（図1）．これら火力発電は，電力需要の増大に対応して大型化，高効率化を追求し，水力，原子力発電とともに社会経済発展の礎となる電力の安定供給に大きく貢献してきた．現在では従来型電源はそれぞれ大きな課題，すなわち温室効果ガス排出削減（火力），環境影響（特に大規模水力），安全面（特に原子力）などへのいっそうの配慮と対処が強く求められている．

図1　稼働中の超々臨界圧（USC）石炭火力発電所（J-POWER磯子火力発電所）（提供：J-POWER電源開発株式会社）

　他方，近年においては，太陽光，風力，地熱などの再生可能エネルギーが，温室

効果ガスの排出を抑えつつ，増大の一途をたどる電力需要をまかなう新たな電源として脚光を浴び，技術革新とコストの低減が進んだ結果，先進国のみならず途上国においても急速に導入が進み，電源がますます多様化している．

ただし，再生可能エネルギー電源の導入は途上国にとって特効薬ではなく，さらなる普及促進には，①中長期的な電源開発計画が立案されているか，②導入を促進する固定価格買取制度（FIT）に代表される政策的支援が適切に実施されているか，③既存電力系統の安定化に与える影響を如何に抑えるか，④適切な運営・維持管理（O&M）や設備更新がなされるのか，さらには⑤再生可能エネルギー電源を電力系統に接続するための送電線建設を誰が担うのかなどの先進国にも共通の課題に適切に対処する必要がある．

●送配電網整備と「ラスト・ワン・マイル」　電力を最終需要家まで確実に届けるには，信頼性の高い送配電網の整備が重要である．国によって事情は異なるものの，一般的には経済性の観点から遠隔地の発電所で生産した電力をできるだけ高い電圧で送電することで電力損失（ロス）を可能な限り低減し，需要地で変圧し，配電網で需要家に供給するシステムとして運用されている．途上国の場合は，送電・配電網ともに設備老朽化や不適切な運用によるロス（テクニカル・ロス）や盗電によるロス（ノンテクニカル・ロス）が課題となっていることが多い．さらには，全体の電化率がすでに90%超となっている国々においても，離島や山間部等地域は未電化のままという状況におかれている（電力のラスト・ワン・マイル）ことから，既存送配電網の改修や未電化地域の解消を目指す取組みが重要である．

●開発途上国の電力セクターにおける日本の支援　日本は電力セクターの発展期において，政府が中長期的な計画を策定し，電力会社と重電各社が協働して技術開発を進めた結果，世界最高レベルの発電効率と信頼性の高い送配電網を実現した．現在も最高品質の電力供給体制と，優れたO&M技術を維持し，再生可能エネルギーについても高い基礎技術力と経験を有している．

日本はこうした経験を活かし，途上国に対して，技術協力による上流の計画策定支援から，資金協力（有償・無償），民間への投融資による発電・送配電設備整備を実施するとともに，近年ではO&Mへの技術協力の強化もはかっている．

このように日本は官民一体となって従来型電源および再生可能エネルギー電源が直面する課題をその都度解決してきた．今後は民間企業や大学などとの連携をさらに強化することでより効果的かつ効率的に途上国のニーズに寄り添って問題解決をはかっていくことで，パリ協定の遵守と国連が掲げる持続可能な開発目標（SDGs）目標7の達成に貢献していくことが求められる．　　　　　　[林　宏之]

📖 参考文献

[1] International Energy Agency（IEA），*World Energy Outlook*（年刊）
[2] 日本エネルギー経済研究所『アジア世界エネルギーアウトルック』（年刊）

情報通信事業

information and communications service

　今日，携帯電話やスマートフォンは日々の生活に欠かせない道具となっている．国際電気通信連合（ITU）の推計では 2017 年には全世界の携帯電話加入者数は全人口を上まわっている．そして，普及度の違いはあれ，開発途上国においてもますます携帯電話は普及しており，後発開発途上国（LDC）においてすら 2015 年には約 70％の人口普及率を実現している．しかし，モバイル・ブロードバンドいわゆる携帯電話による高速インターネット利用は，20％をわずかに上まわったところであり，先進国においてほぼ 100％に到達しつつあるのとは対照的である．一般に情報技術の利用機会の格差はデジタル・デバイドとよばれており，先進国と途上国の間のデジタル・デバイドは，ほぼ一貫して減少しているものの，依然として存在しているものである．以下では主に利用者と直接接続するアクセス・ネットワークに焦点をあて，基地局から上流のコア・ネットワークについては簡単に触れるにとどめる．

●**情報通信インフラとサービスの歴史と現在**　通信技術が開発において有用な社会基盤であると最初に謳ったのは 1985 年に「電気通信の世界的発展のための独立委員会」が取りまとめた最終報告書『失われた輪（Missing Link）』である．この時代，通信とは音声電話を意味していたが，同報告書において，通信手段は単なる贅沢品ではなく，保健医療，行政，市場などの情報へのアクセスを提供し，開発を促進するための重要な手段であるという認識が示され，「すべての人々が 21 世紀の初頭までに電話を容易に利用できるようにすること」が目標とされた．これを契機に ITU は技術協力活動を担う部門を設置し，これは現在も電気通信開発部門（ITU-D）として活動を続けている．

　しかしその後も，途上国における通信インフラの普及はなかなか進まなかった．その一因として，通信機器を輸入に頼っており高価でサービスの拡大が難しかった一方，人材の確保や機器の維持管理が不十分でサービスの品質が低い，という問題を抱えていた．大きな転機となったのは携帯電話システムの標準化である．特に 1990 年にヨーロッパで標準化され，後に日本と韓国を除く全世界に普及した第 2 世代携帯電話方式である GSM は，結果的に世界初のグローバル標準となった携帯電話方式である．先進国で爆発的に普及することによって，基地局や交換機などのインフラ機器が低廉化し，携帯電話端末が安価な量産品として市場に流通するようになった．加入者ごとに配線の必要な有線電話とは異なり，基地局を設置するだけで面的なサービスが可能となることもあり，2000 年代に入って途上国にも急速に波及した．このように途上国においては有線電話網が整備さ

れずに，いきなり携帯電話システムにより通信手段が提供されるリープ・フロッグ（蛙跳び）現象が起きている．

　電話網が音声を主対象とする一方で，コンピュータ間のデータ通信ネットワークとしてインターネットが1990年代に商用化され，コンピュータ技術とデータ通信技術を組み合わせた情報通信技術（ICT）が注目を集めるようになった．当初のインターネットへの接続手段はアナログ固定電話の音声を用いてデータ通信を行うダイヤルアップ接続であり，電話網のない地域ではインターネットも利用できない状況であった．一方，第2世代携帯電話はデジタル方式であったため，データ通信機能が途中から追加された．携帯電話とインターネットの統合に世界に先駆けて成功したのが，NTTドコモが日本独自の第2世代システムであるPDCを用いて1999年にサービスを開始した「iモード」である．この成功を受けて，GSMのデータ通信機能であるGPRSやEDGEもインターネット接続を志向するようになった．

　携帯電話システムについては約10年間隔で新世代システムが導入されている．現在では第3世代システムUMTSおよび第4世代システムLTEが先進国で広く導入されており，途上国にも広く波及している．さらに第5世代システムも2020年の本格稼働を目指して商用化準備が進められている．第3世代以降の携帯電話システムはモバイル・ブロードバンド・サービスを提供している．その一方で，2016年時点でも全世界で約4億人が携帯電話サービスのない地域に，約9億人がGSMのサービスしかない地域に住んでいる．これらは，過疎地や遠隔地など人口が少なく事業の採算がとれない条件不利地域がほとんどである．

●**情報通信インフラの整備と普及**　開発の文脈で有名な情報通信インフラの整備事業はグラミン銀行によるヴィレッジ・フォンである．利用者は必要なときだけヴィレッジ・フォン提供者から携帯電話を借りて通話料を支払うBOPビジネスモデルが適用され，ヴィレッジ・フォン提供者はグラミン・テレコムから提供された携帯電話機を利用して事業を行い，通話料および電話機代金を収入の中から少しずつ返済する，というマイクロクレジットの仕組みが採用された．バングラデシュ国内で1990年代末から多数の村でサービスが提供され，ヴィレッジ・フォン提供者は村落内での平均の2倍以上の収入を得ていたといわれる．

　一方，条件不利地域においては，通信事業者の代わりに行政やNGOがデータ通信サービスを提供する取組みがなされている．代表的な手段は免許不要で運用できる無線LANである．社会的企業であるネパール・ワイヤレスでは都市と山中の村落との間の数kmに及ぶ通信回線を無線LANと指向性アンテナにより確保している．村落側には学校などにおかれたパソコンを通じて遠隔医療，遠隔教育，ネットバンキング，天気予報などのサービスを実施している．村落には配電網が及んでおらず，太陽電池，風力発電機などで電力を供給している．［高田潤一］

上下水道事業

water supply and sewerage

　上下水道事業は，基本的な人のニーズとしてミレニアム開発目標（MDGs）でも目標とされていた「安全な飲料水」と，「衛生環境」を提供する事業であり，都市部の上下水道事業とともに，広義には村落などの井戸開発や衛生改善事業も含まれる．水は人の生活に欠かせないものであり，どんなに時間を費やしても，水を得るために人々はまず活動する．このため，水を得られない地域ではなかなか貧困から脱することができないことから，水道事業は貧困対策事業としても有効である．また，女性や子どもが水の運搬を担う場合が多いため，ジェンダー対策としての効果も高い．

●村落給水と上水道事業　村落給水の多くは井戸水源が用いられる．最終的には各戸給水を目指すものの，最初の段階では数少ない井戸まで住民が足を運び，次の段階では配管して住民の近くに共同水栓を設けるといったように，段階的にサービスレベルをあげていく．これら共同水栓に住民が集まるので，ここに公衆トイレなどを設けてコミュニティの核とすることもある．浅井戸の場合には建設コストは小さいが排水により汚染されやすいため，井戸周辺に浸透式便所などは避けるべきである．深井戸の場合は排水の影響を受けにくいが，建設コストが高価である．井戸建設後にはポンプの運転，揚水量の管理，水質モニタリングが必要で，これを確実に実施できるような組織（コミュニティ）が必要である．

図1　共同水栓で水を汲む人々（タンザニア）

　一方，大都市の多くは河川・ダムを水源とし，沈殿，ろ過処理の後に消毒して給水される（井戸の場合は消毒だけで給水する場合が多い）．浄水場では有害物質の除去は難しいので，水源水質の保全のため開発の抑制や下水の処理などの対策が重要である．ダムや湖などでは，日射量，水温，水中の栄養塩（窒素，リン）などの条件でプランクトンが大量に発生する「富栄養化」現象により，異臭や不快な味が生じることがある．これを防ぐため，ダムや湖に流入する区域の下水処理には，窒素，リンなどを除去する「高度処理」が必要である．

●水源不足への対応と無収水対策　人口増加などで水需要が増加して水源が不足する場合，下水処理水の再利用なども行って節水するが，海水を淡水化して上水

道の水源とすることも行われている．中東などでは以前より火力発電の熱による蒸留法が用いられていたが，近年では逆浸透膜による淡水化が可能になり，政府開発援助（ODA）でも採用されつつある．臨海部の都市では有効だが，高いコストと環境面の配慮が必要である．

上水道事業の運営面では水道料金が主な収入源であるが，漏水などにより無収水（NRW）が50％を超えるような例もある．施設や水源の効率化と経営改善のためにも無収水を削減することが重要であり，無収水の原因には漏水のほか盗水やメーター誤差などもあるので，管の修理や更新に加えて組織能力強化も必要である．

●**下水道/衛生改善**　下水道整備には，し尿の処理による衛生改善，生活排水（汚水）の収集・処理による公共用水域の水質保全，雨水の排除などの目的がある．十分に水がない地域では浸透式の縦穴トイレが用いられるが，水道が整備されると水洗便所が用いられ，この排水処理のために浄化槽やセプティック・タンク（腐敗槽），下水道が用いられる．人口密集地では下水を集めて処理する下水道の方が効率的で，下水の収集には汚水と雨水をそれぞれ専用の管路で収集する「分流式」と両者を同じ管で収集する「合流式」があり，前者が環境面で優れている．開発途上国では早期に下水道の効果を発現するために，既存の排水路を利用して各家庭から発生する汚水を収集する「インターセプター方式」や，限られた条件で管路を浅く埋設するなどの「低コスト下水道」も考案されている．

下水の処理には「活性汚泥法」が広く採用されて，その施設は下水を活性汚泥といわれる微生物とともにばっ気（水への酸素の供給）する「反応タンク」と，微生物（汚泥）と処理水に分離する「沈殿池」で構成される．この反応タンクの大きさやばっ気・撹拌方法を変えることで，窒素・リンも除去する「高度処理」も可能となる．多少放流水質が悪くても，低コストが優先される場合は酸化池法などが採用される．写真の下水処理場は，酸化池法で処理されていた区域に人口が増加したため，活性汚泥法の処理場に変更して水質改善を行った例である．活性汚泥法では下水の汚濁物質を汚泥に変換するので，下水処理に応じて汚泥が発生する．発生した

図2　下水処理場（マレーシア）

汚泥は陸地埋立することが多いが，下水汚泥は継続して発生するため埋立地はいずれ限界に達する．したがって安定処分するためには再利用が望ましく，堆肥化（コンポスト）やセメント原料としての利用も進められている．

●**下水の再利用**　下水は都市部で発生する，安定した豊富な水源とみることができる．処理を行うことで洗浄・冷却用水などに利用できるので，その分を飲用などに代替利用できることから，今後ニーズが高まるものと考えられる．　　［上野修作］

河川事業

river improvement project

　河川事業とは水害被害を減らし，また水道や灌漑に使われる水資源を開発することを主目的とする事業をいう．川を広げ深くする工事を行い，堤防やダム，堰，放水路，砂防堰堤などを建設する．最近ではこうした構造物・ハード対策のみならず，ソフト対策が含まれることも多くなっている．ソフト対策では危険地域や避難場所・避難路を示すハザードマップの作成や災害情報の伝達，警報の発信，避難，防災教育などが含まれる．事業の社会的便益を示す指標である経済内部収益率（EIRR）は円借款の河川事業の平均で15%，最低は5.1%，最高で25.1%である．2001～10年度に事後評価が行われた円借款事業全体のEIRRの平均値は17.2%でありこれと比べてもそれほど遜色はない．

●**開発途上国での支援事業と成果**　1950年代後半にアジアの国々への戦後賠償が始まると河川事業もその一環として実施され，その後は円借款事業へと継続されてきた．特にインドネシアやフィリピンにおいて長きにわたり支援の対象となってきている．

　インドネシアでは1958年のブランタス川での排水トンネル事業を皮切りに現在にいたるまで支援が続けられている．ブランタス川流域での事業は河川事業の代表例としてしばしば取り上げられる．約2000億円を超える全体の事業に対し日本から約750億円の資金が主に借款として提供された．洪水被害軽減効果は年間135億円（1988年価格）に上り，240 MWの水力発電が開発されるなど効果があった．灌漑施設整備により米の単位収量が4.5 t/haから8.2 t/haに上昇し，当時のインドネシアの最大の課題であった食糧の自給達成に大きく貢献した．また，流域管理のためのマスタープラン作成，組織強化，人材育成などの技術協力が合わせ行われている．

　フィリピンでは1970年ごろよりパンパンガ川での洪水予警報システム構築の協力が開始され，堤防建設や技術協力が行われてきた．こうした河川堤防により全国で約4000 km^2，約800万人が洪水から防御された．オルモック市での事業は優良事例と考えられる．1991年の洪水で約8000人の死者を出したオルモック市では河川の拡幅，砂防ダムの建設，橋の架け替えなどが日本の無償資金協力を得て行われた．2003年

図1　オルモック川の改修事業

に 1991 年と同規模の洪水が発生した際に被害がでなかったなど成果がみられる. 特筆すべきことに市と公共事業省の協力により維持管理体制が確立され, 開発途上国ではつきものの河川敷地内の都市貧困層の住居建設や施設の劣化が防止されている.

この 2 か国以外にもさまざまな支援がなされた. 韓国では 6 件の多目的ダム建設に対して約 700 億円の円借款が供与され, 洪水防御や農作物増産, 電力開発などに貢献した. 1990 年代に実施されたスリランカでの大コロンボ圏水辺環境改善事業では都市洪水問題に合わせ, 貧困改善にも取り組んだ. 川沿いにすむ貧困層の住民の移転, 再建と生活改善を, 青年海外協力隊とともに支援した. ネパールでは供与された鉄線を使用して籠をつくり (じゃ籠), 住民が中に石を詰めるなど労力を提供する参加型によって農地や住居を守る護岸工事が行われた. アジアのみならず, ブラジル, チュニジアなどでも実施されてきた.

●河川流域を単位とする統合アプローチと能力強化　これらの事業の特徴として, 全国レベルや河川流域レベルにおいて複数の水問題を分析し開発計画を策定し, それに基づき事業を実施してきたことがあげられる. 河川流域を単位とし流域全体で洪水や水の利用, 環境といった課題を考え解決するものである. 洪水を貯めて水道にも利用できる施設を建設し, 生態系などの環境を守るために利用可能な水の量を算定する. その際には河川の上流や下流, 両岸でのバランスを考え流域全体の利益を最大化する. こうしたアプローチをとるにあたっては日本国内の計画づくりの仕組みや経験, 技術基準を国際協力にも活用している. 国際機関や他の援助国が 1990 年代に統合水資源管理という概念をもち出す数十年前より, 日本は統合アプローチをすでに実施していたといえる.

こうした事業と併せて技術協力による治水砂防分野の能力強化も支援された. ネパール, インドネシア, フィリピンでは技術協力センターが設立され, 治水砂防を専門とする組織の設立や強化, 制度や技術基準類の整備, 職員のトレーニングなどが日本人専門家により支援された.

大規模建設に伴う社会環境影響については, ガイドラインの強化, 審査体制の整備などにより, 解決がはかられてきた.

今後は, 気候変動により激化する水害への適応, 経済成長とともに深刻化している都市洪水, ハードとバランスのとれたソフト対策の推進が課題となっている.

[石渡幹夫]

📖 **参考文献**

[1] 石渡幹夫『日本の防災, 世界の災害—日本の経験と知恵を世界の防災に生かす』鹿島出版会, 2016

[2] 石渡幹夫他「河川分野における国際協力のあり方—歴史的な変遷と課題, 今後の方向性」河川技術論文集, 第 19 巻, 2013

インフラ整備と環境配慮

infrastructure development and environment consideration

　開発行為を行うと周辺の環境に影響を与えることになる．自然環境に対する影響もあれば，社会環境に対する影響もある．ただ，環境には変化に対する受容能力が備わっており，その変化が一定限度を超えるまでは環境変化による影響は大きくないこともある．開発の目的は人々や国・地域に特定かつ広範な便益を与えることであるが，同時に環境に負の影響を与えることも多く「開発と環境保全はトレード・オフの関係にある」といえる．本章で扱っているさまざまなインフラ整備も例外ではなく，山を削り，海を埋め立てるなどをして，鉄道，港湾，道路，ダムなど便利に使える施設をつくってきた．インフラを整備するに際しては，環境に対する負の影響をできるだけ小さくする努力が行われてきたが，その制度化までの道のりは長く，最初に法律ができたのがアメリカで 1969 年のことであった．

●環境アセスメント　アメリカの州間高速道路網の整備は 1956 年に連邦補助高速道路法が制定されて，10 年間で 6 万 5000 km 整備の計画で開始されたが，1960年代になると道路整備に伴う生態系への影響が深刻化し，また都市部での住宅移転に対する住民の反対運動が盛んになり，自然環境および社会環境への道路整備の影響についての十分な検証が求められるようになった．アメリカ政府は 1969年に国家環境政策法（NEPA）を成立させ，1970 年 1 月から施行した．この法律のもとですべての連邦機関に対して，開発事業を行うに当たり環境アセスメントを行い，環境影響報告書（EIS）の作成を義務付けた．その実施のために環境保護庁（EPA）が 1970 年 12 月に創設された．

　日本では深刻な公害を克服するために 1967 年に公害対策基本法が制定され，1970 年には公害関連 14 法が成立し，な公害からの本格的脱却が図られるようになった．その後，環境庁が 1971 年 7 月に設置され，1972 年に自然環境保全法が施行され自然環境や文化的遺産の保全のような幅広い環境対策に政府の対応が拡大していった．インフラ整備に伴う環境アセスメントは 1972 年に導入され，港湾計画，埋め立て，発電所，新幹線についての制度が設けられた．その後 1982 年に，統一的な制度の確立を目指す環境影響評価法案が国会に提出され審議されたが，廃案となり成立しなかった．このため 1984 年に「環境評価の実施について」が閣議決定され，政府内部の申し合わせによる統一的なルールが設けられ，インフラ整備に環境影響評価が実施されるようになった．さらに，地方公共団体においても条例や要綱の制定が進められ，開発行為に対して環境アセスメントが全国的に実施されるようになった．その後，1993 年に制定された環境基本法において，環境アセスメントの推進が位置付けられことをきっかけに，環境影響評価法

が1997年に成立した．日本のODAにおける環境配慮については相手国に責任があることを前提としているが，JICA環境社会配慮ガイドラインに則り実施されている．

●**ミティゲーション**　大規模な開発などによって損なわれる自然環境に見合った規模の自然を，何らかの方法で復元させ，環境破壊を環境創造で相殺する方法を「ミティゲーション」という．いわば環境面での等価交換ともいえるno-net-lossの考え方で，開発に伴う湿地区域の減少を，開発区域の外に湿地を人工的に造成することによって補う手法が1970年代からアメリカで始まった．開発に伴う森林の減少や埋め立てによる干潟の減少に対応するために，植林や人工干潟の造成を行うなど，開発の環境への負の影響を極力少なくする努力がなされている．

　一方，インフラ整備により自然環境に対して好ましい影響を与える場合もある．例えば，比較的平坦な海底の海域を緩傾斜護岸で埋め立て造成する場合，水深の変化が生じて藻場を形づくり，魚類をはじめとした海洋生物の再生産の場所となり，多様な生態系が復活するような現象が関西国際空港周辺海域などでみられている．このようにインフラ整備の環境に対するプラスの効果もみられる．

●**地球環境の保全とインフラ整備**　1972年にストックホルムで開催された国連人間環境会議以来，環境問題への取組みが本格化するなか，1992年6月に国連主催の環境と開発に関する国際会議「国連環境開発会議（UNCED）」が世界172か国の政府代表と国際機関および非政府組織（NGO）が参加して，ブラジルのリオデジャネイロで開催された．ここでは，地球温暖化，酸性雨等顕在化する地球環境問題を人類共通の課題として位置付け，持続可能な開発の概念と環境の両立を目指して議論が行われ，「アジェンダ21」が採択された．

　2002年9月には，ヨハネスブルグで，UNCED 1992から10年目のリオプラス10が，さらに10年後の2012年6月に，リオデジャネイロでリオプラス20が開催され，開発と環境が継続的に議論されている．その一方で，地球温暖化対策の国際枠組みが，2005年2月に発効した京都議定書から2016年11月に発効したパリ協定に移っている．2015年9月に採択された持続可能な開発目標（SDGs）には良質な環境と強靭なインフラの重要性が明記され，その目標達成が大きな課題となっている．

●**環境と技術革新**　東南アジアや中国の大都市の大気汚染の原因は，工場や急増する自動車からの排気ガスの排出であり，これは排気ガスの浄化装置や電気自動車，さらには再生可能エネルギーが普及することにより急速に改善するようになる．日本も1960年代の公害の時代を克服して現在のクリーンな環境に変容しているが，この教訓を活かして，開発途上国も先進国の轍を踏まずに当初から環境に配慮した施策を実施するとともに，最新の技術を取り入れられるよう配慮して，人々にやさしい環境を創造して行く必要がある．

[池田龍彦]

住民参加による道路整備

improvement of rural road through labor based technology

　住民参加による道路整備の一例として地方農道を土のうで直す手法を紹介する．土のうを使った道直しは，どのようにしたら機械を使わずに住民が自らの力で道直しができるのか，という問題意識に基づいて編み出された手法である．いかに簡単な技術を用いて住民の問題を住民自身で解決できるかが，貧困削減への鍵となる．人力で簡便にまた経済的に施工でき，利用効果がただちに把握でき，補修も可能な点が有用である．

　「道が綺麗になり買付業者のトラックが入れるようになったので，換金作物の栽培を再開した．作物の売却益で労働者を雇用することができ，それまで畑の手伝いをしていた息子を学校に行かせることができるようになった」という事例が存在する．例えばアフリカの国々では，80％以上が土の道であり，雨水の処理ができない箇所は雨季には泥田状態になってしまう．このような四輪駆動車でも通行不能な箇所のみを修繕し，雨季に農作物を市場に運べず換金できない事態を解消することで，貧困削減に貢献できる．また，道は地域の発展に非常に重要なインフラで，道が良くなれば学校や病院に行きやすくなり，人々の生活が豊かになる．

　土のうとは，土を袋の中に詰めて用いる簡便な建設材料である．洪水発生の予防として堤防の高さのかさ上げや堤防本体の補強に用いるなど，水が浸入することを防ぐという利用が一般的である．1つの土のうは通常25 kgの重さであり，人力での施工が基本であるが，紫外線に弱く，日光があたる状態で放置すると1年で袋は劣化する．土のうの特徴として，材料が世界中どこでも安価で手に入り，単純な人力施工で養生期間も不要で，かつ丁寧な締め固め（突き固め）により強度が発現することがあげられる．土のうによる農道整備は人力で土のうを用いて，特に状況の悪い部分のみのスポット補修である．土のうを用いることで車によって道にかかる荷重を分散させ，沈下量が少なくなる．つまり，道の強度が高くなる．さらに，環境に対する影響もない[1]．

●土のうを用いた道直しの具体例　2007年にはウガンダで青年海外協力隊と連携して，2 kmの農道を約30万円で修理した．ケニアでは，1 mあたりたった2ドルの費用で幅4 mの道の補修を行い，1人で1日2.7 mもの道の補修を行えた．標準的な道路断面を図1に示す．2段の土のうを路盤材料に使い（20 cm），表面

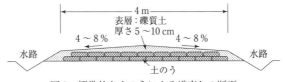

図1　標準的な土のうによる道直しの断面

は 5〜10 cm の土を被せ，道路面の縦断勾配と両側の水路の整備が重要となる．

この活動は 2007 年に設立された NPO 法人道普請人で精力的に実施されており，現在，同 NPO の事業実施国はアフリカを中心に世界 25 か国で，1 万 4500 人に道直しの研修を行いながら 140 km の道を整備した（2018 年 3 月末現在）．最近では土のうによる道路のかさ上げと補強を実施した後に，長く道路をもたせるために表面を簡便なコンクリート舗装にする，一歩進んだ補修法も提案されている（図 2）．

土のうを用いた自分達の道，という意識改革で住民達に自分達でできるという自信をもたらすことに成功した．これが道直しだけでなく，さらに土のうを用いた橋直しへと発展していき，多くの内発的発展を産み出した．道路整備によって，農作物の買取業者の集荷順位も集荷頻度も増えた．さらに，運搬費も下がり早朝の農作物が高く売れる時間帯の出荷も可能になった．

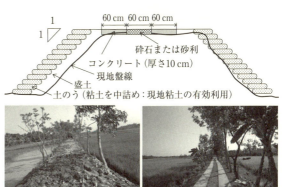

図 2　土のうによる盛土補強と簡便なコンクリート舗装（提供：NPO 法人道普請人）

図 3　土のうによる道直し（提供：NPO 法人道普請人）

持続的な道直しを実現するためには，農民や若者を組織化し，道直しのコストの見積りや道直しの申請書の作成に対して支援し，最終的には小さな建設会社を設立する工夫をしている[2]．中央や地方政府が土のうを使った道直しの理解を深め，ケニアでは道路整備手法の標準化として組み込まれる動きも出ている．「住民へのチャリティーから住民のビジネスへ」という活動を，道普請人により実践されている．　　　　　　　　　　　　　　　　　　　　　　　［木林　亮］

📖 参考文献
[1] 福林良典・木村 亮「「土のう」による住民参加型農道整備手法の開発と実践によるコミュニティ活性化へのアプローチ」国際開発研究，18(2)，pp.153-166，2009
[2] 福林良典他「土のう工法の普及活動を通した未舗装道路の BOP ビジネス化」土木学会論文集 F5，71(1)，pp.13-23，2015

自然災害と防災

natural disasters and prevention

　開発途上国では地震（例えば 2010 年ハイチ地震），津波（2004 年インド洋津波），火山噴火（2010 年ムラビ山，インドネシア），台風・強風・高潮・高波（2013年ヨランダ台風・高潮，フィリピン），河川洪水（2011 年タイ），山火事（2015 年インドネシア），渇水（アフリカで多発），感染症（2005 年鳥インフルエンザ）など大きな自然災害が頻発している．国際開発の視点からは，国ごとの事情を十分に踏まえたうえで実際の災害を現地調査などによって分析し，それぞれの地域の立場から復興をはかり，さらに将来にわたる減災戦略を練り上げていくことが求められる．その際には，多くの自然災害のリスクにさらされている日本の経験（例えば東北津波）[1]を整理し，世界に伝達し，貢献していくことが重要である．

●近年の自然災害の例示　　これまで，特に多数の死傷者を出してきた広域災害である津波と高潮を例として示す．表1に示すように，2004 年のインド洋大津波をはじめとして，近年では毎年のように大きな津波と高潮が発生してきた．このような災害のたびに日本の津波研究者，高潮研究者によって現地調査が行われ，調査に基づく新たな重要な発見があり，水理実験，数値シミュレーションなどの研究方法へ反映されてきた．それらの発見は例えばハンドブックに示されている[2]．災害に際しては調査活動だけではなく，日本からの緊急救援支援，復興支援などの国際協力機構による政府開発援助が行われている．2013 年のヨランダ高潮では同機構による「台風ヨランダ災害緊急復旧復興支援プロジェクト」（2014〜17 年)が被災地域の復興，将来の防災・減災に向けて大きな役割を果たした．

表1　近年の津波・高潮災害

年	名　称	場　所	死者＋行方不明
2004	インド洋津波	スリランカ，インドネシア，タイ	220,000
2005	カトリーナ高潮	アメリカ（ニューオーリンズ）	1,200
2006	ジャワ島中部地震津波	インドネシア	668
2007	シドル高潮	バングラデシュ	5,100
2008	ナルジス高潮	ミャンマー	138,000
2009	サモア津波	サモア	183
2010	チリ津波	チリ	500
2010	スマトラ（メンタワイ諸島）津波	インドネシア	500
2011	東北地方太平洋沖地震津波	日本	15,782/4,086 *
2012	サンディー高潮	アメリカ（ニューヨーク）	170(USA 80)
2013	ヨランダ（ハイヤン）高潮	フィリピン	6,201/ 1,785 *
2014	根室の高潮	日本	0

＊死者/行方不明者

●**自然災害への備え** 一般に，来るべき自然災害に備えるには，過去の災害の調査，コンピュータを用いた数値予測，工学的な模型実験などの手法を組み合わせて災害の具体的イメージをつくる必要がある．さらに地域社会全体がそのイメージを共有することが大切である．被災の内容は地域の事情によってさまざまであり，共同体の歴史的成立過程，社会構造など社会的文脈を読み解くことによって，対応する減災の筋書きを作成し，行政担当者，地域住民とともに有事に備えることが重要である．例示すれば，開発途上国では社会的な弱者が災害のリスクが高い場所に居住していることが多い．ヨランダ高潮の場合にも最も大きな被害のあったタクロバンの海沿いの低地には経済的な困難を抱える人々が密集して居住していた．一方で，タイ，ベトナム，インドネシアなどの臨海産業地域では，海外に展開した日本企業のサプライ・チェーンを守るための方策も大切である．

●**複合災害への対応** 複合災害とは，①地震・火災・液状化・津波，②台風・強風・豪雨・高潮・洪水，あるいは③地震・火山噴火・火山灰降下・洪水など一連の災害が単独ではなく，同時にあるいは時系列的に進行していく新しい災害のとらえ方を指す．今後の防災・減災対策では個別の災害の研究成果を総合して分析を進め，複合災害の減災手法を進化させていく必要がある．

●**防災人材の育成** 日本の調査隊が途上国で災害調査を行う場合，日本で博士号を取得し，母国の大学などで研究を続けている元留学生と共同で調査を進めることが多い．日本の大学が1980年代半ばから30年以上にわたって積み重ねた母国で活躍する元留学生との，防災分野での協働は大きな成果をもたらした．収集データや分析結果，数値モデルによる検討結果，減災への提言などが彼らを通じて現地での対策に生かされていくことは，地域社会に大きな変化をもたらす．また，2015年に国連総会において，日本などが提案する世界津波の日（11月5日）が制定されたことは日本の経験を国際的に普遍化していくための契機のひとつとなっている．

●**減災の今後の方向性** 技術的側面からの災害のとらえ方が大きく変化してきた一方で，避難計画の策定方法，災害に強い街づくりなどの対策も大きな進歩を遂げている．これまで，災害への対応は，主に行政の視点から考えられてきたが，これを個々人の行動選択の視点に変えて対策を進める必要もある．これまでの個別の災害についての研究結果を踏まえて，個人レベルでの複合災害リスクの定量化と可視化を行い，個人の行動選択を助けるシステムをつくり上げることが今後の国際協力における目標となる． ［柴山知也］

📖 参考文献

[1] 柴山知也『3.11津波で何が起きたか―被害調査と減災戦略』早稲田大学出版部，2011
[2] Esteban, M. et al. eds. *Handbook of Coastal Disaster Mitigation for Engineers and Planners*, Elsevier, 2015

緊急支援・復興支援

emergency response and reconstruction assistance

　日本は台風，豪雨，豪雪，土砂災害，津波，火山など，世界でもきわめて災害の多い国である．全世界におけるマグニチュード6以上の地震のうち，約2割は日本周辺で起きている．また，世界に占める日本の国土面積は0.27％に過ぎないが，世界の災害被害額のうち約2割を日本が占めている．近年では，1995年の阪神淡路大震災，2011年の東日本大震災，2016年の熊本地震といった大地震に見舞われた．数々の災害からの復興により，より安全で快適な社会づくりに取り組み，必要な法制度やその実施・支援体制などを整えてきた日本は，災害に脆弱な世界の国々にとって参考となる多くの知見や教訓を提供できる．

●**緊急支援**　自然災害発生直後に最も必要となるのは人命の救助，医療活動，食料，医薬品，シェルターの確保などといった緊急支援である．国際協力機構（JICA）は警察，消防，海上保安庁や民間の医療関係者らからなる緊急援助隊を早期に被災地に派遣し，被災国政府や国連機関と調整のうえ，他ドナーや支援団体と連携して活動を分担し，二次災害を防ぎつつ支援を行っている．人命救助においては，発災後72時間を経過すると生存率が大きく下がるといわれているため初動がきわめて重要となる．

●**復興支援**　被災前の状況に戻す復旧は迅速な対応を目指し，改良復旧を除き再度の災害を防ぐことに主眼をおかない．これに対し復興は，被災前と比べて，対象地域の安全性，生活環境，産業や経済などの向上を目指すものであり，より継続的な取組みが必要となる．この復興の考えを，日本は「より良い復興（Build Back Better）」として世界に発信してきている．

●**課題：切れ目のない支援**　緊急支援は人道援助機関などが，復興支援は開発援助機関などが主体となって行われるが，実施主体の違いや関係機関の調整不足から，緊急支援が収束した後，復興支援の稼働まで，現場被災者に支援が届かない期間が生じることがある．例えば，食糧援助の支援団体が現地活動を撤収した後，人々は自分達で糧を得る必要があるが，農地や灌漑施設が被災して農業ができない，舟や漁具を失い漁業を営めず現金収入や食糧が得られないなどの深刻な状況に陥る．緊急支援から切れ目なく復興支援を実施し，人々が早期に自らの生計手段により自立的に生活を営めるようになることが求められる．JICAは緊急支援，復興支援，その後の開発支援を包括的に実施できる数少ない援助機関である．

●**台風ヨランダからの復興支援**　実際のJICAの復興支援の事例として，2013年11月にフィリピンのサマール島，レイテ島を直撃し約8000人の犠牲者を出した

台風ヨランダのケースをみてみよう（☞「自然災害と防災」）.
　台風ヨランダは，上陸時の中心気圧が895ヘクトパスカル，最大瞬間風速87.5 m/秒という100年に一度といわれる超大型台風であった．発生した高潮によりレイテ湾沿岸部で多くの人々が命を落とした．また，広範囲で暴風に見舞われ，人々の住居ばかりではなく，市場，学校，病院などの多くの公共施設が被害を受けた．JICAは発災直後に国際緊急援助隊緊急医療チーム（EMT），その後復興支援の専門家チームを現地に派遣し，被害状況の分析結果を踏まえて，Build Back Betterを提案し，これはフィリピン政府の復興政策となった．また，高潮と類似性のある東日本大震災の津波からの復興経験について，宮城県東松島市の協力を得て現地の人々にその知識を移転した．具体的な復興支援では，①高潮ハザード・マップを踏まえた土地利用計画および避難計画の策定，②病院，学校，役所などの公共施設の再建，③水産養殖の稚魚生産施設および航海技術訓練センターの再建など，生計や雇用の再生などを行った．
　本協力におけるBuild Back Betterのユニークな取組みとして，水産業の復興があげられる．多くの支援団体が漁民への漁船の供与を行う中，JICAは現地の水産資源の減少を踏まえて，台風の波浪による被害を回避する浮沈式いけすを用いた地元大衆魚の養殖を導入し，災害に強い持続的な水産業の復興を後押しした．また，2014年12月に大型台風ルビーがレイテ湾沿岸部に接近した際，JICAによる高潮ハザード・マップを活用した避難計画の有効性が現地関係者の間で広く認識された．同時に，避難所や避難方法の周知不足といった課題も改めて浮き彫りになった．その結果，フィリピン政府指導のもと，多くの自治体と住民が協働してハザード・マップを踏まえた構造物対策の計画づくり，避難計画の改善と避難訓練の実施などの自主的な動きにつながっている．

図1　ハザードマップを踏まえて避難計画を検討する住民代表者

●今後に向けて　2015年3月仙台で行われた第3回国連防災世界会議において，日本は準備段階から議論をリードし，2030年までの防災の指針である「仙台防災枠組2015-2030」の優先行動にBuild Back Betterが取り入れられた．世界中で自然災害が増大する中，災害と復興の豊富な実体験を有する日本が世界に向けて果たせる役割は大きいと考えられる．
[室岡直道]

■参考文献
[1] 国土交通省編『2016 国土交通白書』2016

15

環境・資源・エネルギー

資源と環境

resources and environment

　経済活動には資源消費と汚染物質排出の環境負荷が伴う．環境負荷には削減策がすでに確立しているものと，対策技術がまだないか，あっても経済的あるいは社会的に実施することが難しいものとがある．前者には産業公害対策や上下水などの生活環境改善策があり，先進国ではおおむね解決されている．後者には水や化石燃料などの資源消費があり，先進国でも課題として残されている．国際開発学の視点に立てば，前者は技術と資金の移転ができれば解決できるが，後者については，開発途上国も先進国がこれまでたどってきた環境負荷増大の道を同様にたどるのか，あるいは，先進国とは異なる環境負荷の小さい新たな発展経路をたどれるのかという点が関心事項となる．

●**経済規模の拡大と環境負荷**　先進国が公害に直面していた時代，問題は地域的なものに留まっていた．1972 年にストックホルムで開催された国連人間環境会議（ストックホルム会議）は環境問題についての世界初の大規模な政府間会合であったが，そこで国境を越える問題として議論されたのは酸性雨という先進国に限定されたテーマであった．この会合に出席した途上国の政府代表は，経済発展のためには環境問題は必要悪であり，もっと公害が欲しいとも発言していた．

　ストックホルム会議の時代と現在とが異なるのは，経済の急速な拡大である．1972 年から 2015 年までに世界経済は 20 倍に拡大し（世界銀行データベース），環境負荷の影響が地球規模に広がった．途上国では工業生産が拡大し，資源開発や農業のモノカルチャー化，モータリゼーションが進行した．その結果，公害や資源枯渇が各所で顕在化している．

●**国際社会の取組み**　国際社会は地球規模での環境問題に危機感を持ち，1992 年に国連環境開発会議（地球サミット，UNCED）を開催した．これをきっかけとして，持続可能な開発の概念が広く共有され，2015 年には 2030 年までに実施すべきテーマを掲げた持続可能な開発目標（SDGs）が国連で採択された．

　もはや公害が欲しいと公言する政府は存在しないが，地球規模の環境問題となると各国の姿勢には濃淡がある．地球規模の汚染は先進国のこれまでの活動によるものであり，途上国にその責任はなく，途上国が地球環境問題に取り組むとしても先進国から提供される資金と技術の範囲内に留まると，途上国は主張してきた．これに対して先進国は，責任は各国に共通であり，先進国からの支援だけでは責任を果し得ないと反論してきた．そして，両者の妥協の産物として「共通だが差異ある責任」という語句が，地球規模の環境問題に関係するあらゆる国際文書に挿入されることとなった．パリ協定は先進国，途上国の区別なく，各国が気

候変動対策に取り組むことを取り決めた画期的な文書とされるが，ここにもその語句が合計4個所に挿入されている．

「差異ある責任」を果たすため，先進国は途上国の環境対策に向けて技術と資金を提供することが，多くの国際文書に規定されている．その規模について合意が得られたわけではないが，環境分野は開発援助の主要セクターとなった．オゾン層破壊物質の生産と消費を制限することを決めたモントリオール議定書は地球環境対策の成功例といえる．まず，先進国が対象物質の使用を全廃し，途上国に資金と技術を提供する．

図1 気候変動による海面上昇で国土の水没が懸念されるマーシャル諸島共和国の墓地：高波で墓石が流されている（提供：中山幹康）

途上国は10年の猶予期間の後に使用を全廃する．こうして，2030年までに世界ですべての対象物質が全廃され，オゾン層も徐々に回復に向かうことが予測されている．

気候変動問題はそれほど容易には解決しない．二酸化炭素排出量がエネルギー消費と密接に関連しているため削減は容易でない．産業セクターであればエネルギー消費と汚染物質の排出の両方を抑制するコベネフィット・アプローチは有効な手段ではあるが，交通セクターや市民生活のエネルギー消費抑制は難しい．まず，先進国が大幅な削減を行い，途上国に増加のための余地を残すしかない．

世界銀行などの国際機関や先進国政府，そして先進国の民間銀行や企業は途上国でインフラ建設や鉱工業などの開発プロジェクトを行う場合には，これによる社会環境影響を回避・最小化するためのセーフガード・ポリシーを運用するようになった．社会環境としては住民移転だけでなく，児童労働などの人権面も意識されるようになった．貿易や投資に関する国際協定にも環境配慮が重要事項として規定されている．取引先の先進国企業の要求に応えるために，高度な環境対策を行う途上国の企業も増えている．

●**ガバナンス** 一方で，ガバナンスの悪さが問題解決を妨げている国がある．地下資源が豊富に存在するために，かえって経済発展と民主化が遅れる「資源の呪い」から逃れられない国もある．情報が制限された抑圧的な社会では，よほどガバナンスがしっかりしていないと，資源環境政策の実効性は期待できない．被害者である弱者の声が政府に届かないからである．資源環境管理がうまく行われるか否かは当事国の政治社会体制と強く関係している．先進国は官民を問わず投資する側の社会環境配慮はより慎重になる傾向にあるが，安易な投資を行って顧客を獲得しようとする新興投資者の出現も懸念される． ［藤倉 良］

開発援助のセーフガード・ポリシー

safeguard policies for development assistance

　開発援助プロジェクトは開発途上国の人々の生活改善を目指すものである．しかし適切な配慮なしにプロジェクトが設計・建設・実施されると，予定地あるいは周辺の人々の暮らしや環境を悪化させてしまいかねない．これを防止するための政策がセーフガード・ポリシーである．

　インフラ開発においては，大気，水質，騒音，自然環境，住民移転などさまざまな環境・社会的な留意点がある．セーフガード・ポリシーは，これらへの対応を要件として定めている．

●**規程と原則**　セーフガード・ポリシーは援助機関によりさまざまな形態で存在し，世界銀行の現行ポリシーは環境アセスメント，自然生息地，住民移転などの業務ポリシーから構成されているが，2016年に策定され2018年から運用予定の「環境社会フレームワーク」はこれらを束ねた形になっている．アジア開発銀行（ADB）は「セーフガード・ポリシー・ステートメント」（2009年）として環境，住民移転，先住民族の3つのポリシーを統合している．国際協力機構（JICA）は「環境社会配慮ガイドライン」（2010年）を定めている（2015年に運用面の見直し）．アジア・インフラ投資銀行（AIIB）も「環境社会フレームワーク」（2016年）を策定した．また，援助機関ではないが，民間セクターでも多くの国の金融機関が参加した「赤道原則」とよばれる環境社会配慮の取組が行われている．セーフガード・ポリシーの主な原則としては，プロジェクト案に対する早い段階での環境社会影響のスクリーニング，代替案検討，負の影響に対し回避を最優先し回避できない場合に最小化，緩和，補償を行うというミティゲーション・ヒエラルキーの採用，ステークホルダーの関与，ステークホルダーとの有意義な協議の実施，異議申立メカニズムの設立，現況調査・将来予測・影響評価・プロジェクト実施中の管理計画を含んだ文書（環境アセスメント報告書，住民移転行動計画など）作成，関連文書の公表，管理計画に基づいたプロジェクトの実施およびモニタリングがあげられる．

　スクリーニングにあたっては，多くの援助機関において影響やリスクの重大性に応じてカテゴリ分類を行い，カテゴリごとに要件を定めている．

●**政策内容**　セーフガード・ポリシーがカバーする内容は援助機関によって多少の違いはあるが，おおむね汚染防止，自然環境（生物多様性，天然資源管理），非自発的住民移転，先住民族および社会的弱者，コミュニティの保健・安全，労働者の労働条件・保健・安全，文化遺産への配慮を含んでいる．ポリシーには，援助機関がプロジェクトの形成，審査，実施監理を行うにあたってチェックすべき

手続要件が明記されている．一方，個別プロジェクトの具体的検討結果や計画内容は，環境アセスメント報告書，住民移転行動計画などにまとめられることとなるが，技術的事項は，世界銀行の「環境社会スタンダード」（2016年）や国際金融公社（IFC）の「環境社会持続性に関するパフォーマンス・スタンダード」（2012年）のように関連基準として定められている．これに加え，ガイダンス・ノートやソース・ブックも参考となる．中でも，世界銀行グループの「環境・保健・安全（EHS）ガイドライン」は，一般ガイドラインとセクター別ガイドラインからなる実用的なもので，多くのプロジェクトで参考にされている．

●**さらなる展開**　歴史をさかのぼると，環境問題への関心の高まりを受け，1960年代後半から1970年代にかけて先進各国において環境アセスメントの制度化が行われた．1979年には経済協力開発機構（OECD）が「環境に重大な影響を及ぼすプロジェクトのアセスメントに関する勧告」を出し，援助機関においても規程が策定されていった．セーフガード・ポリシーは，運用実績と時代の要請に基づき，繰返し改訂作業が行われている．新たな取組みとしては，地球温暖化への対応としてプロジェクトによる影響の緩和策やプロジェクトに対する適応策の検討，累積影響の考慮やセクター・地域レベルでの戦略的環境アセスメント，社会的弱者への配慮強化，カントリー・セーフガード・システムの利用などがある．カントリー・セーフガード・システムの利用については，援助機関のポリシーと国の法令の両方を満たすための手続煩雑化回避のみならず国の制度を国際的レベルに高めるという意味合いもあるが，制度に加えて人材や予算面でのギャップを埋めることも必要であり，援助機関側と被援助国双方のさらなる努力が必要である．

　セーフガード・ポリシーの運用にもかかわらず，問題が生じているプロジェクトも少数であるが存在する．借入主体・クライアントレベルで問題解決できない場合，援助機関のプロジェクト・チームも解決に努める．それでも解決できないときのために，援助機関は異議申立のための独立機関を設けている．世界銀行のインスペクション・パネル，ADBのアカウンタビリティ・メカニズム，JICAの異議申立手続がこれにあたる．開発援助を担うJICAに加え，国際協力銀行（JBIC）や日本貿易保険（NEXI）でも同様の手続を定めている． ［辻　昌美］

図1　セーフガード・ポリシーの例：JICA環境社会配慮ガイドライン（2010年4月公布）（出典：© 2010 by Japan International Cooperation Agency：JICA）

環境 ODA

environment-focused ODA

狭義の環境 ODA とは，援助国の政策調整機関である経済協力開発機構開発援助委員会（OECD/DAC）が定めた ODA 報告システムである共通報告基準（Creditors Reporting System: CRS）に基づく ODA 目的分類における CRS コード 410・一般環境保全分野（環境対策や自然保護などの 7 項目）に統計分類される ODA である．これに対して，広義の環境 ODA は CRS の ODA 統計において Environment Marker とよばれるもので，環境を主目的（Principal）にするものだけでなく，主要な目的のひとつに環境が入っているもの（Significant）までも含めた目的分類に基づく ODA である．

OECD/DAC の ODA/CRS 統計における Environment Marker は，ブラジルのリオデジャネイロで開催された国連環境開発会議（UNCED，地球サミット）を契機とし，1992 年に導入された．その後，リオ会議の国際環境 3 条約（気候変動枠組条約：UNFCCC，生物多様性条約：CBD，砂漠化対処条約：UNCCD）を踏まえて，CRS 統計には 1998 年に生物多様性，気候変動・緩和対策，砂漠化対処という分類が導入され，2010 年からは気候変動・適応対策という ODA 目的分類も導入されている．

狭義の環境 ODA の ODA 全体に占める比率は，日本や北欧諸国などの環境 ODA を重視している援助国でも 3%から 5%程度である．最新の OECD/DAC 報告書では，日本の 2012・13 年平均の狭義の環境 ODA 比率は 2.9%である．一方，広義の環境 ODA の比率では，日本，スウェーデン，ドイツ，デンマーク，フィンランドなどのトップグループでは，ODA 全体の 40%から 60%となっており，援助の半分程度が環境 ODA となっている．日本の 2012・13 年平均の広義の環境 ODA 比率は 53%である．

●日本の環境 ODA　注目すべきは，ODA 支出純額ベースでは DAC 諸国の中で日本は第 4 位（2015 年）あるいは第 5 位（2014 年）となっているが，広義の環境 ODA でみると，日本の環境 ODA の 7855 百万ドル（2012・13 年合計）は EU 全体の 4725 百万ドルの約 1.7 倍の大きさであり，環境 ODA では日本が依然としてトップ・ドナーだということである．なお，日本の環境 ODA の全体的傾向を知りうる外務省『ODA 白書』では，なぜか 2007 年度版白書以降，広義の環境 ODA の統計が掲載されなくなり，環境協力や環境 ODA という用語も使われなくなった．こうした背景には，2006 年 4 月の海外経済協力会議の設置，同年 5 月の行政改革推進法（2008 年の JICA 法改正による，国際協力銀行の海外経済協力業務を JICA に継承させることを規定）の成立，同年 8 月の外務省国際協力局設

置，同年11月のJICA法改正法の成立といった一連のODA制度改革があるものと推察される．ODA制度改革という「どさくさ」の中で，環境ODAといった「くくり」を好まない省庁や勢力が，環境ODAを白書に掲載することを止めてしまったのではと考えられるが，日本のODAの国際的アピールポイントである環境ODAがODA白書から消えたことは誠に残念なことである．

　日本の環境ODAに占める円借款の比率は，確認できる2006年度までの数字でみると75％から88％という大きさとなっている．単純化していえば，日本の環境ODAは円借款に依存しているのである．円借款の大きな部分が住環境整備の上下水道インフラ整備事業であり，CO_2削減を旗印にしたバンコク地下鉄整備などの都市交通インフラ整備事業も環境分野事業として行うことにより，日本は環境ODA大国となってきた．

●**環境ODAとアジア地域環境制度の形成**　日本は二国間環境ODAにより，東南アジアや中国といったアジア途上国の社会的環境管理能力の形成を支援し，環境モニタリングのための環境センターなどの地域公共財を整備してきた．アジア地域における地域公共財の整備と各国の社会的環境管理能力の形成を踏まえ，日本は二国間ODAから多国間の地域環境ガバナンス構築へと向かった．こうした日本のアジア地域環境戦略は公害克服経験と環境技術の高さに裏打ちされたものであった．1990年代には，日本をハブ，アジア途上国をスポークとして位置付けるハブ・アンド・スポーク構造の地域環境ガバナンスの形成を目指してきた．

　しかし，日本国内の環境省と外務省の対立といった縦割り行政制度は環境戦略の司令塔の欠如を招き，国際的にも「知識共同体」の形成を阻害し，国内の知識共有と知識生産を妨げてきた．さらに，日本は地域ガバナンスの構築においてさまざまな地域制度を立ち上げるともに，北東アジア，東アジア，アジア太平洋という3つの地域戦略を同時に行ってきたが，地域制度構築において何を基軸制度とするのか，どの地域単位を戦略的に重視するのかが不明瞭なまま，地域環境制度の分散的形成を

図1　日本の環境協力によるスリランカ廃棄物調査

行ってきた．こうした分散投資は，日本がアジア地域の唯一の先進国であり，経済力などの国力が強かった時代，言い換えると日本がトップ・ドナーであった時代においては，リスク・ヘッジとしての価値があったかも知れない．しかし，韓国や中国やASEAN諸国が経済成長し，それぞれが地域環境制度の形成にのりだしてきた21世紀においては，日本はスマート・ドナーを目指した「選択と集中」を行う必要性が強まっている．

　　　　　　　　　　　　　　　　　　　　　　　　　　　　　　　[松岡俊二]

エコロジー的近代化

ecological modernization

　現在の経済・社会開発では，どの国においても環境への配慮が重要視されるようになっている．エコロジー的近代化は，この開発と環境との調和という現代社会の要請を考える際に，主に西欧で注目されるようになった概念のひとつである．

●エコロジー的近代化と環境クズネッツ曲線　エコロジー的近代化は，1980年代前半にドイツの社会科学者J.フーバー（2009）とM.イェニケ（2009）が提唱し，一部の西欧の環境社会学者によって支持されるようになった概念である．その要諦をひとことで表せば，「資本主義的な政治経済がより環境にやさしい方向に沿って再編成される[1]」近代化のプロセス，となろう．彼らは，それまでこの分野の主流であった脱近代化志向の考え方とは一線を引き，環境問題を内部化する形で既存の社会・政治・経済を漸進的に変革する道筋があり得ると論じた．

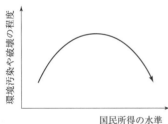

図1　環境クズネッツ曲線

　実はこの概念は，経済学者によって議論されてきた環境クズネッツ曲線（環境クズネッツ仮説ともいう．不平等と経済発展の関係を定式化したクズネッツの議論を応用したもの）ともほぼ整合的である．この仮説に従えば，発展の初期には環境破壊の程度は低いが，発展が進むにつれてしだいに環境は破壊されていく．しかし，発展がある段階に達すると，一転して環境は改善されていく（図1）．

　エコロジー的近代化の考え方が生まれる背景には，産業界における技術革新，政府当局における規制のみの手段からの脱皮，環境保護運動の興隆や「緑の党」の結成といった，1980年代以降の西欧の経済・社会・政治面における環境志向的な変化があった．エコロジー的近代化の概念は，この西欧社会の経験から，経済学者の仮説を部分的に支持するとともに，具体的な変革の道筋を考察するための枠組みを提供しようとしたのである．ただし，一連の変革のうち何を重視すべきかに関しては，技術的な解決策や政治家・企業・科学者による協調主義的な政策形成を志向する立場から，より広範な市民参加によるオープンな政策決定を重視する立場まで，支持者の間にも相当な幅が認められる．

　なお，現在この概念は，急進的なアプローチに代わる現実的な環境言説として，協調主義的な政治体制をとってきた西欧諸国において相応の影響力をもつようになっている．例えばドイツやオランダでは，政治家・科学者・財界関係者などのエリートがこの言説に相乗りするようになり，次第に環境対策がとられるように

なった．一方で，英語圏の先進国，例えばイギリスやアメリカでは，協調主義的かつ介入主義的な政策スタイルをもたないため，この概念の影響力は低いとされる[1]．

●**国際開発の中のエコロジー的近代化**　エコロジー的近代化には，多くの批判が提出されてきた．なかでも国際開発に関連するものとして重要な批判は，この概念が西欧中心主義的で，非西欧世界の現状を踏まえていないというものである．この批判を受けて，支持者たちは，アジアや東欧などの成長著しい地域で，この概念の適応可能性について実証研究を重ねるようになった．

　これらの研究から，西欧における変革の道筋と非西欧世界における道筋には重要な相違点があることが明らかになってきた．その第1は，政府当局・企業・消費者・NGOなどのアクターの関係性が，西欧の協調主義的なそれとは異なることである．そもそもこれらの国々では，協調主義以前に社会的環境管理能力が不十分であることも多い．第2は，非西欧の国々においては多くの争点は内発的なものではなく，西欧諸国や国際NGOが主導した外発的なものだということである．そして第3は，同じ国や産業であっても，扱う環境問題の性質や争点（地域固有のものもある）によって変革のプロセスや効果は異なるというものである．

　例として，東南アジアの紙パルプ産業の事例をあげよう．1990年代以降にこの産業は地域で大いに発展したが，やがて2つの課題（争点）に直面した．1つめは，紙の製造工程における「無塩素化」という環境汚染に関連する課題である．この課題は，先進国消費者の健康に対する懸念をくみ取った国際NGOの働きかけを契機として，現地企業や政府当局が技術的・政策的な対策をとることにより比較的順調に克服することができた．しかし，2つめの課題—原料である紙パルプ材の供給から生じる土地紛争や森林破壊といった，土地・資源に関連する課題に関しては，慣習的権利に代表されるようなこの問題の地域固有性や複雑さ，制御の難しさが相まって，いまだ解決にはほど遠い状態にある[2]．後者のような課題には，エコロジー的近代化の主流派が唱えるような協調主義的な道筋よりも，地域社会の参加と交渉を基礎とした，市民社会よりの道筋の方が有効だろう．

　以上のように，地域社会や争点の相違は変革に大きな影響を与えている．そういう意味では，この概念を国際開発の領域に直接適用するには，現状ではまだ課題が多いといわざるを得ない．むしろこの概念の強みは，分析枠組みとしてよりも，急激な生活改変を求めない穏健で未来志向の言説としての規範的な魅力にあるといえるかもしれない．

[生方史数]

📖 参考文献
[1] ドライゼク, J. S.『地球の政治学―環境をめぐる諸言説』丸山正次訳，風行社，2007
[2] 生方史数「「緑」と「茶色」のエコロジー的近代化論―資源産業における争点と変革プロセス」井上 真編『東南アジア地域研究入門 1 環境』慶應義塾大学出版会，2017

大気汚染

air pollution

　化石燃料などの燃焼で発生する硫黄酸化物（SOx），窒素酸化物（NOx），光化学オキシダント（Ox），浮遊粒子状物質（SPM），有害大気汚染物質などによる汚染を大気汚染という．18世紀の産業革命時に，イギリスのロンドンで固定発生源といわれる工場での石炭や石油の燃焼から生じた亜硫酸ガスが霧と合体してスモッグになって拡散し，気管支炎などにより4000人以上の死者を出した事件やアメリカのロサンゼルスで移動発生源といわれる自動車の排気ガスによる大規模な事件などが世界的にも知られた大気汚染の事例である．日本では，1960年代の戦後復興期に石炭から石油への燃料転換に伴って三重県四日市市や，京浜地区，阪神地区，北九州地区などの工業地帯から排出された硫黄酸化物と煤塵による汚染や，それらと自動車の排気ガスなどとの複合汚染による光化学スモッグが大きな社会問題になった．この危機的な状況は，官民あげての取組みで1970年代の後半にはほぼ改善された．

●主な大気汚染物質

① **硫黄酸化物**：二酸化硫黄（SO_2）などの硫黄酸化物は，化石燃料に不純物として含まれる硫黄が燃焼時に空気中の酸素と結合して発生する．呼吸器系の疾患を引き起こすおそれがあるとともに大気中での化学反応により酸性雨にもなる．

② **窒素酸化物**：燃料を高温で燃やすことで燃料中や空気中の窒素と酸素が結合して発生する．自動車や工場，火力発電所，一般家庭など多様な発生源から排出される．呼吸器へ悪影響を与えるだけでなく，酸性雨や粒子状物質，光化学オキシダントの原因となる．

③ **光化学オキシダント**：窒素酸化物と揮発性有機化合物（VOC）が紫外線を受けて反応することで発生する物質で，目の痛みや吐き気，頭痛などを引き起こす．高濃度のオキシダントが大気中に漂う現象を光化学スモッグという．

④ **浮遊粒子状物質**：粒子状物質（PM）のうち，粒子の直径が $10\,\mu m$ 以下のものを浮遊粒子状物質という．工場などから排出される煤塵や粉塵，ディーゼル車の排出ガス中の黒煙などが原因で，きわめて微小かつ軽量であるため大気中に浮遊しやすく，呼吸器に悪影響を与える．近年は，浮遊粒子状物質の中でも特に細かいPM2.5（粒径 $2.5\,\mu m$ 以下の非常に微細な物質）の問題が注目されている．

⑤ **有害大気汚染物質**：低濃度でも長期間の曝露により，発がん性などの健康影響が懸念される物質をいう．

⑥ **揮発性有機化合物**：揮発性を有し，大気中で気体状となる有機化合物の総称で，トルエン，キシレン，酢酸エチルなど多様な物質が含まれる．塗料やインク

といった溶剤に含まれ，浮遊粒子状物質や光化学オキシダントの原因物質になる．

⑦ **煤塵**：化石燃料などの燃焼に伴い発生するすすや燃えかすの固体粒子状物質である．

⑧ **粉塵**：大気環境中に浮遊する微細な粒子状の物質の総称で，セメント粉，石炭粉，鉄粉などがある．

●**大気汚染対策の施策**　日本で基本となる法は「大気汚染防止法」である．工場や発電所などの固定発生源に対して，大気汚染物質の排出基準や総量規制基準を設定するほか，自動車の排出ガスの許容限度を定めている．これら規制基準などの基本となる施策は国によって定められるが，工場・事業場に対する立ち入り検査などを通じた規制や大気汚染の監視業務などは自治体によって行われる．自動車排出ガスに関しては，大気汚染防止法のほか「自動車 NOx・PM 法」による規制がなされ，大都市地域で所有・使用できる自動車に対する制限が行われている．

●**大気汚染対策**　①**工場・事業場対策**：工場・事業場にかかわる対策には，脱硫装置，脱硝装置，集塵装置などによる排出ガス中からの汚染物質を除去する方法の他，天然ガスなどの良質燃料への転換，低 NOx 燃焼技術の採用などによる汚染物質を抑制した製造工程への転換，省エネルギー対策の推進，住宅地と工業用地との間に緩衝緑地を設置して都市公園として管理するなどの都市計画上の緩和策がある．②**自動車対策**：排ガス規制の強化に加えて，道路網や交通量の適正化，エコドライブ，モーダルシフト，低公害車普及などをうながす仕組みをつくることも有効な対策になる．

●**開発途上国の大気汚染**　都市化が無秩序に進行し，環境面でのインフラ整備が遅れることに起因した大気汚染が起きている．原因は，自動車排ガスによるものであり，特に交通渋滞のひどい都市圏で深刻である．顕著な都市として，経済的に発展が著しい中国の北京などの大都市圏，タイのバンコク，フィリピンのマニラ首都圏，ベトナムのホーチミンとハノイ，カンボジアのプノンペンなどがある．これらの地域は，大気汚染を減少させるために必要な道路網の整備，交通管理体制，公共交通手段の整備，砂塵などを減少させるための道路舗装が十分には進んでいない．汚染物質の主なものは車の排気ガスからの粒子状物質や窒素酸化物，一酸化炭素であり，都市住民に気管支・肺疾患や心臓疾患などの健康影響が生じている．車両用の燃料にも質の悪いものや鉛を含有しているものがある．中国では国内炭の工場や家庭での使用や質の悪いガソリン使用などに起因する PM 2.5 などで深刻な大気汚染を招いている．タイのバンコク首都圏の NO_2 に関しては，環境基準を達成しているが，WHO ガイドラインは達成していない．ベトナムのハイフォンの工業地帯では，硫黄酸化物，窒素酸化物および粉塵などの法規制はあっても取組みが不十分で，実効的な対策が急がれている．　　　　［森嶋 彰］

都市のスラムと汚染

slums and pollution in urbanized areas

　一般的には都市部の貧困層居住地域をスラムというが，スラムの実態は国や都市によって大きく異なり，同じ都市の中でも多様である．したがって求められる対策も多様となる．またスラムは短時間に河川敷や線路沿いに形成されることもあり，常に撤去される可能性をはらむ．よってスラムの状態や場所が常時変化するだけではなく，スラム内とスラム外の境界も明確ではない．常に曖昧かつ複雑な状況が絶えず変化し続けているのがスラムの特徴といえよう．本項ではスラムの現状と汚染の問題を取り上げ，スラムに居住している人々の生活改善を考える．

●**スラムの現状**　2000 年の国連ミレニアムサミットで採択された「ミレニアム開発目標（MDGs）」の目標 7 では，2020 年までに少なくとも 1 億人のスラム居住者の生活改善を目指す目標が掲げられた．以下の 4 つの要素，具体的には①改善された水供給アクセスへの欠如，②改善された衛生設備へのアクセスの欠如，③密集地域に居住（1 部屋あたり 3 人以上），④非耐久素材で建設された住居での居住，のいずれかの要素を満たした都市住民をスラム居住者と定義し，これら都市住民の生活水準の改善を目指したのが特徴である[1]．この目標だけをみても，スラム居住者のおかれた状況が多様であり，また必要となる対策も複合的であることがわかる．

　国連の「The Millennium Development Goals Report 2015」をもとに近年の状況をみていく[2]．スラム居住者が都市人口に占める割合は，2000 年には 39％であったが 2014 年では 30％にまで減少した．多くのスラム居住者を抱えるサハラ以南アフリカや南アジア諸国でも減少傾向は変わらない．しかし，開発途上国で都市化が進んだ結果，スラム居住者の絶対数は順調に減少しているわけではない．2000 年には 7.92 億人であったが 2012 年には 9.23 億人に増加し，2014 年時点でも 8.81 億人に上る．また 2014 年時点でも，サハラ以南アフリカではスラム居住者が都市人口の半分以上を占める．同時に 2000 年から 2014 年の間，上記の 4 要素のいずれかを改善した住民は 3.2 億人以上にのぼる．これらの事実を踏まえるとスラム居住者の生活改善は着実に進んできたが，未だに不十分であることも事実である．スラム居住民の生活改善のための継続的な努力が求められている．

●**スラムの汚染**　スラムの汚染問題の事例としてバングラデシュの首都ダッカを例に考える．バングラデシュでは近年経済成長と人口増加が進み，とりわけ政治経済の中心であるダッカには多くの人口が流入している．都市周辺や河川敷や線路沿いなど，環境条件・衛生状態が悪い脆弱な地域が都市貧困層の居住地となり，

その一部がスラムとよばれる（図1）．

これら都市貧困層の居住地域は多様である．例えば地主が住宅を提供している場所では，地主に一定金額を支払うことで電力やガス・水道が供給されている住居もある．過密状態ではあるものの，最低限の都市生活を営むための公共サービスを受けることができる．反面河川敷に建てられた住宅では，居住そのものが非合法であるため，公共サービスから切り離されている．同様に，ベンガル湾のガス田開発によって，ダッカでは通常の家庭では炊事燃料として天然ガスを定額で利用できる．効率的なエネルギー利用の面からはおおいに問題をはらんだ制度であるが，これによって安価なガスを利用できるスラム居住者がいる一方，得られない場合は市場価格で高価な薪を調達しなければならない．

ダッカのスラムでは，いたる所に廃棄物が散乱しており，環境・衛生条件は非常に

図1　線路沿いのスラム

図2　廃棄物による汚染が著しいスラム

悪い．図2は河川敷に住む貧困層の住宅である．脆弱なつくりの住宅の下に廃棄物が散乱しているのがわかる．また河川の水も淀んで汚染や悪臭が著しい．乾燥した季節には廃棄物の一部が炎上することもあり，健康面・衛生面だけではなく，安全性の面でも大いに問題がある．これら住宅から廃棄物や排泄物を自宅の下にそのまま廃棄するため，スラム居住者自身が汚染拡大の原因者であると同時に，こうした状況がスラムの外部から廃棄物を投棄させることを誘発している面もあり，悪循環が続いている．

スラムはスラムとして定着させるべきものではなく都市発展とともに解消されていくのが望ましい．廃棄物問題に対しても，長期的な視点では都市計画や都市全体の廃棄物政策と整合性をとるなかで，問題解決に導いていくことが不可欠であろう．ただし短期的には，スラム居住者の健康被害や安全面の問題に十分配慮するための行政対応が必要であることも忘れてはならない．　　　　　　　［小松　悟］

参考文献

[1] United Nations, *Official List of MDG Indicators*（http://mdgs.un.org/unsd/mdg/Host.aspx?Content = Indicators/OfficialList.htm）
[2] United Nations, *The Millennium Development Goals Report 2015*, 2015

日本の公害経験の普遍性

applicability of Japanese pollution experience

　日本の工業都市は1960年代に深刻な産業公害にみまわれた．地方自治体や国は1970年前後から公害対策を本格的に進め，1980年代にはおおむね解決の方向に向かった．しかし，開発途上地域に日本の公害防止の制度や技術を移転しても，それだけで環境が改善されるとは限らない．過去に日本で行政や企業が真剣に公害対策に取り組んだ動機を分析することで，現在の開発途上国の公害対策に必要なものが明らかになる．

●**住民意識と意思表明手段の有無**　公害が発生していても，住民が何も感じなければ，あるいは感じていても自由に意思を表明し得ない社会であれば，対策は進まない．第2次世界大戦前後にも大気汚染の激しい地域があったが，多くの住民が煙突の煙を繁栄の証ととらえていたので，行政にも対策に取り組む意欲はなかった．住民が不満に思っても，広く訴える手段がなければ対策は進まない．1960年代の北九州市や四日市市では公害発生源である大手企業の政治的，経済的な影響力が強く，住民が不満を表明しにくい社会状況にあった．そうした中で，北九州市では市長選挙，四日市市では少数の住民が起こした訴訟が，大気汚染対策推進のきっかけとなった．1960年代後半からは全国的に反公害意識が高まり，政府自民党は支持率の低下を懸念した．そして1970年に公害国会が開催され，14の環境関連法が成立し，翌1971年には環境庁が設置された．

●**首長のイニシアチブと高い行政能力**　首長は住民の直接選挙で選ばれるため，住民の意向に敏感にならざるを得ない．そして，予算と人事権を掌握しているので，行政に首長の意思が強く反映できる．1960年代，首長には自身の裁量で動かせる財源が豊富にあったため，公害対策に集中的に人材と予算を投入することができた．また，工学系の学部を有する大学が全国にあり，公害対策を担える人材も豊富であった．さらに，地方公務員の社会的地位が高いので，優秀な技術系職員を終身雇用することが可能であった．彼らは科学的データに基づいて大工場の職員を説得し，中小企業の経営者を指導することができた．

●**マスメディア**　市民の意識を高めるうえで，マスメディアの存在は不可欠である．当時の北九州市役所の幹部職員は，公害対策に力を入れる動機となったのが新聞による批判であったと述懐する．「公害列島」はマスメディアによる反公害キャンペーンのキーワードとなり，世論を動かした．

●**企業の意識**　理由は何であれ，企業には公害を削減しようとする意識があった．1964年から厳格な公害防止協定の締結を求める横浜市に企業があえて進出しようとしたのは，高額の対策費を投じても横浜市に立地することに大きな経済

的メリットがあったからである．古くから行政と地域社会が共同で市を運営してきた大阪市では，地元の発展に貢献したい中小企業経営者が法的拘束力のない行政指導に応じて対策を講じてきた．国レベルでは，1970年に公害対策基本法から生活環境の保全と経済発展を調和させる条項が削除され，1973年に始まる四大公害裁判のすべてで原告が勝利し，企業責任が認定された．こうした社会の変化が，企業の意識を変えていった．

●**中央政府の意思決定**　日本では政策を決定する場合，関係する全省庁が合意することが必要である．意見調整の段階で，省庁は所管の業界団体の意見を反映させようとする．公害対策は多数の省庁の事務にかかわるため，調整に時間がかかる．その過程で，環境庁（環境省）から提示された原案が緩和されたり，段階的な実施に修正されたりすることもある．迅速かつ大胆な政策変更は容易ではない．しかし，いったん決められた政策は，当初反対していた省庁も誠実に実行する．公害国会で下水道法の目的に環境保全が追加されてから，建設省は下水処理場の建設を加速させた．通商産業省は硫黄酸化物の環境基準が制定されたのを受けて，重油脱硫技術の研究開発を進め，製油所での脱硫装置の設置を支援した．

●**省エネとリサイクル**　1973年の第1次オイルショックでエネルギー価格が高騰し，企業は生き残りをかけて省エネルギーとリサイクルに取り組んだ．それが同時に汚染物質の排出削減に寄与した．1970年から1990年までの間に八幡製鉄所から同量の鉄を製造するときに発生する二酸化硫黄は97.8％削減されたが，そのうちの33％は省エネルギーとリサイクルによる削減効果である（図1）．

●**日本の経験の移転可能性**　開発途上国に日本の公害経験を移転しようとする場合には，現地の社会状況を考慮しなければならない．報道が統制され住民が意見を自由にいえない社会では，政府が対策の必要性を認識しにくい．意見調整が容易でない国では，環境省が政策を定めても事業官庁がそれを実施するとは限らない．規制権限が地方自治体にある国では，人材確保が欠かせないが，技術系職員が慢性的に不足している地域が多い．逆に，当時の日本では活発でなかったNGOが有力なアクターとなり得る国も存在する．　　　　　　　　［藤倉　良］

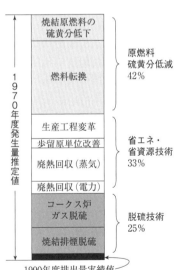

図1　北九州市の八幡製鉄所から発生した二酸化硫黄排出削減内訳（出典：九州大学工学部環境システム工学研究センター『環境コストと産業・企業』IES Report No.5（1章），p.12, 1996）

資源の呪い

resource curse

　資源の呪いとは，天然資源に恵まれた国の経済発展は相対的に停滞するという逆説的な現象である．ナイジェリア，ベネズエラ，アルジェリアといった産油国だけでなく，コンゴ民主共和国，ジンバブエといった鉱物資源に恵まれた国にも広くみられる現象である．しかしながら，実際にはすべての資源国が資源の呪いに苦しんでいるわけではなく，ノルウェー，オーストラリア，ボツワナといった資源国はむしろ資源を経済発展の糧としている．このように資源はいつでも資源国を苦しめるわけではなく，その逆説的な因果関係を断ち切るためにも，それが生じる要因の解明が重要である．以下は，主としてF. ファン=デルプレーグの展望論文[1]を参考にして書かれたものであるが，そのすべてを紹介できているわけではない．興味のある読者にはぜひ一読いただきたい．

●オランダ病（Dutch disease）と資源の呪い　ある国で資源ブームが起きた（資源が発見されるか，あるいはその国が保有する資源の価格が高騰した）としよう．W. M. コーデンとJ. P. ニアリーの研究によれば，資源ブームによってもたらされた資源収入は国民所得を増加させ，非貿易財の需要を刺激する．その結果，非貿易財の相対価格で測られた実質為替レートの上昇が起きる．そして，実質為替レートの上昇は貿易財セクターの縮小と非貿易財セクターの拡張をもたらす．製造業に代表される貿易財セクターは経済成長の源泉であることから，その縮小は経済成長を妨げる要因となる．これが資源ブームの短期的影響であり，このことが1959年に天然ガス田が発見されたオランダで起きたことからオランダ病とよばれる．

●制度の質と資源の呪い　オランダ病によって資源の呪いのすべてを説明できるわけではない．そこで，近年多くの研究者が着目しているのが資源国の政治体制を含めた制度の質である．彼らの説明が正しければ，基本的には資源はその国の恵みになるが，汚職が蔓延するなど制度の質が低いと資源は呪いになるということになる．図1は，2011〜15年のアフリカ23か国における資源依存度と経済成長率の関係を表している．白丸は汚職度ランキング（Transparency International 2016）が115位内の比較的汚職の少ない国であり，黒丸はそれ以下の汚職のはびこる国である．23か国全体としてみると，資源依存度と経済成長率の関係は曖昧であるが，白丸の国では正の相関がみられる一方，黒丸の国では負の相関がみられることがわかる．

　R. トービックは，資源国の制度が汚職に対してどの程度の耐性をもっているかに着目し，汚職に対して制度が脆弱な資源国では起業よりも資源収入に対するレ

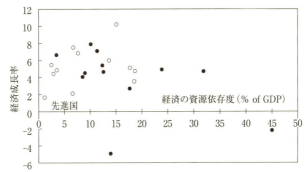

図1 アフリカ23か国にみる経済の資源依存度と経済成長率の関係
(出典：World Bank, *World Development Indicators*, 2017)

ント・シーキングが大きな利益をもたらすため，起業家が後者を選択してしまうことで結果として資源の呪いが生じることを示した．しかし，トービックの研究では，なぜ一部の資源国では制度が汚職に対して脆弱になるのかという点が説明されていなかった．これに対して，D. アセモグルと J. A. ロビンソンは，制度の改善は政治家の権力を弱めることになるため，資源収入が大きいと政治家自らが制度の改善を望まないからだと説明した．

一部の研究者は資源国の政治体制にも着目し，権力者が権力を濫用し汚職に手を染める構造を理論的に示した．例えば，上で紹介した研究とは別の論文において，アセモグルらは資源国に独裁制が多くみられることに着目し，資源収入が独裁者の支配力を強めることで資源の呪いをもたらすことを示した．国民が（例えば民族的に）2つのグループに分けられる場合，たとえその2つが結託すれば独裁者を追放できる状況であっても，結託を持ちかけられたグループにより有利なカウンターオファーを提示することで，独裁者は2つのグループが互いに結託しないようにすることができる．

一方，ロビンソンらは，民主制を採用する資源国では公的部門が肥大化する傾向があることに着目した．資源収入が権力の座に留まることの価値を引き上げるため，政治家が選挙民を買収するインセンティブをもつようになる．選挙民の買収のために使われるのが，当選後に彼らを公務員として雇うという約束である．結果として，過剰な数の公務員が非生産的な職務に従事することになり，経済発展が阻害される． ［新熊隆嘉］

📖 参考文献
[1] van der Ploeg, F. "Natural Resources: Curse or Blessing?" *Journal of Economic Literature*, 49, pp.366-420, 2011

紛争資源

conflict resources

　紛争資源とは，当該資源の存在が紛争の要因となったり，生産・取引から得られる利益が紛争主体の資金源として利用されている資源をさす．1990年代から2000年代にかけて，シエラレオネとアンゴラにおいてダイヤモンドが武装勢力の資金源として利用される「紛争ダイヤモンド問題」が発生したことで注目され，「紛争の政治経済学」として研究されるようになった．

●**紛争資源の例**　資源が紛争の要因や資金源となる例は，古くから存在する．石油，ダイヤモンド，金，レアメタルなどの鉱物資源から，木材，コーヒー，タバコ，茶などの農産物，麻薬や土地の権利まで，さまざまな資源が世界各地で紛争の発生や継続に結びついてきた．特に石油や天然ガスの利権をめぐる紛争は，中東や東南アジアを中心とする各地で発生してきた．さらに，冷戦終結後の1990年代には，超大国からの援助の代わりに資源を資金源として新たな紛争を起こす紛争主体が登場し，紛争の発生・継続における資源の役割が重みを増した．

　1991年に発生したシエラレオネ紛争では，反政府武装勢力である革命統一戦線（RUF）がダイヤモンド鉱山を実効支配し，原石の密輸によって資金を得ていた．1993年に戦闘が激化したアンゴラ紛争では，政府が北部の油田を，反政府武装勢力であるアンゴラ全面独立民族同盟（UNITA）が南部のダイヤモンド鉱山を支配して，双方が資源を紛争資金源として利用した．近年では，コンゴ民主共和国東部の武装勢力が金，スズ，タングステン，タンタルという4鉱物の採掘・取引から得られる利益を資金源として紛争を継続していることが問題になっている．

図1　コンゴ東部のタンタル鉱山（提供：アジア太平洋資料センター）

●**紛争と資源の結びつき方**　ただし，資源の存在が必ずしも紛争を誘発するわけではない．例えば，ダイヤモンド産出国であるボツワナでは紛争は起きていない．また，資源がかかわる紛争であっても，資源の獲得を主要因として紛争が発生しているとは限らない．ほかの要因による対立が，資源の利用によって紛争へと発展したり，紛争継続の過程で資源が資金として利用され始めたりする紛争もある．そのため，個々の紛争において資源がどうかかわっているのかを理解するためには，紛争の「発生」と「継続」という時期に分けて，資源が「動機」となっ

たのか,「手段」となったのかを分析することが手助けになる.

スーダンでは,1983年に政府が南部の油田開発利権を確保しようとしたことに反発してスーダン人民解放軍(SPLA)が武装蜂起し,資源が紛争の発生動機になった.一方,アンゴラやコンゴでは,政治・経済・社会にまつわる要因によって発生した紛争の中で紛争主体が資源を利用するようになり,資源から得られる利益が紛争継続の手段となっていった.コンゴではさらに,資源の採掘・取引に介入して利益を得る組織構造が武装勢力の中に形成され,紛争が継続している方が利益になる,という状態が生まれ,紛争継続の動機と手段が入り混じっている.

●紛争資源問題に対する国際社会の対応　紛争と資源のかかわりを断つ目的で実施されるのが,経済制裁の一手段である資源禁輸である.国連安保理や地域機構,各国政府は,紛争地域との資源取引を停止することによって,紛争を解決に導こうとする.特に1990年代後半以降は,紛争資源だけを限定して取引を停止するターゲット制裁が実施されている.

また,資源禁輸に伴う国連や非政府組織(NGO)の報告書が,関係国政府,企業,消費者の関心を高め,紛争資源の流通を遮断する動きにつながる効果も期待される.国連アンゴラ制裁委員会が2000年に公表した報告書では,ダイヤモンド禁輸に違反する政府,企業,個人が名指しで示された.情報公開によって,名指しされた政府や企業からの反論も含めて議論が起こり,制裁違反への監視が厳しくなることをねらったのである.

さらに,コンゴの紛争資源の場合には,国連による資源禁輸ではなく各国政府による紛争鉱物取引規制が行われている.2010年にOECDデュー・ディリジェンス・ガイダンスとアメリカの金融改革法(ドッド・フランク法)1502条が制定され,指定4鉱物を利用する企業に対して,自社の資源調達経路に紛争資源が紛れ込んでいないかを調査するよう求めた.4鉱物の取引は禁止されてはいない.しかし,調査結果をウェブで開示することによって,投資家,NGO,消費者など,市民社会が企業に紛争鉱物取引の停止を求める仕組みになっている.日本では紛争鉱物取引規制に該当する国内法は整備されていないが,日本企業であっても,欧米企業と取引をするためには対応が必要である.2010年以降,日本の電子機器産業や自動車産業においてサプライ・チェーンへの調査が大規模に行われている.

従来,倫理的消費の対象は農産物や衣料品,宝石鉱物に限られてきた.しかし紛争資源問題は,複雑な流通経路をもつ鉱物資源や工業原料であっても,生産と消費には責任が伴うことを社会に示した.2011年には国連ビジネスと人権に関する指導原則,2015年にはイギリス現代奴隷法が制定され,サプライ・チェーンにおける人権保護は企業の社会的責任として広まりつつある.　　　[華井和代]

📖 参考文献
[1] 華井和代『資源問題の正義—コンゴの紛争資源問題と消費者の責任』東信堂, 2016

廃棄物管理

solid waste management

　廃棄物の種類は事業（産業）系と家庭系の2つに大きく分かれる．事業系廃棄物の処理はリサイクルも容易でビジネスとして成り立ちやすいが，家庭系廃棄物の処理はビジネスとして成り立ちにくい．一般に大企業による事業系廃棄物は民間事業者により適切に処理されるが，家庭系および中小企業の廃棄物の処理（以下，ごみ処理）は地方自治体の能力や経済力の差に大きく左右される．

●開発途上国でのごみ処理の進展　ごみ処理フローは，①収集・運搬，②中間処理，③処分に分かれ（図1），すべてのプロセスにコストがかかる．収集拠点から運搬されたごみは中間処理施設にてリサイクルや焼却され，その残りが最終処分場に埋め立てられる．途上国では②のプロセスをとばし，①から③にいきなり進むことが多い（図1B(b)）．最終処分場はただの空き地（オープン・ダンピング）で，浸出水は処理されず，周辺の河川や地下水を汚染し，覆土しないため悪臭が漂っていることが多い．さらにそこから発生したメタンガスは地球温暖化を促進する．周辺住民の苦情や反対などにより行政がごみ処理に予算をまわすようになると，その状況が改善される．最終処分場がいっぱいになると，その適地を求め，

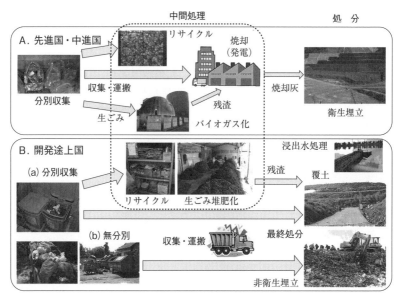

図1　高所得国と中・低所得国における家庭ごみ処理の流れ

新たな最終処分場が郊外にできる．そこがいっぱいになるとさらに郊外にでき，その繰返しにより運搬距離が延び，運搬費用が膨らむ．途上国では都市への流入人口が多く，これらの新たな住民が郊外や最終処分場の近くに住むことにより，最終処分場の確保は年々難しくなっている．

　このような状況におちいると，最終処分場の延命化をはかるため，ごみ発生量の削減を目的とした分別・リサイクルや家庭ごみの大半を占める生ごみの堆肥化が進む（図1B（a））．このフローの特徴は家庭やコミュニティなどの発生源での分散的な取り組みで，住民組織による各家庭への細かい指導などを通じ，少ない投資で大幅なごみ削減が達成できることである．また，分別した紙やビン，缶，ペットボトルなどの販売がコミュニティの収入になることも，これらの活動持続のインセンティブになる．ただしこのモデルの弱点は，お互い顔見知りの古くからのコミュニティでは機能するものの，とりまとめ役のいない新規住民の多い地区などでは機能しにくいことである．その結果，これらの対応をしつつも，多くの場合，人口と所得の増加によりごみ発生量は増加していく．

●**中進国での廃棄物処理の進展**　増え続けるごみ発生量に対し，ある程度経済力がつくと，集約的な処理施設，すなわち焼却処理やバイオガス化施設などの導入が検討される（図1のA）．ただしこれらの施設の建設や運転に係る費用は大きいため，その費用負担の目途が立たないと前に進まない．先述したように，事業系廃棄物の処理費用は徴収できるが，家庭系廃棄物のそれはあまり期待できない．そこで登場するのが民間企業の負担による施設整備，すなわちプライベート・ファイナンス・イニシアティブ（PFI）と焼却発電やバイオガス発電の買電契約の組合せによる費用の捻出である．例えば事業者は20年程度の「固定価格買取り制度」（FIT）による売電収入により，運転費用を賄いつつ初期投資を回収することになる．ただし，そこには流入廃棄物の発熱量により発電量が左右されるリスクが伴う．また売電による総収入が明らかなため初期投資や運転費用を抑制するインセンティブが働き，行政側にはそれによるサービスの品質低下を管理する能力，すなわち事業者に環境基準を遵守させる指導力などが求められる．

　このような高度な処理施設を導入するには，それを事業として成り立たせるための制度設計やその施設の運転管理能力が求められる．またバイオガス化施設を稼働させるには，それに必要な生ごみや有機物の収集・運搬システムの構築が必要となる．さらに家庭での分別促進には，啓蒙活動やそれを側面支援するごみ袋の有料化（リサイクル品のごみ袋を低価に）などの制度づくりも必要になる．

　このようにごみ処理には，地方自治体レベルでの収集・運搬の管理，焼却処理や最終処分場などのハード施設の設計・建設・運転管理，分別促進や住民啓蒙活動などのソフト管理，国レベルでのリサイクル法や固定価格買取り制度などの法制度の整備など，総合的な管理能力を必要とする．　　　　　　　　［前田利蔵］

電　力

electric power

　二次エネルギーのひとつである電力は，経済発展や貧困問題解決のために重要な役割を果たす．安価で安定した電力供給は工業化や輸出産業の振興に寄与し，最近では情報機器などの普及に伴い情報化社会への移行にとっても重要である．また，未電化地域が電化されると，産業・雇用創出や教育に対する効果にとどまらず，安心や安全をもたらすことも知られている．

●**電力開発と電源特性**　電力開発のアプローチには大きく2つある．1つは国家基幹電力系統（ナショナルグリッド）の拡大であり，発電・送電・配電事業に分かれる．もう1つは個別分散型電源の普及であり，世帯やコミュニティを単位に発電・配電事業を行う．いずれにおいても環境汚染や資源・自然破壊問題にとって電源構成が重要である．なぜなら，電源は複数あり，すべての特性項目についてほかより優れている単一の電源はないためである．ここでは主要な電源についての全体像を把握するため表1にまとめた電源特性をもとに開発途上国での選択と構成にとっての意味を考えてみよう．ただし，各特性項目における優劣判断は一般的な状況を想定しており，それぞれの国や状況によっては異なる結果になる場合もある．

●**環境汚染問題**　電力開発によって懸念される主要な環境汚染問題は大気汚染，地球温暖化，廃棄物である．これらいずれの問題も石炭火力発電が主要な原因である．石炭は化石燃料の中では比較的資源量が多く，政治的に不安定な地域への偏在も小さい．そのため，設備投資や発電容量に対する単価が高く初期投資は比較的大きいものの，ライフサイクル・コストは小さいため，先進国，途上国を問わず最もよく使われる電源である．

　石炭火力発電による大気汚染の主な原因物質は，硫黄酸化物

表1　電源特性（◎：特に優れている，○：相対的に優れている，×：課題である）

	石炭	天然ガス	石油	原子力	水力	再生可能*
初期コスト(規模)	×	○	○	×	×	◎
初期コスト(容量単価)	○	◎	○	×	×	×
ライフサイクル原価	◎	◎	○	?	○	×
不安定地域への偏在	○	○	×	○	◎	◎
需要変動への対応	×	○	◎	×	○	×
大気汚染	×	○	×	◎	◎	◎
地球温暖化	×	○	×	◎	◎	◎
廃棄物	×	○	×	×	◎	×
資源賦存量(枯渇)	○	○	○	○	◎	◎
資源採掘の環境影響	×	○	×	×	◎	◎
立地・景観・自然破壊	○	○	○	×	×	×
水資源サイクル	×	×	×	×	×	◎

＊再生可能なエネルギー

(SOx），窒素酸化物（NOx），煤塵である．先進国の石炭火力発電所では脱硫装置，脱硝装置，集塵機などによる浄化処理によって汚染物質は除去される．対策が十分でない途上国では深刻な大気汚染を引き起こすことがある．また，世界の温室効果ガス排出量のうち，約25％を占めるのは発電部門であり，このうち最も大きな排出源も石炭火力発電である．世界の発電量の4割以上が石炭火力発電によることに加え，同じ発電量を得るための二酸化炭素排出量が，石油，天然ガスに比べてそれぞれ1.3倍，1.8倍程度大きいためである．

さらに，石炭火力発電では除去された煤塵や脱硫装置からの汚泥は燃殻と合わせて廃棄物となる．先進国ではこれらはセメントや路盤材として再利用したり，埋め立てたりすることになるが，途上国では必ずしも適切に処理されているとは限らない．石炭火力発電以外の廃棄物問題としては，原子力発電による高レベル放射性廃棄物の処理・管理問題があり，技術的にも制度的にも多くの課題を抱えている．また，設備寿命が比較的短く，空間的に広く分散して利用されている太陽光発電設備の使用後の処理問題も今後の課題である．

●**資源・自然破壊問題**　電力開発によって懸念される資源・自然破壊問題として資源賦存量（枯渇），資源採掘による汚染・自然破壊，立地・景観・自然破壊，水資源を取り上げる．枯渇問題は相互に関連する3要素，すなわち経済的可採埋蔵量，生産量（需用量），資源価格によって動的に状況が変化する．現時点では石油の枯渇が最も懸念され，発電以外の他の用途も重要なため，ピーク需要対応として限定的に使われる場合が多く，石油火力発電は世界の発電量の4.5％程度である．しかし，50年程度の長期で考えた場合にはいずれの化石燃料においても枯渇問題は大きな問題になる可能性がある．これに対して資源採掘時の自然破壊問題が懸念されるのは石炭と原子力発電のためのウラン鉱石の採掘問題である．

原子力発電は，高エネルギー密度の資源により長期に高い出力で運転できる，大気汚染，CO_2を排出しないというメリットがある一方で，安全に運転するために高い技術が求められること，いったん事故が起こると甚大な影響が長期に持続することが大きなデメリットである．

水力発電にはいくつかの方式があるが，典型的にはダムによる貯水池式である．初期投資に多大な資金が必要であるが，運転コストが安いためベース需要のための電源に使われる．ダム建設では建設に伴う自然破壊が大きな問題である．また，ダム貯水池に水没する住民の移転問題にも社会的配慮が必要となる．他方で，火力，原子力，水力による発電にはいずれも大量の水を利用する．火力や原子力発電では水を蒸気に変えタービンを駆動する．これをプロセス水といい，プロセス水を循環させるための冷却水も必要である．これらの水使用量のうち，蒸発などによって散逸する水量が水消費量である．近年，電源開発と水資源循環との相互依存関係が重要な資源問題として注目されている．　　　　［金子慎治］

生物多様性と遺伝資源

biodiversity and genetic resources

　生物多様性という用語が国際開発や一般社会で広く使用されるようになったのは，何といっても1992年に「生物の多様性に関する条約（生物多様性条約：CBD）」が締結されてからである．この生物多様性条約は，①生物多様性の保全，②生物多様性の構成要素の持続可能な利用，③遺伝資源の利用から生ずる利益の公正かつ衡平な配分，を目的としている（第1条）．

●**生物多様性の保全と利用**　生物多様性には，遺伝子レベル（種内），種レベル（種間），および生態系レベルがある．「食物連鎖」に象徴されるように，生物界では多くの生物種が相互に依存し合っている．多様な生物種と生態系の存在は，個々の生物種の生存にとっても不可欠である．さらに，病害や天候異変などに対して，全滅の危機を克服して種が存続するためには，病気に強い個体など遺伝子レベルでの多様性も必要だ．また，遺伝子レベルでの変異は，生物種の進化を保障し，多様な生物が存続するための重要な要素でもある．生命の誕生から40億年の悠久の時を経て生物が存続してきた要因は，その多様性にあるといえる．

　生物種や生態系の機能・価値を生態系サービス（エコロジカル・サービス）という．国連「ミレニアム・エコシステム・アセスメント」（2001〜05年）や「生態系と生物多様性の経済学（TEEB）」（2010年）では，生態系サービスを4種に分類している（表1）．

表1　生態系サービスの分類

生態系サービス	主なサービスの例
供給サービス	食料，淡水資源，原材料，遺伝資源など
調整サービス	気候調整，水量調節，水質浄化，疾病制御など
文化的サービス	審美的，精神的，教育的，レクリエーション的恩恵など
生息・生育地サービス（基盤サービス）	生息・生育環境提供，遺伝的多様性保全

（出典：国連ミレニアム・エコシステム・アセスメントおよびTEEB報告書より作成）

　近年の人類による過剰な生物資源利用は，地球誕生以来第6回目の生物種大量絶滅を引き起こしかねないという．この大量絶滅を避けるためには，絶滅危惧種の保全だけではなく，それを支える生態系全体，すなわち生物多様性の保全と，生物資源の持続可能な利用が不可欠である．さらに最近では，遺伝子工学（バイオテクノロジー）の発展により，遺伝子組換えによる作物や薬品などが生産されている．一方で，自然界には存在しない遺伝子改変生物（遺伝子組換え生物：LMO）の放出による生態系などへの影響も懸念されることから，その輸出入など

の取扱いや被害の補償ルールを定めた「カルタヘナ議定書」(2000年)や「名古屋・クアラルンプール補足議定書」(2010年)も作成・締結されている.

生物多様性条約の作成段階とこれら議定書合意までの過程では，バイオテクノロジーによる生態系への影響や多国籍企業などによる技術の独占などへの懸念から安全性の確保や技術移転などを主張する開発途上国と，過剰な干渉や知的財産権侵害などを排除したいとする先進国との間での南北対立（南北問題）が生じた．アメリカは，未だに生物多様性条約そのものの締結（批准）にもいたっていない（2018年6月現在）．

これら生物多様性の保全と持続可能な利用を推進するため，2010年に名古屋で開催された「生物多様性条約第10回締約国会議（COP10）」では，それまでの「2010年目標」を更新する「愛知目標（愛知ターゲット）」が採択された．

●**遺伝資源と利益の公平な配分**　先進国の多国籍企業などは，先住民などによる生物資源の利用にヒントを得て，食料品や医薬品などの製品を開発して莫大な利益を上げてきた．しかし，そのもととなる生物資源（遺伝資源）は，大航海時代以降，帝国主義時代などにプラントハンターなどによって植民地からヨーロッパなどの先進国（宗主国）へ持ち出されてきたものである．この遺伝資源をめぐり，生物多様性条約策定の過程では，先進国と途上国の南北対立が生じた．途上国は，先進国や多国籍企業による遺伝資源利用から生じた利益は，資源の原産国である途上国に還元すべきであると主張した．

COP10では，「名古屋議定書」が採択された．これは，野生動植物などの遺伝資源を製品化に利用する際，それから生じる利益をいかに資源の原産国である途上国に還元するか，などの遺伝資源利用の国際的なルール，いわゆる「遺伝資源へのアクセスと利益配分（ABS）」のルールを定めたものである．農産物改良や新薬発見のために新たな生物資源を探査，利用したいと考える多国籍企業が本拠地を置く先進国は，最終的には途上国からの遺伝資源アクセスを得るためのルール化が必要と考えて採択に同意した．しかし，実施に際しては個別の交渉にゆだねられており，まだ課題が残っている．　　　　　　　　　　［高橋　進］

図1　インドネシア原産の香辛料チョウジ（クローブ）の天日干し風景：古くからヨーロッパ貴族の間で珍重され，大航海時代にはスパイス貿易の中心的商品となった

📖 **参考文献**
[1] 高橋 進『生物多様性と保護地域の国際関係—対立から共生へ』明石書店，2014

環境正義

environmental justice

　世界には先進国，開発途上国を問わず自然災害や環境汚染などで被害を受ける人々がいる．それらの人々やコミュニティは，単に運が悪かったといえるのであろうか．日本も水俣病をはじめとした公害病や環境汚染を経験してきたが，それらはたまたまその地域で生じた「災害」だったといえるのだろうか．東日本大震災と福島第一原発の事故にみられるように，同じ災厄の中にあっても人々が受ける被害や傷には差が生じる．公害による健康被害が，生物学的弱者（例えば子どもや老人）や社会的弱者（例えば貧困層）に集中して起きているとしたらどうだろうか．実は環境汚染の健康リスクや実際の被害は，人々の間に平等に降りかかるものではないと考えられている．

●**環境正義と社会正義**　環境正義（環境的公正といわれることもある）とは，資源や情報への平等なアクセスや民主主義的な政治参加を通じて，環境のリスクや危険（hazard）を避け，健康や生活の質の向上を求める考え方である．環境汚染による苦痛や健康被害といった負の財が社会における弱者に不公正な形で分配されている（押し付けられている）ことに対し，その状況を是正するための異議申し立ておよび社会運動に用いられた概念である．

　環境正義を求める社会運動は，1970年代にアメリカで発生した有害産業廃棄物による健康被害（ニューヨーク州のラブキャナル事件が著名である）に端を発している．汚染物質を排出する工場や廃棄物処分場などの施設，それらから生じる現実の健康被害が，有色人種および貧困層の居住区近隣に集中していることがその後広く明らかになった．アメリカ社会に存在する人種差別のため，資源利用や経済成長の利益の分配が不公正になっているのと同様に，環境上のリスクや危険の分配も不公正であることが知られている．この状況を「環境人種差別」と位置付けた社会的マイノリティである有色人種，女性，少数民族といった主体は，社会変革を求める運動を環境正義の名のもとに進めたのである．

　1991年に第1回有色人種環境リーダーシップサミット（the First National People of Color Environmental Leadership Summit）で採択された「環境正義原則（Principles of Environmental Justice）」では，政治的・経済的・文化的・環境的自立のための基本的権利や，種々の意思決定への対等なパートナーとしての参加など，17項目の要求やルールを提示している[1]．

　環境倫理学者 K. シュレーダー＝フレチェットは，環境正義を求める運動の根本にあるものは，功利主義的な経済利益の追求が生み出す「環境不正義（environmental injustice）」であるととらえ，企業や政府の責任を問うだけでなく市民自

らが環境正義を唱導し民主主義を通じて不正義の是正を目指す必要があると指摘している．ここまでみたように環境正義は社会における公正を求める社会正義と深いかかわりがあるととらえることができる．広く倫理学や公共哲学における正義論では，J. ロールズ以来「分配」に焦点をあてたものにとどまらず，「承認」や「参加」，さらには A. センの「ケイパビリティ」のように，さまざまな観点からの社会正義の構想が議論されている．しかし，環境正義については「分配」以外の視点に光をあてた議論が十分に行われているとはいえない．さらに，環境正義を語る際には，人と人の間における正義の問題だけでなく，人と自然（例えば動物）との関係における正義も議論の射程に入り得ること，それは P. シンガーの「動物の権利」のような議論と関連があることも視野に入れる必要がある．

●**環境正義とグローバル社会**　環境正義の議論には社会正義をめぐる議論と同様に現代的な課題もある．それは，従来国家というひとつの社会的枠組みの中で議論された公正／不公正にかかわる議論を，国際社会という国境を越えた社会にいかに拡張できるかという点である．T. ポッゲに代表される「世界正義」の議論は，国際社会における貧困や格差というまさに開発学が長く対象としてきた現実から発展した議論である．一方，環境正義の国際社会への拡張の例は，気候変動にかかわる不公正，「気候正義」という課題として近年議論されている．一国内の環境問題による被害やコストが不公正な形で人々に押し付けられているのと同様に，気候変動にかかる被害やコストは国際社会における格差や不公正を反映した形で人々に押し付けられているという課題である．持続可能な社会（開発）を構成する要素のひとつとして世代間の公平が含まれることは明らかであるが，気候正義の問題は国際社会における同世代の公平の問題にあらためて光をあてる枠組みとなっている．環境問題が地球規模化している現在，世界各地で起きる環境の劣化や資源の消失は，常に人間の生活の質，人権や平等に，とりわけ弱者が選択的に犠牲になりがちであるという点でかかわりがあると考えられる．したがって，持続可能性を考えるにあたっては，社会正義と環境正義の双方を包摂した概念として，「公正な持続可能性」（just sustainability）を構想すべきとの考えもある．今後いかなる構想やその実現の手段をわれわれが採用するにせよ，かつて開発や経済成長の過程で繰り返されてきたように，一部の人々や社会，とりわけ弱者の負担や犠牲のうえに持続可能な社会が築かれることは避けなければならないであろう．　　　　　　　　　　　　　　　　　　　　　　　　　　　［武貞稔彦］

参考文献

[1] Hofrichter, R. *Toxic Struggles: The Theory and Practice of Environmental Justice*, New Society Publishers, 1993

[2] Schlosberg, D. *Defining Environmental Justice: Theory, Movements and Nature*, Oxford University Press, 2007

グローバルな水問題

global water challenges

　水不足，水汚染，水害などが人間社会および自然生態系にもたらすさまざまな問題＝水問題には，発生した地域での対応がまず求められる．近年では，世界各地で起きているローカルな水問題がそれぞれの地域での個別の問題としてだけではなく，グローバルな問題としてとらえられるようになってきた．その背景に，科学技術の発展，社会経済システムのグローバル化，情報メディアの普及などによって，水問題のグローバルなつながりがみえるようになってきたことがある．

●**グローバルな連関**　グローバルな水問題への切り口のひとつに，貿易を通した水資源への負荷を可視化するバーチャル・ウォーター（仮想水）がある．これは，1990年代にロンドン大学のアラン教授が提唱し，日本では東京大学の沖大幹教授らのグループによる研究を通して広く知られるようになった．輸入した農産物などを自国で生産した場合の水消費量を仮想水輸入量として算出することで，日本の食料供給は海外での大量の水資源の消費に依存していること，北米から大量の仮想水が世界各地に輸出されていること，中東や北アフリカへ仮想水輸入が集中していることなど，貿易を通した水資源のグローバルな連関とその不均等な分布が定量的に示されるようになった[1]．

　また世界各界のリーダーからなる世界経済フォーラム（本部：ジュネーブ）が2007年から産学官およびNGOや国際機関などの有識者を対象に行っているグローバルリスク意識調査による「グローバルリスク報告書」では2015年版に水危機が，感染症，大量破壊兵器，地域紛争などをおさえてグローバルリスクのトップとなった．以降2016，2017年各版も連続で第3位となっている．さらに2017年版でのリスクの相関関係に関する意識調査によると，水危機は，気候変動対応（緩和策・適応策）の失敗，極端な気象現象，人為的な環境災害，生物多様性の減少，食糧危機などのリスクと比較的強い関連性があると認識されている．

●**グローバルな対応**　水問題へのグローバルな対応については，1977年にマル・デル・プラタで開催された多国間協調に基づく国連水会議にさかのぼる．それを契機に世界水パートナーシップ（GWP）が設立された．その後，国際的民間シンクタンクである世界水会議（WWC）が立ち上がるなど，いまや世界の水問題には多様な国際機関・団体が取り組んでいる．そのなかで水問題をテーマにした国際会議が継続して開催され，水問題の解決に向けた宣言や文書も多数採択されている．

　こうした水問題に関する国際的な取組みの中で共有されているのが，水問題の原因は絶対的な資源量の不足ではなく，管理，分配，そして関連する政策の失敗

にあるという点である．例えばアラル海の縮小，黄河の断流（流水の枯渇）などが典型的な例であろう．この失敗を克服するために提唱され，広く国際的に普及している概念が，統合的水資源管理（IWRM）である．IWRM では，水だけでなく，土地および関連資源の協調的な開発と管理を通して，地域での経済的効率性，社会的公平性，環境・生態的持続可能性を追求することを目指す概念である．

GWP は IWRM を可能にするための諸要素を世界各地の事例とともにツール・ボックスとしてウェブサイトで公表している．しかしながら IWRM は万能ではなく，それぞれの国・地域・問題の文脈にそって解決策を探求していくほかない．その際に水ガバナンスの視点が重要となる．水ガバナンスは，水資源を専門的に扱う行政部門とそれを支える専門的技術者集団による管理だけではなく，多様なステークホルダーによる複雑な問題解決のプロセスに注目する．グローバルな水問題という文脈においても，国家間のハイ・ポリティクスが繰り広げられるリージョナルなレベル（国際河川を含む）やグローバルなレベルだけでなく，問題解決の現場であるローカルなレベルを含む多層なプロセスに光をあてることが必要となる．

図1　中国・太湖でのアオコの除去作業：2007年初夏に例年より早く高温が続きアオコが大発生，太湖を水源とする無錫市の給水が麻痺した．これを契機に太湖流域の水環境ガバナンスが進展した（2009年8月14日撮影）

さらに「貧困，格差，不平等な力関係」[2]もまた，グローバルな水問題の要因となっていることを忘れてはならない．水問題は1つの独立した開発・保全の課題としてではなく，さまざまなグローバルな開発課題の中で解決を求めていくことが必要である．2030年までの課題を掲げた持続可能な開発目標（SDGs）においても「水と衛生へのアクセス」の確保が大きな柱のひとつとなっているが，これは，食料，エネルギー，気候変動，土地，ジェンダー，そして不平等などに関する他の開発目標の達成とも密接にかかわっている．グローバルな水問題への対応においては，グローバルな開発課題の中で水の安全保障をいかに確保していくか，そのためのガバナンスとマネージメントをローカルからグローバルにいたる多層なレベルでいかに実現していくかが鍵を握るのである．　　　　　　　　　　　　　　　　　　　　　　　　　　　　　　　　[大塚健司]

参考文献
[1] 沖 大幹『水の未来―グローバルリスクと日本』岩波新書, 2016
[2] UNDP 編『人間開発報告書2006―水危機神話を越えて』国際協力出版会, 2007

貿易と環境

trade and environment

　現在世界では貿易自由化の進展に伴って国内総生産（GDP）に占める貿易額（輸出・輸入の合計額）の割合，すなわち貿易依存度が増大してきている．統計の入手可能なすべての国（140 か国）での平均の貿易依存度は 1960 年を 100 とした場合，1980 年が 174，2000 年が 189，2015 年が 196 と増大傾向にある（World Development Indicators）．このような貿易拡大が経済に与える影響について，現在の主流派経済学であるケインズ経済学では関税撤廃による経済へのプラスの影響を示す経済理論が示されている．過去の世界各国のデータを用いた実証研究においても経済へのプラスの影響を示す研究が存在する．以上より，学術的には貿易拡大が経済成長に好影響を及ぼすことを示す一定の研究蓄積が理論的にも実証的にも存在するといえる．

●**経済と環境**　ここで，経済活動と環境問題の関係性について説明を行いたい．例としてコーヒーを取り上げる．コーヒーは生産・運搬・販売・消費時に環境への負荷が生じる可能性のある商品といえる．すなわち，栽培時・運搬時にはエネルギー消費・二酸化炭素排出・廃棄物発生・農薬や排気ガスなどの汚染排出などの可能性があり，喫茶店あるいは家庭でコーヒーを販売・消費（焙煎・抽出）する際にも同様にエネルギー消費・二酸化炭素排出・廃棄物排出といったものが伴う．一般的に経済活動にはその副産物としての環境負荷が伴うのである．

●**貿易拡大と環境**　それでは，貿易拡大は環境にどのような影響を与えるのであろうか．経済学の観点から検討した先駆的な研究として W. アントヴァイラーら（2001）の研究があげられる．近年のこの分野の理論研究および実証研究の発展に最も大きな影響を及ぼした研究と位置付けられる．このアントヴァイラーらの研究では，貿易拡大は環境に対して 3 つの影響を与えることが示されている（図1）．

　1 つめの影響は規模効果とよばれる．貿易拡大により経済活動が拡大するのであれば，生産・運搬・販売・消費の増大による環境負荷増大に結び付く．

　2 つめの影響は構造効果とよばれる．一般に貿易拡大は国際分業をうながし，産業構造に影響を及ぼす可能性がある．ヘクシャー・オリーン・モデルとよばれる国際経済学の基礎的な理論によれば，資本蓄積が進んだ資本豊富な国は資本集約的な財の生産（例えば鉄鋼，石油，化学など，設備投資を要する重化学工業や装置型産業の生産）に強み（比較優位性）をもち，貿易拡大によって資本集約的な財の生産に特化していく．他方で資本蓄積が進んでおらず，労働力によって経済活動を支えている労働集約的な国は労働集約的な財の生産に強み（比較優位

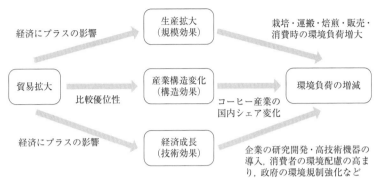

図1　コーヒーを例とした貿易拡大が環境に及ぼす3つの効果

性)をもちその生産に特化していくとされる．構造効果はこの理論に基づくものであり，貿易拡大によって各国の産業構造が比較優位性をもつ産業に特化していき，その産業構造の変化が環境に影響を与えるとするものである．

　3つめの影響は技術効果とよばれる．すでに触れたように貿易拡大は経済成長にプラスの影響を及ぼす可能性がある．ここで経済成長が環境に及ぼす影響として以下のことが考えられる．すなわち，資金に余裕が生じることでさらなる研究開発投資が可能となり，結果として技術水準が高まること，消費者に金銭的余裕が生じることで環境に配慮した消費が意識されやすくなること，さらには政府の環境規制をより厳しいものにしていくことにつながり，環境負荷低減につながる可能性があるということである．コーヒーの例でいえば，環境に配慮した栽培方法・流通方法への転換，焙煎・抽出時のエネルギー効率改善による環境負荷低減，そして消費者が環境に配慮したコーヒー豆を好んで選ぶ可能性の高まりなどが該当する．以上の規模・構造・技術の3つの効果を総合したものが，貿易拡大が環境に及ぼす影響とされている．

●**開発途上国と先進国**　実際の貿易に関係する政策では例えば有害物質に関するRoHS指令や廃棄物に関するバーゼル条約に代表されるように，輸出入する財について法的規制をかけることで環境負荷の低減をはかる政策が行われている．また環境に配慮した商品であることを第三者機関に証明してもらうエコラベリング制度(例えばフェアトレード・森林認証制度など)も貿易に関連した取組みといえる．

　国際開発の視点から鑑みると，貿易は「途上国側が生産者，先進国側が消費者」という特殊な構図が実現される場といえる．先進国における消費者の環境に対する厳しい目，あるいは環境に配慮した商品を好む層の存在といったものを途上国側が需要ととらえ，その需要を貿易としての供給につなげていけるかどうかが今後の貿易と環境の関係性を決定付けていくと考えられる． [鶴見哲也]

気候変動

climate change

　気候変動に関する政府間パネル（IPCC）の最新の評価報告書は，地球温暖化には疑う余地がなく，人間活動がその主な要因であった可能性がきわめて高いとした．経済成長や人口増加により，温室効果ガス（GHG）の排出量は史上最高を記録している．そのため大気と海洋は温暖化し，雪や氷の量は減少，海面水位は上昇を続け，極端な高温や強い降雨は，より頻繁になった．この状況が続けば，深刻で取り返しのつかない影響が生じる可能性が高まっている．

●**気候変動対策とパリ協定**　気候変動対策として，再生可能エネルギーの導入や省エネルギーの推進などを通じてGHGの排出を減らしたり，森林保全などにより大気中からGHGを吸収したりといった取組みが必要である．こうした排出削減・吸収策を緩和策とよぶ．一方，過去すでに生じた排出や，今後も当面見込まれる排出によって，一定の気候変動は避けられないことから，その影響にも適応していく必要がある．適応策には，堤防のかさ上げによる水害対策や，農作物の品種改良・農期の変更など，多くの分野でさまざまな対策がある．緩和策と適応策は気候変動対策の両輪である．

　2015年にフランスのパリで国連気候変動枠組み条約（UNFCCC）の締約国会議が開催され，パリ協定が採択された．この協定は，京都議定書に代わる新たな国際枠組みで，すべての国が参加する歴史的な合意である．パリ協定は，適応能力の強化をうたう一方，世界共通の長期目標として，産業革命前からの地球平均気温上昇を2℃以内にとどめるとともに，1.5℃に抑える努力を追求することを掲げた．この目的を達成するため，今世紀後半に世界全体のGHG排出量を吸収量の範囲内に抑え，排出を実質ゼロにするとした．

●**2℃目標と持続可能な開発―インドネシアの事例**　図1は，2℃目標を達成するための，世界のエネルギー利用の将来像を描いたものである．今世紀末までに，エネルギーの総利用量を抑制する一方，炭素の回収・貯留（CCS）によって，石炭利用から発生したGHGはすべて回収して地中に埋めるなど，大幅な技術革新を求める内容となっている．また，バイオエネルギーなど再生可能エネルギーや，原子力エネルギーの利用促進などが示されている．

　本項では，国際開発の視点から，特にバイオエネルギーの課題を取り上げたい．バイオエネルギーの大規模な生産には，エネルギー源となる植物の成長に必要な土地や水資源を確保する必要がある．同時に，そうした資源は，いっそうの人口増加にこたえるための食料生産のためにも必要である．限られた資源への競合が激しくなれば，食料価格は上昇し，その悪影響は貧困層でより大きくなる．森林

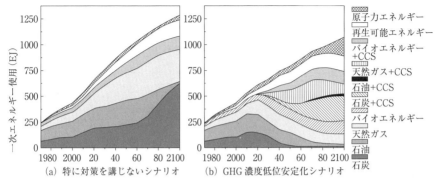

図1 世界のエネルギー利用（出典：van Vuuren, D.P., et al. "RCP2.6: exploring the possibility to keep global mean temperature increase below 2℃, *Climatic Change*, 109: 95-16, Fig. 2, p.102, 2011)

破壊や生物多様性の喪失にもつながるおそれがある．

　そのことを示唆する事例のひとつに，インドネシアのパーム油のケースがある．インドネシアは，過去40年の間に実質GDPが10倍以上に拡大し，いまやG20グループの一角を占めている．一方で，世界有数のGHG排出国となっている．特に，森林伐採や泥炭地の火災に伴う排出が大きいが，その背景としてパーム油生産の拡大がたびたび指摘される．パーム油は，カップラーメン，マーガリン，スナックなどの食品のほか，シャンプーや洗剤，さらにはバイオディーゼルの燃料として，我々の生活の身近で使われている．世界的な食品需要の拡大や嗜好の変化，さらにはEU諸国をはじめとするバイオディーゼルの利用促進によって，インドネシアでは，輸出主導でパーム油の生産が急拡大した．いまでは世界最大の生産国となり，マレーシアとの2か国で世界の9割近いシェアを握っており，インドネシアの経済成長や貿易収支の改善に大きく貢献している．一方で，プランテーション面積の広がりは，森林や泥炭地の喪失と，それに伴うGHGの排出増加を招いている．米作地から土地転換も進んだ結果，食料の安全保障や森林・生物多様性の保全など，インドネシアの他の重要な開発課題とも相反する状況となっている．

　上の事例は，グローバル化の進展に伴い，我々の生活が，思わぬ形で開発途上国の経済社会や生態系とつながり，その国の気候変動問題とかかわることを示す．また，気候変動対策の一環として促進されたバイオエネルギー利用が，国境を越えて他国の土地利用の変化を促し，その国の排出増加を招くという皮肉な関係も示している．パリ協定で合意された2℃目標は，持続可能な開発のあり方をあらためて問い直すものであり，その実現に向けて，人類の英知といっそうの国際協力・連携が求められる．　　　　　　　　　　　　　　　　　　　　　［川西正人］

16

国際開発協力の
理念とアプローチ

「開発協力」とは何か

What is development cooperation?

　ヴィクトリア朝時代（1837〜1901 年）のイギリス人にとって，遠い“未開”の人々に支援の手を差し伸べることは，自己満足と偽善の香りをまとった「道徳的責務」とされていた．同じ頃，重商主義時代の東インド会社の経験のうえに，ヨーロッパの資本は当時“後進地域”とよばれていた地域への投資を進めていた．「世界の後進地域を発展させる」ことが 19 世紀帝国主義の全盛期を支えるシステムだったからである．それに比較すると，経済的に恵まれた国々の政府が，“低開発”の国々の社会的厚生や経済成長に関心を寄せるのは遥かに新しい現象である．経済学者 K.G. ミュルダールや政治学者 H. モーゲンソーは，第 2 次世界大戦後の産物である開発協力という対外行動が，植民地に対する宗主国の政策と根本的に異なることを強調した[1,2]．国際社会の開発途上国に対する協力，DAC（OECD の開発援助委員会）が「資金の流れ（total net resource flows for development）」に換算して示す協力は，政府および公的機関，民間営利企業，民間非営利組織（NGO）の 3 種類の担い手によって進められている．

●「開発協力」概念の複雑さ　それでは，本章のタイトルにある「開発協力（development cooperation，なお DAC は常に co-operation と表記する）」とは何を意味するのだろうか．これはごく基礎的な設問であるが，意外なことに解答することは容易でない．この点に関する解説に接することは少ないので，この機会に考えてみたい．

　最近，DAC の統計部門の責任者に確認した結果，驚くべきことに，非常に厳密な定義を駆使して活動を進めているはずの「DAC が開発協力という用語の定義をもたない」ことがわかった．したがって，開発協力という概念はかなり便宜的に使用される傾向がある．スカンジナビア諸国では，そして一定数のヨーロッパ諸国では，開発協力は実質的に「援助（aid または official development assistance：ODA）」の同義語として使用されている．また日本の「開発協力大綱」（2015 年 2 月閣議決定）も，ODA を指す用語として開発協力を使用している．そこでは，ODA 以外の公的な資金・活動や民間の資金・活動が，「それ」（開発協力）以外と位置づけられている．ただ DAC 内での定義について前述したように，これが必ずしも国際的に確立した用法ではない．かつて開発協力は ODA よりも広い範囲の概念であったが，assistance という言葉に含まれる“家父長的な（上から目線の）”ニュアンスを嫌うヨーロッパの人々が，「援助」を assistance ではなく cooperation で表記することを好んだ経緯がある．いいかえれば，開発協力の歴史には広い概念から狭い概念への移行があったのだ．このような経緯もあっ

て，現在のヨーロッパの援助専門家の議論の中にも，開発協力と ODA を使い分けて，前者をより広い意味の概念，つまり①公的部門による ODA 以外の協力活動（国連（NGO）平和維持活動［PKO］も含まれる），②民間営利企業の活動，③民間非営利組織の活動などを，少なくともある程度は含むケースがある．

　開発協力という概念をめぐる以上の複雑な背景を視野に入れながら，ここでは ODA と同義である狭い概念ではなく，（NGO を含む）民間部門の活動をも視野に入れた広い概念の開発協力を対象としたい．この選択には 2 つの利点があると考える．第 1 に，草創期の開発協力の実態に合致することである．まだ「南北問題」という言葉もなく，ODA の概念も成立していなかった 1950 年代には，「援助と協力の境界」は意識されていなかった．第 2 に，"beyond aid" の時代とも形容される現在の問題意識に合致することである．開発途上国への資金流入において民間部門からの資金の流れが拡大して圧倒的な比重を占めるようになり，DAC が主導してきた「援助と投資の境界を明確にする」伝統的な援助思想では，現実の問題に対応しにくくなり，したがって，開発協力は公的部門と民間部門の役割分担や連携が重要な政策課題として認識されている．

●今なぜ「開発協力」なのか　このような視点から開発協力の軌跡を振り返り，開発途上国のおかれた状況と開発ニーズの構造変化や，協力の担い手側の問題意識の変遷（開発協力潮流の変化）を代表する 13 のテーマを選定した．協力の理念と実施アプローチの潮流変化の里程標ともなるこれらのテーマは，それぞれの時代の人々が開発協力の使命をどのように考えたか，どのような理論的基盤に基づいていたか，実践経験から導き出されたどのような「知」が反映されたかを考えるうえでの手がかりである．また，それ以前の時代の成果や失敗が，知的資産として，どのように次の時代に受け継がれたか（受け継がれなかったか）を示すものでもある．また，開発協力という営みの複雑さや難しさを教える手がかりでもある．

　なお，ここでは開発協力の全体像を対象としたので，日本の開発協力経験だけを特に取出して考察することはしなかった（日本の経験は，各項目の記述の中にちりばめられているが）．この点に関心の深い読者には，柳原透「国際援助潮流と日本の ODA」『国際問題』No. 637（2014 年 12 月）を参照されることをお薦めする．簡潔で的確な考察が行われている．　　　　　　　　　　　　　　［下村恭民］

📖 参考文献

[1] Lumsdaine, D. *Moral Vision in International Politics The Foreign Aid Regime, 1949-1989*, Princeton University Press, 1993

[2] Lancaster, C. *Foreign Aid Diplomacy, Development, Domestic Politics*, The University of Chicago Press, 2007

援助理念

aid philosophy

なぜ援助が行われるのか.「政府開発援助(official development assistance: ODA)」という新しい対外行動が登場した第2次世界大戦直後から,この基本的な設問に対して,立場によってさまざまに異なる答えが提示されてきた[1,2].定まった回答があるわけではないが,これまでの議論の過程で,国家に援助という行動を選択させる2つの動因(drive:なぜ,あることをするのか)が浮かび上がった.1つの動因は,「国際公共財」に対する貢献を志向する,国際公益志向の利他的な性格であり,一般に「援助理念」とよばれるものは,これに該当する.対照的な他の動因は「(援助国の)国益」の追求である.

●**援助理念の多様性** 援助理念が貢献の対象とする国際公共財はドナー(援助国,出し手)によって異なるが,人道的価値に基づく「貧困緩和」は西欧世界で最も有力な利他的動因といえるだろう.特に1990年代以降に,開発あるいは援助に関する論議の中で,貧困の比重が著しく高まった.同じ時期に,冷戦の終了を契機として,民主主義・人権尊重と市場原理を中核とする「普遍的価値」の普及が,有力な援助理念として登場し,普遍的価値の強化を援助供与の条件とする事例が多くなった.

「世界の平和」は,援助の初期から重要な国際公共財の位置を占めてきたが,アメリカのG.W.ブッシュ政権(2001~2009年)の「テロとの戦い」において中心的な課題とされた.「(持続的な)経済成長」は,アメリカのH.トルーマン大統領(在任:1945~1953年)の「ポイント・フォア計画」の時代から,生活条件の改善に不可欠な国際公共財としての位置を占めてきたが,「貧困層に裨益する成長」や「インクルーシブな開発」など,時代の要請に応じた変化を経験している.

これらの国際公共財の追求は,DAC(OECD[経済協力開発機構]の開発援助委員会),国連,世界銀行などが主導してきた,国際援助社会の主流の援助理念といえるが,日本の援助が一貫して主張してきたのは,支配的な潮流とは異なる視点にたった開発途上国の「自立」(被援助国の立場からの卒業)であり,自立の実現を目指す人づくりやインフラ整備を中軸とした「自助努力支援」の援助理念だった.自立を強調する姿勢は,中国を代表とするDAC非加盟の「新興ドナー」と共通点をもつことを特記したい.

●**援助理念と国益の一体化** このように多様な援助理念が掲げられているが,援助国の現実を分析すると,援助理念だけでは援助の動因を説明することができず,援助理念はそれぞれの国の国益追求の動機と一体化して機能していることが明らかになる[2].貧困緩和,経済成長,自立などは,いずれも援助国に新たな市

場を提供するとともに，安全保障にプラスの影響をもたらす．一見すると国益追求動機の薄いスカンジナビア諸国でも，商業的利益をも含めた国益追求動機が，利他的な援助理念と連係していることが指摘されている[2]．世界の平和は，援助国の安全保障だけでなく貿易や投資の拡大にも貢献する．また普遍的価値の普及は，「何が普遍的なのか」を左右できる国々の特権をより強固なものとし，国際援助社会の中での主導権を確実にする効果をもつ．

なぜ，援助理念が国益追求と結合して機能するのだろうか．まず，かつてフランスの外交官が述べたように，「自国の利益を普遍的な正義の言葉で覆い尽くす」のが国際政治の本質の一面であるという現実がある（カー 2011）．そして E. H. カーが強調したように，自己に有利な理念を普遍的なものとして打ち出す「国益と道義の一体化」は，国際的に強い立場の国々に顕著な行動様式である．

また，「国家の目標は国益を追求すること」という古典的リアリズムの国際政治理論[1]はやや単純にすぎるとしても，国益を排除した「人道主義などの理念だけに基づいた援助」[1]は，特殊な状況の下での対外行動に限られる．対外行動の意思決定が，常に国内のさまざまな利害関係者からの働きかけのもとで行われるからである[2]．国内の声が，直接的な「狭い国益」（例えば輸出市場や資源の確保）だけを求めるとは限らないが，利他的・理念的な援助行動が国際社会での信頼醸成につながり，間接的に自国の利益となるという「広い国益」への期待は根強く，広い国益をも完全に捨象した援助政策の決定は，きわめて例外的なものに止まるであろう．

●**理念と規範**　援助理念の重要な側面のひとつは，広範囲に受容された理念が「規範（norm）」としての性格を強め，各援助国の援助行動を制約することである．規範を主導する「規範主導国」は，「規範追随国」に対して強い影響力や操作能力を行使できる．これは援助の領域に限ったことではなく，歴史上で覇権の地位を得た国（あるいは国々）は，自分たちに有利な理念を「普遍的原理」とすることによって，特権的な影響力を行使してきた．ただ，規範主導国の地位も変化する．「持続可能な開発目標（SDGs）」では，貧困緩和に焦点をあてた「ミレニアム開発目標（MDGs）」になかった，成長，インフラ，工業化などの目標が導入されたが，その背景として中国やインドなど新興ドナーの活動の拡大と発言力の高まりが指摘されている．　　　　　　　　　　　　　　　　　　　　［下村恭民］

📖 **参考文献**

[1] Lumsdaine, D. *Moral Vision in International Politics The Foreign Aid Regime, 1949-1989*, Princeton University Press, 1993
[2] 下村恭民『開発援助政策』国際公共政策叢書 19，日本経済評論社，2011

国際開発規範

international development norms

国際開発規範とは，国際社会が国際開発協力を行う主体（援助国，企業，非政府組織（NGO）など）に期待する行動基準であり，国際開発協力に関する目標，アプローチ，スローガンなどがこれに相当する．例えば，経済成長，貧困削減，ベーシック・ヒューマン・ニーズ（BHN），ミレニアム開発目標（MDGs），持続可能な開発目標（SDGs），などである．

●国際開発協力の潮流を把握する試み　国際開発協力の潮流を把握するために，2000 年代以降，長らく用いられてきたレジームという概念に代わり，国際規範という概念が用いられるようになった．国際開発協力においては，多様な主体がおのおのの理念や利益に基づき活動を展開する一方で，主体の活動全体に影響を与える経済理論や優先課題などが存在する．それらは時代ごとに変わり，国際開発協力の潮流を生み出してきた．その潮流をとらえるべく，国際規範の概念が用いられるようになった．その背景には，1990 年代以降，国際政治学におけるコンストラクティビズム（構築主義）の隆盛があった．コンストラクティビズムが提唱する国際規範は，国際社会の変動をとらえる有益な概念とされ，開発協力の分野にも適用されたのである．

国際規範とは，「所与のアイデンティティをもつアクターのための適切な行動基準」と定義される．つまり，国際規範とは，国際社会がその構成員である国家などの主体に期待する行動基準であり，主体がその行動基準を理解し実践することで国際社会が維持される．国際規範は，国際社会の集合的な期待であるがゆえに，その期待の集合性によって，その地位は変動する．その地位の変動は，国際規範の動態として描かれる．最も著名な国際規範の動態論である「ライフサイクル仮説」によると，多くの場合，国際機関や NGO などが規範起業家（norm entrepreneur）としてアイデアを作成し，国家などの主体に支持や遵守を要請する．そして規範主導者（norm leader）たる大国が支持あるいは遵守するのを契機に，そのアイデアを支持あるいは遵守する規範追随者（norm follower）が，雪だるまのように増加する．その結果，そのアイデアは国際社会の集合的期待となり，すなわち国際規範となる．国際規範を支持する国家が増えるにつれ，国際規範の地位は高まる．逆に，既存の国際規範に対する疑義が生じると，新たな国際規範が誕生し，既存の国際規範を代替するようになる．国際規範研究は，このような国際規範の動態メカニズムの解明を主な課題とするのである．

●国際開発規範　では国際開発規範はどのような動態を描くのか．多くの国際機関，援助国，NGO の中で，主要な役割を果たしてきた規範起業家といえば，やは

り世界銀行（世銀）と国連であろう．対極的な性格をもつ世銀と国連は，国際経済格差の是正や貧困削減のための国際協力促進という目的を共有したうえで，世銀は経済成長を優先すべきであるというアプローチ（＝成長規範），国連は貧困削減を優先すべきであるというアプローチ（＝貧困規範）を掲げる．そしてそれぞれがより魅力的なスローガン（＝スローガン規範）を提唱し，自らのアプローチ規範の優位性を決定づけようと競合してきた．

国際開発協力の推進に不可欠な経済成長と貧困削減が，2つのアプローチとして分離され，対極的に位置付けられたことは，国際開発規範に独特の動態を生んだ．成長規範か貧困規範のどちらか一方のみに依拠する国際開発協力は，本来相互補完的な役割を果たすもう一方のアプローチを欠き，失敗する．そして国際社会における集合的期待は，振り子のように，もう一方の規範へと一気に移行する．しかし，その規範のみに依拠する国際開発協力もまた失敗し，再び国際社会における集合的期待はかつての規範へと移る．このように対極的に位置付けられた成長規範と貧困規範は，循環的に優越することになった．そして優越したアプローチに依拠するスローガンもまた同時にその時代の規範となったのである．

実際には，1940年代後半，世銀側が資本投下を提唱すると，成長規範の優越が始まった．1960年代後半，資本投下が貧困問題の解決に直結せず，国連側がBHNを提唱すると，貧困規範が優越し始めた．1970年代後半，顕在化した累積債務問題への対応として，世銀・国際通貨基金（IMF）が構造調整融資を開始すると，再び成長規範が優越した．1990年代後半，構造調整融資が貧困問題を解決しないことが明らかになると，再び貧困規範が優越するようになった．しかし国際開発協力に関する実証研究・理論研究の蓄積により，世銀と国連はともにその対決姿勢を改め，互いに学び合い，協調するようになる．両者ともに貧困削減を開発の最終目標に据え，1999年，世銀は貧困削減戦略書（PRSP）を導入し，2000年，国連はMDGsを作成した．2015年，国連で採択されたSDGsは，MDGs同様，貧困削減を開発の最終目標としながらも，経済成長の推進もその目標に組み込んだ．新興国や途上国の目覚ましい経済成長は，インフラ整備のニーズを増大させ，インフラ整備に大規模な支援を行う中国の経済協力に対する期待を高めた．欧米先進諸国が築いてきた貧困削減の主流化の流れは，2010年代に入り，大きく揺さぶりをかけられるようになった．国際開発規範は再び大きな曲がり角を迎えようとしている．　　　　　　　　　　　　　　　　　　　　　　　　［小川裕子］

📖 参考文献
[1] Finnemore, M. and Sikkink, K. "International Norm Dynamics and Political Change" *International Organization*, 52(4) pp.887-917, 1998
[2] 小川裕子『国際開発協力の政治過程―国際規範の制度化とアメリカ対外援助政策の変容』東信堂，2011

開発協力潮流の変化

the changing thinking of development cooperation

K. G. ミュルダールが強調したように，開発協力は第 2 次世界大戦後に登場した新しい政策行動である．アジアやアフリカの人々の社会的厚生や経済発展に対する責任感は，それ以前の列強の植民地経営とは異質な性格のものだった[1]．ただ，開発協力の原点のひとつとされるアメリカの H. トルーマン大統領の「ポイント・フォア提案」(1949 年) には，東西対立の下での外交政策手段という色彩が濃厚であり，「南北問題」という視点が提起されたのは 1960 年になってからであった.

●**初期の潮流**　1950・60 年代には，開発途上国の開発という現象の複雑さが，まだ十分に理解されておらず，開発協力の主な任務は，開発途上国の貯蓄不足を補う資金移転と想定されていた (☞「ビッグ・プッシュ・アプローチ」)．1970 年代に入ると，ビッグ・プッシュ・アプローチの核心である資金移転・投資振興・工業化重視に批判が強まり，2 つの新しい潮流が有力となった[2]．1 つは，先進国に支配されない"公正"な国際貿易システムを求めて，途上国が一致して主張した「援助より貿易を」であり，40 年後の今日，再び有力な潮流として復活している．第 2 は，それまで想定されていたトリックル・ダウン効果を批判した「ベーシック・ヒューマン・ニーズ」のアプローチで，雇用の創出と所得分配を重視し，工業化よりも農村開発に重点をおいた.

●**市場から制度重視へ**　しかし，1980 年代に入ると深刻化した途上国債務問題の対策が最優先となり，分配の議論や途上国の声は後退した．支配的潮流となったのは，新古典派経済学の処方箋 (規制緩和・自由化・民営化など) を掲げた，世界銀行 (世銀) の「構造調整 (structural adjustment)」アプローチである (☞「構造調整アプローチ」)．それまでの開発協力潮流が「市場の失敗」を前提としていたのに対して，市場を重視し，政府の役割を最低限に抑える点に特徴があった．その後 1990 年代に入ると債務問題がやや緩和し，さまざまな「地球規模の課題グローバル・イシュー」(地球環境問題と持続可能な開発，貧困と格差，民主化・人権，ジェンダー，紛争・難民，感染症など) について，新しい提案が提示された．冷戦後の世界に特徴的なグローバル・イシューは旧計画経済諸国の市場経済への移行であり，世銀と IMF (国際通貨基金) の主導のもとに，新古典派経済理論に基づいた移行プログラムが実施された．なおこの時期の開発論議で特記されるのは，政策を成果につなげるうえでの「制度」の役割が大事であるという認識が高まったことで，D. ノースに代表される新制度経済学の視点が急速に広がりはじめた.

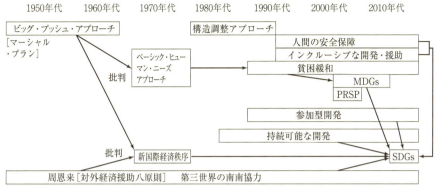
図1 開発協力潮流の変化

●**貧困の主流化** 1990年代が進むにつれて，「貧困削減」が中心テーマとしての地位を確立した．この潮流が頂点に達したのは，ヨーロッパ諸国のイニシアチブによって国連特別総会で採択（2000年）された「ミレニアム開発目標（MDGs）」であった．貧困緩和達成の条件として「参加」が重視され，さらに「人間の安全保障」「インクルーシブな開発／援助」などの視点が加えられた．援助の実施面では，世銀が導入した「貧困削減戦略書（Poverty Reduction Strategy Paper：PRSP）」が，各援助国の実施のあり方を規定し，「援助協調」が急速に展開された．

21世紀に入ると開発協力の担い手の間の力関係に大きな変化が起きた．第一の変化としてあげられるのは，DAC（OECD［経済協力開発機構］の開発援助委員会）のメンバーではない「新興ドナー」，特に中国やインドが開発協力を急速に拡大し，国際社会での発言権を高めたことである．2011年の援助効果に関する高級フォーラムの成果である「釜山パートナーシップ」は，新興ドナーと連携する「新しいパートナーシップ」を打ち出し，1950年代から第三世界勢力が掲げてきた「南南協力」をキーワードとして取り上げた（☞「南南協力」）．さらに2015年に国連が採択した「持続可能な開発目標（SDGs）」では，貧困削減に焦点を絞った「ミレニアム開発目標（MDGs）」（2000年）にはみられなかった，成長，インフラ，工業化などの目標が導入された．途上国側の開発ニーズを反映した潮流変化といえる．もう1つの基本的な変化は，途上国への資金の流れの中で，非政府組織（NGO）を含む民間部門が圧倒的な比重を占めるようになったことであり，公的部門と民間部門の連動がさまざまな形で試みられている． ［下村恭民］

参考文献
[1] Tarp, F. ed. *Foreign Aid and Development Lessons Learnt and Directions for the Future*, Routledge, 2000
[2] 絵所秀紀『開発の政治経済学』日本評論社，1997

ビッグ・プッシュ・アプローチ

big push approach

　第2次世界大戦後に新しく独立した国々が，政治的独立と並んで経済的独立を達成するための，経済開発努力を開始した1950年代から1960年代にかけて，開発途上国の人々が直面したのは，「貧しい国は貧しいがゆえに貧しい」という「貧困の悪循環」だった．所得が低いために貯蓄率が低く，そのために十分な投資資金がえられず，投資が低調なために経済成長のエンジンが起動しない「低所得均衡の罠」を，どのように克服するかが課題であった．この課題に対する初期の開発経済学の解答は，外部からの援助によって大量の投資資金を注入し，経済を成長させるという処方箋だった．R. ヌルクセの「均整成長」戦略，P. ローゼンスタイン＝ロダンの「ビッグ・プッシュ」戦略，A. ハーシュマンの「不均整成長」戦略などは，それぞれ異なったアプローチではあるものの，いずれも大規模投資の注入という共通点をもっている[1,2].

●「トリックル・ダウン」の仮設　このような理論に基づいた「ビッグ・プッシュ・アプローチの援助モデルは，「ツーギャップ・アプローチ」ともよばれた．マクロ経済バランスの恒等式である

　　　　［輸入］－［輸出］＝［投資］－［貯蓄］

の左辺が，外国為替ギャップ，右辺が投資・貯蓄ギャップを表すが，援助によって左辺の外貨不足あるいは右辺の貯蓄不足を解消しようとするものである．大規模投資の対象として特に重視されたのが，外部経済効果の大きいインフラ部門であり，この時期の世界銀行（世銀）の融資はインフラ部門に集中した[1]. 途上国の国内貯蓄不足を補うこのような開発戦略の代表例が，アメリカのケネデイ大統領の提案によって1961年の国連総会で採択された「国連開発の十年（UN Development Decade)」である．途上国への必要資金移転量を先進国の国民所得の1%と定め，後続の「第2次国連開発の十年」ではODAの国際目標（各ドナーのGNPの0.7%）を導入した．この国際目標は，半世紀後の国際社会でも依然として維持されている長寿の国際目標である．ビッグ・プッシュ・アプローチの背後にあったのは，「トリックル・ダウン」の仮説だった．経済成長によって全体のパイが大きくなれば，果実からジュースがしたたり落ちるように，成長の恩恵が途上国の経済社会のすみずみまで広がっていくと想定されていた[1].

●さまざまな批判　しかしながら1970年代が近づくにつれて，さまざまな角度からビッグ・プッシュ・アプローチに対する批判が強まり，それに代替するいくつかの有力な開発理論・援助アプローチが提唱された．まず途上国の間では，世界の輸出に占める途上国の比重低下が引き金となって，「国連開発の十年」に対す

る失望が広がり，状況を打開する方策として登場したのが，「新国際経済秩序（NIEO）」の動きであった．当時の国際貿易体制（IMF-GATT 体制）が途上国にとって不利であるとの認識の下に，新たな国際貿易の仕組みを導入しようとする動きであり，1974 年の国連特別総会で採択された．同じ時期に，途上国内での経済格差の拡大に懸念が広がった．いいかえればトリックル・ダウン仮説が非現実的との認識が広がったのである．「成長を伴う分配」や「ベーシック・ニーズ」（社会が最貧層のために設定すべきミニマムな生活水準．現在では「ベーシック・ヒューマン・ニーズ」の用語が広く使用されている）が重視されるようになり，世界銀行の活動もマクナマラ総裁のリーダーシップのもとでインフラ重視から大きく転換し，農村と都市の「絶対的貧困」の撲滅が中心となった[1]．

　1970 年代の国際援助潮流は，雇用機会の創造を通じた貧困層の生活水準引き上げを中心課題に設定した[2]．また新古典派経済学の立場から，市場メカニズムの役割を中心にするべきだという強い批判が投げかけられた．ビッグ・プッシュ・アプローチの根底には「市場の失敗」の認識と，それを補完する政府の役割の重視があったからである．T. シュルツは「農民も経済合理性に基づいて行動する」と主張し，農業・農村近代化のもつ大きな可能性に注目した．彼の主張は「緑の革命」を理論的に支え，工業化に偏っていたビッグ・プッシュ・アプローチの開発戦略を，農業・農村重視の方向に転換させた[1]．

●今日的意義も　ビッグ・プッシュ・アプローチには，「開発」という複雑な現象の構造を単純化しすぎる面があった．その後に登場した援助潮流によって，生活水準の向上に必要なさまざまな視点が提示され，ビッグ・プッシュ・アプローチの素朴な枠組を乗り越えて，遥かに高度化した途上国へのメニューが提示されてきた．ただ，援助潮流が高度化し半世紀の年月が経過した 21 世紀に，依然としてビッグ・プッシュ・アプローチの中核的な要素，すなわち経済成長，工業化，インフラ整備，政府の積極的役割などが，国際社会で重要な位置を占めていることにも注目する必要があろう．「持続可能な開発目標（SDGs）」では，「ミレニアム開発目標（MDGs）」になかった，成長，インフラ，工業化などの目標が導入され，世界銀行では，かつて「斜陽部門」と形容されたインフラが復権している．途上国の強いニーズを背景にした，途上国側の声の高まりがもたらした結果である．その欠陥や限界と同時に，ビッグ・プッシュ・アプローチの生命力の源泉にも留意する必要があろう．　　　　　　　　　　　　　　　　　　　　　　　　　　［下村恭民］

📖 参考文献
[1] 絵所秀紀『開発の政治経済学』日本評論社，1997
[2] Tarp, F. ed., *Foreign Aid and Development Lessons learnt and Directions for the Future*, Routledge, 2000

南南協力

South-South cooperation

「南南協力」という用語は，開発あるいは開発協力の領域で，さまざまに異なった文脈で使用されてきた．論文執筆，あるいは文献のレビュー・検索に当たっては，どのような文脈に該当する南南協力なのかの確認が重要である．

●「南」の南南協力　開発途上国の間の連帯と相互支援を象徴する概念としての南南協力が注目を集めたのは，1955年にインドネシアのバンドンで開催された，第1回アジア・アフリカ首脳会議（「バンドン会議」）であった．アジア・アフリカの人々の団結を掲げた「バンドン精神」は，反帝国主義，反植民地主義と平和共存・非同盟を軸とする「第三世界運動」の起点となったが，第三世界運動には途上国の間での相互協力も含まれていた．そこでは，先進国（「北」）と途上国（「南」）の間のタテの関係での政府開発援助（ODA）ではなく，「南」同士の水平的な協力関係（すなわち「南南協力」）であることが強調された．

水平的な協力関係を反映して，南南協力では以下のような原則が主張された．第1に，先進諸国や国際機関の政策助言を「新帝国主義勢力」による内政干渉として批判し，「内政不干渉原則」を明確にした．第2に，ODAの仕組みが「北」の「家父長的」な姿勢に沿っているとして，対等な関係での協力を主張し，「平等互恵」の原則を掲げた．第3に，西欧世界が主導するODAの背後にある，慈善あるいは「恵まれない人々に対する恵まれた者の責任（ノブレス・オブリジュ）」の視点を拒絶し，対等な関係のもとでの「自発的な協力」を強調した[1]．

南南協力のこのような立場は，中国の周恩来首相が1964年に表明した「対外経済援助八原則」に示されているが，現在の中国の対外援助にも濃厚に受け継がれている[2]．ただ，現在の途上国世界の状況はバンドン会議の時代と異なり，中国，インドに代表される「新興ドナー」が，実質的な有力援助国となっている．新興ドナーと「後発開発途上国（LDC）」の間の関係を，対等とか水平と主張することは，もはや現実的といえない．

伝統的な南南協力原則は，現在でも新興ドナー，特に中国によって維持されているが，「南」の間の経済格差拡大という実態とかい離していることは否定できない．ただ伝統的な南南協力原則は，21世紀に入ると開発協力の世界で強い影響力をもつようになった．中国やインドなどの新興ドナーの活動が急速に拡大し，伝統的ドナーの集合体である経済協力開発機構（OECD）の開発援助委員会（DAC）も，その存在を無視できなくなったのである．

「南」の声の高まりを反映して，2011年の第4回高級フォーラムの「釜山パートナーシップ」は「南南協力に対する支持」を明記した．また翌2012年には，国連

に「南南協力オフィス（UNOSSC）」が設置された.

●**伝統的 ODA の中の南南協力**　伝統的な ODA の領域でも，技術協力の実施手法のひとつである「三角協力」を指す用語として，南南協力が長い歴史をもっている. 標準的な技術協力方式は援助国と受入国の二者の間での技術移転であるが，三角（南南）協力の場合には関係者が1つ増え，援助国，受入国，ホスト国（特定の分野で技術移転の拠点となる途上国）の3か国となる. 技術協力の対象国との間に社会的・文化的な共通性があり，経済・技術水準の差が少ないホスト国を選び，途上国間（南南間）で現地事情に合った適正で効果的な技術移転を行おうとするものである.

　日本はこの方式のパイオニアとされており，1975年に JICA（当時は国際協力事業団）がタイ東北部の養蚕研究訓練センターで，ラオスの農民を受け入れたのが第1号であった. 現在では多様な形の南南協力が行われており，途上国 A が過去に（日本から）受入れた援助の経験を活用して，途上国 B に知識やノウハウを移転する試みも生まれている. 代表的な例として，日本，ブラジル，モザンビークの3か国が協力して取り組む「プロサバンナ（ProSAVANA）計画」がある. ブラジルの熱帯サバンナ「セラード」に対する日本の農業開発協力は，特に大豆の品種改良，加工・輸出などの成果につながったが，共通言語（ポルトガル語）のモザンビークの熱帯サバンナに，その成果を移転する三角協力の試みが進められてきた.

●**ハイブリッドの南南協力**　これまで述べてきた2つの南南協力は，それぞれ「南」と「北」の伝統的なアプローチであり，交わることが少ないままだった. 近年，この2つが融合する新しい状況が生まれている. UNOSSC の南南協力である. 釜山パートナーシップや国連の「持続可能な開発目標（SDGs）」には，新興援助国が主導する「南」の声の高まりが反映されている（☞「開発協力潮流の変化」）. この新しい国際開発潮流のキーワードのひとつである南南協力は，かつての第三世界の時代からの南南協力原則が受け継がれているが，そこに「北」と「南」の間での標準的 ODA で蓄積されてきた三角（南南）協力の成果を組み合わせて，2つのタイプの南南協力を融合したものが，UNOSSC の掲げる南南協力である. 「北」と「南」の伝統的なアプローチが一体化した，ハイブリッドの南南協力が生まれている.　　　　　　　　　　　　　　　　　　　　　　[下村恭民]

📖 **参考文献**

[1] Chaturvedi, S. et al. eds. *Development Cooperation and Emerging Powers New Partners or Old Patterns?*, Zed Books, 2012
[2] 下村恭民他編『中国の対外援助』日本経済評論社，2013

構造調整アプローチ

structural adjustment approach

　新古典派経済理論に基づいて，世界銀行（世銀）が1970年代末に導入した開発援助アプローチである．それまでの援助アプローチと異なり「融資の条件として開発途上国の経済改革実施を求めた」点が新機軸であった．

●**構造調整アプローチの論理と仕組み**　第2次石油危機の影響もあって1970年代後半の途上国の経済状況は急激に悪化し，特に国際収支赤字を埋める対外借り入れの急増によって累積債務問題が深刻化した．この状況に対応するため，世銀は「構造調整貸付（SAL）」の導入を決定した（1979年秋）．SALに具体化された構造調整アプローチには2つの目的があった．第1は，迅速な資金供給によって国際収支危機を緩和する「安定化」であり，第2は，途上国の経済政策の改革による「開発」の条件整備である．

　世銀の診断によれば，債務危機を生んだ根本的な原因は途上国政府による過剰な介入や規制であり，それによって資源配分が歪められて経済活動が非効率的となり，マクロ経済不均衡の深刻化につながったと考えられた．この診断から導かれる処方箋は，市場メカニズムを十分に機能させるための政策手段の導入，具体的には各種の規制の廃止や緩和，価格・金利・貿易などの自由化，公有部門の民営化，地方や現場への分権化などである．途上国との間での「政策対話」を通じてこれらの改革メニューを合意し，融資の「コンディショナリティ」とする仕組みが導入された．こうした構造調整政策は，元々支援対象国のマクロ経済不均衡の是正，安定化を役割とする国際通貨基金（IMF）と世銀が共同して行うものとされた．アメリカの首都ワシントンDCに本部をおく世銀や国際通貨基金（IMF）のこのような政策思想は，「ワシントン・コンセンサス」と形容された（☞「新自由主義と国際開発」）．

　構造調整アプローチは新古典派開発経済学を理論的根拠としており，以下の3つの基本仮定に基づいていた[1]．第1に，政府介入によって歪められてはいるが，途上国には健全な市場経済の価格調整メカニズムが存在している（途上国における「市場経済の低発達」は考慮されていない）．第2に，一切の生産要素は完全雇用されている．第3に，「市場の失敗」のケースを除いて，経済の運行は市場メカニズムにゆだねるべきである．当初の段階から，これらの基本仮定と途上国の現実との間のギャップが指摘され，その非現実性から構造調整アプローチの実効性に疑問を投げかける声が少なくなかった．構造調整アプローチが実際にどの程度の効果をあげたかについては議論が分かれているが，世銀自身の報告書が認めているように[2]，少なくとも（サハラ以南の）アフリカでの成果がきわめて不

十分だったことは明らかである.

●**さまざまな批判**　構造調整アプローチは，一種の実験ともいえる形で，経済理論を途上国の現実に適用した大胆な試みだったが，いくつかの重要な課題を残した.

第1は政策対話のあり方である.非対称的な力関係の下で，国際機関が相手国の個別の状況を十分に配慮しないまま，どの国にも同じような政策メニューを押し付ける批判（"one size fits all"への批判）が広がり，それに対応して，後に世銀やDAC（OECD［経済協力開発機構］の開発援助委員会）は，「オーナーシップ」（途上国の主体性）を強調するようになった.ただ問題は残されたままである.

第2は改革の実施に与えられた期間が短すぎるという問題点である.世銀の提示した改革プログラムは，多くの場合，3年程度で完了することを想定した急進的な「ショック療法」であり，社会的変化の複雑さを軽視する傾向が強かった.ここから多くの国々で過度の混乱や生活水準悪化が生じたとされている.

第3は社会的弱者へのしわ寄せ（調整の社会的側面）である.価格自由化によるパンの価格や公共料金の急上昇，国営企業の民営化に伴う大規模な人員整理など，効率重視の改革が低所得層の生活を直撃する例が多数報告され，この反省に基づいて，後期の改革プログラムには，社会的弱者への影響を緩和するさまざまな仕組みが組み込まれるようになった.またアフリカでの改革プログラムの停滞（あるいは挫折）の経験は，世銀にガバナンスや制度能力の重要性を痛感させ[2]，ガバナンス改革や制度能力構築が，1990年代以降の中心的な開発テーマとして登場する契機のひとつとなった.

構造調整アプローチの急進的なショック療法や，財政金融の健全化に焦点を絞る政策パッケージは，東アジアの政策思想の特徴である.時間をかけた漸進的な改革や実物部門（インフラや生産部門）の重視と対極的だった.2つの政策思想の間の最も大きな違いは「政府の役割」だったといえよう.世銀などのワシントン・コンセンサスが「政府の失敗」を強調したのに対して，東アジアでは「市場の失敗」を補完する政府介入の重要性が広く認識されていた[1].代表的な例は産業政策（多様な政策手段の動員による生産部門の近代化）である.新古典派開発経済学に基づいた政策思想は，国際社会で一貫して支配的な地位を占めてきたが，一方で構造調整アプローチがさまざまな混迷を生み，他方で東アジアに開発実績が広がる中で，次第に国際社会の関心を東アジアの開発経験に向けさせるようになっている.

［下村恭民］

📖 **参考文献**

[1] 石川 滋編『開発協力政策の理論的研究』アジア経済研究所，1996
[2] World Bank, *Adjustment in Africa*, Oxford University Press, 1994

持続可能な開発と環境援助

sustainable development and environmental aid

　東西冷戦終結後，1990年代初頭の国際社会では民主化やグッド・ガバナンスとともに，地球規模の問題への対処が議論の俎上に載せられた．そして，当時ヨーロッパで国際交渉が行われていた酸性雨や国際河川の汚染などの越境環境問題や，国際非政府組織（NGO）や科学者が人類共通の課題と提起したオゾン層破壊や気候変動，熱帯雨林破壊，生物多様性減少などの地球環境問題が，国際政治の議論の中で取り上げられるようになった．そこで，1992年に開催された国連環境開発会議（地球サミット）では，気候変動防止枠組み条約や生物多様性防止条約の締結に向けた署名が開始され，先進国・開発途上国の別なくすべての国が持続可能な開発に向けた行動計画（アジェンダ21）を作成・実施することが合意された．同時に，共通だが差異のある責任原則が定式化され，先進国が開発途上国よりも重い責任を負うことが合意された．

　この合意を受けて，多くの先進国は，政府開発援助（ODA）の意義を再構築し，その原則・方針や支援内容を持続可能な開発に資するものへと変化させた．例えば，世界銀行グループの中で低所得国に無償援助を供与する役割を担う国際開発協会（IDA）は，低所得国のアジェンダ21の作成を無償援助供与の条件に設定し，アジェンダ21にリストアップされたプログラムやプロジェクトに優先的に支援を行うようになった．また，開発途上国の多国間環境条約への批准と履行を担保する多国間資金メカニズムとして，地球環境ファシリティ（GEF）が設立された．

●**持続可能な開発の定義**　持続可能な開発は，「持続可能性」をめぐっても，「開発」（development）をめぐっても議論が百出する状況であった．現在最も広く用いられている定義である「将来の世代が自らのニーズを充足する能力を損なうことなく，現在の世代のニーズを満たすような発展」は，環境と開発に関する世界委員会（通称ブルントラント委員会）報告で提唱されたものを国連環境開発会議で採用したことで，国際社会の間で認知されたにすぎない．国連環境開発会議がこの定義を採用したのは，「環境に配慮しながら開発を進める」ことを正当化しているために，環境保全よりも開発の進展を求める途上国にとっても受け入れ可能で，国際政治で合意可能なためであった．

　この定義を具体的な開発戦略に敷衍する際の理論的根拠となったのが，環境クズネッツ仮説であった．この仮説は，経済発展の初期には環境汚染が進むものの，経済発展がさらに進むと環境悪化が止まり，環境が改善されていくことを主張する．そして環境政策の「後発性の利益」を活用すれば，先進国の経験の中で明らかになった環境汚染の因果関係に関する知見を活用して環境政策や土地利用

政策を実施し，先進国で用いられた費用効率性の高い環境保全型技術を導入できるため，所得水準が低い段階から環境悪化を未然に防止できると主張する．

先進国は，この主張を踏まえて，環境汚染や環境被害に関する正確な知識や情報，測定方法の提供，費用効率性の高い環境保全型技術やその導入に必要な資金の供与，そして環境保全型技術や製品・サービス市場の整備および政策・制度改革への支援を行ってきた．

ところが，環境援助によって支援される内容は，必ずしも受入国に直接的・短期的な利益をもたらすわけではない．このため，供与国と受入国の間で，関心・優先分野，利害関係，環境問題対処能力の3点で不一致を起こしやすい．環境援助が効果やインパクトをもたらすには，これら不一致を最小化するように支援方法や内容を設計することが重要となる．

●**日本の環境援助の特徴と課題**　日本は環境援助を通じて，上記の内，科学的知見や測定方法，環境保全型技術の導入とその必要資金の供与を中心とした支援を行ってきた．これは，日本の援助が，円借款という低利融資を手段として有しており，加えて国内では1970年代に発生源と被害の因果関係の科学的知見に基づいた先進的な公害対策を実施した経験をもち，それを途上国に普及させることが可能な行政官・技官が国・地方自治体・研究機関などに多数存在し，かつ先進的な環境保全技術を有していたためである．他方で，市場構築や政策・制度改革支援は，内政干渉批判を回避する観点から二の足を踏んできた．

日本の環境援助は，中国の1990年代後半から2000年代前半のように，受入国政府自ら当事者意識をもって環境改善計画・プログラムや環境政策を立案し，その円滑な実施のために環境援助を活用した国や，受益者が直接便益を得られるように環境援助の内容を設計できた国では，環境改善の効果がみられた．

ところが，受入国が当事者意識をもって環境政策の強化に取り組まないところでは十分な環境改善効果をあげることができず，支援事業が中止に追い込まれることすらあった．また日本側でも，ブーメラン効果をおそれて民間企業が環境保全型技術の普及に消極的で，政府も市場構築や政策・制度改革支援をためらっていたことから，環境保全型技術を商業ベースで普及する手段として環境援助を効果的に活用することはできなかった．結果，ライセンス契約で技術移転を行った欧米企業や，技術移転を受けて独自の低費用技術を開発した中国企業の後塵を拝すようになった．結果として日本は，環境保全型技術だけでなく，環境援助の国際競争力も低下した．早急な立て直しが求められる．　　　　　　　　　　　［森　晶寿］

📖 **参考文献**

[1] 森　晶寿『環境援助論─持続可能な発展目標実現の論理・戦略・評価』有斐閣, 2009
[2] 森　晶寿他編著『中国の環境政策─現状分析・定量評価・環境円借款』京都大学学術出版会, 2008

民主化支援

democracy assistance

「民主化支援」と「民主主義の促進」は区別なく用いられることが多いが，民主化支援は本来，民主主義の促進に向けた活動の一部ととらえられる．

民主主義の促進とは，①民主化促進，②民主主義の質的向上，③民主主義の後退予防を目的として意図的に行われる活動全般を指し，そのために用いられる方法は大別して「強制」「制裁/報酬」「支援」の３つに分類することができる．

民主制を他国に強制し

表1　民主主義の促進方法

	対象の民主化意思	対象のタイプ	使用リソース
強制	弱い	政府	軍事力
制裁 / 報酬	弱い / 若干弱い	政府	経済力 / 外交力
支援	あり	政府 / 市民社会	対外援助

(出典：Ichihara, M. *Japan's International Democracy Assistance as Soft Power*, Routledge, 2018, p.22)

ようとする場合，最も強制的，短期的かつ直接的に取り得る方法は軍事介入である．ただし，軍事介入には倫理的に問題があるほか，その効力が疑問視されているため，この方法が実際に使用されることはほとんどない．これに対し，民主主義促進の方法として制裁/報酬が用いられることは多い．制裁と報酬は同じアプローチの異なる側面であり，外交的方法（批判/賞賛など）もしくは経済的方法（貿易・投資・援助の停止/再開など）により行われる．強制および制裁/報酬はどちらも対象国政府が強い民主化意思をもたない場合に取られる方法である．

●民主化支援の特徴　これに対し民主化支援は，対象側が必要とする際に提供されるものである．「支援」とは労力や金銭を用いて他者の活動を助けることを意味し，支援の提供者と対象者の間に一定の合意があって初めて行われる．したがって民主化支援とは，支援者と対象者の間における合意に基づいて提供されるもので，リソースの平和的な移転により対象の活動を助けようとするものである．主に用いられるリソースは対外援助で，民主化促進，民主主義の質的向上，および民主主義の後退予防を援助する目的で技術，金銭，物品などが提供される．

また，経済・外交・軍事による民主主義の促進は，禁輸や軍事攻撃などの一方的措置と民主制をトレードオフの関係に位置付けて行われるものであるのに対し，対外援助による民主化支援にはトレードオフがないのも特徴のひとつである．そのため，経済・外交・軍事による民主主義の促進はネガティブな手段とよばれ，民主化支援はポジティブな手段とされる．ただし，民主化支援は対象側による自発的な主権侵害受け入れに基づき行われるものであるため，対象国政府が強権的であればあるほど民主化支援の受容は起こりにくい．

●民主化支援の拡大　民主化支援の起源は主に西ドイツとアメリカに見出すことができる．西ドイツにおいては，1970年代半ばからの民主化の「第三の波」における民主主義国の拡大を受け，政党財団が民主化支援を開始した．アメリカにおいては民主主義の促進は冷戦の文脈で開始され，1980年代前半になると単なる反共産主義支援ではない明示的な民主化支援が行われるようになった．1983年には全米民主主義基金（NED）が設立され，アメリカ合衆国国際開発庁（USAID）もこの頃民主化支援を開始している．

　しかしほとんどの先進民主主義国が民主化支援を行うようになったのは冷戦後のことである．冷戦後に東欧諸国がなだれを打って民主化すると，国境を接する西欧諸国は，自らの経済・政治的安定性を守るためにも東欧諸国に対し民主化支援を提供した．冷戦の終わりが共産主義の敗北とみられたことから，民主主義を普遍的価値ととらえる見方が拡大したことも，民主化支援を後押しした．

　また，国際援助コミュニティにおける認識の変化も影響を与えた．1980年代に行われた構造調整融資や経済自由化が経済発展に結実せず，悪いガバナンスが援助効果の阻害要因だとの議論が起こると，1990年代前半にはグッド・ガバナンスを条件とした開発援助の提供が始まった．当初は効率的管理を意味する言葉としてグッド・ガバナンスが使われたのに対し，1990年代半ばになると，民主主義や人権保護といった要素がその概念に含まれるようになる．

　加えて，冷戦終結後に失敗国家や破綻国家とよばれる国が増加し，テロ，海賊，麻薬取引などの温床となったことから，これら国家のガバナンス改善が先進国にとって安全保障問題ととらえられるようになる．9・11テロ事件の勃発によって民主的ガバナンス支援の重要性はさらに強く認識されるようになった．

　国際関係論における民主的平和論の台頭も民主化支援を後押しした．I. カントの議論を土台にB. ラセットをはじめとする学者らが民主主義国同士は戦争しないと論じたことで，これがアメリカなどの外交政策に影響を与え，特にクリントン政権はこれにより民主化支援を活発化させた．

　しかし2003年に始まったアメリカの対イラク戦争を契機に，民主主義の促進に対する批判が高まった．批判は主に規範的観点（民主主義促進の対象国が恣意的に選定され一貫性を欠くうえ，民主主義の促進は西欧文化の押し付けであるとの批判），および実利的観点（民主主義の促進という取るに足らないイシューにパワーを浪費すべきでなく，促進効果にも疑問があるとの批判）からなされている．

［市原麻衣子］

参考文献
[1] Carothers, T. *Aiding Democracy Abroad*, Carnegie Endowment for International Peace, 1999
[2] 杉浦功一『民主化支援—21世紀の国際関係とデモクラシーの交差』法律文化社，2010

参加型開発協力

participatory development

　参加型開発協力とは，参加型開発のアプローチを用いた支援ないし国際協力を指す．まず「参加」するのは誰か．第一義的には開発支援が行われる対象地域の住民である．そのため「参加型開発」を「住民参加型開発」とよぶことが多い．さらに，地域住民ではなく対象地域の地方行政官が「参加」することをもって参加型開発ということもある．地域住民や地域の行政官が，開発協力の裨益者となるだけではなく，地域社会の開発に主体的に参画し，開発の担い手となることが参加型開発の軸である．そうした人々の主体的参加は，それ自体が開発の目的であるとともに開発プロジェクトを行う上での手段としても重要となる．

●「参加」の意味とメリット　次に考えるべきなのが，「参加」とは何を意味するのか，ということであろう．この答えは1つではない．理想的には，開発プロジェクトの計画・立案段階から住民が主体的に関与（参加）し，実践および評価の段階までドナーなどの外部支援をうまく活用しながら自律的に開発に参加することであろう．しかし，すでに内容が決まっている開発プロジェクトに，なかば強制的に労働力を提供するためだけに住民が「参加」させられる場合もある．どのような状況をもって「参加型開発」といえるのか，また「参加」の類型，時期，程度，質をめぐっては多くの議論が展開されてきた．例えば，J. プレティら（1995）は「消極的参加」から「自律的参加」まで7つの階層に類型化しており，段階が上がるごとに地域住民によるコントロールが増加して，外部者によるコントロールが減少するとしている．

　では，参加型開発が開発協力の中で推奨されるのはなぜか，その主なメリットを3つあげたい．1つめは，開発プロジェクトの有効性や効率性が上がるということである．すなわち，プロジェクトの活動にしっかり住民が参加することでプロジェクトの恩恵も確実に受けることになり，さらに地域の資源やローカルな知識が活用されて費用対効果などの効率がよくなるのである．2つめは，住民あるいは地方行政官が，開発のプロセスに主体的に参加することでエンパワーされ，自信をもち，依存的な体質から脱却して地域や組織の問題の解決策を自律的に見出すようになることであろう．そして3つめが，持続性である．住民は参加を通じてプロジェクトに対してオーナーシップをもつようになり，外部の支援が終了した後も，開発効果を持続させようと活動を継続するといわれている．

●参加型開発の出現の背景　1950～60年代の開発は，経済開発・工業化のためのインフラ整備が中心であり，国家主導のトップ・ダウン型アプローチが一般的であった．農村部で実施される「総合農業開発プログラム」なども中央主導のもの

だった．そこで，住民の声，特に開発の恩恵を最も受けるべき貧困層や女性の声を行政に反映させ，開発の主体は地域住民であるべきだとの主張が，R.チェンバースらによってなされた．1970年代には簡易農村調査法（RRA）とよばれる調査手法が開発され，のちに参加型農村調査法（PRA），参加型学習行動法（PLA）として参加型のアプローチへと発展していく．

図1　住民参加型開発を促す「コミュニティ・マッピング」（出典：JICA 2013）

1989年に，経済協力開発機構(OECD)の開発援助委員会（DAC）により「1990年代の開発協力」を主導する理念として「参加型開発」が提唱されると，開発パラダイムとしても主流化していく．文字の読み書きができない人々も参加できるRRAやPRAのツール（手法）が，手軽で「参加型開発を実践している」と可視化しやすいこともあり，参加型開発は広く浸透していく．しかし，ツールだけが一人歩きして参加型開発の本来の理念や目的がないがしろにされていると批判されるプロジェクトは，今でも後を絶たない．

●近年の好事例　参加型開発の好事例として，参加型開発を当初より強く提唱してきたチェンバースが近年関心を寄せている，「コミュニティ主導型トータル・サニテーション（CLTS）」というアプローチを紹介したい．野外排泄撲滅を目的とするこのアプローチは，住民自身が自分たちの野外排泄の実態をコミュニティ・マッピングなどの方法で把握することが第一歩となる．この気づきを促すワークショップは，NGOなどのファシリテーターが進行する．しかし，その後の活動計画や実際のトイレづくりはすべて住民に任せられる．そしてコミュニティ全体で野外排泄を撲滅したことが確認されると，NGOなどから表彰されるのである．トイレの普及は公衆衛生やジェンダーの観点から衛生分野の長年の課題となっているが，CLTSはトイレへの補助金を出さずとも，コミュニティが自律的にトイレ建設や衛生改善をはかるという結果を多くの地域でもたらしている．

「参加型開発協力」の支援をする際には，プロジェクト名だけ，あるいはツールだけの「参加」にならないように，参加する人々の主体性を重視し，その人々のエンパワーメントにつながるように十分留意する必要があるだろう．　　［杉田映理］

参考文献
[1] Chambers, R., *Whose Reality Counts?*：*Putting the First Last*, ITDG Publishing, 1997
[2] クマール, S.『参加型開発による地域づくりの方法―PRA実践ハンドブック』田中治彦監訳，明石書店，2008

貧困削減戦略

poverty reduction strategy: PRS

　貧困削減に対する考え方は長い歴史をもっているが，19世紀末～20世紀初めのC. ブースの研究業績は特筆されるものである．貧困とは何かという問題は，考察を深めていけば哲学的なテーマともなる．貧困は「所得貧困」と「非所得貧困」に大別されるが，本来広義なものである．それが国際的な定量的目標として初めて示されたのは1995年コペンハーゲンで開かれた社会開発サミットにおいてであった．これを受け，1996年に経済協力開発機構（OECD）の開発援助委員会（DAC）は「DAC新開発戦略」を公表した．これはDACの二国間（バイ）ドナーにとって2015年を目標年度とした開発戦略となったが，それから十年余の間に「貧困削減戦略（PRS）」は開発援助戦略において主流の位置を占めたのである．

●**DACにおける議論**　まず，DACに属する援助国（ドナー）が各自の開発戦略の中で貧困削減を主流の目標とすることで合意し，共通の戦略を形成するようになった．これが開発のテーマにおける「貧困の主流化」である．もとよりスウェーデンなどは貧困削減を開発における至高の目標としていた．その北欧の動きに1997年に成立したイギリスの労働党政権が合流してDACの中でライク・マインデッド・グループ（LMG，理念を共有する国々のグループ）を形成し，この流れを大きく推進したのである．日本やドイツなど他のドナーも総論的には同調した．DAC新開発戦略においては，従来から貧困指標として重視されてきた個人や世帯の所得にとどまらず，初等教育や保健の指標が重視された．この考え方は，国連開発計画（UNDP）が所得に教育と保健の指標を合算して人間開発指標（HDI）を計算してきた政策の方向性と合致していた．

●**マルチの対応**　次に，二国間ドナーの開発戦略と対置して国際機関の国際通貨基金（IMF）・世界銀行が1999年に「貧困削減戦略書（PRSP）」を開発計画において採用する姿勢を打ち出した．これは当時のウォルフェンソン世界銀行総裁の「包括的開発枠組み（CDF）」の考え方に基づくもので，開発は当事国のオーナーシップに基づき，具体的な成果をもたらすべきであり，そのためには経済のみならず社会，政治，文化など多面的なセクターに対する分析が必要だとした．IMF・世界銀行に融資や債務削減を求める低所得国政府はその条件として貧困削減を実施する計画を提出することが義務付けられた．さらに，開発途上国の政府自身も参加した国連において「ミレニアム開発目標（MDGs）」が2000年に宣言された．国連もDACやIMF・世界銀行に遅れをとることを望まず，かつ被援助国自身によるイニシアチブを重視していた．これらが前途の社会開発サミットに端を発する一連の貧困削減の戦略であり，世界の多義的な貧困を，目標年次を決

め，援助協調を推進することで削減しようとしたのである．これらの戦略においては，開発途上国のオーナーシップとドナー，開発途上国政府や市民社会のパートナーシップが強調された．同時に，重債務貧困国の債務の削減や援助額の増加が重要視された．これらの方向性は，より対象セクターを拡大した形で，2015年の「持続可能な開発目標（SDGs）」に引き継がれた．

ドナーの内部で特にPRSを推進したのは，北欧諸国，英国，国連開発計画，J. ウォルフェンソン総裁に率いられた世界銀行，国際開発NGOなどであった．この動きはEUにおける順調な統合の進展，世界的なガバナンスの重要性の認識，途上国における民主化や公共セクター改革の進展などと密接に関係していた．貧困は所得貧困であるとともに社会セクターの遅れであり，これらのサービス・デリバリーの実施体制の弱さは政府や社会のガバナンスの弱さと関連しているという認識である．PRSは，従来の開発戦略以上に「貧困者（the poor）」を重視した．世界銀行は『貧困者の声（*The Voices of the Poor*）』という，貧困者自身が貧困をどうみるのかという従来にない視点の報告書を刊行した．貧困者は従来開発戦略の主役として意識されることが少なかったが，R. チェンバースら開発人類学の研究以降注目されるようになり，被援助国のオーナーシップとともに新しい観点として定着した．他方，低所得国（LICs）の社会セクターは1980年代に対外累積債務の支払いで経常予算を大幅に削減され，多数の国が利用者料金のコスト・シェアリング政策を導入した結果，成果指標が1970年代よりも悪化していた．したがって，1990年代に入り，ガバナンスの重要性が注目されるようになった．

●**開発の方向性**　当時，DACや世界銀行などのドナー内部でよく議論されたのは，「貧困削減」か「経済成長」かの選択肢であった．「経済成長」を重く見る考えは所得中心の考え方であったし，ガバナンスをあまり問わなかった．「貧困削減」は社会セクター，さらに環境やジェンダーまで含めた多次元的な考え方であるが，ガバナンスも非常に重視していた．「経済成長」重視の考え方はアメリカ・日本・ドイツにみられたが，その後台頭してきた中国などの新興ドナーが顕著に信奉する考え方と言える．また，「貧困削減」重視の考え方は成長それ自体のみならず，所得の再配分を重視していた．DAC新開発戦略から2005年のイギリスのグレンイーグルズ・サミットまでの10年間は，PRSが最も影響力を持った時期であった．その後，先進国内での景気の低迷，新自由主義的な政権の増加，2008年の「リーマン・ショック」の波及，新興諸国の台頭と新興ドナーの国益中心的な援助の興隆というプロセスを経て，PRSはかつてのような影響力を失った．同時にM. ユヌスの「ソーシャル・ビジネス」のように民間セクターに視点を移行させ，代わりに経済成長重視さらには国益重視の援助が台頭することになった．ただし，現在でもPRSが開発戦略の中で重要な位置を占めていることには疑問の余地がないであろう．

[笹岡雄一]

援助協調

aid coordination

開発途上国への支援において，複数のドナー（支援者）が，援助の目的，手法，資金，手続きなどを調整し協調して支援することを「援助協調」，または「援助調和化」という．援助協調の歴史は長く，経済協力開発機構（OECD）の開発援助委員会（DAC）の設立（1961 年）自体が，途上国援助を確立するための援助協調ともいえるが，近年の援助協調は，2000 年の国連ミレニアム宣言およびミレニアム開発目標（MDGs），2002 年の国連開発資金会議におけるモンテレー合意を嚆矢としている．1990 年代後半以降，国際ドナー・コミュニティは次のようなことに努力してきた．DAC 新開発戦略（1996 年），「包括的開発枠組み」CDF（Comprehensive Development Framework, 1998 年），PRSP 導入（1999 年）と続き，モンテレー合意においては，MDGs の達成のためには開発資金の増額に加え開発効果の向上が必要とされ，その調和化を着実に推進すべきとする 2003 年の援助調和化ローマ宣言が採択され，2005 年の援助効果向上のためのパリ宣言へとつながる．

パリ宣言においては，援助効果向上のために，「オーナーシップ」，「途上国の制度・政策への協調」，「援助調和化」，「開発成果マネジメント」，「相互説明責任」の 5 原則が打ち立てられ，それぞれの原則について，2010 年までに達成すべき目標が設けられた．その後，2008 年には，アクラ行動計画によって援助効果向上のためのアクション・プランが打ち立てられ，各国の目標達成状況についての調査結果が発表されたが，進捗はあったものの目標達成からは遠い状況であることが明らかにされた．2011 年の効果的な開発協力のための釜山パートナーシップでは，持続可能な開発成果のための原則として，「途上国のオーナーシップの強化」，「成果重視」，「包摂的な開発パートナーシップ」，「透明性と相互説明責任」の 4 つの原則が新たに打ち立てられ，ポスト釜山として，援助協調より広い「効果的な開発協力に関するグローバル・パートナーシップ」が提唱されている．

●**選択性と追加性** この 1990 年代後半以降のドナー側の動きの背景には，先進国における財政状況の悪化によって開発援助の有効性が問われることとなり，より選択性（selectivity）と追加性（additionality）が必要との意見が強まったことがある．選択性とは，援助が MDGs を達成すべく貧困削減のために有効に使われるためには，支援対象となる国や分野，事業をいっそう選択すべきである，という考え方であり，追加性とは，なぜ，そのドナーが支援を行わなければならないか，そのドナーがなにを「追加的に」付加価値とした支援ができるのかを考慮すべき，という点である．また，良い事業を選んだところで，支援には代替可能性（fungibility）が存在し，支援を行った分の資金が，軍事費や公務員賃金などの

増加へと結局使われてしまう可能性もあり，支援対象となる政府が貧困削減や開発のためにきちんと支出を維持しなければ意味がないものとなる．この支出をモニタリングする仕組みは「公共支出レビュー」といわれ，「公共財政管理（PFM）」の基本となっている．代替可能性の問題を受け入れ側の政府が解決し，選択性と追加性を充たした援助であっても，対象となる国や分野，事業にドナーが集中し，重複した援助を行うのであれば，それは受入国側のもつ希少な資源を無駄に使わせる可能性がある．数多くのドナーが一つの国の一つの分野に集中し（これを「援助の垂直化」という），数多くのミッションがひっきりなしに当該分野を訪問するために，実施機関職員がその対応だけに時間を費やしてしまい，本来業務である自国民へのサービスの提供レベルが低くなるケースもよくみられる．

●**取引費用**　このような費用を，「援助の取引費用」とよび，援助の取引費用削減の決め手こそが援助協調であるとされた．究極的な援助協調とは，各ドナーが一定の資金を1つの共通の枠組みに拠出し（common pool という），世界銀行（世銀）などの国際機関がその共通の枠組みを管理し，そこから，選択性と追加性を充たした援助として，受入国側のガバナンスを傷つけないように支援する，というものである．また，無償援助と有償援助では，有償援助は途上国の債務負担能力を考慮すれば資源配分を歪める可能性があるため，特に低所得の途上国については無償援助が望ましいとされていた．よって，無償援助による共通枠組に対する支援が望ましく，そのような資金が感染症の撲滅や最貧困層への資金提供へと使われるべき，との主張が2000年前後には数多くなされることとなった．2007年の国際開発協会（IDA）15次増資の際には，パリ宣言に基づく援助協調と新しい援助アーキテクチャーの構築が強調されたが，その中では，「援助の氾濫」や「断片化」が議論された．援助の氾濫とは，世銀などの国際機関やDACに属する先進国の二国間援助機関のみならず，複数国によって形成された基金や新興ドナーの登場などで，多数の援助の主体が途上国に集中し，さまざまな援助チャネルが複雑化してしまう状況である．断片化とは，ドナーの支援活動，援助案件数が増加する一方，1つあたりの規模は縮小し，細かい支援活動が急増する状況を指す．援助協調は，このような問題の解決策であるとされていたが，釜山パートナーシップ以降は，民間や市民社会，新興ドナーまでパートナーシップの対象が広がり，また，ポスト釜山のグローバル・モニタリング指標として，援助の予測可能性（aid predictability），カントリー・システムの採用，透明性や相互説明責任など指標も増加したこと，新たな持続可能な開発目標（SDGs）の対象が途上国の開発にとどまらなくなったこと，また，イギリス・アメリカがより国益を重視した方針を採用したことにより，開発成果，援助効果向上のための援助協調の動きは，より拡散してしまった，2015年のアディスアベバ行動目標においては中心課題とは見なされてなくなった．

[和田義郎]

インクルーシブな開発

inclusive development

　国際開発のアプローチが語られるとき，「インクルーシブな開発」という言葉を2000年代後半に入ってミレニアム開発目標（MDGs）の中間レビューの頃からよく目にするようになった．持続可能な開発目標（SDGs）の中でもその表現は何度も使われており，開発のあり方を示す概念として，開発の新しいパラダイムの一部を形成しているといえよう．本項では，まずインクルーシブな開発の意味を押さえうえで，その出現の背景，そして具体例をみていく．

●**インクルーシブな開発とは**　言うまでもなく英語の inclusive development の訳語である．inclusive という形容詞は，「インクルーシブな」のほか，「包括的な」，「包摂的な」，あるいは「包容する」とも訳され，どの表現を用いるかは組織，あるいは同じ組織内でもレポートなどによって異なる．国際協力事業団（旧JICA）と国際協力銀行（旧JBIC）が2008年に統合した際に，国際協力機構（JICA）が新組織のビジョンとして Inclusive and Dynamic Development を掲げたが，ここで inclusive は「すべての人々が恩恵を受ける」という日本語と対応していた．

　また，2015年に閣議決定された開発協力大綱の中では「包摂的」（対訳 inclusive）という語句が用いられており，「包摂的」とは「誰ひとり取り残されない」という意味であるとその文中に示されている．すなわち，「インクルーシブな開発」とは，誰も取り残さず，誰も排除せず，すべての人々が恩恵を受けられるような開発を指す．

　これは言外に，取り残される人々，排除される人々が存在し得る，もしくは実際に存在することを提示している．UNDPによれば，ジェンダー，民族性，年齢，性的指向，障害，または貧困のため，多くの人々が開発から排除されてきた．そうした人々を社会的に包摂する開発が「インクルーシブな開発」なのである．

　さらに，「インクルーシブな開発」はすべての人々を社会的に包摂するだけではなく，環境問題および格差にも着目し，環境対策や格差是正へのガバナンスを含めた取組みを行って，公正な発展を実現しようという理念となっている．

●**背景／経緯**　さかのぼると，インクルーシブという言葉がよく使われ始めたのは，教育分野と障害者支援の分野においてであろう．よく耳にする「インクルーシブ教

図1　女性も子どもも男性も（撮影：野村理叡子）

育」という概念は，障害のある子どもを含むすべての子どもに対して，一人ひとりのニーズにあった適切な教育的支援を通常の学級内で行う教育を意味する．アメリカを中心に先進国で広がったその考え方が，1990年「万人のための教育世界宣言」，1994年「サラマンカ宣言」を通じて開発協力においても重要視されるようになる．それがさらに2006年の「障害者権利条約」へとつながっていく．

「インクルーシブな開発」の理念が重視されるようになった大きな要因は，MDGsの中間レビューとポストMDGsの議論の中で，最貧困層や最も脆弱な人々が依然として開発から取り残されたままであると反省がなされたことにある．MDGsの最終報告書でも「格差（disparities）」という言葉が繰り返し使われており，収入による格差，都市と地方の格差，ジェンダーによる格差などが指摘され，取り残された層の存在が強く認識されている．経済界でも2008年の世界的な経済危機を経て，一国内の貧富の格差や分配における問題が顕在化し，「インクルーシブな成長」，さらには「インクルーシブ・ビジネス」の必要性が訴えられるようになった．

2003年改訂の日本の政府開発援助（ODA）大綱にはなかった「包摂的」という語句が，2015年開発協力大綱では散見され，SDGsでも17の目標のうち5つにinclusiveという言葉が含まれているように，近年の重要な開発理念となってきているのである．

●**指標と事例**　ここにみられるように「インクルーシブな開発」は理念であり，抽象的な概念といえる．世界経済フォーラムはこれをより具体化的に示そうとInclusive Development Index（IDI）という指数を編み出した．IDIは3本柱と12の指標，すなわち「成長と開発」（GDP，雇用，労働生産性，健康寿命），「包摂」（所得中央値，貧困率，所得ジニ係数，富ジニ係数），「世代間の公正とサステナビリティー」（調整純貯蓄，公的債務，従属人口指数，炭素集約度）から構成される．全指標を貫く要素として格差が考慮されているのが特徴となっている．

プロジェクト・レベルに落とし込まれている開発協力の事例としては，Inclusive Development Internationalという非政府組織（NGO）が，大規模プランテーションや鉱山開発で土地収奪をされているコミュニティのエンパワーメントとアドボカシー支援をするプロジェクトがあげられる．また，女性や低カースト層の社会参加が課題であるネパールにおいて，JICAが中央政府とパイロット対象郡に，ジェンダー主流化・社会的包摂の視点に立った政策や行政サービスの実施能力強化をはかるプロジェクトを行った例もある．　　　　　　　　　　［杉田映理］

📖 **参考文献**
[1] United Nations Department of Economic and Social Affairs. *Leaving No One Behind: The Imperative of Inclusive Development: Report on the World Social Situation 2016*, 2016
[2] Gupta, J. and Vegelin, C. "Sustainable Development Goals and Inclusive Development" *International Environmental Agreements*, 16, pp.433-448, 2016

自助努力支援

support for the self-help efforts

　自助努力の重視は，日本の援助の特徴として広く認識されている[1]．この特徴は以下のような点からも確認できる．日本政府は，「政府開発援助（ODA）大綱」の「基本理念」（1992 年版）あるいは「開発協力大綱」の「基本方針」において，開発途上国の「自助努力に対する支援」を掲げており，大来佐武郎，渡辺利夫など多くのオピニオンリーダーたちが自助努力支援の重要性を指摘し，また，A. リックス，S. ファーらの海外の援助専門家も，自助努力支援が日本の援助の特徴であると認識してきた[2]．

●**自助努力重視は世界共通**　ただ，自助努力重視は決して日本に特有の考え方ではない．まず，この点を確認しておく必要がある．自助努力は，日本社会に内在する規範として日本の発展を支えてきた[1]だけでなく，西欧社会で共有された規範でもある．1859 年にイギリスで出版された S. スマイルズの著書『Self Help』が，西欧社会に（また明治期の日本でも）大きな影響をもったことは知られているが，近年でも，F. フクヤマらが，「開発とは，貧困な人々が自ら達成したもの」と述べるなど，150 年の時間を超えて自助努力重視が受け継がれていることを示す文献は少なくない．

　いいかえれば自助努力は国際社会の「普遍的価値（universal value）」のひとつなのである．したがって，日本の自助努力重視の路線に対して，国際社会から特段の批判や抵抗はみられない．他方で，自助努力重視の旗のもとで日本が進めてきた援助の具体的な内容には，DAC（OECD（経済協力開発機構）の開発援助委員会）と世界銀行とが主導する，国際援助社会の正統的な開発援助潮流と比較して大きな違いが認められる．具体的な内容のうち，途上国の意向を尊重し，援助する側の押し付けを避ける「要請主義（"recipient preference" approach）」および内政干渉への消極姿勢，返済負担を課すことによって過度の援助依存を避けようとする有償協力中心の構造，開発のエンジンである投資への誘因を高めるインフラ重視，そして政府の役割の強調などは，国際社会の正統的アプローチからみて異質とされ，厳しい批判にさらされてきた．なお「人づくり」の強調だけは，支配的な国際援助潮流にも共有されている．

●**何が西欧と異なるのか**　日本の援助アプローチの異質性は，「援助の目的」に起因すると考えられる．西欧世界の援助は基本的に「貧困削減（poverty reduction）」を目的にするが，日本の場合は「自立（self-reliance）」あるいは「援助の受け手の立場からの卒業（graduation）」の達成である[2]．たとえ貧困が削減されても，外部からの援助に依存したままの状態では，政治経済的に独立国とはいえな

い．日本のこの考え方は，周恩来の「対外経済援助八原則」を継承する中国の主張とも共通している．こうして援助の目的に注目すると，国際潮流とは異なる東アジア独自の援助思想が浮かび上がる．「自立のための努力」は自助努力とほぼ同義語でありながら，自助努力の概念と異なって西欧社会の思考パターンとの共通性が薄く，自助努力とは異なる国際社会の反応を誘発するのである．この点に関連して W. イースタリーが注目するのは，日本が自助努力の概念に共鳴しながらも，他の東アジア諸国とともに西欧モデルから自立した独自の開発アプローチを採用した事実である（イースタリー 2006）．以上の検討を通じて確認できるのは，自助努力の重視が西欧世界にも共有されており，他方，この理念の下で実施される日本の援助アプローチには国際社会からみて異質な要素が多いという事実である．したがって国際援助社会は，自助努力支援と日本型援助アプローチに対して，異なった反応を示してきた．自助努力を自立のための努力に置き換えると，中国など東アジアの対外援助思想との共通性が浮かび上がり，日本と国際社会の援助アプローチの違いが鮮明になる．

●**残された課題**　ただ，①自助努力支援という援助理念，②自立達成という援助目的，そして③要請主義，内政干渉への消極姿勢，有償協力中心，インフラストラクチャー重視，人づくり，政府の役割の強調などの具体的な援助アプローチの3つの要素の間の，論理的・体系的な関係（いいかえれば自助努力支援を中核とした日本の援助モデル）は，これまで十分に説明されてこなかった．この援助モデルの国際的な発信も十分でない．この背景には，援助をめぐる特殊日本的な状況がある．日本の援助関係者は，早い時期から「貧困救済より自立促進を」という考え方を共有していたものの，現場で成果をあげることに集中し，自助努力支援の援助政策を支えるモデル構築には関心が薄かった．また，石川滋が一貫して訴えたように，「開発援助が学術的に興味あるトピックを提供しない」という理由で，日本の研究者から「疎んじられ」てきたことも見逃せない．

　日本が最大の援助の出し手となってきたアジア地域の開発成果は，国際的に広く認められている．したがって，アジアの開発成果を示しながら，日本の援助モデルの有効性，国際援助社会の正統的な援助パラダイムから見て独自の，自助努力・自立達成支援モデルの有効性を明らかにする機会が広がっている．この好機をつかむ日本の対応が求められている．

［下村恭民］

📖 **参考文献**

[1] 宇田川光弘「日本の援助理念としての自助努力支援の国際政治論的考察―人間の安全保障との関係性を視野に」国際政治 186，2017

[2] 下村恭民『開発援助政策』国際公共政策叢書 19，日本経済評論社，2011

17

国際開発協力のアクター

国際開発協力のアクター

actors of international development cooperation

　開発途上国の経済的社会的な開発を主な対象としてきた国際開発協力は，開発の意味が変化するのに伴って，これに携わるアクターも多様化し，また変遷を続けてきた．

●**国際開発協力初期のアクター**　第2次世界大戦後，続々と政治的独立を果たした旧植民地が，開発途上国として自国の開発に乗り出した．開発はその当事国が担うものであるが（☞「受入れ主体の役割」），「南」の開発途上国と，「北」の先進国との格差の解消は国際的課題であるとされ，これに協力する仕組みがつくられた．1945年には国際連合と，国際通貨基金（IMF）・世界銀行（国際復興開発銀行）が設立された．国連が国際平和を最前に押し出し，加盟国の平等の権利を基本として国際協力を推進するのに対して（☞「国際連合の開発協力」），後者は通貨の安定，自由貿易の振興と開発途上国の開発を通じて世界の安定的な発展を図る．その後，国連は1960年からの10年間を「国連開発の10年」と定めて，開発途上国経済の発展と先進国による援助をうながした．同年，最貧国に対して開発資金援助を行う国際開発協会（第二世銀）が設立された．開発途上国の社会経済発展をはじめ，世界規模の開発課題を扱う中心的機関，国連開発計画は1965年に設置されている．また，経済成長と貿易に加え，開発途上国に対する開発援助を推進するために，当初は欧米先進諸国を加盟国とした経済協力開発機構（OECD）が1961年に創設された．さらに，アフリカ開発銀行（1964年），アジア開発銀行（1966年）などの地域開発金融機関が相次いで設立されている．

　この時期の国際開発協力は，開発途上国の経済発展を主眼として，国際開発金融機関や国連およびその諸機関（多国間），ならびに先進諸国（二国間）による開発援助の形が，制度的に整う国際開発協力の草創期といえる（☞「先進国援助コミュニティの形成とその多様性」「国際開発金融機関」）．

●**開発転換期のアクター**　その後，国際開発協力の担い手は変化を続けている．1970年代には2度にわたる石油危機が世界経済を大きく揺さぶり，先進諸国のみならず，開発途上国経済にも深刻な影響を与えた．これを受けて，1980年代以降，開発途上国が直面した国内外の収支赤字を改善するため，IMFと世界銀行の支援による一連の構造調整政策が実施された．しかし，この際，公共サービスの縮小などにより，多くの社会経済的弱者を含む改革の負の影響を受ける人々を生み出したことが契機となり，開発のパラダイムが経済成長中心から，貧困削減と人間開発，社会開発へとシフトしていく．1990年には，国連開発計画が『人間開発報告書』を発刊し，世界銀行も貧困削減を主要課題へと据えた．また，環境と開発

に関するリオ宣言が1992年に採択されて，深刻化する地球環境問題が開発と一体的に議論され始めた．開発の転換期において，NGO・CSOの役割が拡大し，より積極的に政策論議にも関与するパートナーへと転じた（☞「NGO・CSOと国際開発協力」）．さらに，大学や地方自治体による開発への関与も一段と活発化した．

日本国内でも，1992年にODA大綱がはじめて整備され，相手の自助努力を基本とし，日本の強みと経験を生かす国際協力の方向付けが明確となり，また基礎教育や保健など，ベーシック・ヒューマン・ニーズに関連した分野に対する援助が強化されていく（☞「日本の政府開発援助の担い手」「日本の援助の変遷」「日本の援助の特徴」）．インフラ事業が多かった日本のODAを担う開発コンサルタントの役割も一層の多様化をみせた（（☞「開発コンサルタント」）．

さらに1990年代は，開発途上国に流入する民間資金がODAを越えたのにとどまらず，開発資金の主流的位置を確実にした時期であるとともに，企業の社会的役割（CSR）など，民間企業による多彩な活動が国際開発協力の中で議論され始めた時期でもある（☞「民間企業と国際開発協力」）．

● **2000年以降の国際開発協力アクター** 新千年紀の2000年代に入ると，国際開発の枠組みがさらに変化を遂げる．これまでの国際開発の議論を踏まえ，2000年にはミレニアム開発目標（MDGs）が国連で採択された．MDGsには，極度の貧困と飢餓の撲滅を筆頭に，初等教育の普及，母子の健康，環境など2015年までに達成すべき8つの目標を掲げている．開発問題を，個別セクターあるいは個別テーマの課題として対処してきたアプローチから，総合的な問題としてとらえるアプローチに変化を遂げたことを象徴的に示している．

この間，開発途上国の中でも経済成長が著しい国々が現れ，ブラジル（B），インド（I），中国（C），南アフリカ（S）などは，ロシア（R）とともにBRICSとよばれ，実質的な国際開発協力を開始する．BRICSをはじめとする新興国の旺盛な経済活動は，それまで停滞していたサハラ以南アフリカ諸国の資源開発，インフラ整備を刺激し，多くの国々の経済発展を後押しした．また，開発途上国同士による国際協力も，南南協力として広まり始めた（☞「新興国による援助」）．

さらに2015年にはMDGsに代わる新たな国際開発枠組みとして，「持続可能な開発目標（SDGs）」が採択された．これは2030年までに達成すべき17の目標群を包含するものである．SDGsは，これまでの，開発途上国の開発を先進国が支援する構図を根本的に変え，すべての国々が取り組むべきであることが特記され，開発の概念，開発へのかかわり方を変革することを求めている点で，画期的である．すなわち，開発の諸問題は分野と国境を越えて密接につながっており，自分たち一人ひとりの問題としてとらえ直さなければ解決できない問題として位置付けられているのである．もはや従来から開発にかかわる専門的な立場にいる人々の問題にとどまらず，全員参加の時代に入っているといえる．　　　[吉田和浩]

先進国援助コミュニティの形成とその多様性

formation of aid community among developed countries and its diversity

　援助を供与する側の先進諸国は，国際開発協力分野の主要なアクターとして重要な役割を担っている．国際機関を中心としたコミュニティを通じて，先進国は，自国の援助額や政策などの情報を互いに共有し，より多くの援助額でより効率の高い援助を実施し，世界の貧困問題を解決するための努力を続けてきた．

　第2次世界大戦直後に設立された国際連合（国連）や世界銀行においては，加盟国である先進国と開発途上国が世界の開発や貧困課題について取り組んできた．一方，先進国だけが加盟するコミュニティの起源は，アメリカが第2次世界大戦で荒廃したヨーロッパ地域に対して1947年から供与を始めた援助，「マーシャル・プラン」の受入れ機関として欧州経済協力機構(OEEC)がパリに設立され，その下部組織として1960年に開発援助グループ(DAG)が形成された時期である．

●**先進国援助コミュニティの形成と役割**　1961年にOEECを継いで経済協力開発機構（OECD）が発足したことに伴い，DAGも開発援助委員会（DAC）となった．DACの加盟国は，設立当初の11か国から2018年現在は30か国に増加したが（ヨーロッパ連合（EU）を含む），国際機関としては非常に少ない．援助政策や制度が整備されており一定額以上の援助額を供与する国しか加盟できないことから，「富裕国クラブ」とも称されている．1960年代は「国連開発の10年」とされ，日本を含む二国間援助機関や世界銀行などの多国間援助機関が多数設立されるなど，先進諸国による開発途上国への支援の重要性が認識された時期であった．アメリカが，復興を遂げたヨーロッパ諸国や日本にも途上国への援助について相応の負担をさせたかったこともこれを後押しした．

　DACの主な役割は，DAC加盟国の援助額や国民総所得に占める援助額の割合などに関する情報を毎年収集，分析，公表するとともに，4〜5年ごとに各加盟国の援助審査（ピア・レビュー）を実施し，加盟国の援助額や援助政策・制度の評価を行うことである．これらの活動を通じて，DACは加盟国の援助額を最大限に引き出し，途上国に質の高い援助を届けることに貢献してきた．また，国際援助潮流を主導するという観点からは，国連ミレニアム開発目標（MDGs）の基となった国際開発目標を1996年に合意し，2005年には援助効果向上のためのパリ宣言を100以上に及ぶ国々や機関の間で合意した．

　OECD/DACが先進国援助コミュニティとして国際開発援助を主導できた要因として，加盟国数が限定されているため，組織運営や決定過程が比較的効率よく進むこと，「先進国」という経済・社会的な基盤が比較的類似した諸国の集まりであるため，意思疎通がしやすいことが考えられる．さらに，DACは途上国に対

する独自の援助供与資金は有さないため，二国間ドナー間の援助政策の協調を促進するコミュニティとして発展できたのである．

　一方，先進国だけが加盟するDACに代わり，国際機関の中でも途上国を含む最大の加盟国数をもつ国連において，援助政策が議論されるべきとの声もあった．特に近年，DACに加盟していない新興国の経済力が増すなか，新興国や途上国も含めて開発協力を議論するコミュニティの重要性が認識されている．国連経済社会理事会の下で2007年に開始した国連開発協力フォーラムもその一例である．

●**先進国援助コミュニティの多様性**　一方で，先進国が国際開発協力分野の意見交換や政策協調を行うための場として，他の多様なフォーラムも存在する．主要（先進）7か国首脳会議によるG7（一時期ロシアを加えてG8となった）サミットにおいては，国際開発問題が毎年議論され，世界の開発課題の解決に向けた政治的な合意形成がなされている．OECD/DACや世界銀行，国連などの国際機関の間には競争的関係もみられ，国際的なアジェンダや潮流をいかに主導するかをめぐり，またG7（G8）や近年ではG20における政治的決定を具体的に進める多国間フォーラムとして機能するために，国際機関間でつば迫り合いが起こることも少なくはない．しかしながら，基本的には各国際機関が得意とする分野や機能面での比較優位に応じて役割分担がなされているのが現状である．

　先進国援助コミュニティの中には，特定のセクター（分野）に特化したものも形成されている．世界エイズ・結核・マラリア対策基金（略称：グローバル・ファンド）は，G8沖縄サミットが開催された2000年に，日本のイニシアティブのもとで設立されたものである．特定の基金を設けることで，保健分野の中でも特に重要な疾病の早期解決に向けた取組みがなされている．教育分野では，セネガルで2000年に合意された「万人のための教育」行動枠組みを実施するため，2002年に「教育のためのグローバル・パートナーシップ」が世界銀行の主導で設立され，途上国の教育課題を解決するための最大の資金供与機関となっている．

　また，援助国と被援助国との間で地域間のパートナーシップも結ばれている．EUは，2007年よりアフリカEUサミットを開催し，EU加盟国とアフリカ諸国間のパートナーシップを強化している．日本が1993年にアフリカ諸国と開始したアフリカ開発会議（TICAD）も同様の取組みである．

　このように，先進国は国際機関や国際フォーラムを通じて他の援助国と協調を進める一方で，独自に途上国との関係性も築いているが，その背景には二国間援助ドナーの多様性がある．例えば，援助のツールの面からは，日本，ドイツ，フランスは借款の割合が比較的大きいのに対し，他のヨーロッパ諸国は贈与の割合が大きい．援助政策の面では，アメリカは民主主義を，イギリスは世界の貧困削減の理念を優先した政策を実施している．二国間ドナーの多様性を確保したうえで，さまざまなレベルや形態の先進国援助コミュニティが存在しているといえよう．　　　［尾和潤美］

日本の政府開発援助の担い手

actors of Japan's ODA

　政府開発援助（ODA）の担い手は，時代とともに変化してきた．日本のODA が勃興，発展していった1960-80年代においては，まだODAの主な担い手は日本政府，および援助実施機関，ならびにその下で現場に携わる日本の開発コンサルタント，コントラクター（建設会社，メーカー，商社など）に限られていた．

　1990年代に入る頃には開発協力にかかわる考え方に大きな変化があり，社会開発，人間の安全保障の重視，貧困削減のための具体的施策，気候変動を含む環境と開発の両立などが求められるようになる．草の根的なミクロのレベルから，グローバルな経済・金融・地球環境まで包含する多様な開発課題に取り組むうえで，政府や援助実施機関だけでODAに対応することは現実的ではなくなり，国際機関や他の援助国との協調とともに，日本国内の民間セクターや非政府組織（NGO），市民団体などとの連携強化がはかられることとなる．

　開発途上国側でも現地の企業，NGOなどが立ち上がり始め，開発事業を進める上で，現地政府だけでなく，現地の地方自治体，民間企業，NGO，市民団体がステークホルダーとして開発により主体的に参加するようになってきた．

●**日本政府および援助実施機関としてのJICA**　日本のODAは中央政府レベルでは特に外務省，財務省，経済産業省の3省が，中核官庁としてその政策立案，実施監督面を担っている．上記3省に加え，内閣府，および分野別官庁（国土交通省，農林水産省，厚生労働省，文部科学省，総務省など）が，それぞれの担当分野よりODA政策や実施に関与している．二国間援助は，日本政府のもとで主として国際協力機構（JICA）が援助の具体的実施を担当している．

　日本政府のODA実施を担当するJICAは，海外技術協力事業団（OTCA）を母体とする旧JICAと，海外経済協力基金（OECF）を母体とする国際協力銀行（JBIC）のODA部門が2008年に統合して，資金協力から技術協力まで幅広い援助を行う機関として発足した．東京本部に中枢機能をおきつつ，海外に計91の事務所・支所を展開，現場における監理など行っている．このほかJICA研究所，国内センター，研修所，支所を国内各地に有している．特にODAの実施にあたって地方自治体，NGO，民間企業，大学などとの連携が重要になっている今日，国内センターの役割も重要となっている．

●**多様化するODAの担い手たち**　NGOが独自の援助活動により存在感を増すなか，日本政府やJICAも1990年代以降NGOとの協調をはかってきた．具体的には外務省・JICAと主要NGOとの間でNGO協議会などを通じ意見交換や調整がなされるようになり，保健医療，初等教育，農村開発などの事業で，現地住民

と直接草の根的なかかわりをもつ活動に NGO が参画するケースが出てきた．また資金的な制約の大きい NGO を支援するため，外務省が NGO 団体に補助金を供与したり，NGO が自ら企画する新たな事業の資金の一部を JICA が草の根技術協力事業の形で資金提供する制度も構築されている．

　経済団体や民間企業の果たす役割も大きくなっている．先進国から途上国への資金の流れでは，すでに民間資金が ODA を含めた公的資金を金額ではるかに凌駕しており，また途上国の経済発展，貧困削減を考える上で，民間による工業や交通・電力・情報通信・農業などのインフラ投資の役割が増している．

　こうした状況下において，当該国における民間投資を公的に支援し，投資リスクを減らし，民間事業の促進をはかる形での ODA の貢献も増えてきた．例えばタイ，ベトナムやミャンマーにおいて現地政府や民間による工業団地建設に当たって，道路・電気・水などの周辺インフラや職業訓練学校の建設による技術者の人材育成を ODA が支援する事例も生まれている．

　近年は地方自治体や大学の果たす役割も見逃せない．地方自治体については自治体独自に国際交流を行う中で，県や市町村レベルで途上国に環境保全，上下水道，教育分野などの技術支援をするケースも増えている．JICA は ODA 技術協力事業において自治体の専門家による協力を得たり，自治体向け草の根技術協力事業を制度化し，自治体の国際協力活動の推進をサポートしている．

　大学・研究機関は，従来から ODA 政策や個別事業での提言，助言，あるいは JICA の ODA 事業への専門家としての参加といった役割を担ってきた．加えて，近年は大学自身が JICA のさまざまなスキームとの連携を強めており，自ら国際協力事業を企画し JICA 草の根事業に応募・実施したり，JICA の途上国留学生本邦呼び寄せスキームによる留学生教育への貢献，JICA の途上国人材本邦研修プログラムへの協力なども積極化している．他方 JICA の青年海外協力隊活動により日本の若者がボランティアとして直接途上国で開発支援の体験をするとともに，年齢がより高いシルバー隊員による実務経験を活かした活動も実施されている．隊員経験を通じて途上国への深い理解を有する人材の育成や日本が培った技術・ノウハウによる貢献がなされている．

●日本の ODA の担い手の多様化にかかわる課題　国際協力における日本の ODA の質の向上，および途上国のさまざまな開発ニーズへの適切な対応のためには，今後 ODA 実施の中核を担う日本政府，JICA に加え，民間企業，NGO，大学などがその担い手として ODA への直接的な関与をいっそう強め，また，そのための体制整備や能力向上がはかられていく必要がある．こうした面で欧米の先進国は取組みが進んでいて，日本として参考にできるところは多い．日本内外の ODA の担い手による国際協調がさらに盛り上がっていくことも期待される．

[飯島　聡]

日本の援助の変遷

evolution of Japan's ODA

　日本の援助は草創期から，その理念，政策，協力手法，内容など多くの変化を経てきた．それらの変化にはさまざまな要因がある．

●**国際社会への復帰と対外援助のスタート**　第2次世界大戦後，日本はアメリカの援助を受けて国土の復興を進めた．1951年サンフランシスコ講和条約で，日本は国際社会に復帰する．1954年にコロンボ計画に加入し，日本は援助を受入れながら，開発途上国への援助供与国となった．援助の多くは東南アジアへの賠償，準賠償であり，技術協力であった．1958年，最初の円借款がインドに供与される．

　1960年代，日本の急速な経済成長を支えるため，東南アジア向けの援助が拡大した．その拡大の中，実施体制が整備されていった．1961年，円借款をになう海外経済協力基金（OECF）が設立され，援助国グループである経済協力開発機構（OECD）の開発援助委員会（DAC）に加盟した．1962年には，技術協力を担う海外技術協力事業団（OTCA）が設立される．1965年，青年海外協力隊派遣事業がスタートする．

　賠償や準賠償はアジア諸国の経済社会開発を主目的としたものの，他方で日本の国際社会への復帰のための措置でもあった．援助を含む経済協力は，日本企業を支援し日本製品の海外市場拡大，原材料の確保につながった面もある．東西冷戦構造において，日本の援助はアメリカの対外政策を支援する目的もあった．

●**援助政策の転換と量的拡大**　アメリカによる日本向け大豆の禁輸措置，第1次石油危機が1973年に起きた．このショックは日本政府に自国経済の脆弱性を認識させ，総合安全保障の枠組みの中に援助を位置づけさせることとなった．食糧・資源確保のため，「開発輸入」が推進される．その必要性に応じて東南アジア中心の政策から，中東地域などに援助の対象地域が拡大された．また，技術協力および海外投融，その後追加された無償資金協力の実施機関として，1974年，国際協力事業団（JICA，現在の国際協力機構）が設立される．日本は東南アジアにおける反日デモなど政治的，外交的ショックも経験する．

　1970年代末から1980年代にかけて，国際社会は先進国としての責任分担，貿易不均衡の是正などを日本に求めた．特にアメリカからの外圧を受け，日本政府は援助の量を拡大させ，いっそうの国際貢献と通商問題の緩和の手段として用いた．その結果，1989年に日本は最大援助国となった．また同時期，国際社会の動きに合わせベーシック・ヒューマン・ニーズ（BHN）支援が重視されるようになった．

　1980年代はまた，中国向けの円借款が拡大され，その傾向は1990年代まで続

く，ブラジル・セラード開発など大規模プロジェクトが開始された．一方で，小規模ニーズへの対応と非政府組織（NGO）など多様なアクターの参画を促すため，草の根事業を開始した．

●**最大援助国から成熟した援助国へ**　1990年前後の東西冷戦の終了により，欧米諸国が援助量を削減する中で，日本は1990年代，最大援助国として国際社会に貢献した．1991年の湾岸戦争以降は，国際益への貢献が模索され，「人間の安全保障」の考えが日本の援助に主流化されていくが，国内的には，援助に対する国民の評価は厳しく，その後の予算削減につながった．

　援助の目的を内外に説明するため，1992年に政府開発援助（ODA）大綱が初めて制定された．この大綱はその後，財政難と対外援助批判，同時多発テロへの対応の必要性を踏まえ，2003年に改定される．予算削減を受けて，この大綱では援助の量から質への転換が求められているとの認識が示されている．また，「国益」の表記はないものの，その論理が示されてもいる．また，この改訂版のODA大綱では軍事的使用の回避など，1992年の大綱の4原則に加え，人間の安全保障と平和構築が取り入れられた．

　2000年代から2010年代は，アクターの多様化，民間セクターによる開発途上国への資金供与の増大など，対外援助を取り巻く環境の変化が進む．新しい時代の援助を明確にするため，政府は2015年に「開発協力大綱」を制定する．この大綱は，開発協力をその内容とアクターともに広い観点でとらえている．この大綱では国内政治・経済への配慮から，援助は国益であることが明記される．

　1990年代以降，国際社会での日本の貢献が顕著となる．2000年のミレニアム開発目標（MDGs）のベースとなる議論を1990年代後半，日本はDACにおいて主導した．国際的議論をリードする成熟した援助国として，日本はまた，新興国の援助供与国化を支援している．2008年，技術協力，無償資金協力，有償資金協力を一元的に実施する新JICAが設立された．援助政策と実施体制の複雑さを解消し，援助の迅速化，効果向上が推進される．そして民間連携などの新たな課題に対応できる体制の整備がはかられた．

　以上のように，日本の援助は日本の外交政策の重要な手段であり続けた．国内政治・経済と国際情勢，安全保障，国益と国際益，日本国民と国際社会の要請，多様化するアクターなどの動因を複層的にバランスさせながら，日本の援助はその政策，目的，手法，内容，分野を変えてきた．　　　　　　　　　　［畝 伊智朗］

📖 **参考文献**

[1] Kato, H. "Japan's ODA 1954-2014：Changes and Continuities in a Central Instrument in Japan's Foreign Policy", Kato, H. et al. eds. *Japan's Development Assistance*, Palgrave Macmillan, 2016

[2] 福島安紀子「第10章 開発援助と安全保障の連関」遠藤 乾責任編集『グローバル・コモンズ』岩波書店，2015

日本の援助の特徴

features of Japan's aid

　長い歴史の中で日本の援助は大きな変遷を遂げてきたが，一貫して認められる特徴もある．そのような援助の特徴を日本の「国柄」と関連させながらたどってみよう．援助という営みは，その国のあり方を表現するものだからである．

●**援助についての考え方**　日本の援助は，相手国の経済的な自立（take-off）を目的におき，民間セクターの開発を重視し，その基盤となるインフラ整備と人材開発を重視するという考え方に基づいていた（1992年「ODA大綱」）．このような考え方は，経済協力開発機構（OECD）の開発援助委員会（DAC）において主流だった，いわば福祉として援助をみる考え方とは異なるもので，日本の援助の顕著な特徴のひとつである．ただし，経済発展志向の援助を重視するのは中国・韓国・ブラジルなど新興（国）ドナーにおいても同様で，また近年では日本以外のDAC諸国ドナーも同様の方向に転換しつつあり，この考え方がこれからは主流化していくかもしれない．このような援助に関する考え方の背景に，援助を日本の経済発展のために活用するという動機があったことは，1958年の経済協力白書に明白にうたわれている．後年，この傾向は徐々に薄まり，世界第2位の経済大国（当時）としての責任を果たすとの観点から，人間の安全保障を重視した社会的分野や人道支援的な分野への投入が拡充された．しかし近年では，長期の経済不振からの脱却を目指して経済的な目的のために援助を活用しようとする傾向が改めて強まっている．

　援助目的が異なればそのための政策手段も異なってくる．多くの欧米諸国が援助は原則として無償であるべきとしたのに対して，日本は無償・技術協力に加えて円借款という仕組みを活用し，受入国にとって供与条件のよい資金を大量に提供して開発途上国の経済的な自立への努力を支援した．このような考え方の違いは長年にわたるDAC内での議論を生み，日本は主流派DAC諸国からの圧力に押されて贈与の割合の向上に努めてきた．しかし有償が無償に比べて劣るとは必ずしもいえない．贈与は絶対額が限られインフラなどの資金需要をまかなうことが難しいことに加え，無償の贈与は贈る側と受け取る側の間に非対称的/垂直的な関係をつくりがちであるという問題もある．また日本政府がしばしば説明してきたように，返済義務を課すことが相手国の「自助努力」をうながすという側面もある．

　さらに，日本には円借款を必要とする現実的な理由があった．特に初期においては，日本には無償資金協力を主流化できるほどの財政的な裏付けがなく，また逆に後年は，財政の悪化とともに無償資金の確保・増額が困難となっていったためである．一方，円借款という制度が可能となった背景には日本が潤沢な財政投

融資資金を活用し得たという事情があった.

●**援助と外交**　援助は外交のスタイルを如実に表現する．案件選定にあたっての「要請主義」や，事業の実施において相手国にコンディショナリティを付さないことは，基本的には相手国の意思を尊重し，できるだけ水平的な関係を構築しようとする日本外交のスタイルの現れといえよう．相手国に外交的圧力をかけるための手段として援助を使うことにも日本はおしなべて慎重だった.

　相手国の政府をどうみるかにおいても，日本は欧米諸国や国際機関とは一線を画していた．産業政策などを通じた経済開発における政府の積極的な役割を重視した点，また政府を，その能力や廉潔度はともあれ相手国の代表として認めて相応の敬意を払うという点において日本は欧米諸国とは異なっていた．政府を迂回してNGOなどを使い相手国国民に直接働きかけるドナーも少なくない.

　援助を生業としない人々が担い手の多くを占め，結果として援助が日本の国際化に貢献したという点も日本の援助の特徴かもしれない．専門家派遣や研修員受け入れなどは，通常，国際協力とは縁がない仕事をしている官僚機構や財団，自治体，大学，民間企業などに勤める人々によって支えられてきたのである．そしてボランティア活動が重要な柱として位置付けられてきたことも日本の援助の担い手を広げた.

●**援助の知的基盤と担い手**　日本の援助の知的な基盤は，多くの場合，自らの経験であった．日本の歴史を巨視的にみれば，外から，古くは中国，明治以降は欧米から優れたものを受け入れて，自らの努力と工夫によりそれらを改良していく（adopt and adapt）過程であったといえるが，暗黙的に共有されたそのようなモデルの有効性への確信が日本の援助の根底にあったように思える.

　このような，経験を基盤とした日本の援助においては，新古典派経済学によるものを含めて特定の理論体系に依拠するということは少なかった．日本の援助の政策決定や具体的な実施は，マクロ経済的な枠組みから発想するのではなく，個別のケースに応じつつ，基本的には農業，土木，医学など技術系の官庁によって支えられてきた．生活改善運動や母子手帳のような日本で実際に行われた政策が他国で応用されたという事例もあった．このように，経験に基づき特定のドクトリンに縛られないという意味で，日本の援助は柔軟であり多くの場合有用でもあり得たが，理論化され発信されることも少なかったという弱点も抱えていた.

　これと関連する日本の援助のもう1つの特徴は，「現場」「暗黙知」「人」を重視する伝統である．キャパシティ・デベロップメントの重視は現場重視で経済を発展させてきた日本の経験そのものであり，日本の援助の基本をなす考えであった．さらに，途上国の間の相互学習である「南南協力」の重視もそこに連なる．日本は，途上国の間の横の知識・経験の共有が有用であるとの信念に立って，南南協力を促進するための「三角協力」という仕組みを育ててきたのである．　　［加藤　宏］

NGO・CSOと国際開発協力

NGO/CSO and international development cooperation

　国際開発協力のアクターのひとつとして1970年代ごろから世界的に注目されてきたのが非政府組織（Non-Governmental Organization: NGO）で，最近では市民社会組織（Civil Society Organization: CSO）とよばれることが多い.

● **NGO・CSOとは**　NGOは，当初は国連憲章71条に基づいて経済社会理事会が協議できる民間団体を表すことばとして用いられ，今日では，国連経済社会理事会との関係の有無にかかわらず，軍縮と平和，開発，人権，ジェンダー，環境などのグローバルな諸課題に取り組む，非政府・非営利目的で市民の自発性に基づいて活動する諸団体を総称することばとして用いられる．最近ではCSOもよく用いられるが，その背景には，1990年代から開発における市民社会の役割が注目されてきたこと，non-governmental（非政府）ということばがnonという「〜でない」という否定的なことばである上に世界のいくつかの言語では「非政府」と「反政府」が同じことばになることから誤解されるという問題があること，活動の一部が国際開発協力である労働組合，学術団体，宗教団体なども含む概念が模索されたことがある．NGOがCSOの最も有力なアクターであるのが実情であろう．NGO・CSOの活動の活発化やネットワークの拡充，そのアドボカシー活動の国際的政策決定に与える影響力の拡大などにより「グローバル市民社会」の台頭もいわれる.

● **NGO・CSOの役割**　NGO・CSOの役割は，現場における開発活動（教育・保健・農村開発などの長期的開発と，災害や紛争時の緊急援助活動）とともに，開発教育（開発問題についての現状や構造的背景の理解と解決するための行動に関する啓発活動），アドボカシー（政策の変更に関する提言や働きかけなどの活動）の3つといわれてきた．近年では表1にあるように多様化している.

表1　国際開発における NGO・CSO の多様な役割

① コミュニティ，貧困者や周縁化された人々のグループの支援，直接かかわる基本的なサービスや不可欠なインフラを供給する
② 周縁化された草の根グループ，貧困に直面する人々，特に女性をエンパワーする
③ コミュニティ，市民社会，民間セクター，地方自治体，その他の開発アクターの連携をはかる
④ CSOの知識・視点・提案をもとに公共政策アジェンダをより豊かなものとする
⑤ 政府や援助機関の政策と開発の実践を監視する
⑥ 民主主義・連帯・社会正義に関する啓発活動とそうした社会価値の形成を促進する
⑦ 国内・国際的な自発的取組みを奨励する
⑧ 開発のための資金や人材の発掘と活用を進める
⑨ CSO間の連携・ネットワークを促進する

（出典：Open Forum for CSO Development Effectiveness *The Siem Riap Consensus on the International Framework for CSO Development Effectiveness*, 2011）

●**なぜ NGO・CSO の活動が注目されてきたのか**　NGO の役割が注目されるようになった 1970 年代は，開発協力においてベーシック・ヒューマン・ニーズ（BHN）論が台頭した時期であった．教育・保健・農村開発など，貧困削減や BHN の充足に直接かかわる活動をするアクターとして NGO は注目されるようになった．1990 年代に参加型開発・人間開発・社会開発や民主化支援が開発協力の重要なテーマとなり，市民社会の重要性が強調されるようになった中で NGO・CSO の役割が開発協力でいっそう重視された．持続可能な開発目標（SDGs）では，目標 17 で市民社会の役割について触れられているが，諸目標達成のうえで NGO・CSO の活動（と他セクターとの連携）は欠かせないし，SDGs 実施の政策提言者や実施状況の監視者としても NGO・CSO は期待されている．

● **NGO・CSO の課題**　NGO・CSO が注目されるようになった 1970 年代（日本では 1990 年代）には，新しいアクターであった．国際開発協力のアクターとして定着し，当たり前の存在になる中で，NGO・CSO は期待された成果をあげているのかが問われることとなった．例えば，21 世紀初頭から OECD-DAC で行われた「援助効果」議論の中で，NGO・CSO はアドボカシー活動を行う一方で，政府や国際機関から NGO・CSO 自体の活動の効果も問われた．NGO・CSO は自らの活動の効果やアカウンタビリティの向上のための諸原則を表 2 のようにまとめた．

表 2　CSO の開発効果に関するイスタンブール原則

① 人権と社会正義を尊重・促進する
② ジェンダー平等・公平性を促進し，同時に女性・少女の権利を促進する
③ 人々のエンパワーメント，民主的オーナーシップ，参加に焦点を当てる
④ 環境の持続可能性を促進する
⑤ 透明性，アカウンタビリティを実践する
⑥ 平等なパートナーシップと連帯を追求する
⑦ 知識を創造・共有し，相互学習にコミットする
⑧ プラスの持続的変化にコミットする

（出典：Open Forum for CSO Development Effectiveness, *The Siem Riap Consensus on the International Framework for CSO Development Effectiveness.*, 2011）

● **NGO・CSO の活動スペースの縮小**　NGO は「非政府」組織であるし，市民社会とは政府から独立したものと考えられる．しかし政府と無関係で活動しているのではなく，南の途上国では政府の経済・社会関連の政府組織との連携がみられ，北の先進国では DAC 諸国の政府開発援助（ODA）の 17%（2015 年）が NGO・CSO を通じて南の開発現場に流れている．南北の各国で SDGs 実施策を含めて開発政策や援助政策の形成に NGO・CSO が何らかの形で参画することが多い．その一方で，21 世紀に入ってから，テロ対策，政権批判の封じ込め，政府の開発政策に市民社会の活動を整合させるなどの目的で，南の諸国で市民社会の自由な活動や，外国資金アクセスを政府が規制する動きが強まっている．北でも NGO・CSO の支援先についての監視を強める政府が出てきている．NGO・CSO の自由な活動スペースの縮小，あるいは「政策・制度環境」の悪化は南北共通の問題となっている．　　　[高柳彰夫]

民間企業と国際開発協力

international development cooperation led by private firms

1990年代をピークに日本の政府開発援助（ODA）予算の削減が続いた中で存在感を急速に拡大しているのが，民間セクターである．これまで欧米や日本が築いてきた国際金融秩序や，開発協力の国際ルールを仕切ってきた経済協力開発機構（OECD）の開発援助委員会（DAC）が進めてきたODA中心の枠組み，援助する側・される側という固定観念は，もはや過去のものになりつつある．

●**存在感増す民間企業**　激動を続ける世界の中で，開発協力も大きな転換期を迎え，その役割を変貌させつつある．それを顕著に示しているのが，先進国から開発途上国に流れ込む開発資金の内訳の推移である．1990年代まではほとんどがODAであったが，いまや民間資金が8割を占めている．かつては援助の対象としか見られていなかったこれらの国々が，生産の拠点として，あるいは有望な市場として見直され，先進国企業の投資も急増しつつある今日，民間資金は開発途上国の経済成長を支える上で不可欠な要素だといっても過言ではない．

日本も例外ではない．ODA予算は，少子高齢化による国内市場の縮小や長引く景気の低迷など，閉塞感ただよう国内経済を背景に削減傾向が続き，1997年のピーク時に比べると半額に落ち込んでいる．こうした中，日本政府は2015年，従来の「政府開発援助（ODA）大綱」を刷新した．大綱は現在の国際社会について，「民間企業，地方自治体，非政府組織（NGO）を始めとする多様な主体が，開発課題の解決，そして開発途上国の持続的成長にますます重要な役割を果たしていることを踏まえれば，ODAのみならず，多様な力を結集することが重要」だとしたうえで，特に官民連携の推進について，「我が国の開発協力が，民間部門が自らの優れた技術・ノウハウや豊富な資金を開発途上国の課題解決に役立てつつ，経済活動を拡大するための触媒としての機能を果たすよう努める」との方針を打ち出している．

2016年に初めてケニア・ナイロビで開催された「第6回アフリカ開発会議」（TICAD VI）でも，こうした傾向が如実に表れた．同会合では，安倍晋三首相が「日本アフリカ官民経済フォーラム」の立ち上げやインフラ整備，人材育成などに対し，今後3年間で官民総額300億ドル（約3兆円）規模を官民で投じることを表明したが，うち民間投資が200億ドルにのぼるとみられている．さらに，展示会に出展した日本企業・団体は84にのぼり，22社・団体がアフリカ側と73件の覚書を締結した．ODAを中心に対アフリカ協力のあり方を議論する場としての性格が強かったTICADは，この会合を機に，日本企業のアフリカ進出を促進する場へと大きく舵を切った．

●**呼び水としての公的支援**　これを受け，近年，開発協力に民間の力を取り込むための官民連携の制度設計が急速に進んでおり，ODA は，民間投資の呼び水として，あるいは，企業だけでリスクを取り切れない領域を補完し側面支援する存在としての色を強めつつある．

官民パートナーシップ（PPP）の導入は，その一例である．近年，建設段階だけでなく，完工後の運営・維持管理を含めたインフラ事業の一部に民間活力を導入し，役割やコスト，リスク負担を官民で分担しつつ，都市鉄道や廃棄物処理，水処理などの整備・運営・サービスを提供する PPP が世界的に急拡大している．これを受け，国際協力機構（JICA）も，ODA 資金の活用を前提とした PPP インフラ事業の民間部分への投資を計画している民間法人からの事業提案を公募し，1億 5000 万円を上限に助成を行う協力準備調査（PPP インフラ）を 2010 年より開始した．さらに同年，ベース・オブ・ザ・ピラミッド（BOP）とよばれる開発途上国の貧困層が抱える社会課題の解決と，日本企業の市場開拓を目指す協力準備調査（BOP ビジネス）の制度も立ち上げ，調査費用を助成している．

2012 年には，開発途上国で事業を実施する企業などに資金を提供する海外投融資も 10 年ぶりに再開された．これは，開発途上国で事業を実施している民間セクターに直接資金を提供することによって，その国の経済や社会の発展を促すスキームである．民間の金融機関では融資しにくい国・地域の事業に対しても JICA がリスクをとりつつ支援できるため，開発途上国の成長を日本経済の活性化に取り込める制度として期待されている．

日本政府が 2013 年に経済協力インフラ戦略会議を立ち上げてインフラシステム輸出戦略を決定したことを背景に，日本企業の技術やノウハウの活用を前提とした本邦技術活用条件（STEP）の適用範囲の拡大をはじめ，「円借款のタイド化」も進んでいる．例えば，2015 年末の日印首脳会談で日本の新幹線方式の採用が決まったインド西部のムンバイ～アーメダバード区間（総延長 505km）の整備は，総事業費 1 兆 8000 億円のうち約 8 割を円借款によって支援する．ODA を活用したインフラ輸出の象徴的な事業だといえる．

一方で，大企業だけでなく中小企業を開発協力に活用しようとの機運も盛り上がっている．2013 年に始まった「ODA による中小企業の海外展開支援」は，中小企業の優れた製品や技術を動員して対象国の抱える開発課題を解決すると同時に，日本経済の活性化と地方創生も実現することを目指している．

次々と誕生する官民連携制度を受け，従来，JICA の指示の下で調査や設計業務に従事していた「開発コンサルティング企業」も，現地の事情やネットワーク，ODA 事業に関する知見を生かして民間企業をサポートするという新たな役割が期待されている．「新援助タイド時代」ともいえる今日，民間主導の新しい開発協力によってどのような世界がつくられるか，注目が集まっている．　　　［玉懸光枝］

開発コンサルタント

development consaltant

　伝統的な建設コンサルタントという呼称に代わって，開発コンサルタントの呼称が広く定着したのは1990年代である．公共事業をはじめとする建設事業において，実施主体（発注者）が十分な技術的専門性をもたない場合，なり替わって関連施設の設計をし，建設業者による建設の施工監理や，関係者との折衝をするのが，建設コンサルタントである．

　開発コンサルタントは，事業の企画・立案から計画，施設の設計および建設監理，さらには運営管理まで，プロジェクト・サイクルの最上流から最下流まで全域を業務範囲とする．事業は施設建設に限定されず，また資金手当てを含む実施体制の構築，特殊技術をもつ専門家や企業の動員まで，事業実施に必要な業務すべてに対して，実施主体を代表して責任をもつ．

　このような役割を果たすため，開発コンサルタントとよばれる人たちの中には，社会開発や環境面，財務面，法制面などに専門性をもつものもいる．開発コンサルタントの業務範囲は，建設コンサルタントの業務を包含する．

●開発コンサルタントとODA業務　ODA事業における開発コンサルタントの業務は，その業務範囲全域にかかわるものは少ない．企画・立案や個別事業の形成は通常，政府開発援助（ODA）の実施機関である国際協力機構（JICA）が中心となって，必要に応じて開発コンサルタントが協力して行われる．開発コンサルタントが独自にODA案件の発掘・形成のための調査を実施し，対象国政府やJICAに提案することもある．このようなプロジェクト・ファインディングは，より良いODA案件の形成にとって重要である．

　ODAのもとで，特定の分野（運輸インフラ，農業，都市開発など）にかかわるマスタープラン，および特定地域（まれには全国）を対象とする開発計画の策定，特定事業の投資妥当性（フィージビリティ）調査（F/S），事業を構成する施設の設計および建設監理は，JICAによる管理のもとで，実質的に開発コンサルタントが行う．最近では，公共事業の運営管理や法制面にかかわる案件への，開発コンサルタントの参加も増えている．ODA事業の実施中における中間評価，および完了後の事後評価も開発コンサルタントの役割である．

●参加型開発と日本のODAの特徴　ODAによる分野別あるいは特定地域の開発マスタープラン策定においては，相手国側カウンターパート（CP）機関の政府職員と協働し，CP要員や機関の能力向上（キャパシティ・ディベロップメント）をはかることが，ますます重要な開発コンサルタントの役割となっている．さらに地域開発計画を策定する際は，極力地元住民との協議を重ねて参加型で実施す

ることが必要である.

このような参加型による開発計画策定を通じて，相手国側 CP 機関のオーナーシップ（主体性）を確立することができる．積極的平和，すなわち紛争の原因となる貧困や格差・抑圧などの無い状況をつくり出し，平和構築に貢献することは，日本の ODA に期待される役割である．参加型による開発計画作りは，積極的平和への貢献のための具体策を検討し，平和構築の基本条件であるオーナーシップの確立をはかるうえで重要な方法である．

JICA は元理事長の緒方貞子のもとで，「人間の安全保障」を日本の ODA のひとつの柱として打ち出した[4]．これは「社会的に弱い立場にある人々，生命・生活・尊厳が危機にさらされている人々，あるいはその可能性が高い人々に焦点を当てる」ことと説明されている．また，日本政府はこれまでの ODA 大綱に代わって新しく打ち出された開発協力大綱に沿って，最近「質の高いインフラ輸出」を国策として掲げ，ODA によるインフラ整備支援も，これに沿って実施する体制がとられつつある．

ここでいう質とは，単にコンクリートの配合比や施工方法が適切で，品質の良いコンクリートでインフラをつくるといったことではない．各種インフラ整備の優先度判断や個々のインフラ施設の計画・設計が優れていること，建設にとどまらず管理・運営にまで配慮すること，優先度判断や計画・設計に現地条件を反映し相手国にとっての質が高いこと，これらこそ重要である．このような意味での質の高さは，結局のところハード（工学技術）およびソフト（計画・評価・管理技術）を合わせた技術によってのみ保証されるものである．間違いなくここにこそ日本の優位性があり，開発コンサルタントの大きな役割があると考えられる．

●これからの開発援助と開発コンサルタントの役割　現在世界的には，開発途上国への開発資金の流れの約 9 割が民間資金といわれている（経済協力開発機構（OECD）の開発援助委員会（DAC）諸国のみでは 2007 年に 80％超）．日本の開発途上国に対する資金の流れは，2014 年において 77％が民間資金である（財務省）．特に民間主導による大規模開発事業に対して，企画・立案から計画，資金手当てを含む実施体制構築，建設および運営管理まで，一貫して総合的に対応する機能が不可欠になってきている．開発コンサルタントの業務範囲全域にわたる参与が求められる．民間企業を糾合して事業を推進するとともに，関連するインフラ整備や法制面については，他ドナーとの協調も含めて ODA による支援を仲介するのは，開発コンサルタントの重要な役割である．それによって民間事業の収益性および開発効果を合わせて高めることができる．　　　　　　　［橋本強司］

📖 参考文献
[1] 橋本強司『これからの開発コンサルティング―国際協力の最前線から』勁草書房，1992
[2] 橋本強司『地域開発プランニング―その考え方・手法・海外事例』古今書院，2000

新興国による援助

aid by emerging countries

　国際援助の主要なアクターは長らく先進国であった．1つは，欧米や日本などの西側工業国である．東西冷戦を背景として1960年代以降に制度化が進められた経済協力開発機構（OECD）の開発援助委員会（DAC）のもとで政府開発援助（ODA）を供与する，DACドナーとして知られる．もう1つは，アラブ首長国連邦（UAE）やサウジアラビアなどの中東産油国である．1970年代の石油危機後の原油価格上昇による余剰資金増大を背景として生まれ，湾岸ドナーと呼称される．

●**新興国の台頭**　この構造を一変させたのが，2000年代以降の新興国の台頭である．「新興国」の定義は確立しておらず，国際通貨基金（IMF）による「Emerging and Developing Countries」が最広義のとらえ方であるが，この定義だと「開発途上国」との区別が明確ではない．新興国の代表格として着目されているのが，G20からG7を除いた13か国であるが，とりわけ近年急速な経済成長を遂げてきたブラジル，ロシア，インド，中国の4か国（いわゆるBRICs諸国）は注目度が高い．これらの新興諸国は，これまで先進諸国によって担われてきた国際援助の領域においても急速に存在感を高めた．DACドナー諸国は，新興の援助供与国が，現行のODA受入国もしくは最近のODA卒業国であるという事実を踏まえ，未熟な「新興」ドナーと位置づけ，伝統ドナーとしての自らと対置した．

●**新興国による援助の起源**　しかし，この認識には誤謬がある．実は，新興国による支援の多くは，「援助」として供与されたものではなく，自らを「ドナー」として位置付けてもいない．現在の新興国（ロシアと東欧，旧CIS諸国は除く）はかつて，西側でも東側でもない第三世界に属した国であり1950年代からすでに第三世界諸国間の「連帯」の精神に基づいた南南協力を供与してきた．これは，先進国（北）から開発途上国（南）への一方的な援助関係を基調とする南北協力と異なり，南の国同士の対等な関係を前提としたもので，支援の方向性は一方向ではなく，経済水準の低い国から（最貧困国からさえも）より高い国へ支援が提供されることもある．巨額の資金を拠出するというよりは，自らが得意とする技術（例えば熱帯地域の国ならではの熱帯医療など）を提供する仕組みである．つまり，南南協力は開発途上国間の「相互扶助」のメカニズムといえる．それゆえ，コンディショナリティ（政策条件）を付けたり，内政干渉をしたりしないことが原則とされる．互いに経済的余裕がないなかでの支援ゆえ，支援をする側も利益を獲得すること，つまりWin-Winを是とする．ODAで重視される譲許性やアンタイド性にはこだわらない．このように，ODAと南南協力とでは，そもそもそ

の起源と理念が根本的に異なるのである．しかし，相手国を支援することを目的とする国境を越えた資源移転が行われてきたという点においては，新興国は長い対外支援の歴史をもっていると捉えることができる．例えば中国は1950年から支援を行っており，DACドナーの大半よりも長い援助の歴史をもつ．ロシアは冷戦時代にアメリカと第三世界に対する援助競争を繰り広げた援助大国の歴史をもつ．

●新興国の「ドナー化」　近年，これらの国々が新興国として台頭するにつれ，協力規模を拡大するとともに，DACドナーと同様の援助機関や援助関連法を整備するなど，事実上の「ドナー化」を進める国がでてきた．こうして，これまでDACドナーの独壇場であった"援助市場"への"新規参入者"として，「新興国」ドナーは，注目の対象となった．ドナーとしての新興国は，南南協力のベースをもつ旧第三世界の国々と，旧東側諸国とに大別される．後者の筆頭はロシアだが，東欧諸国はEUへの加盟を踏まえてDACドナーと同様の援助モデルを採用し，スロベニア，スロバキア，チェコ，ポーランド，ハンガリーは2013年以降にDACへの加盟を果たしている．旧第三世界の国々の中でも，技術協力を用いた社会セクターへの支援に重点を置くブラジルやメキシコは，DACの援助モデルとの類似性が高い．その対極にあるのが中国である．中国の支援対象は，山村への医師の派遣といった技術協力から大規模インフラ整備まで多岐にわたるが，その資金供与方法は譲許的借款と非譲許的借款を渾然一体として活用したものであり，援助というより投資に近い側面ももつ．実は，その源流は日本による貿易・投資・援助の三位一体型国際協力にあり，インドや台湾，韓国，タイなども含めて，東アジアのドナーに共通の援助モデルを見出すことができる．

●新興国による援助のインパクト　しかし，このモデルはDACにおいて制度化されてきた援助のルールとは相容れない部分がある．特に，急速に拠出規模を拡大し，アジアの近隣国のみならずアフリカやラテン・アメリカでも存在感を高めてきた中国は，ODAに競合するドナーとして批判の的となった．特に問題視されたのは，援助の効果である．中国をはじめとした新興国はDACで設定された規範や基準とは異質なアプローチをとるため，援助の断片化をもたらしたり，ガバナンスを悪化させるなど，受入国の開発への負のインパクトが懸念された．ところが，受入国側への調査を通して，DACドナーが重視してこなかった援助のスピード，コストや柔軟性において新興国ドナーの方が優位性が高く，歓迎されている場合が多いこと，さらには新興国ドナーの存在が援助受入側にとって「選択肢」を増やす効果があることなどが明らかになってきた．新興国ドナーはむしろ，既存のODAの課題を炙り出し，ODAの終焉を加速し，"ODAを越えて"国際協力の新たな地平を探る契機をつくり出したのである．　　　　　　［小林誉明］

受入れ主体の役割

roles of aid recipients

　国際開発協力は，援助供与主体と援助受入れ主体とのインターフェイスを通じて実施される．そのインターフェイスは，供与側が提供する開発援助資源をめぐって，開発戦略や援助アプローチを含めた双方の望む「開発」の交渉の場であり，その交渉が当該国の「開発」を規定することになる．そのため，インターフェイスにかかわる援助アクターと援助の受入れ主体を包含する国際援助システムは，国際開発協力のあり方に影響を及ぼすことになる．国際援助システムは，供与側の援助方針や援助システムおよび開発途上国政府の援助受入れ方針や援助受入れシステムで構成される．そして，国際援助システムの変容は，国際開発協力のアクターの受入れ主体における役割に大きく影響を与えることになる．

●国際援助システムの変容と「プロジェクトの氾濫」　第 2 次世界大戦後の国際援助システムにおける国際開発協力のアクターと受入れ主体との関係は，基本的にプロジェクトをめぐる二国間の関係が中心であった．主に戦後の援助は，「トリックル・ダウン仮説」のもと，経済・公共インフラ整備を中心とする大型プロジェクトによる支援が展開された．しかしながら，1960 年代後半から 1970 年代初めにかけて，「トリックル・ダウン仮説」どおりの成果を得られないことが次第に明らかとなり，ベーシック・ヒューマン・ニーズ（BHN）や所得分配重視の改良主義が登場することとなった．そこでそれまでの資本投下を主体とするマクロ的なアプローチとは別に人的資源への投資もまた重要であることが確認され，途上国の人々の生活向上と貧困削減には BHN の充足による下からの開発が必要であると主張されるようになった．この動きに呼応するようにして NGO が急増し，それまでの大型プロジェクト援助に加え，BHN 支援のための小規模プロジェクト援助が拡大することとなった．そして，1970 年代後半以降は，IMF・世界銀行が中心となって構造調整政策が進められ，それまでの開発途上国とドナーとの個別の交渉から，IMF・世界銀行と開発途上国政府とのインターフェイスの拡大がみられた．そこで策定される「政策枠組書」が二国間公的援助の指針となることにより，開発途上国政府にとっては，単に IMF・世界銀行とのインターフェイスという意味だけにとどまらず，ドナー全体をも視野にいれたインターフェイスとなった．そして，それまでの期間，プロジェクトとそれを実施するアクターの数は，増大し続けた．今日では 100 の主要ドナーが存在し，小さな援助組織を入れれば，約 200 存在するとされる．それとともに，「プロジェクトの氾濫」が国際協力コミュニティの間で問題視されるようになった．「プロジェクトの氾濫」とは，「開発途上国において実施されている断片的で調整されない多数のドナーのプロ

ジェクトが，ドナーの定めた異なる実施手続によって行われていることにより，取引費用が大きくなっている状態」のことである．そのことが開発途上国にとって重い負担となり，開発効果を損ねているとされ，国際開発協力のアクターの受入れ主体のオーナーシップのあり方が問われることとなった．

●**国際開発協力における援助受入れ主体の役割**　「プロジェクトの氾濫」への克服に次のようなことが求められた．受入れ主体のオーナーシップと利害関係者（主としてドナー）のパートナーシップに基づき，受入れ側の主導により，共同で政策・開発計画を策定する．その計画は国家予算と整合させつつ，援助利害関係者の次年度および中期コミットメントを明確にし，適切な予算管理をはかる．援助実施にかかる手続きがドナーごとに異なり，開発途上国政府の行財政業務に負担をかけているために，ドナーはできる限り，調達，会計および監査も含めた開発途上国の制度・システムを活用した共通の援助手続きを用い，開発途上国政府の負担の軽減をはかる．手続きの調和化とファンジビリティ（他の目的に流用される可能性，あるいはほかの資源との代替可能性があること）の問題点を克服するためにセクターや一般財政支援を導入する．これら受入れ主体の主導による援助効果向上への取組みの集大成として2005年の「援助効果向上に関するパリ宣言」が採択され，ミレニアム開発目標（MDGs）を具現化するものとなった．

　この国際援助システムの変容は，受入れ主体と国際開発協力アクターとのインターフェイスのあり方を一変させるものであった．それ以前は，IMF・世界銀行においては「政策枠組書」により，また，二国間ドナーに関しては，国別の援助戦略書により，開発途上国との政策協議を行う中で，プロジェクト援助を中心として，それに関連した省庁との間で事業を実施していくのが一般的であった．しかし，それ以降は，受入れ主体のオーナーシップおよび支援アクターとのパートナーシップに基づき，開発全般/セクター全般を網羅する政策/戦略，中期的なセクター開発計画の枠組み，国家予算と整合した財政/支援計画，行動計画，実施手続きを策定し，それらに従って実施していくことが望ましいとされることとなった．

　このように国際援助システムの変容がなされる中，近年，国際開発協力に関わる主体も，先進国の政府関係機関ばかりでなく，営利企業はもちろん，自治体，教育研究機関，NGO・民間財団，草の根の組織，インフォーマルな事業体などへの支援アクターの多様化がこれまで以上に顕在化している．なかでも，開発途上国の中から新興国が台頭し，国際秩序を大きく変容させつつ，国際開発協力にも大きな役割を果たしつつある．これら多様化する国際協力アクターと受入れ主体とのインターフェイスのあり方が現在問われている．　　　　　　　　　[古川光明]

📖 **参考文献**

[1] 古川光明『国際援助システムとアフリカ―ポスト冷戦期「貧困削減レジーム」を考える』日本評論社，2014

国際連合の開発協力

development cooperation by the United Nations

1960年代から1980年代半ばにかけて，長らく植民地支配を受けてきた開発途上国地域は1970年代，「南北問題」をテーマとし，開発途上国が産業国に依存することによって引き起こされる「不公平な関係」について構造的な議論を行なった．「第2次国連開発の10年：UN Development Decade」（1971～80年）には，「新国際経済秩序」（1974年国連特別総会）が成立し，先進国・開発途上国共通の利益の模索や，意思決定のプロセス，資金援助の透明性の交渉が，国連システムを通じて議論・調整されるようになった．また，「東西冷戦」下において，開発途上国グループは「G77」を形成した．このグループに属する国々は，当時の国連総会加盟国の内の3分の2に相当しており，現在においても国連の開発協力における政策決定に影響力をもっている．

●「人間を中心」にした人間の尊厳と生活の高揚　1980年代に国際通貨基金（IMF）と世界銀行グループによって「構造調整プログラム」支援が実施されたものの，開発途上国の貧困状況は改善されず，それどころか開発途上国内外の貧富の差は広がっていった．その結果，経済改革による失業増大や，財政赤字削減が社会サービスの低下につながり，社会的弱者に大きなダメージを与えた．

1990年代には，「GDP」を用いて経済成長を唱える先進国やその学派と対峙しつつ，国連開発計画（UNDP）や開発途上国，特にアジアの学者を中心に，社会開発型の新学派，すなわち『人間開発報告書』―社会開発型の理論が誕生する．この開発アプローチは経済成長のみならず，伝統的な社会・文化や民意（参加と民主主義），環境にも配慮した人と人との調和（公平・人権・ジェンダー），人と自然との調和（環境保全）をはかっていこうとする考え方で，グローバルな開発協力のアプローチが推進されると同時に開発途上国独自のアプローチ，例えば国民総幸福（Gross National Happiness：GNH）などが融合される時代となった．

●新しい「開発パラダイム」と国連政策決定の関係　1990年代以降，世界経済の低迷によって政府開発援助（ODA）が減少したことにより，国連機関の開発協力の比較優位性が見直され，「選択と集中」が議論された．この議論を踏まえ，大規模なインフラ事業は世界銀行グループや地域開発銀行（アジア開発銀行，アフリカ開発銀行など）に加え，多国間援助に委ねられることになる．また国連システムの開発援助は，後発開発途上国（LDC）に焦点を当てたキャパシティ向上（問題解決の自助努力と自立発展性）を推進しつつ，包括的な政策アドバイスにシフトしていく．この流れを受けて，2000年に採択された「国連ミレニアム宣言」では，21世紀の国際社会の目標ミレニアム開発目標（MDGs）実現のため，貧困削

減を中心とした行動計画を推進することとされた．21世紀における国際協力では持続可能な開発目標（SDGs）が新たな世界共通の目標と定められ，先進国と開発途上国の援助関係だけではなく，一国内の中で広がる国内での貧富の差や国内での課題に対して行動すべく民間企業や地方自治体といった新たな行為主体も国際協力に参画していく（図1）．

近年，国連総会でみられる議題の増加（MDGsやSDGsも含めて）において，総会の多数派は，経済協力や技術協力を求める開発途上国であり，審議の効率性も注視されている．経済社会理事会における開発政策決定のプロセスは総会と同様，議長主導のコンセンサス方式や過半数制を採用しているが，実施するプロセスや資金援助，参加機関の役割分

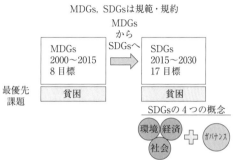

図1　新しい開発パラダイム（MDGs・SDGs）

担で問題が生じている．また，組織の肥大化によって，国連諸機関，世界銀行グループ，地域開発銀行，ドナーとの業務が重複するために調整が必要となっている．強制力を持たない国連経済社会理事会ではMDGs・SDGsの遂行にあたり，開発支援の複雑性や開発フレームワークの重複，援助資金の管理の問題など，援助の枠組みとそれにまつわる資金運用の構造的問題を議論しているが，簡素化は実現されていない．

●**政策の整合性と実施の関係**　元来，国際協力は国家を単位とした行為主体（中央政府）間の対話・交渉によって成り立っていた．しかし，21世紀以降，国際協力の形態は変化しており，地方自治体や民間企業，NGO/NPOなどが行為主体として，国際協力に参画・参加するケースが急増している．MDGs・SDGsを開発途上国で実現するうえで，援助調整・協調を通じた合意形成によるパートナーシップの構築は制度的にも重要である．援助実施において，開発途上国の現場では直面している種々の問題を解決するうえで国連常駐調整官（UN Resident Coordinator）と国連カントリーチーム（UN Country Team：UNCT）の役割が重要視されるようになっている．

ドナーと国連システムがそれぞれの強みと能力を組み合わせた協力は当該分野の人材育成，制度構築に大きな成果をもたらした．すなわち，援助協調は援助関係者と被援助国政府との間の政策・制度改革（開発途上国相互の協力；南南協力も含む）に関する対話をうながし，他の援助国との協力も促進する開発協力とその実施における新しいパラダイムとなっている（☞「援助協調」「受入れ主体の役割」）．

［村田俊一］

国際開発金融機関

multilateral development banks: MDBs

　国際開発金融機関（MDBs）は，主に金融支援や政策助言を通じて，開発途上国の経済・社会開発を促進する国際機関の総称である．開発途上国の発展状況に応じて，市場金利に基づく（非譲許的）融資から無償資金供与（グラント）までさまざまな形態の長期の開発資金を提供する．この点において，国際収支危機に陥った国に短期の資金を供給する国際通貨基金（IMF），およびグラントによる技術支援を中心とする国連の開発関連の諸機関とは区別される．

　第2次世界大戦後，世界銀行を筆頭に，欧米・日本の先進国を主要出資国とした MDBs が次々と設立されたが，近年は，中国をはじめとする新興国主導の開発銀行が誕生している．

●**伝統的な国際開発金融機関**　伝統的な MDBs を代表するのが，世界銀行およびアジア開発銀行（ADB），米州開発銀行（IDB），アフリカ開発銀行（AfDB），欧州復興開発銀行（EBRD）の4つの地域開発銀行である．世界銀行は活動範囲に地域的限定はないが，後者は特定の地域を支援対象とする．

　世界銀行は 1945 年 12 月に設立され，IMF とともにブレトン・ウッズ体制の両輪として，第2次世界大戦後の国際金融秩序の中核を担ってきた．戦後の力関係を背景に，アメリカが最大の出資比率・議決権をもち，アメリカ出身者が歴代総裁を務めてきた．本部所在地はアメリカの首都ワシントン DC である．当初は欧州・日本の戦後復興支援に重きをおいたが，次第に開発途上国の開発支援が中心業務になった．世界銀行は国際復興開発銀行（IBRD）と国際開発協会（IDA）からなり，前者は中所得国に対し国際資本市場で調達した資金を融資し，後者は低所得国を超長期・低利の融資またはグラントで支援する．IDA は 1960 年 9 月に設立されたが，前後して ADB，IDB，AfDB の3つの地域開発銀行が誕生した．この背景には多くのアジア・アフリカ諸国が戦後独立を果たし，開発支援への要請が増大したことがある．ADB は日本とアメリカが最大の出資比率・議決権をもち，日本人が歴代総裁を務めている．一方，EBRD は冷戦終結後，中・東欧諸国と旧ソ連邦諸国の市場経済化を支援するために 1991 年 3 月に設立された．

　これらの MDBs は，長期の開発資金の供給だけでなく，開発哲学においても国際援助社会をリードしてきた．特に世界銀行は，経済インフラ重視（1950・60 年代）からベーシック・ヒューマン・ニーズ重視（1970 年代），構造調整融資の導入（1980 年代），市場経済化支援（1990 年代），貧困削減戦略支援（2000 年代初頭）と，各時代の国際経済環境や開発途上国のニーズ，経済理論，国際世論などをふまえて，新しい支援アプローチや開発戦略を打ち出してきた．ただし，世界銀行

は，例えば構造調整融資は，経済面に偏重し，「ワシントン・コンセンサス」とよばれるリベラルな改革処方箋を政策コンディショナリティとして画一的に開発途上国に押しつけている，市場メカニズムを重視するあまり社会的弱者への配慮が十分でない，など，時として国際世論の批判にさらされた（☞「構造調整アプローチ」）．その後，世界銀行は制度・社会・環境などの非経済側面にも配慮した「包括的開発枠組み」という概念を掲げ，貧困削減や社会開発，グッドガバナンス（良い統治），持続可能な開発をより重視する方向へ大きく転換した．

近年，国際金融における新興国や民間資金の存在感が増すなか，MDBs は開発分野の「ナレッジ・バンク」として，資金面に加えて知的貢献を強化している．

●**新興国が主導する国際開発金融機関**　リーマン・ショック（2008 年 9 月）を契機に先進国の経済力の相対的低下が明らかになるなか，新興国を中心に伝統的な枠組みにとらわれない開発銀行を設立する動きがみられる．

アジア・インフラ投資銀行（AIIB）は中国主導で 2015 年 12 月に設立された．中国が最大出資率・議決権をもち，初代総裁は中国人，本部所在地は北京（中国）である．2000 年代に貧困削減を主流化するようになった世界銀行や ADB とは異なり，AIIB はインフラ投資に特化している．また，本部に常設の理事会をおかず総裁に大きな業務遂行権限を与えることで，手続き簡素化・経営迅速化をめざすとしている．AIIB の創設メンバーは欧州諸国を含む 57 か国だが，加盟国は設立後 1 年余で 70 か国にのぼり（2017 年 3 月末時点），ADB の 67 か国を上まわった．加盟国拡大の背景には，既存の MDBs の融資規模や発言力の不均衡に対する新興国の不信，環境や人権に配慮する融資基準に対する開発途上国からの不満などがあるとされる．一方，アメリカと日本は意思決定や融資基準の透明性に課題があるとして加盟を見送っており（2017 年 3 月末時点），当面は世界銀行や ADB との協調融資を通じて AIIB と連携することとしている．

新開発銀行（NDB）は，BRICS 諸国（ブラジル，ロシア，インド，中国，南アフリカ）およびその他の新興国・開発途上国におけるインフラ整備等のための資金動員を主目的として，2015 年 7 月に設立された．本部所在地は上海（中国）で，最初の地域事務所は南アフリカに設置予定である．初代総裁はインド出身で，以降，ブラジル，ロシア，南アフリカ，中国の順で輪番制となる．調達やセーフガードにおいて，カントリーシステム（借入国システム）を導入する方針である．さらに，BRICS 諸国における短期的な国際収支圧力に対応するため，緊急外貨準備金基金の設立が合意された．NDB は新興国の相互協力により，世界銀行や IMFなどを補完ひいては代替しようとするイニシアティブとみることもできる．

［大野　泉］

📖 **参考文献**
[1] 下村恭民他『国際協力―その新しい潮流』第 3 版，有斐閣，2016

18

2030 年以降の国際開発

国際開発の未来──人間の顔をしたグローバル化のために

future of international development

21世紀に入り，国際開発にかかわる問題群やアクターのあり方は大きく変わってきた．この変化は，2030年（持続可能な開発目標SDGsの目標年）に向けて継続するだろう．それに伴って国際開発をとらえる知的枠組みも不断の変更を迫られる．この章では2030年頃の未来がどうなっているかをさまざまな側面から展望することを通じて，世界の諸問題と取り組む国際開発の将来的課題および方向性を示す材料を提供したい．

●開発問題の国際的共通化　そもそも開発は人々の多面的な幸福を実現するものであり（☞「開発概念の豊穣」），その観点に基づけば先進国にも，近い過去に多くの開発問題があったはずである．しかし21世紀前夜まで国際社会は，開発をめぐる主要な困難が南の開発途上国のみに存在すると想定していた．貧困・飢餓，不平等，人権侵害，独裁，腐敗，環境汚染といった諸問題は，たしかに過去の先進国（北）には存在したが，先進国はその後の進歩によってこれらを克服したのであり，途上国は先進国を模範として開発を進めるべきだという見方が大勢であったと考えてよい．それを象徴するのが，途上国の貧困削減を主たる目標とした2000年のミレニアム開発目標（MDGs）であった．

しかし，21世紀初頭の世界情勢はその通念を覆しつつある．まず，グローバル化の進行と先進国経済の停滞によって国内の不平等と貧困が顕在化した（☞「グローバルな格差の行方」）．先進国の失業と貧困の深刻化は，テロへの恐怖も相まって，排外主義や自国第一主義の傾向を強めるとともに，人権抑圧や強権化への兆候もみられる（☞「民主主義は生き残れるか」「社会関係の未来」）．同時に，グローバル化・脱国境化の趨勢に伴って，先進国，途上国の別なく向き合わなければならない問題が顕在化しつつある．人口増加や経済成長による負荷の増大のために，環境・資源問題およびエネルギー問題は早くから人類全体の課題として提起されてきたが，途上国における工業化の拡大や消費の膨張がこれらの問題をより深刻なものとしている（☞「資源・環境の未来」「エネルギーの未来」）．加えて，感染症，テロ・紛争，犯罪などは，人の移動に伴って国境を越え，途上国ばかりでなく先進国も対策を迫られる課題となっている（☞「保健開発の未来」「平和・安全保障と開発」「グローバル時代の人の移動と開発」）．さらに，かつて先進国に特有であった問題が途上国にも広がりつつある．新興国の工業化に伴う環境汚染はその典型であるが，巨大都市の形成による過密などの問題（☞「都市化の未来」），少子高齢化（☞「人口問題の未来」），生活習慣病の拡大（☞「保健開発の未来」）も新興国・途上国が共有する問題となりつつある．

●開発協力をめぐる国際関係の変化　1990 年代までは，途上国への開発支援は，基本的に先進国および国際機関が担っていた．しかし 21 世紀になってからは，中国，インドなど新興諸国による開発支援がその比重を増している．新興諸国による開発支援は，受入国との平等や内政不干渉を方針として掲げている．そのために先進諸国が，民主主義原則，人権尊重などの自らの価値基準を開発援助を通じて途上国に対して要求することが難しくなってきた（☞「援助国と被援助国・国際援助システムの変容」）．多数の途上国で民主化の停滞や強権化がみられるし，新興国には支援の受入国よりも民主主義や人権の面で問題をかかえている国もあり，それら政治的指標では評価の低い国々が，より評価の高い国々を支援するという「ねじれ」が生じている（☞「民主主義は生き残れるか」）．中国などの新興諸国の台頭は，工業化の成功とそれによる資金の集中によるところが大きく，とりわけ中国は先進国にとって巨額の資金の供給元となっている．貯蓄の豊富な北から貧しい南へ一方的に資金が供給されるという国際経済秩序は，大きく変わりつつある．

　他方で，アフリカの貧困国などには多数の飢餓・貧困人口が依然として存在し，彼らが気候変動，災害，紛争，市場変動などから影響を受けやすい深刻な脆弱さをかかえていることは忘れられてはならない．貧困そのものだけでなく脆弱性の計測・研究を進めることは急務である（☞「貧困計測の展開」）．貧困層の間での情報通信技術の普及などの新しい変化もみられるが（☞「技術と開発の未来」），それが広範な貧困削減につながるかは予断を許さない．

●国際社会における対立・協調と市民の役割　SDGs が，先進国を含むすべての主権国家が多面的な目標を共有し，協力することを掲げたことは，先進国と途上国との間における開発課題の共通化を反映している．SDGs を達成し，さらに多面的な開発を進めていくためには，国境を越えた人類の共同行動を組織していくことが必要となろう（☞「ポスト SDGs」「教育開発の未来」）．最終的には，国連を発展させるなどして，世界共通の法に基づく，強制力をもち，市場の暴走などによるグローバル化の副作用を規制・監督できる世界政府の構築が望ましいのかもしれない（☞「国連の役割」）．しかし，自国第一主義が強まる状況の中では，近い将来にその実現を期待するのは困難だろう．この点で，やはり国家同士の協力は重要である．しかし，国家とは別に，企業や非政府組織（NGO）が国際的な共同行動の推進に向けて果たすべき役割も，よりいっそう大きくなっている（☞「企業は政府にとって代わるか」「NGO は政府にとって代わるか」）．ただし，国際的に普遍化・共通化する国際開発課題に対応するために最も重要なことは，国家，企業，NGO の活動を構想し，担っていく個々の人びとの自覚，エンパワーメント，そして国境を越えた連帯であろう（☞「オルタ・グローバル化は新自由主義グローバル化の代案となるか」）．　　　　　　　　　　［髙橋基樹・勝間 靖・山形辰史］

ポスト SDGs

post-SDGs

　「ポスト SDGs」の時代とは，どのようなものだろうか？「持続可能な開発目標
（SDGs）」の大半が実現し，次世代にさらに美しい地球を受け渡すための次の開発
目標の検討を，安楽椅子に座りながらやっているだろうか？本項は，大変残念な
がら SDGs の目標の多くは実現せず，その目標年の 2030 年頃にはさらに難しい
状況を迎えている，という強い危惧を抱く主な理由を説明するものである．

● **SDGs は持続可能か？**　　SDGs は国連加盟国の多くが参加する会議を通じて，ま
た国際機関や非政府組織（NGO）などからインプットを受けながらつくられた．それ
ゆえに SDGs には多くのことが微妙なバランスを保ちながら盛り込まれており，多
くの国や関係者がオーナーシップを感じて「自分事」として取り組む可能性がある．

　一方，こうした類の公式文書の常として，問題の原因や責任がはっきり書かれ
ていない．今日の世界において「持続可能」性がきわめて重要であることに異議
や疑問をもつ者は少ないが，21 世紀になってなぜ私たちは「持続不可能」という
深刻な事態に直面しているのか，その原因と責任が明確にわからないと適切な対
応ができないことは，病気の際には適切な治療の前提として正確な診断が求めら
れることを考えれば明らかである．このままだと，SDGs でうたっていることは
単なる対症療法か，悪くすると逆効果をもたらすものになりかねない．

　SDGs はその目標 12 で，「持続可能な消費と生産のパターンを確保する」を掲
げた．このパターンが今日まで実現していないために，持続不可能になったとも
いえる．しかしこの目標 12 のもとにあるターゲットの多くは，政府が強いイニ
シアチブをとることを求める一方，民間企業にはターゲット 12.6 で持続可能な
慣行の導入を奨励しているにすぎない．支配的な市場経済システムが生み出して
きた諸問題を大きく削減あるいは防止し，民間企業の活力を積極的に利用するた
めには，もっと多くのターゲットが企業向けにあるべきではないだろうか．

　加えて，先進国は自国の GNI の 0.7％を政府開発援助（ODA）に増やすという
ターゲットが，ミレニアム開発目標（MDGs）に引き続き SDGs にも盛り込まれ
ている（目標 17 ターゲット 2）．しかしこれは，半世紀も前の 1970 年の国連総会
で決まったことである．ところが 2016 年の先進国のそれは 0.32％（日本は
0.2％）であり，目標設定から 46 年後もその実現にいたっていないし，その見通
しも数か国を除くとたっていない．国連総会で決議される国際的合意には拘束力
がないからこそ合意にいたるのだが，そのために多くが画餅に終わってきた．
SDGs は，この難問をどうクリアできるのかまったく不明である．

　さらに MDGs の際には同時並行で進んだ援助効果に関するパリ宣言以来の「援

助効果」をめぐる議論は，2011年の釜山会議で「効果的な開発協力」という名前に変わったが，現在では以前のような力強い推進力はほとんど感じられない．ドナー国に多くの制限を課すこの流れが不明確なままで，「持続可能な開発」は上手く進むのだろうか？

● **SDGs に本気で取り組むのか？**　MDGs でも SDGs でも目標の第1である貧困問題は，世界共通の最重要課題である．MDGs では中国の経済成長による貧困層の底上げが，絶対的貧困の半減という目標達成を大きく助けたが，一方で格差は大きく拡大した．貧困問題の対処法を経済成長だけに頼っていると，より適正・公正な分配（および再分配）が実現されず，所得格差や相対的貧困といった問題が深刻化する．また地球環境がそこまでの経済成長を支えられるのか，という持続性の根本問題にも突き当たる．その意味で今回の SDGs では，目標10に格差是正が入ったことは高く評価できる．

　貧困や格差の解決を成長に頼ることは明らかに危険である．貧困や格差に対しては，農地をはじめとした自然資源へのアクセスや所有などの権利，雇用保障，生活保護などの実現が有効な直接的対策であり，それらに SDGs の目標1のターゲットも言及している．しかしこれらはどれもその国のデリケートな政治経済問題でもあり，「内政不干渉」を前提とする国際開発機関も二国間ドナーも，そうしたことに直接的に手を差し伸べにくい．そのため，広義の所得再分配である保健や教育などに対する支援に比べて，貧困問題に直接切り込む支援はあまり聞かれない．

　日本の ODA 実施機関である国際協力機構（JICA）も，それ自身が定めた SDGs に関する重点項目に貧困と格差を含んでいないことは，この傾向の反映にみえる．成長や他の目標を通じて貧困問題に対応できる，とよく説明される．実際 2015年2月改訂の「開発協力大綱」の重点課題のトップは，「『質の高い成長』とそれを通じた貧困撲滅」をうたっている．しかし「『貧困撲滅』とそれを通じた持続可能な開発」こそが，SDGs の求めているものだ．

　さらに SDGs の目標1は，「各国定義によるあらゆる次元の貧困の半減」を求めている．日本の相対的貧困率は約16%なので，これを2030年までの間に8%にすることが必要だ．厳しい財政状況にある日本政府は，どのようにこれを達成するつもりなのだろうか？

● **ポスト SDGs の時代まで生き延びられるか？**　自国第一主義を掲げるアメリカのトランプ政権の登場，中東情勢の複雑化・深刻化，難民危機，東アジアでの政治的緊張激化など，私たちのまわりでは不安材料に事欠かない．また原子力発電所はアジアを中心にさらに増加中で，原発の事故や災害の不安も拡大中だ．さらに核兵器の禁止や削減のための取組みも，なかなか前進しない．

　こうした状況の中で，私たち人類は2030年まで元気に生き延びられるのだろうか？少なくとも筆者は，不安でならない．　　　　　　　　　　　　　［大橋正明］

援助国と被援助国・国際援助システムの変容

donors and recepients-transformation of the international aid system

第2次世界大戦後の国際開発援助の資金の流れは，先進援助国から開発途上国である被援助国に対する政府開発援助（ODA）が中心であった．しかしながら，近年，途上国の中から中国やインドなどの新興国が経済大国として台頭した結果，新興国から途上国に供与される開発資金が増加した．また，低所得国から中所得国へと経済成長を遂げる国も増えているため，「途上国」の多様化が進んでいるといえる．さらに，民間資金などのODA以外の開発資金も増加している．現在の国際開発は，援助国（先進国）と被援助国（途上国）という単純な構図を越えて新たな国際援助システムが形成される転換期にあるともいえよう．

●変容する国際援助システム　1960年代に数多くの援助機関が設立されて以来，主要援助国である経済協力開発機構（OECD）開発援助委員会（DAC）加盟国，すなわち先進国によるODAが国際援助の主流を占めてきたが，2010年には新興国を中心とするDAC非加盟国による資金が開発協力資金全体の7.5%（114億ドル）を占め，2014年には17.8%（327億ドル）に伸びている．

1990年代終盤以降，世界経済の中で大きな影響力をもち始めた新興国は，図1にみられるとおり，既存の国際システムを活用・改善するのではなく，新たな国際機関や国際フォーラムを設立している．1999年に主要（先進）8か国首脳会議（G8，現在のG7）とは別にG20を新興国が主導して発足させ，2009年以降はブラジル・ロシア・インド・中国・南アフリカをメンバーとするBRICS首脳会議が開催されている．このBRICSが中心となって2015年に設立したのが，新開発銀行（NDB）であり，持続可能な開発を通じて開発途上国におけるインフラ整備のための資金供与を行うことを目的としている．同年にはさらに，中国が主導してアジア・インフラ投資銀行（AIIB）が設立され，アジア地域におけるインフラ整備のための資金を提供している．これらの機関は，既存の国際開発金融機関である世界銀行やアジア開発銀行（ADB）とその目的が類似しており，重複する機関を設立することへの批判はあるものの，結果的にAIIBの加盟国は2017年3月にADB加盟国数を超える70か国となり，主要国で未加盟なのはアメリカと日本のみという状況である（2018年3月には84か国・地域に）．

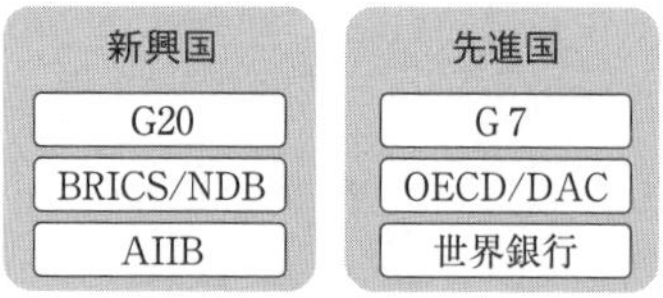

新興国による国際開発金融機関設立の背景には，自ら新たな機関を設立することで，国際援助システムの秩序づくりの主導権を握りたいという意向があろう．中国をはじめとする新興国自

新興国	先進国
G20	G7
BRICS/NDB	OECD/DAC
AIIB	世界銀行

図1　新興国と先進国による主要国際機関の設立

体は，国連において途上国グループの主導的役割を担い，自国は「援助」を供与する先進国とは異なることを主張し，DAC 諸国とは一線を画した立場をとっている．そして，新興国は，自らの途上国に供与する支援を対等な関係性に基づく「南南協力」と位置付けている．先進諸国は，1990 年代終盤より，ドナー主導型援助の反省から途上国の主体性を尊重するよう努めてきた．しかしながら，近年，途上国の主体性が高まっているのは，先進国による取組みの結果というよりは，被援助国全体の経済力が相対的に大きくなったこと，新興国の台頭により対先進諸国との関係において交渉力が向上したことなど，外部的な影響が大きいのではないだろうか．

●**新興国と伝統的ドナーとの協調**　伝統的ドナーは，上記のような国際援助システムの変容に対し，当初は不快感や戸惑いをみせていたものの，国際開発分野における自らの役割が縮小している現状を受け止め，新興国との協調を模索し始めている．OECD-DAC では，加盟国ではない新興国をオブザーバーとして招待するなど，新興国とのかかわりを深めている．また，2014 年以降，ODA のデータ集計方法の近代化をはかり，民間部門や平和と治安の分野に関する ODA 計上の明確化を進めている．さらに，持続可能な開発目標（SDGs）を達成するための公的資金を幅広く捕捉し，持続可能な開発のための公的総資金（TOSSD）と称してODA を補完する概念を打ち出している．これらの流れは，グローバル経済の変化とともに国際援助システムが変容し，途上国の開発に貢献する新しい手法やツールの重要性を伝統的ドナーが認めていることの現れでもある．

　イギリスやアメリカなどの主要国は，貧困削減や SDGs の達成を目的として，二国間ベースで中国との協力に関する合意を結んでいる．さらに，AIIB には，幹部やアドバイザーとしてヨーロッパ諸国や国際機関勤務経験者の人材も勤務しており，二国間および多国間の場を通じて新興国と伝統的ドナーとの協調は進んでいる．両者が歩み寄ることで，相互理解が進んでいるといえよう．

　日本は，OECD-DAC が設立された 1961 年当初より先進援助国の一員として援助を実施してきたが，他方でヨーロッパ諸国を中心とした国際援助潮流のあり方や内容に対して，意見を異にする場合もあった．また，日本の援助の政策や形態は新興国のものと類似する部分もある．したがって，現在の国際援助システムの変容は日本にとっては追い風ともとらえることができるが，AIIB への加盟に対する日本の立場にもみられるように，日本は新しい国際援助システムの構築に向けて必ずしも積極的な役割を果たしているとはいえない．

　今後も，国際援助システムにおいて新興国が果たす役割は大きくなると思われ，それにつれて，国際援助をめぐる国家間の関係はますます多面的で流動的なものとなることが予想される．そのため，多様なアクターが途上国の開発という共通の目的を共有する場としての国際援助システムの再構築が今後は望まれる．

［尾和潤美］

国連の役割

role of the United Nations in development

　国際開発において国連が果たす役割は，今後，いかに変わっていくのだろうか．以下の3つの役割ごとに，現状を把握し，傾向を分析したうえで，将来の姿を検討しよう．第1の役割は，国際開発政策と国際開発目標を協議するフォーラムの提供である．第2は，開発協力に携わる多様な国際的アクターを調和化させる役割である．第3は，開発協力に必要とされる資金を調達する役割である．

●**国際開発政策と国際開発目標を協議するフォーラム**　開発において国連が果たす重要な役割として，国際開発政策と国際開発目標を協議するフォーラムの提供がある．第2次世界大戦後，国連を舞台として，欧州の復興のための開発援助のあり方が協議された．その後，植民地支配から独立した新興国を中心とした開発の途上にある国への開発協力をめぐって，「国連開発の10年」など国際開発政策が形成された．さらに，社会開発や人間開発の分野で国際開発目標が設定されたが，それらが統合される形で，2000年にミレニアム開発目標（MDGs）が設定された．また，貧困をなくすための開発と，平和や人権との関係を模索するなかで，人間の安全保障の概念について合意が形成された．現在は，2030年までの持続可能な開発目標（SDGs）の達成を，国連加盟国は合意している．

　2030年以降においても，主権国家が国際社会の最も基本的な国際的アクターであり続けると考えられる．ほとんどすべての国家が加盟している国連は，国際社会において最も普遍的な国際機構として，国際開発政策と国際開発目標について合意を形成するためのフォーラムを提供していくであろう．

　むしろ，この役割において，今後，国連の相対的な重要性は高まると考えられる．その理由として，BRICS諸国をはじめとする新興の援助国が台頭してきたことと，G7諸国を含めた欧米や日本などの先進国を主たる加盟国とする経済協力開発機構（OECD）開発援助委員会（DAC）の影響力の低下があげられる．DAC新開発戦略（1996年）や，援助の実施原則や評価項目の策定をとおして，これまでOECDは従来からの援助国による政府開発援助（ODA）に大きな影響力を及ぼしてきた．しかし，新興援助国は，これらとは一線を画し，独自の原則で開発協力を進めようとしている．その結果，OECDの影響力が低下し，国連の相対的な重要性が高まると思われる．

　また，国連やOECDとは別に，G20サミットにおいて，2017年からG20保健大臣会合が開かれていることから，今後，グローバルヘルス分野を含めた国際開発政策や国際開発目標について具体的に協議されることになるだろう．

●**開発協力に携わるアクターの調和化**　国連による多国間の開発協力について

は，グローバルなレベルでは国連開発グループ（UNDG）をとおして，それぞれの途上国では国連開発援助枠組（UNDAF）をとおして，アクター間の調和化が図られている．国連の自立的補助機関である基金および計画（国連児童基金（UNICEF）や国連開発計画（UNDP）など）や国連の専門機関（世界銀行や世界保健機関（WHO）など）との国連システムの中での調和化に加えて，二国間援助機関や国際NGOとの連携のうえで，途上国に対して，オーナーシップを重視しつつ，SDGs達成へ向けた自助努力とアラインメントさせる体制をつくっている．

　これまで，欧米や日本などの従来からの援助国が途上国で実施する二国間ODAについては，OECD-DACが策定した開発協力の政策・実施原則・評価項目の策定をとおして，調和化が進められてきた．しかし，BRICS諸国をはじめとする新興援助国は独自の原則で開発協力を進めているため，OECD-DACによる二国間ODAの調和化には限界がある．したがって，開発アクターの調和化における国連の役割は，特に途上国において，高まっていくと思われる．

　他方，OECDは，多国籍企業による途上国での活動に関して，社会的責任についてのガイドラインを策定しているため，主に先進国の民間企業による途上国開発への関与についての国際的な規範づくりに貢献していくだろう．

●**開発協力に必要とされる資金調達**　国連が提供してきた国際開発を協議するフォーラムにおいては，同時に，資金の調達についても議論されてきた．こうした開発資金国際会議では，モンテレー合意（2002年），ドーハ成果文書（2008年），アディスアベバ行動目標（2015年）が採択されている．そこでは，先進国がすでに約束しているODAのGNP比0.7%目標について，途上国が2015年までの達成を求めてきた．しかし，かつて途上国であったBRICS諸国などが新興援助国となるなか，開発資金調達における先進国の相対的な重要性は低下していく．また途上国開発における民間企業の役割にもますます期待が高まるだろう．

　多国間の開発協力に必要とされる資金調達は，従来から，国連の自立的補助機関であるUNICEFやUNDPといった基金および計画への拠出や，WHOや世界銀行といった国連の専門機関への拠出または出資という形で，加盟国が行ってきた．しかし，新興援助国は，新開発銀行（NDB，BRICS銀行）やアジア・インフラ投資銀行（AIIB）といった新しい国際開発金融機関を設立するなど，国連システムやアジア開発銀行を迂回する多国間開発協力を模索している．また，先進国も，世界エイズ・結核・マラリア対策基金を設立するなど，国連システムを迂回するグローバルヘルスのための国際機関を設立した．

　さらに，先進国や新興援助国の中には，自国の国益を重視し，多国間ではなく二国間でODAを実施することを優先する国も増えるかもしれない．こうした動きは，ますます，開発資金を調達する役割において，国連の相対的な重要性を低下させていくだろう．

[勝間　靖]

企業は政府にとって代わるか

Will private sector substitute for the government?

　先進国においては1980年代から新古典派経済学が主導する規制緩和と民営化の実験が数多く行われているが，本項では「開発の文脈において」企業がこれまで政府の仕事とされてきた役割を担うことができるか，という点を中心に考える．

　21世紀に入り，ミレニアム開発目標（MDGs）の合意と軌を一にするように，開発のために政府・国際援助機関などの公的部門が担っていた役割の一部を民間セクターに期待し，開発資金を民間からも調達するという議論が活性化した．

　C. プラハラードは「BOP（Base of the Economic Pyramid）ビジネス」を提唱し，開発途上国の貧困層（ピラミッドの底辺層）を顧客とし（BOP 1.0），さらにはサプライ・チェーンのアクターとして巻き込む（BOP 2.0）ことで，企業は収益を上げながら貧困層の社会課題を解決できる，とした（☞「貧困層とビジネス」）．ここで重要なのは「BOP ペナルティー」という概念である．通常 BOP 層は企業にとっては購買力が乏しい顧客層であるようにみえる．しかしながら，市場経済の進行する今日では，BOP 層も日常的に食材・生活必需品を購入しなければならず，より品質の良いものを買いたいという動機をもっている．またインフォーマル市場での商いや家族の出稼ぎ送金などでそれなりに購買力がある．実際に購入していないのは購買を阻害する悪条件（彼らのニーズを満たす商品がない，市場までの交通手段がない，道が悪いなど）があるために「買いたくても買えない」からで，プラハラードはこれを「BOP ペナルティー」と定義した．

● **BOP ペナルティーの解消**　さて「舗装道路がない，交通手段がない」という問題に対しては，「政府が道路を建設する．公共交通機関を整備する」というのが常識的な解決策と考えられてきた．しかし企業が利益を求めて遠隔地まで自らの流通網を使って品物を届ければ，「市場まで遠い」という BOP ペナルティーは解消する．すなわち，これまで政府の仕事だと考えられていた BOP ペナルティーの解消は，企業活動によっても代替可能だということになる．また，最低賃金法や労働基準法などがあっても，途上国の小農や中小企業の労働者の労働環境，賃金水準は劣悪である場合が多い．従来の開発アプローチであれば，政府の能力強化によってこの問題を克服することが計画されるが，監視制度の不備や贈賄などのために依然として労働者の権利が軽視されている．こうした状況を踏まえて，多国籍企業によるサプライ・チェーン・マネジメントの一環として，企業が取引先，原材料生産者の労働環境改善を要請すると，多国籍企業との取引きを継続したい途上国の事業者は，法規制とは無関係に労働者の人権擁護を行うようにうながされる．この背景には，倫理的消費者運動の興隆，企業に対して公益のための

行動を促す圧力の増加がある．本来，人権を保護することは政府の義務であるが，市場経済の論理の中で企業が公共性を代替することが期待されているのである．

●**分散型イノベーション**　技術革新は政府機能の企業代替を後押しする．例えば携帯電話により電話線網敷設の必要がなくなったため，途上国でも複数の民間企業が競合しながら通信サービスを提供し，これによって利用料金が下がっている側面は否定できない．今後，発電技術や浄水技術のイノベーションによって，従来の中央集権的な系統配電，水道網に代わって孤立分散型のサービスが広まる可能性があり，小規模のサービス網で十分な収益を上げられるビジネス・モデルがつくり上げられれば，政府にこうした事業を負担させずに済むかもしれない．なお，教育についてもバングラデシュなどでは政府系の学校よりもNGO系の学校の方がレベルが高く，人々はこちらを選好するが，収益の上がるビジネス・モデルとして確立されればこれもまた企業によって代替可能となるかもしれない．さらに，道路，港湾，空港などの基幹インフラについても，政府に十分な資金と技術力がない場合，外国からの資金（例えば円借款）を用いて多国籍企業が建設し，一定期間その公共施設（高速道路など）を運営して建設費を回収し，その後に政府に移管するBOT（Build, Operate and Transfer）方式は，一時的に企業が政府の役割を代替する試みともいえる（☞「インフラ整備とマネジメント」）．

●**民営化のリスク**　グローバル化する世界において，新古典派的な「市場中心主義」「規制緩和」が進めば，公共サービスのうち「利益を生む」部分については次々と民営化し，それを多国籍企業が引き取るという方向性があり得るが，これは開発の観点からはリスクを伴う．政府が担っているサービス提供を企業に移管することで，質の高いサービス提供が期待できるのであれば，そのコストを払える人の利益にはかなう．しかし，その場合でも金がない人にサービス提供するという「儲からない」部分を引き受けることができるのは政府（場合によっては外部資金に依存するNGO）のみである．例えば富裕層は設備の整った私立病院（あるいは外国の病院）を選好するが，貧困層にとっては基礎保健（プライマリ・ヘルス・ケア）は，政府による無料もしくは安価な提供がなければ享受することは困難である．

　SDGsが「誰も置き去りにしない」をスローガンにしている今日，「利益を生まない」公共部門だけを政府に押し付けることで，そうしたサービスが「持続可能」なのか，と常に問われ続けなければなるまい．国際開発学の課題としては，どこまで民営化できるのか，どのような条件が整えば民営化できるのか，どのようなときにすべきではないのか，といった先行事例に基づく研究も深められなければならないだろう．

[佐藤　寛]

📖 参考文献

[1] プラハラード, C.K.『ネクスト・マーケット──「貧困層」を「顧客」に変える次世代ビジネス戦略』増補改訂版，スカイライトコンサルティング訳，英治出版，2010

NGO は政府にとって代わるか

Can NGOs substitute governments?

　NGO（非政府組織）あるいは CSO（市民社会組織）は，貧困削減や基本的ニーズ充足の活動を，開発現場の住民の参加を得ながら実施することが得意なアクターとして，1970 年代頃から注目されてきた．1990 年代以降は，民主化支援の一環としての市民社会の活発化としても重視されてきた．現場での活動に基づいたアドボカシー（政策提言）の担い手としても重要である．持続可能な開発目標（SDGs）17 で市民社会の役割に触れられているが，NGO・CSO の活動（および他セクターとの連携）は，諸目標の達成に欠かせないし，SDGs 実施の政策提言者や実施状況の監視者としても期待されている．しかし，NGO・CSO は政府にとって代わる存在になるのだろうか，なるべきであろうか（☞「NGO・CSO と国際開発協力」）．

● **NGO・CSO と政府部門の連携強化**　NGO・CSO と政府とのパートナーシップは SDGs を含めて開発援助に関する国際文書で頻繁に言及されている．南の開発途上国では特に，NGO・CSO が社会部門（教育・保健など）の政府機関の事業の実施者になることも国によって増えている．SDGs 実施策も含めて国家の開発戦略・貧困削減戦略の策定への参加が制度化されている国もある．
　また，日本では割合は少ないが，OECD の開発援助委員会（DAC）諸国全体では政府開発援助（ODA）の 16.9％（2015 年平均）が NGO・CSO を通じて開発現場に流れており，ODA 実施に不可欠な存在になっている．NGO・CSO を通じた資金供与はどのようなセクターで行われているのだろうか．最新の集計がある 2013 年の数字では，社会インフラ 57％（政府・市民社会 22％，人口・リプロダク

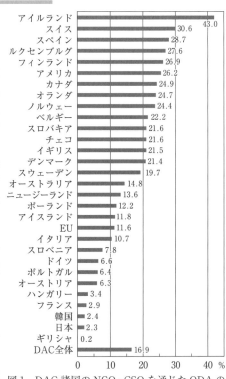

図1　DAC 諸国の NGO・CSO を通じた ODA の割合（2015 年）（出典：OECD *Development Co-operation Report 2017* をもとに作成）

ティブヘルス 16%, 保健 8%, 教育 5%など) と人道援助 22%が二大部門である (OECD *Aid for CSOs 2013*, 2015).

● **NGO・CSO の得意分野**　DAC 諸国の NGO・CSO について, 政府による支援のセクター別配分や, 各国のダイレクトリーをみると, 主な活動は, 保健・教育・農村開発といったベーシック・ヒューマン・ニーズ(BHN)部門, 市民社会と民主化, それに緊急人道援助といえよう. このうち市民社会と民主化は, BHN 支援や緊急人道援助を実施する NGO・CSO の組織・能力強化という側面と, 民主化推進のためのアドボカシーを強化し, 政府の開発政策のアカウンタビリティを高めることを主な内容としていると思われる. 後者は裏を返せば政府の存在が前提である.

　BHN 部門において, NGO・CSO の活動が大きく, ODA 資金もこの部門で多く使われるのは, 南の諸国で政府の能力が低く十分に実施されてこなかったこと, 貧困層などを直接受益者とする住民の主体的参画を進め, 柔軟で新しい技術や方法を取り入れやすい点などで, 政府よりも優位だといわれてきた. もちろん同時に, NGO・CSO の優位性が本当にあるかも問われてきた.

　BHN 部門で NGO・CSO は政府にとって代わる存在になってよいのだろうか. BHN 部門は, SDGs 全体に人権の理念が貫いていることを考えると, 経済的・社会的権利の実現にかかわるものであり, 政府 (中央政府であったり地方政府であったりするが) は権利を実現する義務をもつ主体として重要であることはいうまでもない. NGO・CSO の BHN 充足の活動は重要であるが, NGO・CSO が政府にとって代わりすぎることで, 政府が経済的・社会的権利を実現する義務を放棄することにつながってはいけない. NGO・CSO には, 自ら基本的ニーズ部門の担い手となるとともに, 政府による BHN 充足の活動が貧困削減, SDGs の基本的理念の「誰も置き去りにしない」を実現するためにアドバイスし, 監視者の役割を担うことが重要な場合もあると考えられる.

● **NGO・CSO がとって代わることが難しい部門**　経済インフラ部門は, DAC 諸国の ODA による NGO・CSO 支援の資金のうちわずか 3%しか占めない. この部門で NGO・CSO ができることは小規模な交通網や電力・通信網の整備に限られる. 例えば都市の大衆交通 (路線バスや LRT の整備など) や電力供給などは NGO・CSO ではできない. SDGs の目標 9 はインフラであるが, これに代表されるように SDGs の中には NGO・CSO が政府にとって代われないものもある. しかし NGO・CSO に何の役割もないのだろうか. 政府や民間企業による交通や電力事業のインフラ供給事業では, 料金が貧困層に不適切である事例, 施設建設にあたって影響を受ける住民への環境配慮や補償が十分に行われない事例などがたびたび指摘されてきた. NGO・CSO には政府が計画・実施 (実施主体は政府自らの時も民間企業であることもある) するインフラ事業を貧困者の視点からチェックしていく役割があろう.

[高柳彰夫]

平和・安全保障と開発

peace, security and development

　開発にとって，平和と安全保障は最も基本的な課題である．一方，冷戦終結後の世界では開発と平和・安全保障の取組みが相互に接近し，近年では開発途上国側にも先進国側にも安全保障にかかわる状況の変化が観察されている．ここでは，こうした新たな展開を踏まえつつ，2030年に向けた見通しを考えてみたい．

●冷戦終結後の変化　平和や安全がなければ開発は進まない．この意味で平和や安全保障は開発の前提条件であり，その最も基本的な課題である．ただし，冷戦終結以降，両者の関係は新たな展開を遂げた．この時期，特にアフリカにおいて深刻な紛争が頻発し，その原因として国家の機能不全が指摘された．「国家の破綻」や「失敗国家」とよばれる現象がそれである．そして，こうした状況下で紛争の再発を防ぎ，平和構築を進めるために，国家建設を進めることが重要だとの認識が国際社会に共有された．この認識の広がりとともに，平和構築に多くの開発援助機関や開発非政府組織（NGO）が参加し，紛争後の復興事業への協力はもとより，国家建設を意識した取組みを積極的に支援するようになった．

　典型的な例は治安部門改革（SSR）である．SSRは軍や警察をはじめとする治安関連部門の改革を指すが，1990年代以降ドナーが積極的に関与するようになった．そこでは，組織の能力強化をはかるだけではなく，より住民から信頼される組織改革が目標とされた．軍や警察の能力を強化するだけなら，冷戦期の軍事援助と変わりない．冷戦終結後に平和構築の文脈でSSRが重視されたのは，国民からみて正当（legitimate）だと思える治安部門をつくることこそ，紛争再発を防ぐために重要だとの認識によるものである．平和や安全保障を確立するためには，国家の能力を高めるとともに，国民からみた国家の正当性を強化する必要があるとの考え方である．こうした国家の建設は，安全保障の課題であるとともに，開発の課題ともいえる．安全保障と開発の接近（security-development nexus）という指摘がなされたのは，こうした文脈においてであった．

●国家建設の課題　国家建設が平和と安全保障の重要な課題だと認識されるようになってからすでに10年以上が過ぎた．成果としては，途上国における大規模な内戦に一定の歯止めがかけられたことを指摘できる．統計的にみれば，深刻な武力紛争の勃発件数や犠牲者数は，1990年代をピークとして，2000年代に入って以降減少傾向にある．これには複数の要因が関連しており，特に国連や地域機構などによる早期介入の仕組みが充実したことが大きく影響している．とはいえ，紛争の減少をすべて外部介入の面から説明することは適切でないし，国家建設の成果も評価すべきだろう．

しかし，依然として課題は大きい．第1に，南スーダンや中央アフリカが端的に示すように，頻度は1990年代ほどではないにせよ，大規模な内戦は依然として勃発している．国際社会がそれをコントロールできるようになったわけではない．第2に，紛争勃発件数や犠牲者数の減少は，紛争の抑制というよりは，その性格変化として理解すべきである．近年では，土地や水など天然資源をめぐるローカルな紛争や，イスラーム急進主義勢力によるテロが増加し，犠牲者の絶対数は1990年代ほどではないにせよ，体感的にはむしろ安全に対する不安が高まっている．第3に，政治的安定が権威主義的体制下で達成されるケースが目立つことである．アジアや中東，アフリカでは，一党体制や個人独裁のもとで人々の自由な意見表出を認めず，不満を抑え込んで政治秩序を維持する国々が多い．2011年前後に起こった「アラブの春」で観察されたように，何らかのきっかけで人々の不満が表出すると，強権体制は突然崩壊することがある．権威主義的体制下での政治的安定は，それ自身大きなリスクを抱えているのである．

● **2030年に向けて**　平和・安全保障と開発に関する今後の展望を考える際，留意すべきは，先進国側と途上国側との間における認識ギャップである．先進国側にとって，最大の関心は「テロの脅威」に代表される自国の安全保障である．権威主義体制下の安定が増えた背景として，先進国が政治的安定を優先して民主化圧力を控えたことが指摘されている．「テロ」対策として近年欧米がとった中東への軍事介入や移民排斥は逆効果でしかないが，そうした政策の見直しに国内世論がハードルとなる状況は続くだろう．今後，移民対策のひとつとして途上国における雇用創出が重視され，その方向での支援が強まることが予想される．これは基本的に歓迎すべきことだが，雇用創出のためにどのような開発がなされるかに注意を払う必要がある．

　途上国側にとっては，むしろ資源制約に伴う紛争の抑止が最大の関心事となろう．人口増加や気候変動を背景として，近年，途上国で土地や水などの資源制約が顕在化し，それを原因とする紛争が増加している．アフリカのサヘル地域で牧畜民をめぐる紛争が増えているのはその例で，こうしたローカルな紛争が国レベルの武力紛争と結びつくことも少なくない．中国の成長鈍化にみられるように，途上国でこれまでのような経済成長が続くとは考えにくい以上，国内の資源制約が政治的不安定に結びつく可能性は高まるだろう．雇用創出を重視した支援は重要だが，こうした状況を考えれば，特に農村部における雇用創出が優先されるべきである．経済成長が総じて鈍化する中で都市での労働力吸収力は当面弱いだろうから，農業効率化を狙って農民層分解を進め農村からの人口流出をうながす政策は，政治的に大きな危険をはらむ．人口の多くを占める農村で生活する人々の日常的な生活水準向上を優先する開発のあり方が，マクロレベルの平和と安全保障のためにも求められる．　　　　　　　　　　　　　　［武内進一］

開発概念の豊穣

diversified development concept

　人は誰でも幸せに暮らしたいと願っている．そのことを疑う人はいないだろう．開発とは，究極的には，近代化の過程において十分に幸福を感じられない人々や社会を「貧困」と位置付け，さまざまな手法や物財を用い，人員を動員してその状態を克服しようとする行為の総称である．しかしその中身は一様ではない．開発は経済成長と単純に等式で結ばれるわけではなく，文化や歴史，環境などの差異を背景にした地域性を踏まえ，非経済的要素も取り込みながら，人間の「幸福」を追求する行為として多様に位置付けられつつある．

●**開発＝地域的近代化**　第2次世界大戦後に植民地が相次いで独立し，それらの国々の近代化を経済開発によって支援することが世界共通の課題となった．この時代における開発は欧米社会を発展のモデルとして経済成長を促すことと同義であり，そのための資金を投入してインフラを整備し，産業振興をはかり，人間と社会を西洋化へ向けて再編することであった．貧困の渦中にある「低開発」で「遅れた」社会は，段階的な経済成長を実現させるために，それを阻害するかもしれない伝統的社会制度や生活様式，価値観などを転換させることが求められた．このような西洋近代化路線を主導した各開発途上国政府は，開発計画を策定し，海外からの援助を受けながら経済開発を実施した．そうすることによって，経済が成長し，その恩恵はやがて一般国民に「したたり落ち」，国全体が豊かになると考えられていた．しかし，一部の地域において経済成長はみられたものの，一般的には途上国内部で貧富の格差や貧困が拡大し，紛争などの社会不安，環境破壊を引き起こし，豊かさも幸福感も十分に得られることはなかった．

　このような状況において，開発は，経済成長を重視する従来の路線から，途上国社会に生きる人々が主体的に参加できるような近代化過程の構築を目指すものとして再定義されるようになった．R.ノランは，改良，エンパワーメント，参加が開発概念のキーワードとしてあると述べている．改良とは，現地の人々が理解し，受け入れ，価値あるものと認識する事柄に対する改善をさす．その改良を実現するための力を現地の人々自身が備えることがエンパワーメントであり，参加とは改良にかかわる活動の意思決定過程に人々がかかわることである[1]．これは，開発をどの社会にも通ずる普遍的概念として捉えるのではなく，現地社会の人々の意志や能力を尊重し，地域の社会文化的個性を重視する姿勢である．このような開発は「脱開発あるいはポスト開発（post-development）」とよばれ，もう一つの発展論（オルタナティブ開発論）や内発的発展論の議論と密接に関連する．これらは，すべての経済社会は独自の地域的個性のもとで発展しているという見

方を基調にし[2]，物質的・精神的な基本的要求の充足，発展パターンの複数性とその内発性，各社会がもつ自然的・文化的環境を活用した地域経済の自立性，環境的健全性を柱にしている．しかし，現代世界を主導する主体が西洋近代的システムであり，西洋近代的価値観が他を圧倒するほどの影響力をもつという事実が揺らぐことはない．脱開発（ポスト開発）の思想に連なる議論が西洋近代からの外発性をまったく度外視して存在するわけではない．外発的要素を含みながらも内発的発展やもう一つの発展を模索する過程を，ここでは旧来の西洋近代化と区別して「地域的近代化」とよぶことにする．その文脈における開発とは，地域住民の生活領域や住民自身の能力にかかわる否定的状況を改善するための社会開発や人間開発，そして経済開発をも含む広義の概念となる．いかに世帯の現金収入を増やすか，子どもに教育を受けさせるか，社会的弱者たる女性や障害者のエンパワーメントをはかるか，どのように産業振興を進め，人々の現金収入の機会や手段を確保するかなど，その中身は地域性のもとで多様な姿をみせる．

●開発＝幸福・良い生活（well-being）　地域的近代化をめざす開発は，GDPなどの経済指標でははかりにくく，人や地域社会における豊かさや幸福感といった主観的・質的側面とも結びつきやすい．それには生きがい，社会的つながり，文化，価値観，教育なども含まれる．これに関連して近年，非経済的・非市場的要素を取り入れた指標を用いて人々の「良い生活」を模索する開発が議論されることがある．例えば，長寿＝健康，教育，所得の3つを人間のもつ基礎領域として位置付け，それらを統計処理して人々の生活のあり方を表す人間開発指数（HDI）や，暮らしの11の分野（住宅，収入，雇用，共同体，教育，環境，ガバナンス，医療，生活の満足度，安全，ワーク・ライフ・バランス）を人間の幸福度を測定する枠組みとして用いるより良い暮らし指標（BLI），ブータンの国民総幸福（GNH）などがある．GNHの考え方では，西洋近代的な個人主義を基調にした幸福感ではなく，個人が帰属する社会にとっての幸福や環境との調和が重視され，物と精神の相互補完的なつながりによって社会の発展をうながすことが強調される．それは，実際に同国において広義の開発政策の選択に活用されている．

　今や開発は単純に量的な経済成長を追求することによってのみ定義付けられるわけではない．人々が「良い生活」と実感できる状態への質的変革をも明確に指向している．開発とは国や地域，あるいは特定の村落や集団，個人ごとに異なる幸福感をきめ細かく追求する作業であるともいえる．そのことは，「誰も置き去りにしない」ことをうたう持続可能な開発目標（SDGs）のような現代世界における支配的な開発言説と共鳴し合うことで，実体化されうる．　　　　　　　［関根久雄］

📖 **参考文献**

[1] ノラン，R. W.『開発人類学—基本と実践』関根久雄他訳，古今書院，2007
[2] 西川 潤『人間のための経済学—開発と貧困を考える』岩波書店，2010

貧困計測の展開

perspectives for poverty measurement

　貧困や不平等の概念とその計測については，ある時点の個人の所得ないし消費支出水準がその個人の厚生水準を表しているとみなし，経済全体やそれを構成するグループごとに，個人の所得・消費を集計するのが，標準的手法である（☞「貧困と不平等」「貧困の指標と測定」）．しかし貧困の概念は多様であり，近年それに対応したデータが開発途上国に関しても豊富に得られるようになったことから，貧困計測の新たな展開が生じている．その中から，今後の貧困計測の方向性を考えるうえで特に有用と思われる多次元貧困指数（multidimensional poverty index）と脆弱性（vulnerability）分析を紹介したい．

●多次元貧困指数　所得や消費支出が同じ個人であっても，教育水準，健康状態，住環境，障害の有無，政治参加などが異なれば，厚生水準も異なる．所得面で下位に属するという意味で標準的分析において貧困層と分類される者は，教育水準や健康状態や住環境も悪いことが多い．しかしすべての所得貧困層が低教育・栄養不良なのではなく，教育では問題ないが，健康面では劣悪な場合もある．このように生活水準を左右するさまざまな要因における剥奪を考慮に入れ，より多くの要因において低開発である状態として貧困をみなすことが有用である．

　開発途上国における家計データの充実の結果，このような多面的な剥奪を指標化することが可能になった．国連開発報告（UNDP）の『人間開発報告書』では，2010 年度版より，多次元貧困指数が作成・公開されている．この指数は，教育（世帯内に 1 人も就学年数 5 年以上の者がいない，就学年齢の子どものうち未就学の者がいる），健康（世帯員に栄養不良者がいる，子どもの死を経験した），住環境（未電化，安全な飲用水の欠如など 6 項目）の 10 側面での剥奪に関する情報を，貧困者比率および貧困ギャップ比率（☞「貧困の指標と測定」）と同様の発想で集計したものである．標準的な貧困計測が陥りがちな所得フェティシズムを克服する点で，手法面の望ましい拡張といえるが，異なる側面での剥奪を集計する方法に理論的な正解があるわけではないため，指数の最終値のみを用いるのではなく，10 側面それぞれの分析と併せて用いることが不可欠であろう．

●脆弱性　ある時点での所得ないし消費レベルが同じ個人であっても，今後，その水準がさらに落ち込むリスクがあるのとないのとでは大きな違いであり，そのようなリスクが大きい者の方がより深刻な剥奪状態にあると考えることができる．同じ世帯を複数年次にわたって追跡調査したパネルデータが途上国でも増えてきたことにより，家計レベルで所得（消費）水準がどう変化してきたかが明らかになってきた．天候に依存する農業が主産業の低所得国ではとりわけ，年によ

り，家計所得や消費支出は大きく変動する．

　ある年とその1年後で貧困者比率が同じく25％の2つの経済であっても，経済Aは，同じ個人（全住民の25％）が両方の年で貧困ラインを下まわり，経済Bではそれぞれの年で貧困ラインを下まわった個人がまったく重ならない場合（全住民の25％が初年に貧困ライン以下，次年には，別の25％が貧困ライン以下という場合）を考えよう．経済Aの貧困問題は，住民の4分の1が慢性的貧困にさらされているという問題なのに対し，経済Bの貧困問題は，住民の半分が一時的貧困にさらされているという問題である．慢性的貧困と，一時的貧困とでは効果的な貧困削減政策が異なっている可能性がある．

　標準的な貧困計測が静学的なものなのに対し，こういった脆弱性分析は貧困分析の動学化を意図したものであり，手法面の望ましい拡張といえる．ただし，これが脆弱性指数だ，といった合意はまだ得られておらず，研究者がさまざまな脆弱性の指標を用いている段階である．所得や消費変動の大きさ，貧困線以上の家計が貧困線未満に落ち込む頻度，予期せぬ所得低下を受けた場合にその所得低下がどれだけ消費低下に伝達されるかの度合，近い将来に貧困線を下まわる確率を過去の消費水準から予測した値などの指標が試行されている．しかしこれらは脆弱性の異なる側面を表しているため，1つの指数にて代表させることは不可能である．脆弱性の計測については，今後のさらなる展開が期待される．

●**主観的情報**　多次元貧困指数にしても，脆弱性の諸指標にしても，生活水準に関する客観的な情報を家計調査によって収集し，そのデータを用いて計測する点は共通している．これは，主観的指標が個人間で比較困難であることから正当化されよう．したがって，幸福度などの主観的指標が貴重な情報を含むことは否定しないが，幸福度の欠如という主観的情報を貧困計測の中核として用いることは難しいだろう．

　しかし，主観的情報が貧困計測に無用とするべきではない．計測が簡単で国際的にも比較可能な客観的情報からは抜け落ちる剥奪の側面が存在する可能性もまた，否定できないためである．途上国の農村で貧困世帯を特定するための情報として，本人ではなく隣人による主観的評価（「あの家はこの村で特に貧しい家だ」といった評価）を用いることは，このような側面を拾い上げるために非常に有用である．より豊富な情報を用いた貧困計測が，2030年以降の国際開発に必要な基礎情報を提供することであろう．

[黒崎 卓]

📖 **参考文献**

[1] 黒崎 卓『貧困と脆弱性の経済分析』勁草書房，2009
[2] Ravallion, M. *The Economics of Poverty: History, Measurement, and Policy*, Oxford University Press, 2016（柳原 透監訳『貧困の経済学』上・下，日本評論社，2018）

保健開発の未来

future of health development

1978年の第1回プライマリ・ヘルス・ケア（PHC）国際会議において，2000年までに「すべての人に健康を」という目標を定めたアルマ・アタ宣言が採択された．その後，2015年までのミレニアム開発目標（MDGs），2030年までの持続可能な開発目標（SDGs）においても，健康は主要な国際開発目標として位置付けられた．特にSDGsの達成へ向けては，「誰も置き去りにしない」よう配慮することになっている．アルマ・アタ宣言から50年以上経った2030年に，「誰も置き去りにしない」ように「すべての人に健康を」もたらすことは難しいだろう．2030年以降，世界の人々の健康のための開発協力は，どのように進めらるだろうか．

●**熱帯医学と国際保健** 歴史を振り返ると，熱帯医学の国際協力は，植民地化された熱帯地域で主にみられる疾患を中心とした研究および医療として進められた．2030年以降においても，「顧みられない熱帯病（NTDs）」については，これに定義される疾患の種類は減るかもしれないが，保健医療分野の民間企業とのパートナーシップを強化しながら，重要な開発協力の分野とされ続けるだろう．

保健分野の多国間協力を促進するための地域機構や国際機構が設立されると，国際衛生そして国際保健という概念が用いられるようになった．汎米保健機構（PAHO）の原型は1902年にまでさかのぼることができる．そして，第2次世界大戦後には，世界保健機関（WHO）が設立された．設立基本条約であるWHO憲章の第21条で合意された国際保健規則（IHR）は，「原因を問わず，国際的な公衆衛生上の緊急事態（PHEIC）を構成するおそれのあるあらゆる事象」をWHOへ報告することを加盟国に義務付けている（☞「グローバル・ヘルス・ガバナンス」）．この重要な機能への開発協力は，2030年以降においても，新興感染症や再興感染症への中核的な対応として続くだろう．

●**グローバル・ヘルス・ガバナンスとグローバル・ヘルス外交** IHRは国家間で合意された国際保健レジームの基礎であるが，その効果的な実施のためには，国家だけでなく，国際機構，地域機構，地方自治体，企業，研究機関，非政府組織（NGO）などの多種多様なアクターが果たすべき役割が大きい．アクターが国家や政府だけでなく非国家行為主体へと多様化したことから，さらにグローバル化によって多数の人々が国境を頻繁に越えるようになったことから，国際保健に代わって，グローバル・ヘルスという用語が使われるようになった．そして，世界政府が存在しないなか，多種多様なアクターの国際的およびトランスナショナルな活動を調和させるためのグローバルヘルス・ガバナンスがますます重要な課題となってくる（☞「グローバル・ヘルス・ガバナンス」）．

世界の人々の健康のために活動するアクターが多種多様化する中で，各国家および政府は，その存在感を埋没させないようにということか，これまで以上にグローバル・ヘルスに積極的に取り組む姿勢を示している．外交政策の重要課題のひとつとされ，グローバル・ヘルス外交が展開されることが増えてきた．伝統的な援助国を中心としたG7サミットにおいても議論されるようになり，2000年の九州・沖縄サミットで感染症対策を主要な議題とした流れから，2002年には世界エイズ・結核・マラリア対策基金が設立されている．さらに，G20サミットについても，2017年のハンブルグ・サミットでは，グローバル・ヘルスが主要議題のひとつとされ，G20保健大臣会合も開催された．この傾向は，2030年以降により顕著となり，グローバル・ヘルス政策への協力が重要となっているだろう．

こうしたグローバル・ヘルスが外交課題となる傾向は，2030年以降も続くが，時には保健医療分野の民間企業，特に製薬企業を多く抱える国と，そうでない国との間の緊張関係を作り出すこともあるだろう．過去の例として，2006年，インドネシア政府が高病原性鳥インフルエンザウイルスA（H5N1）の検体をWHOへ提供することを停止した．その理由として，途上国で採取されたウイルス検体が，先進国の製薬企業において高価なワクチン開発を目的として使われるのは「不公平」ということであった．その5年後には，WHOにおいて採取国への利益還元方法に関して一定の合意が得られている．しかし，2030年以降にも，同様の問題が起こる可能性があり，そうした際には多層的な協力が必要とされる．

●**感染症疾患とワン・ヘルス，そしてプラネタリー・ヘルス**　新興感染症や再興感染症の多くは，動物や鳥類に由来している．したがって，ヒトの健康だけでなく，動物の健康と，それらを取り巻く生態系の改善に取り組む必要がある．2010年に，ワン・ヘルス（one health）という概念のもと，国連食糧農業機関（FAO）・国際獣疫事務局（OIE）・WHOは，三者協力に合意した．そこでは，人獣共通インフルエンザ，狂犬病，薬剤耐性（AMR）が優先課題とされた（☞「グローバル・ヘルス・ガバナンス」）．さらに，2015年以降，ロックフェラー財団とランセット誌（Lancet）によるプラネタリー・ヘルス委員会（Commission on Planetary Health）が，プラネタリー・ヘルスという類似概念を普及させている．2030年以降は，こうした健康を包括的に捉える視点や，健康へ学際的にアプローチする研究手法が，これまで以上に主流化され，そこへの学術的な協力も重要となる．

●**非感染症疾患と健康教育**　MDGsでは子どもと女性の健康に加えて，感染症疾患への取組みに重点がおかれていた．SDGsでは，それらに加えて，非感染性疾患（NCDs）が重視されている．2030年以降，生活習慣を改善するための健康教育がこれまで以上に重要となっている．たばこに加えて砂糖入り飲料の法的規制が進むだろう．また，情報通信技術を含めた新しい技術を用いたイノベーションを生活習慣の改善に活用していくことが期待される．　　　　　　[勝間　靖]

教育開発の未来

future of educational development

　教育開発が世界の国際協力・援助潮流の中で主流化していく中で，国際教育開発研究も大きな進展を遂げた．

●**これまでの教育開発研究**　その初期の研究蓄積は，教育の開発における役割・外部効率性の研究に確認できる．教育が単なる消費ではなく，社会経済開発への重要な生産要素として認識されるようになったのは，経済学，なかでも教育経済学の発展と密接にかかわりをもっている．A. スミスや J. S. ミルといった近代経済学の祖はすでに，教育が国民経済の発展に不可欠なものだとの認識を示していたし，1960 年代から盛んになった人的資本論は，教育は経済成長に必要な人的資本を増加させるという考え方を科学的な手法を用いて明確にし，世界銀行や各国政府の教育政策に大きな影響を与えた．特に，G. サカロポロスの実証研究により，初等教育の社会的収益率の高さが確認されたことは，その後の「万人のための教育（EFA）」の潮流において初等教育への投資の増進に大きな影響力を与えたといえる．その後も，1990 年代の教育を含むマクロ統計データの改善と分析や貧困・教育・医療などの社会セクターの問題を実証的に研究するミクロ開発計量経済学の形成，教育の収益の精緻化，教育と労働市場との関係分析を通じて，教育の経済開発への貢献とそのメカニズムが明らかになっていった．経済開発ばかりではない．こうした開発途上国における教育の外部性に関する研究は，格差の是正や乳幼児死亡率の低減，出生率の低減と人口抑制，ジェンダー差別の是正，対立する社会集団間の相互理解と和解，政治的民主化といったさまざまな社会的価値の増進にどのように教育が貢献し得るかを対象とするようになっていった．このように国際教育開発研究の主流であった教育の外部効率性に関する研究の成果は，国際教育協力における開発アプローチの政策理念に実証的な論拠を与えた．

　国際教育開発研究が取り組んだもう 1 つの主要な研究課題は，教育の内部効率性であった．つまり，学生・生徒の学力や就学率の向上といった教育的な成果を概念的な被説明変数とし，その達成のための投入や手法を説明変数として比較検討しながら，途上国における教育政策や国際教育協力の実践に貢献することを目的とした研究である．こうした実証研究では，教育生産関数分析や教育費用効果分析などの数量的なものが意識されやすいが，質的な手法による効果的学校研究や教育学的観点からの研究も相当な蓄積となっている．こうした研究から，途上国における教育政策と国際教育協力に対してさまざまな政策提言がなされた．また，EFA 政策や教育 MDGs の実現に向けて，その政策過程そのものを研究し，政策提言に結び付けている研究も数多く実施・発表された．

●これからの教育開発研究 このように国際教育開発研究は教育の外部効率性と内部効率性の研究を軸に，国際社会における教育開発のグローバル・ガバナンスに対して，論理的な分析枠組みを整え，研究方法を開発し，実証的な研究成果を国際社会に提示することに一定の役割を果たしてきた．「開発」・「人権」・「平和」という国際社会が目指す３つの価値とそれらへのアプローチとして教育をとらえ，国際教育開発研究を位置付けると，開発アプローチの促進に教育の外部性に関する研究が寄与するとともに，教育のアクセスの拡大と質の向上を教育政策や国際教育協力の所与の目標とするという意味では，人権アプローチを基盤・前提とした研究が多かったともいえる．

しかし，なぜそもそも教育は基本的人権なのか，人権としての教育には何が求められているのか，について具体的に答える研究は，国際教育開発研究もしくは途上国教育研究の範疇ではごく限られてきた．また，教育分野の国際協力や途上国における教育開発を平和アプローチからみた実証研究は，近年の平和構築研究や教育復興支援に関する研究を除き，分量的にも質的にも限られてきた．

それでは，今後の国際教育開発研究は，どのような方向に向かうべきなのか．

第１に，国際教育協力の政策理念を，それぞれの国際機関や二国間援助機関が，その存在理由や制度的限界をも踏まえながら，今一度，整理・明確化する必要がある．その際には，開発・人権・平和の３つの政策理念のみならず，他の政策理念（例えば二国間援助機関における国益論，教育協力を通じたソフトパワー論や持続可能な開発目標（SDGs）に新たに規定されたグローバル・シチズンシップ，持続可能な開発のための教育など）をも検証の対象とすることが望まれる．そうして整理・明確化された政策理念に対して教育開発・国際教育協力の貢献を実証的に測定する研究枠組みの設定と手法の開発が必要となる．

第２に，国際教育開発研究も，第１の方向性に呼応して，特に平和や人権と教育開発の間の相互的な関係性を改めて対象とし，より多面的な研究を推進することが望まれる．そのためには，国際教育開発研究における外部効率性の研究は，概念的な被説明変数を経済成長や他の社会開発指標のみにおかず，平和や人権自体を対象としてのいっそうの進展が望まれる．また，内部効率性の研究も，学力や就学の量だけを被説明変数とするのではなく，文化変容や人間形成を含む多様な教育の成果を対象にすべきであろう．

第３に，政策的にも研究的にも，教育の制度や量，表面的な質だけを国際教育開発の対象にするのではなく，教育の内容や目標に関する議論や実践を果敢に行っていくべきである．これは，文化相対主義的な観点や教育に関する国家主権の観点から，国際社会のアクターが接近することの難しいテーマであるが，教育のグローバル・ガバナンスの形成をふまえ，途上国の教育状況を見極めた議論が必要である．

［黒田一雄］

資源・環境の未来

future of resource and environment

　世界では経済発展と人口増加に伴って資源消費が急増している．エネルギー・水・食料の3つの関係（ネクサス）が国際機関や研究機関で広く論じられ，世界の持続可能性はその動向次第であるということが，専門家の共通理解である．

●**気候変動**　OECD加盟国と非加盟国とを比較すると，1人あたり電力消費量は前者が後者の4倍あるが，人口は後者が前者の5倍ある．後者では石炭火力や水力による発電所の建設が急ピッチで進められている．石炭は安価ではあるが，二酸化炭素の発生量が多い．自動車の普及に伴って石油消費量も急増している．気候変動による悪影響を抑えるには，気温上昇を2°Cまでにしなければならない．そのためには，人為的温室効果ガスの累積発生量を炭素換算で8200億トンに抑えなければならないと推定される．人類はすでに5150億トン発生させていて，残る「枠」は3050億トンである．現在の排出量は年間約100億トンであるから，現状維持でも30年で枠を使い切る．いかに化石燃料の消費を抑えつつ経済成長を目指せるかが人類の将来を左右する．気候変動の影響はすでに顕在化しているともいわれ，それを強く受けるのは開発途上地域である．高温，異常気象，干ばつ，風水害などに対応する適応策の実施が欠かせない．

●**淡水資源**　図1に示すように中国の1人あたり食料供給量はすでに日本を上まわっているが，生活水準が向上すると動物性食品の消費が増大する．そして飼料生産のためにより多くの水が必要となる．米100gを生産するのに必要な水が340ℓであるのに対し，牛肉100g生産すると1550ℓが消費される．人間が利用できる再生可能な淡水資源（ブルー・ウォーター）は世界で年間4万km^{3}あるが，1995年の時点でその10%が主に農業用水として消費された．世界の乾燥地域と準乾燥地域では多くの河川で水の8割から9割が取水され，主要河川の70%で河川水が海に届く前になくなっていると推定されている．OECDによれば，2050年までに40億人が水不足の地域に居住することになる．農業生産性が変化しないまま，今後増加する20億人が毎日2500kcalを消費するためには，アスワンハ

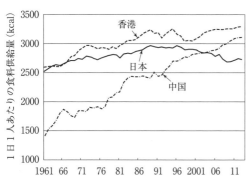

図1　日本，中国，香港の1日1人あたり食料供給量
（出典：FAOSTATのデータをもとに作成）

イダム（総貯水容量は琵琶湖 6 杯分）25～50 個分に相当する水資源が追加的に必要になると推定されている．さらに，気候変動は気温上昇をもたらすので水の蒸発量が増え，全体の降水量が増える一方で，乾燥地域はさらに乾燥が深刻化する．淡水資源の確保と節水型の農業を進めることが不可欠である．

●**地下資源**　化石燃料，金属，非金属などの地下資源があと何年採掘できるかを示す可採年数には不確実性が大きい．埋蔵量の推定が容易でないうえに，資源国は自国の正確な資源量を明らかにしたがらない．さらに，技術進歩や資源価格の上昇によって，これまで利用されなかった資源も利用されるようになるからである．典型的な例が石油で，古くから石油は 40 年で枯渇するといわれてきた．しかし，原油価格の高騰や採掘技術の進歩で低質の原油やシェールオイルが利用されるようになり，石油枯渇の懸念が遠のいた．枯渇が心配されるのは，農業に不可欠であり代替が効かないリンである．リン酸肥料の消費量は過去半世紀の間に世界全体で 4 倍に，中国では 80 倍に伸びた．施肥されたリンの土壌中濃度は低いので回収できない．河川に流れたリンの多くは海底に沈降し，地上に戻らない．下水汚泥などからのリン回収技術の開発が重要となる．

●**生物多様性**　生態系は農林水産業など人間の生活基盤であるだけでなく，様々な物資を生産し，気候や洪水，疾病などを制御し，審美的・教育的・精神的な文化的サービスを提供する．生物多様性条約は生物を資源として認識し，保全を図ることを目的としている．名古屋議定書は，遺伝資源の利用によって得られた利益を公平かつ公正に配分するために定められた．これにより，以前のように他国から生物を無断で持ち出して医薬品を開発することは許されなくなった．遺伝資源は熱帯地方など開発途上国に豊富にあり，同地域に経済発展をもたらすことが期待されている．一方で，生態系の破壊や乱獲，外来種の侵入などにより，野生生物の絶滅が加速している．控えめな見積りでも，少なくとも 10～1000 種の生物が毎年絶滅していると推定されている．絶滅した生物の中には人間にとって有用なものが含まれていた可能性がある．生態系を保全し，遺伝資源を持続可能に利用することが人類の福祉に欠かせない．

●**成長の限界**　1972 年にローマクラブが発表した『成長の限界』は，世界がその当時のままに経済成長を続けると，地球が 100 年以内に制御不能な危機に陥る可能性があると警告した．その後の実際の人口，汚染，資源消費は破局点にはいたっていないものの，当時示された予測曲線とほぼ同じ経路をたどって上昇を続けている．1 人の人間が環境に与える負荷を，資源の再生産および廃棄物の浄化に必要な面積として示したエコロジカル・フットプリントも増加し続けていて，人類全体で合計すると，すでに地球の表面積の 1.5 倍に達している．将来予測には大きな不確実性が存在し，過度に悲観的になる必要もないが，有限の地球上でいつまで経済成長が維持できるかは不透明である．　　　　　［藤倉　良］

エネルギーの未来

future of energy

2000 年秋に国連がミレニアム総会で採択したミレニアム開発目標（MDGs）にはエネルギー項目はなかったが，その後の 2015 年に採択した世界のすべての国や地域を対象とする「持続可能な開発のための 2030 アジェンダ（持続可能な開発目標：SDGs）」では 17 目標の 7 番目に，「すべての人々の，安価かつ信頼できる持続可能な近代的エネルギーへのアクセスを確保する」という目標が掲げられた．

その具体的なターゲットとしては，「2030 年までに，世界のエネルギーミックスにおける再生可能エネルギーの割合を大幅に拡大させる」（ターゲット 7.2）ことなどと並び，「2030 年までに，各々の支援プログラムに沿って開発途上国，特に後発開発途上国，小島嶼開発途上国，内陸開発途上国のすべての人々に現代的で持続可能なエネルギー・サービスを供給できるよう，インフラ拡大と技術向上を行う」（ターゲット 7.b）とし，開発途上国，特に後発開発途上国などへの国際社会の特別な対応の必要性が述べられている．

さらに SDGs の目標 7 の「持続可能なエネルギーの確保」をよりよく理解するためには，SDGs の目標 9 の「持続可能な産業化とイノベーション」，目標 11 の「持続可能な都市・人間居住の実現」，目標 12 の「持続可能な生産と消費」，目標 13 の「気候変動対策」などとの相互関係もあわせて理解する必要がある．

●**世界と開発途上国のエネルギー消費の動向**　世界のエネルギー消費量（一次エネルギー）は経済成長とともに増加し，石油換算で 1965 年の 37 億トンから 2014 年には 129 億トンと，年平均 2.6%の増加となっている．世界銀行が『東アジアの奇跡（*East Asia Miracle*）』（1993 年）と評したアジア地域の急速な経済成長によって，中国や東南アジア地域，さらにはインドなどの南アジア地域においても急激にエネルギー消費量が増大している．他方で，産業構造の変化や省エネルギー技術の進展などにより，近年の先進国のエネルギー消費の増加は鈍化しており，世界のエネルギー消費量に占める OECD 諸国の割合は，1965 年の 70.8%から 2014 年には 42.5%となっている（経産省『エネルギー白書 2016』2017）．

世界のエネルギー消費をエネルギー源別（一次エネルギー，2013 年）にみると，石炭 28.8%，石油 31.4%，ガス 21.3%と，圧倒的に化石燃料に依存した状況となっている．特に中国では，近年は多少低下したとはいえ，石炭の一次エネルギー消費に占める比率は依然として 64%（2014 年）と高く，世界の石炭消費量の約半分が中国で消費されていると言われている．また，同じく急速な経済成長を遂げているインドも石炭依存率が高く，近年では一貫して上昇しており，2013 年には 44.9%となっている．

●**エネルギー消費の増大と地球環境**　中国やインドの石炭などの化石燃料に依存したエネルギー消費量の増加は，気候変動の主な原因物質である二酸化炭素排出量の増加となり，中国は世界最大の排出国（27.3％），インドは第3位の排出国（6.6％）となっている（2015年）．同時に，こうした石炭消費は PM2.5 などの大気汚染物質の排出増大と健康被害の増加をまねいている．

　他方で，途上国では電力を利用できない人々がいまだに12億人も存在し，その半数以上の6億4500万人がサハラ以南アフリカの人々である（2015年）．こうした電力（オングリッド）へのアクセスが困難な人々は，石炭・石油・天然ガスといった近代的エネルギー源へのアクセスも難しく，炊事などの主なエネルギー源を伝統的な薪炭などに依存している．このことは室内空気汚染を引き起こし，推計では毎年60万人が大気汚染による呼吸器系疾患で死亡している（アフリカ開発銀行報告，2016年）．さらに，薪炭利用の増大は人口増加や気候変動ともあいまって，森林減少や砂漠化の進行といった環境破壊の主な要因となっている．

　中国やインドなどの経済成長による化石燃料消費の増大であれ，サハラ以南アフリカの近代的エネルギーへのアクセスが困難な状況であれ，途上国の現在のエネルギー消費構造は健康被害と地球環境問題の主要な原因であり，SDGs の目標7の持続可能なエネルギーを確保し得る社会技術システムへの速やかな転換を，国際社会と協力して進めることが求められている．

●**エネルギーの未来と国際協力**　エネルギーの未来は，気候変動への対応や自然環境保全といった環境的持続性と安価かつ信頼できるエネルギー供給という経済的持続性との両立として考えなければならない．同時に，持続可能なエネルギーの確保という視点からは，リスクの少ない安全な再生可能エネルギー技術の開発とその普及が重要であり，そのためにはマルチ・アクターの参画によるエネルギー協働ガバナンスの構築といった社会的持続性についても考える必要がある．

　エネルギーの社会的持続性という点では，中国やインドなどの途上国で原子力発電所の増設が進められていることには，政治的・社会的に独立した規制組織による原子力発電所の安全性評価だけでなく，過酷事故時における周辺住民の避難計画の合理性や具体性の評価も含めた慎重な対応が必要であろう．2011年3月11日の福島原発事故により未だに5万人ちかい人々が避難を続け，特にその半数以上の約3.4万人が県外避難を続けている福島の現状をみるとき（2018年2月，復興庁調査），原子力利用におけるエネルギー協働ガバナンスの形成が必須の社会的条件であり，このことが最大の「フクシマの教訓」であると考えられる．

　こうした視点からすると，国際協力機構（JICA）が途上国へのエネルギー分野の国際協力で示している3L ポリシー（Low-Cost, Low-Carbon, Low-Risk）は大変重要な指針であるといえよう．

[松岡俊二]

グローバルな格差の行方

consequences of global disparities

　T. ピケティの『21 世紀の資本』の影響力もあり，不平等に関する政策論争が進んでいる．持続可能な開発目標（SDGs）の目標 10 は，「国内および国家間の不平等を是正する」である．ここではグローバルな格差を「3 つの不平等」の観点から整理してみよう．

●**国の中の不平等**　第 1 の不平等は，一国の国民の間の不平等である．アメリカは不平等だが，北欧諸国は平等である，という言い方が想定しているのは，このような国内の不平等である．不平等を計測する最も有名な指数はジニ係数である（王様が全所得を独占する完全不平等社会は 1，全世帯の所得が同一の完全平等社会は 0）．世界銀行の推定によると，各国のジニ係数は，南アフリカが 0.63（2011年），ブラジルが 0.52（2014 年），アメリカが 0.41（2013 年），タイが 0.38（2013年），日本が 0.32（2008 年），スウェーデンが 0.27（2012 年）などとなっている．

　J.E. スティグリッツ，A.B. アトキンソンらは，極端な不平等は道義的に問題があるだけでなく，経済効率の面でも弊害が大きいと論じている．かつて急成長を経験した開発途上国が「中所得国の罠」から抜け出すためにも，過度の不平等による社会の分裂はマイナスだという議論が有力である．

●**国の間の不平等**　第 2 の不平等は，国と国の不平等である．国民所得を人口で割ると，平均的なドイツ人，平均的なマレーシア人，平均的なセネガル人の所得などが得られる．そして 200 近い国連加盟国のそれぞれを単位として，各国の平均世帯の間の不平等を計測することができる．人口規模に応じてウェイトをかけながら国と国の間の不平等を計測すると，国際社会のジニ係数は大いに改善してきた（中国の平均所得が大幅に上昇）．B. ミラノヴィッチのデータによると，国家間のジニ係数は 1990 年頃までは 0.6 を超えていたが，2010 年までに 0.5 を下まわるようになった．ただし，この観察では各国の国内の不平等がみえない．また，将来はアジア諸国とアフリカ諸国の不平等が拡大するかもしれない．

●**グローバル市民の不平等**　第 3 の不平等は，地球で暮らす全個人をグローバル市民として扱い，各人の間の不平等を「地球を一国とみなして」計測するものである．この計算は，世帯調査の世界的な普及によって可能になりつつある．グローバル化とともに世界はひとつになっているのだから，ブラジルの農民がウォール街のエリートに再分配を要求することも原理的に可能である．ミラノヴィッチによれば，グローバル市民のジニ係数は，2011 年の時点で 0.67 だった．南アフリカの国内不平等と地球社会の不平等の程度が，ほぼ同じなのである．

　図 1・2 の横軸は，世界の世帯を所得ごとに 5% ずつ区切って配置したものであ

る（右に行くほど所得が高い）．図1
の縦軸は，1998年から2018年まで
の20年間に，各グループの所得が
何％上昇したかを示している．先進
国の中流階級の所得の停滞と，アジ
ア新興国の中流階級の所得の上昇が
反映されている．しかし，絶対額の
格差は今なお大きい．図2の縦軸
は，同じ期間の世界の所得の増加分
を100として，各グループの取り分
を％で示したものである．所得の増
加分全体のうち，上位5％
の取り分が44％（19％＋
25％）に達している．

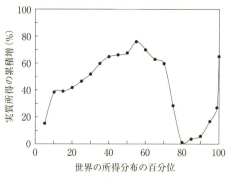

図1　グローバルな所得水準でみた1人あたり実質所得の相対的な伸び（1998-2008年）（出典：文献[2] p.13 より改変）

● **グローバルな格差の未来**
これらの3つの種類の不平
等は，I. カントの『永遠平
和のために』の分類に従え
ば，それぞれ，国民法，国
際法，世界市民法によって
制御されることになる．し
かし，図2をみていると，
グローバルな格差の是正は
絶望的であるようにも思え
る．先進国の多く，中進国
のいくつかで製造業が空洞

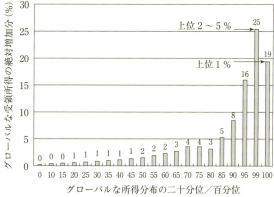

図2　グローバルな所得水準でみた1人あたり実質受領所得の絶対増加の割合（1998-2008年）（出典：文献[2]p.28より改変）

化しており，金融資本主義の勢いも衰えていない．

過度の不平等を制御しようとすれば，各国の政策レベルでは社会民主主義の一定の復活が避けられないだろう．また，所得税の捕捉に熱心でない国々への富裕層の逃避を防ぐには，国際的に網をかけるグローバル富裕税の導入が検討されるべきかもしれない．現状のまま格差を放置すると，世界システムは内部から確実に崩壊する．　　[峯　陽一]

参考文献
[1] 峯　陽一「アマルティア・センの経済思想とアフリカ―世界の不平等への視角」国際経済第55号，pp.7-39，2004
[2] ミラノヴィッチ,B.『大不平等―エレファントカーブが予測する未来』立木　勝訳，みすず書房，2017

人口問題の未来

the future of population problems

2015 年の世界人口は 73 億人を数え, 2056 年には 100 億人を突破すると推計されている[1]. これまでは世界人口は 100 億人程度で収束するという見方があったが, 近年サハラ以南アフリカの一部の国々で出生率の高止まりが続いているため, 収束しないのではないかという見方も提示されている (Gerland 2014). 近代になってから世界人口は急激に増加したが, 地球が収容できる人口については, これまで多くの研究がなされ, 10 億人から 1 兆人まできわめて幅が広く, 断定は難しい[2]. 少なくとも「人口爆発」が危惧された 1970 年代よりも現在の人口増加率は低下し, 出生率, 死亡率とも下がりつつあることは確かであるが, 今後の世界人口はどのような道筋をたどるのであろうか.

●**地域により異なる人口動向** サハラ以南アフリカの人口は 2005 年にヨーロッパ人口を抜き, 2017 年には 10 億人を超えた. 世界の他の地域と比べて, 合計出生率は 4.75 (2015～20 年) と飛び抜けて高く, 平均寿命は 59.21 年 (2015～20 年) と最も低い. 高出生・高死亡から低出生・低死亡にいたる人口転換が一番遅く進行しているともいわれ, 現在も激しく人口が増加しており, 2050 年には 20 億を超え, 2100 年には 40 億人に近づくと推計されている.

元来, 人口密度は低かったため, 2100 年になっても人口密度は 179 人/km^2 足らずであり, 現在の南アジアの人口密度 285 人/km^2 よりも少ないが, 耕作可能面積を考慮し, また水やエネルギー資源を考えると, それだけの人口をサハラ以南アフリカだけで養えるかどうか, 課題は大きい.

サハラ以南アフリカ以外の地域では, 少子高齢化が進行し, 労働力人口の割合が大きく増えて人口ボーナスを享受できる可能性もあるが, 極端に若者が多くなるユース・バルジにより, 激しい抗議運動, テロリズム, 革命, 内戦といった社会不安を引き起こす危険性もある. さらに, 少子化が止まらず, 人口置換水準を下まわる出生率が継続すれば, 現在の日本のように人口減少となる国も増えることが見込まれている.

1970 年代に人口爆発が懸念された時代には人口増加を抑制するべきだとされたが, 実際に人口増加が収まると今度は人口減少が問題とされるようになった. 微妙な増加と減少を繰り返し, 一定水準で人口が推移するのが望ましいが, 減少する人口がどこで反転するのか, あるいは実際に反転するのかは, いまだ予測がつかない状況である (☞「少子高齢化と人口ボーナス・オーナス」).

●**国際人口移動** 地域により人口動向が異なれば, 労働力が余る地域から不足する地域へと, 国際人口移動の圧力が高まる. 2001 年に国連は「置換移動」, つまり

移民をどの程度導入すれば人口減少を相殺できるかについての試算を発表したが（UN 2001），この発想は特に受入れ国である高所得国から批判を受けた．しかし現実には，国際人口移動は年々増加しており，国連によると，2015年の移民人口は2.4億人，世界人口の3.3％を占めるまでになった（UN 2015）．

2015年からのヨーロッパにおける移民・難民問題は，人口動向の地域差に起因する部分もあるが，シリアやその他アラブ諸国の内戦・革命と，ヨーロッパ連合（EU）の難民・移民に関する法制が問題の根源である．ヨーロッパの移民受入れ体制は今後見直しを迫られるであろうが，情報や物理的な移動手段の技術革新を受けて，世界の国境を越えた人の動きは今後も引き続き増加するであろう．送出し国，受入れ国，動く人すべてに利益をもたらすような公正に管理された人口移動制度が必要である．

●**寿命の伸長と世界的な高齢化**　人口高齢化の1つの要因は出生率が下がり高齢者人口割合が上がることであるが，もう1つの要因は寿命の伸長である．1950〜55年に46.81年であった世界の寿命は2015〜20年には71.65年へと25年伸長した．人間など寿命がある生物の細胞には「ヘイリック限界」という分裂回数の制限があることが知られており，そのため生物的に一定の寿命があり，それは120年程度とされているが（池田 2009），その生物的寿命も今後の遺伝子技術や医学により延長する可能性もないとはいえない．

しかし，その技術革新を待たずとも生物的寿命と現在の平均寿命には隔たりが大きい．国レベルの平均寿命は最長でも日本女性の87.05年であり，120年には程遠く，防ぐことのできる死亡がまだ多くあることを示している．また経済水準が高くても寿命が短い国もあり，一国の中でも地域や社会属性により寿命が異なるような健康格差が隠然と存在していることが明らかになってきた．寿命が延びれば健康寿命も延びることは日本を含め多くの国で実証されており，寿命が延びて高齢者が増えるのは祝福すべきことである．今後は寿命が短い時代に形づくった社会制度を変革することが求められている．

出生，死亡，移動により人口は変動する．死亡を減らすことは人類共通の目標となり得るが，出生，移動については個人の行動を政策が規定するのではなく，個人の希望が実現するような環境を政策により整備することが望ましい．人口は，誰も置き去りにせず，望む未来をつくるための指標となるもので，結果ではない．　　　　　　　　　　　　　　　　　　　　　　　　　　　　　　　　　　［林 玲子］

📖 参考文献

[1] United Nations Department of Economic and Social Affairs, Population Division, *World Population Prospects: The 2015 Revision*, DVD Edition, 2015

[2] コーエン, J. E. 『新「人口論」—生態学的アプローチ』重定南奈子他訳, 農山漁村文化協会, 1998

グローバル時代の人の移動と開発

migration and development in the global era

一般にグローバルに移動する人の数は推定で2億3200万人（2013年現在），すなわち世界人口の3.2%である．その中で現代の世界では，人々が迫害，戦火，飢餓を逃れ，あるいは気候変動，環境悪化，災害や開発プロジェクト，ギャングや麻薬取引きの犯罪者集団が原因で，移動を強いられる「強制移動」の問題がでている．人々の移動の動機は決して単純でも1つだけでもなく，従来の移民か難民かという，官僚的・法的な区分にはあわなくなっている．特に強制移動民の主要なカテゴリーのひとつである，難民に関していえば，国連難民高等弁務官事務所（UNHCR）は2017年，戦火，紛争，迫害のため，世界中で推定6500万人以上が居住場所を離れ，その数は記録的な数字になったという．これらのうち，2000万人は国境を越えて逃れ，さらにこれらの難民人口の半分以上は子どもである．

さらに，国内避難民は世界の難民人口を絶えず上まわっており，難民と同じように，新しい土地・社会へいかに統合されるのかという課題がある．定住後も，新しい社会の少数者として，数多くの統合の課題に直面させられている．

難民と国内避難民の発生地は主に開発途上国であり，負担と責任の多くが途上国にかかっている．途上国は難民全体の10分の9を受け入れている．発生国の周辺国，域内・域外諸国，人道機関は，難民・国内避難民の発生で生じる社会的，経済的，政治的な影響に直面して苦闘している．難民や国内避難民の大半は，国連や受け入れ国が設けた難民キャンプには入らず，"南"の国々の住民の中で事実上，生活している．彼らの一部は，先進国への移民の予備軍である．

●都市に流入・滞留する人々　世界の多くの地域で紛争は長引き自地域・自国に戻ることは難しい場合が多い．南米コロンビアの都市には，もともとの住民人口より多い国内避難民がいるし，イラクの都市には国内避難民と帰国した難民が大量に滞留している．リベリアの首都モンロビアは，紛争のために都市域が拡大した典型的な例である．さらに農村の疲弊があり，部族間の争いが続き，状況は悪化している．アフガニスタンのカブールは，パキスタンやイラクからもどり，もとの村に戻る代わりに，都市にやってきた人々に適切に対応できていない．

明らかなことは，逃亡し都市にたどり着いた人々は，一時的といえる状況を超えて滞在することである．しかし都市に流入した難民・避難民には，行政サービスが十分ではない傾向がある．彼らは地元住民の中に隠れて住むので，信頼できる基本的なデータを入手することは難しい．データがない中で，政策や援助を実施すると，国民の疑惑やねたみから，政治的・社会的な抵抗がでてくる．

都市での人道援助は，最小限度はある．人道機関は，紛争，災害，環境悪化に

よる犠牲者に都市で援助をしている．一部の人々にはそれで十分だが，ほかの脆弱な人々への保護がないことは危険であり，住むところも適切さを欠いている．UNHCRと非政府組織（NGO）は，これまで農村地域での難民・避難民キャンプ中心の援助を行ってきたが，その方針を転換して，都市での活動を拡大している．しかし人道機関には，都市に避難した人々をみつけ出し守るうえで，経験あるスタッフを欠くという悩みがある．開発機関も同様で，しばしば誤って，これらの「危機移動」は一時的な現象だとして，根本は人道問題と考えている．

図1　都市部の難民，トルコ南東部ディヤルバクルにて（撮影：玉本英子，アジアプレス・ネットワーク http://www.asiapress.org/apn/2014/02/syria/30_11/）

　スラムの解消を含めた都市計画事業は，有効な開発手段ではあるが，危機で移動した移民や難民は一般に地域住民や行政から好感をもたれてはいないので，地方行政が都市計画を実施する際には，彼ら移民や難民の問題や窮状は考慮されない傾向がある．都市周辺地に住まう貧しい人々は真っ先に立ち退かされる．地方自治体や国は，彼らを社会に統合する道をみつける必要にせまられている．政策をつくる際，彼らの中・長期的な統合を視野に入れて，不利益を特別に被った人々の必要物をどう満たせるかを考えることが必要になっている．

●**人道機関と開発機関の協働**　世界の人口の半分以上が現在，都市に住み，都市人口は成長し続けている．その結果，将来の人口成長は，都市区域で起こると考えられている．世界の都市人口の80％は，2030年までに途上国に存在するようになると予測されている（国連経済社会理事会 ECOSOC, 2008）．しかし，そうした都市の成長は急激で，無計画で，人々は移動性が高い．人々が避難のために都市へ移動することは，歴史上新しいことではないが，今日は紛争，環境悪化，農村経済をそこなう経済モデルの実施という事柄が複合した結果，都市への前例のない移動が起きている．肯定的な面では，都市空間が，貧困対策，行政サービスや経済機会をつくり出す主要な場であることを，専門家や政策立案者が気づいていることである．否定的な面としては，行政当局，ドナー，国際機関，人道機関が共通して懸念しているように，都市域の拡大という事態がある．

　他方，都市で援助活動をする団体は近年まで，一般にもとの居住地に戻る人々の援助や，ストリート・チルドレンや人身売買の女性のような都市人口の特定の部分に対し，プロジェクトを行ってきた．しかし今後，開発関連機関はますます，人道機関や政府・地方自治体と緊密に協働することが求められることである．これらの開発事業の中心となるのは，権利，貧困，脆弱性や社会的な疎外の問題であり，人の移動（避難）と密接につながっている．　　　　　　　　　　　　　［小泉康一］

都市化の未来

the future of city

多くの開発途上国の都市部において，貧困問題や失業問題は依然として深刻な状況にある．しかし，国によっては目覚ましい経済発展を背景として，先進国と同様なライフ・スタイルを享受する都市中間層も生まれつつある．グローバル化のなかで，途上国の都市は，世界的な経済ネットワークの中に巻き込まれ，熾烈な競争にさらされている．途上国の都市化は，今後どのようなものになるであろうか（☞「グローバル化と都市化」）.

●途上国の都市化　1980年代まで，途上国の都市研究は，過剰都市化と都市の貧困問題が中心であったといっても過言ではない．過剰都市化論とは，近代産業部門における雇用機会の増加を上まわる速度で都市人口が増加するという現象に注目するものである．このような状況下で，雇用機会が創出されるメカニズムに注目したのが，国際労働機関（ILO）が提唱した「都市インフォーマル部門」論であり，また，労働過剰下で生じる向都移動の経済学的合理性を説明したのが M. トダロの労働移動モデルであった．多くの社会学・人類学的研究は，貧困地域に存在し，都市適応を助ける社会的ネットワークや相互扶助の重要性を指摘した．貧困地域で発達する生活様式を，貧困への単なる適応ではなく，世代を超えて継承される「文化」であると考えるのが「貧困の文化」論である．

これらの問題の背景にあるのが爆発的な人口増加であった．多くの途上国は，戦後，先進国から進んだ保健医療技術を導入したため，死亡率が急激に低下した．さらに，多くの若年人口が雇用・教育機会を求め農村から都市に流入した．

途上国の都市化は，特定都市に集中する傾向が強い．このような一極集中的都市化現象に注目した概念が「首位都市」（primate city）である．特に，人口1000万人以上という人口規模に注目し，そこで生じる諸問題に注目するのが「メガシティ」論である．もともと首位都市化した大都市圏は，マニラ，ジャカルタなど「植民地都市」（colonial city）として建設された場合が多い．

●都市化の現在　ミレニアム開発目標（MDGs）の目的の1つであった貧困人口比率の半減は達成され，世界のスラム居住人口もかなり減少した．しかし，途上国の都市人口のうち30％は依然としてスラム地区居住者である．地域別にみると，サハラ以南アフリカでは55％，南アジアの都市人口の31％が依然としてスラム地区居住である[1]．他方で現在の世界の都市化は，先進国と途上国という単純な二分法では割り切れないような，かなり複雑な様相を呈しつつある．

まず，多くの途上国において出生率は低下しつつあり，東アジアや東南アジアの一部諸国では，少子高齢化時代を迎え，途上国の都市問題の前提条件が変化し

つつある．東アジア・東南アジアでは工業化が進み，さらに金融・保険・不動産などの近代サービス部門が都市化を先導する例がみられるようになった．これは先進国型の都市発展モデルであり，今後，人口爆発と低開発を前提とする過剰都市化理論の再考が必要となることを示唆している．

次に，首位都市への人口集中は依然として続いているが，郊外化が進展し，その一方で，都心部の成長速度ははっきりと鈍化しつつある．このような「拡大首都圏」の発展の背景にあるのが，工業団地や高速道路・鉄道網の敷設などの政策的誘導であり，それに合わせてショッピング・センターの建設や郊外型住宅地域の造成が進んでいる．このような発展を背景に，欧米的ライフ・スタイルを享受する「都市中間層」が増加しつつある．

図1　フィリピン，マニラ首都圏の貧困と繁栄

ただし，経済発展とともにその果実が浸透し，所得が平等化するという理論の妥当性は，いま一度問い直す必要があろう．例えばマレーシアでは，華人とマレー系住民の間に厳然たる所得格差が存在している．彼らの居住地は都市空間の中で分離している場合が多い．さらに，発展するアジア都市の雇用機会を求めて，アジア域内で移動し定着する移民の存在が，新しい格差問題を生んでいる．

●グローバル化時代に複雑化する将来　グローバル化に伴い，途上国の大都市は多国籍企業や金融センターの立地などを特徴とする世界都市システムの一部となりつつある．他方，中東への労働移動や，発展するアジア都市の雇用機会を求めてアジア域内で移動する移民の増加など，複雑な依存関係が発展しつつある．

MDGsの結果をみると，北米の都市人口の11%はスラム居住であり，都市の貧困問題は先進国でも深刻な状況にある．前述のように少子高齢化は，世界共通の問題となりつつある．労働移民の定着，難民の流入による都市部の多民族・多文化化は，欧米都市を揺さぶっている．日本でも1980年代以降，在留外国人数が増加しただけでなく，その国籍の多様化と定着が進んでいる．少子高齢化時代に必要な労働力の確保のために，移民政策の見直しが進んでいる．このように，都市化の未来を考えるにあたり，先進国と途上国という単純な二分法ではなく，双方の都市問題を同時に視座に収めた分析が必要な時代になったといえよう．　　［新田目夏実］

📖 参考文献
[1] United Nations, *The Millennium Development Goals Report 2015*, 2015
[2] Department of Economic and Social Affairs, Population Division, United Nations, *World Urbanization Prospects: The 2014 Revision*, 2015

民主主義は生き残れるか

Does democracy survive?

　かつてイギリスの首相 W. チャーチルは「民主主義は最悪の政府の形態である．ただし，これまでに試みられてきた民主主義以外のあらゆる政府形態を除けば」と語り，逆説的かつ消極的な表現で民主主義を評価した．また，F. フクヤマが 1992 年に断じたように，冷戦の終焉は「歴史の終わり」を意味し，資本主義と並んで自由民主主義は勝利したはずだった．ところがそのフクヤマ自身が 2015 年に認識を改めるように，資本主義は巨大な格差をもたらし，民主主義は退行・劣化しつつあるようにみえる[1]．

●**民主主義の退行**　先進国においては，冷戦後に急速に進んだ資本主義のグローバル化が，富の集中，ブルーカラー層や中間層の経済的没落，その結果としての経済格差拡大と社会不満の蔓延をもたらした．政治・行政・経済における少数のエリートにはエスタブリッシュメント（establishment）集団としての凝集性と利益団体の組織力があり，ブルーカラー層を含む大衆を政治・経済のなかで周縁化してきた．大衆は，エリートに反感をもつ一方，心地よい「隠された真実（alternative truth）」が蔓延する SNS に逃避する．その結果，2016 年の Brexit（EU からのイギリスの離脱決定）やトランプ現象にみられるように，先進国における大衆迎合主義（ポピュリズム）と「ポスト真実（Post-Truth）」とよばれる事実軽視の風潮を顕在化させ，自国のアイデンティティを強調した言説と，現実離れした虚構が絶大的な支持を得るようになった．つまり，諸格差への憎悪・被害者意識が存在する中，政治的起業家のポピュリスト的扇動による争点設定が行われ，虚構が SNS という新しい情報インフラを通じて流布・強化されることで，大衆は自身の票で民主的に政治を動かしたように感じたのである．ただし，この「民主主義」は政治的起業家の扇動によるところが大きく，「直接民主制」や「大衆の専制」が結実したものではない．

　開発途上国の場合，これまでも民主主義は制度化が進まず，多種多様な要因により，長期間危機にさらされてきた．

　第 1 に，開発途上国の多くは脱植民地化にあたって民主主義を採用することがあったが，独立後ほどなく非民主的になった．これは「国民統合と政治的安定を維持するうえでやむを得ない選択」であるとされたが，実際は，自身と出自民族の寡頭制支配を正当化し，利権を独占するための口実にもなった．

　第 2 に，1970 年代から続く「民主化第三の波」のもと，冷戦後に数多くの非民主主義政権が崩壊し，確かに民主化した．しかし，途上国で形式的な民主主義や選挙を導入しても，選挙民主主義・非自由主義的民主主義・一党独裁・ヘゲモニー

政党制・競争的権威主義といった形骸化した民主主義のもとで抑圧を行う国が多数出現している（例：ルワンダ，カンボジア）．

　第3に，民主主義という政治的競争を許容する政治体制の下で，多くの途上国では国民アイデンティティを欠如したまま民族・宗教・地域の利益について競争が激化することになった．それにより，民主主義は社会的亀裂をいっそう深刻化している．民族・地域・宗教単位の政党が乱立し，国民統合と政治的安定を図ることも困難になった．極端な場合には，政治的起業家が憎悪・ヘイトスピーチ・暴力までも手段化した．つまり，S. ハンチントンのいう民主化の「揺り戻しの波」により，民主主義からの退行・逆機能がみられるのである[2]．

●**民主主義は生き残れるか**　このような世界規模での民主主義の危機は，「民主主義は生き残れるか」という疑問を惹起する．民主主義の危機の根底にある経済的・社会的格差は，グローバルな資本主義と連動しており，途上国においても民族対立とパトロン–クライアント関係が強固に制度化されていることを考えると，民主主義を取り巻く環境は今後も厳しいといえる．他方で，事実や現実をあまりに軽視したポピュリスト的政策は早晩破綻する可能性もある．その際，「揺り戻し」の「揺り戻し」（民主化第四の波）によって，再度，民主化が進むこともありうる．ポピュリスト政策が破綻した際に，必ずしも民主主義に回帰する保証はないが，ハンチントンの言うように民主主義は民主的決定に対してすら異議・反対を表明することを許容するものである[2]．その意味においてチャーチルが語ったとおりに，民主主義がその他の政治体制よりも「まし」なのである．つまり，民主主義は生き残るかもしれないが，当面は民主主義と非民主主義の間を行き来するのではないだろうか．

　当面続く民主主義の危機は，国際開発の将来に何をもたらすであろうか．冷戦後のワシントン・コンセンサスは「自由民主主義の勝利」に基づき民主化支援を行ったが，台頭する北京コンセンサスは内政不干渉の中国援助，アジアインフラ投資銀行（AIIB）といったツールを活用し，非民主主義国を生きながらえさせ，シャープ・パワー（sharp power）によって民主主義への支持と民主化支援の効力を削ぎ，途上国における民主主義の危機をさらに継続させるのかもしれない．その結果，民主主義を含むグッド・ガバナンスを開発の前提条件とする見方は衰退するのであろうか．少なくとも，内向きの政治が先進国で台頭して行く中では，持続可能な開発目標（SDGs）に必要な先進国と途上国の国際連帯は一定の困難に直面することになるかもしれない．　　　　　　　　　　　　　　　　［近藤久洋］

📖 **参考文献**
[1] Fukuyama, F. *Political Order and Political Decay: From the Industrial Revolution to the Globalisation of Democracy*, Profile Books, 2015
[2] Huntington, S. P. *the Third Wave: Democratization in the Late Twentieth Century*, University of Oklahoma Press, 1991

技術と開発の未来

the future of technology and development

21世紀に入り,開発途上国でも情報技術が普及してきた.特に携帯電話の普及は顕著で,開発途上国の所得下位20%の人々も7割近くが携帯電話を所有している[1].図1は,2015年の各国の1人あたり所得(購買力平価)と,100人あたり携帯電話登録台数(図1(a)),インターネット利用率(図1(b))の関係を示したものだが,低所得でも携帯電話登録台数が多い国も散見され,所得5000ドル以下の国でも100人あたり登録台数は平均74.5台にのぼる.一方,低所得国のインターネット利用率は依然低く,所得5000ドル以下の国の平均利用率は16.9%,1万ドル以下の国で平均しても23.5%に過ぎない.2030年までの国際社会の行動指針を定めた持続可能な開発目標(SDGs)でも,すべての人へのインターネット・アクセス提供を目指しているが,現状,インターネットを活用し恩恵を受けているのは,教育水準の高い人々であり,貧困層の多くは取り残されている.

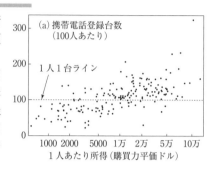

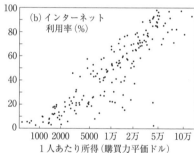

図1 所得と携帯電話およびインターネット利用の関係(出典:World Development Indicator 2017)

●**携帯電話と市場取引** 携帯電話の普及は,他地域の市場情報を得るコストを劇的に引き下げた.インドでは,漁師が携帯電話を使って近隣市場の需給状況を比較できるようになったことで,イワシの市場価格変動が減少し,イワシの廃棄も減って,生産者・消費者双方の厚生を改善させたし,ニジェールでは携帯電話の普及により国内各地の市場穀物価格の差が減少した.ウガンダでは携帯電話普及により遠隔地の農民も利益率の高い生鮮作物栽培を行うようになったし,ホンジェラスでは,ショート・メッセージ・サービス(SMS)で市場価格情報が入手可能となって農民の農作物販売価格が12.5%上昇したことが報告されている.

携帯電話の普及に伴い,携帯電話で決済可能な電子マネーが急速に発展した国もある.ケニアではMペサという電子マネーの普及により,送金コストが90%も低下し,出稼ぎ者が必要なときに必要なだけ低コストで送金できるようになっ

たため，農村家計は不作の場合でも消費水準を維持しやすくなった．また，電子マネーが普及すれば，政府の現金給付を，地方の行政機関を通さず直接人々に支給できるため，行政コストの削減，地方行政機関の汚職の防止も期待できる．

●**情報技術と社会**　情報通信技術の発達は，医療・教育サービスの質も改善させる．Skypeなどの映像通話による遠隔診療や，携帯電話で検体を撮影・送信してマラリア検査などを行う遠隔検査技術などにより，医師の常駐が困難な地域でも一定水準の医療の提供が可能になりつつある．学習効率向上には，有名教師の授業を録画したDVDや，個人の理解度に応じて学習できる教育ソフトウェアが活用できる．また，通信技術の発達により，先進国企業がコールセンターや電子カルテ入力業務などを労働力の安い途上国に委託するようになり，教育水準の高い労働者への需要が増えた結果，就学率が向上したと報告されている（音声認識技術が進んで機械の自動処理技術が向上すれば，これらの雇用もなくなる可能性もあるが）．一方，インターネットなどで外の世界の情報が大量に入ってくると，人々のライフ・スタイルや価値観も変化していく．インドでは安価なケーブルテレビの普及で農村女性も都市部や他国のライフ・スタイルに触れるようになった結果，女性の家庭内での発言力向上，子どもの就学率向上などの変化がみられた．

●**情報技術と政治**　情報技術は政治にも影響を与えている．モザンビークではSNSによる不正行為告発が可能になり投票率が5%上昇した．ケニアのUshahidi（「目撃者」「証言」の意）は，2007年の大統領選挙後の混乱の際に，選挙絡みの暴力・不正に関する情報を収集して地図上に可視化するアプリを開発し，タンザニアやウガンダなどの他の国の選挙でも活用された．ブラジルでは，電子投票導入で誤記入による無効票が大幅に減り，無効票の多かった貧困層の有効投票数が増えた結果，政府も貧困層のニーズに合う政策を実施するようになった．また，情報技術は政治的集団行動の協調も容易にする．近年では，エジプトの「アラブの春」の際にFacebookが集団行動の誘発に重要な役割を果たしたことが記憶に新しい．1994年のルワンダ虐殺ではラジオがツチへの暴力を扇動したし，携帯電話の普及がアフリカの政治的紛争を増やしたことを指摘した研究もある．政治的集団行動が好ましい結果をもたらしうるかは，各国の状況次第である．

●**補完的システム**　技術が効果を発揮するには，補完的システムも重要である．教育ソフトや遠隔医療システムをつくっても，それを適切に運用できるスタッフがいなければ，結局，利用されず効果も生まない．各地の市場情報を通知するアプリがあっても，貧困層でも使えるデザインになっていなければ効果的ではない．技術・設備を導入しても，適切なメンテナンスがなければ故障後には使われなくなる．同じ技術でも，補完的なシステム次第で効果は大きく異なる．　　［高野久紀］

📖 **参考文献**

[1] 世界銀行編著『デジタル化がもたらす恩恵』世界開発報告2016，田村勝省訳，一灯舎，2016

社会関係の未来

the future of social relations

社会関係とは，人間同士，また，人間と人がつくり上げた制度との関係を意味し，通常 4 つの次元をもつ．①家族などの親密圏，②地域コミュニティ，中間団体，③国民国家，④グローバル社会（世界）．これら 4 つの次元で，「持続可能な開発目標（SDGs）」の目標年次 2030 年にかけて，何が，次の国際協力の課題となっているのだろうか．

●**世界の転換期**　現代の社会関係は大方，近現代を形成してきた世界システムの上に成り立つ．ところが，このシステムは，21 世紀ミレニアムの前後から大きな転換期に差しかかっているようだ．この転換期は 2 重のものである．第 1 に，15〜16 世紀に西欧から始まった富の蓄積，経済成長を目指した近代世界システムは，後発国の追い上げ，環境や資源のカベにより，持続的な成長が困難になっている．

第 2 には，近代世界システムは，初めは帝国主義体制，第 2 次世界大戦後は超大国の覇権体制により守られていた．ところが，米ソ冷戦の崩壊後，超大国の覇権体制もくずれ，世界のガバナンスも G 7，次いで，新興国を加えた G 20 の時代へと変わり，今では G ゼロ（覇権大国ゼロ）まで云々されるようになった．世界秩序の観点からは，誰もが先行きを見通せない不透明の時代が到来している．この転換の時代に，社会関係の 4 つの要因はどう変化するだろうか．

●**社会関係の変化**　①近代世界は，核家族関係を基盤とした．前近代世界の拡大家族制を解体し，労働力を解放したが，同時に男女の格差を設け，男性には仕事と賃金を，女性には家庭と家事労働などのシャドウワークを割りあてた．だが，この分業体制は，南北間の分業と同じく，第 2 次世界大戦後，急速にくずれている．男女同権の進展とともに，高度成長を担った核家族も形を変え，LGBT をも含めた社会的家族へと進化しつつある．他方で，高齢化時代には，日本のように孤立した高齢者が増え，施設介護も限界で，近隣圏の再生による地域福祉が必要となった．それが，地域コミュニティの革新につながる．②地域コミュニティ，中間団体は，19 世紀にトクヴィルがアメリカで観察したように，民主社会の基盤となる．だが同時に，多くの場合，地域コミュニティは，古い世界システムと結び付き，個人を伝統的規範で束縛する共同体社会として現れてきた．システムの転換期には，後者が都市化や市民社会の発展の刺激を受けて，前者へと変わりつつあるようにみえる．中間団体は，このような変化に際して，社会的な信頼や約束事や相互ケアに基づいた協調行動をとる．「社会関係資本」の活性化である．③国家と④グローバル化の動きはどうだろうか．ここ数十年，グローバル化を通じて，世界的に貧富の格差や環境破壊が進行し，民族紛争やテロリズムが頻発し

た．膨大な移民，難民が発生し，先進富裕地域に移動する結果，後者では排外主義，一国主義の高まりがみられる．グローバル化の時代は終わり，国民国家対立の時代に逆戻りするとの議論もあるが，21世紀の国家主義は，グローバル化と裏腹の現象である．つまり，グローバル化は，アメリカ覇権のもとで垂れ流されたドルの世界的氾濫とそれを進めた多国籍企業に担われた．そして，この覇権大国の政権中枢は，常に多国籍企業や軍部関係者による産軍複合体であった．重要なことは，グローバル化による人々の雇用流出，移民急増への不満を台頭するアメリカ第一主義などの国家優先主義，ポピュリズム（大衆迎合主義）が吸収する中で，次の2つのダイナミクスが進行していることだ．

●ビッグ・ブラザーの監視社会か民主主義の再生か　第1は，ポスト成長期の先進国で，かつてG.オーウェルが未来小説『1984年』（1949年）で描いたような専制的権力者「ビッグ・ブラザー」が支配する社会が訪れることだ．これらの国では，政官財学の権力複合体が，グローバル化による富と権力の集中を経て，専制的統治体制を固める．グローバル化競争で破たんした大企業の救済に莫大な公的資金が注入され，財界は政界に献金をして，権力のもたれ合いが露わになる．経済の寡占化が進み，情報通信技術（ICT）化，ロボット化，ビッグデータの集積，人工知能（AI）化が進行する．失業や非正規就業が常態となり，人々が，かつてのローマ帝国の市民たちのように，ベーシック・インカムを保障されながら，1日の大部分を温泉かカジノで過ごす近未来図も目に浮かぶ．核軍拡や原発，それとセットの国内監視体制は，先進国で権力の集中，民主主義の骨抜き，体制のビッグ・ブラザー化が進みつつあることを物語る．

だが同時に，第2には，上述の親密圏の再編，人権の強化，地域コミュニティの自治権や主権の確立，中間団体の市民社会化など，システムの内側からの変化が，グローバル民主主義の方向を打ち出し，システム転換を進めていることに注意したい．国際関係では，中小国が核軍縮や非核兵器地帯の形成，国際機関の民主化に努める．世界的な市民社会の活発化（アフリカや中南米では軍部政権の文民化，底辺層の権力アクセスを導いた）が，中小国を市民国家化し，地域と世界の平和を築く原動力となる．

SDGsは地球の持続可能性を問うている．近現代の世界システム転換期に入り，諸国民は，ビッグ・ブラザー支配下の専制的監視社会を受け入れるのか，それとも市民社会や世論が身のまわりの変化からグローバルな民主社会を進めるのか，選択の岐路に直面している．この選択により，持続可能な地球社会の発展に曙光が見えるのか，それとも世界が貧困と紛争と大戦の泥沼へと転落するのか，その方向が明らかになろう．　　　　　　　　　　　　　　　　　　［西川　潤］

📖 参考文献
[1] 西川　潤『2030年 未来への選択』日本経済新聞出版社, 2018

オルタ・グローバル化は新自由主義グローバル化の代案となるか

alter-globalization as an alternative to the neo-liberal globalization

　経済のグローバル化といわれる現象は古く，大航海時代にまでさかのぼるが，近代では産業革命による資本主義の勃興が 19 世紀後半から 20 世紀初頭の「第 1 次グローバル化」を引き起こした．世界大恐慌と 2 度の世界大戦後は，アメリカの優位が確立し，ブレトンウッズ体制下での国際経済秩序が 20 世紀後半まで続いた（第 2 次グローバル化）．そして，冷戦終結で社会主義陣営が自壊した後，世界を覆っているのは新自由主義グローバル化（第 3 次グローバル化）である．しかし，1980 年代以降 30 年以上にわたって拡張した結果，世界各地で深刻な副作用が現れている．

●**グローバル化とは何か**　グローバル化とは，一般に「政治・経済・文化などが国境を越えて地球規模で拡大すること」とされる．すなわち，モノやカネなどが国境を越えて移動する現象としてのグローバル化（世界化，地球規模化）をさすが，新自由主義グローバル化は，自由貿易，規制緩和，民営化を通して政府よりも市場に，公正さよりも効率性に重きをおく考え方が地球大に拡張していく様をさす．イギリスの M. サッチャーは，1979 年に政権をとると，「他の道はない（TINA）」として，他の先進国に先駆けて新自由主義政策を次々と導入した．自由市場における競争が資源を効率的に配分するとみなし，非効率とされた公共部門（郵便，電信電話，鉄道，電気，水道，ガスなど）は次々と縮小ないし民営化された．福祉重視の「大きな政府」から「小さな政府」への転換がはかられたのである．1980 年代に入るとアメリカ，日本にもこの経済転換が広がった．消費者は，国際的分業が進むことにより，安価な商品，物価の低下，技術の進歩，労働や居住・観光などの選択肢の拡大といった恩恵にあずかることができると期待した．しかし，こうした期待とは裏腹に，競争は激しさを増し，労働者の賃金は低下，失業率は増加，環境や労働者の権利を保護してきた社会的規制も緩和ないし撤廃されたことにより，人々は厳しい競争市場にさらされることになった．

　一方，規制緩和による金融や資本の自由な移動は，保険産業や会計事務所，投資家，投機家に巨大な富をもたらした．S. ストレンジは実体経済よりも金融資本が優位を占めるグローバル経済は，カジノ経済にほかならないと批判し，いずれ破綻すると警告したが，アメリカをはじめとする先進国は国際金融システムへの直接規制を避けてきた．その結果，1997 年にはアジア通貨危機が，2008 年にはリーマン・ショックによる世界金融危機が勃発した．国際 NGO オックスファムによると，21 世紀に入っても貧富の差は広がり続け，世界で最も豊かな 8 人が，貧しい 36 億人分に匹敵する資産を所有している．このような醜いまでの格差拡

大は，人々のつながりを分断し，社会の解体をもたらしかねない．

●**オルタナティブは何か**　暴走する新自由主義グローバル化に対し，これまで，さまざまなNGOや社会運動体が変革の必要性を指摘してきた．1999年にシアトルで開催された世界貿易機関（WTO）閣僚会議が，市民による抗議行動を受けて決裂したのを皮切りに，世界各地でWTOや国際通貨基金（IMF）/世界銀行，G7/8など新自由主義政策を推進する機関やシステムへの抗議行動が勃発した．そして，2001年には，ATTAC（市民を支援するために金融取引への課税を求めるアソシエーション）をはじめとするフランスとブラジルの社会運動体の呼びかけで，「世界社会フォーラム（WSF）」がスタートした．WSFはTINAに対抗して「もう一つの世界は可能だ」をスローガンに掲げ，新自由主義的な世界秩序に対するオルタナティブを民衆が模索する場となった．

　このようなオルタ・グローバル化運動は，ラテン・アメリカで反米左派政権が次々と誕生したという追い風もあって，2000年代には一定の成果をあげた．なかでも，マイクロクレジットや社会的企業，地域通貨，コミュニティ・ビジネス，フェアトレードなどの連帯経済は，利潤の追求を一義的目的とする市場経済と異なり，社会的連帯をつくり出すことを目的とするオルタナティブな経済活動の実践例である．国家に対しては政治的民主化と社会正義の実現を，市場に対しては経済的民主化，すなわち労働の正当な対価としての適正賃金，それを保障する適正価格やその価格に基づく公正な取引を求めている．これまで新自由主義政策によって排除され，搾取されてきた人々や共同体が，連帯することによって地域社会の活性化を促進しようという取組みである．

　WSFにみられるオルタ・グローバル化運動は2011年以降，中東の「アラブの春」やスペインの15M運動，アメリカのウォール街占拠運動との連携を図ることで再生を目指してきた．しかし，ラテン・アメリカでの左派政権の衰退と世界的な格差拡大の中で，有効かつ実現可能なオルタナティブを十分提示できずにいる．この間，中間層が弱体化し，国内格差が拡大する欧米先進国では，グローバル化のもたらした副作用への反動としてナショナリズムと結びついた右からの反グローバル化の動きが強まっている．このような自国第一主義と排外主義を唱える政府や政党に市民がなびくと，新たなグローバル戦争が起こりかねない．それを食い止めることができるのは，行き過ぎたグローバル化を制御し，大企業ではなく人々の生を保障する代替案の実践である．金融取引税や国際連帯税などは，新自由主義グローバル化を国境を越えて制御するための仕組みであり，連帯経済はローカルなコミュニティ発の実践例だといえよう．　　　　　　　　　　　　［毛利聡子］

📖 **参考文献**

[1] ストレンジ, S.『カジノ資本主義』小林襄治訳，岩波書店，1988
[2] Oxfam International, *An Economy for the 99%*, Oxfam International, 2017

引用文献

序章　歴史と理念

戦後世界経済の展開と国際開発（p.10）

SID: Society for International Development (1959) *International Development Review*, Vol.1, No.1

1.　文　　　化

言説としての開発（p.34）

ラーネマ, M.（1996）「参加」ザックス, W. 編『「脱」開発の時代—現代社会を解読するためのキイワード事典』三浦清隆他訳，晶文社，1996

小田　亮（1997）「発展段階論という物語—グローバル化の隠蔽とオリエンタリズム」川田順造他編『反開発の思想』岩波講座 開発と文化 3，岩波書店

Pieterse, J. N.（2010）*Development Theory*, 2nd ed. Sage

多様性と創造性（p.42）

服部英二（2009）「文化の多様性と通底の価値—聖俗の拮抗をめぐる東西対話」『文明は虹の大河—服部英二文明論集』麗澤大学出版会，pp.47-49.

開発のプロセス—プロセス・ドキュメンテーション（p.44）

荒木美奈子（2011）「「ゆるやかな共」の創出と内発的発展—キンディンバ村における地域開発実践をめぐって」掛谷　誠・伊谷樹一編『アフリカ地域研究と農村開発』京都大学学術出版会，pp.300-324

荒木美奈子（2016）「内発的な開発実践とコモンズの創出—タンザニアにおける水資源利用をめぐる対立と協働に着目して」高橋基樹・大山修一編『開発と共生のはざまで—国家と市場の変動を生きる』太田至総編集，アフリカ潜在力シリーズ 3，京都大学学術出版会，pp.91-121

小國和子（2003）『村落開発支援は誰のためか—インドネシアの参加型開発協力に見る理論と実践』明石書店

黒崎龍吾（2011）「住民の連帯性の活性化—開発プロジェクトにおける「副次効果」とその「増幅作用」」掛谷　誠・伊谷樹一編『アフリカ地域研究と農村開発』京都大学学術出版会，pp.324-348

佐藤　寛（2011）「開発援助と人類学の関係」佐藤　寛・藤掛洋子編『開発援助と人類学—冷戦・蜜月・パートナーシップ』明石書店，pp.24-44

七五三泰輔（2009）「参加型計画立案の実践プロセスに見る政治性のモリタリングと記録の方法について—環境保全プロジェクトのプロセス・ドキュメンテーション分析から」『国際開発研究』18(1)，pp. 37-52

鷹木恵子（2016）『チュニジア革命と民主化—人類学的プロセス・ドキュメンテーションの試み』明石書店

Long, N. and Long, A. eds.（1992）*Battlefields of Knowledge: The interlocking of theory and practice in social research and development*, Routledge

Mosse, D et al. eds.（1998）*Development as Process: Concepts and Methods for Working with Complexity*, Routledge

Mosse, D.（2005）*Cultivating Development: An Ethnography of Aid Policy and Practice*, Pluto Press

Oakley, P. et al. eds.（1991）*Projects with People: The Practice of Participation in Rural Development*, ILO.（勝間 靖・斎藤千佳訳『国際開発論入門―住民参加による開発の理論と実践』築地書館，1993）

開発と人類学（p.46）

チェルネア, M. M.（1998）『開発は誰のために―援助の社会学・人類学』開発援助と人類学勉強会訳，林業技術協会

2．社会変動

人口転換と人口増加（p.54）

Davis, K.（1945）"The World Demographic Transition" Heer, C.（2005）*The Annals of The American Academy of Political and Social Science*, vol. 237, World Population in Transition, January 1945, pp.1-11

Landry, A.（1934）*La révolution démographique-études et essais sur les problèmes de la population*, Librairie du Recueil Sirey

Malthus, T.（1798）*An Essay on the principle of population*（永井義雄訳『人口論』中公文庫，1973；斉藤悦則訳『人口論』光文社古典新訳文庫，2011）

Meadows, D. H. et al.（1972）*The limits to growth - A report for the Club of Rome's project on the Predicament of Mankind*, Potomac Associates Book, Universe Books（枝廣淳子訳『成長の限界―人類の選択』ダイヤモンド社，2005）

Notestein, F. W.（1945）"Population: the long view" Schultz, T. W. ed. *Food for the world*, Chicago, Illinois, University of Chicago Press, pp.36-57.

Thompson, W.（1929）"Population" *American Journal of Sociology*, 34（6）, pp.959-975

UN Population Division（1974）*World Population Plan of Action*

UN Population Division（1999）*The World at Six Billion*

UN Population Division（2015）*World Population Prospects: The 2015 Revision DVD Edition*

外務省監訳（1996）『国際人口・開発会議「行動計画」―カイロ国際人口・開発会議（1994 年 9 月 5-13 日）採択文書』世界の動き社

社会階層と開発主義（p.62）

岩崎育夫（1998）「開発体制の起源・展開・変容―東・東南アジアを中心に」東京大学社会科学研究所編『開発主義』20 世紀システム 4, 東京大学出版会

駒井 洋（1989）『国際社会学研究』日本評論社

グローバル化と都市化（p.66）

世界銀行（1994）『世界開発報告 1994―開発とインフラストラクチャ』世界銀行東京事務所訳，イースタン・ブック・サービス

UN-Habitat（2012）*State of the World's Cities, 2012/2013*, United Nations Human Settlement Programme

4．農業・農民・農村

農業を担う主体の多様性（p.114）

ボズラップ E.（1991）『人口圧と農業―農業成長の諸条件』安沢秀一・安沢みね共訳，ミネルヴァ書房

農村の生活（p.120）

農林水産省ホームページ http://www.maff.go.jp/j/nousin/noukan/nougyo_kinou/

米国農務省（1963）"Home Making around the World" Department of state agency for international development

5．保健医療

必須医薬品（p.160）

Yoshida N, et al.（2014）"A cross-sectional investigation of the quality of selected medicines in Cambodia in 2010", *BMC Pharmacology and Toxicology*, 15: 13

Rahman M. S. et al.（2017）"Erroneous Formulation of Delayed-Release Omeprazole Capsules: Alert for Importing Countries", *BMC Pharmacology and Toxicology*, 18: 31

6．教　　育

教育の質（p.174）

Beeby, C. E.（1966）*The Quality of Education in Developing Countries*, Harvard University Press

教育開発と情報通信技術（p.186）

Gutterman, B. et al.（2009）White Paper: Information & Communication Technologies（ICT）in Education for Development, New York: Global Aliance for ICT and Development

UNESCO（2006）*Using ICT to Develop Literacy: UNESCO ICT in Education Programme*, UNESCO

UNESCO（2014）*Mid-term Strategy 2014-2021*（*37C/4*）, UNESCO（http://unesdoc.unesco.org/images/0022/002278/227860e.pdf）

ノンフォーマル教育（p.202）

クームス, P. H.（1968）『現代教育への挑戦―世界教育危機のシステム・アナリシス』池田進他訳，日本生産性本部

7．国家・法

国家体制と法制度（p.210）

Moore, S. F.（1978）*Law as Process: An Anthropological Approach*, Routledge and Kegan Paul.

Holleman, J. F. ed.（1981）*Van Vollenhoven on Indonesian Adat Law: Selections from Het Adatrecht van Nederlandsch-Indië*（vol.I, 1918；vol.II, 1931）, The Hague: Martinus Nijhoff.

Soepomo（1941）"Prof. Mr. B. ter Haar Bzn" *Het Indisch Tijdschrift van het Recht*, 154（1）, pp. 5-15.

開発国家と開発独裁（p.216）

ジョンソン, C.（2018）『通産省と日本の奇跡―産業政策の発展 1925-1975』ポリティカル・サイエンス・クラシックス，佐々田博教訳，勁草書房

グッド・ガバナンスと国際協力（p.224）

木村宏恒（2014）「ガバナンスの開発政治学的分析―「統治」と「共治」の関係を見据えて」『国際開発研究』23(1), pp.7-22

JICA（国際協力機構）（2004）『JICA におけるガバナンス支援―民主的な制度づくり，行政機能の向上，法整備支援』

桑島京子（2002）「ガバナンスを軸とした民主化支援動向」『民主的な国づくりへの支援に向けて―ガバナンス強化を中心に』国際協力事業団国際協力総合研修所

Grindle, M.（2007）"Good Enough Governance Revised" *Development Policy Review*, 25(3), pp. 553-574

OECD/DAC（2008）*Concepts and Dilemmas of State Building in Fragile Situations: From Fragility to Resilience*, OECD/DAC Discussion Paper

OECD/DAC（2014）"Development Assistance Flows for Governance and Peace 2014." Background Paper

UNDESA（2007）*Public Governance Indicators: A Literature Review*

UNDP（2011）*Human Development Report 2011: Sustainability and Equity: Better Future for All*

World Bank（1992）*Governance and Development*

World Bank（1997）*World Development Report 1997: The State in a Changing World.* Oxford University Press

World Bank（1998）*Assessing Aid: What Works, What Doesn't and Why*

World Bank（2008）*Public Sector Reform: What Works and Why? An IEG Evaluation of the World Bank*

World Bank（2017）*World Development Report 2017: Governance and the Law*

法と開発（p.230）

Seidman, A. W. and Seidman, R. B.（2008）"Lawmaking, Development and the Rule of Law," in J. Arnscheidt, et al. eds. *Law Making for Development: Explorations in the Theory and Practice of International Legislative Projects*, Leiden University Press, pp.91-131

9．貧困と不平等

貧困と不平等（p.270）

ラウントリィ, B. S.（1901, classic reprint 2017）*Poverty:a study of town life*, Forgotten Books（ラウントリィ, B. S. 『貧乏研究』長沼弘毅訳，ダイヤモンド社，1959）

タウンゼンド, P.（1974）"Poverty as relative deprivation: resources and style of living" in Wedderburn, D. ed. *Poverty, Inequality and Class Structure*, Cambridge University Press（タウンゼンド, P.「相対的収奪としての貧困」ウェッダーバーン, D. 編『イギリスにおける貧困の論理』高山武志訳，光生館, pp.19-54, 1977）

セン, A.（1992）*Inequality Reexamined*, Oxford University Press（セン, A.『不平等の再検討―潜在能力と自由』池本幸生他訳，岩波書店，1999）

グローバル化と格差・貧困（p.274）

山形辰史編（2011）『グローバル競争に打ち勝つ低所得国―新時代の輸出志向開発戦略』アジア経済研究所

Grossman, G. M. and Helpman, E.（1991）*Innovation and Growth in the Global Economy*, MIT

Press（グロスマン，G. M.・ヘルプマン，E.『イノベーションと内生的経済成長―グローバル経済における理論分析』大住圭介監訳，創文社，1998）

関口末夫・堀内俊洋（1984）「貿易と調整援助」小宮隆太郎他編『日本の産業政策』東京大学出版会，pp.327-344

Rodrik, D.（2011）*The Globalization Paradox*, W. W. Norton（ロドリック，D.『グローバリゼーション・パラドクス』柴山桂太・大川良文訳，白水社，2014）

貧困の指標と測定（p.276）

Deaton, A.（2013）. *The Great Escape: Health, Wealth, and the Origin of Inequality*, Princeton University Press（ディートン，A.『大脱出 健康，お金，格差の起源』松本 裕訳，みすず書房，2014）

山形辰史（2012）「所得貧困―貧しさを量的に把握するために」勝間 靖編『テキスト国際開発論』ミネルヴァ書房，pp.25-39

Foster, J. E. et al.（1984）"A Class of Decomposable Poverty Measure" *Econometrica*, 52（3），pp. 761-765

相対的剥奪（p.280）

タウンゼント，P.（1974）Poverty as relative deprivation: resources and style of living, Wedderburn, D. et al. *Poverty, inequality and class structure*, Syndics of the Cambridge University press（タウンゼント「相対的剥奪としての貧困―生活資源と生活様式」ウェッダーバーン，D. 他『イギリスにおける貧困の論理』高山武志訳，光生館 pp.30-38, 1977）

ギデンズ，A.（2009）*Sociology: A Brief but Critical Introduction*, 6th ed. Macmillan（松尾精文・成富正信訳『社会学』第5版，而立書房，2009）

セン，A.（1983）Poor, relatively speaking. *Oxford Economic Papers*, 35（2），153-169

セン，A.（1985）"A sociological approach to the measurement of poverty: A reply to professor Peter Townsend" *Oxford Economic Papers*, 37, 669-679．1985

タウンゼント，P.，（1985），A sociological approach to the measurement of poverty—a rejoinder to professor Amartya Sen. Oxford Economic Papers, 37, 659-668．1985）

マーシャル，T. H.（1981）*The Right to Welfare and Other Essays*, Heineman Educational Books,

チェンバース，R.（1983）*Rural Development: Putting the last first*, Longman Scientific & Technical, copublished with John Wiley & Sons,

10. 包 摂 性

ジェンダー（p.306）

藤掛洋子（2008）「農村女性のエンパワーメントとジェンダー構造の変容―パラグアイ生活改善プロジェクトの評価事例より」，国際ジェンダー学会誌, 6, pp.101-132

11. 貿易と資本・労働移動

国際分業理論と開発（p.334）

ハミルトン，A.（1990）『製造業に関する報告書』田島恵児他訳，未来社

リスト，F.（1965）『政治経済学の国民的体系』正木一夫訳，勁草書房

開発のための貿易政策（p.336）

今岡日出紀他編（1985）『中進国の工業発展―複線型成長の論理と実証』

国際労働移動（p.350）

上林千恵子（2015）『外国人労働者受け入れと日本社会—技能実習制度の展開とジレンマ』東京
　　大学出版会

橋本由紀（2011）「外国人研修生受入れ特区の政策評価」RIETI-DP Series, 11-J-048

12. 成長・マクロ経済

経済成長と技術進歩（p.360）

Jeseph, S.（1911）*Theorie der wirtschaftlichen Entwicklung*, Verlag von Duncker & Humblot
　　（塩野谷祐一他訳『経済発展の理論—企業者利潤・資本・信用・利子および景気の回転に関
　　する一研究』岩波書店, 1980）

Acemoglu, D. and Robinson, J. A.（2012）*Why Nations Fail: The Origins of Power, Prosperity,
　　and Poverty*, Crown Publishers（鬼澤 忍訳『国家はなぜ衰退するのか—権力・繁栄・貧困
　　の起源』早川書房, 2013）

Dixit, A. K. and Stiglitz, J. E.（1977）"Monopolistic Competition and Optimum Product
　　Diversity" *American Economic Review*, 67（3）pp.297-308

Schumacher, E. F.（1973）*Small is Beautiful: A Study of Economics as if People Mattered*, Blond
　　and Briggs（小島慶三・酒井 懋訳『スモール・イズ・ビューティフル』講談社, 1986）

開発金融政策（p.370）

McKinnon, R. I.（1973）*Money and Capital in Economic Development*, Brookings Institution

Shaw, E.（1973）*Financial Deepening in Economic Development*, Oxford University Press.

産業政策（p.372）

Lin, J. Y.（2012）*The Quest for Prosperity: How Developing Economies Can Take Off*, Princeton
　　University Press

Rodrik, D.（2005）"Growth Strategies." Aghion, P. and Durlauf, S. ed. *Handbook of Economic
　　Growth*, Vol.1, in pp.967-1014, Elsevier

Ha-Joon Chang（2002）*Kicking Away the Ladder: Development Strategy in Historical
　　Perspective: Policies and Institutions for Economic Development in Historical Perspective*,
　　Anthem Press.

The World Bank（1993）*The East Asian Miracle: Economic Growth and Public Policy*, World
　　Bank Publication.

Shimada, Go（2016）"Inside the Black Box of Japan's Institution for Industrial Policy - An
　　Institutional Analysis of Development Bank, Private Sector and Labour" in Noman, A. and
　　Stiglitz, J. eds. *Efficiency, Finance and Varieties of Industrial Policy*, Columbia University
　　Press

Shimada, Go（2016）"The Economic Implications of Comprehensive Approach to Learning on
　　Industrial Development（Policy and Managerial Capability Learning）: A Case of Ethiopia"
　　in Noman, A. and Stiglitz, J. eds. *Industrial Policy and Economic Transformation in Africa*,
　　Columbia University Press.

持続可能な成長（p.376）

メドウズ他（1972）『成長の限界—ローマ・クラブ「人類の危機」レポート』大来佐武郎監訳,
　　ダイヤモンド社

国連大学地球環境変化の人間・社会的側面に関する国際計画・国連環境計画編（2014）『国連大
　　学 包括的「富」報告書—自然資本・人工資本・人的資本の国際比較』植田和弘・山口臨太

郎訳，明石書店

Nordhaus, W. D.（1973）"World Dynamics: The Measurement without Data" *The Economic Journal*, 83（December）, pp.1156-83

Repetto, R. et. al.（1964）Wasting Assets: Natural Resources in the National Income Accounts, World Resources Institute, 1989.

Pearce, D.（1989）Anil Markandya and Edward B. Barbier, *Blueprint for a Green Economy*, Earthscan Publications（和田憲昌訳『新しい環境経済学』ダイヤモンド社，1989）

貧困削減に伴う経済成長（p.378）

山形辰史（2004）「経済成長と貧困・雇用：Pro-Poor Growth 論の系譜」絵所秀紀他編『貧困と開発』シリーズ国際開発 1，日本評論社，pp.21-36

Bourguignon, F.（2003）"The Growth Elasticity of Poverty Reduction: Explaining Heterogeneity across Countries and Time Periods" in Eicher, T. and Turnovsky, S. eds. *Inequality and Growth*, MIT Press, pp.3-26

Dollar, D. and Kraay, A.（2002）"Growth is Good for the Poor" *Journal of Economic Growth*, 7（3）, pp.195-225

Kuznets, S.（1955）"Economic Growth and Income Inequality" *American Economic Review*, 45（1）, pp.1-28

Ravallion, M.（2016）*The Economics of Poverty*, Oxford University Press

15. 環境・資源・エネルギー

エコロジー的近代化（p.448）

Huber, J.（2009）"Ecological Modernization: Beyond Scarcity and Bureaucracy", in Mol, A. P. J., et al. eds. *The Ecological Modernization Reader: Environmental Reform in Theory and Practice*, Routledge, pp.42-55.

Jänicke, M.（2009）"On Ecological and Political Modernization", in Mol, A. P. J. et al. eds. *The Ecological Modernization Reader: Environmental Reform in Theory and Practice*, Routledge, pp.28-41.

環境正義（p.466）

Frechette, S.（2005）*KristinEnvironmental Justice: Creating Equality, Reclaiming Democracy*, Environmental Ethics and Science Policy Series, Oxford University Press

Singer, P.（2009）*Animal Liberation: The Definitive Classic of the Animal Movement*, Reissue edition, Harper Perennial Modern Classics（戸田 清訳『動物の解放』改訂版，人文書院，2011）

Pogge, T. W.（2008）*World Poverty and Human Rights*, 2nd ed., Polity（立岩真也監訳『なぜ遠くの貧しい人への義務があるのか─世界的貧困と人権』生活書院，2010）

貿易と環境（p.470）

Antweiler, W. et al.（2001）*Is free trade good for the environment?"American Economic Review*, 91, pp.877-908

16. 国際開発協力の理念とアプローチ

参加型開発協力（p.494）

Pretty, J. et al.（1995）*A Trainers' Guide for Participatory Learning and Action*, IIED Participa

Tory　Methodology series, IIED

貧困削減戦略 （p.496）

Chambers, R.（1995）, *Rural Development: Putting the Last First, 1983*, Routledge（穂積智夫・甲斐田万智子監訳「第三世界の農村開発―貧困の解決：私たちにできること」明石書店, 1995）

Booth, C.（2014）*Booth's Maps of Londn Poverty, 1889*：*East & West London*, Old House

自助努力支援 （p.502）

William Easterly, W.（2006）*The White Man's Burden*, The Penguin Books, pp.342-347

18. 2030 年以降の国際開発

資源・環境の未来 （p.554）

Donella H. M. et. al.（1972）*The Limits to Growth*, Universe Books（大来佐武郎監訳『成長の限界』ダイヤモンド社, 1972）

エネルギーの未来 （p.556）

World Bank Group（1993）*East Asian Miracle: Economic Growth and Public Policy*, Oxford University Press（白鳥正喜・海外経済協力基金開発問題研究会訳『東アジアの奇跡』東洋経済新報社, 1994）

African Development Bank Group（2016）*Annual Report 2016*, AfDB

人口問題の未来 （p.560）

United Nations（2001）Department of Economic and Social Affairs, Population Division *Replacement Migration: Is It a Solution to Declining and Ageing Populations?*

池田清彦（2009）『寿命はどこまで伸ばせるか？』PHP サイエンス・ワールド新書

Gerland, P. et al.（2014）"World population stabilization unlikely this century" *Science*, 10 October, Vol. 346 Issue 6206

United Nations（2015）Department of Economic and Social Affairs *Trends in International Migrant Stock: Migrants by Destination and Origin*, United Nations database, POP/DB/MIG/Stock/Rev.

事 項 索 引

(人名索引は p.610)

●英数字・略語

2030 アジェンダ 2030 Agenda 167, 556

2G second generation mobile phone 74

3G third generation mobile phone 74

3L ポリシー Low-Cost, Low-Carbon, Low-Risk 557

5S 整理 (Sort), 整頓 (Straighten), 清掃 (Shine), 清潔 (Systematize), and 躾 (Standardize/Self-Discipline) 387

77 国グループ Group 77 8

A

ABS access and benefit sharing 465

ACHR Asian Coalition for Housing Rights 283

ADB Asian Development Bank 444, 528, 536

AEC ASEAN Economic Community 346

AfDB African Development Bank 528

AFTA ASEAN Free Trade Area 346

AHELO Assessment of Higher Education Learning Outcomes 175

AI artificial intelligence 75

AIDS (エイズ) acquired immune deficiency syndrome 96, 139, 152, 154

AIIB Asian Infrastructure Investment Bank 19, 415, 444, 529, 53, 539

ALM asset liability management 369

AMR antimicrobial resistance 145, 551

APEC Asia Pacific Economic Cooperation 347

ART Anti-Retroviral Therapy 154

ASEAN Association of South east Asian Nations 347

ATT Arms Trade Treaty 260

B

BCC Basic Christian Community 88

BDS business development services 394

BEGIN Basic Education for Growth Initiative 205

BHN Basic Human Needs 11, 301, 302, 482

BLI Better Life Index 547

BOO build-own-operate 414

BOP base/bottom of the (economic) pyramid 77, 387, 404, 427, 519, 540

BOP ペナルティー BOP penalty 540

BOT build-operate-transfer / build-own-transfer 414, 541

BRAC Bangladesh Rural Advancement Committee 221, 404

BRICs Brazil, Russia, India, and China 522

BRICS Brazil, Russia, India, China, and South Africa 9, 529, 536, 538

BRICS 銀行 → 新開発銀行

BRT bus rapid transit 421

C

CB community business 406

CBD Convention on Biological Diversity 446, 464

CBO community-based organization 84, 103

CBT competency-based training 197

CCT conditional cash transfer 288, 290

CDC Colonial Development Corporation 5

CDF Comprehensive Development Framework 496

CEDAW Convention on the Elimination of All Forms of Discrimination Against Women 323

CLC community learning center 203

CLTS community-led total sanitation 495

CoC continuum of care 149

COMMIT Coordinated Mekong Ministerial Initiative against Trafficking 325

CRS creditors reporting system 446

CRVS civil registration and vital statistics 142

CSO civil society organization 507, 516, 542

CSR corporate social responsibility 155, 405

CSV creating shared value 405

D

DAC Development Assistance Committee 357, 486, 495, 508, 522, 536, 538, 542

DAC 新開発戦略　DAC New Development Strategy　496

DAC ドナー　DAC donors　522

DAG　Development Assistance Group　508

DDR　disarmament, demobilization and reintegration/rehabilitation　243, 248, 260, 267

DDVE　Development Dialogue on Values and Ethics　88

DHIS　district health information system　143

DHS　Demographic and Health Survey　142

DOHaD　Developmental Origins of Health and Disease　159

DOTS　Directly Observed Treatment, Short Course　138, 155

DV　domestic violence　322

E

EBRD　European Bank for Reconstruction and Development　236, 528

ECD　early childhood development　199

EDGE　enhanced data rates for global evolution　427

EFA　Education for All　173, 174, 176, 179, 188, 194, 196, 203, 204, 203, 553

EIRR　economic internal rate of return　430

EIS　environmental impact statement　432

EITI　Extractive Industries Transparency Initiative　255

EMT　Emergency Medical Team　439

EPA　economic partnership agreement　346

EPI　Expanded Programme on Immunization　148, 150, 155

ESD　Education for Sustainable Development　181, 205, 206

EU　European Union　346, 508

F

FAO　Food and Agriculture Organization of the United Nations　72, 127, 145, 158, 551

FBOs　faith-based organizations　88

FDI　foreign direct investment　386, 396

FGM/C　female genital mutilation/cutting　86, 313, 322

FGT 指数　FGT Index　277

FIDES　Fonds d'Investissements pour le développement économique et social　5

FIT　feed-in tariff　425, 461

FTA　free trade agreement　346

FTAAP　Free Trade Area of the Asia-Pacific　347

G

G20　Group of Twenty　522, 551

G7　Group of Seven　551

G77　Group of Seventy-Seven　526

GAD　gender and development　300, 306

GAID　Global Alliance for ICT and Development　186

GATT　General Agreement on Tariffs and Trade　344

GAVI　Global Alliance for Vaccines and Immunisation　151, 155

GBV　gender-based violence　322

GDP　gross domestic product　470

GFATM　Global Fund to Fight AIDS, Tuberculosis and Malaria　152

GHG　greenhouse gas　424

GM　gender mainstreaming　307

GNH　Gross National Happiness　89, 526, 547

GOARN　Global Outbreak Alert and Response Network　153

GOBI プログラム　GOBI (Growth monitoring, Oral rehydration, Breast feeding, Immunization) Program　148

GPA　grade point average　175

GPRS　general packet radio service　427

GSM　global system for mobile communications　426

GSP　Generalized System of Preferences　345

GTO　global terminal operator　415

GWP　Global Water Partnership　468

H

HAART　Highly Active Anti-Retroviral Therapy　154

HDI　Human Development Index　496, 547

HIV　human immunodeficiency virus　153, 154

I

IAEA　International Atomic Energy Agency　261

IATA　International Air Transport Association　423

IBRD　International Bank for Reconstruction and Development　10, 357

事 項 索 引　　585

ICANN　Internet Corporation for Assigned
Names and Number　75
ICAO　International Civil Aviation Organization
423
ICC　International Criminal Court　301
ICISS　International Commission on Intervention
and State Sovereignty　326
ICPD　International Conference on Population
and Development　146
ICT　information and communication technology
74, 167, 186, 194, 315, 427
IDA　International Development Association
357
IDB　Inter-American Development Bank　528
IDI　Inclusive Development Index　501
IDPs　internally displaced persons　242, 252
IDS　international development through sport
190
IEA　International Energy Agency　424
IETF　Internet Engineering Task Force　75
IFC　International Finance Corporation　445
IFPRI　International Food Policy Research Insti-
tute　72
IHR　International Health Regulations　145, 153,
550
IIRO　International Islamic Relief Organization
29
ILO　International Labour Organization　318,
396, 564
IMF　International Monetary Fund　10, 218, 367,
506, 522, 528
INCAF　International Network on Conflict and
Fragility　265
INGO　International NGO　221
INRUD　International Network for Rational Use
of Drugs　161
IOM　International Organization for Migration
59, 106, 319
IP　International Pharmacopoeia　160
IPCC　Intergovernmental Panel on Climate
Change　472
ISIS　Islamic State of Iraq and Syria　242
ISO　International Organization for Standardiza-
tion　319
IT　information technology　74

ITPGR-FA　the International Treaty on Plant
Genetic Resources for Food and Agriculture
133
ITS　intelligent transport systems　417
ITU　International Telecommunication Union
426
ITU-D　ITU Telecommunication Development
Sector　426
IWRM　Integrated Water Resources Manage-
ment　469
J
JANIC　Japan NGO Center for International
Cooperation　102, 163
JBIC　Japan Bank for International Cooperation
445, 510
JICA　Japan International Cooperation Agency
18, 45, 80, 141, 190, 409, 444, 500, 510, 512
JNNE　Japan NGO Network for Education　204
JOC　Japanese Olympic Committee　190
JOCV　Japan Overseas Cooperation Volunteers
409
K
KAP 調査　knowledge, attitudes and practices
survey　311
KPCS　Kimberley Process Certification Scheme
255, 266
L
LCC　low cost carrier　422
LDC　least developed country　357, 426, 486
LGBT　lesbian, gay, bisexual and transgender
311
LMG　Like-Minded Group　496
LMO　living modified organism　464
LRT　light rail transit　420
LTE　long term evolution　427
M
MDBs　multilateral development banks　528
MDGs　Millennium Development Goals　19, 138,
148, 150, 167, 168, 175, 176, 205, 206, 214, 224,
265, 302, 404, 428, 452, 479, 482, 485, 496, 507,
508, 532, 534, 538, 556, 564
MERCOSUR　Mercado Común del Sur　346
MERS　Middle East respiratory syndrome　153
MICS　Multiple Indicator Cluster Survey　142
MSM　men having sex with men　310

MSMEs micro, small and medium (-sized) enterprises 394

M シュワリ M-Shwari 402

M ペサ M-Pesa 402, 569

N

NAFTA North American Free Trade Agreement 346

NATO North Atlantic Treaty Organization 326

NCDs non-communicable diseases 156, 551

NDB New Development Bank 529, 536, 539

NED National Endowment for Democracy 493

NEPA National Environmental Policy Act 432

NEXI Nippon Export and Investment Insurance 445

NGO non-governmental organization 84, 102, 176, 202, 221, 406, 507, 510, 516, 542

NICs newly industrializing countries 11

NIEO New International Economic Order 6, 8, 485

NIEs newly industrializing economies 7, 217

NPM new public management 221

NPO non-profit organization / not-for-profit organization 102, 226, 406

NPT Treaty on the Non-Proliferation of Nuclear Weapons 260

NQF national qualifications framework 197, 201

NRW non-revenue water 429

NSG Nuclear Suppliers Group 261

NTDs neglected tropical diseases 153, 550

O

O&M operation and maintenance 425

OCHA United Nations Office for the Coordination of Humanitarian Affairs 304

ODA Official Development Assistance 387, 476, 478, 490, 510, 518, 522, 536, 538, 542

ODA Charter Official Development Assistance Charter 513

OECD Organisation for Economic Co-operation and Development 10, 175, 272, 357, 377, 445, 506, 508, 518, 536, 538

OECD-DAC Organisation for Economic Co-operation and Development, Development Assistance Committee 19, 357, 446, 486, 495, 508, 514, 522, 536, 538, 542

OECD 外国公務員贈賄防止条約 OECD Convention on Combating Bribery of Foreign Public Officials in International Business Transactions 215

OECF Overseas Economic Cooperation Fund 510, 512

OEEC Organisation for European Economic Co-operation 508

Off-JT off-the-job training 396

OIE World Organisation for Animal Health 145, 551

OIE コード OIE Codes 145

OJT on-the-job training 396

OPEC Organization of the Petroleum Exporting Countries 353

OTCA Overseas Technical Cooperation Agency 512

OVOP One Village One Product 408

P

PAHO Pan American Health Organization 144, 550

PDC personal digital cellular 427

PFI private finance initiative 461

PFM public finance management 368, 499

PHC primary health care 138, 140, 155, 160, 550

PHEIC public health emergency of international concern 145, 550

PISA Programme for International Student Assessment 175

PLA Participatory Learning and Action 495

PMNCH Partnership for Maternal, Newborn and Child Health 149

PoA Programme of Action on Small Arms and Light Weapons 260

PPA Participatory Poverty Assessment 282

PPB Participatory Plant Breeding 132

PPP public-private partnership 221, 375, 414, 419, 519

PRA Participatory Rural Appraisal 47, 282, 495

PRDP Participatory Rural Development Project 80

PROGRESA Programa de Educación, Salud y Alimentación 290

PRSP Poverty Reduction Strategy Paper 483, 496

事 項 索 引　　587

PTSD　pos ttraumatic stress disorder　252
R
R2P → RtoP
RBA　rights-based approach　103
RCEP　Regional Comprehensive Economic Partnership　347
RCT　randomized controlled trial　290, 337
ROSC　Report on the Observance of Standards and Codes　236
RRA　Rapid Rural Appraisal　47, 282, 495
RTA　regional trade agreements　346
RtoP　Responsibility to Protect　17, 244, 301, 326
S
SAARC　South Asian Association for Regional Cooperation　325
SACMEQ　The Southern and Eastern Africa Consortium for Monitoring Educational Quality　194
SAFTA　South Asian Free Trade Area　347
SAL　Structural Adjustment Lending　488
SALW　small arms and light weapons　242, 260
SARS　severe acute respiratory syndrome　153
SDGs　Sustainable Development Goals　19, 61, 127, 149, 150, 157, 165, 167, 175, 182, 183, 187, 203, 205, 206, 215, 300, 311, 315, 316, 319, 377, 402, 442, 469, 479, 483, 487, 497, 507, 532, 534, 537, 550, 556, 558, 567, 570
SDP　sport for development and peace　190
SFT　Sport for Tomorrow　190
SIPRI　Stockholm International Peace Research Institute　260
SMASSE　Strengthening Mathematics and Science at Secondary Education　195
SMC　school management committee　169
SMEs　small and medium (-sized) enterprises　394
SMS　short message service　75, 568
SRI　System of Rice Intensification　131
SSR　security sector reform　544
STEM　science, technology, engineering and mathematics　194
T
TICAD　Tokyo International Conference on African Development　141, 509, 518
TIMSS　Trends in International Mathematics and

Science Study　175, 194
TOSSD　Total Official Support for Sustainable Development　537
TPP　Trans-Pacific Partnership　347
TRIPS　Agreement on Trade-Related Aspects of Intellectual Property Rights　161
TTIP　Transatlantic Trade and Investment Partnership　347
TVET　technical and vocational education and training　196, 396
U
UHC　universal health coverage　65, 141, 149, 161
UMTS　universal mobile telecommunications system　427
UN-ACT　United Nations Action for Cooperation against Trafficking in Persons　325
UNCAC　United Nations Convention against Corruption　215
UNCCD　United Nations Convention to Combat Desertification　446
UNCED　United Nations Conference on Environment and Development　433, 442, 490
UNCRPD　United Nations Convention on the Rights of Persons with Disabilities　316
UNCTAD　United Nations Conference on Trade and Development　6
UNDAF　United Nations Development Assistance Framework　302, 539
UNDG　United Nations Development Group　302, 539
UNDP　United Nations Development Programme　16, 18, 224
UNESCO　United Nations Educational, Scientific and Cultural Organization　25, 175, 178, 203
UNFCCC　United Nations Framework Convention on Climate Change　446, 472
UNFCCC-COP　United Nations Framework Convention on Climate Change Conference of Parties　18
UNFPA　United Nations Population Fund　72
UNHCHR　United Nations High Commissioner for Human Rights　302
UNHCR　United Nations High Commissioner for Refugees　58, 250, 283

UNIAP United Nations Inter-Agency Project on Human Trafficking 325
UNICEF United Nations Children's Fund 80, 150, 174, 312
UNODC United Nations Office on Drugs and Crime 324
UNOSDP United Nations Office on Sport for Development and Peace 190
UNOSSC United Nations Office for South-South Cooperation 487
UNWTO United Nations World Tourism Organization 60
UPOV Union internationale pour la protection des obtentions végétales 132
USAID United States Agency for International Development 18, 142, 493

V

VAW violence against women 322
VR virtual reality 75

W

W3C World Wide Web Consortium 75
WCED World Commission on Environment and Development 490
WFDD World Faiths Development Dialogue 28, 88
WFP World Food Programme 284
WHO World Health Organization 144, 150, 158, 160, 550
WID women in development 300, 306
WSF World Social Forum 573
WTO World Trade Organization 18, 344
WWC World Water Council 468

●あ

愛知目標（愛知ターゲット） Aichi Biodiversity Targets 465
アイデンティティ identity 97, 220, 567
アカウンタビリティ accountability 225
アキュメン Acumen 403
アクセシビリティ accessibility 317
アクセスと利益配分 access and benefit sharing： ABS 465
アクラ行動計画 Accra Agenda for Action 498
アグロフォレストリー agroforestry 116
アジア・インフラ投資銀行 Asian Infrastructure Investment Bank：AIIB 19, 415, 444, 529, 536, 539
アジア開発銀行 Asian Development Bank：ADB 444, 506, 528, 536
アジア居住権連合 Asian Coalition for Housing Rights：ACHR 283
アジア太平洋経済協力 Asia Pacific Economic Cooperation：APEC 347
アジア太平洋自由貿易圏 Free Trade Area of the Asia-Pacific：FTAAP 347
アジア通貨危機 Asian Currency Crisis 367
アジェンダ21 Agenda 21 433, 490
アセアン共同体 ASEAN Community 181
アセアン経済共同体 ASEAN Economic Community：AEC 346
アセアン自由貿易地域 ASEAN Free Trade Area：AFTA 346
アダット（慣習） adat 41, 86, 229
アドボカシー advocacy 516
アーバン・アグリカルチャー urban agriculture 135
アフリカ開発会議 Tokyo International Conference on African Development：TICAD 141, 509, 518
アフリカ開発銀行 African Development Bank：AfDB 528
アフリカ睡眠病 African sleeping sickness 153
アメリカ合衆国国際開発庁 United States Agency for International Development：USAID 18, 142, 493
アメリカ第一主義 "America First" doctrine 571
アラブの春 Arab Spring 242, 263, 545
アルゼンチン危機 Argentine Crisis 367
アルマ・アタ宣言 Declaration of Alma-Ata 138, 140, 160, 300, 550
安全でない中絶 unsafe abortion 146
安全保障と開発の接近 security-development nexus 544
アンタイド性 untiedness 522
暗黙知 tacit knowledge 391

●い

イエズス会 the Society of Jesus 184
硫黄酸化物 sulfur oxides 450

事 項 索 引

違憲審査制 constitutional review 232
移行期正義 transitional justice 243, 258
イスラーム急進主義 Islamic extremism 239, 545
イスラーム国 Islamic State of Iraq and Syria：ISIS 242
イスラーム法 Islamic law 229
一時的貧困 transient poverty 549
一村一品運動 One Village One Product movement：OVOP 408
一党独裁 one-party dictatorship 566
一夫多妻制 polygamy 64
遺伝子組換え生物 living modified organism：LMO 464
遺伝資源 genetic resources 464
委任統治 League of Nations mandate 5
イノベーション innovation 170, 201, 389
移民 migrants 96, 562, 571
医薬品政策 pharmaceutical policy 160
医薬品適正使用国際ネットワーク International Network for Rational Use of Drugs：INRUD 161
インクルーシブ教育 inclusive education 178, 300, 500
インクルーシブな開発 inclusive development 224, 235, 300, 500
インクルーシブ・ビジネス inclusive business 387, 404
インターカルチュラリティ interculturality 309
インターネット internet 74, 392, 427, 568
インパクト評価 impact evaluation 271
インフォーマル居住地 informal settlement 286
インフォーマル・セクター / 部門 informal sector 67, 196, 394
インフラシステム輸出戦略 Infrastructure Systems Export Strategy 519
インフラ整備 infrastructure development 412, 414, 432

●う

ヴァリューチェーン → バリューチェーン
ウェストファリア体制 Westphalian system 4
ウェル・ビーイング well-being 36, 547
ウォーターフットプリント water footprint 134
宇宙船地球号 Spaceship Earth 20

埋め込み embedded 220
運営・維持管理 operation & maintenance：O&M 425

●え

エイズ acquired immune deficiency syndrome：AIDS 96, 139, 152, 154
栄養転換 nutrition transition 158
栄養のための行動の 10 年 Decade of Action for Nutrition 159
栄養不足 undernutrition 158, 284
栄養不良 malnutrition 199, 548
栄養不良の二重苦 double burden of malnutrition 159
エキノコックス症 echinococcosis 153
エコ・ツーリズム eco-tourism 60
エコラベリング制度 environmental labeling system 471
エコロジカル・フットプリント ecological footprint 555
エコロジー的近代化 ecological modernization 448
エージェンシー問題 agency problem 399
エスニシティ ethnicity 308
エスニック・ツーリズム ethnic tourism 60
エスニック・マイノリティ ethnic minority 96
エスノ・ポリティクス ethno-politics 221
エティック etic 27, 32
エネルギー消費量 energy consumption 556
エボラ出血熱 / エボラウイルス病 Ebola virus disease 153
エミック emic 27, 32
エンゲルの法則 Engel's law 363
円借款 Yen loan 374, 430, 514
円借款のタイド化 increase in the tied portion of yen loan 519
援助受入主体 aid recipient 524
援助協調 aid coordination 483, 498
援助供与主体 aid provider 478, 524
援助効果 aid effectiveness 517, 523
援助効果向上に関する宣言 Paris Declaration on Aid Effectiveness 525
援助調和化 aid harmonization 498
援助調和化ローマ宣言 Rome Declaration on Harmonisation 498

援助の垂直化 aid verticalization 499
援助の断片化 aid fragmentation 499, 523
援助の取引費用 transaction costs of aid 499
援助理念 aid philosophy 478
エンタイトルメント entitlement 281
エントロピー指標 entropy measure 279
エンパワーメント empowerment 84, 97, 98,
　171, 267, 307, 406, 495, 533

●お

欧州経済協力機構 Organisation for European
　Economic Co-operation：OEEC 508
欧州復興開発銀行 European Bank for Recon-
　struction and Development：EBRD 236, 528
欧州連合 European Union：EU 346, 508
応答性 responsiveness 224
汚職 corruption 211, 214, 373, 457, 532
オーナーシップ ownership 17, 95, 100, 267, 491,
　496, 521, 525
お雇い外国人 hired foreign advisors 53
オランダ病 Dutch disease 456
オリエンタリズム Orientalism 34
オルタ・グローバル化 Alter-globalization 572
オルタナティブ開発論 alternative development
　12, 546
オルタナティブ教育 alternative education 202
オンコセルカ症 → 糸状虫症
温室効果ガス greenhouse gas：GHG 424

●か

海外技術協力事業団 Overseas Technical Coop-
　eration Agency：OTCA 512
海外経済協力基金 Overseas Economic Coopera-
　tion Fund：OECF 510, 512
階級 class 62
外国公務員贈賄防止条約（OECD） OECD Con-
　vention on Combating Bribery of Foreign
　Public Officials in International Business
　Transactions 215
外国人労働力 foreign labor force 350
外国直接投資 foreign direct investment：FDI
　171, 386, 396
会社法 company law 235
カイゼン Kaizen 372, 387, 395
回転金融講 Rotating Savings and Credit Associa-

tion 101
開発援助委員会（経済協力開発機構） Develop-
　ment Assistance Committee：DAC 19, 357,
　446, 486, 495, 508, 514, 522, 536, 538, 542
開発援助グループ Development Assistance
　Group：DAG 508
開発教育 development education 516
開発協力大綱（政府開発援助大綱） Develop-
　ment Cooperation Charter 476, 500, 513, 535
開発銀行 development bank 400
開発国家 developmental state 216
開発コンサルタント development consultant
　510, 520
開発社会学 sociology of development 62
開発主義 developmentalism 63, 216
開発成果マネジメント managing for develop-
　ment results 498
開発独裁 development dictatorship 211, 212,
　216
開発と財政 public finance in development 368
開発と女性 women in development：WID 300,
　306
開発における人権の主流化 mainstreaming hu-
　man rights in development 302
開発輸入 development-related import 512
外部性 externality 372
解放の神学 Liberation Theology 88
開発（かいほつ） Kaihotsu 89
顧みられない熱帯病 neglected tropical dis-
　eases：NTDs 153, 550
核家族 nuclear family 65, 570
格差 disparity 500, 532
格差是正 disparity correction 535
拡大家族 extended family 64
核不拡散条約 Treaty on the Non-Proliferation of
　Nuclear Weapons：NPT 260
格安航空会社 low cost carrier：LCC 422
家産制的財政 patrimonial finance 368
過剰都市化 over-urbanization 66, 564
河川事業 river improvement project 430
仮想現実 virtual reality：VR 75
仮想水 virtual water 468
家族計画 family planning 147
家族農業 family farming 114
過体重 overweight 156

家畜革命　Livestock Revolution　72

価値と倫理に関する開発対話　Development Dialogue on Values and Ethics：DDVE　88

学校運営委員会　school management committee：SMC　169

活性汚泥法　activated sludge method　429

寡頭制支配　oligarchy　566

ガバナンス　governance　220, 223, 224, 293, 523

株式市場　stock market　398

貨物鉄道　freight railways　420

カリキュラム　curriculum　189, 195, 197

簡易農村調査法　Rapid Rural Appraisal：RRA　282, 495

灌漑農業　irrigated farming　128

環境アセスメント　environmental assessment　432, 444

環境影響評価法　Environmental Impact Assessment Act　432

環境影響報告書　environmental impact statement：EIS　432

環境汚染　environmental contamination　532

環境基準　environmental standards　455

環境基本法　Basic Enviroment Law　432

環境クズネッツ仮説　environmental Kuznets hypotresis　490

環境クズネッツ曲線　environmental Kuznets curve　448

環境社会配慮ガイドライン　Guidelines for Environmental and Social Considerations　444

環境社会フレームワーク　environmental and social framework　444

環境人種差別　environmental racism　466

環境正義　environmental justice　466

環境政策の後発性の利益　advantages of backwardness in environmental policy　490

環境と開発に関する世界委員会　World Commission on Environment and Development：WCED　490

環境と開発に関するリオ宣言　Rio Declaration on Environment and Development　507

監視社会　surveillance society　571

慣習法　customary law　228

感情規則　feeling rules　30

干渉と国家主権に関する国際委員会　International Commission on Intervention and State Sovereignty：ICISS　326

関税および貿易に関する一般協定　General Agreement on Tariffs and Trade：GATT　344

間接金融　indirect financing　382

感染症　infectious diseases　152, 154, 532

環大西洋貿易投資連携　Transatlantic Trade and Investment Partnership：TTIP　347

環太平洋経済連携　Trans-Pacific Partnership：TPP　347

官民パートナーシップ／連携　public-private partnership：PPP　221, 375, 414, 418, 519

●き

飢餓　hunger　283, 532

機械化　mechanization　390

機会均等　equal opportunity　99

帰還移民　return migration　106

危機移動　crisis migration　563

企業グループ　business group　399

企業統治　corporate governance　399

企業内訓練／研修　intra-corporate training／on-the-job training　196, 396

企業の社会的責任　corporate social responsibility：CSR　155, 387, 405

企業法　enterprise law　234

危険因子　risk factor　156

気候正義　climate justice　467

気候変動　climate change　468, 533, 554

気候変動に関する政府間パネル　Intergovernmental Panel on Climate Change：IPCC　472

気候変動枠組み条約　United Nations Framework Convention on Climate Change：UNFCCC　446, 472

気候変動枠組み条約締結国会議　United Nations Framework Convention on Climate Change Conference of Parties：UNFCCC-COP　18

技術移転　technology transfer　340

技術革新　technological innovation　390

技術協力　technical cooperation　514

技術職業教育・訓練　technical and vocational education and training：TVET　396

技術漏出　technology leakage　338

気象災害　weather disasters　162

規制緩和　deregulation　100
基礎教育　basic education　170
基礎教育の無償・普遍化　universal free basic education　168
北大西洋条約機構　North Atlantic Treaty Organization：NATO　326
軌道系交通機関　rail-based transit　420
ギニア虫症　Guinea worm disease　153
規模の経済　economies of scale　363
逆U字仮説　inverted U hypothesis　378
逆石油危機　negative oil shock　353
キャッチアップ型工業化　catch-up industrialization　388
キャパシティ・ディベロップメント　capacity development　520
キャパシティ・ビルディング　capacity building　99
急性栄養不良　wasting　158
急性呼吸器感染症　acute respiratory infection　152
教育2030　Education 2030　173, 206
教育格差　disparity in education　176
教育協力NGOネットワーク　Japan NGO Network for Education：JNNE　204
教育生産関数　Education Production Function　552
教員研修　teacher training　187
狂犬病　rabies　153
教授言語　medium of instruction　194
教職課程内での教員養成　pre-service teacher training　192
強靭性　resilience　305
強制移動／移住　forced migration　250, 562
競争的権威主義　competitive authoritarianism　567
共通価値の創造　creating shared value：CSV　405
共通報告基準　creditors reporting system：CRS　446
協同組合運動　cooperative movement　94
共同体社会　Gemeinschaft（独）／ communities　84, 293, 570
強力な抗ウイルス療法　Highly Active Anti-Retroviral Therapy：HAART　154
居住の権利　right to adequate housing　286

巨大都市　mega cities　66
キリスト教基礎共同体　Basic Christian Community：BCC　88
緊急期の教育　education in emergencies　182
緊急支援　emergency response　438
銀行危機　banking crisis　366
均整成長　balanced growth　378, 484
近代化論　modernization theory　2, 8, 50, 52
近代世界システム　modern world system　570
キンバリー・プロセス認証制度　Kimberley Process Certification Scheme：KPCS　255, 266
金融危機　financial crisis　366
金融自由化　financial liberalization　370
金融深化　financial deepening　382
金融仲介　financial intermediation　398
金融発展　financial development　382
金融包摂　financial inclusion　402
金融抑圧　financial repression　370
近隣圏　neighborhood sphere　570

●く

空間経済学　spatial economics　392
偶発債務　contingent liability　369
グッド・ガバナンス　good governance　215, 224, 264, 90
クラスター・アプローチ　cluster approach　251
クラスター開発　cluster development　395
グラミン銀行（グラミン・グループ）　Grameen Bank　91, 100, 221, 404
グリーン経済　green economy　227
グリーン成長　green growth　377
グレード・ポイント・アベレージ　grade point average：GPA　175
グローバルエイジング　global aging　57
グローバル化　globalization　53, 66, 180, 211, 262, 274, 330, 532, 566, 570, 572
グローバル・サプライ・チェーン → サプライ・チェーン
グローバル・シティズンシップ　global citizenship　167, 181
グローバル市民社会　global civil society　516
グローバル富裕税　global wealth tax　559
軍事政権　military regime　211

事項索引

●け

景気循環一致性　pro cyclicality　368
経口補水療法　oral rehydration therapy　148, 152
経済インフラ　economic infrastructure　412
経済格差　economic disparity　6, 8, 10, 110, 223, 535
経済協力インフラ戦略会議　Ministerial Meeting on Strategy relating Infrastructure Export and Economic Cooperation　519
経済協力開発機構　Organisation for Economic Co-operation and Development：OECD　10, 175, 272, 357, 377, 445, 506, 508, 518, 536, 538
経済協力開発機構・開発援助委員会　Organisation for Economic Co-operation and Development, Development Assistance Committee：OECD-DAC　19, 357, 446, 486, 495, 508, 514, 522, 536, 538, 542
経済成長　economic growth　11, 170, 294, 412, 532
経済成長至上主義　economic growth supremacism　3
経済内部収益率　economic internal rate of return：EIRR　430
経済ピラミッドの底辺の人々　base/bottom of the（economic）pyramid：BOP　404
経済連携協定　economic partnership agreement：EPA　346
形式知　explicit knowledge　391
傾斜関税　tariff escalation　336
継続ケア　Continuum of Care：CoC　149
携帯電話　mobile phone　74, 426, 568
ゲイツ財団　Bill & Melinda Gates Foundation　53
ケイパビリティ　capability　16, 270, 281, 289, 467
刑法　criminal law　233
契約の自由　freedom of contract　234
軽量軌道交通　light rail transit：LRT　420
下水道　sewerage　429
血縁集団　kinship group　122
結核　tuberculosis　139, 152, 155
下痢　diarrhea　152
権威主義　authoritarianism　211
研究開発　research and development　170, 340
権原 → エンタイトルメント
健康寿命　healthy life expectancy　560

減災　disaster mitigation　163, 436
原住民指定地　native reserve　118
現職教員研修　in-service training of teachers　192
原子力供給国グループ　Nuclear Suppliers Group：NSG　261
原子力発電　nuclear power generation　463
言説　discourse　25, 34, 47
憲法　constitutional law　232

●こ

行為者主体アプローチ　actor-oriented approach　44
公害　pollution　432, 454
光化学オキシダント　photochemical oxidant　450
効果的学校研究　effective school research　552
公共財　public goods　360, 372
公共財政管理　public financial management：PFM　293, 499
公共事業の民営化　privatization of public works　540
公共支出レビュー　public expenditure review　369, 499
合計特殊出生率　total fertility rate　56, 560
高血圧症　hypertension　156
抗生物質　antibiotics　152
構造調整　structural adjustment　3, 16, 18, 112, 218, 220, 373, 482, 488, 506, 526
構造調整貸付（借款）　Structural Adjustment Lending：SAL　7, 15, 488
構造的暴力　structural violence　97
高速鉄道　high-speed railway　420
交通マスタープラン　transport master plan　417
高等教育における学習成果調査　Assessment of Higher Education Learning Outcomes：AHELO　175
高度道路交通システム　intelligent transport systems：ITS　417
後発開発途上国　Least Developed Country：LDC　357, 426, 486
後発性の利益　latecomer advantages / advantage of backwardness　388
高利貸し　loan shark　100
功利主義　utilitarianism　2

合理的選択　rational choice　31
高齢化　population aging　56, 96, 157, 561
抗レトロウィルス薬　antiretroviral drugs　138
小型武器　small arms and light weapons：SALW
　　242, 260
国益　national interest　478
国際 NGO　International NGO：INGO　53, 221
国際移住機関　International Organization for
　　Migration：IOM　59, 106, 319
国際イスラーム救援機構　International Islamic
　　Relief Organization：IIRO　29
国際エネルギー機関　International Energy Agen-
　　cy：IEA　424
国際開発規範　international development norms
　　480
国際開発協会　International Development Asso-
　　ciation：IDA　357, 506
国際開発金融機関　multilateral development
　　banks：MDBs　528
国際機関　international organizations　176
国際協力 NGO センター　Japan NGO Center for
　　International Cooperation：JANIC　102, 163
国際協力機構　Japan International Cooperation
　　Agency：JICA　18, 141, 190, 409, 444, 500,
　　510
国際協力銀行　Japan Bank for International Coop-
　　eration：JBIC　445, 510
国際協力事業団　Japan International Cooperation
　　Agency：JICA　512
国際緊急援助隊緊急医療チーム　Emergency
　　Medical Team：EMT　439
国際緊急・人道支援　international emergency re-
　　lief and humanitarian assistance　304
国際金融公社　International Finance Corpora-
　　tion：IFC　445
国際経済秩序　international economic order　533
国際刑事裁判所　International Criminal Court：
　　ICC　257, 258, 301
国際原子力機関　International Atomic Energy
　　Agency：IAEA　261
国際公共財　international public goods　478
国際航空運送協会　International Air Transport
　　Association：IATA　423
国際交流基金　Japan Foundation　190
国際産業連関表　international input-output table

365
国際獣疫事務局　World Organisation for Animal
　　Health：OIE　145, 551
国際収支危機　balance of payments crisis　366
国際商品協定　international commodity agree-
　　ments　352
国際食糧政策研究所　International Food Policy
　　Research Institute：IFPRI　72
国際人口移動　international migration　560
国際人口開発会議　International Conference on
　　Population and Development：ICPD　55, 146
国際人道法　international humanitarian law　304
国際数学・理科教育動向調査　Trends in Interna-
　　tional Mathematics and Science Study：
　　TIMSS　175
国際通貨基金　International Monetary Fund：
　　IMF　10, 218, 367, 506, 522, 528
国際的な公衆衛生上の緊急事態（公衆衛生危機）
　　public health emergency of international
　　concern：PHEIC　145, 153, 550
国際電気通信連合　International Telecommunica-
　　tion Union：ITU　426
国際標準化機構　International Organization for
　　Standardization　319
国際復興開発銀行　International Bank for Recon-
　　struction and Development：IBRD　6, 10,
　　357
国際分業　international division of labor　8, 67,
　　334, 570
国際保健規則　International Health Regulations：
　　IHR　145, 153, 550
国際民間航空機構　International Civil Aviation
　　Organization：ICAO　423
国際メガイベント　international mega-events
　　81
国際薬局方　International Pharmacopoeia：IP
　　160
国際要素移動　international factor movement
　　334
国際連盟　League of Nations　54
国際労働移動　international labor migration　350
国際労働機関　International Labour Organiza-
　　tion：ILO　318, 396
国内総生産　gross domestic product：GDP　470
国内避難民　internally displaced persons：IDPs

182, 242, 250, 252, 562

国民皆保険 national health insurance 149

国民国家 nation-state 2, 4, 180 210

国民総幸福度 Gross National Happiness：GNH 89, 526, 547

国民統合 national integration 566

国民文化 national culture 40

国連開発援助枠組み United Nations Development Assistance Framework：UNDAF 302, 539

国連開発グループ United Nations Development Group：UNDG 302, 539

国連開発計画 United Nations Development Programme：UNDP 16, 18, 224, 506

国連開発の10年 United Nations development decade 506, 508, 538

国連環境開発会議 United Nations Conference on Environment and Development：UNCED 21, 433, 442, 490

国連気候変動枠組み条約 United Nations Framework Convention on Climate Change：UNFCCC 446, 472

国連気候変動枠組み条約締結国会議 United Nations Framework Convention on Climate Change Conference of Parties：UNFCCC-COP 18

国連教育科学文化機関 United Nations Educational, Scientific and Cultural Organization：UNESCO 175, 178

国連小型武器行動計画 Programme of Action on Small Arms and Light Weapons：PoA 260

国連砂漠化対処条約 United Nations Convention to Combat Desertification：UNCCD 446

国連児童基金 United Nations Children's Fund：UNICEF 150, 174, 312

国連障害者の権利に関する条約（障害者権利条約）United Nations Convention on the Rights of Persons with Disabilities：UNCRPD 178, 316, 501

国連食糧農業機関 Food and Agriculture Organization of the United Nations：FAO 72, 127, 145, 158, 551

国連人権高等弁務官 United Nations High Commissioner for Human Rights：UNHCHR 302

国連人口基金 United Nations Population Fund：

UNFPA 72

国連人道問題調整事務所 United Nations Office for the Coordination of Humanitarian Affairs：OCHA 304

国連世界観光機関 United Nations World Tourism Organization：UNWTO 60

国連世界食糧計画 World Food Programme：WFP 284

国連先住民族権利宣言 United Nations Declaration on the Rights of Indigenous Peoples 309

国連難民高等弁務官 United Nations High Commissioner for Refugees：UNHCR 58, 250, 283

国連人間環境会議 United Nations Conference on the Human Environment 20, 442

国連腐敗撤廃条約 United Nations Convention against Corruption：UNCAC 215

国連平和と開発のためのスポーツオフィス United Nations Office on Sport for Development and Peace：UNOSDP 190

国連貿易開発会議 United Nations Conference on Trade and Development：UNCTAD 6, 8, 18

国連水会議 United Nations Water Conference 468

国連ミレニアム宣言 United Nations Millennium Declaration 302, 526

国連薬物犯罪対策事務所 United Nations Office on Drugs and Crime：UNODC 324

国家環境政策法 National Environmental Policy Act：NEPA 432

国家建設 state building / nation building 213, 243, 264, 544

国家資格枠組み national qualifications framework：NQF 197, 201

国家法 → 成文法

国家優先主義 national particularism 571

固定価格買取制度 feed-in tariff：FIT 425, 461

子どもに対する暴力 violence against children 313

子どもの権利条約 Convention on the Rights of the Child 166, 173, 176, 198

子どもの生存革命 Child Survival Revolution 148

コーポレート・ガバナンス corporate governance 399

ごみ処理　waste treatment　460
コミュニティ → 共同体社会
コミュニティ学習センター　community learning
　　center：CLC　203
コミュニティ主導型トータルサニテーション
　　community-led total sanitation：CLTS　495
コミュニティ・スクール　community school　168
コモンズ　commons　117
コーラン学校　Qur'anic school　88, 166, 184, 185
コールド・チェーン　cold chain　73
コレラ　cholera　152
コロンボ・プラン　Colombo Plan　200
コンテナ港湾整備　container port development
　　419
コンピテンシー・ベースト・トレーニング
　　competency-based training：CBT　197

●さ

災害　disaster　162, 182, 436, 468, 533
最恵国条項　Most Favored Nation Clause　344,
　　346
債券市場　bond market　398
再建する責任　responsibility to rebuild　327
採取産業透明性イニシアティブ　Extractive In-
　　dustries Transparency Initiative：EITI　255
再生可能エネルギー　renewable energy：RE
　　424
財政危機　fiscal crisis　366
財政余地　fiscal space　368
在日コリアン・コミュニティ　Zainichi-Korean
　　Community　296
債務救済／削減　debt relief/reduction　380
債務繰延べ　debt rescheduling　380
債務不履行　default　356
在留資格　status of residence　350
ザカート　Zakaat　88
サステナビリティ → 持続可能性
サダカ　Sadaquah　88
殺虫剤浸漬蚊帳　insecticide-treated bed nets
　　138
砂漠化対処条約　United Nations Convention to
　　Combat Desertification：UNCCD　446
サプライ・チェーン　supply chain　76, 131, 318,
　　342, 540
サラマンカ宣言　Salamanca Statement and

framework for action on special needs educa-
　　tion　300
参加　participation　225, 311, 483
参加型開発（参加型アプローチ）　participatory
　　development　3, 13, 34, 44, 47, 84, 98, 226,
　　271, 494
参加型学習行動法　Participatory Learning and
　　Action：PLA　495
参加型植物育種　Participatory Plant Breeding：
　　PPB　132
参加型農村調査　Participatory Rural Appraisal：
　　PRA　110, 282, 495
参加型評価　participatory evaluation　98
参加型貧困調査　Participatory Poverty Assess-
　　ment：PPA　282
三角協力　triangular cooperation　487, 515
産業革命　Industrial Revolution　52, 390
産業構造変化　structural transformation　362
産業港湾　industrial port　418
産業資本主義　industrial capitalism　15
産業集積　industrial agglomeration　392
産業政策　industrial policy　216, 345, 388, 515
産業連関表　input-output table ／ inter-industry
　　table　364
産軍複合体　military-industrial complex　571
三権分立　separation of powers　210
三位一体型国際協力　trinity-style international
　　cooperation　523

●し

ジェヴォンズの逆説　Jevons paradox　20
ジェノサイド　genocide　259, 260, 305, 308, 326
ジェンダー　gender　166, 306, 322, 428, 501
ジェンダーと開発　gender and development：
　　GAD　300, 306
ジェンダーに基づく暴力　gender-based vio-
　　lence：GBV　322
ジェンダー・メインストリーミング　gender
　　mainstreaming：GM　307
ジカ熱　Zika fever　153
識字　literacy　171
シグナリング説　signaling model　170
資源禁輸　resources embargo　459
資源ナショナリズム　resource nationalism　6
資源の呪い　resource curse　292, 443, 456

資源賦存量　natural resource endowment　463

自己調査　self-enumeration　283

資産負債管理　asset liability management：ALM　369

糸状虫症　onchocerciasis　153

市場の失敗　market failure　170, 372, 485

自助努力　self-help　408, 478, 498, 502, 514

持続可能性　sustainability　129, 376, 467, 490, 501, 534

持続可能な開発　sustainable development　3, 20, 42, 442, 490

持続可能な開発のための教育　Education for Sustainable Development：ESD　181, 205, 206

持続可能な開発のための公的総資金　Total Official Support for Sustainable Development：TOSSD　537

持続可能な開発目標　Sustainable Development Goals：SDGs　19, 89, 127, 141, 149, 150, 157, 167, 175, 182, 205, 215, 265, 283, 287, 300, 303, 305, 311, 315, 316, 319, 323, 377, 402, 442, 469, 479, 483, 485, 487, 497, 507, 532, 534, 537, 538, 550, 556, 558, 567, 570

持続可能な生計アプローチ　sustainable livelihood approach　110, 271

持続可能な成長　sustainable growth　376

下からの平和　peace from below　243

実質為替レート　real exchange rate　456

質の高いインフラ・パートナーシップ　Partnership for Quality Infrastructure　375

失敗国家　failed state　238, 242, 544

私的土地所有制　private land ownership　119

児童婚 → 早婚

児童の権利に関する条約 → 子どもの権利条約

児童労働　child labor　171, 312

ジニ係数　Gini index / Gini coefficient　278, 558

地主制度　land lord-tenant famer system　118

支配株主　control shareholder　399

自文化中心主義　ethnocentrism　26

司法の独立　judicial independence　235

資本主義　capitalism　124, 134, 212, 237, 566

資本ストック　capital stock　398

資本豊富国　capital abundant country　275

市民社会　civil society　63, 88, 221, 226, 542, 570

市民社会組織　civil society organization：CSO　516, 542

市民性教育　citizenship education　181, 182

自民族中心主義　ethnocentrism　26

市民団体　civil society organization　510

社会インフラ　social infrastructure　412

社会運動　social movement　35

社会階層　social stratification　62

社会関係資本　social capital　85, 89, 91, 92, 320, 412, 570

社会経済開発投資基金　Fonds d'investissement pour le developpement économique et social：FIDES　5

社会形態　social form　107

社会行動仏教　Engaged Buddhism　2, 8, 89

社会主義　socialism　2, 11, 212, 219, 234, 236

社会情緒的発達　socio-emotional development　198

社会正義　social justice　318, 466

社会的インパクト投資　social impact investment　403

社会的な家族　social family　570

社会的な収益率　social rate of return　552

社会的な紐帯　social ties　122

社会的排除　social exclusion　85, 96, 270, 296

社会的包摂　social inclusion　87, 97

社会復帰　reintegration / rehabilitation　248

シャーガス病　Chagas disease　153

シャドウワーク　shadow work　570

首位都市　primate city　564

周縁化　marginalisation　566

就学前教育　pre-primary education / preschool education　199

就学レディネス　school readiness　198

宗教と教育　religion and education　184

住血吸虫症　schistosomiasis　153

重債務貧困国　Heavily Indebted Poor Countries　381

自由主義的法律主義　liberal legalism　230

従属理論　dependency theory　8, 50, 62

収奪的制度体系　extractive institutions　361

修復的正義　restorative justice　258

自由貿易協定　free trade agreement：FTA　346

住民移転　displacement / resettlement　320

住民移転行動計画　resettlement action plan　444

住民参加型開発　participation　44

住民参加型農村開発事業（バングラデシュ）　Par-

ticipatory Rural Development Project：PRDP
80

集約的農業　intensive farming　131

熟議民主主義　deliberative democracy　227

熟練労働者　skilled worker/labor　391

出生・死亡登録と動態統計　civil registration and vital statistics：CRVS　142

需要主導型訓練　demand-driven training / demand-oriented training　397

手話　sign language　32

省エネルギー　energy saving　455

障害　disability　24, 32, 96, 317

生涯学習　lifelong learning　167, 186, 202

障害児　children with disabilities　178

障害者基本法　Basic Act for Persons with Disabilities　316

障害者の権利に関する条約（障害者権利条約）United Nations Convention on the Rights of Persons with Disabilities：UNCRPD　178, 316, 501

障害者法　disability law　316

障害統計　disability statistics　317

障害と開発　disability and development　33

障害の医療モデル　medical model of disability　33

障害の社会モデル　social model of disability　33

蒸気機関　steam engine　390

商業港湾　commercial port　418

譲許性　concessionality　522

条件付き現金給付/所得移転　Conditional Cash Transfer：CCT　288, 290

証券投資　portfolio investment　383

少子高齢化（少子化）　fertility decline and population ageing　56, 560

浄水場　water treatment plant　428

少数株主　minority shareholder　399

小島嶼開発途上国　small island developing state　357

消費社会化　consumerization　67

情報格差　digital divide　74

情報生産　information procession　398

情報通信技術　information and communication technology：ICT　51, 74, 167, 186, 194, 315, 427, 533, 569

情報通信技術と開発のための世界同盟　Global Alliance for ICT and Development：GAID　186

情報の非対称性　information asymmetry / asymmetric information　371, 372, 398

上腕囲計測　upper arm circumference　158

職業技術教育訓練　technical and vocational education and training：TVET　196, 396

職業人材育成　industrial skills development　196

殖産興業　encouragement of new industry　52

職の二極化　job polarization　397

植物遺伝資源　plant genetic resources　132

植物の新品種の保護に関する国際同盟　International Convention for the Protection of New Varieties of Plants　132

植民地開発公社　Colonial Development Corporation：CDC　5

植民地開発福祉法　Colonial Development and Welfare Act　5

植民地開発法　Colonial Development Act　5

植民地支配　colonialism / colonial rule　4, 34, 46, 94, 200, 220

植民地独立付与宣言　Declaration on the Granting of Independence to Colonial Countries and Peoples　239

植民地都市　colonial city　564

食料安全保障　food security　114, 125, 127, 284

食糧安全保障に関するローマ宣言　The Rome Declaration on World Food Security　159

食糧危機　food crisis　468

食料需給表　food balance sheet　158

食糧主権　food sovereignty　133, 135

食料農業のための植物遺伝資源に関する国際条約　International Treaty on Plant Genetic Resources for Food and Agriculture：ITPGR-FA　133

食料の自給　self-sufficiency　122

女子教育　girls education　166

女性差別撤廃条約　Convention on the Elimination of All Forms of Discrimination Against Women：CEDAW　323

女性性器切除　female genital mutilation/cutting：FGM/C　80, 322

女性に対する暴力　violence against women：VAW　322

女性に対する暴力に関する特別報告者　Special

Rapporteur on violence against women, its causes and consequences 256

女性に対する暴力の撤廃に関する宣言 Declaration on the Elimination of Violence against Women 256

女性・平和・安全保障に関する行動計画 National Action Plan on Women, Peace and Security 257

初等教育 primary education 252

初等教育の無償・普遍化 universal free primary education 167, 168, 198

所得格差 income disparties → 経済格差

所得創出活動 income-generating activity 100

所得貧困 income poverty 496

ショートメッセージサービス short message service：SMS 75, 568

ジョムティエン宣言 Jomtien Declaration → 万人のための教育世界宣言

自律 autonomy 220

自立 self-reliance 478

人為的低金利規制 artificial low interest rate policy 370

新開発銀行 New Development Bank：NDB 529, 536, 539

新家産制国家 neo-patrimonial state 212, 220

新経済成長論 new growth theory 358

心血管疾患 cardiovascular disease 156

人権 human rights 96, 210, 225, 316, 532, 543

人権基盤型アプローチ human rights-based approach：RBA 103, 301, 302, 304, 312

人口移動に関するプッシュ-プル理論 push and pull theory of migration 58

新興援助国（新興ドナー） emerging donor 265, 478, 482, 486, 523

人口オーナス demographic onus／demographic tax 57

新興感染症 emerging diseases 153

信仰基盤組織 faith-based organizations：FBOs 88

新公共経営 new public management：NPM 221

新興工業経済 newly industrializing economies：NIEs 7, 217

新興工業国 newly industrializing countries：NICs 11

新興国 emerging countries 3, 9, 522, 533, 570

新興市場経済 emerging market economies 383

人口増加 population growth 54, 115, 532

新構造主義経済学 New Structural Economics 373

人工知能 artificial intelligence：AI 75

人口転換 demographic transition 54

新興ドナー → 新興援助国

人口爆発 population explosion 54, 56

人口保健調査 Demographic and Health Surveys：DHS 142

人口ボーナス demographic bonus／demographic dividend 56, 293, 560

人口抑制策 population control measure 56

新国際経済秩序 New International Economic Order：NIEO 6, 8, 485, 526

新古典派経済学 neo-classical economics 17, 170

新古典派経済成長論 neo-classical growth theory 358

真実委員会 truth commission 258

新自由主義 neo-liberalism 15, 100, 211, 221, 287

人種差別 race discriminateon 2, 97

人身取引 human trafficking／trafficking in persons 322, 324

人身取引対策に関するメコン地域6か国の閣僚級の協力枠組み Coordinated Mekong Ministerial Initiative against Trafficking：COMMT 325

人身取引対策のための国連合同プロジェクト United Nations Inter-Agency Project on Human Trafficking：UNIAP 325

身体性 embodiment 25

人畜共通感染症 zoonosis 152

新中間層 new middle-class 62

心的外傷後ストレス障害 post traumatic stress disorder：PTSD 252

人的資本理論 human capital theory 166, 170, 204, 552

人道原則 humanitarian principles 304

人道支援 humanitarian assistance 252, 514

人道的介入 humanitarian intervention 244, 326

人道に対する罪 crime against humanity 257, 260, 326

人道への課題 Agenda for Humanity 305

親密圏 intimate sphere 570

親密なパートナーによる暴力 intimate partner

violence：IPV 322
信用割当 credit rationing 370, 398
人類学 anthropology 25, 46

●す

垂直の公正 vertical equity 176
垂直分業 vertical international specialization 332
水平の公正 horizontal equity 176
水平分業 horizontal international specialization 332
スキルミスマッチ skills mismatch 396
スクォッター地区 → 不法居住地域
裾野産業 supporting industry 386
ストックホルム会議 The Stockholm Conference → 国連人間環境会議
ストックホルム国際平和研究所 Stockholm International Peace Research Institute：SIPRI 260
ストリート・チルドレン street children 171
ストルパー・サミュエルソン定理 Stolper-Samuelson theorem 274
頭脳流出 brain drain 106
スパゲッティ・ボウル現象 spaghetti bowl effect 347
スフィア・プロジェクト Sphere Project 163
すべての人々に健康を Health for All 138, 140
スポーツ・フォー・トゥモロー Sport for Tomorrow：SFT 190
スポーツを通じた開発 international development through sport：IDS 190
スラム slum 286, 452

●せ

性悪説 malign model 338
西欧至上主義 Western supremacism 2
生活改善アプローチ livelihood improvement approach 110, 121
生活改良普及員 livelihood improvement extension worker／home advisor 121
生活習慣病 lifestyle-related disease 156
生活習慣病胎児期発症起源 Developmental Origins of Health and Disease：DOHaD 159
生活レベルランキング wealth ranking 289
性感染症 sexually transmitted disease 153

生業の多様化 diversification of subsistence 112, 122
生計手段の喪失 loss of livelihood 320
政策条件 conditionality 222, 356, 522
政策・制度環境 policy and institutional enabling environment 517
政策対話 policy dialogue 373, 488
政策評価 policy evaluation 290
政治的起業家 political entrepreneur 566
脆弱国家 fragile state 219, 238, 242, 244, 264
脆弱性 vulnerability 316, 548
性善説 benign model 338
生態系サービス ecological service 464
生態的農業システム ecological system of agriculture 124
『成長の限界』 The Limits to Growth 20, 55, 376, 555
成長のための基礎教育イニシアティブ Basic Education for Growth Initiative：BEGIN 205
成長モニタリング growth monitoring 148, 158
正当性（正統性） legitimacy 94, 210, 224, 228, 262, 264
生徒の学習到達度調査 Programme for International Student Assessment：PISA 175
青年海外協力隊 Japan Overseas Cooperation Volunteers：JOCV 190, 195, 409, 511
生の保障 security of life 95
政府開発援助 Official Development Assistance：ODA 387, 490, 510, 518, 522, 536, 538, 542
政府開発援助大綱 Official Development Assistance Charter：ODA Charter 513
政府開発協力大綱 Development Cooperation Charter 476, 500, 513, 535
生物多様性 biodiversity 468
生物多様性条約 Convention on Biological Diversity：CBD 446, 464, 555
政府の失敗 government failure 373
政府予算制約 government budget constraint 368
成文法 written law 228
西洋の衝撃 Western impact 4
世界エイズ・結核・マラリア対策基金 Global Fund to Fight AIDS, Tuberculosis and Malaria：GFATM 138, 152, 539, 551
世界教育フォーラム World Education Forum

173

世界銀行　World Bank　6, 10, 18, 92, 218, 224,
　236, 282, 320, 444, 506, 558
世界銀行グループ　World Bank groups　9, 526
世界経済フォーラム　World Economic Forum
　468
世界健康安全保障　global health security　145
世界システム論　World-System theory　46, 50,
　58
世界社会フォーラム　World Social Forum：WSF
　573
世界食糧計画　World Food Programme：WFP
　127
世界女性会議　World Conference on Women
　147, 256
世界人権宣言　Universal Declaration of Human
　Rights　58, 166, 176
世界人口会議　World Population Conference　55
世界信仰開発対話　World Faiths Development
　Dialogue：WFDD　88
世界人口行動計画　World Population Plan of Ac-
　tion　55
世界人道サミット　World Humanitarian Summit
　253, 265
世界正義　global justice　467
世界政府　world government　533
世界津波の日　World Tsunami Awareness Day
　437
世界貿易機関　World Trade Organization：WTO
　18, 344
世界保健機関　World Health Organization：WHO
　144, 150, 158, 160, 550
世界保健規則　International Health Regulations：
　IHR　153
世界保健総会　World Health Assembly　140
世界水会議　World Water Council：WWC　468
世界水パートナーシップ　Global Water Partner-
　ship：GWP　468
赤道原則　Equator Principles　444
石油危機　oil shocks　8, 353
石油輸出国機構　Organization of the Petroleum
　Exporting Countries：OPEC　353
セクシュアル・ハラスメント　sexual harassment
　322
セクシュアル・マイノリティ　sexual minorities

96

積極的平和　positive peace　521
セックス・ツーリズム　sex tourism　61
絶対的貧困　absolute poverty　11, 280, 292, 485
説明責任　accountability　100
セーフガード・ポリシー・ステートメント　Safe-
　guard Policy Statement　444
セーブ・ザ・チルドレン　Save the Children　252
セーフティ・ネット　safety net　275
選挙民主政　electoral democracy　213
センサス　census　317
戦時性暴力　wartime sexual violence　256
全市民参画的（包摂的）な発展　inclusive de-
　velopment　235
先住民　indigenous people / indigene　96
戦争犯罪　war crimes　253, 256, 326
仙台防災枠組み　Sendai Framework for Disaster
　Risk Reduction　305
全米民主主義基金　National Endowment for
　Democracy：NED　493
全要素生産性　total factor productivity　11

●そ

僧院学校　buddhist monastery school　184
相互説明責任　mutual accountability　498
相互扶助　mutual support　85, 90
早婚　early marriage　322
創造的破壊　creative destruction　360
想像の共同体　imaginedy communit　180
相対的剥奪　relative deprivation　283
相対的貧困　relative poverty / comparative
　poverty　280, 535
象皮病　elephantiasis　153
速成農村調査 → 簡易農村調査
ソーシャル・キャピタル → 社会関係資本
ソーシャル・ビジネス　social business　395
租税弾性値　buoyancy　369
粗放的大農法　extensive farming　130
尊厳　dignity　17

●た

対応する責任　responsibility to react　326
対外経済援助八原則　China's Eight Principles for
　Economic Aid　486, 503
対外債務　external debt　380

事項索引

大学　university　200, 510
大気汚染　air pollution　450
第三国定住　resettlement　251
第三世界　Third World　522
第三世代携帯電話　third generation mobile phone：3G　74
大衆の専制　tyranny of majority　566
代替資力調査　proxy means testing　289
第二世代携帯電話　second generation mobile phone：2G　74
第2のアンバンドリング　second unbundling　342
ダイヤモンド・モデル　diamond model　392
第四世界　Fourth World　9
大量虐殺 → ジェノサイド
大量破壊兵器　weapons of mass destruction　263
タイル指標　Theil measure　278
ダウリー　dowry　322
ダウンサイド・リスク　downside risks　17
高潮　storm surge　436
ダカール行動枠組み　Dakar Framework for Action　176, 204, 206
ターゲティング　targeting　289
多国籍アグリビジネス　multinational agribusiness　124
多次元貧困指数　multidimensional poverty index　548
他者性　otherness　34
多重なアイデンティティ　multiple identity　176
脱開発 → ポスト開発
脱領域化　deterritorialization　106
たばこの規制に関する世界保健機関枠組み条約　WHO Framework Convention on Tobacco Control　157
多品種栽培　multi cropping　116
タブー　taboo　317
多文化主義　multiculturalism　309
多民族国家　multi-ethnic nation　40
ダム　dam　430
多面的な剥奪　multidimensional deprivation　548
ダーラ　daara　→ コーラン学校
足るを知る経済　Sufficiency Economy　89, 127
男女格差　men-women gaps　570
男性と開発　man and development：MAD　307
男性のセクシャリティ　male sexuality　147

●ち

治安部門改革　security sector reform：SSR　243, 544
地域環境制度　regional environmental institutions　447
地域経済振興　regional economic development　392
地域コミュニティ　local community　100, 570
地域的近代化　regional modernization　547
地域内循環型経済　regional economic circulation system　407
地域貿易協定　regional trade agreements：RTA　346
地域保健情報システム　district health information system：DHIS　143
地縁集団　territorial group　122
置換移動　replacement migration　561
地球温暖化　global warming　227
地球規模感染症に対する警戒と対応ネットワーク　Global Outbreak Alert and Response Network：GOARN　153
地球規模の課題　global issues　153, 482
地球サミット → UNCED
チクングニヤ熱　Chikungunya fever　153
知識共同体　epistemic community　447
地中海出血熱　Mediterranean hemorrhagic fever　153
窒素酸化物　nitrogen oxides　450
知的財産権　intellectual property rights　340
知的所有権の貿易関連の側面に関する協定　Agreement on Trade-Related Aspects of Intellectual Property Rights：TRIPS　161
知の生産　production of knowledge　34
地方自治体　local government　510
地方分権　decentralization　84, 100, 226
中間層　middle class　67, 70, 77
中間団体　intermediate organizations　570
中小企業　small and medium (-sized) enterprises：SMEs　394
中所得国の罠（中進国の罠）　middle-income trap　337, 389, 558
中心-周辺説　Center-Periphery theory → 従属理論
中絶　abortion　146

事項索引

調整の社会的側面　social dimension of adjustment　489
直接監視下短期化学療法　Directly Observed Treatment, Short Course：DOTS　138, 155
直接金融　direct financing　382
直接投資 → 外国直接投資
直接民主主義　direct democracy　223

●つ

通貨危機　currency crisis　366
通商による平和　peace through commerce　266
通常兵器　conventional weapons　260
ツー・ギャップ・アプローチ　two gap approach　484
ツー・ステップ・ローン　two-step loan　395
津波　tsunami　436

●て

ディアスポラ　diaspora　85, 106
ディアスポラ関連閣僚会議　Diaspora Ministerial Conference　106
低開発　underdevelopment　546
低学費私立学校　low-fee private schools　188
帝国主義　imperialism　4
定住者資格　long-term residence　350
ディスエンパワーメント　disempowerment　99
ディーセント・ワーク　decent work　76, 318
低体重　underweight　158
適正技術　appropriate technology　13, 21, 120, 361, 407
デジタル革命　Digital Revolution　74
デジタル・デバイド　digital divide　74
テロリズム（テロ）　terrorism　262, 532
デング熱　dengue fever　153
電源特性　power source charateristics　462
電子マネー　mobile money　569
伝統的権利　traditional rights　95
伝統的ドナー　traditional donor　537
天然資源　natural resources → 紛争資源
電力　electric power　390, 424, 462

●と

動員解除　demobilization　248
同化　assimilation　35, 308
東京オリンピック・パラリンピック　Tokyo Olympic,Paralympic Games　190
統合的水資源管理　integrated water resources management：IWRM　469
投資環境整備　investment climate improvement　373
当事者意識 → オーナーシップ
投資法　investment law　234
島嶼港湾　island port　418
東南アジア諸国連合　Association of South‐east Asian Nations：ASEAN　347
糖尿病　diabetes　156
透明性　transparency　225
独裁　dictatorship　532
特定非営利活動促進法　Act on Promotion of Specified Non-profit Activities　102
都市インフォーマル部門　urban informal sector　564
都市化　urbanization　67, 292
都市開発　urban development　68
都市高速道路　urban expressway　417
都市中間層　urban middle class　565
都市鉄道　urban railways　420
都市貧困層　urban poor　66
都市への権利　right to the city　287
土地共有制　common land ownership　118
土地生産性　land productivity　292
土地制度　land system　118
特許　patent　340
特恵関税制度　Generalized System of Preferences：GSP　345
ドッド・フランク法　Dodd-Frank Act　255, 459
徒弟制度　apprenticeship　196
ドナー　donor → 援助供与主体
土のう　Do-nou　434
ドメスティック・バイオレンス　domestic violence：DV　322
トラック2外交　track-two diplomacy　266
トランスナショナル教育　transnational education　201
トランプ現象　Trump phenomenon　566
トリアージ　triage　163
鳥インフルエンザ　Avian influenza　153
トリックル・ダウン　trickle-down　11, 378, 484
トリックル・ダウン仮説　trickle down hypothesis　524

取引の安全 security of transaction 234

●な

内生的経済成長論 Endogenous Growth Theory 170, 359, 360
内政不干渉原則 non-interference principle 486
内発的発展 endogenous development 9, 12, 21, 88, 546
内陸国 land locked country 357
名古屋議定書 Nagoya Protocol on Access and Benefit-sharing / Nagoya Protocol 465, 555
ナショナリズム nationalism 25, 38, 180
ナショナル・カルチャー national culture 40
南南協力 South-South cooperation 483, 486, 507, 522, 537
南南協力オフィス UN Office for South-South Cooperation：UNOSSC 486
南米南部共同市場 Mercado Común del Sur：MERCOSUR 346
南北問題 North-South problem / North-South Issues 2, 8, 18, 212, 262, 482
難民 refugees 58, 96, 182, 242, 250, 252, 254, 562, 571
難民状態の長期化 protracted refugee situations 250

●に

ニクソン・ショック Nixon shock 352
二次的自然 secondary nature 116
2乗貧困ギャップ比率 squared poverty gap ratio 277
日本アフリカ官民経済フォーラム Japan-Africa Business Conference 518
日本開発銀行 Japan Development Bank 400
日本型援助アプローチ Japanese aid approach 503
日本政策投資銀行 Development Bank of Japan 401
日本の援助 Japan's development assistance 514
日本の教育協力政策 2011-2015 Japan's Education Cooperation Policy 2011-15 205
日本貿易保険 Nippon Export and Investment Insurance：NEXI 445
ニュー・アーバン・アジェンダ New Urban Agenda 71

入国管理法 Immigration Control and Refugee Recognition Act 350
乳幼児死亡率 child mortality rate 292
人間開発 human development 3, 13, 16
人間開発指数 Human Development Index：HDI 7, 16, 547
人間開発報告書 Human Development Report 16
人間の安全保障 human security 16, 247, 252, 483, 513, 514, 521, 538
人間の顔をした調整 Adjustment with a Human Face 15
妊産婦死亡 maternal mortality 146
認知的発達 cognitive development 199

●ね

ネリカ米 New Rice for Africa：NERICA 131

●の

脳化 brainization 36
農業革命 Agricultural Revolution 130
農業生産性 agricultural productivity 292
農業・農村の多面的機能 multifunctionality of agriculture and rural area 120
農業の資本主義化 capitalistic development of agriculture 124
農村開発 rural development 110, 120
農村生活改善 → 生活改善アプローチ
農村の貧困撲滅 → 貧困削減
農道 rural road 434
囊胞症 cysticercosis 153
農民の両極化 polarization of farmers 125
ノブレス・オブリジュ noblesse oblige 486
ノンフォーマル教育 nonformal education 171, 202

●は

肺炎 pneumonia 152
廃棄物管理 waste management 460
ハイパーインフレーション hyperinflation 366
剥奪 deprivation 270
はしか measles 152
バス高速輸送システム bus rapid transit：BRT 421
破綻国家 failed state / collapsed state 211

事 項 索 引

バーチャル・ウォーター　virtual water　468
発育不良/阻害　stunting　199, 285
発展の権利　right to development　302
発展の権利に関する宣言　Declaration on the
　　Right to Development　302
パートシャーラー　patshara　184
パートナーシップ　partnership　497, 517, 542
パトロン-クライアント関係　patron-client re-
　　lationship　101, 567
母親の健康　maternal health　146
パパママストア　mom and pop store　77
パラトランジット　paratransit　416
パリ協定　Paris Agreement　424, 472
バリューチェーン　value chain　76, 346
反グローバル化　anti-globalization　573
反景気循環性　counter cyclicality　368
犯罪　crimes　96, 215, 246, 256, 301, 324, 532
ハンセン病　leprosy　153
万人のための教育　Education for All：EFA　173,
　　174, 179, 188, 194, 196, 203, 204, 206, 553
万人のための教育世界会議　World Conference on
　　Education for All　167
万人のための教育世界宣言　World Declaration on
　　Education for All　176, 300, 501
汎米保健機構　Pan American Health Organiza-
　　tion：PAHO　144, 550
汎用技術　general purpose technology　390

●ひ

非営利団体　non-profit organization / not-for-
　　profit organization：NPO　102
比較優位　comparative advantage　334, 373, 471
東アジア地域包括的経済連携　Regional Compre-
　　hensive Economic Partnership：RCEP　347
東アジアの奇跡　East Asian Miracle　216, 337,
　　373
東日本大震災　Great East Japan Earthquake　17
非感染性疾患　non-communicable diseases：NCD
　　139, 156, 551
ピグー・ドールトン条件　Pigou-Dalton principle
　　279
非公式法　informal law　228
庇護国への統合　local integration to the country
　　of asylum　251
被差別部落　discriminated Buraku community

　　296
非識字　illiteracy　202
ビジネス開発サービス　business development
　　services：BDS　394
ビジネス基盤型平和構築　business-based peace-
　　building　267
非自発性　involuntariness　320
非自由主義的民主主義　illiberal democracy　213,
　　566
非熟練労働者　unskilled worker　391
非所得貧困　non-income poverty　496
非政府組織　non-governmental organization：
　　NGO　102, 176, 516, 542
ビッグ・プッシュ（・アプローチ）　big push
　　（approach）　363, 482, 484
ビッグ・ブラザー　Big Brother　571
必須医薬品　essential drug　139, 160
人の移動　migration　58, 562
人々のセンサス　people's census　283
ヒト免疫不全ウイルス　human immunodeficiency
　　virus：HIV　154
避妊方法　contraception　147
ピネイロ原則　Pinheiro Principles　255
肥満　obesity　156, 159
百日咳　pertussis　152
費用効果分析　Cost Effectiveness Analysis　552
平等　equality　176
標本調査　sample survey　317
被抑圧者の教育学　Pedagogy of the Oppressed
　　84
肥料　fertilizer　130, 555
貧困　poverty　96, 532, 535
貧困ギャップ比率　poverty gap ratio　276, 548
貧困計測　poverty measurement　548
貧困削減／緩和　poverty reduction / poverty
　　alleviation　3, 110, 114, 170, 316, 478, 482
貧困削減戦略書　Poverty Reduction Strategy
　　Paper：PRSP　271, 381, 483, 496
貧困者比率　head count ratio / poverty headcount
　　ratio　276, 548
貧困線　poverty line　270, 272, 276, 280, 283, 294
貧困層　the poor / poor people　62, 402
貧困の主流化　poverty main-streaming　496
貧困の文化　culture of poverty　564
貧困の罠　poverty trap　281, 363

品質・生産性向上　quality and productivity improvement　395

●ふ

ファーミング・システム　farming system　126
フィージビリティ調査　feasibility study　520
フェア・ウオッシュ　fair wash　349
フェアトレード　fair trade / fairtrade　73, 76, 135, 348
富栄養化　eutrophication　428
フェースブック　Facebook　569
武器貿易条約　Arms Trade Treaty：ATT　260
不均整成長　unbalanced growth　378
複合差別　complex discrimination / multiple discrimination　310, 317
複合的緊急事態　complex emergencies　183
複数指標クラスター調査　Multiple Indicator Cluster Survey：MICS　142
複数政党制　multi-party system　211
複線型成長　dual industrial growth　337
不顕性感染　inapparent infection　152
富国強兵　rich country, strong army　52
釜山パートナーシップ　Busan Partnership　486, 498
不就学の児童生徒　out-of-school children　202
武装解除　disarmament　248
武装解除・動員解除・社会復帰　disarmament, demobilization, rehabilitation/reintegration：DDR　243, 260
復興金融金庫　Reconstruction Finance Bank　400
復興支援　reconstruction assistance　438
プッシュ-プル理論　push and pull theory of migration　58
フード・システム　food system　110, 135
フード・マイレージ　food mileage / food miles　134
フード・レジーム　food regimes　134
腐敗 → 汚職
不平等　inequality　532, 558
普遍的価値　universal value　478
不法居住地区　squatter settlements　66, 286
ブーメラン効果　boomerang effect　491
浮遊粒子状物質　suspended particulate matter　450

プライベート・ファイナンス・イニシアティブ　private finance initiative：PFI　461
プライマリ・ヘルス・ケア　primary health care：PHC　138, 140, 155, 160, 550
フラグメンテーション　fragmentation　389
プラザ合意　Plaza Accord　332
プラネタリー・ヘルス委員会　Commission on Planetary Health　551
ブラヒミ報告　Brahimi Report　243
フランコ・アラブ学校　Franco-Arab school　185
フランシスコ会　Order of Friars Minor　184
フリーダム・ハウス　Freedom House　222
フリー・ライダー　free rider　372
ブルー・ウォーター　blue water　554
ブルー・オーチャード　Blue Orchard　403
ブルリ潰瘍　Buruli ulcer　153
ブルントラント委員会　World Commission on Environment and Development：WCED　490
プレカリアート　precariat　95
ブレトンウッズ会議　Bretton Woods Conference　6, 218
プレビッシュ報告　Prebisch Report　352
プログラム融資　program loan　367
プロサバンナ　ProSAVANA　487
プロジェクト・サイクル　project cycle　520
プロジェクト・ファインディング　project finding　520
プロセス・ドキュメンテーション　process documentation　25
フローチャート・アプローチ　flowchart approach　392
ブロードバンド　broadband　74, 426
文化人類学 → 人類学
文化相対主義　cultural relativism　2, 26
文化多様性　cultural diversity　42
文化帝国主義　cultural imperialism　78
文化的合理性　cultural rationality　30
文化特異性障害　culture-specific disorder　32
紛争　conflict　182, 252, 532
紛争下の性暴力　sexual violence in conflict　322
紛争鉱物取引規制　regulation on conflict minerals　459
紛争後の平和構築　post-conflict peacebuilding　243
紛争資源　conflict resources　254, 458

紛争と脆弱性に関する国際ネットワーク Inter-national Network on Conflict and Fragility：INCAF　265

紛争予防　conflict prevention　243, 244, 255

分離独立運動　secessionism　221

●へ

平均寿命　life expectancy　292

米州開発銀行　Inter-American Development Bank：IDB　528

平和維持　peacekeeping　243, 244

平和教育　peace education　182

平和構築　peacebuilding　242, 244, 246, 254, 264, 521

平和創造　peacemaking　243, 244

平和と成長のための学びの戦略　Learning Strategy for Peace and Growth　205

平和の文化　culture of peace

北京コンセンサス　Beijing Consensus　567

北京宣言　Beijing Declaration　300

ヘクシャー・オリーン・モデル　Heckscher-Ohlin model　470

ベーシック・ヒューマン・ニーズ　Basic Human Needs：BHN　7, 11, 301, 302, 412, 482, 485

ベース・オブ・ザ・ピラミッド → BOP

ペティ・クラークの法則　Petty-Clark's law　362

変動係数　coefficient of variation　278

●ほ

保育（乳幼児のケアと教育）　early childhood care and education　199

ポイント・フォア提案　Point Four Program　482

貿易空港　trading airport　423

崩壊国家　collapsed state　238, 242

包括的開発枠組み　Comprehensive Development Framework：CDF　7, 496

包括的制度体系　inclusive institutions　361

法系論　legal origin theory　237

方向付けられた技術進歩　directed technical change　361

防災　disaster prevention　163, 436

法整備支援　assistance for legal development　230, 237

法整備指標　legal indicators　236

包摂性　inclusive　224

包摂的な開発 → インクルーシブな開発

法多元主義　legal pluralism　228

法と開発　law and development　230

法の移植　legal transplant　236

法の支配　rule of law　225, 246, 258

亡命申請者　asylum seeker　250

北米自由貿易協定　North American Free Trade Agreement：NAFTA　346

保健医療情報システム　Health Management Information System / Health Information System　139, 142

保護クラスター　protection cluster　251

保護する責任　responsibility to protect：RtoP, R2P　17, 244, 301, 326

保護貿易主義　trade protectionism　332

母子健康手帳　maternal and child health handbook　149, 151

母子保健　maternal and child health　148

ポスト開発　post-development　35, 546

ホスト-ゲスト関係　host-guest relationship　60

ポスト真実　Post Truth　566

ポスト・リベラル・ピースビルディング　post liberal peacebuilding　243

母乳育児　breastfeeding　148

ポピュリズム　populism　213

ボランティア活動　volunteer activities　515

●ま

マイクロクレジット　microcredit　100

マイクロファイナンス　microfinance　85, 100, 271, 289, 387, 394

マイクロ保険　micro insurance　271

マイノリティ　minority　25, 40, 310

マクドナルド化　McDonaldization　51, 76

マーシャル・プラン　Marshall Plan　6

マドラサ　madrasa　→ コーラン学校

マラリア　malaria　139, 152, 154

マルクス主義　Marxism　17

慢性栄養不良　stunting　158

慢性疾患　chronic diseases　156

慢性的貧困　chronic poverty　549

●み

水ガバナンス　water governance　469

水の安全保障　water security　469

道普請人　Community Road Empowerment：
　CORE　435
ミッション・スクール　Christian missionary
　school　184
ミティゲーション　mitigation　433
緑の革命　Green Revolution　113, 485, 72, 129,
　130
ミドルクラス→中間層
南アジア自由貿易地域　South Asian Free Trade
　Area：SAFTA　347
南アジア地域協力連合　South Asian Association
　for Regional Cooperation：SAARC　325
ミレニアム開発目標　Millennium Development
　Goals：MDGs　7, 19, 138, 141, 148, 150, 167,
　168, 175, 176, 205, 206, 214, 224, 265, 271, 302,
　404, 428, 452, 479, 482, 485, 507, 508, ,532, 538,
　550, 556, 564
ミレニアム・サミット　Millennium Summit　7
ミレニアル世代　millennial generation　314
民営化　privatization　100
民主化　democratization　63, 84, 220, 222, 226,
　490, 492, 556
民主主義　democracy　227, 246, 466, 533
民主的平和論　democratic peace theory　223
民族　nation / ethnic group　308
民族主義　nationalism　2
民族浄化　ethnic cleansing　256, 326
民族性　ethnicity　39
民法典　civil code　234, 237

●む

無権利居住者　squatter　283, 286
無収水　non-revenue water：NRW　428
無償援助　grant aid　499, 514
無条件所得移転　unconditional cash transfer
　288
無償資金協力→無償援助
村請制度　village-wide, collective responsibility
　for tax payment　118

●め

名誉殺人　honor killing　322
メガシティ　mega city　564
メキシコ壁画運動　Mexican muralism　39
メルコスール→南米南部共同市場

●も

もう一つの発展論→オルタナティブ開発論
モータリゼーション　motorization　71
モデル法　model laws　236
モラル・エコノミー　moral economy　85, 94
モンテレー合意　Monterrey Agreement　498

●や

薬剤耐性　antimicrobial resistance：AMR　145,
　551

●ゆ

有限責任の原則　principle of limited liability　398
有償援助（有償資金協力）　loan aid　374, 430, 499,
　514
輸出志向工業化　export-oriented industrialization
　7, 11, 18, 336, 345
輸出振興　export promotion　388
ユース・バルジ　youth bulge　560
ユニバーサル・アクセス　universal access　74
ユニバーサル・ヘルス・カバレッジ　Universal
　Health Coverage：UHC　65, 139, 141, 149,
　161
輸入代替　import substitution　388
輸入代替工業化　import substitution indus-
　trialization　11, 336, 345
ユネスコ→UNESCO

●よ

良いガバナンス→グッド・ガバナンス
良い暮らし指標　Better Life Index：BLI　547
良い生活→ウェル・ビーイング
幼児教育　early childhood education　199
要素賦存状況　factor endowment　361, 373
要素賦存定理　factor endowment theorem　335
幼稚産業　infant industry　335, 336, 372
予防する責任　responsibility to prevent　326
予防接種　immunization　139, 148, 150, 152
予防接種拡大計画　Expanded Programme on Im-
　munization：EPI　148, 150, 155
より良い復興　build back better　438
弱い国家　weak states　219

●ら

ライク・マインデッド・グループ　Like-Minded Group：LMG　496

ライフ・スキル　life skills　171

ライーヤトワーリー制度　Raiyatwari Settlement　118

ラスト・ワン・マイル　last one mile　425

ラベリング　labelling　281

ランダム化比較試験　Randomized Controlled Trial：RCT　290, 337

●り

リサイクル　recycling　455

利子禁止教義　Islamic prohibition of interest　29

リーシュマニア症　leishmaniasis　153

理数科教育　science and mathematics education　194

リバース・イノベーション　reverse innovation　339

リープ・フロッグ　leap-frog　427

リプロダクティブ・ヘルス／ライツ　reproductive health and rights　55, 139, 146, 306, 542

リベラル・ピースビルディング → ポスト・リベラル・ピースビルディング

臨海工業地帯開発　coastal industrial zone development　419

輪作周年栽培システム　system for rotational year-round culture　130

臨床の知　situated knowledge　36

倫理的消費者運動　ethical consumer movement　541

●る

累積債務　accmulated debt　7, 272, 367

●れ

零細中小企業　micro, small and medium（-sized）enterprises：MSMEs　394

冷戦　Cold War　59, 490

『歴史の終わり』　The end of history and the Last Man　566

レジーム　regimes　144, 480

レジリエンス　resilience　113, 182, 305, 414

連帯経済　solidarity economy　91, 574

連帯保証制　joint liability　100

レント・シーキング　rent-seeking　373, 457

●ろ

ろう者　deaf people　32

労働豊富国　labor abundant country　275

労働力搾取　labor exploitation　106

老年症候群　geriatric syndromes　157

ローカル・ガバナンス　local governance　226

ローカルな合理性　local rationality　86

ローカル・フード・システム → フード・システム

ローザンヌ誓約　Lausanne Covenant　29

●わ

賄賂　bribe　214

和解　reconciliation　249, 258

ワクチンと予防接種のための世界同盟　Global Alliance for Vaccines and Immunisation：GAVI　155

ワークフェア　workfare　288

ワシントン・コンセンサス　Washington Consensus　16, 230, 372, 488, 567

湾岸ドナー　Gulf donors　522

ワン・ヘルス　One Health　145, 551

人 名 索 引

●あ行

青木秀男　Aoki Hideo　67
アシュトン, D.　Ashton, D.　171
アセモグル, D.　Acemoglu, D.　361,457
アトキンソン, A.　Atkinson, A.　558
アナン, K.　Annan, K.　326,405
アベッド, F.　Abed, F.　404
アミン, S.　Amin, A.　218
アムスデン, A.　Amsden, A.　171,220
アラン, T.　Allan, T.　468
アリヤラトネ, A.　Ariyaratne, A.　28
アンダーソン, B.　Anderson, B.　38,180
アントヴァイラー, W.　Antweiler, W.　470

イェーリング, R. von　Jhering, R. von　234
石川 滋　Ishikawa Shigeru　503
イースタリー, W.　Easterly, W.　503
イリイチ, I.　Illich, I.　553
岩渕功一　Iwabuchi Koichi　78
岩間暁子　Iwama Akiko　310

ウイリアムソン, O.　Williamson, O.　339
ウェイス, L.　Weiss, L.　220
ウェイド, R.　Wade, R.　220
上野千鶴子　Ueno Chizuko　310
ウェーバー, M.　Weber, M.　28,50,210,212
ウォーラーステイン, I.　Wallerstein, I.　58,78,218
ウォルフェンソン, J.　Walfensohn, J.　28,497

エヴァンス, P.　Evans, P.　220
エスコバール, A.　Escobar, A.　34

大来佐武郎　Okita Saburo　502
緒方貞子　Ogata Sadako　16,521
沖 大幹　Oki Taikan　468
小國和子　Oguni Kazuko　45
オークレイ, P.　Oakley, P.　44
オドンネル, G.　O'Donnell, G.　222

オロスコ, J.　Orozco, J.　39

●か行

カステル, M.　Castells, M.　50
カッソン, M.　Casson, M.　339
ガードナー, K.　Gardener, K.　47
ガルトゥング, J.　Galtung, J.　218
ガン, S.　Gunn, S.　162
カント, I.　Kant, I.　493,559

ギデンズ, A.　Giddens, A.　50,69,213,280
キャプラ, F.　Capra, F.　38
ギルファーソン, T.　Gylfason, T.　456

クズネッツ, S.　Kuznets, S.　378
クマラスワミ, R.　Coomaraswamy, R.　257
クームス, P.　Coombs, P.　202
クライ, A.　Kraay, A.　378
クラーク, C.　Clark, C.　362
クラズナー, S.　Krasner, S.　218
クラマー, J.　Clammer, J.　47
グリーン, F.　Green, F.　171
クルーガー, A.　Krueger, A.　337
クレイグ, H.　Craig, H.　174

ゲルナー, E.　Gellner, E.　38

コース, R.　Coase, R.　339
コーデン, W.M.　Corden, W. M.　456
小林 中　Kobayashi Ataru　400

●さ行

サイード, E.　Said, E.　34
サカロポロス, G.　Psacharopoulos, G.　170,174,552
サッチャー, M.　Thatcher, M.　572
佐藤 寛　Sato Hiroshi　45
サブラマニアン, A.　Subramanian, A.　457
サラ=イ=マーティン, X.　Sala-i-Martin, X.　457

人名索引

シヴァ, V. Shiva, V. 12
シケイロス, D. Siqueiros, D. 39
シベリウス, J. Sibelius, J. 39
島田周平 Shimada Shuhei 122
七五三泰輔 Shime Taisuke 45
周 恩来 Zhou Enlai 502
シュペーア, A. Speer, A. 38
シューマッハー, E. Schumacher, E. 12,21,361
シュミッター, P. Schmitter, P. 222
シュルツ, T. Schultz, T. 170,485
シュレーダー=フレチェット, K. Shrader-
　Frechette, K. 466
シュンペーター, J. Schumpeter, J. 360
ショウ, E. Shaw, E. 370
ショーマン, L. Shulman, L. 192
ジョンソン, C. Johnson, C. 217
シンガー, P Singer, P 467

末廣 昭 Suehiro Akira 63
スコット, J. Scott, J. 94
スタウファー, S. Stouffer, S. 280
スティグリッツ, J. Stiglitz, J. 360,558
ステパン, A. Stepan, A. 222
スハルト Suharto 217
スマイルズ, S. Smiles, S. 502
スミス, A. Smith, A. 358,552

セン, A. Sen, A. 7,16,171,270,281,289,294,349,467

ソロー, R. Solow, R. 359

●た行

タウンゼント, P. Townsend, P. 270,280
鷹木恵子 Takagi Keiko 45
ターナー, J. Turner, J. 286
ダニング, J. Dunning, J. 339
ダラー, D. Dollar, D. 378
ダントレーヴ, A. d'Entrèves, A. 213

チェルネア, M. Cernea, M. 46
チェンバース, R. Chambers, R. 47,98,281,292,
　300,495,566
チャーチル, W. Churchill, W. 566
チャン, H-J. Chang, H-J. 373
チューネン, J. Thunen, J. 392

鶴見和子 Tsurumi Kazuko 12

ディアス, P. Diaz, P. 39
デイヴィス, M. Davis, M. 66
ディキシット, A. Dixit, A. 360
デュナン, H. Dunant, H. 304
デュルケム, É. Durkheim, É. 50,80
デルガド, C. Delgado, C. 72
テル・ハール, B. Ter Haar, B. 229
テンニース, F. Tennies, F. 84

トダロ, M. Todaro, M. 564
ドッティン, E. Dottin, E. 193
トービック, R. Torvik, R. 457
トムソン, E. Thompson, E. 94
トムリンソン, J. Tomlinson, J. 78
ドラッカー, P. Drucker, P. 89
ドレーズ, J. Drèze, J. 294

●な行

夏目漱石 Natsume Souseki 52

ニアリー, J.P. Neary, J.P. 456

ヌスバウム, M. Nussbaum, M. 309
ヌルクセ, R. Nurkse, R. 484

ノース, D. North, D. 231
ノードハウス, W. Nordhaus, W. 376
ノラン, R. Nolan, R. 546

●は行

ハイマー, S. Hymer, S. 339
ハク, M. Haq, M. 16
朴 正熙 Park Chung Hee 217
バグワティ, J. Bhagwati, J. 347
ハーシュマン, A. Hirschman, A. 484
バックリー, P. Buckley, P. 339
パットナム, R. Putnam, R. 85,92
バナジー, A. Banerjee, A. 64
バラッサ, B. Balassa, B. 346
潘 基文 Ban Ki-moon 305,320
ハンチントン, S. Huntington, S. 222,567

ピアス, D. Pearce, D. 376

ピケティ，T. Piketty, T. 558
ピニェイロ，P. Pinheiro, P. 313
ビービー，C. Beeby, C. 174
平田利文 Hirata Toshifumi 181
平松守彦 Hiramatsu Morihiko 408

ファー，S. Pharr, S. 502
ファン＝デルプレーグ，F. van der Ploeg, F. 456
ファン＝フォレンホーフェン，C. Van Vollenhoven, C. 229
フクヤマ，F. Fukuyama, F. 502,566
ブース，C. Booth, C. 496
ブトロス＝ガリ，B. Boutros-Ghali, B. 144,243
フラー，B. Fuller, B. 20
プラハラード，C. Prahalad, C. 404,540
フランク，A. Frank, A. 218
ブルギニョン，F. Bourguignon, F. 378
ブルデュー，P. Bourdieu, P. 64,179
フレイレ，P. Freire, P. 84,282,553
プレティ，J. Pretty, J. 494
ブレナー，N. Brenner, N. 68
プレビッシュ，R. Prebisch, R. 6,8,344,349

ヘーゲル，G. Hegel, G. 2
ベッカー，G. Becker, G. 170
ベッカー，H. Becker, H. 281
ヘックマン，J. Heckman, J. 198
ペティ，W. Petty, W. 362
ヘネベルド，W. Heneveld, W. 174
ベンサム，J. Bentham, J. 2

ボアズ，F. Boas, F. 2,27
ボズラップ，E. Boserup, E. 115,306
ポーター，M. Porter, M. 393,405
ポッゲ，T. Pogge, T. 467
ポランニー，K. Polanyi, K. 94
ボールディング，K. Boulding, K. 20
ボールドウィン，R. Baldwin, R. 342

●ま行

マクドゥーガル，G. McDougall, G. 257
マクナマラ，R. McNamara, R. 7
マーシャル，T. Marshall, T. 281
マッカネル，D. MacCannell, D. 60
マッキンノン，D. Mckinnon, D. 370

マードック，G. Murdock, G. 64
マルクス，K. Marx, K. 2,50
マルサス，T. Malthus, T. 54

ミュルダール，K.G. Myrdal, K.G. 476,482
ミラノヴィッチ，B. Milanovic, B. 558
ミル，J.S. Mill, J.S. 552

村上泰亮 Murakami Yasusuke 216

メーラム，H. Mehlum, H. 457

モーゲンソー，H. Morgenthau, H. 476
モーザ，C. Moser, C. 306
モス，D. Mosse, D. 44
モリニュー，M. Molyneux, M. 306

●や行

ユ ヒョジョン Yu Hyo-Chong 310
ユヌス，M. Yunus, M. 100,497

養老孟司 Yoro Takeshi 36

●ら行

ライベンスタイン，H. Leibenstein, H. 65
ラセット，R. Russett, R. 493

リカード，D. Ricardo, D. 334,373
リスト，F. List, F. 373
リックス，A. Rix, A. 502
リッツア，G. Ritzer, G. 51,76
リーフェンシュタール，L. Riefenstahl, L. 38
リベラ，D. Rivera, D. 39
リン，J. Lin, J. 373
リンス，J. Linz, J. 211,222

ルイス，D. Lewis, D. 47

レフトウィッチ，A. Leftwich, A. 220
レペット，R. Repetto, R. 376

ロストウ，W. Rostow, W. 230
ローゼンスタイン＝ロダン，P. Rosenstein-Rodan, P. 484
ロドリック，D. Rodrik, D. 275,373

ロビンソン, J.　Robinson, J.　361, 457
ローマー, P.　Romer, P.　170
ロールズ, J.　Rawls, J.　467
ロング, N.　Long, N.　44

わ

渡辺利夫　Watanabe Toshio　502
ワンゲーオ, S.　Wungaeo, S.　79

国際開発学事典

平成 30 年 11 月 30 日　　発　　　行
令和 元 年 10 月 30 日　　第 2 刷発行

編　者　　国 際 開 発 学 会

発行者　　池　田　和　博

発行所　　丸善出版株式会社
〒 101-0051 東京都千代田区神田神保町二丁目17番
編集：電話(03)3512-3264／FAX(03)3512-3272
営業：電話(03)3512-3256／FAX(03)3512-3270
https://www.maruzen-publishing.co.jp

©The Japan Society for International Development, 2018

組版印刷・精文堂印刷株式会社／製本・株式会社 星共社

ISBN 978-4-621-30340-5　C3530　　　　Printed in Japan

JCOPY 〈(一社)出版者著作権管理機構　委託出版物〉
本書の無断複写は著作権法上での例外を除き禁じられています．複
写される場合は，そのつど事前に，(一社)出版者著作権管理機構（電
話 03-5244-5088，FAX03-5244-5089，e-mail：info@jcopy.or.jp）の許
諾を得てください．